DAS GROSSE BUCH DER

GARTEN PFLANZEN

DAS GROSSE BUCH DER GARTEN PFLANZEN

LANCE HATTATT

KRONE

Parragon
Queen Street House
4 Queen Street
Bath BA1 1HE, UK

Abbildungen:
Vorsatzseite: *Doronicum* 'Miss Mason'
Frontispiz: *Digitalis purpurea*
Titelseite: *Iris pseudacorus, Meconopsis* × *sheldonii* 'Lingholm', *Camellia japonica* 'Rubescens Major'
Inhalt: *Tulipa* 'Maytime'

Übersetzung: Inga-Brita Thiele, Marita Eva Döring
Lektorat und Projektmanagement: Dr. Doris Hansmann
Satz: ce redaktionsbüro für digitales publizieren, Heinsberg
Koordination: trans texas GmbH, Köln

ISBN 3-937485-52-X

Printed in China

Dies ist eine genehmigte Sonderausgabe für den Krone Verlag, Lünen

INHALT

Einleitung

Es erweist sich oft als schwierig, allgemeine Informationen über Pflanzen, die wir in unserem Garten kultivieren oder kultivieren möchten, an einer Stelle vereint zu finden. Häufig ist man gezwungen, sich die benötigten Angaben aus unterschiedlichen Büchern zusammenzusuchen. Die vorliegende Enzyklopädie möchte hier Abhilfe schaffen.

Die hier aufgenommenen Pflanzen sind nach den botanischen Namen der Gattungen alphabetisch geordnet, in denen ähnliche Arten zusammengefasst sind. Jeder Eintrag beginnt mit einer allgemeinen Beschreibung der wichtigsten Merkmale einer Pflanzengattung sowie Informationen über Winterhärte, Standortansprüche und ggf. Besonderheiten ihrer Kultivierung. Im Anschluss daran werden die einzelnen Arten ebenfalls nach ihren botanischen Namen aufgelistet, wobei der vorangestellte Gattungsname in abgekürzter Form erscheint.

Die meisten Einträge umfassen Angaben zu Wuchsform, Laub und Blüten sowie evtl. weiteren Merkmalen wie etwa Herbstfarbe und Früchten. Jede Beschreibung endet mit Maßangaben zu Höhe und Ausbreitung der jeweiligen Pflanze. Die meisten Arten sind mit Farbfotos illustriert, die dank der Beschriftung mit vollständigen botanischen Namen eine eindeutige Zuordnung ermöglichen.

Natürlich können hier nicht alle Arten einer Gattung aufgelistet werden, da viele Gattungen aus mehreren hundert Arten bestehen. Umfasst eine Gattung nur eine einzige Art, so ist dies ausdrücklich vermerkt. Die aufgelisteten Arten wurden nach ihrer Gartentauglichkeit und ihrer Attraktivität ausgewählt – die meisten davon dürften in Gartencentern oder Baumschulen relativ leicht zu bekommen sein.

Auf den Einleitungsseiten finden Sie allgemeine Informationen über sämtliche Pflanzentypen – Sträucher, Bäume, Kletterpflanzen, Einjährige, Zweijährige, Stauden, alpine Pflanzen und Zwiebelpflanzen – sowie Erklärungen zu Winterhärte, Abmessungen, Bodenansprüchen und zum Benennungssystem der Pflanzen.

Viele der hier aufgeführten Pflanzen sind insgesamt oder teilweise giftig. Kein Teil einer Pflanze sollte als essbar angesehen werden, sofern dies nicht ausdrücklich angegeben oder völlig zweifelsfrei bekannt ist. Andere Pflanzen können bei Berührung allergische Reaktionen auslösen. Menschen sind unterschiedlich anfällig für Hautentzündungen, Blasenbildung oder allergische Reaktionen bei Kontakt mit ihnen. Dies ist beim Umgang mit Pflanzen stets zu berücksichtigen. Im Falle einer negativen Reaktion holen Sie unverzüglich ärztlichen Rat ein, indem Sie nach Möglichkeit ein Stück der betreffenden Pflanze mitbringen.

Bei der Zusammenstellung dieses Lexikons wurde Wert auf eine möglichst große Bandbreite gelegt, d. h., neben altbekannten und beliebten Pflanzen wurden auch exotischere und weniger vertraute aufgenommen. Damit kommt es eher traditionellen Vorstellungen ebenso entgegen wie Gärtnerinnen und Gärtnern, die nach neuen, ungewöhnlicheren Möglichkeiten der Gartengestaltung suchen.

Ein schönes Sommer-Arrangement: Ziest *(Stachys macrantha)*, Grasschwertel *(Sisyrinchium striatum)* und Riesendolden-Glockenblume *(Campanula lactiflora)*.

Sträucher und Bäume

Es sind bei der Vielzahl der Gartenpflanzen in erster Linie die Sträucher und Bäume, die das dauerhafte „Gerüst" eines Gartens bilden. Ihr gestalterischer Wert liegt zuallererst in ihrer Form, mit der sie Gärten und ganzen Landschaften Struktur verleihen. Ob sie ihre Blätter im Herbst abwerfen oder als Immergrüne das ganze Jahr über Laub tragen – mit ihren holzigen Stämmen und ausladenden Ästen bilden sie stets die langlebigen Elemente, die für die Gesamtanlage eines Gartens von entscheidender Bedeutung sind.

Laub

Die Attraktivität des Laubs ist ein entscheidender Faktor bei der Auswahl von Sträuchern und Bäumen für den Garten. Dabei spielt die Farbe der Blätter eine ebenso wichtige Rolle wie ihre Form. Grün kommt in allen Schattierungen vom blassesten Hellgrün bis zum satten Dunkelgrün vor. Dazwischen findet man eine reichhaltige Farbpalette, zu der Blaugrün, Graugrün, weiß überlaufenes, purpurn, rötlich oder gelblich getöntes Grün ebenso zählen wie Panaschierungen (unregelmäßige Pigmentmusterungen), die oft durch Mutationen entstehen.

Die Blattformen sind ebenso vielfältig wie die Farben. Sie reichen von linealischen, d. h. sehr langen, schmalen, bis zu fast perfekt gerundeten Blättern. Daneben finden sich unter anderem riemenartige, lanzettliche, lanzenförmige, ovale, herzförmige, nierenförmige, rautenförmige, dreieckige, speer- und pfeilspitzenförmige Formen. Außerdem können Blätter eingeschnitten, geteilt (besonders tief eingeschnitten) oder gelappt sein. Zusammengesetzte Blätter können gefingert sein (die einzelnen Blattelemente gehen von einem Punkt aus) oder gefiedert (die Blattelemente oder Fiedern sind beiderseits einer Mittelachse angeordnet). Die Blattränder können glatt, gezähnt, gesägt, stachelig, ausgebogt oder gewellt sein.

Prunus 'Okumiyako', eine prachtvolle, frühlingsblühende Zierkirsche.

Blüten und Früchte

Viele Sträucher und Bäume werden auch ihrer attraktiven Blüten wegen kultiviert. Was wäre der Frühling ohne die Blüten der Kamelien, Forsythien, Magnolien und Kirschen? Im Sommer schmückt die Blütenpracht der Säckelblumen, Deutzien, Goldregen, Sommerjasmine und Rosensträucher unsere Gärten. Im Herbst dominieren die Früchte, so etwa die Beeren von Schönfrucht, Zwergmispel, Feuerdorn und Schneeball, aber auch Scheinquitten, Holzäpfel und Hagebutten. Den Winter schließlich beleben die Blüten des Becherkätzchens, der Zaubernuss, des Winterjasmins und vieler Schneeball-Arten.

Herbstfarben

Viele Laub abwerfende Gehölze schätzt man vor allem ihrer Herbstfarben wegen, die durch den Alterungsprozess der Blätter entstehen – in den meisten Fällen durch einen Abbau der Pigmente, insbesondere des Chlorophylls. Dies führt zu spektakulären, wenn auch kurzlebigen Effekten, durch die Sträucher und Bäume in prachtvollen Gelb-, Orange- und Rottönen leuchten.

Rinde und Zweige

Manche Gehölze zeichnen sich durch eine attraktive Rinde aus, die oft im Winter am besten zur Geltung kommt, so etwa der Hartriegel *Cornus stolonifera* 'Flaviramea' mit seinen gelben Zweigen oder die Mahagonikirsche mit leuchtend roter, der Schlangenhaut-Ahorn mit gestreifter, die Birke *Betula albosinensis* var. *septentrionalis* mit abblätternder und die Pinie mit tief gefurchter Rinde.

Die anmutigen Blüten der Kletterhortensie *Hydrangea anomala* subsp. *petiolaris*.

Kletterpflanzen

Kletterpflanzen, ob Laub abwerfend oder immergrün, einjährig oder ausdauernd, sind eine unschätzbare Bereicherung des Gartens, so etwa als dekorative Begrünung für Mauern und Zäune, Geländer und Spaliere, Lauben, Zierbögen und Pergolen sowie als attraktive Ergänzung zu Sträuchern und Bäumen.

Wuchsformen

Generell lassen sich Kletterpflanzen in zwei Kategorien einteilen: Die eine Pflanze haftet selbsttätig am Untergrund, z. B. mit Haftwurzeln oder Saugnäpfen, und kann somit auch relativ glatte Ziegel-, Stein-, Putz- oder Holzflächen ohne weitere Rankhilfen bewuchern. Auf raueren Oberflächen, wie etwa Steinputz mit untergemischten Kieseln, und an Standorten, wo sie stärkerem Wind ausgesetzt sind, fühlen sie sich meist weniger wohl. Zu diesen selbstkletternden Pflanzen gehören z. B. Doldenrebe, Wilder Wein, Efeu und die Spalthortensie.

Schlingpflanzen hingegen brauchen bis auf die Höhe, in die sie emporwuchern sollen, eine Stütze oder Rankhilfe, wie z. B. an einer Mauer oder einem Zaun gespannte Drähte oder ein kräftiges Bambusrohr, das bis zu den unteren Ästen eines Strauchs oder Baums ragt, der einer Kletterpflanze als Wirt dienen soll. Die wohl bekanntesten Vertreter dieser Kategorie sind die Clematis oder Waldrebe, das Geißblatt und die Weinrebe.

Standort

Optimale Wachstumsbedingungen sorgen dafür, dass Pflanzen gesund und kräftig wachsen; deshalb sollte man die Standortansprüche verschiedener Pflanzenarten angemessen berücksichtigen. Die meisten Jungpflanzen gehen besser an, wenn man das Pflanzloch mit gut verrottetem Gartenkompost oder Mist vorbereitet und anfänglich häufig wässert. Kletterpflanzen, die zu dicht am Fuß einer Mauer oder eines Baums stehen, erhalten unter Umständen nicht genügend Regen. Deshalb sollte man sie möglichst weit von Mauer oder Baum entfernt einpflanzen und mit einem Bambusrohr zur Stütze hinführen. Kletterpflanzen sollten in Trockenperioden regelmäßig gewässert werden, damit sie gut anwachsen.

Spaliersträucher und -bäume

Viele gartentaugliche Sträucher und Bäume lassen sich gut an einer Mauer oder einem Zaun ziehen und blühen an einem solchen Standort oft länger und üppiger. Sie sind in der Regel nicht selbstkletternd, sondern müssen an einem Spalier o. Ä. festgebunden werden. Die Befestigungen sollten regelmäßig kontrolliert werden. Welche Sträucher und Bäume sich hierfür eignen, wird in der Beschreibung der jeweiligen Gattung bzw. Art ausdrücklich erwähnt.

Ein-, Zwei- und Mehrjährige

Einjährige, Zweijährige und Mehrjährige bzw. Stauden bereichern den Garten mit ihrer bunten Blütenpracht. Zusammen mit Sträuchern und Bäumen in gemischte Beete gepflanzt oder in der traditionellen Staudenrabatte gezogen, bieten sie dem Gärtner mit ihrer gewaltigen Auswahl an Farben und Formen vielfältige Möglichkeiten und Herausforderungen sowie jede Menge Spielraum für interessante Gestaltungsexperimente.

Die Doldentrauben der Schafgarbe *(Achillea)*.

Die Blütentrauben des Diptam *(Dictamnus)*.

Die Blütenrispen der Prachtspiere *(Astilbe)*.

Die Blütendolden des Kälberkropfs *(Chaerophyllum)*.

Einjährige

Einjährige vollenden ihren Lebenszyklus innerhalb eines Jahres: In diesem Zeitraum wachsen sie aus Samen heran, blühen, bilden Samen und sterben wieder ab. Meist werden die Samen winterharter Arten im Frühjahr ins Freiland gesät, oft direkt an den späteren Standort. Bedingt winterharte Einjährige sät man dagegen unter Glas und setzt sie erst nach den letzten Frösten ins Freie um. Viele Einjährige werden speziell für Sommerbeete gezogen, die sie über einen ausgedehnten Zeitraum mit ihrer üppigen Blütenfülle bereichern.

Zweijährige

Anders als die Einjährigen tragen die meisten Zweijährigen im ersten Jahr nur Blätter. Im zweiten Jahr blühen sie, setzen Samen an und sterben ab. Die Samen sät man meist im Sommer aus. Nur frostempfindliche und bedingt winterharte Pflanzen sollten unter Glas ausgesät und frostfrei gehalten werden, bis sie im zweiten Jahr ins Freie ausgepflanzt werden können.

Mehrjährige

Mehrjährige oder ausdauernde Pflanzen verschönern die Beete für längere Zeit, wobei die meisten Stauden alljährlich blühen, Samen bilden und im Herbst bis auf Bodenniveau absterben. Erst im Frühjahr treiben sie neu aus. Rhizompflanzen wachsen aus einem fleischigen Wurzelstock, der sich meist waagerecht verzweigt. Zwiebel- oder Knollenpflanzen haben unterschiedlich geformte unterirdische Speicherorgane, die Nährstoffe über den Winter speichern.

Blütenformen

Es gibt eine überwältigende Blütenvielfalt unterschiedlichster Formen und Farben. So ist die Körbchenblüte eines Gänseblümchens aus länglichen Zungenblüten rund um eine Mittelscheibe aus winzigen Röhrenblüten völlig anders aufgebaut als die Blüte einer Iris, die sich aus Hänge- und Domblättern zusammensetzt. Blüten können einfach, halb gefüllt, gefüllt oder doppelt gefüllt, kreuz-, stern-, glocken-, becher-, trichter-, trompeten- oder röhrenförmig sein.

Sie können aufrecht, waagerecht oder hängend getragen werden, als Einzelblüten, in Büscheln, Dolden (die Blütenstiele gehen von einem Punkt aus), Trauben (die Blütenstiele sitzen an einer Mittelachse), Ähren (die Blüten sitzen ungestielt an einer Mittelachse) oder Rispen (sie bestehen aus mehreren Trauben).

Monokarpe Pflanzen

Manche Pflanzen, darunter auch einige Stauden und viele Scheinmohn-Arten, gelten als monokarp (einmal fruchtend). Diese Pflanzen blühen nur einmal, dies jedoch unter Umständen nach mehrjährigem Wachstum, bilden dann Samen und sterben ab.

Alpine Pflanzen und Zwiebelpflanzen

Alpine Pflanzen

Zu den alpinen oder Steingartenpflanzen zählt man viele Matten und Polster bildende Pflanzen von kompakter Wuchsform, aber auch kleine Zwiebelpflanzen sowie Zwergsträucher und -bäume. Echte Alpenpflanzen wachsen im Hochgebirge oberhalb der Baumgrenze und sind dank ihrer niedrigen Wuchshöhe besonders unempfindlich gegen Wind und Austrocknung. Die meisten gedeihen gut auf flachgründigem, durchlässigem Boden und vertragen extreme Temperaturen, aber keine übermäßige Nässe.

Der Steingarten

Im Garten werden alpine Pflanzen meist in Steingärten gezogen. Ideal ist ein sonniger, vor kalten Winden geschützter Standort mit guter Dränage. Eine Deckschicht aus Kies kann den Wasserabzug unterstützen. Meist setzt man die Pflanzen, ihrem natürlichen Lebensraum entsprechend, zwischen Felsbrocken oder große Steine.

Das Alpinhaus

Ein ungeheiztes, gut belüftetes Gewächshaus ist ideal für feuchtigkeitsempfindliche Steingartenpflanzen. Traditionell kultiviert man die Pflanzen in Tontöpfen, die auf Stellagen in Sand gesetzt werden, der die Feuchtigkeitsbindung unterstützt und etwas Frostschutz bietet. Eine Deckschicht aus grobkörnigem Sand o. Ä. in den Töpfen verbessert die Dränage und verhindert ein Auswaschen des Substrats beim Gießen. Ein Beschatten der Glasflächen im Sommer verhindert, dass die Pflanzen versengt werden.

Kübel und Kästen

An vollsonnigen Standorten lassen sich alpine Pflanzen auch in Kübeln und Kästen mit ausreichend fruchtbarem Boden und gutem Wasserabzug ziehen. Das macht es unter Umständen sogar leichter, ihnen optimale Wachstumsbedingungen zu bieten. Empfehlenswert ist die Beimischung eines lange wirkenden Düngers. Die Kübel und Kästen sollten etwas erhöht stehen, damit das Wasser besser abläuft.

Zwiebelpflanzen

Zwiebel-, Knollen- und Rhizompflanzen besitzen fleischige Speicherorgane, aufgrund derer sie längere Ruhephasen unterirdisch überstehen können.

Zwiebeln bestehen aus mehreren verdickten, sich überlappenden Blättern, den so genannten Zwiebelschuppen. Oft sind diese Schuppen, wie z. B. bei der Narzisse, von einer dünnen, papierartigen Schale umgeben.

Knollen bestehen oft aus verdickten Sprossachsen, manchmal mit Seitenknospen oder „Augen", die meist, wie beim Krokus, von einer papierartigen, faserigen Schale umgeben sind. Wurzelknollen, wie etwa die der Dahlien, sind meist von einheitlicher Konsistenz – ohne Schuppen oder Schale. Rhizome sind kriechende Wurzelstöcke, die sich ober- oder unterirdisch verzweigen. Bei manchen Pflanzen, wie z. B. den Maiglöckchen, sind sie relativ dünn, bei anderen verdickt.

Zwiebelpflanzen sind auch während ihrer scheinbaren Ruhephase äußerst aktiv: In dieser Zeit reift die Zwiebel und bildet bereits die Blütenknospen aus.

Ein mit Kies und Steinplatten gestalteter Garten ist ideal für niedrige Hochgebirgs- und Steingartenpflanzen.

Winterharte Pflanzen

)ieses Lexikon enthält Pflanzen aus ler Welt, die in ihrer ursprünglichen Ieimat selbstverständlich an die je- veiligen Witterungsbedingungen an- epasst sind. Die Frage nach ihrer Vinterhärte stellt sich erst, wenn sie ls Gartenpflanzen an einem Standort nit völlig anderen Bedingungen kul- viert werden. Die Winterhärte einer Gartenpflanze hängt somit davon ab, vie stark sich die Standortbedingun- gen in Ihrem Garten von denen des atürlichen Lebensraums der Pflanze nterscheiden. Dabei sind unter ande- em Klima und Typ sowie Nährstoff- gehalt des Bodens zu berücksichtigen.

Pflanzen haben spezielle Überle- bensstrategien: Manche verbringen len Winter im unterirdischen Ruhe- ustand, andere werfen ihre Blätter ab, ınd einige Immergrüne bilden leinere Blätter mit verringerter Oberfläche, um kalten Winden zu viderstehen. Wieder andere Pflanzen aben tief reichende Wurzeln, um Schäden durch Bodenfrost zu vermei- len oder zu vermindern.

Informiert man sich über die atürliche Umgebung einer Pflanze, kann man die Bedingungen, unter lenen sie am besten gedeiht, bis zu einem gewissen Grad nachbilden.

Die winterharte Chile-Kartoffel (*Solanum crispum* 'Glasnevin') teilt sich den Schutz einer warmen Mauer mit einer Berg-Waldrebe (*Clematis montana* 'Rubens').

Winterhärtegrade

Werden bei einer hier aufgeführten Pflanze weder in der Gattungsbe- schreibung noch im Untereintrag zu den einzelnen Arten Angaben zur Winterhärte gemacht, können Sie davon ausgehen, dass die Pflanze un- eingeschränkt winterhart ist. In allen anderen Fällen wird der Grad der Winterhärte ausdrücklich angegeben.

Natürlich kann eine solche Ein- stufung nur als Anhaltspunkt dienen, vieles ist von den spezifischen Stand- ort- und sonstigen Bedingungen ab- hängig.

Eine als „sehr winterhart" be- zeichnete Pflanze kann Temperaturen von bis zu −15 °C und kurzfristig auch noch niedrigere Temperaturen überstehen. Eine „winterharte" Pflan- ze verträgt generell Temperaturstürze bis zu −5 °C. Viele Pflanzen fallen in den Grenzbereich zwischen winter- hart und sehr winterhart. „Bedingt winterharte" Pflanzen können Tem- peraturen bis 0 °C überstehen, wäh- rend „frostempfindliche" Pflanzen schon unter 5 °C Schaden nehmen.

KATEGORIEN

sehr winterhart (bis −15 °C)

winterhart (bis −5 °C)

bedingt winterhart (bis 0 °C)

frostempfindlich (bis 5 °C)

Kälteschutz

Immergrüne Pflanzen, die häufig unter kalten, austrocknenden Winden leiden, profitieren von einem Wind- schutz in Form von Bäumen oder einer Hecke. In einem gründlich um- gegrabenen Boden, der tiefgründig, feinkrümelig und gut dräniert ist, können Pflanzen besser anwurzeln und überdauern. Eine Mulchschicht aus Kompost, Laub oder welkem Farnkraut schützt empfindliche Pflan- zen vor winterlicher Nässe. Warme, sonnige Standorte, möglichst im Schutz einer Mauer oder Hecke, kön- nen schädliche Kälteeinwirkungen er- heblich mindern und so selbst mäßig winterharten Pflanzen die Überwin- terung in einem künstlich geschaffe- nen Mikroklima ermöglichen.

Eine reizvolle Kombination bildet die Kalk liebende Kronen-Lichtnelke *(Silene coronaria alba)* mit den violetten Blütenähren der Katzenminze *(Nepeta)*.

Höhe und Ausbreitung

Das vorliegende Lexikon gibt für die meisten Pflanzen Höhe und Ausbreitung an. Die entsprechenden Maßangaben finden Sie jeweils am Ende der Einträge zu den einzelnen Pflanzenarten. Die erste Zahl bezeichnet die Höhe, die zweite die Ausbreitung, z. B. 1,2 m × 60 cm.

Es ist jedoch zu beachten, dass Höhe und Ausbreitung sehr stark von Boden, Klima und sonstigen Standortbedingungen der Pflanze abhängen. So wird ein Exemplar in warmem, feuchtem Klima meist besser angehen und schneller wachsen als dieselbe Pflanze an einem exponierten, windgepeitschten und kalten Standort. Dies gilt besonders für Sträucher und Bäume, deren endgültige Höhe und Ausbreitung schwer vorherzusagen ist. Aus diesem Grund sind die angegebenen Maße lediglich als Anhaltspunkte zu verstehen.

Boden und Lage

Soweit nicht anders erwähnt, gedeihen die hier beschriebenen Pflanzen auf normalem, einigermaßen durchlässigem Gartenboden an einem Standort, der im Tagesverlauf sowohl Sonne als auch Halbschatten bietet. Stellt eine Pflanze jedoch ganz bestimmte Standortansprüche, werden diese ausdrücklich angegeben, etwa: „bevorzugt volle Sonne" oder „für sauren Boden im Schatten geeignet".

Bodentypen

Wie alkalisch oder sauer ein Boden ist, wird auf einer pH-Skala gemessen. Neutraler Boden, auf dem die große Mehrheit der Gartenpflanzen gedeiht, hat einen pH-Wert von 7,0. Böden mit pH-Werten über 7,0 sind alkalisch, solche mit pH-Werten unter 7,0 sauer.

Manche Pflanzen, wie beispielsweise Rhododendren, Lavendelheide und Heidekraut vertragen keinen Kalk, sondern gedeihen nur auf sauren Böden mit niedrigem pH-Wert. Andere, wie Schwertlilien und Pfingstrosen, fühlen sich auf kalkhaltigem Boden, d. h. bei pH-Werten über 7,0, am wohlsten.

Einfache pH-Tester zur Ermittlung Ihres Gartenbodentyps sind in jedem Gartencenter erhältlich.

Klassifizierung und Nomenklatur der Pflanzen

In diesem Lexikon sind die Pflanzen nach ihren botanischen Namen geordnet und aufgelistet. Der erste Teil des Namens bezeichnet die Gattung, d. h. eine übergeordnete Kategorie, die meist mehrere Pflanzenarten mit einer Vielzahl gemeinsamer Merkmale umfasst. Durch Kreuzung zweier Gattungen entstandenen Hybridgattungen wird das Multiplikationszeichen × vorangestellt, × *Halimiocistus* etwa bezeichnet eine Kreuzung der Gattungen *Cistus* und *Halimium*.

Danach folgt der Name der Art: Sie umfasst gleichartige Pflanzenindividuen, die sich in der Natur miteinander artenrein vermehren. Bei erneuter Erwähnung werden Gattungs- und Artnamen mit ihren Anfangsbuchstaben abgekürzt. Unterarten tragen einen weiteren Namen, vor dem die Angabe „subsp." (Unterart), „var." (Varietät) oder „fo." (Form) steht. Eine Kreuzung zweier Arten wird durch × gekennzeichnet.

Sorten, d. h. künstlich gezüchtete Varietäten, tragen nach dem Artnamen einen weiteren Namen in einfachen Anführungszeichen, so z. B. *Campanula persicifolia* 'Telham Beauty'. Wenn die Herkunft unsicher oder komplex ist, folgt der Sortenname direkt auf den Gattungsnamen, z. B. *Campanula* 'Birch Hybrid'.

Die botanischen Namen sind weltweit anerkannt und vereinheitlicht und haben deshalb Vorrang gegenüber anderen Namen, mit denen eine Pflanze bezeichnet wird. Es sind aber auch die im Deutschen verwendeten Namen einer Pflanze angegeben, sofern sie existieren; auf den Seiten 252 bis 256 finden Sie ein Register dieser Namen. Nicht bei allen Pflanzen konnten sämtliche deutschen Namen aufgenommen werden, doch werden Sie in jedem Falle die geläufigsten unter ihnen finden können.

GLIEDERUNG DER BOTANISCHEN NAMEN

Gattung	*Acer*	*Euphorbia*	*Paeonia*
Art	*palmatum*	*characias*	*lactiflora*
Unterart		*wulfenii*	
Varietät/Form	*dissectum*		
Sorte		'Lambrook Gold'	'Bowl of Beauty'

Acer palmatum var. *dissectum*

Euphorbia characias subsp. *wulfenii* 'Lambrook Gold'

Paeonia lactiflora 'Bowl of Beauty'

A

Abelia 'Edward Goucher'

Abelia schumannii

Abelia Abelie

Gattung teils Laub abwerfender, teils immergrüner Sträucher mit reizvollem Laub und attraktiven Blüten. Vollsonniger, vor kalten Winden geschützter Standort. Frostempfindliche Arten im Schutz einer Mauer ziehen.

A. 'Edward Goucher': Halbimmergrüner Strauch mit duftenden, rosa Blüten im Spätsommer. Dunkelgrünes Laub, junge Blätter mit Bronzeton. 1,5 × 1,5 m

A. schumannii: Laub abwerfender Strauch, der vom Spätsommer bis zum Herbst zart duftende, rosaviolette Blüten trägt. Hellgrünes Laub; junge Blätter bronzefarben. 2 × 3 m

Abeliophyllum distichum

Abeliophyllum Schneeforsythie

Einzige Art der Gattung ist ein Laub abwerfender, der Forsythie verwandter Strauch. Im Spätwinter/Frühjahr süß duftende, weiße Blüten an kahlen Zweigen, später dunkelgrüne Blätter. Standort in voller Sonne. Für Wandspaliere geeignet.

A. distichum: Ausladender, früh blühender Strauch. 1,5 × 1,5 m

Abies Tanne

Gattung immergrüner Koniferen für durchlässigen Boden in Sonne oder Halbschatten – als Schutzhecke oder Einzelexemplar.

A. balsamea fo. *hudsonia:* Zwergform der Balsamtanne. Unregelmäßige Kegelform, grüne Nadeln, keine Zapfen. 1 × 1 m

A. koreana (Koreanische Tanne): Kegelförmiger Baum. Grün glänzende Nadeln mit silbriger Unterseite. Trägt ab dem späten Frühjahr blauviolette Zapfen. 10 × 6 m

A. pinsapo (Spanische Tanne): Hochwüchsiger Baum mit dunkelgrünen/blaugrauen, starren Nadeln. Zylinderförmige, anfänglich grüne, später braune Zapfen. 25 × 8 m

A. procera (Edle Tanne): Hochwüchsiger Baum mit silbergrauer Rinde. Bläuliche Nadeln. Exemplare ab ca. 6 m Höhe tragen grüne und braune Zapfen. 25–45 × 6–9 m

Abies balsamea fo. *hudsonia*

Abies koreana

Abies pinsapo

Abies procera

Abutilon megapotamicum

Abutilon 'Canary Bird'

Abutilon × *hybridum*

Abutilon × *suntense*

Abutilon vitifolium var. *album*

Abutilon **Sammetmalve, Samtpappel, Schönmalve**
Gattung teils immergrüner, teils Laub abwerfender Sträucher, kleiner Bäume, Stauden und Einjähriger, die ihrer bunten Blüten und mitunter auch ihres panaschierten Laubs wegen kultiviert werden. Bedingt winterharte Arten im Wintergarten oder Gewächshaus, winterharte Arten an einer warmen Mauer ziehen.
A. 'Canary Bird': Immergrüner Strauch/kleiner Baum. Trägt vom Frühjahr bis zum Herbst kanariengelbe, glockenförmige Blüten. Bedingt winterhart. 3 × 3 m
A. × *hybridum:* Immergrüner Strauch/kleiner Baum mit Blüten in Orange, Rot, Weiß oder Gelb vom Frühjahr bis zum Herbst. Bedingt winterhart. 5 × 2–5 m
A. megapotamicum: Immergrüner/halbimmergrüner Strauch, der im Sommer Blüten in Rot/Rotbraun und Gelb an gebogenen Zweigen trägt. Winterhart. 2,5 × 2 m
A. × *suntense:* Laub abwerfender, aufrecht wachsender Strauch. Im späten Frühjahr/Frühsommer weiße bis blauviolette Blüten. Winterhart. 4 × 2,5 m
A. vitifolium var. *album:* Laub abwerfender Strauch mit weißen, malvenähnlichen Blüten im Frühsommer. Winterhart. 5 × 2,5 m

Acacia **Akazie, Mimose der Gärtner**
Gattung teils Laub abwerfender, teils immergrüner Bäume, Sträucher und Kletterpflanzen mit reizvollen Blättern und Blüten.
A. dealbata (Mimose): Immergrüner Baum mit farnartigen Blättern und duftenden, gelben Blüten im Winter/Frühjahr. Bedingt winterhart. 15–30 × 6–10 m

Acaena **Stachelnüsschen**
Gattung teils immergrüner, teils Laub abwerfender, kriechender Halbsträucher und Stauden mit attraktivem Laub und hübschen Blütenköpfchen/Klettfrüchten.
A. 'Blue Haze': Immergrüner, ausdauernder Bodendecker mit blaugrauen Fiederblättchen. Trägt ab dem Hochsommer runde Blütenköpfchen, später stachelige, rotbraune Früchte. 15 cm × 1 m

Acaena 'Blue Haze'

Acanthus spinosus

Acca sellowiana

Acer capillipes

Acer cappadocicum 'Rubrum'

Acanthus **Akanthus, Bärenklau**
Gattung mehrjähriger Pflanzen mit markanten Blütenähren und Blättern.
A. mollis: Staude mit tief eingeschnittenen, dunkelgrünen Blättern. Im Hochsommer weiße Blütenähren mit purpurnen Tragblättern. 1,5 × 1 m
A. spinosus: Staude mit schmalen, länglichen, dunkelgrünen, bis zur Mitte eingeschnittenen Blättern. Vom späten Frühjahr bis zum Hochsommer weiße Blüten mit purpurnen Tragblättern. 1,5 × 1 m

Acca **Feijoa**
Gattung immergrüner Sträucher mit frappanten Blüten, die in warmem Klima essbare Früchte hervorbringen. Winterhart.
A. sellowiana: Strauch mit graugrünen Blättern für einen heißen, sonnigen Standort. Im Hochsommer Blüten mit purpurroten Blütenblättern und karmesinroten Staubblättern, im Herbst gefolgt von Früchten. 2 × 2,5 m

Acer **Ahorn**
Gattung teils Laub abwerfender, teils immergrüner Bäume und Sträucher, viele mit handförmig geteilten Blättern, prachtvoller Herbstfarbe und reizvoller Rinde. Die meisten vertragen Sonne oder Halbschatten; Zuchtformen von *A. palmatum* brauchen u. U. Schutz vor kalten Winden und späten Frösten. Kleinere Arten sind gut für Gärten geeignet.
A. capillipes (Roter Schlangenhaut-Ahorn): Laub abwerfender Baum, dessen Stamm und Äste weiß-grün gestreift sind (daher der Name „Schlangenhaut-Ahorn"). Die dreigeteilten Blätter mit spitzen Lappen färben sich im Herbst leuchtend rot. 10 × 10 m
A. cappadocicum 'Rubrum': Laub abwerfender Baum, bei dem Jungtriebe und junge Blätter dunkelrot gefärbt sind. Fünf- oder mehrgeteilte Blätter mit spitzen Lappen. 20 × 15 m
A. davidii 'Serpentine': Laub abwerfender Baum mit weiß-grün gestreifter Rinde. Bis zu 10 cm lange, meist ungeteilte Blätter, die sich im Herbst orangegelb verfärben. 15 × 15 m
A. griseum (Zimtahorn): Laub abwerfender Baum mit zimtfarbener, abblätternder Rinde. Dreigeteilte Blätter, im Herbst orange und scharlachrot. 10 × 10 m
A. japonicum 'Vitifolium' (Japanischer Ahorn): Laub abwerfender Baum oder Strauch mit leicht eingeschnittenen, im Herbst dunkelroten Blättern. 10 × 10 m
A. negundo 'Flamingo' (Eschenahorn): Laub abwerfender Baum mit hellgrünen, rosa geränderten, gefiederten Blättern, im Sommer weiß ausbleichend. 15 × 10 m
A. n. 'Violaceum': Laub abwerfender Baum mit markanten graugrünen Trieben und kleinen purpurvioletten Blüten. 15 × 10 m
A. palmatum 'Atropurpureum' (Fächerahorn): Laub abwerfender Baum mit tief eingeschnittenen, burgunderroten Blättern, die sich im Herbst leuchtend feuerrot färben. 8 × 8 m
A. p. var. *dissectum:* Langsam wachsender, Laub abwerfender Baum mit tief eingeschnittenen, fein geteilten, grünen Blättern; im Herbst goldgelb. 2 × 3 m
A. p. var. *dissectum* 'Garnet': Laub abwerfender Baum mit fein geteilten, purpurroten Blättern, die ihre Farbe im Herbst behalten. 2 × 3 m
A. platanoides 'Drummondii' (Spitzahorn): Schnellwüchsiger, Laub abwerfender Baum mit breiten, geteilten, cremeweiß geränderten Blättern. 12 × 12 m
A. pseudoplatanus 'Brilliantissimum' (Bergahorn): Langsam wachsender, Laub abwerfender Baum mit gerundeter Krone. Geteilte Blätter, anfänglich cremefarben mit Rosatönung, dann mattgelb, im Spätsommer grün. 6 × 8 m
A. shirasawanum 'Aureum': Laub abwerfender Baum oder Strauch mit vielfach eingeschnittenen, leuchtend gelben Blättern, die sich im Herbst rot verfärben. 6 × 6 m

Acer davidii 'Serpentine'

Acer griseum

Acer japonicum 'Vitifolium'

Acer negundo 'Flamingo'

Acer negundo 'Violaceum'

Acer palmatum 'Atropurpureum'

Acer palmatum var. *dissectum*

Acer platanoides 'Drummondii'

Acer palmatum var. *dissectum* 'Garnet'

Acer shirasawanum 'Aureum'

Acer pseudoplatanus 'Brilliantissimum'

Achillea 'Fanal'

Achillea filipendulina 'Gold Plate'

Achillea Garbe, Schafgarbe

Gattung vorwiegend Laub abwerfender Stauden, teils mit duftenden Blättern. In den letzten Jahren zahlreiche neue Hybridzüchtungen. Die meisten tolerieren verschiedenste Böden und Standortbedingungen.

A. 'Fanal' (Syn. 'The Beacon'): Staude mit farnartigen, graugrünen Blättern und im Frühsommer flachen Blütenköpfen aus roten Blüten mit gelber Mitte. 75 × 60 cm

A. filipendulina 'Gold Plate': Immergrüne Staude mit leuchtend gelben Blüten vom Sommer bis in den Herbst. 1,2 m × 45 cm

A. millefolium 'Cerise Queen': Breitwüchsige Staude mit dunkelgrünem Laub, die den ganzen Sommer über dunkelrosa Blüten trägt. 60 × 60 cm

A. ptarmica 'Boule de Neige': Starkwüchsige Staude, im Sommer mit reinweißen, gefüllten Blütenköpfchen. 60 × 60 cm

Aconitum carmichaelii 'Barker's Variety'

Aconitum napellus

Aconitum Eisenhut, Wolfshut

Gattung zwei- oder mehrjähriger Pflanzen, meist mit handförmig geteilten, dunkelgrünen Blättern. Alle Teile der Pflanze sind giftig; schon Hautkontakt kann zu Reizungen führen.

A. carmichaelii 'Barker's Variety': Aufrechte Staude mit dunkelvioletten Blüten im Spätsommer und Herbst. 1,5 m × 30 cm

A. napellus: Aufrechte Staude mit tief geteilten Blättern und indigoblauen Blüten vom Hoch- bis zum Spätsommer. 1,5 m × 30 cm

A. vulparia: Aufrechte Staude mit cremegelben Blüten vom Hoch- bis zum Spätsommer. 1,5 m × 30 cm

A. volubile: Mehrjährige Kletterpflanze, die einen kleinen Strauch als Kletterhilfe braucht. Blauviolette Blüten vom Spätsommer bis in den Herbst. 3 m

Aconitum vulparia

Acorus Kalmus

Gattung ausdauernder, immergrüner oder Laub abwerfender Sumpfpflanzen mit attraktivem Blattwerk, die am besten an Teichen und Wasserläufen gedeihen.

A. calamus 'Variegatus': Laub abwerfende Staude mit langen, schmalen, leuchtend grünen Blättern für einen Standort im Flachwasser. 90 × 60 cm

Actaea Christophskraut

Gattung ausdauernder Pflanzen für Standorte in lichtem Wald oder im Halbschatten. Sie tragen im späten Frühjahr weiße Blüten, gefolgt von weißen, roten oder schwarzen Beeren.

A. rubra (Rotfrüchtiges Christophskraut): Staude mit weißen Blüten im Frühjahr, danach glänzend rote Beeren. 45 × 30 cm

Actinidia kolomikta

Adiantum venustum

Actinidia Kiwipflanze, Strahlengriffel
Gattung vorwiegend Laub abwerfender Kletterpflanzen mit dekorativen Blättern; manche auch mit duftenden Blüten und essbaren Früchten. Am besten vor einer Mauer in voller Sonne ziehen.
A. deliciosa (Syn. *A. chinensis*) (Chinesische Stachelbeere): Laub abwerfende Kletterpflanze mit herzförmigen Blättern. Im Frühsommer Blüten in Cremeweiß/Gelb, bei weiblichen Pflanzen gefolgt von Früchten. 10 m
A. kolomikta: Laub abwerfende Kletterpflanze mit markanten dunkelgrünen, rosaweiß panaschierten Blättern. Im Frühsommer duftende weiße Blüten, bei weiblichen Pflanzen gefolgt von Früchten. 5 m

Adonis Adonisröschen, Teufelsauge
Gattung von Ein- und Mehrjährigen von zumeist alpinem Habitus.
A. amurensis: Staude, die ein niedriges Polster gefiederter Blätter bildet. Im späten Winter/zeitigen Frühjahr becherförmige, gelbe Blüten. Für fruchtbaren, sauren Boden im Schatten. 20 × 30 cm

Aegopodium podagraria 'Variegata'

Aegopodium Geißfuß, Giersch
Gattung wuchernder Mehrjähriger. Zur Kultivierung im Garten eignen sich nur die panaschierten Sorten.
A. podagraria 'Variegata': Als Bodendecker geeignete Staude mit weiß panaschierten, gezähnten Blättern. Im Frühsommer cremefarbene Blütendolden. 30 cm × unbegrenzte Ausbreitung

Adenophora Schellenblume
Gattung mehrjähriger, den Glockenblumen verwandter Pflanzen für Sonne oder Halbschatten. Meist glockenförmige Blüten in Farbtönen von Blass- bis Dunkelblau.
A. bulleyana: Aufrechte Staude mit schmalen Blättern und im Spätsommer blauvioletten Blüten. 1,2 m × 30 cm
A. tashiroi: Niedrigwüchsige Staude; trägt im Hochsommer violette Blütentrauben an ausgebreiteten Stängeln. 50 × 15 cm

Adiantum Frauenhaarfarn
Gattung immergrüner, halbimmergrüner oder Laub abwerfender, bedingt bis sehr winterharter Farne für Schatten oder Halbschatten.
A. pedatum: Laub abwerfender, sehr winterharter Farn mit grasgrünen, gefiederten Wedeln an dunkelbraunen oder schwarzen Stängeln. 30 × 30 cm
A. venustum: Sehr winterharter, immergrüner Farn; bei Temperaturen unter –10 °C Laub abwerfend. Dreieckige, grasgrüne Wedel; junge Blätter zu Frühjahrsbeginn bronzefarben. 15 cm × unbegrenzte Ausbreitung

Aeonium arboreum

Aeonium
Gattung bedingt winterharter, immergrüner Sukkulenten, zumeist zwei- oder mehrjährig, teils auch Halbsträucher, mit hübschen Rosetten fleischiger Blätter.
A. arboreum: Aufrechter, immergrüner Halbstrauch mit grasgrünen Blattrosetten und gelben Blütenrispen im späten Frühjahr. *A. a.* 'Atropurpureum' hat schwarzviolette Blätter. 2 × 2 m

Aeonium arboreum 'Atropurpureum'

Aesculus × *neglecta* 'Erythroblastos'

Aesculus parviflora

Aethionema 'Warley Rose'

Aesculus **Rosskastanie**
Gattung Laub abwerfender Bäume und Sträucher, viele davon mit schöner Herbstfärbung. Im späten Frühjahr große Blütenrispen, später Stachelfrüchte mit Samen.
A. hippocastanum: Großer, ausladender, Laub abwerfender Baum mit gefingerten Blättern und im späten Frühjahr zunächst gelblich, später rosa getönten weißen Blüten, denen als Früchte die bekannten „Rosskastanien" folgen. 25 × 20 m
A. × *neglecta* 'Erythroblastos': Laub abwerfender Baum, dessen junge Blätter eine attraktive Rosatönung aufweisen. 10 × 8 m
A. parviflora: Laub abwerfender, Schösslinge bildender Strauch; junges Laub bronzefarben. Im Sommer weiße Blüten, danach Früchte. 3 × 5 m

Aethionema **Steintäschel**
Gattung immergrüner oder halbimmergrüner Stauden und Einjähriger, die für Steingärten gut geeignet sind. Gedeihen am besten in offener, sonniger Lage auf durchlässigem Boden.
A. 'Warley Rose': Immergrüner oder halbimmergrüner Halbstrauch, der im späten Frühjahr rosarote Blütentrauben über graugrünem Laub trägt. Kurzlebig. 15 × 15 cm

Agapanthus Headbourne-Hybride

Agapanthus **Liebesblume, Schmucklilie**
Gattung bedingt bis sehr winterharter, Laub abwerfender oder immergrüner Stauden mit riemenförmigen Blättern und Dolden kleiner, länglicher Blüten. Für die Kultivierung im Beet oder im Kübel gleichermaßen geeignet. Standort in voller Sonne mit durchlässigem Boden. Bedingt winterharte Arten vor Frost schützen.
A. campanulatus var. *albidus:* Sehr winterharte, Laub abwerfende Staude mit graugrünen Blättern. Im Sommer weiße Blüten auf langen Stängeln. 1 m × 45 cm
A. Headbourne-Hybriden: Eine Reihe sehr winterharter, Laub abwerfender Stauden unterschiedlicher Blütenfarbe und Größe. Der Name geht auf ausgewählte, von Lewis Palmer gezogene Sämlinge zurück.
A. 'Loch Hope': Sehr winterharte, Laub abwerfende Staude, die vom Hoch- bis zum Spätsommer dunkelblaue Blüten trägt. 1,5 m × 60 cm

Agapanthus campanulatus var. *albidus*

Agapanthus 'Loch Hope'

Agastache mexicana

Agave americana

Agave americana 'Marginata'

Agastache **Duftnessel**
Gattung bedingt bis sehr winterharter Stauden für den normalen Gartenboden in voller Sonne. Graugrüne Blätter, vom Sommer bis zum Herbst Ähren röhrenförmiger Blüten.
A. mexicana: Kurzlebige, bedingt winterharte Staude. Trägt vom Hochsommer bis in den Herbst lavendel- bis malvenfarbene Blüten. 60 × 30 cm

Agave **Agave**
Gattung bedingt winterharter oder frostempfindlicher Stauden und monokarper Sukkulenten, die vor allem ihres markanten Blattwerks wegen kultiviert werden. Gut zur Kübelhaltung geeignet.
A. americana: Monokarpe, frostempfindliche Sukkulente. Wächst in Form einer Rosette lanzenförmiger, bestachelter, graugrüner Blätter, aus deren Mitte im Sommer ein Blütentrieb mit Büscheln gelbgrüner Blüten sprießt. 45 × 45 cm
A. a. 'Marginata': Monokarpe, frostempfindliche Sukkulente mit zunächst blassgelb, später weißlich geränderten Blättern. 45 × 45 cm

Ageratum houstonianum

Ajuga reptans 'Burgundy Glow'

Ajuga reptans 'Catlin's Giant'

Ageratum **Leberbalsam**
Gattung bedingt winterharter Ein- und Mehrjähriger, die vom Sommer bis in den Herbst blühen.
A. houstonianum-Sorten: Kompakte Einjährige mit blauen, rosafarbenen oder weißen Blüten vom Hochsommer bis zum ersten Frost. 30 × 30 cm

Agrostemma **Kornrade, Rade**
Gattung sehr winterharter Einjähriger von lockerem Wuchs für vollsonnige Standorte.
A. githago: Sehr winterharte Einjährige. Im Sommer rosarote Blüten. 60 × 30 cm

Ailanthus **Götterbaum**
Gattung Laub abwerfender Bäume und Sträucher. Der beliebte *A. altissima* eignet sich am besten als Einzelbaum.
A. altissima: Großer, Laub abwerfender Baum, der im Sommer Rispen kleiner, grüner Blüten und danach Früchte trägt. 25 × 15 m

Ajuga reptans 'Pink Surprise'

Ajuga **Günsel**
Gattung Einjähriger und teppichbildender, immergrüner oder halbimmergrüner Stauden für halbschattige Standorte bei verschiedensten Bodenbedingungen.
A. reptans 'Burgundy Glow': Mehrjähriger, immergrüner Bodendecker mit silbergrün und weinrot getöntem Laub. Im späten Frühjahr dunkelblaue Blütenquirle. 15 × 60 cm
A. r. 'Catlins's Giant': Mehrjähriger, immergrüner Bodendecker. Auffallend große Blätter in dunklem Purpur. Große, blaue Blütenstände im späten Frühjahr.
A. r. 'Pink Surprise' trägt rosafarbene Blüten. 15 × 60 cm

Akebia quinata

Alcea rugosa

Akebia Akebie
Gattung halbimmergrüner und Laub abwerfender Kletterpflanzen mit dekorativen Blättern, Blüten und Früchten. Sehr winterhart; allerdings können späte Fröste die Frühjahrsblüte schädigen.
A. quinata: Halbimmergrüne Kletterpflanze mit dunkelgrünen, unterseits blaugrünen Blättern. Trägt im zeitigen Frühjahr bräunlich violette Blütentrauben, danach längliche Früchte. 10 m

Alcea Stockrose
Gattung Zweijähriger und kurzlebiger Stauden mit attraktiven Blüten in vielen Farben. Für sonnige Standorte mit gut durchlässigem Boden. Das Laub ist anfällig für Malvenrost.
A. rosea 'Nigra': Aufrechte Staude mit rotschwarzen Blüten an hohen Ähren im Frühsommer. 1,5 m × 60 cm
A. rugosa: Aufrechte Staude mit weit geöffneten, becherförmigen Blüten von blassem Zitronengelb. 1,5 m × 60 cm

Alcea rosea 'Nigra'

Alchemilla mollis

Alchemilla conjuncta

Alchemilla erythropoda

Alchemilla Frauenmantel
Gattung mehrjähriger Pflanzen mit attraktivem Blattwerk und lockeren Büscheln winziger Blüten. Für Sonne oder Halbschatten und fast jeden Boden geeignet.
A. conjuncta: Teppichbildende Staude mit fingerförmig geteilten Blättern. Trägt den ganzen Sommer über lockere Büschel winziger, gelbgrüner Blüten. 40 × 30 cm
A. erythropoda: Staude, die rundliche Horste gelappter Blätter bildet, über denen sie vom späten Frühjahr bis zum Spätsommer kleine Büschel grüngelber Blüten trägt. 20 × 20 cm
A. mollis: Horstbildende Staude mit hellgrünen, leicht gelappten, fein behaarten Blättern. Vom Frühsommer bis Herbst Büschel winziger Blüten. 60 × 60 cm

Alisma Froschlöffel
Gattung Laub abwerfender, mehrjähriger Sumpf- und Wasserpflanzen zur Uferbepflanzung.
A. plantago-aquatica: Die mehrjährige Wasserpflanze für größere Teiche trägt ihre graugrünen Blätter an langen Stängeln über der Wasseroberfläche. Im Hochsommer weiße Blüten, teils rosa überhaucht. Sät sich selbst aus. 60 × 45 cm

Allium aflatunense

Allium beesianum

Allium cernuum

***Allium* Lauch, Zwiebel**

Gattung ausdauernder Zwiebel- und Rhizompflanzen, die im Frühjahr, Sommer oder Herbst über meist riemenartigen Blättern, oft mit typischem Zwiebelaroma, große, runde Blütendolden in verschiedenen Farbtönen tragen.

A. aflatunense: Ausdauernde Zwiebelpflanze mit grasgrünen, linealischen, grundständigen Blättern, über denen sie im Sommer kugelige Dolden sternförmiger, rosaroter Blüten trägt. 1 m × 10 cm

A. beesianum: Ausdauernde Zwiebelpflanze mit graugrünen, linealischen, grundständigen Blättern. Trägt im Spätsommer und Frühherbst Dolden sternförmiger, blauer oder weißer Blüten. 15 × 5 cm

A. cernuum: Ausdauernde, starkwüchsige Zwiebelpflanze. Über den dunkelgrünen, grundständigen Blättern erscheinen im Sommer hängende, rosarote Glockenblüten. 30 × 5 cm

A. christophii (Sternkugel-Lauch): Ausdauernde Zwiebelpflanze mit riemenartigen, graugrünen Blättern, die im Frühsommer absterben, wenn sich die rosavioletten Blüten öffnen. Diese eignen sich gut als Trockenblumen. 60 × 15 cm

A. giganteum (Riesenlauch): Ausdauernde Zwiebelpflanze mit großen, riemenartigen, hellgrünen, grundständigen Blättern, die vor der Blüte absterben. Im Sommer große, runde Dolden sternförmiger, rosaroter Blüten. 1,5 m × 15 cm

A. hollandicum 'Purple Sensation': Ausdauernde Zwiebelpflanze. Die riemenartigen, grundständigen Blätter sterben im Sommer ab, wenn die rotvioletten Blüten erscheinen. 1 m × 10 cm

A. moly (Goldlauch): Ausdauernde Zwiebelpflanze mit breiten, länglichen, grundständigen Blättern, über denen sie im Sommer lockere Dolden leuchtend gelber, sternförmiger Blüten trägt. Gedeiht gut im Halbschatten. 15 × 5 cm

A. oreophilum: Ausdauernde Zwiebelpflanze mit linealischen Blättern und im Frühsommer lockeren Dolden rosafarbener Blüten. 15 × 5 cm

A. schoenoprasum (Schnittlauch): Ausdauernde Zwiebelpflanze, die vor allem ihrer essbaren, hohlen Blätter wegen kultiviert wird. Trägt im Sommer runde, blassrosa Blütendolden. Zu ihren Sorten gehört 'Forescate'. 30 × 5 cm

A. sphaerocephalon (Kugellauch): Ausdauernde Zwiebelpflanze mit linealischen, grundständigen Blättern. Sommerblüte in Farbtönen von Rosa bis Rotbraun. 60 × 8 cm

Allium cristophii

Allium giganteum

Allium moly

Allium hollandicum 'Purple Sensation'

Allium oreophilum

Allium schoenoprasum

Allium sphaerocephalon

Alnus cordata

Aloe aristata

Alnus **Erle**
Gattung Laub abwerfender Bäume und Sträucher, die auf mageren und feuchten Böden gedeihen.
A. cordata (Herzblättrige Erle): Laub abwerfender Baum mit herzförmigen Blättern. Trägt im späten Winter und zeitigen Frühjahr lange, gelbe Blütenkätzchen, im Sommer Früchte. 25 × 6 m
A. rubra (Oregon-Erle): Laub abwerfender Baum, dessen dunkelgrüne Blätter rot geädert sind. Trägt im zeitigen Frühjahr Blütenkätzchen, im Sommer Früchte. 25 × 10 m

Aloe **Aloe**
Gattung frostempfindlicher, immergrüner Mehrjähriger; die meisten mit fleischigen Blättern. Standort in voller Sonne mit gut durchlässigem Boden.
A. arborescens: Hochwüchsige, frostempfindliche, ausdauernde Pflanze mit fleischigen, spitzen, gezähnten Blättern. Im späten Frühjahr/Frühsommer rote Blütentrauben. 3 × 2 m
A. aristata: Frostempfindliche Staude mit dichten Rosetten lanzenförmiger, fleischiger, weiß gepunkteter Blätter. Blüht im Herbst orangerot. 12 cm × unbegrenzte Ausdehnung

Aloe arborescens

Alstroemeria Ligtu-Hybride

Alstroemeria **Inkalilie**
Gattung ausdauernder, winterharter bis sehr winterharter Knollenpflanzen für sonnige oder halbschattige Standorte mit stets leicht feuchtem Boden. Beliebt als Schnittblumen.
A. 'Cyprus': Winterharte Staude, die im Sommer Blüten in Cremeweiß und Gelb trägt. 60 × 75 cm
A. Ligtu-Hybriden: Sehr winterharte Stauden, die aus Kreuzungen zwischen *A. ligtu* und *A. haemantha* hervorgegangen sind. Sommerblüten in verschiedenen Farben. 60 × 75 cm
A. psittacina: Winterharte Staude; trägt im Sommer weinrote Blüten mit grünen Spitzen. 1 m × 45 cm

Alstroemeria 'Cyprus'

Alstroemeria psittacina

Althaea cannabina

Alyogyne huegelii 'Santa Cruz'

Althaea Eibisch, Stockmalve

Gattung ein- und mehrjähriger Pflanzen, die Ähnlichkeit mit den Stockrosen *(Alcea)* haben, aber kleinere Blüten in Farbtönen von Blassrosa bis Rosaviolett tragen. Standort in offener, sonniger Lage mit feuchtem Boden.

A. cannabina: Hochwüchsige, aufrechte Staude, die vom Sommer bis zum Herbst kleine, rosa Blüten an drahtigen Stängeln trägt. 2 m × 60 cm

A. officinalis (Echter Eibisch): Aufrechte Staude mit behaarten Blättern und blassrosa Blüten vom Sommer bis zum Herbst. 2 × 1 m

Alyogyne Blauer Hibiscus

Gattung bedingt winterharter oder frostempfindlicher, immergrüner Sträucher. Sonniger Standort mit durchlässigem Boden.

A. huegelii 'Santa Cruz': Starkwüchsiger, immergrüner Strauch. Vom Frühsommer bis zum Herbst zahlreiche tiefviolette Einzelblüten. 1–2 × 1–2 m

Alyssum spinosum var. *roseum*

Amaranthus caudatus

Amaranthus hybridus var. *erythrostachys*

Alyssum Steinkraut

Gattung niedrigwüchsiger, Polster bildender Einjähriger, immergrüner Stauden oder Halbsträucher. Gut für Steingärten oder als Mauerbepflanzung. Standort in voller Sonne.

A. spinosum var. *roseum:* Kleiner, immergrüner Halbstrauch mit winzigen silbergrauen Blättern und blassrosa Blüten im Frühsommer. 30 × 30 cm

Amaranthus Fuchsschwanz

Gattung frostempfindlicher Einjähriger oder kurzlebiger Stauden, die im Sommer blühen und meist in Sommerbeeten, Blumenampeln oder -kästen kultiviert werden. Standort in voller Sonne; in längeren Trockenperioden gut wässern.

A. caudatus (Garten-Fuchsschwanz): Aufrechte, frostempfindliche Einjährige oder kurzlebige Staude. Wird vor allem der zahlreichen, langen, purpurroten, quastenähnlichen Blüten wegen gezogen, die sie vom Sommer bis zum Herbst trägt. 1 m × 45 cm

A. hybridus var. *erythrostachys:* Buschige, frostempfindliche Einjährige mit dekorativen, aufrechten Ähren dunkelroter Blüten vom Sommer bis zum Herbst. 1 m × 45 cm

Amaryllis bella-donna

Amaryllis Belladonnenlilie

Gattung mit nur einer Art ausdauernder Zwiebelpflanzen, die an einem geschützten Standort in voller Sonne mit durchlässigem Boden gedeihen. Winterhart.
A. bella-donna: Duftende, rosa Trompetenblüten im Spätsommer/Herbst, danach riemenartige Blätter. 60 × 10 cm

Amelanchier lamarckii

Amelanchier Felsenbirne

Gattung Laub abwerfender, zumeist Schösslinge bildender Bäume und Sträucher mit attraktiver Frühjahrsblüte, reizvollen Herbstfarben und Früchten.
A. lamarckii: Aufrechter großer Strauch oder kleiner Baum. Im Frühjahr weiße Blütentrauben, gefolgt von schwarzvioletten Früchten. 10 × 12 m

Anagallis monellii

Anagallis Gauchheil

Gattung teppichbildender Einjähriger und immergrüner Stauden, oft kurzlebig. Viele für den Steingarten geeignet.
A. monellii: Niedrigwüchsige Staude, die im Sommer dunkelblaue Blüten trägt. Gelegentlich auch rote und rosa Varianten. 20 × 40 cm

Anaphalis

Anaphalis Perlkörbchen, Silberimmortelle

Gattung teils immergrüner Stauden, viele davon mit graugrünem Laub und pergamentartigen, weißen Blüten, die sich als Trockenblumen eignen. Sonniger Standort.
A. margaritacea: Horstbildende Staude mit graugrünen, lanzettlichen Blättern und Doldentrauben weißer Blüten vom Hochsommer bis zum Frühherbst. 60 × 60 cm

Anchusa azurea 'Loddon Royalist'

Anchusa Ochsenzunge

Gattung Einjähriger, Zweijähriger und kurzlebiger Stauden für sonnige Standorte. Kleinere Arten, wie *A. cespitosa,* eignen sich gut für Steingärten oder Kübel.
A. azurea 'Loddon Royalist': Starkwüchsige Staude mit behaarten, lanzenförmigen Blättern; blüht im Frühsommer dunkelblau. 1 m × 60 cm

Andromeda polifolia 'Compacta'

Andromeda Rosmarinheide

Gattung kleiner, immergrüner Sträucher für sauren Boden in voller Sonne oder Halbschatten. Gut für Torfbeete oder Steingärten mit saurem Boden.
A. polifolia 'Compacta': Kompakter, stark verzweigter, immergrüner Strauch mit graugrünen Blättern. Im späten Frühjahr/Frühsommer rosafarbene Blüten.
30 × 20 cm

Androsace lanuginosa

Androsace Mannsschild

Gattung von Einjährigen, Zweijährigen und zumeist immergrünen Stauden für Alpinhaus, Steingarten oder Kübel.
A. carnea: Polster bildende, immergrüne Staude mit grasgrünen, schmalen, spitzen Blättern und Büscheln rosafarbener Blüten mit gelber Mitte im späten Frühjahr/Sommer. 5 × 8 cm
A. chamaejasme: Matten bildende, immergrüne Staude mit seidigen Blättern, die im späten Frühjahr/Sommer weiße, später rosa überhauchte Blüten mit gelber Mitte trägt. 5 × 20 cm
A. lanuginosa: Niedrigwüchsige, immergrüne Staude mit niederliegenden Stängeln, an denen graugrüne Blätter und im Hochsommer blassrosa Blüten mit gelber Mitte wachsen. 5 × 30 cm

Anemone apennina

Anemone blanda 'White Splendour'

Anemone Anemone, Windröschen

Gattung bedingt bis sehr winterharter Stauden, manche mit Knollen oder Rhizomen, teils für die Staudenrabatte, teils für den Steingarten geeignet. Je nach Art blühen sie von der Mitte des Frühjahrs bis zum Herbst und verlangen nach unterschiedlichen Bodenbedingungen und Standortverhältnissen.

A. apennina: Sehr winterharte Kriechstaude, die sich durch Rhizome verbreitet. Standort im Halbschatten. Trägt im Frühjahr vorwiegend blaue, mitunter auch weiße Blüten. Ruheperiode im Sommer. 20 × 30 cm

A. blanda 'White Splendour': Sehr winterharte, Knollen bildende Kriechstaude für einen sonnigen/halbschattigen Standort. Im Frühjahr große, weiße Blüten mit rosa überhauchter Unterseite. 15 × 15 cm

A. × *hybrida* (Herbstanemone): In die Breite wuchernde, sehr winterharte Staude, die im Spätsommer/Herbst an langen Stängeln rosa Blüten trägt. Viele Sorten mit einfachen, halbgefüllten oder gefüllten Blüten in verschiedenen Farben. Für Sonne/Halbschatten. 1,2–1,5 m × unbegrenzte Ausbreitung

A. nemorosa 'Alba Plena': Gefüllte Form des kriechenden, sehr winterharten, mehrjährigen Buschwindröschens, die im Frühjahr und Frühsommer blüht. Für Halbschatten. 15 × 30 cm

A. n. 'Robinsoniana': Sehr winterharte Kriechstaude für den Halbschatten mit lavendelblauen Blüten im Frühjahr und Frühsommer. 15 × 30 cm

A. sylvestris (Großes Windröschen): Sich rasch ausbreitende, sehr winterharte Staude, die im späten Frühjahr/Frühsommer halb hängende, weiße Blüten trägt. Für Sonne/Halbschatten. 30 × 30 cm

Anemone × *hybrida*

Anemone nemorosa 'Alba Plena'

Anemone nemorosa 'Robinsoniana'

Anemone sylvestris

Angelica archangelica

Anisodontea capensis

Antennaria dioica

Angelica Engelwurz
Gattung mehr- oder zweijähriger Pflanzen für feuchten, nährstoffreichen Boden. Vor allem als Hintergrundpflanze bzw. im Falle von *A. archangelica* als Heilpflanze und Küchenkraut gezogen.
A. archangelica: Hochwüchsige, monokarpe Staude, die im Hochsommer an gerippten Stängeln rundliche Dolden zitronengelber Blüten trägt. Nach der Blüte bildet die Pflanze Samen und stirbt dann ab. 2 × 1,2 m

Anisodontea
Gattung immergrüner, bedingt winterharter Sträucher und Stauden für Standorte in voller Sonne mit reizvollen Blüten in Farbtönen von Blassrosa bis zu dunklem Rotviolett.
A. capensis (Syn. *Malvastrum capensis):* Aufrechter Strauch, der vom Sommer bis zum Herbst rosarote Blüten trägt. Nur bedingt winterhart, verträgt aber kurzzeitig Temperaturen bis –5 °C. 60 × 45 cm

Antennaria Katzenpfötchen
Gattung immergrüner oder halbimmergrüner, teppichbildender Stauden zur Kultivierung in voller Sonne im Steingarten oder am vorderen Beetrand.
A. dioica: Niedrigwüchsige, halbimmergrüne Staude mit graugrünen Blättern und Doldentrauben rosafarbener oder weißer Blüten vom späten Frühjahr bis in den Frühsommer. 5 × 45 cm

Anthemis punctata subsp. *cupaniana*

Anthemis tinctoria 'Alba'

Anthemis Färberkamille, Hundskamille
Gattung ein- und mehrjähriger Pflanzen mit hübschem, fein eingeschnittenem, duftendem Laub und Körbchenblüten. Die meisten brauchen gut durchlässigen Boden in voller Sonne.
A. punctata subsp. *cupaniana:* Teppichbildende Staude mit graugrünen Blättern. Trägt im Frühsommer weiße Blüten. 30 cm × 1 m
A. tinctoria 'Alba': Staude mit grasgrünen, unterseits grauen Blättern. Trägt im Sommer viele Wochen lang Körbchenblüten aus cremefarbenen Zungenblüten um eine buttergelbe Mitte. Weitere Sorten u. a.: 'E. C. Buxton', 'Grallach Gold' und 'Sauce Hollandaise'. 60 × 60 cm

Anthericum liliago

Anthericum Graslilie, Zaunlilie
Gattung horstbildender Stauden, die im Frühjahr und Sommer anmutige, lilienähnliche Blüten hervorbringen. Für gut durchlässigen Boden in voller Sonne.
A. liliago (Astlose Graslilie): Staude, die Horste aus sehr langen, dünnen Blättern bildet und im späten Frühjahr/Frühsommer trompetenförmige, weiße Blüten trägt. 60 × 30 cm
A. ramosum: Horstbildende Staude mit sehr langen, dünnen, graugrünen Blättern. Im späten Frühjahr/Frühsommer sternförmige, weiße Blüten. 1 m × 30 cm

Antirrhinum majus

Anthriscus sylvestris 'Ravenswing'

Anthriscus **Kerbel**
Gattung ein-, zwei- und mehrjähriger Pflanzen mit dekorativen Blättern und Blüten, teils auch als Küchenkraut genutzt.
A. cerefolium (Gartenkerbel): Einjähriges Küchenkraut. 45 × 24 cm
A. sylvestris 'Ravenswing': Zweijährige Pflanze oder kurzlebige Staude. Zuchtform des Wiesenkerbels mit schwarzvioletten Blättern. Im späten Frühjahr/Frühsommer weiße Blüten. 1 m × 30 cm

Anthyllis hermanniae

Anthyllis **Wundklee**
Gattung von Einjährigen, Stauden und Sträuchern für trockenen Boden in voller Sonne.
A. hermanniae: Kleiner, für Steingärten geeigneter Strauch, der im Sommer eine Fülle goldgelber Blüten trägt. 45 × 60 cm

Aponogeton distachyos

Antirrhinum **Löwenmaul**
Gattung bedingt bis sehr winterharter Einjähriger, Stauden und halbimmergrüner Halbsträucher, die vor allem ihrer röhrenförmigen Blüten wegen gezogen werden. Alle Arten bevorzugen gut durchlässigen Boden in voller Sonne.
A. majus: Kurzlebige Staude, die meist als Einjährige gezogen und gern in Sommerblumenbeeten eingesetzt wird. Die Skala der Blütenfarben reicht von Weiß und Gelb über Rosa und Rot bis zu Purpur und Violett. Es gibt auch zweifarbige Sorten. Blütezeit vom Sommer bis zum Herbst. Zu den Zwergsorten gehören 'Bells' und 'Chimes'. Bis zu 1 m × 45 cm
A. Coronette-Sorten: Kurzlebige, hochwüchsige Stauden, die im Sommer in vielen Farben, so etwa Orange, verschiedenen Rottönen, Gelb und Weiß, blühen. 60 × 45 cm

Aponogeton **Wasserähre**
Gattung winterharter oder frostempfindlicher, ausdauernder Wasserpflanzen mit Wurzelknollen zur Kultivierung in Teichen.
A. distachyos (Kap-Wasserähre): Winterharte, ausdauernde Wasserpflanze mit Schwimmblättern. Trägt vom Frühjahr bis zum Herbst kleine, duftende Blüten. In milden Wintern immergrün. 10 cm × 1,2 m

Aquilegia atrata

Aquilegia-Hybride

Aquilegia 'Magpie'

Aquilegia Akelei

Gattung von Stauden mit glockenförmigen Blüten für normalen, nährstoffreichen Gartenboden in Sonne oder Halbschatten. Alpine Arten benötigen sehr durchlässigen Boden und etwas Schutz vor Sommersonne. Viele Hybridsorten.

A. atrata: Staude mit markanten dunkelvioletten, fast schon schwarzen Blüten und gelben Staubblättern. Blütezeit im späten Frühjahr. Im Sommer vor zu großer Hitze schützen. 30 × 30 cm

A.-Hybriden: Robuste Stauden, die im Frühjahr und Frühsommer in einer Vielzahl verschiedener Farbtöne blühen. 45 × 45 cm

A. 'Magpie': Staude mit ungewöhnlich gefärbten Blütenspornen in dunklem Purpurviolett, Rosarot und Weiß im Frühsommer. 60 × 45 cm

A. 'Snow Queen': Staude, die im Frühsommer weiß gespornte Blüten trägt. 60 × 45 cm

A. vulgaris: Staude mit meist blauvioletten, manchmal auch rosafarbenen oder weißen Blüten im späten Frühjahr/Frühsommer. 1 m × 45 cm

A. v. 'Adelaide Addison': Starkwüchsige Staude mit gefüllten blau-weißen Blüten im Frühsommer. 1 m × 45 cm

A. v. var. *flore pleno* zartblau: Staude, die im Frühsommer gefüllte blassblaue Blüten trägt. 60 × 45 cm

A. v. 'Nora Barlow': Staude mit gefüllten, spornlosen Blüten in Blassgrün mit Rosarot. 1 m × 45 cm

Aquilegia 'Snow Queen'

Aquilegia vulgaris

Aquilegia vulgaris 'Adelaide Addison'

A. v. var. *flore pleno* zartblau

Aquilegia vulgaris 'Nora Barlow'

Arabis caucasica

A. ferdinandi-coburgii 'Old Gold'

Aralia elata 'Variegata'

Arabis Gänsekresse

Gattung von Einjährigen und immergrünen Stauden zur Bepflanzung von Steingärten sowie Pflaster- und Mauerfugen. Vertragen volle Sonne und Trockenheit.
A. caucasica: Niedrigwüchsige, immergrüne Staude, die im Frühjahr über lockeren Rosetten graugrüner Blätter duftende weiße Blüten entfaltet. 'Flore Pleno' ist eine Sorte mit gefüllten Blüten. 15 × 60 cm
A. ferdinandi-coburgii 'Old Gold': Niedrigwüchsige, immergrüne oder halbimmergrüne Staude mit lockeren Rosetten grüner, cremefarben panaschierter Blätter; trägt im Frühjahr weiße Blüten. 8 × 30 cm

Aralia Angelikabaum, Aralie

Gattung teils Laub abwerfender, teils immergrüner Bäume und Sträucher für feuchten Boden im Halbschatten.
A. elata 'Variegata': Ausladender, Schösslinge bildender, Laub abwerfender Baum mit cremeweiß geränderten Blättern. Trägt im Spätsommer und Frühherbst kleine weiße Blüten, danach winzige schwarze Früchte. 10 × 10 m

Araucaria araucana

Araucaria Araukarie, Zimmertanne

Gattung immergrüner Koniferen, von denen nur *A. araucana* ganz winterhart ist.
A. araucana (Andentanne, chilenische Araukarie): Winterharte Konifere, deren weit ausgebreitete Äste wirtelförmig um einen zentralen Stamm mit dunkelgraubrauner Rinde angeordnet sind. Die dreieckigen, dunkelgrünen Blätter sind spitz und stachelig. Bei älteren Exemplaren werden die unteren Äste oft abgeworfen. In offener, vor kalten Winden geschützter Lage pflanzen. 25 × 3,5 m

Arbutus unedo

Arbutus unedo fo. *rubra*

Arbutus Erdbeerbaum

Gattung immergrüner Bäume und Sträucher mit erdbeerartigen Früchten und meist abblätternder Rinde. Sie benötigen einen vor kalten Winden geschützten Standort in voller Sonne.
A. unedo: Immergrüner, ausladender Baum mit abblätternder rötlicher Rinde und maiglöckchenähnlichen weißen Blüten im Herbst. Zugleich erscheinen die reifenden, essbaren Früchte des Vorjahrs. Verträgt kalkigen Boden. 8 × 8 m
A. u. fo. *rubra:* Wie *A. u.*, aber mit rosa Blüten. 8 × 8 m

Arctotis-Hybride 'Wine'

Arctotis-Hybride 'Apricot'

Arenaria montana

***Arctotis* Bärenohr**
Gattung frostempfindlicher, ein- oder mehrjähriger Pflanzen, teils auch Halbsträucher mit großen, sehr dekorativen Körbchenblüten vom Sommer bis in den Frühherbst. Wird meist als Einjährige in Sommerblumenbeeten in voller Sonne kultiviert.
A.-Hybride 'Apricot': Buschige, frostempfindliche Staude, die als Einjährige gezogen wird und im Sommer aprikosenfarbene Blüten trägt. 45 × 45 cm
A.-Hybride 'Wine': Buschige, frostempfindliche Staude, die als Einjährige gezogen wird und im Sommer weinrote Blüten trägt. 45 × 45 cm

***Arenaria* Sandkraut**
Gattung ein- oder mehrjähriger, teils immergrüner, niederliegender Pflanzen. Gut für Steingärten in voller Sonne.
A. montana: Immergrüner, ausdauernder Bodendecker mit graugrünen Blättern und einer Fülle becherförmiger, silberweißer Blüten im späten Frühjahr und Frühsommer. 5 × 30 cm

Argyranthemum 'Vancouver'

Argyranthemum 'Jamaica Primrose'

***Argyranthemum* Strauchmargerite**
Gattung winterharter bis bedingt winterharter, immergrüner Halbsträucher, die meist für das Sommerbeet oder als Kübelpflanzen gezogen werden. Bevorzugen gut durchlässigen Boden in voller Sonne.
A. 'Mary Wootton': Bedingt winterharter Halbstrauch mit relativ derben grünen Blättern, über denen er vom späten Frühjahr bis zum Frühherbst eine üppige Fülle weißer Körbchenblüten trägt. 75 × 75 cm
A. 'Jamaica Primrose': Bedingt winterharter Halbstrauch mit graugrünen Blättern. Trägt den Sommer über schlüsselblumengelbe Körbchenblüten an langen Stängeln. 1 × 1 m
A. 'Vancouver': Bedingt winterharter Halbstrauch mit graugrünen Blättern. Trägt den Sommer über gefüllte, anemonenähnliche Blüten in hellen und dunkleren Rosatönen. 1 × 1 m

Argyranthemum 'Mary Wootton'

Arisaema candidissimum

Arisaema Feuerkolben
Gattung bedingt bis sehr winterharter Knollen- oder Rhizomstauden. Interessante Blüten aus einer kannenförmigen Blütenscheide um einen langen Blütenkolben. Bevorzugen humosen, sauren oder neutralen Boden im Halbschatten.
A. candidissimum: Sehr winterharte Knollenstaude, die im Sommer eine markante, duftende, rosa-weiß gestreifte Blütenscheide hervorbringt, gefolgt von breit geteilten Blättern. 45 × 15 cm

Arisarum Mäuseschwanz
Gattung bedingt bis sehr winterharter Knollen- oder Rhizomstauden mit röhrenförmigen Blütenscheiden, die winzige Blüten umschließen.
A. proboscideum: Sehr winterharte Rhizomstaude, die einen Teppich pfeilspitzenförmiger Blätter bildet, durch den sich im Frühjahr die rotbraunen Blütenscheiden schieben. 15 × 25 cm

Aristolochia durior

Aristolochia Osterluzei, Pfeifenwinde
Gattung immergrüner oder Laub abwerfender, teils frostempfindlicher, teils bedingt bis sehr winterharter Kletterpflanzen, Sträucher und Stauden, die außergewöhnlich geformte, gefleckte Blüten hervorbringen. Für Sonne oder Halbschatten.
A. durior: Laub abwerfende, sehr winterharte Kletterpflanze, die im Sommer gelbgrüne Blüten trägt. 10 m

Armeria maritima

Armeria Grasnelke
Gattung immergrüner Stauden und Halbsträucher mit langen, schmalen Blättern und runden Blütenköpfchen in Weiß oder Rosa.
A. maritima: Polster bildende, immergrüne Staude. Trägt vom Frühjahr bis zum Herbst rosarote Blütenköpfchen über schmalen, dunkelgrünen Blättern. Gedeiht auch auf magerem Boden.
20 × 30 cm
A. m. 'Bloodstone': Wie *A. m.*, aber mit dunkelroten Blüten. 20 × 30 cm

Aronia Apfelbeere
Gattung Laub abwerfender, Schösslinge bildender Sträucher mit attraktiven Blüten, Herbstfarben und Früchten. Vertragen fast jeden Boden, aber keinen Kalk.
A. arbutifolia: Aufrechter, Laub abwerfender Strauch. Trägt im Frühjahr weiße, zuweilen rosa getönte Blüten, später rote Beeren und feuerrotes Herbstlaub. 3 × 1,5 m

Artemisia absinthium 'Lambrook Silver'

Artemisia 'Powis Castle'

Artemisia Absinth, Beifuß, Eberraute, Wermut
Gattung teils immergrüner, teils Laub abwerfender Sträucher, Stauden und Einjähriger mit duftenden, oft fein geteilten Blättern in Grün, Graugrün oder Silber. Gedeihen am besten in voller Sonne.
A. absinthium 'Lambrook Silver': Halbstrauch mit duftendem, tief eingeschnittenem, silbrigem Laub. Im Spätsommer unauffällige gelbliche Blüten. 75 × 60 cm
A. alba 'Canescens': Halbimmergrüne Staude mit fein geteilten, silbernen Blättern und unscheinbaren gelblichen Blüten im Spätsommer. 45 × 30 cm
A. ludoviciana 'Silver Queen': In die Breite wuchernde Staude mit größeren Blättern als die Art. Blätter silberweiß, später vergrünend. Vom Hochsommer bis zum Herbst gelbliche Blüten. 75 × 60 cm
A. 'Powis Castle': Buschiger Halbstrauch mit fein geteilten, silbernen Blättern. Trägt im Spätsommer silbrige Blütenköpfchen. 60 cm × 1 m
A. schmidtiana 'Nana': Niedrige, kompakte, immergrüne Staude, die einen Teppich schmaler, silbriger Blätter bildet. Im Sommer gelbe Blütenköpfchen. 8 × 30 cm

Artemisia ludoviciana 'Silver Queen'

Artemisia schmidtiana 'Nana'

Arum creticum

Arum italicum

Arum italicum subsp. *italicum* 'Marmoratum'

Arum **Aronstab**
Gattung bedingt bis sehr winterharter Knollenstauden für gut durchlässigen Boden in voller Sonne oder Halbschatten. Sie haben teils auffallend geäderte Blätter, große Blütenscheiden und farbenprächtige Beeren.
A. creticum: Winterharte Knollenstaude mit breiten, pfeilspitzenförmigen Blättern. Im Frühjahr cremeweiße oder gelbe Blütenscheiden. Volle Sonne. 30 × 15 cm
A. italicum: Sehr winterharte Knollenstaude mit pfeilspitzenförmigen, weiß geäderten Blättern und im Frühsommer grünlichen Blütenscheiden. Danach folgen Ähren orangefarbener Beeren. 30 × 15 cm
A. i. subsp. *italicum* 'Marmoratum': Wie die Art, aber mit blassgrün oder cremefarben geäderten Blättern. 30 × 15 cm

Aruncus **Geißbart**
Gattung von Stauden für feuchten Boden im Halbschatten.
A. aethusifolius: Niedrigwüchsige Staude mit tief eingeschnittenen Blättern, die sich im Herbst gelb verfärben. Im Sommer Rispen winziger cremefarbener Blüten. 25 × 25 cm
A. dioicus: Horstbildende Staude mit gezähnten, grasgrünen Blättern und, im Sommer, Rispen cremeweißer Blüten. 1,2 × 1,2 m
A. d. 'Kneiffii': Wie die Art, aber mit fein geteilten Blättern und kleineren Blütenrispen. 1,2 m × 45 cm

Aruncus dioicus

Arundinaria
Gattung sehr winterharter Bambuspflanzen. Geeignet als Sichtschutz.
A. gigantea: Riesenbambus mit grüngelben Halmen und lanzenförmigen Blättern. Bringt das Jahr hindurch gelegentlich violette Blütenähren hervor. Verbreitet sich rasch durch Rhizome. Geschützter Standort mit feuchtem Boden. 10 m × unbegrenzte Ausbreitung

Aruncus dioicus 'Kneiffii'

Arundo donax var. *versicolor*

Arundo **Pfahlrohr**
Gattung immergrüner, bedingt bis sehr winterharter, ausdauernder Gräser. *A. donax* wird seiner bambusartigen Halme wegen kultiviert.
A donax var. *versicolor:* Bedingt winterhartes Riesengras, das einen Horst weiß gestreifter, überhängender Blätter bildet. 1,5 m × 60 cm

Asarina 'Victoria Falls'

Asarina **Felsenlöwenmaul**
Einzige Art der Gattung ist eine immergrüne Kriechstaude, deren attraktive Blüten denen des allseits bekannten Löwenmauls ähneln.
A. 'Victoria Falls': Immergrüne, sommerblühende Kriechstaude mit graugrünen Blättern. Bevorzugt sandigen Boden im Halbschatten. Triebe bis 45 cm

Asclepias **Seidenpflanze**
Gattung meist sehr winterharter, immergrüner oder Laub abwerfender Stauden, Halbsträucher und Sträucher für sonnige Standorte.
A. incarnata: Sehr winterharte Staude mit Büscheln rosaroter Blüten im Sommer/Herbst. 1,2 m × 60 cm

Asparagus **Spargel**
Gattung sehr winterharter bis frostempfindlicher, immergrüner oder Laub abwerfender Stauden, Kletterpflanzen und Halbsträucher mit knollenartigen Wurzelstöcken und dekorativem Laub.
A. setaceus (Farnspargel): Bedingt winterharte Kletterpflanze mit farnartigen Blättern. Auf kleine weiße Blüten folgen fast schwarze Beeren. 3 m

Asperula suberosa

Asperula Meier, Meister
Gattung von Einjährigen, immergrünen oder Laub abwerfenden Stauden und Zwergsträuchern, die für Steingärten bestens geeignet sind. Manche Arten vertragen keine Feuchtigkeit im Winter.
A. orientalis: Einjährige Pflanze. Im Sommer duftende, himmelblaue, mitunter auch weiße Blüten. 30 × 10 cm
A. suberosa: Immergrüne Staude, die im Frühsommer rosafarbene Röhrenblüten trägt. 8 × 20 cm

Asphodeline Junkerlilie
Gattung zwei- oder mehrjähriger Pflanzen mit grasartigen Blättern und sternförmigen Blüten für volle Sonne.
A. lutea: Horstbildende Staude mit grasartigen, blaugrünen Blättern und langen, unverzweigten Ähren duftender, gelber Blüten im späten Frühjahr. 1,5 m × 30 cm

Aspidistra Schildnarbe, Schusterpalme
Gattung winterharter, immergrüner Stauden mit dekorativen, glänzend dunkelgrünen Blättern.
A. elatior: Immergrüne, winterharte Staude, die meist als Zimmerpflanze kultiviert wird. Lanzenförmige Blätter; dazwischen im Frühsommer cremefarbene Blüten. 60 × 60 cm

Asphodeline lutea

Asphodelus Affodill
Gattung ein- oder mehrjähriger Pflanzen für warme, sonnige Standorte mit gut durchlässigem Boden.
A. albus: Horstbildende Staude, die im späten Frühjahr dichte Ähren weißer, mitunter auch blassrosafarbener Blüten trägt. 1 m × 30 cm

Asphodelus albus

Asplenium scolopendrium

Asplenium trichomanes

Asplenium Streifenfarn
Gattung immergrüner oder halbimmergrüner, sehr winterharter bis frostempfindlicher Farne für humosen, feuchten Boden im Halbschatten.
A. scolopendrium (Hirschzungenfarn): Sehr winterharter, immergrüner Farn mit ungeteilten, glänzenden Wedeln, deren Ränder sich oft nach innen kräuseln. Alte Wedel zu Frühjahrsbeginn zurückschneiden. 60 × 60 cm
A. s. 'Crispum': Wie die Art, allerdings sind die Ränder der Wedel auffallend gewellt. 60 × 60 cm
A. trichomanes: Zwergwüchsiger, immergrüner Farn mit spitz zulaufenden Wedeln und runden Fiederblättchen. 10 × 10 cm

Aster cordifolius 'Sweet Lavender'

Aster ericoides 'Blue Star'

Aster lateriflorus 'Horizontalis'

Aster luteus

Aster novi-belgii 'Beechwood Charm'

Aster × frikartii

***Aster* Aster**

Gattung vorwiegend sehr winterharter, teils aber auch frostempfindlicher Einjähriger, Zweijähriger, Stauden und Halbsträucher mit meist lanzenförmigen Blättern und Körbchenblüten. Die meisten bevorzugen fruchtbaren, feuchten Boden in voller Sonne oder Halbschatten. Nach der Blüte oder zum Winter bis zum Boden zurückschneiden.

A. cordifolius 'Sweet Lavender': Aufrechte Staude mit Büscheln lavendelblauer Blüten an langen, gebogenen Stängeln im Spätsommer und Herbst. Bevorzugt Halbschatten. 1 × 1,2 m

A. ericoides 'Blue Star': Horstbildende Staude zur Kultivierung in voller Sonne. Im Spätsommer und Herbst blaue Blüten mit gelber Mitte. 1 m × 30 cm

A. × frikartii: Staude für sonnige Standorte, die Horste dunkelgrüner Blätter bildet und vom Hochsommer bis zum Herbst Blüten in Blauvioletttönen mit orangefarbener Mitte trägt. Die Sorte 'Mönch' blüht lavendelblau. 75 × 45 cm

A. lateriflorus 'Horizontalis': Horstbildende Staude für halbschattige Standorte. Trägt vom Hochsommer bis zum Herbst weiß-rosa Blüten mit dunkelrosa Mitte. 60 × 30 cm

A. luteus: Horstbildende Staude, die im Herbst Büschel winziger, gelber Blüten trägt. Standort in voller Sonne. 60 × 30 cm

A. novi-belgii 'Beechwood Charm': Horstbildende Staude mit rosaroten Blüten vom Spätsommer bis zum Herbst. 1,2 m × 45 cm

A. n. 'Fellowship': Horstbildende Staude mit gefüllten rosa Blüten vom Spätsommer bis zum Herbst. 1 × 1 m

A. n. 'Goliath': Horstbildende Staude mit rosavioletten Blüten vom Spätsommer bis zum Herbst. 1 × 1 m

A. n. 'Harrison's Blue': Horstbildende Staude mit blauvioletten Blüten vom Spätsommer bis zum Herbst. 1 × 1 m

A. n. 'Helen Ballard': Horstbildende Staude mit dunkelroten Blüten vom Spätsommer bis zum Herbst. 60 cm × 1 m

A. n. 'Sheena': Horstbildende Staude mit Blüten in sattem Rosa vom Spätsommer bis zum Herbst. 1,2 m × 45 cm

A. 'Pink Star': Horstbildende Staude mit einer Fülle rosavioletter Blüten mit sehr schmalen Zungenblüten vom Spätsommer bis zum Herbst. 1 m × 45 cm

A. sedifolius: Horstbildende Staude, die vom Spätsommer bis zum Herbst in Farbtönen von Blauviolett über Zartviolett bis zu Rosa blüht, jeweils mit gelber Mitte. Standort in voller Sonne. 1 m × 60 cm

A. 'Snow Star': Horstbildende Staude, die vom Spätsommer bis zum Herbst Wolken weißer Blüten mit feinen Zungenblüten hervorbringt. 1 m × 45 cm

A. thomsonii 'Nanus': Horstbildende, niedrigwüchsige Staude mit zartvioletten Blüten, die vom Spätsommer bis zum Herbst erscheinen. Bevorzugt halbschattige Standorte. 45 × 25 cm

Aster novi-belgii 'Fellowship'

Aster novi-belgii 'Goliath'

Aster novi-belgii 'Harrison's Blue'

Aster novi-belgii 'Helen Ballard'

Aster novi-belgii 'Sheena'

Aster 'Pink Star'

Aster thomsonii 'Nanus'

Aster sedifolius

Aster 'Snow Star'

Astilbe × arendsii 'Venus'

Astilbe × arendsii 'Erica'

Astilbe × arendsii 'Granat'

Astilbe **Astilbe, Prachtspiere**

Gattung von Stauden, die ihres farnartigen Laubs und ihrer federigen Blütenrispen wegen gezogen werden. Gedeihen am besten auf humosen, feuchten bzw. Feuchtigkeit bindenden Böden in Sonne oder Halbschatten, nicht aber auf Kalk.

A. × arendsii 'Erica': Staude mit fein eingeschnittenen, grünbronzenen Blättern, die im Hochsommer federige, rosarote Blütenrispen trägt. 45 × 30 cm

A. × a. 'Granat': Staude mit dunkelgrünem Laub und federigen, dunkelroten Blütenrispen im Hochsommer. 60 × 45 cm

A. × a. 'Venus': Staude mit leuchtend grünem Laub und federigen, blassrosa Blütenrispen im Frühsommer. 1 m × 45 cm

A. 'Deutschland': Staude mit leuchtend grünem Laub. Trägt im Hochsommer federige, reinweiße Blütenrispen. 45 × 30 cm

A. 'Montgomery': Staude mit fein eingeschnittenen, grünbronzenen Blättern. Trägt im Hochsommer federige, dunkelrote Blütenrispen. 60 × 75 cm

Astilbe 'Montgomery'

Astilbe 'Deutschland'

Astrantia major

Astrantia Sterndolde

Gattung horstbildender Stauden mit gelappten Blättern und zarten Blütendolden mit pergamentartigen Tragblättern, die sich gut als Trockenblumen eignen. Für humosen, Feuchtigkeit bindenden Boden in Sonne oder Halbschatten. *A. major* 'Sunningdale Variegated' benötigt in jedem Fall volle Sonne.

A. major: Horstbildende Staude mit tief gelappten Blättern. Trägt im Sommer Blüten in verschiedenen Farbtönen, u. a. Grün, Rosa und Rotviolett. 'Hadspen Blood' blüht in tiefem Dunkelrot. 30 cm–1 m × 45 cm

A. m. subsp. *involucrata:* Horstbildende Staude, die im Sommer ausgebreitete, pergamentartige Tragblätter in Grün und rosa überhauchtem Weiß trägt. Zu ihren Sorten gehört 'Shaggy' (Syn. 'Margery Fish'). 30 cm–1 m × 45 cm

Astrantia major subsp. *involucrata*

Athyrium Frauenfarn

Gattung Laub abwerfender, sehr winterharter bis frostempfindlicher Farne mit besonders attraktiven Wedeln. Frauenfarn gedeiht am besten auf Feuchtigkeit bindenden, neutralen bis sauren Böden an einem halbschattigen, geschützten Standort.

A. filix-femina: Laub abwerfender, sehr winterharter Farn, dessen dekorative Wedel in ihrer Anordnung an einen aufrecht stehenden „Federball" erinnern. Hunderte von Varietäten, zu denen u. a. die Cruciatum-Gruppe mit ihren faszinierenden Kreuzfiedern gehört. 1,2 m × 60 cm

A. nipponicum (Japanischer Regenbogenfarn, Brokatfarn): Laub abwerfender, sehr winterharter Farn, dessen silbergrüne Wedel markante rotviolette Mittelrippen haben. Die Färbung kann variieren. 30 × 30 cm

Athyrium filix-femina Cruciatum-Gruppe

Atriplex halimus

Atriplex hortensis var. *rubra*

Atriplex Melde
Gattung sehr bis bedingt winterharter, immergrüner oder halbimmergrüner Sträucher, Halbsträucher, Einjähriger und Stauden zur Kultivierung auf durchlässigem Boden in voller Sonne.
A. halimus: Sehr winterharter, halbimmergrüner Strauch mit attraktivem silbergrauem Laub. Trägt im Spätsommer unscheinbare grünweiße Blüten. 2 × 2,5 m
A. hortensis var. *rubra:* Aufrechte Einjährige mit purpurnen Blättern, deren Form an Spinat erinnert. Im Sommer dunkelrote Blüten. 1,2 m × 30 cm

Aubrieta deltoidea

Aubrieta Blaukissen
Gattung immergrüner, niedrigwüchsiger Stauden, die gut in voller Sonne im Steingarten, in Pflasterfugen oder als Mauerbepflanzung gedeihen. Nach der Blüte rigoros zurückschneiden, um neuen Austrieb und kompakten Wuchs anzuregen.
A. 'Barker's Double': Teppichbildende, immergrüne Staude, die das Frühjahr über eine Fülle winziger, gefüllter, rosaroter Blüten trägt. 5 × 60 cm
A. deltoidea: Teppichbildende, immergrüne Staude, die im Frühjahr zahllose winzige, einfache oder gefüllte Blüten in vielen Farbtönen hervorbringt. 5 × 60 cm

Aubrieta 'Barker's Double'

Aucuba Aukube
Gattung immergrüner Sträucher mit glänzenden, oft panaschierten Blättern. Es gibt männliche und weibliche Pflanzen; Früchte entstehen nur, wenn man beide kultiviert. Sehr beliebt wegen ihrer Eignung auch für magere Böden, trockene Standorte und tiefen Schatten.
A. japonica 'Gold Dust': Immergrüner Strauch mit glänzenden, grasgrünen, auffallend gelb gefleckten Blättern. Die weiblichen Pflanzen tragen im Frühjahr purpurrote Blüten und im Herbst leuchtend rote Beeren. 3 × 3 m

Aucuba japonica 'Gold Dust'

Aurinia saxatilis

Aurinia Steinkresse
Dem Steinkraut *(Alyssum)* eng verwandte Gattung von Zweijährigen oder immergrünen Stauden, am besten im Steingarten oder im Beetvordergrund in voller Sonne zu ziehen.
A. saxatilis (Felsen-Steinkresse): Immergrüne Staude, die ein Polster graugrüner Blätter bildet und im späten Frühjahr und frühen Sommer leuchtend goldgelbe Blüten trägt. 20 × 30 cm

Azara lanceolata

Azara
Gattung sehr bis bedingt winterharter, immergrüner Sträucher und kleiner Bäume mit duftenden Blüten, danach in heißen Sommern Beeren. Für Wandspaliere geeignet. Vor kalten Winden schützen.
A. integrifolia: Winterharter, immergrüner Strauch/kleiner Baum mit glänzend dunkelgrünen Blättern. Trägt im Winter und zeitigen Frühjahr duftende, gelbe Blüten. 5 × 3 m
A. lanceolata: Winterharter, immergrüner Strauch mit dunkelgrünen Blättern und Büscheln kleiner, duftender, gelber Blüten im Frühjahr. 5 × 5 m

Azolla Algenfarn
Gattung bedingt winterharter bis frostempfindlicher Wasserfarne, die man in Teichen zur Unterdrückung des Algenwuchses einsetzt. Überwinterung auf feuchtem Boden in frostfreier Umgebung.
A. filiculoides (Feenmoos, Großer Algenfarn): Frostempfindliche, mehrjährige Wasserpflanze mit blassgrünen Wedeln. 1,5 cm × unbegrenzte Ausbreitung

Azorina vidalii

Azorina
Einzige Art der Gattung ist ein frostempfindlicher, immergrüner Strauch. Kultivierung im kühlen Wintergarten, Gewächshaus oder, in frostfreiem Klima, auf gut dräniertem, Feuchtigkeit bindendem Boden in voller Sonne, mit etwas Schatten um die Mittagszeit.
A. vidalii: Frostempfindlicher, immergrüner Strauch mit glänzenden Blättern und hängenden, weißen oder rosa Glockenblüten im Spätsommer. 60 × 60 cm

B

Ballota pseudodictamnus

Baptisia australis

Ballota Gottvergess, Schwarznessel
Gattung winterharter bis sehr winterharter Stauden und immergrüner Halbsträucher für mageren Boden in voller Sonne.
B. pseudodictamnus: Sehr winterharter, immergrüner Halbstrauch mit weichen, weißfilzigen Stängeln und ovalen, gelbgrünen Blättern. Im späten Frühjahr und frühen Sommer Blüten in Rosa und Weiß. 45 × 60 cm

Baptisia Färberhülse
Gattung winterharter bis sehr winterharter Stauden zur Kultivierung an einem sonnigen, offenen Standort. Gedeihen gut auf sandigem Boden.
B. australis: Aufrechte, sehr winterharte Staude mit dunkelgrünen Blättern und Trauben indigoblauer Blüten im Frühsommer. 1 m × 60 cm

Begonia coccinea

Begonia 'Fire Flush'

Begonia 'Looking Glass'

Begonia semperflorens 'Kalinka Rose'

Begonia Begonie, Schiefblatt
Gattung bedingt winterharter bis frostempfindlicher Einjähriger, Stauden, Sträucher und Kletterpflanzen, die meist ihrer interessanten Blätter und/oder farbenprächtigen Blüten wegen kultiviert werden. In nicht frostfreien Regionen werden sie vorwiegend als Zimmerpflanzen oder Sommerblumen gezogen. Die meisten gedeihen auf durchlässigem, humosem Boden im Halbschatten. Generell teilt man sie in sieben Gruppen ein: rohrstämmige, Rex-Cultorum-, Rhizome bildende, Semperflorens-Cultorum-, strauchförmige, Knollen- und winterblühende Begonien.
B. coccinea (Engelsflügel-Begonie): Rohrstämmige, frostempfindliche Begonie mit dekorativen rot-grünen Blättern und Trauben korallenroter Blüten im Frühjahr. Am besten als Zimmerpflanze zu ziehen; braucht viel Licht. 1 m × 30 cm
B. 'Looking Glass': Rohrstämmige, frostempfindliche Begonie mit Blättern in Silberbronze, Olivgrün und tiefem Weinrot und wenigen rosa Blüten im Frühsommer. 1 m × 45 cm
B. semperflorens 'Kalinka Rose': Ausdauernde, frostempfindliche Hybridbegonie mit fleischigen Stängeln, grünen Blättern und rosaroten Blüten im Sommer. Als Kübelpflanze für halbschattige Standorte geeignet. 60 cm × 1 m
B. sutherlandii: Bedingt winterharte, kriechende Knollenbegonie mit leicht gezähnten, hellgrünen Blättern, die den Sommer über winzige, hängende, orangefarbene Blüten trägt. 45 cm Ausbreitung
B. × tuberhybrida: Vielgestaltige, frostempfindliche Knollenbegonien mit fleischigen Stängeln und glänzend grünen oder dunkelgrünen Blättern. Tragen im Sommer zumeist gefüllte Blüten. 60 × 45 cm

Begonia sutherlandii

Begonia × tuberhybrida

Bellis **Gänseblümchen, Maßliebchen**
Gattung niedrigwüchsiger Stauden, die an langen Stängeln einzelne Körbchenblüten vorwiegend in Rosa, Rosarot oder Weiß tragen.
B. perennis: Kriechende Staude mit leuchtend grünen Blättern und kleinen Körbchenblüten vom zeitigen Frühjahr bis zum Spätsommer. Viele Sorten, die meist als zweijährige Beetpflanzen gezogen werden. 5–20 × 5–20 cm

Berberidopsis **Korallenstrauch**
Einzige Art der Gattung ist ein winterharter Kletterstrauch, der auf feuchtem, humosem, neutralem oder saurem Boden an einer Mauer wachsen oder sich durch einen Baum ranken kann.
B. corallina: Winterharter Kletterstrauch mit dunkelgrünen, unterseits graugrünen Blättern, der im Sommer und frühen Herbst Büschel blutroter Blüten trägt. 5 m

Bellis perennis

Berberis darwinii

Berberis × stenophylla

Berberis thunbergii 'Aurea'

Berberis thunbergii 'Rose Glow'

Berberis **Berberitze, Sauerdorn**
Gattung teils Laub abwerfender, teils immergrüner Sträucher, die meisten davon sehr winterhart, mit attraktiven Blättern, Herbstfarben, Blüten und Früchten. Ihr Spektrum reicht von Zwergformen und Sorten für den Steingarten bis zu größeren Sträuchern, die an unterschiedlichsten Standorten gedeihen.
B. darwinii: Aufrechter, immergrüner Strauch mit glänzend grünen, stacheligen Blättern. Trägt im Frühjahr, mitunter auch ein zweites Mal im Herbst, Trauben leuchtend orangefarbener Blüten, danach Beeren. 3 × 3 m
B. × stenophylla: Ausladender, immergrüner Strauch, der oft als Hecke gezogen wird. Er trägt schmale, stachelige, grüne Blätter und im späten Frühjahr goldgelbe Blüten, gefolgt von Früchten. 3 × 5 m
B. temolaica: Auffallender, Laub abwerfender Strauch von gebogenem Wuchs, der seines blaugrünen Laubs wegen kultiviert wird. Auf die blassgelbe Frühjahrsblüte folgen rote Früchte. 2 × 3 m
B. thunbergii: Rundlicher, Laub abwerfender Strauch, dessen grünes Laub sich im Herbst leuchtend orange und rot färbt. Trägt im Frühjahr blassgelbe Blüten, danach rote Früchte. 1,5 × 2,5 m
B. t. 'Aurea': Laub abwerfender Strauch mit leuchtend gelbem Laub; im Frühjahr ist das Gelb am kräftigsten. 1,5 × 2 m
B. t. 'Rose Glow': Laub abwerfender Strauch, der hauptsächlich seines anfänglich purpurroten, später weiß panaschierten Laubs wegen gezogen wird. 1,2 × 1,2 m

Bergenia Ballawley-Hybride

Bergenia cordifolia

Bergenia purpurascens

Bergenia 'Silberlicht'

Beta vulgaris

Bergenia **Bergenie**

Gattung zumeist sehr winterharter, immergrüner Stauden mit auffallend großen, lederartigen Blättern und hübscher Frühjahrsblüte. Sie sind generell sehr anspruchslos, was die Standortbedingungen angeht, vertragen aber meist keine extreme Hitze und Trockenheit. Bergenien, die sich mittels dicker Rhizome ausbreiten und umfangreiche Horste bilden, sollte man alle paar Jahre teilen.

B. Ballawley-Hybride: Staude mit glänzend grasgrünen Blättern, die im Winter einen purpurnen Bronzeton annehmen. Trägt im Frühjahr an roten Stängeln karminrote Blüten. 60 × 60 cm

B. cordifolia: Staude mit gerundeten, grasgrünen Blättern, die sich im Winter purpurn verfärben. Trägt im späten Winter/zeitigen Frühjahr an roten Stängeln Blüten in verschiedenen Rosatönen. 60 × 75 cm

B. purpurascens: Staude mit grasgrünen Blättern, die sich im Winter zu dunklem Purpurrot verfärben. Trägt im Frühjahr an braunen Stängeln Blüten in dunklem Purpurrot. 45 × 30 cm

B. 'Silberlicht': Staude, deren grasgrüne Blätter an den Rändern fein gewellt sind. Im Frühjahr weiße, später rosa überhauchte Blüten. 45 × 45 cm

Beta **Bete, Rübe**

Gattung von Stauden und Zweijährigen, die ihrer interessanten Blätter wegen oder als Gemüse gezogen werden. Im Sommer unscheinbare grüne Blüten.

B. vulgaris subsp. *cicla:* Meist als Einjährige gezogene Zweijährige, deren glänzend grüne Blätter leuchtend rote Mittelrippen haben. 30 × 45 cm

3etula *albosinensis* var. *septentrionalis*

Betula ermanii

Betula nigra

3etula Birke

;attung Laub abwerfender Bäume und Sträucher. Sehr beliebt wegen ihrer reiz-ollen Rinde, ihrer männlichen und weiblichen Blütenkätzchen, ihrer Herbstfarben nd anmutigen Wuchsformen. Birken gedeihen auf den meisten halbwegs durch-ässigen Böden in Sonne oder Halbschatten, vertragen aber kaum Kalk.

3. *albosinensis* var. *septentrionalis:* Baum von kegeliger Wuchsform mit abblätternder, rangebrauner Rinde. Männliche Blütenkätzchen im Frühjahr; gelbes Herbstlaub. :5 × 10 m

3. *ermanii:* Baum von kegeliger Wuchsform mit auffallend cremeweißer Rinde. m Frühjahr männliche Blütenkätzchen. 20 × 12 m

3. *nigra* (Schwarzbirke): Baum von kegeliger Wuchsform mit rotbrauner, bblätternder Rinde, bei älteren Exemplaren grauweiß und schwarz gefurcht. Männliche Blütenkätzchen im zeitigen Frühjahr; gelbes Herbstlaub. 18 × 12 m

3. *papyrifera* (Papierbirke): Baum von kegeliger Wuchsform mit abblätternder veißer Rinde; junge Rinde blass orangebraun. Im zeitigen Frühjahr männliche 3lütenkätzchen; Herbstfarben Gelb und Orange. 20 × 10 m

3. *pendula* (Hängebirke): Baum von schmal kegeligem Wuchs mit abblätternder veißer, am Fuß älterer Exemplare auffallend rissiger Rinde. Im Frühjahr männliche 3lütenkätzchen; gelbes Herbstlaub. 25 × 10 m

3. *p.* 'Youngii': Kleiner, kuppelförmiger Baum mit weißer Rinde. 8 × 3 m

3. *utilis* var. *jacquemontii* (Weiße Himalayabirke): Baum von kegeligem Wuchs mit euchtend weißer Rinde. 18 × 10 m

Betula papyrifera

3etula *pendula* (Herbstlaub)

Betula pendula 'Youngii'

Betula utilis var. *jacquemontii*

Bidens ferulifolia

Bidens **Zweizahn**
Gattung sehr winterharter bis frostempfindlicher Einjähriger, Stauden und Laub abwerfender Sträucher. Gut für Sommerblumenbeete und Blumenkästen oder -ampeln. Benötigen volle Sonne.
B. ferulifolia: Kurzlebige, winterharte Staude, die an schlanken Stängeln vom Hochsommer bis zum Herbst goldgelbe Blüten mit Zungenblüten trägt.
30 cm × unbegrenzte Ausbreitung

Blechnum tabulare

Blechnum **Rippenfarn**
Gattung vorwiegend immergrüner, sehr winterharter bis frostempfindlicher Farne für humosen, sauren Boden im Schatten oder Halbschatten.
B. discolor: Immergrüner, winterharter Farn mit dunkelgrünen, rosettenförmig angeordneten Wedeln. 1 × 1 m
B. tabulare: Immergrüner, winterharter Farn mit langen, weit ausgebreiteten, dunkelgrünen Wedeln. 1 m × 60 cm

Borago officinalis

Borago **Borretsch**
Gattung winterharter bis sehr winterharter Einjähriger und Stauden mit auffallend behaarten Stängeln und Blättern.
B. officinalis: Starkwüchsige, winterharte Einjährige, die auf jedem halbwegs durchlässigen Boden und selbst an trockenen Standorten gedeiht. Trägt den Sommer über blaue Sternblüten. 60 × 45 cm

Bougainvillea 'Scarlet O'Hara'

Bougainvillea **Bougainvillee**
Gattung bedingt winterharter bis frostempfindlicher, immergrüner Bäume, Sträucher und immergrüner bzw. teilweise Laub abwerfender Kletterpflanzen mit sehr attraktiven, farbenprächtigen Blüten-Tragblättern. Alle benötigen volle Sonne. Gut für Wintergärten oder Gewächshäuser.
B. 'Scarlet O'Hara': Starkwüchsige, immergrüne, bedingt winterharte Kletterpflanze mit kirschroten Tragblättern vom Sommer bis zum Herbst. 8 m

Brachyscome **Blaues Gänseblümchen**
Gattung winterharter bis frostempfindlicher Einjähriger und Laub abwerfender oder immergrüner Stauden, meist für Sommerbeete oder Blumenkästen gezogen. Verlangen einen geschützten Standort in voller Sonne.
B. iberidifolia: Bedingt winterharte Einjährige mit duftenden, meist blauen, mitunter auch rosavioletten oder weißen Körbchenblüten im Sommer. 45 × 30 cm
B. Splendour-Serie: Wie *B. i.*, blüht jedoch in Zartviolett, Purpur oder Weiß mit schwarzer Mitte. 45 × 30 cm

Brachyglottis 'Sunshine' (Blüten)

Brachyglottis 'Sunshine' (Laub)

Brachyglottis **Jakobskraut**
Gattung sehr winterharter bis bedingt winterharter, immergrüner Bäume, Sträucher und Stauden mit hübschen, meist unterseits behaarten Blättern und dekorativen Blüten. Brauchen zumeist durchlässigen Boden in voller Sonne.
B. 'Sunshine': Sehr winterharte, wuchernde Staude mit weiß behaarten, fein gezähnten Blättern. Trägt vom Sommer bis zum Herbst goldgelbe Blüten. 1,5 m × 2 m

Brassica **Kohl**
Gattung von Einjährigen sowie immergrünen Zwei- und Mehrjährigen, die zumeist als Gemüse kultiviert werden, so z. B. Weißkohl, Blumenkohl und Brokkoli. Manche sind auch als Zierpflanzen dekorativ. Die meisten bevorzugen kalkigen Boden in sonniger Lage.
B. oleracea-Sorten: Als Einjährige kultivierte Zierkohlsorten mit attraktivem Blattwerk in Rosa, Rot oder Weiß. Leicht aus Samen zu ziehen. 45 × 45 cm

Brimeura **Scheinhyazinthe**
Gattung winterharter, ausdauernder Zwiebelpflanzen mit kleinen Glockenblüten, die an Sternhyazinthen erinnern. Gut für Steingärten. Halbschattiger Standort.
B. amethystina: Ausdauernde Zwiebelpflanze mit Trauben zart- bis dunkelblauer Blüten im Frühjahr. Var. *alba* blüht weiß. 10–20 × 5 cm

Briza **Zittergras**
Gattung ein- und mehrjähriger Gräser mit linealischen Blättern und dekorativen Blütenrispen, die sich gut trocknen und färben lassen.
B. media: Sehr winterhartes, mehrjähriges Gras mit blaugrünen Halmen. Vom späten Frühjahr bis zum Hochsommer hängende, grünlich purpurne, später strohgelbe Blütenrispen. 60 × 30 cm

Brugmansia **Engelstrompete**
Gattung winterharter bis frostempfindlicher, immergrüner Sträucher und Bäume mit großen, duftenden Trompetenblüten. Gut für Wintergärten oder als Kübelpflanzen, die während des Sommers im Freien stehen können.
B. × *candida* (Syn. *Datura* × *candida*): Frostempfindlicher Strauch mit duftenden Trompetenblüten in Blassgelb oder Weiß, selten auch Rosa, vom Sommer bis zum Herbst. 3 × 1,5 m
B. × *candida* 'Plena': Wie *B.* × *c.*, aber mit zusätzlichen Blütenblättern im Inneren der Trompete. 3 × 1,5 m

Brunnera **Kaukasusvergissmeinnicht**
Gattung sehr winterharter Bodendeckerstauden mit Büscheln kleiner Blüten in Blau, Blauviolett und mitunter auch Weiß. Bevorzugen Halbschatten und einen humosen, feuchten Boden.
B. macrophylla: Staude mit behaarten, grasgrünen Blättern und im Frühjahr hellblauen Blüten. 45 × 60 cm
B. m. 'Dawson's White' (Syn. 'Variegata'): Staude, die grüne Blätter mit breitem cremeweißem Rand und im Frühjahr hellblaue Blüten trägt. 45 × 60 cm

Brassica oleracea

Brugmansia × *candida* 'Plena'

Brugmansia × *candida*

Brunnera macrophylla

Brunnera macrophylla 'Dawson's White'

Buddleja alternifolia

Buddleja crispa

Buddleja davidii 'Dartmoor'

Buddleja **Schmetterlingsstrauch, Sommerflieder**
Gattung vorwiegend sehr winterharter, immergrüner, halbimmergrüner oder Laub abwerfender Sträucher sowie einiger Bäume und Kletterpflanzen. Die meisten gedeihen gut auf durchlässigem Boden in sonniger Lage. Sorten von *B. davidii,* die an den Trieben des laufenden Jahres blühen, im zeitigen Frühjahr rigoros zurückschneiden.

B. alternifolia: Laub abwerfender Strauch mit gebogenen Zweigen, an denen er im Frühsommer Büschel duftender, zartvioletter Blüten trägt. Kann als Hochstamm gezogen werden. 4 × 4 m

B. crispa: Laub abwerfender Strauch mit gebogenen Zweigen und wollig weiß behaarten Blättern. Im Hochsommer duftende rosaviolette Blüten. Winterhart; benötigt einen geschützten Standort in voller Sonne. 3 × 3 m

B. davidii 'Dartmoor': Starkwüchsiger, Laub abwerfender Strauch mit schmalen, graugrünen Blättern und Rispen rotvioletter Blüten vom Hochsommer bis zum Herbst. 3 × 3 m

B. globosa: Laub abwerfender oder halbimmergrüner Strauch, der im Frühsommer an starren Zweigen kugelige, orangegelbe Blütenstände trägt. 5 × 5 m

B. 'Lochinch': Schnellwüchsiger, Laub abwerfender Strauch mit weiß behaarten grünen Blättern. Vom Spätsommer bis zum Herbst blauviolette Blüten mit orangefarbener Mitte. 2,5 × 3 m

B. loricata: Immergrüner Strauch mit schmalen, blaugrünen, unterseits weißfilzigen Blättern und kleinen Rispen grauweißer Blüten im Sommer. Sonniger Standort mit gut durchlässigem Boden. 1,2 × 1 m

B. × weyeriana: Laub abwerfender Strauch mit gebogenen Zweigen und duftenden, gelben bis violetten Blütenrispen vom Sommer bis zum Herbst. 4 × 3 m

Buddleja 'Lochinch'

Buddleja globosa

Buddleja × weyeriana

Buddleja loricata

Bupleurum angulosum

Buxus sempervirens 'Suffruticosa'

Buxus sempervirens 'Handsworthiensis'

Bupleurum **Hasenohr**

Gattung winterharter bis sehr winterharter Einjähriger, Stauden und immergrüner oder halbimmergrüner Sträucher für einen durchlässigen Boden in voller Sonne.
B. angulosum: Sehr winterharte, halbimmergrüne Staude mit lanzettlichen, blaugrünen Blättern, über denen sie im Hochsommer Dolden pergamentartiger, gelbgrüner Blüten trägt. 30 × 30 cm
B. fruticosum: Sehr winterharte, immergrüne, in die Breite wuchernde Staude mit Blättern in dunklem Blaugrün. Vom Spätsommer bis zum Herbst rundliche Dolden kleiner, goldgelber Blüten. 2 × 2,5 m

Buxus **Buchsbaum**

Gattung zumeist sehr winterharter, immergrüner Sträucher und Bäume mit dichtem, teils panaschiertem Laub. Ideal als Hecke oder für Formschnitte. Im Frühjahr unscheinbare Blüten. Bevorzugt Halbschatten.
B. sempervirens 'Handsworthensis': Sehr winterharter, buschiger, aufrechter Strauch oder Baum mit ausgebreiteten, glänzend grünen Blättern. Gut als Hecke geeignet. 5 × 5 m
B. s. 'Suffruticosa': Sehr winterharte, langsam wachsende Zwergform des gewöhnlichen Buchsbaums mit glänzenden, grasgrünen Blättern. 1 × 1,5 m

C

Calamintha nepeta

Calamintha Bergminze

Gattung von Stauden mit duftenden Blättern, die unter verschiedenen Standortbedingungen auf humosem, Feuchtigkeit bindendem Boden gedeihen.
C. nepeta: In die Breite wuchernde Staude mit dunkelgrünen, duftenden Blättern, die im Sommer Blüten in blassem Hellviolett, mitunter auch Rosa trägt.
45 × 75 cm

Calceolaria-Hybriden

Calceolaria integrifolia

Calceolaria 'Walter Shrimpton'

Calceolaria Pantoffelblume

Gattung mit einigen sehr winterharten, ansonsten winterharten bis frostempfindlichen Einjährigen, Zweijährigen, Stauden und Sträuchern mit charakteristischen pantoffelähnlichen Blüten. Meist für Sommerbeete oder im Gewächshaus kultiviert.
C. Herbeohybrida-Gruppe: Kompakte, bedingt winterharte Zweijährige, hauptsächlich als Kübelpflanzen für Frühjahr/Sommer gezogen. Sorten in vielen Farben erhältlich. 20–45 × 15–30 cm
C. integrifolia: Bedingt winterharter, immergrüner Halbstrauch; meist einjährig gezogen. Trägt den ganzen Sommer über gelbe Blüten. 1 m × 30 cm
C. 'Walter Shrimpton': Sehr winterharte, immergrüne Staude, die im Sommer Blüten in Bronzeorange mit braunen Flecken und einem weißen Streifen trägt.
10 × 23 cm

Calendula Ringelblume

Gattung schnellwüchsiger, sehr bis bedingt winterharter Einjähriger und immergrüner Stauden mit Körbchenblüten in Orange- und Gelbtönen. Meist als Einjährige fürs Sommerbeet kultiviert.
C. officinalis-Sorten: Sehr winterharte Einjährige, die im Sommer einfache oder gefüllte Blüten in vielen Farben, u. a. Aprikose, Creme, Goldgelb, Orange und Gelb, tragen. 30–75 × 30–45 cm

Calendula officinalis

Callicarpa bodinieri var. *giraldii*

Callicarpa Liebesperlenstrauch, Schönfrucht

Gattung sehr winterharter bis frostempfindlicher, immergrüner oder Laub abwerfender Sträucher und Bäume, die gegen Ende des Sommers dekorative, bunte Früchte tragen.
C. bodinieri var. *giraldii:* Aufrechter, sehr winterharter, Laub abwerfender Strauch. Im Sommer winzige rosa Blüten, gefolgt von glänzend violetten Beeren. 3 × 2,5 m

Callistemon pallidus

Callistemon Lampenputzerstrauch, Schönfaden, Zylinderputzer

Gattung sehr winterharter bis frostempfindlicher, immergrüner Bäume und Sträucher, die ihrer oft farbenprächtigen, bürstenförmigen Blüten wegen kultiviert werden. Gedeihen am besten in voller Sonne auf neutralem bis saurem Boden.
C. pallidus (Zitronen-Zylinderputzer): Ausladender, bedingt winterharter Strauch mit graugrünen Blättern und cremefarbenen, grünlich getönten Blütenähren vom späten Frühjahr bis zum Hochsommer. 2–4 × 2–4 m
C. rigidus (Steifer Zylinderputzer): Buschiger, bedingt winterharter Strauch mit mattgrünen Blättern und dunkelroten Blütenähren im Sommer. 1–2,5 × 2–3 m

Callistemon rigidus

Calluna vulgaris 'Silver Knight'

Calluna vulgaris 'Sir John Charrington'

Calocedrus decurrens

Calluna Besenheide, Heidekraut
Einzige Art der Gattung ist ein immergrüner Strauch in vielen Sorten, der vom Hochsommer bis zum Herbst kleine, glockenförmige Blüten in Farbtönen von Rosa über Violett und Rot bis zu Weiß trägt. Die meist dunkelgrünen, mitunter auch gelben oder goldgelben Blätter sind im Winter oft purpurn überlaufen. Das Heidekraut gedeiht am besten an sonnigem Standort auf saurem Boden. Im Frühjahr zurückschneiden.
C. vulgaris 'Silver Knight': Immergrüner Strauch mit silbergrauem Laub, im Winter purpurn verfärbt. Im Sommer zartrosaviolette Blüten. 45 × 75 cm
C. v. 'Sir John Charrington': Immergrüner Strauch mit goldgelbem Laub, im Winter orange und rot gefärbt. Im Sommer rosaviolette Blüten. 45 × 75 cm
C. v. 'Spring Cream': Immergrüner Strauch, dessen grünes Laub im Frühjahr cremeweiß überlaufen ist. Im Sommer weiße Blüten. 30 × 45 cm

Caltha palustris

Caltha palustris 'Flore Pleno'

Camassia leichtlinii

Camassia leichtlinii subsp. *suksdorfii*

Calocedrus Flusszeder
Gattung winterharter bis sehr winterharter, immergrüner Bäume. Die sehr winterharten Arten eignen sich gut zur Kultivierung als Einzelbäume.
C. decurrens: Konifere von säulenförmigem, in freier Natur breiterem Wuchs. Trägt dunkelgrüne, leicht duftende Schuppenblätter und im Reifezustand rötlich braune Zapfen. 20 × 2 m

Caltha Dotterblume
Gattung Feuchtigkeit liebender, winterharter bis sehr winterharter Stauden für einen sonnigen Standort am Teichufer.
C. palustris: Sehr winterharte Staude für Flachwasser oder Sumpfboden mit dunkelgrünen, nierenförmigen Blättern, über denen sie im Frühjahr buttergelbe, wachsig glänzende Blüten trägt. 45 × 45 cm
C. p. 'Flore Pleno': Wie die Art, aber mit gefüllten Blüten von etwas blasserem, in der Mitte grünlich getöntem Gelb. 25 × 25 cm

Camassia Camassie, Prärielilie
Gattung winterharter bis sehr winterharter, ausdauernder Zwiebelpflanzen mit schmalen, grundständigen Blättern und Trauben sternförmiger Blüten im Frühjahr und Sommer. Zwiebeln tief in feuchten Boden pflanzen.
C. leichtlinii: Winterharte, ausdauernde Zwiebelpflanze, die im späten Frühjahr an aufrechten Stängeln Trauben cremeweißer Sternblüten trägt. 60 × 10 cm
C. l. subsp. *suksdorfii:* Winterharte, ausdauernde Zwiebelpflanze. Trägt im späten Frühjahr Trauben blauer bis blauvioletter Sternblüten. 60 × 10 cm

Camellia 'Cornish Snow'

Camellia japonica 'Kimberley'

Camellia japonica 'Kouron Koku'

Camellia japonica 'Mathotiana Alba'

Camellia japonica 'Nobilissima'

Camellia japonica 'Otome'

Camellia 'Inspiration'

Camellia Kamelie, Teestrauch

Gattung sehr winterharter bis frostempfindlicher, immergrüner Sträucher und Bäume für neutralen bis sauren Boden in halbschattiger, vor kalten Winden und Morgensonne geschützter Lage. Kamelien werden aufgrund ihrer meist glänzend dunkelgrünen Blätter und ihrer äußerst attraktiven Blüten in vielen Farbtönen von Weiß über Gelb und Rosa bis zu Rot kultiviert. Zahlreiche Hybridzüchtungen haben eine Fülle von Blütenformen hervorgebracht: einfache, halb gefüllte, anemonenförmige, päonienförmige, rosenförmig gefüllte oder vollständig gefüllte. *C. japonica* und ihre Sorten wachsen aufrecht und buschig. Verwelkte Blüten bleiben am Strauch. *C.* × *williamsii*-Sorten sind von eher lockerem Wuchs und werfen verwelkte Blüten ab. Größe variabel, um etwa 3 × 2–3 m, oft aber auch wesentlich größer.

C. 'Cornish Snow': Sehr winterharter Strauch mit bronzefarbenem, später dunkelgrünem Laub. Kleine, einfache, weiße Blüten vom Spätwinter bis zum späten Frühjahr.

C. 'Inspiration': Sehr winterharter Strauch oder kleiner Baum, der vom Spätwinter bis zum späten Frühjahr halb gefüllte, rosarote Blüten trägt.

C. japonica 'Kimberley': Sehr winterharter Strauch, der ab dem zeitigen Frühjahr einfache, karminrote Blüten trägt.

C. j. 'Kouron Koku' (Syn. 'Kouron-jura'): Sehr winterharter Strauch. Trägt ab dem Frühjahr lange Zeit halb bis vollständig gefüllte, schwarzrote Blüten.

C. j. 'Mathotiana Alba': Sehr winterharter Strauch mit rosenförmig gefüllten oder vollständig gefüllten, weißen Blüten in der zweiten Frühjahrshälfte.

C. j. 'Nobilissima': Sehr winterharter Strauch, der ab dem zeitigen Frühjahr große, anemonenförmige, gelblich weiße Blüten trägt.

C. j. 'Otome' (Syn. 'Pink Perfection'): Sehr winterharter Strauch; trägt im zeitigen Frühjahr kleine, vollständig gefüllte, rosa Blüten.

C. j. 'Rubescens Major': Sehr winterharter Strauch mit rundlichen Blättern und im Frühjahr rosenförmig oder vollständig gefüllten karminroten Blüten.

C. 'Leonard Messel': Sehr winterharter Strauch mit mattgrünen Blättern, der im Frühjahr große, halb gefüllte bis päonienförmige, rosarote Blüten trägt.

C. × *williamsii:* Starkwüchsiger, sehr winterharter Strauch mit glänzend grünen Blättern, der im Frühjahr einfache, rosa Blüten hervorbringt.

C. × *w.* 'Bartley Pink': Sehr winterharter Strauch, der im Frühjahr halb gefüllte, rosa Blüten trägt.

C. × *w.* 'Donation': Sehr winterharter Strauch mit halb gefüllten, rosa Blüten vom Spätwinter bis zum späten Frühjahr. Blütenfarbe mit zunehmendem Schatten dunkler.

C. × *w.* 'Elsie Jury': Hochwüchsiger, sehr winterharter Strauch, der das Frühjahr über große, päonienförmige, rosa Blüten trägt.

C. × *w.* 'Galaxie': Sehr winterharter Strauch mit mittelgroßen, vollständig gefüllten Blüten in Blassrosa um die Frühjahrsmitte.

C. × *w.* 'Water Lily': Sehr winterharter Strauch von lockerem Wuchs, der ab dem zeitigen Frühjahr große, vollständig gefüllte, rosarote Blüten trägt.

Camellia japonica 'Rubescens Major'

Camellia 'Leonard Messel'

Camellia × *williamsii*

Camellia × *williamsii* 'Bartley Pink'

Camellia × *williamsii* 'Donation'

Camellia × *williamsii* 'Elsie Jury'

Camellia × *williamsii* 'Galaxie'

Camellia × *williamsii* 'Water Lily'

Campanula alliariifolia

Campanula cochleariifolia 'Alba'

Campanula cochleariifolia var. *pallida* 'Miranda'

Campanula garganica

Campanula glomerata

Campanula × *hallii*

Campanula 'Birch Hybrid'

Campanula Glockenblume

Gattung sehr winterharter bis frostempfindlicher Einjähriger, Zweijähriger und Stauden, teils immergrün, von sehr unterschiedlichen Wuchsformen und Standortansprüchen. Die meisten Arten sind leicht zu kultivieren und lang blühend. Sie tragen zumeist glocken-, röhren- oder sternförmige Blüten in einem breiten Farbspektrum von Blau und Flieder über Hellviolett, Rosa, Violett und Rot bis zu Weiß.

C. alliariifolia: Sehr winterharte, horstbildende Staude mit graugrünen, grundständigen Blättern und hängenden, weißen, röhrenförmigen Blüten vom Hochsommer bis zum Frühherbst. 60 × 45 cm

C. 'Birch Hybrid': Sehr winterharte, niedrigwüchsige, immergrüne Staude mit hellgrünen Blättern und im Sommer weit geöffneten, blauvioletten Glockenblüten. 10 × 45 cm

C. cochleariifolia 'Alba' (Zwerg-Glockenblume): Sehr winterharte, niedrigwüchsige Staude mit hellgrünen Blättern und weißen Glockenblüten im Sommer. Für sonnige Standorte. 8 × 30 cm

C. c. var. *pallida* 'Miranda': Sehr winterharte, niedrigwüchsige Staude, die im Sommer blassblaue Glockenblüten trägt. 8 × 30 cm

C. garganica: Sehr winterharte, niedrigwüchsige Staude mit grasgrünen Blättern. Im Sommer Trauben sternförmiger, leuchtend blauer bis fliederfarbener Blüten. Für sonnige Standorte. 5 × 30 cm

C. glomerata (Knäuel-Glockenblume): Sehr winterharte, rasch in die Breite gehende Staude. Trägt im Sommer an starren Stängeln kugelige Büschel röhrenförmiger Blüten in Tönen von Blauviolett über Lavendel bis Weiß. 45 × 45 cm

C. × *hallii:* Sehr winterharte, niedrigwüchsige Staude mit weißen Glockenblüten im Sommer. 5 × 60 cm

C. isophylla 'Alba' (Stern-Glockenblume): Bedingt winterharte, hängende Staude mit hellgrünen Blättern, die im Hochsommer weit geöffnete, schalenförmige, reinweiße Blüten hervorbringt. Gut für Kübel und Blumenampeln. 20 × 30 cm

C. lactiflora: Sehr winterharte, hochwüchsige Staude, die vom Sommer bis zum Herbst weiße oder hellblaue, mitunter auch lavendel- bzw. fliederfarbene oder violette Glockenblüten trägt. Sät sich selbst aus. 1,2 m × 60 cm

C. latifolia weiß: Sehr winterharte, starkwüchsige Staude, die Horste grasgrüner, grundständiger Blätter bildet, über denen sie im Sommer an langen Stängeln weiße, röhrenförmige Blüten trägt. 1,2 m × 60 cm

C. latiloba alba: Sehr winterharte, horstbildende Staude mit grasgrünen Blättern und becherförmigen, weißen Blüten im Hoch- und Spätsommer. 1 m × 45 cm

C. l. 'Hidcote Amethyst': Sehr winterharte, horstbildende Staude mit becherförmigen, blassvioletten, teils dunkler überlaufenen Blüten. 75 × 45 cm

Campanula isophylla 'Alba'

Campanula latiloba alba

Campanula lactiflora

Campanula latiloba 'Hidcote Amethyst'

Campanula latifolia weiß

Campanula persicifolia 'Telham Beauty'

Campanula portenschlagiana

Campanula poscharskyana

Campanula pyramidalis

Campanula persicifolia

C. persicifolia (Pfirsichblättrige Glockenblume): Sehr winterharte Staude, die über Rosetten hellgrüner Blätter in der ersten Sommerhälfte becherförmige Blüten in Farbtönen von Weiß bis Fliederblau trägt. 1 m × 30 cm
C. p. 'Telham Beauty': Sehr winterharte, breitwüchsige Staude, die in der ersten Sommerhälfte blüht. 1 × 1 m
C. portenschlagiana (Dalmatiner Glockenblume): Starkwüchsige, sehr winterharte, immergrüne Staude, die über Polstern grasgrüner Blätter in der zweiten Sommerhälfte eine Fülle röhrenförmiger, dunkelvioletter Blüten trägt. 15 × 45 cm
C. poscharskyana: Sehr winterharte, breit wuchernde Staude mit grasgrünen Blättern und Rispen lavendelblauer Sternblüten im Sommer und Herbst. 15 × 45 cm
C. punctata 'Rubriflora': Sehr winterharte Kriechstaude mit dunkelgrünen Blättern. Im Frühsommer hängende, blassrosa Glockenblüten mit rötlichen Streifen. 30 × 45 cm
C. pyramidalis (Pyramiden-Glockenblume): Winterharte, kurzlebige, hochwüchsige Staude mit langen Trauben duftender, blassblauer oder weißer Blüten vom späten Frühjahr bis zum Sommer. Meist als Zweijährige kultiviert. 1,2 m × 60 cm

Campanula punctata 'Rubriflora'

Campsis × tagliabuana 'Madame Galen'

Canna 'Fireside'

Capsicum Chili, Paprika
Gattung frostempfindlicher Einjähriger und Stauden, die teils ihrer grünen, orangefarbenen, roten oder gelben Früchte wegen, teils als Zimmerpflanzen bzw. im Gewächshaus oder Wintergarten kultiviert werden. Im Freien auf humosem Boden in voller Sonne ziehen.
C. annuum: Frostempfindliche Einjährige oder kurzlebige Staude mit weißen oder gelben Blüten im Sommer und langen, konischen Früchten. 1,5 m × 45 cm

Caragana arborescens 'Lorbergii'

Campsis **Trompetenblume, Trompetenwinde**
Gattung winterharter bis sehr winterharter, starkwüchsiger Kletterpflanzen, die ihrer auffallenden, trompetenförmigen Blüten wegen gezogen werden. Geschützter Standort in voller Sonne mit gut durchlässigem Boden.
C. × tagliabuana 'Madame Galen': Winterharte Kletterpflanze mit dunkelgrünen Blättern, die vom Spätsommer bis zum Herbst orangerote Trompetenblüten trägt. 10 m

Canna **Blumenrohr**
Gattung bedingt winterharter bis frostempfindlicher Stauden mit großen, breiten Blättern und markanten, röhrenförmigen Blüten in kräftigen Farbtönen. Werden meist im Sommerbeet oder Kübel kultiviert. Standort in voller Sonne; in längeren Trockenperioden gut wässern.
C. 'Fireside': Bedingt winterharte Staude mit großen, grasgrünen Blättern und scharlachroten Blüten vom Hochsommer bis zum Frühherbst. 1 m × 30 cm

Caragana **Erbsenstrauch**
Gattung Laub abwerfender Sträucher mit dekorativem Laub und gelben, weißen oder rosa Schmetterlingsblüten. Tragen im Herbst braune Samenhülsen. Sie benötigen nach Möglichkeit volle Sonne, gedeihen dann aber auch auf magerem Boden in ungeschützter Lage.
C. arborescens 'Lorbergii': Laub abwerfender Strauch mit hübschen, hellgrünen Blättern und kleinen, gelben Blüten im späten Frühjahr. 6 × 4 m

Cardamine pratensis

Cardamine pratensis 'Flore Pleno'

Cardamine **Schaumkraut, Zahnwurz**
Gattung von Einjährigen und Stauden für Standorte mit humosem, Feuchtigkeit bindendem Boden im Schatten oder Halbschatten. Für Beete, Waldbeete oder Steingärten meist gut geeignet. Manche der Einjährigen sind hartnäckige Unkräuter.
C. pratensis (Wiesen-Schaumkraut): Staude, die über Rosetten graugrüner bis glänzend dunkelgrüner Blätter im späten Frühjahr Blütenrispen in Blassrosa, Violett oder Weiß trägt. 30 × 30 cm
C. p. 'Flore Pleno': Staude, die über einer Rosette aus grundständigen Blättern im späten Frühjahr gefüllte, rosaviolette Blüten trägt. 20 × 30 cm
C. trifolia: Niedrigwüchsige Staude mit dunkelgrünen, unterseits rötlichen Blättern und weißen oder rosafarbenen Blüten im späten Frühjahr. 15 × 30 cm

Cardamine trifolia

Cardiocrinum giganteum

Cardiocrinum Riesenlilie
Gattung winterharter bis sehr winterharter, ausdauernder Zwiebelpflanzen mit prächtigen, lilienähnlichen Blüten. Zwiebeln brauchen mehrere Jahre zur Entwicklung und sind monokarp, d. h. sterben nach der Blüte ab, hinterlassen aber Brutzwiebeln. Brauchen einen geschützten Standort auf fruchtbarem Boden im Halbschatten und vertragen keine übermäßige Hitze.
C. giganteum: Sehr winterharte, ausdauernde Zwiebelpflanze mit glänzenden Blättern und duftenden, weißen Trompetenblüten im Sommer. 1,5 m × 45 cm

Carlina acaulis

Carlina Eberwurz, Silberdistel
Gattung von Einjährigen oder Stauden mit grundständigen Blattrosetten und stängellosen Körbchenblüten für mageren, durchlässigen Boden in voller Sonne.
C. acaulis (Silberdistel): Kurzlebige Staude mit pergamentartigen, silberweißen, teils rosa überhauchten Blüten-Tragblättern im Sommer. Schön als Trockenblume. 10 × 25 cm

Carpenteria Baumanemone
Einzige Art ist ein winterharter, immergrüner Strauch mit leicht glänzenden, ledrigen, dunkelgrünen Blättern und duftenden Blüten. Geschützter Standort in voller Sonne. Für Wandspaliere geeignet.
C. californica: Winterharter, immergrüner Strauch. Trägt in der ersten Sommerhälfte weit geöffnete, weiße Blüten mit markanten, gelben Staubblättern. 2 × 2 m

Carex comans Bronzene Form

Carex pendula

Carex elata 'Aurea'

Carex Segge
Große Gattung vorwiegend sehr winterharter, Laub abwerfender oder immergrüner, ausdauernder Gräser für verschiedenste Standortbedingungen. Seggen werden meist ihrer attraktiven, teils bunten oder panaschierten Blätter wegen kultiviert.
C. comans Bronzene Form: In dichten Büscheln wachsendes, immergrünes, ausdauerndes Gras mit rötlich braunen, im Winter bronzefarben getönten Blättern. Im Sommer unscheinbare braune Blütenähren. 30 × 75 cm
C. elata 'Aurea' (Steife Segge): Laub abwerfendes, ausdauerndes Gras, das Horste dunkelgelber, grün geränderter Blätter bildet. Trägt im späten Frühjahr und Frühsommer je nach Geschlecht braune oder grüne Blütenähren. Gedeiht am besten auf feuchtem bis sumpfigem Boden. 60 × 45 cm
C. pendula (Hängesegge): Immergrünes, ausdauerndes Gras, das dichte Horste glänzend grüner Blätter bildet. Im späten Frühjahr und Frühsommer kätzchenartige, hängende Blütenähren. Für feuchten bis sumpfigen Boden. 1,4 × 1,4 m

Carpenteria californica

Carpinus betulus

Caryopteris × clandonensis 'Heavenly Blue'

Carpinus Hainbuche

Gattung Laub abwerfender Bäume mit dekorativen Blättern, die als Einzelbäume oder Hecke gezogen werden können. Sie tragen im Frühjahr männliche und weibliche Blütenkätzchen am selben Baum. Attraktive Herbstfärbung.

C. betulus (Gewöhnliche Hainbuche): Großer, Laub abwerfender Baum mit grasgrünen, im Herbst orangegelben Blättern. Im Frühjahr gelbe männliche und grüne weibliche Blütenkätzchen. Wird oft als Hecke kultiviert, die im Spätsommer gestutzt werden kann. Behält das alte Laub teils über den Winter. 25 × 20 m

Caryopteris Bartblume

Gattung winterharter bis sehr winterharter, Laub abwerfender Sträucher und Stauden mit duftendem Laub und hübschen Blüten für durchlässigen Boden in voller Sonne.

C. × clandonensis 'Heavenly Blue': Sehr winterharter Strauch mit graugrünen Blättern und tiefblauen Blüten im Spätsommer und Frühherbst. 1 × 1,5 m

Cassiope 'Muirhead'

Castanea sativa

Catalpa bignonioides 'Aurea'

Cassiope Schuppenheide

Gattung kleiner, immergrüner Sträucher für sauren Boden im Halbschatten. Gut für Steingärten oder Torfbeete geeignet.

C. 'Muirhead': Niedrigwüchsiger, immergrüner Strauch mit dunkelgrünen Schuppenblättern an peitschenschnurartigen Stängeln, die im späten Frühjahr und Frühsommer weiße Glockenblüten tragen. 20 × 20 cm

Castanea Kastanie

Gattung Laub abwerfender Bäume und Sträucher mit attraktivem Laub und bestachelten Früchten. Die meisten bevorzugen neutralen bis sauren Boden.

C. sativa (Edelkastanie, Esskastanie, Marone): Starkwüchsiger, Laub abwerfender Baum mit gefurchter Rinde und dunkelgrün glänzenden Blättern. Im Herbst essbare Früchte. 30 × 15 m

Catalpa Trompetenbaum

Gattung sehr winterharter, Laub abwerfender Bäume mit attraktivem Laub und glockenförmigen Blüten, die im Herbst Samenhülsen tragen. Bevorzugen windgeschützte Standorte.

C. bignonioides 'Aurea': Laub abwerfender Baum mit leuchtend gelben Blättern; junges Laub im Frühjahr bronzefarben. 10 × 10 m

Catananche caerulea

Catananche Rasselblume

Gattung von Stauden mit linealischen, graugrünen Blättern und einzelnen Blütenköpfchen mit pergamentartigen Tragblättern. Für durchlässigen Boden in voller Sonne.

C. caerulea: Kurzlebige Staude mit grasartigen, graugrünen Blättern, die vom Hochsommer bis in den Herbst blauviolette Blüten trägt. Verträgt keinen schweren Lehmboden. 1 m × 30 cm

Ceanothus 'Autumnal Blue'

Ceanothus arboreus 'Trewithen Blue'

Ceanothus 'Blue Mound'

Ceanothus Säckelblume

Gattung Laub abwerfender oder immergrüner, winterharter bis sehr winterharter Sträucher, teils auch kleiner Bäume, für windgeschützte Standorte mit durchlässigem Boden. Vertragen auch Kalk, neigen aber auf flachgründigem Kalkboden zu Chlorose. Je nach Art zu verschiedenen Blütezeiten üppige Blütenbüschel meist in Blautönen, teils aber auch in Rosa und Weiß. Für Wandspaliere geeignet.

C. arboreus 'Trewithen Blue': Großer, winterharter, immergrüner Strauch mit rundlichen, dunkelgrünen Blättern und Rispen mittelblauer, duftender Blüten im späten Frühjahr und Frühsommer. 6 × 8 m

C. 'Autumnal Blue': Sehr winterharter, immergrüner Strauch mit glänzend grünen Blättern und himmelblauen Blüten vom Spätsommer bis zum Herbst. 3 × 3 m

C. 'Blue Mound': Winterharter, immergrüner Strauch mit glänzend dunkelgrünen, unterseits graugrünen Blättern und blauvioletten Blüten im späten Frühjahr. 1,5 × 2 m

C. 'Cascade': Winterharter, immergrüner Strauch von lockerer Wuchsform mit glänzend dunkelgrünen Blättern und einer üppigen Fülle lavendelblauer Blütenrispen im späten Frühjahr und Frühsommer. 4 × 4 m

C. × *delilianus* 'Gloire de Versailles': Sehr winterharter, Laub abwerfender Strauch mit dunkelgrünen Blättern, der vom Hochsommer bis in den Herbst Rispen blassblauer Blüten trägt. 1,5 × 1,5 m

C. dentatus 'Floribundus': Winterharter, ausladender, immergrüner Strauch mit dunkelgrünen Blättern und dichten Büscheln blauer Blüten im späten Frühjahr. 1,5 × 2 m

C. impressus: Winterharter, ausladender, immergrüner Strauch mit dunkelgrünen, stark geäderten Blättern und tiefblauen Blüten im Frühjahr. 1,5 × 2,5 m

C. i. 'Puget Blue': Starkwüchsiger, winterharter, immergrüner Strauch mit größeren Blättern als *C. i.* und einer Fülle dunkelblauer Blüten im Frühjahr. 3 × 3 m

C. × *pallidus* 'Marie Simon': Sehr winterharter, Laub abwerfender Strauch von aufrechtem Wuchs, der an roten Zweigen grasgrüne Blätter trägt. Die blassrosa Blüten erscheinen vom Hochsommer bis zum Herbst. 1,5 × 1,5 m

C. thyrsiflorus var. *repens:* Sehr winterharter, niedriger, breit wuchernder, immergrüner Strauch mit glänzend grünen Blättern und dunkelblauen Blüten im Frühjahr. 1 × 2,5 m

Ceanothus 'Cascade'

Ceanothus × *pallidus* 'Marie Simon'

Ceanothus × *delilianus* 'Gloire de Versailles'

Ceanothus dentatus 'Floribundus'

Ceanothus impressus

Ceanothus impressus 'Puget Blue'

Ceanothus thyrsiflorus var. *repens*

Cedrus deodara

Cedrus libani subsp. *atlantica* 'Glauca'

Centaurea cyanus

Centaurea hypoleuca 'John Coutts'

Centaurea montana fo. *alba*

Centranthus ruber

Cedrus Zeder
Gattung immergrüner Nadelbäume mit weit ausgebreiteten Ästen und imposanter Erscheinung. Für Standorte in offener, sonniger Lage mit reichlich Entwicklungsspielraum. Vertragen Kalk.
C. deodara (Himalayazeder): Schnellwüchsige Konifere; imposant als Einzelbaum. Überhängende Zweige mit zunächst graugrünen, im Alter dunkelgrünen Nadeln. 36 × 10 m
C. libani subsp. *atlantica* 'Glauca' (Atlaszeder): Majestätische Konifere mit dunkler Rinde und graugrünen Nadeln. Im Herbst langsam reifende Zapfen. 30 × 30 m

Celmisia
Gattung winterharter, immergrüner Stauden und Halbsträucher mit Rosetten silbergrauer Blätter und einzeln getragenen Körbchenblüten. Für feuchten, leicht sauren Boden.
C. spectabilis: Staude mit schmalen, silbrigen Blättern, die im Frühsommer weiße Körbchenblüten mit gelber Mitte trägt. 30 × 30 cm

Celosia Brandschopf, Hahnenkamm
Gattung sehr winterharter bis frostempfindlicher Einjähriger, Stauden und Sträucher mit farbenprächtigen, oft federigen Blütenähren fürs Sommerbeet.
C. Plumosa-Sorten: Bedingt winterharte Stauden, meist einjährig gezogen, mit federigen Ähren prächtig gefärbter Blüten im Sommer. 60 × 60 cm

Centaurea Flockenblume, Kornblume
Gattung winterharter bis sehr winterharter Einjähriger, Zweijähriger, Stauden und Halbsträucher mit derbem Laub und oft rundlichen Blütenköpfchen.
C. cyanus (Kornblume): Sehr winterharte Einjährige, die im Sommer hübsche blaue, violette, rote, rosa oder weiße Blütenköpfchen trägt. Hochwüchsige Sorten eignen sich gut als Schnittblumen. 30 cm–1 m × 20–40 cm
C. hypoleuca 'John Coutts': Sehr winterharte Staude mit hellgrünen, unterseits weißgrünen Blättern und duftenden, rosaroten Blüten im Sommer. 60 × 45 cm
C. montana fo. *alba* (Berg-Flockenblume): Sehr winterharte, Matten bildende Staude mit unterseits wollig behaarten Blättern. Weiße Blüten vom späten Frühjahr bis zum Hochsommer. 45 × 60 cm

Centranthus Spornblume
Gattung bedingt bis sehr winterharter Einjähriger und Stauden, von denen nur *C. ruber* häufig kultiviert wird. Für kalkhaltige Böden und sonnigen Standort.
C. ruber (Rote Spornblume): Sehr winterharte Staude mit verholzter Basis und leicht fleischigen, grasgrünen Blättern. Trägt vom späten Frühjahr bis zum Spätsommer Blütenstände in Rosa, Rot oder Weiß. 1 × 1 m

Cephalaria gigantea

Cephalaria Schuppenkopf

Gattung bedingt bis sehr winterharter Einjähriger und Stauden mit ungewöhnlichen Blütenköpfchen in blassem Zitronengelb oder Weiß.
C. gigantea (Großer Schuppenkopf): Hochwüchsige, horstbildende, sehr winterharte Staude mit derben Blättern, über denen sie im Sommer an langen Stängeln blassgelbe Blüten trägt. 2 × 1,2 m

Cerastium tomentosum

Cerastium Hornkraut

Gattung von Einjährigen und Stauden, die in voller Sonne gedeihen. Die am häufigsten kultivierten Arten sind starkwüchsige, teppichbildende Stauden.
C. tomentosum (Filziges Hornkraut): In die Breite wuchernde, niedrige Staude mit silbergrauen Blättern. Im späten Frühjahr und Sommer kleine, weiße Sternblüten. 5–8 cm × unbegrenzte Ausbreitung

Ceratostigma plumbaginoides

Ceratostigma Hornnarbe

Gattung sehr winterharter bis frostempfindlicher, Laub abwerfender oder immergrüner Stauden und Halbsträucher mit blauen Blüten für sonnige Standorte.
C. plumbaginoides (Kriechende Hornnarbe): Sehr winterharte, wuchernde, Laub abwerfende Staude mit hellgrünen, im Herbst rötlichen Blättern. Im Spätsommer und Frühherbst leuchtend blaue Blüten. 45 × 30 cm

Cercidiphyllum japonicum (Herbstlaub)

Cercidiphyllum Katsurabaum, Kuchenbaum

Einzige Art der Gattung ist ein Laub abwerfender Baum mit prächtigen Herbstfarben für neutralen bis sauren Boden in Sonne oder lichtem Schatten. Sehr winterhart, aber empfindlich gegen kalte Winde.
C. japonicum: Laub abwerfender Baum mit grünem, im Austrieb bronzefarbenem Laub, das sich im Herbst orangerot verfärbt. 20 × 15 m

Cercis canadensis 'Forest Pansy'

Cercis siliquastrum

Cercis Judasbaum

Gattung Laub abwerfender Bäume und Sträucher mit herzförmigen Blättern und Schmetterlingsblüten. Als Einzelbäume, im Strauchbeet oder am Wandspalier zu ziehen.
C. canadensis 'Forest Pansy': Ausladender, stark verzweigter, Laub abwerfender Baum mit purpurnem Laub. Die rosa Blüten erscheinen im Frühjahr vor den Blättern. 10 × 10 m
C. siliquastrum: Laub abwerfender Baum mit blaugrünen, im Herbst gelben Blättern. Trägt im Frühjahr an kahlen Zweigen Blüten in kräftigem Rosarot. 10 × 10 m
C. s. fo. *albida:* Wie *C. s.*, aber mit weißen Blüten. 10 × 10 m

Chaenomeles speciosa 'Cardinalis'

Chaenomeles speciosa 'Moerloosei'

Chaenomeles speciosa 'Nivalis'

Chaenomeles × *superba* 'Pink Lady'

Chaenomeles **Scheinquitte, Zierquitte**
Gattung Laub abwerfender, dorniger Sträucher, die im Spätwinter/Frühjahr attraktive einfache, halb gefüllte oder gefüllte Blüten und im Herbst essbare Früchte tragen. Vertragen auch Schatten, blühen und fruchten aber in voller Sonne üppiger. Für Wandspaliere geeignet.
C. speciosa 'Cardinalis' (Chinesische Scheinquitte): Ausladender Strauch mit dornigen Zweigen und glänzend dunkelgrünen Blättern. Trägt im Frühjahr einfache, scharlachrote Blüten, im Herbst grüngelbe Früchte. 2,5 × 5 m
C. s. 'Moerloosei': Ausladender Strauch mit dornigen Zweigen und glänzend dunkelgrünen Blättern. Trägt im Frühjahr große, einfache, weiße, blassrosa überlaufene Blüten, im Herbst Früchte. 2,5 × 5 m
C. s. 'Nivalis': Ausladender Strauch mit dornigen Zweigen und glänzend dunkelgrünen Blättern. Im Frühjahr einfache, reinweiße Blüten, im Herbst gelbe Früchte. 2,5 × 5 m
C. × *superba* 'Pink Lady': Ausladender Strauch mit glänzenden Blättern. Im zeitigen Frühjahr rosarote Blüten, im Herbst grüne, zu Gelb reifende Früchte. 1,5 × 2 m

Cerinthe major 'Purpurascens'

Cerinthe **Wachsblume**
Gattung bedingt bis sehr winterharter Einjähriger und Stauden mit ungewöhnlichen Blüten.
C. glabra: Sehr winterharte Staude mit zungenförmigen Blättern. Trägt im Sommer Büschel gelber, purpurbraun gebänderter, röhrenförmiger Blüten. 30 × 30 cm
C. major 'Purpurascens': Bedingt winterharte, sich selbst aussäende Einjährige mit graugrünen Blättern. Im Sommer Blüten in Tiefblau, Purpur und Grau. Sonniger Standort. 45 × 30 cm

Cestrum **Hammerstrauch**
Gattung teils Laub abwerfender, teils immergrüner, winterharter bis frostempfindlicher Sträucher mit röhrenförmigen, oft duftenden Blüten und Beeren. Am besten vor einer warmen Mauer oder als Kübelpflanze ziehen, die im frostfreien Wintergarten überwintert.
C. elegans: Frostempfindlicher, immergrüner Strauch, der an weit ausgebreiteten Zweigen grasgrüne Blätter und, vom Sommer bis zum Herbst, karminrote bis rosa Blüten, gefolgt von dunkelroten Beeren trägt. 3 × 3 m

Chaerophyllum hirsutum 'Roseum'

Chaerophyllum **Kälberkropf**
Gattung Ein-, Zwei- und Mehrjähriger mit hübschem, farnartigem Laub und Dolden rosafarbener, weißer oder gelber Blüten.
C. hirsutum 'Roseum': Aufrechte, behaarte Staude mit duftenden, grasgrünen Blättern und zartrosa Blüten im späten Frühjahr und Frühsommer. 60 × 30 cm

Chamaecyparis lawsoniana 'Columnaris'

Chamaecyparis lawsoniana 'Ellwoodii'

Chamaecyparis lawsoniana 'Lemon Queen'

Chamaecyparis **Scheinzypresse**

Gattung immergrüner Koniferen, die als Einzelbäume oder Hecke kultiviert werden können. Es gibt auch zwergwüchsige Sorten für den Steingarten. Scheinzypressen gedeihen am besten an einem sonnigen Standort mit feuchtem, aber durchlässigem, neutralem bis saurem Boden. Die meisten vertragen auch Kalk.

C. lawsoniana 'Columnaris': Konifere von sehr schlankem, säulenförmigem Wuchs mit dichtem, blaugrünem Blattwerk. 10 × 1 m

C. l. 'Ellwoodii': Schmale, säulenförmige Konifere mit aufrechten Zweigen. Junges Laub blaugrau. 3 × 1,5 m

C. l. 'Lemon Queen': Schmaler, kegelförmiger Baum mit dichtem, gelbgrünem Blattwerk. 10 × 3 m

C. l. 'Luteocompacta': Kleiner, kegelförmiger Baum mit aufrechten Zweigen und dichtem, gelbgrünem Blattwerk. 2,5 × 1,5 m

C. l. 'Minima Aurea': Zwergwüchsige Konifere mit aufrechten Zweigen und dichtem, weichem, goldgelbem Blattwerk. 1,5 × 1 m

C. l. 'Triomf van Boskoop': Große Konifere von lockerem Wuchs mit bläulichem Blattwerk. Muss gestutzt werden, um dichteren Wuchs und kompakte Form zu erreichen. 20 × 3 m

C. l. 'Winston Churchill': Schmal kegelförmige Konifere, deren Blattwerk das ganze Jahr über in sattem Goldgelb leuchtet. 15 × 3 m

Chamaecyparis lawsoniana 'Triomf van Boskoop'

Chamaecyparis lawsoniana 'Luteocompacta'

Chamaecyparis lawsoniana 'Minima Aurea'

Chamaecyparis lawsoniana 'Winston Churchill'

Chamaemelum nobile

Chelidonium majus 'Flore Pleno'

Chamaemelum Römische Kamille
Gattung von Einjährigen und Stauden mit duftendem, federigem Laub und gänseblümchenähnlichen Blüten. Bevorzugen leichten Boden in voller Sonne.
C. nobile: Staude mit duftenden, hellgrünen Blättern, die im Sommer an Gänseblümchen erinnernde, weiße Blüten mit gelber Mitte trägt. 30 × 45 cm
C. n. 'Treneague': Nicht blühende, teppichbildende Sorte, die als duftender Rasenersatz in kleinen Gärten verwendet werden kann. 10 × 45 cm

Chelidonium Schöllkraut
Einzige Art der Gattung ist eine sich selbst aussäende Zweijährige oder kurzlebige Staude. Gut für Wildblumengärten.
C. majus 'Flore Pleno': Horstbildende Staude mit blaugrünen Blättern. Trägt im Sommer gefüllte, gelbe Blüten.
60 × 20 cm

Chelone Schildblume, Schlangenkopf
Gattung von Stauden, die ab dem Spätsommer dekorative weiße, rosa oder purpurviolette Blüten tragen. Gedeihen auch auf schwerem Lehm und feuchtem Boden.
C. obliqua (Miesmäulchen): Aufrechte Staude, die vom Spätsommer bis zum Herbst Blüten in tiefem Rosarot entfaltet.
60 × 30 cm

Chiastophyllum oppositifolium

Chimonanthus praecox

Chiastophyllum Walddickblatt
Einzige Art der Gattung ist eine mehrjährige, immergrüne Sukkulente mit dekorativen Blättern und kleinen, hängenden, buttergelben Blüten. Bevorzugt halbschattige Standorte.
C. oppositifolium: In die Breite gehende, immergrüne Staude mit fleischigen, blassgrünen Blättern und goldgelben Blüten im späten Frühjahr und Frühsommer. 20 × 15 cm

Chimonanthus Winterblüte
Gattung teils Laub abwerfender, teils immergrüner Sträucher, die im Winter süß duftende, wachsartige Blüten tragen. Für Wandspaliere geeignet. Junge Triebe vor extremer Kälte schützen.
C. praecox (Chinesische Winterblüte): Aufrechter, Laub abwerfender Strauch mit glänzend grünen Blättern. Trägt im Winter hängende, becherförmige Blüten.
4 × 3 m

Chionodoxa forbesii 'Pink Giant'

Chionodoxa luciliae

Chionodoxa Schneeglanz, Schneestolz, Sternhyazinthe
Gattung winterharter bis sehr winterharter, ausdauernder Zwiebelpflanzen, die im zeitigen Frühjahr über schmalen, grundständigen Blättern sternförmige Blüten tragen.
C. forbesii 'Pink Giant': Winterharte, ausdauernde Zwiebelpflanze. Trägt im zeitigen Frühjahr sternförmige, blassrosa Blüten mit weißem Zentrum. 10 cm
C. luciliae: Winterharte, ausdauernde Zwiebelpflanze. Blaue Sternblüten mit weißer Mitte im zeitigen Frühjahr. 10 cm

Choisya ternata

Choisya ternata 'Sundance'

Choisya 'Aztec Pearl'

Choisya Orangenblume
Gattung winterharter bis sehr winterharter, immergrüner Sträucher mit attraktivem Laub und sternförmigen, duftenden Blüten. Orangenblumen gedeihen am besten in voller Sonne. Mäßig winterharte Arten, wie *C. arizonica*, im Schutz einer Mauer ziehen.
C. 'Aztec Pearl': Sehr winterharter Strauch mit fein geteilten Blättern. Trägt im Frühjahr sowie vom Spätsommer bis zum Herbst weiße, rosa überlaufene Blüten. 2,5 × 2,5 m
C. ternata: Sehr winterharter Strauch mit dunkelgrünen Blättern und duftenden Sternblüten im späten Frühjahr sowie im Spätsommer und Herbst. 2,5 × 2,5 m
C. t. 'Sundance': Sehr winterharter Strauch mit leuchtend gelbem Laub, das sich im Halbschatten gelbgrün verdunkelt. Blüht nur selten. 2,5 × 2,5 m

Chusquea
Gattung sehr winterharter bis frostempfindlicher, immergrüner, horstbildender Bambuspflanzen für feuchten, humosen Boden in Sonne oder Halbschatten.
C. culeou: Sehr winterharter, aufrechter Bambus mit gelb- oder olivgrünen Halmen. Junge Halme von papierartigen, weißen Blattscheiden umgeben. 6 × 2,5 m

Chusquea culeou

Cimicifuga simplex

Cirsium rivulare 'Atropurpureum'

Cistus × *aguilarii* 'Maculatus'

Cistus creticus

Cistus × *cyprius*

Cimicifuga Silberkerze

Gattung aufrechter Stauden mit markanten, an Flaschenbürsten erinnernden Blütenständen. Die meisten bevorzugen humosen, feuchten Boden im Halbschatten.
C. simplex (Oktober-Silberkerze): Staude mit Horsten teils purpurn überlaufener, grundständiger Blätter und weißen Blütenähren im Spätsommer und Herbst. 1 m × 60 cm
C. s. 'Brunette': Wie *C. s.,* aber mit dunkelpurpurnem Laub und cremeweißen, purpurn überhauchten Blüten. 1 m × 60 cm

Cirsium Kratzdistel

Gattung von Zweijährigen und Stauden mit distelartigen Blättern und violetten, roten, gelben oder weißen Blütenköpfchen. Einige Arten verbreiten sich als Unkräuter durch Rhizome oder Selbstaussaat. Sonniger Standort mit feuchtem Boden.
C. rivulare 'Atropurpureum' (Bach-Kratzdistel): Staude mit dunkelgrünen, stacheligen Blättern, die im Sommer karminrote Blütenköpfchen trägt. 1,2 m × 60 cm

Cistus Zistrose

Gattung winterharter, immergrüner Sträucher mit einer Fülle attraktiver Blüten in Weiß- oder Rosatönen, oft auch gefleckt. Zistrosen gedeihen auf nährstoffreichem, gut durchlässigem Boden in voller Sonne. Vertragen etwas Kalk, neigen aber auf stark kalkhaltigem Boden zu Chlorose. Jungtriebe abknipsen, um buschiges Wachstum zu fördern. Alte, unansehnliche Pflanzen ersetzen.
C. × *aguilarii* 'Maculatus': Winterharter Strauch mit klebrigen, leuchtend grünen Blättern. Trägt im Frühsommer weiße, innen dunkelrot gefleckte Blüten. 1,2 × 1,2 m
C. creticus: Winterharter Strauch mit geäderten, grasgrünen Blättern. Trägt im Frühsommer Blüten in Hellviolett mit gelben Staubblättern. 1 × 1 m
C. × *cyprius:* Winterharter Strauch mit schmalen, klebrigen, dunkelgrünen Blättern. Trägt im Frühsommer weiße, innen gelb und dunkelrot gefleckte Blüten. 1,5 × 1,5 m
C. 'Elma': Winterharter, ausladender Strauch mit glänzend dunkelgrünen Blättern. Trägt im Frühsommer weiße Blüten mit gelben Staubblättern. 2 × 2 m
C. × *hybridus:* Winterharter, buschiger Strauch mit dunkelgrünen Blättern und vom späten Frühjahr bis zum Sommer reinweißen Blüten mit gelber Mitte. 1 × 1,5 m
C. 'Paladin': Winterharter Strauch mit grasgrünen, unterseits graugrünen Blättern. Trägt im Frühsommer weiße, innen dunkelrot gefleckte Blüten. 1,5 × 1,5 m
C. 'Peggy Sammons': Winterharter, aufrechter Strauch von kompaktem Wuchs mit graugrünen Blättern und rosa Blüten im Frühsommer. 1 × 1 m
C. × *pulverulentus:* Winterharter Strauch mit graugrünen Blättern und Blüten von kräftigem Rosarot im Frühsommer. 60 cm × 1 m
C. × *purpureus:* Winterharter, kompakter Strauch mit dunkelgrünen Blättern und rosaroten, innen braunrot gefleckten Blüten im Frühsommer. 1 × 1 m

Cistus 'Elma'

Cistus × *hybridus*

Cistus 'Peggy Sammons'

Cistus × *pulverulentus*

Cistus 'Paladin'

Cistus purpureus

Clarkia amoena

Clarkia (Syn. _Godetia_)
Atlasblume, Clarkie, Godetie
Gattung von Einjährigen, die in Pastelltönen blühen. Verwendung im Sommerbeet oder als Schnittblumen. Bevorzugen feuchten, aber neutralen bis sauren Boden. *C. amoena:* Aufrechte Einjährige, die im Sommer trichterförmige, einfache oder gefüllte Blüten in verschiedenen Rosatönen trägt. 75 × 30 cm

Clematis 'Abundance'

Clematis alpina 'Frances Rivis'

Clematis alpina 'Willy'

Clematis armandii

Clematis 'Barbara Dibley'

Clematis 'Barbara Jackman'

Clematis alpina 'Ruby'

Clematis **Clematis, Waldrebe**

Gattung bedingt bis sehr winterharter, teils immergrüner, teils Laub abwerfender Kletterpflanzen und Stauden in vielen Sorten. Wuchs- und Blattform der verschiedenen Arten variieren stark, ebenso die Höhe der Kletterpflanzen, die auch von den Standortbedingungen abhängt. Die Kletterpflanzen heften sich meist mithilfe von Blattranken an ihre Stütze. Die vor allem ihrer dekorativen Blüten, teils auch ihrer Fruchtstände wegen kultivierten Waldreben gedeihen in humosem, durchlässigem Boden in Sonne oder Halbschatten. Krautige Arten bevorzugen volle Sonne.

Im Hinblick auf den Schnitt unterteilt man die Waldreben in drei Hauptgruppen. Schnittgruppe 1: Früh blühende Arten wie *alpina, macropetala, montana* und ihre Sorten. Benötigen keinen Rückschnitt bis auf die Entfernung schwacher und abgestorbener Triebe nach der Blüte. Schnittgruppe 2: Großblütige Sorten, die zu Beginn und Mitte der Saison blühen. Leichter Rückschnitt auf kräftige Triebknospen und Entfernung schwacher und abgestorbener Triebe vor der Blüte. Schnittgruppe 3: Spät blühende Arten und kleinblütige Sorten, so etwa *texensis, viticella* und deren Sorten sowie krautige Waldreben. Zum Winter bis auf Bodenniveau zurückschneiden.

C. 'Abundance': Sehr winterharte, spät blühende Kletterpflanze mit rotvioletten Einzelblüten vom Hochsommer bis zum Spätherbst. (Schn. 3) 3 m

C. alpina 'Frances Rivis': Sehr winterharte, früh blühende Kletterpflanze mit halb gefüllten, blauen Blüten vom Frühjahr bis zum Frühsommer. (Schn. 1) 3 m

C. a. 'Willy': Sehr winterharte, früh blühende Kletterpflanze mit blassrosa, unterseits dunkleren Blüten vom Frühjahr bis zum Frühsommer. (Schn. 1) 3 m

C. armandii: Winterharte, immergrüne, starkwüchsige Kletterpflanze mit weit geöffneten, duftenden, weißen Blüten im zeitigen Frühjahr. (Schn. 1) 5 m

C. 'Barbara Dibley': Sehr winterharte, früh blühende Kletterpflanze. Im Frühsommer tiefrote Blüten mit dunkleren Mittelstreifen, die später verblassen. (Schn. 2) 2,5 m

C. 'Barbara Jackman': Sehr winterharte, früh blühende Kletterpflanze. Trägt im Sommer hellviolettfarbene Blüten mit magentaroten Mittelsteifen. (Schn. 2) 3 m

Clematis chrysocoma

Clematis cirrhosa

C. chrysocoma: Sehr winterharte, früh blühende Kletterpflanze mit blassrosa Blüten, deren Form den Blüten von *C. montana* ähnelt. (Schn. 1) 5 m
C. cirrhosa: Winterharte, immergrüne, früh blühende Kletterpflanze mit cremefarbenen, innen rot gefleckten Blüten im Spätwinter und zeitigen Frühjahr. (Schn. 1) 2 m
C. 'Comtesse de Bouchaud': Sehr winterharte, spät blühende Kletterpflanze, die im Spätsommer Blüten in perlmutternem Hellviolettrosa trägt. (Schn. 3) 3 m
C. 'Dr Ruppel': Sehr winterharte, frühe, großblütige Kletterpflanze. Im Sommer rosa Blüten mit dunkleren, rosaroten Mittelstreifen. (Schn. 2) 2,5 m
C. × *durandii:* Winterharte, nicht selbstkletternde, spät blühende Kletterpflanze, die im Hochsommer Blüten in dunklem Indigoblau trägt. (Schn. 3) 2 m
C. 'Elsa Späth': Sehr winterharte, früh blühende Kletterpflanze mit blauvioletten Blüten im Frühsommer. (Schn. 2) 3 m
C. × *erisotemon* 'Hendersonii': Sehr winterharte, spät blühende, hängende Kletterpflanze mit blauvioletten Blüten im Spätsommer und Frühherbst. (Schn. 3) 3 m
C. 'Ernest Markham': Sehr winterharte, spät blühende Kletterpflanze mit leuchtend magentaroten Blüten im Sommer. Standort in voller Sonne. (Schn. 3) 3 m
C. 'Etoile de Malicorne': Sehr winterharte, früh blühende Kletterpflanze. Trägt im Frühsommer rosaviolette Blüten mit dunkleren Mittelstreifen. (Schn. 2) 3 m

Clematis 'Etoile de Malicorne'

Clematis 'Comtesse de Bouchaud'

Clematis 'Dr Ruppel'

Clematis × *durandii*

Clematis 'Elsa Späth'

Clematis × *eriostemon* 'Hendersonii'

Clematis 'Ernest Markham'

Clematis 'Etoile Rose'

Clematis 'Etoile Violette'

C. 'Etoile Rose': Sehr winterharte, spät blühende Kletterpflanze mit rosaroten Glockenblüten vom Hoch- bis zum Spätsommer. (Schn. 3) 2,5 m
C. 'Etoile Violette': Sehr winterharter, spät blühender Kletterer. Vom Hochsommer bis zum Herbst blauviolette Blüten mit gelben Staubbeuteln. (Schn. 3) 3 m
C. florida 'Flore Pleno': Winterharte, halbimmergrüne, spät blühende Kletterpflanze. Trägt im Sommer gefüllte, grünweiße Blüten. (Schn. 2) 4 m
C. f. 'Sieboldii': Winterharte, spät blühende Kletterpflanze. Im Sommer cremeweiße Blüten mit einer markanten Kuppel purpurner Staubblätter. (Schn. 2) 2 m
C. forsteri: Winterharte, halbimmergrüne, früh blühende Kletterpflanze mit duftenden, cremeweißen Blüten. (Schn. 1) 3 m
C. 'Général Sikorski': Sehr winterharter, zur Saisonmitte blühender Kletterer. Im Frühsommer Blüten mit blauen Kelchblättern und cremeweißen Staubbeuteln. (Schn. 2) 3 m
C. 'Gipsy Queen': Sehr winterharte, spät blühende Kletterpflanze, die im Sommer samtige Blüten in dunklem Purpurviolett trägt. (Schn. 3) 3 m
C. heracleifolia: Sehr winterharte, spät blühende Staude mit aparten, blauen Blüten im Sommer und Frühherbst. (Schn. 3) 75 cm × 1 m
C. integrifolia: Sehr winterharte, zur Saisonmitte blühende Staude. Trägt im Sommer blaue Blüten, danach braune Fruchtstände. (Schn. 3) 60 × 60 cm

Clematis florida 'Flore Pleno'

Clematis forsteri

Clematis 'Général Sikorski'

Clematis florida 'Sieboldii'

Clematis 'Gipsy Queen'

Clematis heracleifolia

Clematis integrifolia

Clematis 'Jackmanii Superba'

Clematis × *jouiniana* 'Praecox'

Clematis 'Lady Northcliffe'

Clematis 'Lasurstern'

C. 'Jackmanii Superba': Sehr winterharte, spät blühende Kletterpflanze, die vom Hoch- bis zum Spätsommer purpurviolette Blüten trägt. (Schn. 3) 3 m

C. × *jouiniana* 'Praecox': Sehr winterharte, spät blühende, nicht selbstkletternde Kletterpflanze mit kleinen, weißen Blüten im Spätsommer. (Schn. 3) 2 m

C. 'Lady Northcliffe': Sehr winterharte, zur Saisonmitte blühende Kletterpflanze, die im Hochsommer Blüten in Hellviolett trägt. (Schn. 3) 3 m

C. 'Lasurstern': Sehr winterharte, früh blühende Kletterpflanze mit großen, lavendelblauen Blüten im Frühsommer. (Schn. 2) 2,5 m

C. 'Lincoln Star': Sehr winterharte, früh blühende Kletterpflanze, die im Frühsommer blassrosa Blüten mit rosaroten Mittelstreifen trägt. (Schn. 2) 2,5 m

C. 'Lord Nevill': Sehr winterharte, früh blühende Kletterpflanze mit tiefblauen Blüten im Frühsommer. (Schn. 2) 3 m

C. macropetala 'Maidwell Hall': Sehr winterharte, früh blühende Kletterpflanze mit aparten, blauvioletten Blüten im Frühjahr. (Schn. 1) 3 m

C. m. 'Markham's Pink': Sehr winterharte, früh blühende Kletterpflanze, die im Frühjahr sehr attraktive Blüten in hellem Rosarot trägt. (Schn. 1) 3 m

C. 'Madame Julia Correvon': Sehr winterharte, spät blühende Kletterpflanze mit weinroten Blüten im Spätsommer und Frühherbst. (Schn. 3) 3 m

C. 'Margot Koster': Sehr winterharte, spät blühende Kletterpflanze, die im Spätsommer Blüten in kräftigem Rosarot trägt. (Schn. 3) 3 m

Clematis 'Lincoln Star'

Clematis 'Lord Nevill'

Clematis macropetala 'Maidwell Hall'

Clematis macropetala 'Markham's Pink'

Clematis 'Madame Julia Correvon'

Clematis 'Margot Koster'

Clematis 'Marie Boisselot'

Clematis montana

Clematis montana 'Elizabeth'

Clematis montana 'Rubens'

Clematis montana 'Tetrarose'

C. 'Marie Boisselot' (Syn. 'Madame le Coultre'): Sehr winterharte, zur Saisonmitte blühende Kletterpflanze mit reinweißen Blüten im Hochsommer. (Schn. 2) 3 m

C. montana (Berg-Waldrebe): Sehr winterharte, starkwüchsige, früh blühende Kletterpflanze mit weißen Blüten im späten Frühjahr und Frühsommer. (Schn. 1) 5–14 m

C. m. 'Elizabeth': Sehr winterharte, früh blühende Kletterpflanze mit duftenden, blassrosa Blüten im späten Frühjahr und Frühsommer. (Schn. 1) 7 m

C. m. 'Rubens': Sehr winterharte, früh blühende Kletterpflanze mit rosa Blüten im späten Frühjahr und Frühsommer. (Schn. 1) 10 m

C. m. 'Tetrarose': Sehr winterharte, früh blühende Kletterpflanze mit seidigen, rosa Blüten im späten Frühjahr und Frühsommer. (Schn. 1) 5 m

C. 'Mrs Cholmondeley': Sehr winterharte, früh blühende Kletterpflanze mit großen, blasslavendelblauen Blüten im Frühsommer. (Schn. 2) 3 m

C. 'Nelly Moser': Sehr winterharter, früh blühender Kletterer. Im Frühsommer hellviolettrosa Blüten mit dunkleren Mittelstreifen. Bleicht in der Sonne aus. (Schn. 2) 3 m

Clematis 'Mrs Cholmondeley'

Clematis 'Nelly Moser'

Clematis 'Niobe'

Clematis 'Perle d'Azur'

Clematis 'Princess of Wales'

C. 'Niobe': Sehr winterharte, frühe, großblütige Kletterpflanze, die im Sommer tiefweinrote Blüten trägt. (Schn. 2) 3 m
C. 'Perle d'Azur': Sehr winterharte, spät blühende Kletterpflanze mit azurblauen Blüten vom Hochsommer bis zum Herbst. (Schn. 3) 3 m
C. 'Princess of Wales': Sehr winterharte, spät blühende Kletterpflanze. Trägt im Sommer trompetenförmige Blüten in kräftigem Rosarot. (Schn. 3) 2 m
C. 'Proteus': Sehr winterharter, früh blühender Kletterer mit gefüllten, hellviolettrosa Blüten im Früh- und einigen einfachen Blüten im Hochsommer. (Schn. 2) 3 m
C. rehderiana: Sehr winterharte, spät blühende Kletterpflanze mit duftenden Glockenblüten in blassem Zitronengelb vom Hochsommer bis zum Herbst. (Schn. 3) 3 m
C. tangutica: Sehr winterharte, spät blühende Kletterpflanze mit buttergelben Glockenblüten im Spätsommer und Herbst; danach flaumige Fruchtstände. (Schn. 3) 6 m
C. 'Ville de Lyon': Sehr winterharte, spät blühende Kletterpflanze mit karminroten Blüten im Hochsommer. (Schn. 3) 3 m
C. viticella 'Purpurea Plena Elegans': Sehr winterharte, spät blühende Kletterpflanze mit gefüllten, hellvioletten Blüten vom Hochsommer bis zum Herbst. (Schn. 3) 3 m

Clematis 'Proteus'

Clematis rehderiana

Clematis tangutica

Clematis 'Ville de Lyon'

Clematis viticella 'Purpurea Plena Elegans'

Cleome hassleriana

Clerodendrum bungei

Clerodendrum trichotomum

Cleome Spinnenpflanze
Gattung bedingt winterharter bis frostempfindlicher Einjähriger und immergrüner Sträucher. Die Einjährigen werden oft als Sommerblumen kultiviert. Für leichten, sandigen Boden in voller Sonne.
C. hassleriana: Aufrechte, frostempfindliche Einjährige; trägt im Sommer duftende Blüten in Weiß sowie Violett- und Rosatönen. 1,2 m × 45 cm

Clerodendrum Losbaum, Losstrauch
Gattung sehr winterharter bis frostempfindlicher, teils Laub abwerfender, teils immergrüner Bäume, Sträucher und Kletterpflanzen mit attraktiven, oft duftenden Blüten. Winterharte Arten in voller Sonne in humosem, stets etwas feuchtem Boden kultivieren.
C. bungei (Herrlicher Losstrauch): Winterharter, Laub abwerfender, Schösslinge bildender Strauch, der an aufrechten Trieben im Spätsommer und Herbst rundliche, duftende Blütenstände in kräftigem Rosarot trägt. 2 × 2 m
C. trichotomum: Sehr winterharter, Laub abwerfender, Schösslinge bildender Strauch oder kleiner Baum mit duftenden, weißen Blüten im Spätsommer und Frühherbst sowie türkisfarbenen Beeren. 5 × 5 m

Clianthus puniceus 'Roseus'

Clethra Scheineller, Zimterle
Gattung bedingt bis sehr winterharter, Laub abwerfender oder immergrüner Bäume und Sträucher mit duftenden, weißen oder gelblich weißen Blüten. Für fruchtbaren, sauren Boden im Halbschatten.
C. alnifolia: Sehr winterharter, aufrechter, Schösslinge bildender Strauch. Im Spätsommer und Frühherbst duftende, weiße Glöckchenblüten. 2,5 × 2,5 m

Clivia miniata

Cobaea scandens

Cobaea Glockenrebe
Gattung frostempfindlicher, immergrüner oder krautiger Kletterpflanzen, im Wintergarten oder als Einjährige zu ziehen. Geschützter Standort in voller Sonne.
C. scandens: Schnellwüchsige, frostempfindliche, immergrüne, einjährig kultivierte Kletterpflanze. Vom Sommer bis zum Herbst duftende, glockenförmige Blüten in Cremegrün, später Purpur. *C.* 'Alba' blüht weiß. 10 m

Clianthus Prunkblume, Ruhmesblume
Gattung winterharter bis frostempfindlicher, immergrüner Hänge- oder Klettersträucher für geschützte Standorte in voller Sonne oder für frostfreie Wintergärten bzw. Gewächshäuser.
C. puniceus 'Roseus' (Kakadu-Ruhmesblume): Winterharter, immergrüner Strauch mit tiefrosaroten Blüten im Frühsommer. Für Wandspaliere geeignet. 4 × 3 m

Clivia Clivie, Riemenblatt
Gattung frostempfindlicher, immergrüner Stauden, am besten im Wintergarten oder als Zimmerpflanze zu kultivieren. Im Freien bevorzugen sie humosen, durchlässigen Boden im Halbschatten.
C. miniata: Frostempfindliche, immergrüne Staude mit langen, riemenartigen Blättern; trägt im Frühjahr und Sommer röhrenförmige Blüten in Orange-, Rot- und Gelbtönen. 45 × 30 cm

Codonopsis Glockenwinde
Gattung winterharter bis sehr winterharter, zumeist mehrjähriger Kletterpflanzen mit dekorativen Blüten für durchlässigen Boden in Sonne oder Halbschatten.
C. clematidea (Tigerglocke): Sehr winterharte, mehrjährige Kletterpflanze mit graugrünen Blättern. Trägt vom Hoch- bis zum Spätsommer bläuliche, innen schwarz, purpurn und gelb geäderte Glockenblüten. 1,5 m

Colchicum autumnale

Colchicum speciosum 'Album'

Colchicum **Zeitlose**
Gattung bedingt bis sehr winterharter, ausdauernder Knollenpflanzen mit kelchförmigen Blüten. Blütezeit meist vom Herbst bis zum Frühjahr; erst danach erscheinen die Blätter, die sich bis zum Hochsommer halten. Die meisten Arten benötigen einen sonnigen Standort und lassen sich auch im Rasen ansiedeln.
C. autumnale (Herbstzeitlose): Sehr winterharte, ausdauernde Knollenpflanze mit lanzenförmigen Blättern; trägt im Herbst rosaviolette Blütenkelche. 10 × 8 cm
C. speciosum 'Album': Sehr winterharte, ausdauernde Knollenpflanze mit lanzenförmigen Blättern; trägt im Herbst weiße Blütenkelche. 10 × 8 cm
C. 'Waterlily': Sehr winterharte, ausdauernde Knollenpflanze mit schmalen Blättern und gefüllten, zartrosavioletten Blüten im Herbst. 12 × 10 cm

Colutea **Blasenstrauch**
Gattung winterharter bis sehr winterharter, Laub abwerfender Sträucher und Bäume mit dekorativen gelben und orangeroten Blüten und blasenartigen Samenhülsen. Standort in voller Sonne.
C. arborescens: Sehr winterharter Strauch von lockerem Wuchs mit leuchtend grünen Blättern und Trauben gelber Blüten im Sommer, gefolgt von grünen Samenhülsen. 3 × 3 m

Commelina **Commeline, Tagblume**
Gattung winterharter bis frostempfindlicher Einjähriger und Stauden. Winterharte Arten benötigen einen geschützten Standort in Sonne oder Halbschatten mit durchlässigem Boden. Im Winter gut mulchen.
C. coelestis: Winterharte, horstbildende Staude mit leuchtend blauen Blüten vom Spätsommer bis weit in den Herbst. *C. c.* var. *alba* blüht weiß. 1 m × 45 cm

Convallaria majalis

Convolvulus cneorum

Convolvulus althaeoides

Convolvulus sabatius

Convallaria **Maiglöckchen**
Gattung ausdauernder Rhizompflanzen, die im Frühjahr meist weiße, duftende, hängende Glöckchenblüten tragen. Guter Bodendecker für schattige Bereiche.
C. majalis: Staude, deren Rhizome sich weit ausbreiten. Trägt im späten Frühjahr duftende, weiße Glockenblüten an blattlosen Stängeln. *C. m.* var. *rosea* blüht hellviolettrosa. 25 × 30 cm

Convolvulus **Winde**
Gattung sehr winterharter bis frostempfindlicher, kletternder Stauden und immergrüner Sträucher oder Halbsträucher; teils lästige Unkräuter. Gedeihen auf magerem Boden in voller Sonne. Frostempfindliche Arten im kalten Gewächshaus überwintern.
C. althaeoides: Frostempfindliche Staude mit langen Kriechstängeln. Trägt im Sommer rosa Blüten über herzförmigen Blättern. 5 cm × unbegrenzte Ausbreitung
C. cneorum: Kleiner, dichter, frostempfindlicher Strauch mit silbergrünem Laub. Vom späten Frühjahr bis zum Sommer weiße Blüten (Knospen rosa). 60 cm × 1 m
C. sabatius: Frostempfindliche Kriechstaude, die den Sommer über lilablaue Blüten über grasgrünen Blättern trägt. 15 × 60 cm

Cordyline australis 'Purpurea'

Coreopsis verticillata

Cornus alba 'Aurea'

Cornus alba 'Elegantissima'

Cornus alba 'Sibirica'

Cornus alternifolia 'Argentea'

***Cordyline* Keulenlilie, Kolbenbaum, Kolbenlilie**

Gattung bedingt winterharter bis frostempfindlicher, immergrüner Sträucher und verholzender Stauden, meist als Zimmerpflanzen oder frostfrei zu überwinternde Kübelpflanzen gezogen. Standort in Sonne oder Halbschatten mit durchlässigem Boden.
C. australis 'Purpurea': Bedingt winterharter, immergrüner Strauch von palmenähnlichem Wuchs mit riemenförmigen, purpurn überlaufenen Blättern. 3 × 1 m

***Coreopsis* Mädchenauge, Schöngesicht, Wanzenblume**

Gattung sehr winterharter bis frostempfindlicher Einjähriger und Stauden mit leuchtend gelben Blütenköpfchen. Manche mehrjährige Arten, wie z. B. *C. grandiflora,* werden gewöhnlich als Einjährige gezogen.
C. verticillata (Netzblattstern): Sehr winterharte, in die Breite gehende Staude mit schmalen, grasgrünen Blättern und weit geöffneten, goldgelben Blüten im Frühsommer. *C. v.* 'Moonbeam' trägt Blüten in blassem Zitronengelb. 60 × 45 cm

***Cornus* Hartriegel, Kornelkirsche**

Gattung winterharter bis sehr winterharter, Laub abwerfender Sträucher und Bäume sowie verholzender Stauden mit teils attraktiven Blüten-Tragblättern, prächtiger Herbstfärbung, interessanten Früchten und, bei einigen Arten, leuchtend bunten, besonders im Winter sehr dekorativen Zweigen. Manche Arten bevorzugen sauren Boden; andere vertragen unterschiedliche Standortbedingungen.
C. alba 'Aurea': Sehr winterharter, Laub abwerfender, aufrechter Strauch mit schönem gelbem Laub. Vom Frühjahr bis zum Frühsommer weiße Blüten. 3 × 3 m
C. a. 'Elegantissima': Sehr winterharter, Laub abwerfender Strauch mit weiß geränderten, graugrünen Blättern; Jungtriebe leuchtend rot. Zu Frühjahrsbeginn bis auf Bodenniveau stutzen, um einen intensiv gefärbten Neuaustrieb zu erhalten. 3 × 3 m
C. a. 'Sibirica': Sehr winterharter, Laub abwerfender Baum mit dunkelgrünem, im Herbst rotem Laub und hellroten Jungtrieben. Zu Frühjahrsbeginn bis auf Bodenniveau stutzen, um einen intensiv gefärbten Neuaustrieb zu erhalten. 3 × 3 m
C. alternifolia 'Argentea': Sehr winterharter, Laub abwerfender, ausladender Strauch oder kleiner Baum mit etagenartig angeordneten Ästen und grünen, weiß geränderten Blättern. Hübsch als Einzelbaum. 3 × 2,5 m

Cornus canadensis

Cornus florida 'Rubra'

Cornus kousa var. *chinensis*

Cornus mas

C. canadensis: Kriechende, sehr winterharte, Laub abwerfende Staude mit grasgrünen Blättern und weißgrünen, mitunter rosa überlaufenen Blüten im späten Frühjahr und Frühsommer. Danach folgen rote Früchte. Bevorzugt sauren Boden.
15 cm × unbegrenzte Ausbreitung
C. florida 'Rubra': Sehr winterharter, Laub abwerfender Strauch oder Baum mit purpurrotem Herbstlaub. Im Frühjahr rosa Blüten-Tragblätter. 6 × 8 m
C. kousa var. *chinensis:* Sehr winterharter, Laub abwerfender Baum mit dunkelgrünen, im Herbst karminroten Blättern. Im Frühsommer anfänglich cremeweiße, später rosarote Blüten-Tragblätter, danach rote, erdbeerähnliche Früchte. 7 × 5 m
C. mas (Kornelkirsche): Sehr winterharter, Laub abwerfender, ausladender Strauch, dessen dunkelgrünes Laub sich im Herbst weinrot und purpurn verfärbt. Trägt im späten Winter und zeitigen Frühjahr kleine gelbe Blüten an kahlen Zweigen und im Spätsommer rote Beeren. 5 × 5 m
C. stolonifera 'Flaviramea': Sehr winterharter, Laub abwerfender, Schösslinge bildender Strauch mit dunkelgrünem, im Herbst flammfarbenem Laub und gelbgrünen Zweigen. Im Frühjahr weiße Blüten, später weiße Früchte. Rigoroser Rückschnitt zu Frühjahrsbeginn fördert einen intensiv gefärbten Neuaustrieb. Verträgt nassen Boden. 2 × 4 m

Cornus stolonifera 'Flaviramea'

Coronilla valentina

Corokia

Gattung winterharter, immergrüner Sträucher mit sternförmigen Blüten, im Herbst gefolgt von dekorativen Beeren. Standort in voller Sonne; in kalten Regionen im Schutz einer Mauer.
C. cotoneaster (Zickzackstrauch): Winterharter Strauch mit dicht verflochtenen Zweigen, die im späten Frühjahr duftende, gelbe Blüten und im Herbst rote oder gelbe Früchte tragen. 2,5 × 2,5 m

Coronilla Kronwicke

Gattung winterharter bis sehr winterharter Einjähriger, Stauden und immergrüner oder Laub abwerfender Sträucher mit oft duftenden Schmetterlingsblüten. Windgeschützter Standort in voller Sonne.
C. valentina: Sehr winterharter, rundlicher, immergrüner Strauch mit leuchtend grünen Blättern. Goldgelbe Blüten im Spätwinter und zeitigen Frühjahr, dann noch einmal im Sommer. Im Herbst Samenhülsen. 1,5 × 1,5 m

Cortaderia selloana

Corydalis cheilanthifolia

Corydalis flexuosa

Cortaderia Pampasgras

Gattung winterharter bis sehr winterharter, immergrüner oder halbimmergrüner, mehrjähriger Gräser, die Horste schmaler, oft graugrüner Blätter bilden, über denen sich im Spätsommer und Herbst federige Blütenrispen in Weiß, Silber, Goldgelb oder Rosarot erheben. Standort in voller Sonne. Pflanzen jedes Frühjahr bis zum Boden zurückschneiden.

C. selloana: Sehr winterhartes, immergrünes, ausdauerndes Gras mit hellgrünen Blättern. Trägt ab dem Spätsommer silbrig weiße oder rosarote Blütenrispen. 3 × 1,5 m

Cortusa Heilglöckchen

Gattung von Stauden mit gerundeten, tiefgrünen Blättern und glockenförmigen Blüten für Feuchtigkeit bindenden, humosen, neutralen bis sauren Boden im Halbschatten. Vertragen keine trockene Hitze.

C. matthioli (Alpen-Heilglöckchen): Niedrigwüchsige Staude mit rundlichen, behaarten Blättern, über denen sie im späten Frühjahr und Frühsommer hängende Blüten in dunklem Rosarot und Magenta, mitunter auch Weiß, trägt. 30 × 15 cm

Corydalis lutea

Corydalis solida 'Beth Evans'

Corydalis Lerchensporn

Gattung winterharter bis sehr winterharter Einjähriger, Zweijähriger und Stauden, von denen einige immergrün sind. Sie tragen kleine, röhrenförmige Blüten über farnähnlichem Laub. Manche Arten benötigen volle Sonne, andere Halbschatten.

C. cheilanthifolia: Sehr winterharte, immergrüne Staude mit hellgrünem Laub und goldgelben Blüten im Frühjahr und Sommer. Für Sonne oder Halbschatten. 30 × 25 cm

C. flexuosa: Sehr winterharte Staude mit hellgrünen Blättern und leuchtend himmelblauen Blüten im Frühjahr und Sommer. Stirbt nach der Blüte ab. Für halbschattige Standorte. 30 × 25 cm

C. lutea: Sehr winterharte, immergrüne Staude mit blassgrünen, unterseits graugrünen Blättern und buttergelben Blüten vom späten Frühjahr bis zum Herbst. Geringe Standortansprüche. Verbreitet sich rasch durch Selbstaussaat. 30 × 30 cm

C. solida 'Beth Evans': Sehr winterharte Staude mit graugrünen Blättern und blassrosa Blüten im Frühjahr. Für volle Sonne. 25 × 20 cm

Corylopsis pauciflora

Corylopsis sinensis var. *sinensis*

Corylopsis Scheinhasel

Gattung Laub abwerfender Sträucher und kleinwüchsiger Bäume, die vor Erscheinen der neuen Blätter an kahlen Zweigen duftende, gelbe Blüten tragen. Standort auf gut durchlässigem, feuchtem, saurem Boden. Nötigenfalls unmittelbar nach der Blüte zurückschneiden.

C. pauciflora (Armblütige Scheinhasel): Ausladender Strauch mit dunkelgrünem, unterseits blaugrünem Laub. Im Frühjahr Blüten in blassem Zitronengelb. 1,5 × 2,5 m

C. sinensis var. *sinensis* (Chinesische Scheinhasel): Aufrechter, ausladender Strauch mit dunkelgrünem, unterseits blaugrünem Laub und zitronengelben Blüten im Frühjahr. 4 × 4 m

Corylus 'Contorta'

Corylus Hasel, Haselnuss

Gattung Laub abwerfender Bäume und Sträucher mit attraktivem Laub und hübschen Blütenkätzchen. *C. avellana*, *C. maxima* und ihre Sorten werden ihrer essbaren Nüsse wegen kultiviert. Alle Arten vertragen Kalk.

C. 'Contorta': Aufrechter Baum, der im Frühjahr gelbe Blütenkätzchen an korkenzieherartig verdrehten Zweigen trägt. 5 × 5 m

Cosmos atrosanguineus

Cosmos 'Sensation'

Cosmos Kosmee, Schmuckkörbchen

Gattung winterharter bis frostempfindlicher Einjähriger und Stauden, die meist als Kübel- oder Sommerbeetpflanzen gezogen werden. Bevorzugen volle Sonne.

C. atrosanguineus (Schwarzes Schmuckkörbchen): Winterharte Staude mit dunkelgrünen Blättern und, vom Hochsommer bis zum Herbst, weit geöffneten, becherförmigen, rotbraunen Blüten, die nach Kakao duften. Im Winter mit einer dicken Mulchschicht schützen. 75 × 45 cm

C. 'Sensation': Frostempfindliche Einjährige, die im Sommer Blüten in Rosa, Weiß oder Karminrot trägt. 1 m × 45 cm

Cotinus coggygria

Cotinus rubrifolius

Cotinus Perückenstrauch

Gattung Laub abwerfender Bäume und Sträucher mit schöner Herbstfärbung, die im Sommer üppige Wolken winziger Blüten tragen.

C. coggygria: Ausladender Strauch oder kleiner Baum mit ovalen, grasgrünen Blättern, die sich im Herbst in Flammtönen verfärben. 5 × 5 m

C. rubrifolius: Ausladender Strauch oder kleiner Baum mit Blättern in dunklem Purpurrot, die im Herbst noch intensivere Rottöne annehmen. 5 × 5 m

Cotoneaster dammeri

Cotoneaster horizontalis

Cotoneaster lacteus

Cotoneaster microphyllus

Cotoneaster salicifolius 'Exburyensis'

Cotoneaster salicifolius 'Rothschildianus'

Cotoneaster frigidus 'Cornubia'

***Cotoneaster* Zwergmispel**

Gattung Laub abwerfender, halbimmergrüner Sträucher und Bäume, die an unterschiedlichsten Standorten gedeihen können. Vom Frühjahr bis zum Sommer erscheinen kleine Blüten, meist in Weiß oder Rosatönen, im Herbst gefolgt von dekorativen Früchten. Viele Arten eignen sich gut zur Mauerbegrünung, andere sind gute Bodendecker. Die meisten vertragen einen rigorosen Rückschnitt.

C. dammeri: Breit wuchernder, niederliegender, immergrüner Strauch mit dunkelgrünen Blättern. Trägt im Frühsommer weiße Blüten, im Herbst rote Früchte. Bevorzugt sonnige Standorte. 1 × 2 m

C. frigidus 'Cornubia': Halbimmergrüner Strauch mit gebogenen Zweigen und dunkelgrünen Blättern, die sich im Herbst verfärben. Trägt im Sommer weiße Blüten und danach eine üppige Fülle roter Früchte. 6 × 6 m

C. horizontalis: Laub abwerfender Strauch, dessen ausgebreitete Äste eine Art Fischgrätmuster bilden. Glänzend dunkelgrüne Blätter, die sich im Herbst rot verfärben. Trägt im späten Frühjahr rosaweiße Blüten, später rote Früchte. 1 × 1,5 m oder mehr

C. lacteus: Immergrüner Strauch mit markant geäderten, dunkelgrünen, unterseits weißlich behaarten Blättern. Auf die weiße Sommerblüte folgen rote Früchte, die sich bis weit in den Winter halten. 4 × 4 m

C. microphyllus: Immergrüner Strauch von etwas starrer Wuchsform mit glänzend dunkelgrünen, unterseits graugrünen Blättern und weißen Blüten im Frühsommer, gefolgt von magentaroten Früchten. 1 × 1 m

C. salicifolius 'Exburyensis': Immergrüner, ausladender Strauch mit stark geäderten Blättern und weißen Blüten im Frühsommer. Die blassgelben Früchte nehmen im Winter einen Rosaton an. 5 × 5 m

C. s. 'Rothschildianus': Immergrüner, ausladender Strauch mit stark geäderten, blassgrünen Blättern. Trägt im Sommer weiße Blüten und vom Herbst bis in den Winter buttergelbe Früchte. 5 × 5 m

Crambe cordifolia

Crambe maritima

Crambe Meerkohl

Gattung von Einjährigen und Stauden mit imposanten Blättern und attraktiver Blüte. Bevorzugen volle Sonne, vertragen aber auch etwas Schatten.

C. cordifolia: An der Basis verholzende Staude mit großen, dunkelgrünen, grundständigen Blättern, die im Spätsommer absterben. Vom späten Frühjahr bis zum Hochsommer an hohen Stängeln stark verzweigte Rispen kleiner, duftender Blüten. 2,5 × 1,5 m

C. maritima (Küsten-Meerkohl): Horstbildende Staude mit attraktiv gekräuselten, blaugrünen Blättern und im Frühsommer Trauben weißer Blüten an kräftigen Stängeln. Die Blattstiele können blanchiert als Gemüse verzehrt werden. 75 × 60 cm

Crassula sarcocaulis

Crassula Dickblatt

Gattung bedingt winterharter bis frostempfindlicher, ein- oder mehrjähriger Sukkulenten und immergrüner, sukkulenter Sträucher und Halbsträucher mit attraktiven Blättern und Blüten.

C. sarcocaulis: Winterharte, mehrjährige Sukkulente mit grasgrünen, rötlich überlaufenen Blättern. Trägt im Sommer rosa oder weiße Sternblüten. Standort in voller Sonne. 30 × 30 cm

Crataegus laevigata 'Paul's Scarlet'

Crataegus Weißdorn

Gattung meist dorniger, Laub abwerfender, teils auch halbimmergrüner Sträucher und Bäume, die einzeln oder als Hecke kultiviert werden. *Crataegus* ist den größten Teil des Jahres dekorativ, außerordentlich winterhart und gedeiht unter fast allen Bedingungen, verträgt allerdings keine Staunässe.

C. laevigata 'Paul's Scarlet': Laub abwerfender Baum mit Dornenzweigen und grasgrünen Blättern. Trägt im späten Frühjahr eine Vielzahl gefüllter, tiefrosa Blüten, später rote Früchte. 8 × 8 m

C. monogyna: Schnellwüchsiger, Laub abwerfender Baum mit duftenden, weißen Blüten im späten Frühjahr. Trägt im Herbst glänzend dunkelrote Früchte. Auch als Hecke geeignet. 10 × 8 m

Crepis incana

Crepis Pippau

Gattung von Einjährigen und Stauden, von denen einige hartnäckige Unkräuter sind. Die Kulturformen eignen sich für vollsonnige Standorte im Steingarten.

C. incana: Staude, die über einer Rosette aus grundständigen Blättern im Sommer rosa- bis magentafarbene Blüten trägt. 30 × 30 cm

Crinodendron hookerianum

Crinodendron Laternenbaum

Gattung immergrüner, bis –7 °C winterharter Sträucher und Bäume für geschützte, sonnige Standorte und sauren, mit Humus angereicherten Boden.

C. hookerianum: Winterharter, aufrechter Baum mit dunkelgrünen Blättern. Trägt vom späten Frühjahr bis zum Spätsommer laternenförmige Blüten von Scharlachrot bis Karminrosa. 6 × 5 m

Crinum × powellii

Crinum Hakenlilie

Gattung sehr winterharter bis frostempfindlicher, ausdauernder Zwiebelpflanzen für durchlässigen, humosen Boden in voller Sonne.

C. × powellii: Sehr winterharte, Laub abwerfende Staude mit langen, riemenartigen, hellgrünen Blättern und duftenden, rosa Blüten vom Spätsommer bis zum Herbst. 1,5 m × 30 cm

Crocosmia 'Lucifer'

Crocosmia 'Mount Usher'

Crocus chrysanthus 'Cream Beauty'

Crocosmia Montbretie

Gattung winterharter bis sehr winterharter, ausdauernder Knollenpflanzen mit meist gerippten, lanzenförmigen Blättern und attraktiven trichterförmigen Blüten in vielen Farbtönen, u. a. Goldgelb, Orange und Rot. Weniger winterharte Arten im Winter mit einer dicken Mulchschicht schützen.
C. 'Lucifer': Winterharte, wuchernde Staude, die im Hochsommer an gebogenen Stängeln orangerote Blüten trägt. 1,2 m × 8 cm
C. 'Mount Usher': Winterharte Staude, die im Hochsommer an gebogenen Stängeln goldgelbe Blüten trägt. 60 × 8 cm

Crocus chrysanthus 'Prins Claus'

Crocus tommasinianus

Crocus Krokus

Gattung winterharter bis sehr winterharter, kleiner, ausdauernder Knollenpflanzen. Sie werden vor allem ihrer becherförmigen Blüten wegen kultiviert, die vom Herbst bis zum Frühjahr, oft noch vor den schmalen Blättern, erscheinen.
C. chrysanthus 'Cream Beauty': Sehr winterharte, ausdauernde Knollenpflanze mit cremegelben, am Grund goldgelben Blüten im Frühjahr. Für volle Sonne. 7 × 5 cm
C. c. 'Prins Claus': Sehr winterharte, ausdauernde Knollenpflanze, die im Frühjahr Blüten in Weiß mit dunklem Violett trägt. Für volle Sonne. 7 × 5 cm
C. tommasinianus: Sehr winterharte, ausdauernde Knollenpflanze mit blassvioletten Blüten vom Spätwinter bis zum Frühjahr. Für volle Sonne. 10 × 5 cm

Curcubita

Cunninghamia lanceolata

× *Cupressocyparis leylandii*

Curcubita Kürbis

Gattung frostempfindlicher Einjähriger und mehrjähriger Kletterpflanzen mit großen, dekorativen Früchten. Kürbispflanzen gedeihen auf nährstoffreichem, durchlässigem Boden in voller Sonne.
C. cucumerina: Frostempfindliche Einjährige mit weißen Blüten im Sommer, gefolgt von Kürbisfrüchten. 3 m

Cunninghamia Spießtanne

Gattung immergrüner Koniferen mit faseriger, dunkelrotbrauner Rinde und schmalen, spitzen Nadeln. Als Einzelbäume auf feuchtem Boden in Sonne oder Halbschatten zu kultivieren. Vertragen Kalk.
C. lanceolata (Chinesische Spießtanne): Aufrechter Baum mit glänzend grünen, unterseits weiß gestreiften Nadeln und grünbraunen Zapfen. 20 × 6 m

× *Cupressocyparis* Bastardzypresse, Leylandzypresse

Hybridgattung schnellwüchsiger, immergrüner Koniferen, die als Einzelbäume oder Hecke kultiviert werden.
× *C. leylandii* (Leylandzypresse): Spitz zulaufende Konifere mit dunkelgrünem, blaugrün getöntem Laub und dunkelbraunen Zapfen. Oft als schnell wachsende Hecke kultiviert. Bis zu 35 × 5 m

Cupressus torulosa 'Cashmeriana'

Cyclamen coum

Cyclamen hederifolium

Cupressus Zypresse

Gattung bedingt bis sehr winterharter, immergrüner Koniferen, meist als Einzelbäume kultiviert. Gedeihen auf jedem durchlässigen Boden in voller Sonne.
C. torulosa 'Cashmeriana' (Kaschmirzypresse): Frostempfindliche Konifere mit rotbrauner Rinde und langen, hängenden Zweigen blaugrüner Blätter. Grünbraune Zapfen. Bis zu 30 × 10 m

Cyclamen Alpenveilchen

Gattung frostempfindlicher bis sehr winterharter, ausdauernder Knollenpflanzen. Blütezeit je nach Art über das ganze Jahr verteilt. Frostempfindlichere Arten kann man im kühlen Gewächshaus, Sorten von *C. persicum* als Zimmerpflanzen kultivieren.
C. coum: Sehr winterharte, ausdauernde Knollenpflanze mit glänzenden, oft silbern gezeichneten Blättern. Trägt im Spätwinter und zeitigen Frühjahr Blüten in Karmin, Rosa und Weiß. 8 × 10 cm
C. hederifolium: Sehr winterharte, ausdauernde Knollenpflanze mit dreieckförmigen, unterseits purpurn getönten Blättern. Trägt im Herbst, vor Erscheinen der Blätter, Blüten in Rosatönen mit rotbrauner Zeichnung. 10 × 15 cm

Cydonia oblonga

Cydonia Quitte

Einzige Art der Gattung ist ein Laub abwerfender Strauch oder Baum mit becherförmigen Blüten und dekorativen Früchten, die gekocht essbar sind. Nicht mit *Chaenomeles* zu verwechseln.
C. oblonga (Echte Quitte): Rundlicher Strauch oder Baum mit dunkelgrünen Blättern und blassrosa oder weißen Blüten im späten Frühjahr. Fruchtreife im Herbst. Für volle Sonne. 5 × 5 m

Cynara 'Scolymus'

Cynara Artischocke

Gattung winterharter bis sehr winterharter Stauden mit dekorativen Blättern und Blüten, die bei einigen Arten essbar sind. Die distelähnlichen Blüten eignen sich als Trockenblumen. Für volle Sonne.
C. 'Scolymus' (Gemüseartischocke): Sehr winterharte Staude mit graugrünen, unterseits weiß behaarten Blättern und violetten Blüten im Spätsommer. Die Blütenknospen sind als Gemüse essbar. 2 × 1,2 m

Cytisus battandieri

Cytisus Besenginster, Geißklee

Gattung frostempfindlicher bis sehr winterharter, Laub abwerfender oder immergrüner Sträucher, selten auch kleiner Bäume, mit einer Fülle teils duftender Schmetterlingsblüten. Für durchlässige Böden in voller Sonne; gedeihen am besten auf saurem Boden.
C. battandieri: Winterharter, Laub abwerfender Strauch von aufrechtem Wuchs mit silbergrauem Laub und Trauben duftender, gelber Blüten im Sommer. Für Wandspaliere geeignet. 5 × 5 m
C. × kewensis: Sehr winterharter, niedrigwüchsiger, Laub abwerfender Strauch, der im späten Frühjahr an gebogenen Zweigen cremefarbene Blüten trägt. 30 cm × 1,5 m
C. × praecox 'Allgold': Sehr winterharter, Laub abwerfender Baum, der im Frühjahr goldgelbe Blüten trägt. 1,2 × 1,5 m

Cytisus × kewensis

Cytisus × praecox 'Allgold'

D

***Daboecia* Glanzheide**
Gattung bedingt bis sehr winterharter, immergrüner Sträucher für sauren Boden in voller Sonne. Trägt Trauben urnenförmiger Blüten und dunkelgrünes Laub. Guter Bodendecker für den Steingarten.
D. cantabrica (Irische Glanzheide): Sehr winterharter, niederliegender Strauch mit dunkelgrünem, unterseits silbrigem Laub und rosaroten Blüten im Sommer.
25 × 60 cm

Dactylorhiza-Hybride

***Dactylorhiza* Knabenkraut**
Gattung ausdauernder Orchideen mit grasgrünen, mitunter gefleckten Blättern und Blüten in Rosa-, Violett- und Rottönen oder Weiß. Für feuchten, humosen Boden im Halbschatten.
D. foliosa: Ausdauernde Orchidee mit grasgrünen, manchmal braun oder purpurn gefleckten Blättern. Trägt im späten Frühjahr und Frühsommer Blüten in Rosa und Violett. 60 × 15 cm

Schmuck-Dahlie

Dahlia 'Gerrie Hoek'

Dahlia merckii

Dahlia 'Moonfire'

Kaktus-Dahlie

Pompon-Dahlie

***Dahlia* Dahlie, Georgine**
Gattung winterharter bis frostempfindlicher, ausdauernder Knollenpflanzen in vielen Sorten. Man unterteilt die wegen ihrer vielgestaltigen Blüten kultivierten Dahlien in folgende Gruppen: einfach blühende, anemonenblütige, Seerosen-, Halskrausen-, Pompon-, Ball-, Semi-Kaktus-, Kaktus-, Schmuck-, Orchideen- und Päonien-Dahlien. Das Spektrum der Blütenfarben reicht von Rosa und Violett über Rot, Orange und Gelb bis zu Weiß. Dahlien sind beliebte Beet- und Schnittblumen und gedeihen auf humosem, durchlässigem Boden in voller Sonne. Wurzelknollen nach den ersten Frösten ausgraben, abtrocknen und über den Winter frostfrei in trockenem Torf oder Sand lagern.
Schmuck-Dahlien: Bedingt winterharte Knollenstauden. Vollständig gefüllte Blütenköpfchen ohne Mittelscheibe, mit breiten, leicht nach innen gebogenen Zungenblüten des gesamten Farbspektrums. Miniatur- bis riesenblütig.
Kaktus-Dahlien: Bedingt winterharte Knollenstauden. Vollständig gefüllte Blütenköpfchen mit schmalen, auswärts gerollten Zungenblüten des gesamten Farbspektrums. Miniatur- bis riesenblütig.
Pompon-Dahlien: Bedingt winterharte Knollenstauden. Vollständig gefüllte, kugelige Blütenköpfchen mit eingerollten Zungenblüten des gesamten Farbspektrums. Miniaturblütig.
D. 'Gerrie Hoek': Bedingt winterharte Knollenstaude mit seerosenähnlichen, rosa Blüten. Üppig blühend. 1,2 m × 60 cm
D. merckii: Sehr winterharte Knollenstaude, die vom Sommer bis zum Herbst an zahlreichen schlanken Stängeln flache Blüten in Rosa- und Violetttönen oder Weiß trägt. Im Winter gut mulchen. 1 × 1 m
D. 'Moonfire': Bedingt winterharte Knollenstaude mit dunklem Laub und Blüten in Aprikosengelb und Zinnoberrot. 60 × 60 cm

Danae racemosa

Daphne bholua

Daphne × burkwoodii 'Carol Mackie'

Danae Alexandrinischer Lorbeer, Traubendorn
Einzige Art der Gattung ist ein winterharter, immergrüner Strauch mit dekorativen Blättern und Früchten. Alte Triebe im Frühjahr bis auf Bodenhöhe stutzen.
D. racemosa: Winterharter Strauch mit lanzenförmigen, glänzend grünen Blättern, der im Frühsommer kleine, grüngelbe Blüten und später orangerote Beeren trägt. 1 × 1 m

Daphne cneorum 'Eximia'

Daphne Heideröschen, Kellerhals, Königsblume, Seidelbast
Gattung winterharter bis sehr winterharter, Laub abwerfender, halbimmergrüner oder immergrüner Sträucher mit attraktiven, meist duftenden Blüten, dekorativen Blättern und Früchten und kompakter Wuchsform. Sie gedeihen auf durchlässigem, humosem, neutralem bis kalkhaltigem Boden, der stets etwas feucht sein sollte. Im Sommer gut mulchen, um die Wurzeln kühl zu halten. Heideröschen reagieren empfindlich auf Störungen und sind mitunter ohne erkennbaren Grund kurzlebig.
D. bholua: Sehr winterharter, Laub abwerfender oder immergrüner, aufrechter Strauch mit schmalen, glänzend dunkelgrünen Blättern. Im Spätwinter Büschel stark duftender, weißer, rosa überlaufener Blüten, danach schwarzviolette Früchte. 2 × 1 m
D. × burkwoodii 'Carol Mackie': Sehr winterharter, halbimmergrüner, aufrechter Strauch mit grünen, zunächst goldgelb und später cremefarben geränderten Blättern. Trägt im späten Frühjahr und mitunter ein zweites Mal im Herbst Büschel duftender weißer, rosa überlaufener Blüten. 1,2 × 1,2 m
D. cneorum 'Eximia' (Rosmarin-Seidelbast): Sehr winterharter, immergrüner, niedrigwüchsiger Strauch. Trägt dunkelgrüne, unterseits graugrüne Blätter und im späten Frühjahr rosarote Blüten (Knospen purpurrot). 20 cm × 2 m
D. mezereum (Gewöhnlicher Seidelbast): Sehr winterharter, Laub abwerfender Strauch mit lanzenförmigen, hellgrünen Blättern. Trägt im Spätwinter und zeitigen Frühjahr Büschel duftender, rosaroter Blüten, danach rote Früchte. 1,2 × 1 m
D. odora: Winterharter, immergrüner, aufrechter Strauch mit glänzend dunkelgrünen Blättern und Büscheln duftender Blüten in Rosaviolett und Weiß vom Spätwinter bis zum zeitigen Frühjahr, gefolgt von roten Früchten. 1,5 × 1,5 m
D. pontica: Sehr winterharter, immergrüner, ausladender Strauch mit glänzend dunkelgrünen Blättern und Büscheln duftender, grünlich gelber Blüten im Frühjahr, gefolgt von schwarzen Früchten. 1 × 1,5 m
D. tangutica: Sehr winterharter, immergrüner, aufrechter Strauch mit lanzenförmigen, mattgrünen Blättern, der im späten Frühjahr und Frühsommer Blüten in Violett oder Rosa mit Weiß und danach rote Früchte trägt. 1 × 1 m

Daphne mezereum

Daphne pontica

Daphne tangutica

Daphne odora

Darmera peltata (Blüte)

Darmera peltata (Laub)

Davidia var. *involucrata*

Darmera (Syn. _Peltiphyllum_), Schildblatt

Einzige Art der Gattung ist eine Rhizomstaude, deren große Blätter erst nach den sternförmigen Blüten erscheinen. Bevorzugt feuchten Boden in Sonne oder Halbschatten.

D. peltata: In die Breite gehende Staude mit großen, geäderten, dunkelgrünen Blättern. Trägt im späten Frühjahr Blüten in Weiß und Rosarot. 1 × 1 m

Davidia Taubenbaum

Einzige Art der Gattung ist ein Laub abwerfender Baum mit markanten, von hängenden, weißen Tragblättern umgebenen Blütenständen. Braucht etwas Windschutz.

D. var. *involucrata:* Laub abwerfender Baum von kegelförmigem Wuchs mit rot gestielten, herzförmigen Blättern und weißen Blüten im späten Frühjahr. 15 × 10 m

Decaisnea Blauschote, Gurkenstrauch

Gattung Laub abwerfender Sträucher mit gefiederten Blättern und hängenden, bohnenähnlichen Früchten. Windgeschützter Standort; junges Laub vor späten Frösten schützen.

D. fargesii: Laub abwerfender, aufrechter Strauch mit dunkelgrünen Blättern, gelbgrünen Blüten im Sommer und mattblaugrauen Früchten im Herbst. 6 × 6 m

Delphinium 'Emily Hawkins'

Delphinium 'Alice Artindale'

Delphinium Rittersporn

Gattung von Einjährigen, Zweijährigen und Stauden mit grundständigen Blättern, über denen sie an langen Blütentrieben Trauben becherförmiger Blüten in vielen Farben tragen. Windgeschützter Standort in voller Sonne. Die Sorten unterteilt man in drei Gruppen: Belladonna-, Elatum- und Pacific-Hybriden.

D. 'Alice Artindale': Staude der Elatum-Gruppe mit vollständig gefüllten, blauvioletten Blüten im Früh- und Hochsommer. Wächst nur langsam an. 1,5 m × 60 cm

D. 'Emily Hawkins': Staude der Elatum-Gruppe mit halb gefüllten, rosavioletten Blüten im Früh- und Hochsommer. 1,7 m × 60 cm

Dendranthema 'Julia'

Dendranthema 'Corngold'

Dendranthema 'Golden Lady'

Dendranthema 'Nathalie'

Dendranthema 'Matthew Woolman'

Dendranthema 'Ruby Mound'

Dendranthema **Chrysantheme, Winteraster**

Gattung sehr winterharter bis frostempfindlicher Einjähriger und Stauden, allgemein als Chrysanthemen bezeichnet und ihrer farbenprächtigen Blütenköpfe wegen als Beet- und Schnittblumen kultiviert. An einem sonnigen Standort ziehen und frostempfindliche Arten entsprechend schützen. Chrysanthemen werden meist nach der Blütenform kategorisiert: einfach blühend, in geschlossener Ballform, mittelblumig, mit hängenden Strahlen, anemonenähnlich, pomponblütig, löffelartig, federartig, spinnenartig.

D. 'Corngold': Sehr winterharte Staude des mittelblumigen Typs. Trägt im Spätsommer und Frühherbst kräftig goldgelbe Blütenköpfe. 1,2 m

D. 'Golden Lady': Sehr winterharte Staude, die im Spätsommer und Frühherbst goldgelbe Blütenköpfe in Ballform trägt. 1,2 m

D. 'Julia': Sehr winterharte, einfach blühende Staude. Trägt im Spätsommer und Frühherbst blassrosa bis rosarote Blütenköpfe mit gelber Mitte. 1,2 m

D. 'Nathalie': Sehr winterharte Staude mit hängenden Blütenstrahlen. Trägt im Spätsommer und Frühherbst Blütenköpfe in dunklem Karminrot. 1 m

D. 'Matthew Woolman': Sehr winterharte Staude mit hängenden Blütenstrahlen. Im Spätsommer und Frühherbst Blütenköpfe in kräftigem Rosa. 1,2 m

D. 'Ruby Mound': Sehr winterharte Staude mit hängenden Blütenstrahlen. Im Spätsommer und Frühherbst Blütenköpfe in dunklem Rubinrot. 1,2 m

Desfontainia

Einzige Art der Gattung ist ein winterharter, immergrüner Strauch für einen kühlen, halbschattigen, vor kalten Winden geschützten Standort mit feuchtem, saurem Boden.

D. spinosa: Winterharter, immergrüner Strauch von dichtem, buschigem Wuchs, der vom Hochsommer bis zum Frühherbst schmal röhrenförmige, rote Blüten mit gelben Spitzen trägt. 2 × 2 m

Deutzia × *elegantissima* 'Rosealind'

Deutzia × *hybrida* 'Mont Rose'

Deutzia monbeigii

Deutzia Deutzie

Gattung winterharter bis sehr winterharter, vorwiegend Laub abwerfender Sträucher, die – je nach Art – zwischen dem späten Frühjahr und dem Hochsommer eine Fülle kleiner, sternförmiger, oft duftender Blüten tragen. Deutzien gedeihen auf den meisten Böden und bevorzugen volle Sonne, vertragen aber auch Halbschatten.

D. × *elegantissima* 'Rosealind': Sehr winterharter, Laub abwerfender, aufrechter Strauch. Trägt im späten Frühjahr und Frühsommer über mattgrünen Blättern weiß-rosafarbene Blüten. 1,2 × 1,5 m

D. × *hybrida* 'Mont Rose': Sehr winterharter, Laub abwerfender Strauch mit dunkelgrünen Blättern, der im späten Frühjahr und Frühsommer Blüten in Weiß und blassem Hellviolettrosa trägt. 1,2 × 1,2 m

D. monbeigii: Sehr winterharter, Laub abwerfender Strauch mit gebogenen Zweigen und dunkelgrünen Blättern. Im Früh- und Hochsommer weiße Blüten. 1,2 × 1,5 m

D. setchuenensis var. *corymbiflora:* Winterharter, Laub abwerfender Strauch mit abblätternder Rinde, graugrünem Laub und weißen Blüten im Hochsommer. 2 × 1,5 m

Deutzia setchuenensis var. *corymbiflora*

Dianthus barbatus

Dianthus deltoides

Dianthus 'Doris'

Dianthus gratianopolitanus

Dianthus Nelke

Gattung von Ein-, Zwei- und Mehrjährigen sowie immergrünen Halbsträuchern – mit Ausnahme der Remontant- und Malmaison-Nelken zumeist sehr winterhart. Sie tragen meist lanzenförmige, oft graugrüne Blätter und werden vor allem ihrer sommerlichen Blüten wegen gezogen. Die meisten gedeihen auf neutralem bis alkalischem Boden in voller Sonne; einige alpine und zweijährige Arten bevorzugen sauren Boden.

Man unterteilt die Nelken grob in ausdauernd blühende Remontant-Nelken und Rabatten-Nelken. Die Remontant-Nelken sind frostempfindlich bis winterhart, tragen Blüten mit gekräuseltem Rand in vielen Farben und werden meist im Gewächshaus gezogen; Größe: bis 1,2 m × 30 cm. Rabatten-Nelken sind bedingt bis sehr winterhart und tragen einmalig im Hochsommer Blüten in vielen Farben, teils auch zweifarbig; Größe: 30 cm–1 m × 30–45 cm. So genannte „Old-fashioned Pinks" sind äußerst winterhart, kleiner als die Remontant- und Rabatten-Nelken und bilden normalerweise niedrige Matten von bis zu 45 cm Durchmesser. Sie tragen im Hochsommer einmalig eine Fülle duftender Blüten. „Modern Pinks" sind meist hochwüchsiger, sehr winterhart und blühen den Sommer über zwei- oder dreimal.

D. barbatus (Bartnelke): Sehr winterharte, kurzlebige Staude, oft als Zweijährige gezogen, mit flachen Blütenbüscheln in Weiß-, Rosa- oder Rottönen, oft auch zweifarbig, im späten Frühjahr und Frühsommer. 45 × 30 cm

D. deltoides (Heidenelke): Sehr winterharte, teppichbildende Staude mit dunkelgrünen Blättern. Trägt im Sommer Blüten in dunklem Rosa, Rot oder Weiß, meist mit dunklerer Mitte. 20 × 30 cm

D. 'Doris': Sehr winterharte Staude, die im Sommer duftende, gefüllte, blassrosa Blüten mit rosaroter Mitte trägt. 30 × 30 cm

D. gratianopolitanus (Pfingstnelke): Sehr winterharte, teppichbildende Staude mit stark duftenden, rosaroten Blüten im Sommer. 15 × 30 cm

D. 'Gravetye Gem': Sehr winterharte Staude mit duftenden, karminroten, hellrosa gezeichneten Blüten im Sommer. 15 × 30 cm

D. 'La Bourboule': Sehr winterharte Staude, die im Sommer duftende rosa Blüten mit gefranstem Rand trägt. 10 × 20 cm

D. 'Mrs Sinkins': Sehr winterharte Staude, die im Sommer süß duftende, gefüllte, reinweiße Blüten mit gefranstem Rand trägt. 30 × 30 cm

D. 'Rose de Mai': Sehr winterharte Staude, die im Sommer gefüllte Blüten in hellem und dunklerem Rosa trägt. 30 × 30 cm

Dianthus 'Gravetye Gem'

Dianthus 'La Bourboule'

Dianthus 'Mrs Sinkins'

Dianthus 'Rose de Mai'

Diascia vigilis

Diascia barberae 'Ruby Field'

Diascia Doppelhörnchen

Gattung von Einjährigen und halbimmergrünen, mitunter auch immergrünen Stauden, von denen die meisten bis etwa −8 °C winterhart sind. Sie tragen im Sommer lange Zeit attraktive Blüten und bevorzugen volle Sonne.

D. barberae 'Ruby Field': Niedrigwüchsige Staude mit herzförmigen Blättern, die vom Sommer bis zum Herbst eine Fülle von lachsrosa Blüten trägt. 25 × 60 cm

D. vigilis: Ausläufer bildende Staude mit Trauben rosafarbener Blüten vom Frühsommer bis zum Herbst. Eine der winterhärtesten Arten der Gattung. 30 × 60 cm

Dicentra Herzblume, Tränendes Herz

Gattung von Einjährigen und Stauden mit vielfach geteilten, farnähnlichen, mitunter graugrünen Blättern, die an gebogenen Stängeln herzförmige Blüten in Rosa-, Violett-, Rot- und Gelbtönen oder Weiß tragen. Die meisten benötigen humosen, neutralen bis alkalischen Boden im Halbschatten. Kleine Arten passen gut in den Steingarten oder das Alpinhaus.

D. 'Bacchanal': Staude mit fein eingeschnittenen, grasgrünen Blättern und Trauben dunkelroter Blüten im Frühjahr. 45 × 30 cm

D. cucullaria (Kapuzen-Herzblume): Niedrige Staude mit graugrünen Blättern und Trauben kleiner, weißer, rosa überlaufener Blüten im zeitigen Frühjahr. Für durchlässigen Boden. Während der sommerlichen Ruheperiode trocken halten. 20 × 25 cm

D. 'Langtrees': Starkwüchsige Staude mit silbergrauem Laub und Trauben weißer, rosa überlaufener Blüten von der Frühjahrsmitte bis zum Hochsommer. 30 × 45 cm

D. spectabilis (Tränendes Herz): Staude mit Trauben herzförmiger Blüten in Rosarot und Weiß vom späten Frühjahr bis in den Frühsommer. 1 m × 45 cm

D. 'Spring Morning': Staude mit grasgrünen Blättern und Trauben von blassrosa Blüten im Spätsommer und Frühherbst. 30 × 45 cm

D. 'Stuart Boothman': Staude mit graugrünen Blättern, die von der Frühjahrsmitte bis zum Hochsommer Blüten in kräftigem Rosa trägt. 30 × 45 cm

Dicentra 'Bacchanal'

Dicentra cucullaria

Dicentra 'Langtrees'

Dicentra 'Spring Morning'

Dicentra 'Stuart Boothman'

Dicentra spectabilis

Dicksonia Beutelfarn, Taschenfarn
Gattung winterharter bis frostempfindlicher, immergrüner oder halbimmergrüner Farne zur Kultivierung im Gewächshaus, im Wintergarten oder an einem geschützten Standort mit humosem, saurem Boden im Schatten oder Halbschatten.
D. antarctica (Australischer Taschenfarn): Winterharter, oft immergrüner Baumfarn, der am kräftigen Stamm anfänglich blassgrüne, später dunklere Wedel trägt. Bis zu 6 × 4 m, oft kleiner

Dictamnus Diptam
Einzige Art der Gattung ist eine verholzende Staude, deren Staubblätter und unreife Samen ein ätherisches Öl enthalten, das sich bei heißem Wetter entzünden kann.
D. albus var. *purpureus:* Staude mit nach Zitronen duftenden Blättern, die im Frühsommer hellviolettrosa Blüten mit dunklerer Äderung trägt. 60 × 60 cm

Dictamnus albus var. *purpureus*

Dierama pulcherrimum

Dierama **Trichterschwertel**
Gattung winterharter bis bedingt winterharter, immergrüner, ausdauernder Knollenpflanzen mit grasartigen Blättern, die im Sommer an gebogenen Stängeln attraktive Glockenblüten tragen. Für volle Sonne und humosen Boden. Hochwüchsige Arten wirken hübsch am Teichrand.
D. pulcherrimum: Winterharte Staude, die im Sommer hängende Blüten in Rosa, Rotviolett oder Weiß trägt.
1–1,5 m × 60 cm

Diervilla **Buschgeißblatt**
Gattung Schösslinge bildender, Laub abwerfender Sträucher mit dekorativen gelben Blüten. Gut für Waldgärten oder Strauchbeete.
D. sessilifolia: Schösslinge bildender Strauch mit grasgrünen Blättern und schwefelgelben Blüten im Sommer. 1 × 1,5 m

Digitalis grandiflora

Digitalis × mertonensis

Digitalis parviflora

Digitalis ferruginea

Digitalis **Fingerhut**
Gattung winterharter bis sehr winterharter, hochwüchsiger Zweijähriger und kurzlebiger Stauden mit sehr charakteristischen, röhrenförmigen, oft innen gefleckten Blüten. Vertragen unterschiedlichste Standortbedingungen, gedeihen jedoch am besten im Halbschatten. Manche Arten säen sich großzügig selbst aus.
D. ferruginea (Rostiger Fingerhut): Sehr winterharte Zweijährige oder Staude mit Rosetten dunkelgrüner Blätter und langen, aufrechten Trauben bräunlicher, innen rotbraun geäderter Blüten im Hochsommer. 1,2 m × 45 cm
D. grandiflora: Sehr winterharte Zweijährige oder Staude mit markant geäderten Blättern und Trauben zart zitronengelber, innen braun geäderter Blüten im Früh- und Hochsommer. 1 m × 45 cm
D. × mertonensis: Sehr winterharte Staude mit glänzend dunkelgrünen, geäderten Blättern, die im späten Frühjahr und Frühsommer Blütentrauben in Erdbeerrosa trägt. 1 m × 30 cm
D. parviflora: Sehr winterharte Staude mit dunkelgrünen Blättern und Trauben orangebrauner Blüten mit dunkelpurpurner Lippe im Frühsommer. 60 × 30 cm
D. purpurea (Roter Fingerhut): Sehr winterharte Zweijährige oder kurzlebige Staude mit Rosetten dunkelgrüner Blätter und langen Trauben purpurroter, rosafarbener oder weißer, innen gefleckter Blüten im Frühsommer. Sät sich selbst aus. 1,2 m × 30 cm
D. p. 'Sutton's Apricot': Sehr winterharte, mehrjährige Hybridsorte mit aprikosenfarbenen Blüten im Frühsommer. 1,2 m × 30 cm

Digitalis purpurea

Digitalis purpurea 'Sutton's Apricot'

Dionysia aretioides

Disanthus cercidifolius (Herbstlaub)

Dionysia

Gattung halbstrauchiger, immergrüner Stauden zur Kultivierung im Alpinhaus oder im Steingarten, wo sie Schutz vor übermäßiger Nässe benötigen. Bevorzugen volle Sonne.

D. aretioides: Niedrige, Kissen bildende Staude mit schmalen, graugrünen Blättern und duftenden, goldgelben Blüten im Frühjahr. 7 × 30 cm

***Dipelta* Doppelschild**

Gattung Laub abwerfender Sträucher mit dekorativer, abblätternder Rinde, röhrenförmigen, duftenden Blüten und pergamentartigen Tragblättern um die Früchte.

D. floribunda: Aufrechter, Laub abwerfender Strauch mit lanzenförmig spitzen, leuchtend grünen Blättern und blassrosa Blüten im späten Frühjahr und Frühsommer. 4 × 4 m

Disanthus

Einzige Art der Gattung ist ein Laub abwerfender Strauch mit prächtig gefärbtem Herbstlaub. Für humosen, sauren Boden in Sonne oder Halbschatten. Jungtriebe vor späten Frösten schützen.

D. cercidifolius (Doppelblüte): Laub abwerfender Strauch mit blaugrünen Blättern, die sich im Herbst in Rot- und Orangetönen verfärben. Trägt im Herbst zart duftende, rosarote Spinnenblüten. 3 × 3 m

***Disporum* Feenglöckchen**

Gattung sehr winterharter bis frostempfindlicher Stauden, die an gebogenen Stängeln wechselständige Blätter sowie hängende, röhrenförmige Blüten und später kleine Beeren tragen. Für Halbschatten und humosen Boden.

D. sessile: Sehr winterharte Staude mit lanzenförmigen Blättern, die im späten Frühjahr und Frühsommer cremeweiße Blüten mit grünen Spitzen und im Herbst schwarze Beeren trägt. 60 × 60 cm

Dodecatheon meadia

Dodecatheon meadia fo. *album*

Doronicum columnae

Dodecatheon **Götterblume**
Gattung vorwiegend sehr winterharter Stauden mit attraktiven, an Alpenveilchen erinnernden, hängenden Blüten; gut für Stein- oder Waldgärten geeignet. In der Wachstumsperiode gut feucht halten.
D. meadia: Sehr winterharte Staude, die über einer Rosette grasgrüner Blätter in der zweiten Frühjahrshälfte Dolden rosavioletter Blüten trägt. 25 × 15 cm
D. m. fo. *album:* Ähnlich wie *D. meadia,* trägt aber cremeweiße Blüten mit dunklerer Mitte. 25 × 15 cm

Doronicum **Gämswurz**
Gattung von Stauden mit attraktiven goldgelben Körbchenblüten. Generell anspruchslos, gedeihen aber am besten auf feuchtem Boden im Halbschatten.
D. columnae: Staude, die über Horsten grasgrüner, grundständiger Blätter im Frühjahr und Frühsommer an dünnen Stängeln buttergelbe Körbchenblüten trägt. 60 × 30 cm

Dorycnium hirsutum

Dorycnium **Backenklee**
Gattung sehr winterharter bis frostempfindlicher Einjähriger, kurzlebiger Stauden und Laub abwerfender, halbimmergrüner oder immergrüner Halbsträucher für volle Sonne. Für viele Standorte, hängende Arten sind gut für Blumenampeln geeignet.
D. hirsutum: Winterharter bis sehr winterharter, immergrüner oder halbimmergrüner Halbstrauch mit graugrünen Blättern und Dolden weißer Schmetterlingsblüten im Sommer und Frühherbst. 60 cm × 1 m

Draba **Felsenblümchen**
Gattung von Einjährigen und immergrünen oder halbimmergrünen Stauden, die über Rosetten lanzettlicher, länglicher oder löffelförmiger Blätter Trauben vierblättriger Blüten tragen. Gut für Alpinhaus, Steingarten oder Kiesbeet. Vor übermäßiger Nässe schützen.
D. mollissima: Polster bildende, immergrüne Staude mit behaarten, länglichen Blättern und Trauben kleiner, gelber Blüten im späten Frühjahr. 8 × 20 cm

Dracunculus vulgaris

Dracunculus **Drachenwurz**
Gattung winterharter, ausdauernder Knollenpflanzen mit großen, unangenehm riechenden Blütenscheiden und dunkelgrünen, teils weiß gesprenkelten Blättern. Am geschützten Standort in voller Sonne meist ausreichend winterhart; in kalten Regionen im Winter mulchen.
D. vulgaris: Winterharte, ausdauernde Knollenpflanze, die Horste dunkelpurpurner, gefleckter Blätter und im späten Frühjahr oder im Frühherbst rotbraune Blütenscheiden hervorbringt. 1 m × 60 cm

Dorotheanthus bellidiformis

Dorotheanthus **Mittagsblume**
Gattung bedingt winterharter, sukkulenter Einjähriger, die den Sommer über hübsche Körbchenblüten in Orange, Rosa, Rot, Gelb oder Weiß tragen. Standort auf magerem Boden in voller Sonne.
D. bellidiformis (Syn. *Mesembryanthemum criniflorum):* Bedingt winterharte, niedrigwüchsige Einjährige. Trägt im Sommer zahlreiche Blüten in verschiedenen Farben, vorwiegend Rosa-, Rot- und Gelbtönen sowie Weiß. 15 × 30 cm

Dregea sinensis

Drimys lanceolata

Dregea (Syn. *Wattakaka*)

Gattung winterharter, immergrüner Kletterpflanzen, die ihrer schalenförmigen, duftenden, gelben oder weißen Blüten wegen gezogen werden. Geschützter Standort auf durchlässigem Boden in Sonne oder Halbschatten.

D. sinensis: Winterharte Kletterpflanze mit herzförmigen, grasgrünen, unterseits grau beflaumten Blättern. Im Sommer duftende, cremeweiße Blüten, innen rosa mit rötlicher Zeichnung. 3 m

Drimys Beißrinde, Winterrinde

Gattung winterharter, immergrüner Sträucher und Bäume mit attraktiven, duftenden Blättern und kleinen Sternblüten. An einem durch umgebende Bäume und Sträucher geschützten Standort meist ausreichend winterhart.

D. lanceolata (Pfefferbaum): Winterharter, aufrechter Strauch oder kleiner Baum. Glänzend dunkelgrüne Blätter und im Frühjahr Büschel weißer Blüten. 4 × 2,5 m

D. winteri: Winterharter, aufrechter, kleiner Baum mit duftender Rinde, dunkelgrünen, unterseits bläulich weißen Blättern und duftenden, cremefarbenen Blüten im Frühjahr und Frühsommer. 15 × 10 m

Dryas octopetala

Dryopteris filix-mas

Dunalia australis

Dryas Silberwurz

Gattung breit wuchernder, immergrüner Halbsträucher mit dunkelgrünen Blättern und weit geöffneten Blüten, gefolgt von Samenständen. Gut für Steingärten oder zur Begrünung niedriger Stützmauern. Gedeihen auf durchlässigem Boden.

D. octopetala: Teppichbildender Halbstrauch mit gezähnten Blättern und kleinen, cremeweißen Blüten mit gelben Staubblättern im späten Frühjahr und Frühsommer. 10 cm × 1 m

Dryopteris Dornfarn, Wurmfarn

Gattung winterharter bis frostempfindlicher, ausdauernder Farne. Die meisten sind Laub abwerfend; einige Arten behalten ihre Wedel in milden Wintern. Für humosen Boden im Halbschatten.

D. filix-mas (Gewöhnlicher Wurmfarn): Sehr winterharter, Laub abwerfender Farn, dessen grasgrüne Wedel aus einem zentralen Rhizom wachsen. 1,2 × 1,2 m

Dunalia (Syn. *Acnistus*)

Gattung bedingt winterharter, schnellwüchsiger, Laub abwerfender Sträucher mit mattgrünen Blättern und hängenden Trompetenblüten. Meist aus Samen als bedingt winterharte Einjährige gezogen, die innerhalb einer Saison blühen. Sonniger Standort.

D. australis: Bedingt winterharter, Laub abwerfender Strauch, der im Hochsommer purpurviolette und weiße Trompetenblüten trägt. 1,2 × 1,2 m

E

Eccremocarpus scaber

Echeveria elegans

Eccremocarpus scaber fo. *carmineus*

Eccremocarpus Schönranke
Gattung von winterharten bis frostempfindlichen, immergrünen oder krautigen, ausdauernden Kletterpflanzen mit röhrenförmigen Blüten in leuchtenden Farben. Kultivierung im kühlen Wintergarten oder Gewächshaus sowie im Freien in voller Sonne als Einjährige.
E. scaber: Schnellwüchsige, winterharte, immergrüne Kletterpflanze mit orangeroten Blüten vom späten Frühjahr bis zum Herbst. *E. s.* fo. *carmineus* blüht rot. 3 m

Echeveria Echeverie
Gattung frostempfindlicher, immergrüner Sukkulenten oder mitunter auch Laub abwerfender Halbsträucher. Vorwiegend als Zimmerpflanzen, im kühlen Gewächshaus oder in Kübeln gezogen. Manche eignen sich auch für Sommerbeete oder als Beetrandbepflanzung.
E. elegans: Frostempfindliche, immergrüne Sukkulente mit rundlichen, silbrig bläulichen Blättern, die vom Spätwinter bis zum Frühjahr an einzeln stehenden Stängeln rosarote, innen orange getönte Blüten mit gelben Spitzen trägt. 5 × 45 cm

Echinacea purpurea

Echinacea Igelkopf, Scheinsonnenhut
Gattung von Stauden, die über dunkelgrünen Blättern an kräftigen, aufrechten Stängeln einzelne Blütenköpfe in Rosa-, Violett- und Rottönen oder Weiß tragen. Gedeihen am besten in voller Sonne, vertragen aber auch Halbschatten.
E. purpurea: Aufrechte Staude, die vom Hochsommer bis zum Frühherbst Blütenköpfe aus rosavioletten Zungenblüten um einen goldbraunen Mittelkegel trägt. 1,2 m × 45 cm
E. p. 'Robert Bloom': Aufrechte Staude, die vom Hochsommer bis zum Frühherbst Blütenköpfe aus hellviolettrosa Zungenblüten um einen orangebraunen Mittelkegel trägt. 1,2 m × 45 cm
E. p. 'White Swan': Aufrechte Staude, die vom Hochsommer bis zum Frühherbst weiße Blütenköpfe mit orangebrauner Mitte trägt. 60 × 45 cm

Echinacea purpurea 'White Swan'

Echinops bannaticus

Echinops bannaticus 'Taplow Blue'

Echium vulgare 'Blue Bedder'

Echinops **Kugeldistel**
Gattung winterharter bis sehr winterharter Einjähriger, Zweijähriger und Stauden mit stacheligen, meist graugrünen Blättern und kugeligen Blütenköpfchen in Blau- und Grautönen oder Weiß. Für die meisten Standorte geeignet.
E. bannaticus: Sehr winterharte Staude, die über Horsten graugrüner Blätter vom Hoch- bis zum Spätsommer an hohen Stängeln metallisch blaue Blütenköpfchen trägt. *E. b.* 'Taplow Blue' blüht leuchtend blau. 1 m × 60 cm

Echium **Natternkopf**
Gattung sehr winterharter bis frostempfindlicher Einjähriger, immergrüner Zweijähriger und Stauden. Für volle Sonne.
E. vulgare 'Blue Bedder': Sehr winterharte Staude mit lanzettlichen, borstigen Blättern. Trägt im Frühsommer kurze Ähren zunächst hellblauer, später rosavioletter Blüten. 45 × 30 cm

Edgeworthia
Gattung winterharter bis frostempfindlicher, Laub abwerfender oder immergrüner Sträucher mit papierartiger Rinde und röhrenförmigen Blüten. Fürs kühle Gewächshaus oder geschützte Standorte, z. B. vor einer warmen Mauer, in voller Sonne oder lichtem Schatten.
E. chrysantha: Winterharter, Laub abwerfender, lockerwüchsiger Strauch mit dunkelgrünen Blättern und duftenden, rundlichen, gelben Blütenständen im Spätwinter und zeitigen Frühjahr. 1,5 × 1,5 m

Eichhornia crassipes

Edgeworthia chrysantha

Eichhornia **Wasserhyazinthe**
Gattung mehrjähriger, bis 1 °C winterharter Sumpf- und Wasserpflanzen für das Tropenaquarium oder für Zierteiche in voller Sonne.
E. crassipes: Winterharte bis bedingt winterharte, mehrjährige Schwimmpflanze, die im Sommer über Rosetten rundlicher Blätter blassblaue bis violette Blütenähren trägt. 45 × 45 cm

Elaeagnus angustifolia

Elaeagnus **Ölweide**
Gattung teils Laub abwerfender, teils immergrüner Sträucher und Bäume mit attraktivem, oft silbrigem oder panaschiertem Laub, mitunter duftenden Glockenblüten und bunten Beeren. Ölweiden bevorzugen volle Sonne, vertragen aber auch etwas Schatten.
E. angustifolia: Ausladender, Laub abwerfender Strauch oder kleiner Baum mit weidenähnlichen, silbrigen Blättern. Trägt im Sommer hellgelbe, duftende Blüten und im Herbst gelbe Früchte. 6 × 6 m
E. pungens 'Dicksonii': Immergrüner Strauch, dessen Jungtriebe mit braunen Schuppen bedeckt sind. Er trägt längliche, dunkelgrün und goldgelb panaschierte Blätter und im Herbst silberweiße Blüten, gefolgt im Reifezustand von roten Früchten. 3 × 3 m

Elaeagnus pungens 'Dicksonii'

Elymus **Haargerste, Quecke**
Gattung mehrjähriger Gräser, zu denen u. a. die Gewöhnliche Quecke, *E. repens,* gehört. Einige kultivierte Arten sind auch für Steingärten oder gemischte Beete geeignet. Bevorzugen volle Sonne.
E. canadensis: In die Breite wucherndes, mehrjähriges Gras mit langen, schmalen, blaugrünen Blättern und grünen Blütenähren im Spätsommer und Frühherbst. 1,2 m × 60 cm

Enkianthus perulatus

Enkianthus **Prachtglocke**
Gattung Laub abwerfender Sträucher, teils auch Bäume, mit hübschen Glockenblüten und reicher Herbstfärbung. Für humosen, sauren bis neutralen Boden in Sonne oder Halbschatten.
E. perulatus: Laub abwerfender Strauch mit grasgrünen, im Herbst leuchtend roten Blättern. Zur Frühjahrsmitte zeigen sich weiße Blüten. 2 × 2 m

Epimedium × perralchicum

Epimedium × youngianum 'Niveum'

Embothrium coccineum

Embothrium **Flammenbusch**
Gattung winterharter bis sehr winterharter, immergrüner Bäume und Sträucher für neutralen bis sauren Boden. Vor kalten Winden schützen.
E. coccineum: Aufrechter, winterharter bis sehr winterharter, Schösslinge bildender Baum mit lanzettlichen, dunkelgrünen Blättern. In sehr kaltem Klima halbimmergrün. 10 × 5 m

Eomecon **Schneemohn**
Einzige Art der Gattung ist eine als Bodendecker kultivierte Rhizomstaude für einen feuchten Boden im Halbschatten.
E. chionantha: Breit wuchernde Staude mit mattgrünen, pfeilspitzenförmigen Blättern und weißen, mohnähnlichen Blüten vom späten Frühjahr bis zum Hochsommer. 45 cm × unbegrenzte Ausbreitung

Epilobium angustifolium fo. *album*

Epilobium **Kolibritrompete, Weidenröschen**
Gattung von Einjährigen, Zweijährigen sowie halbimmergrünen Stauden und Halbsträuchern mit attraktiven, zumeist rosa oder weißen Blüten.
E. angustifolium fo. *album:* Breit wuchernde Staude mit weidenähnlichen, blassgrünen Blättern und weißen Blüten vom Hochsommer bis zum Herbst. 1,5 × 1 m

Epimedium × youngianum 'Roseum'

Epimedium **Elfenblume, Sockenblume**
Gattung immergrüner und Laub abwerfender Stauden mit im Austrieb oft bronzefarbenem und im Herbst attraktiv verfärbtem Laub sowie anmutiger Frühjahrsblüte in vielen Farben. Elfenblumen gedeihen am besten im Halbschatten.
E. × perralchicum: Horstbildende, immergrüne Staude mit glänzend grünem, im Austrieb bronzefarbenem Laub. Trägt im Frühjahr hängende Blüten in leuchtendem Gelb. 30 × 30 cm
E. × youngianum 'Niveum': Horstbildende, Laub abwerfende Staude mit grasgrünem, im Austrieb bronzen getöntem Laub und reinweißen Blüten im Frühjahr. 25 × 30 cm
E. × y. 'Roseum': Wie *E. × y.* 'Niveum', jedoch mit dunkelrosa bis mauvevioletten Blüten. 25 × 30 cm

Epipactis Ständelwurz, Sumpfwurz
Gattung krautiger Orchideen zur Kultivierung auf feuchtem, humosem, durchlässigem Boden im Schatten oder Halbschatten. Vermehrt sich unter günstigen Bedingungen leicht.
E. gigantea: Orchidee mit aufrechten, lanzenförmigen Blättern, die im Frühjahr und Frühsommer gelbgrüne, violett und rotbraun geäderte Blüten trägt.
30 cm × 1,5 m

Erica carnea 'Myretoun Ruby'

Eremurus stenophyllus subsp. *stenophyllus*

Eranthis hyemalis

Eranthis Winterling
Gattung winterharter bis sehr winterharter, ausdauernder Knollenpflanzen, die ab dem Spätwinter attraktive, becherförmige Blüten tragen. Gut als Bodendecker unter Laub abwerfenden Bäumen und Sträuchern in Sonne oder lichtem Schatten.
E. hyemalis (Kleiner Winterling): Sehr winterharte, ausdauernde Knollenpflanze, die über einer Krause grüner Blätter im Spätwinter und zeitigen Frühjahr glänzend gelbe Blüten trägt. Bevorzugt alkalischen Boden. 8 × 5 cm

Eremurus Kleopatranadel, Lilienschweif, Steppenkerze
Gattung horstbildender Stauden für durchlässigen, sandigen Boden in voller Sonne. Steppenkerzen tragen im Sommer an langen Stängeln Trauben sternförmiger, meist rosa, weißer oder gelber Blüten, während die Grundblatter um diese Zeit absterben.
E. stenophyllus subsp. *stenophyllus:* Staude, die über Rosetten graugrüner Blätter im Früh- und Hochsommer lange Trauben goldgelber, später mattorangefarbener Blüten trägt.
1,5 m × 75 cm

Erica Erika, Glockenheide, Heide
Gattung sehr winterharter bis frostempfindlicher, niederliegender bis baumartiger, immergrüner Sträucher. Kultiviert werden vorwiegend sehr winterharte Heidearten als Bodendecker und ganzjährig attraktive Gartenpflanzen. Für sauren Boden in voller Sonne; manche Arten vertragen auch leicht alkalischen Boden.
E. carnea 'Myretoun Ruby' (Schneeheide): Sehr winterharter, breitwüchsiger Strauch mit dunkelgrünem Laub und tiefrosa, später purpurroten Blüten im Spätwinter und zeitigen Frühjahr. Verträgt alkalischen Boden und etwas Schatten. 15 × 45 cm
E. c. 'Winter Beauty': Sehr winterharter, breitwüchsiger Strauch mit grünem Laub und rosavioletten Blüten im Spätwinter und zeitigen Frühjahr. Verträgt alkalischen Boden und etwas Schatten. 15 × 45 cm
E. × darleyensis: Sehr winterharter, buschiger Strauch mit grünem Laub und weißen bis rosafarbenen Blüten im Spätwinter und zeitigen Frühjahr. Für die meisten Böden geeignet. 60 × 75 cm
E. × d. 'Arthur Johnson': Wie die Art, blüht aber weiß bis dunkelrosa. 60 × 75 cm
E. × d. 'Silberschmelze': Sehr winterharter Strauch, dessen grünes Laub im Frühjahr cremefarbene Spitzen hat und im Herbst rötlich überlaufen ist. Trägt im Spätwinter und zeitigen Frühjahr urnenförmige, weiße Blüten. 30 × 75 cm

Erica carnea 'Springwood White'

Erica carnea 'Winter Beauty'

Erica darleyensis

Erica darleyensis 'Arthur Johnson'

Erica darleyensis 'Silberschmelze'

Erigeron-Hybride

Erigeron karvinskianus

Erigeron Berufkraut, Feinstrahl
Gattung von Einjährigen, Zweijährigen und Stauden mit attraktiven gänseblümchenartigen Blüten für Standorte in voller Sonne, jedoch mit etwas Schatten während der heißesten Tageszeit. Alpine Arten müssen vor übermäßiger Nässe geschützt werden.
E.-Hybriden: Mehrjährige Hybriden, die im Sommer lange Zeit einfache oder halb gefüllte Blüten in vielen Farbtönen tragen. 60 × 45 cm
E. karvinskianus: Niedrigwüchsige, breit wuchernde Staude, die im Sommer eine Fülle anfänglich weißer, später rosa oder purpurner Blüten trägt. Sät sich selbst aus. 15 cm × 1 m

Erinus alpinus

Erinus Alpenbalsam
Gattung halbimmergrüner Stauden mit Rosetten lanzen- oder keilförmiger Blätter und kleinen, röhrenförmigen Blüten. Gut für Steingärten in Sonne oder Halbschatten geeignet.
E. alpinus: Kurzlebige Staude, die vom späten Frühjahr bis zum Sommer Trauben rosafarbener, violetter oder weißer Blüten trägt. 8 × 10 cm

Erodium guttatum

Erodium 'Merstham Pink'

Erodium Reiherschnabel
Gattung winterharter bis sehr winterharter Einjähriger, Stauden und immergrüner oder Laub abwerfender Halbsträucher mit attraktivem Laub und storchschnabelähnlichen Blüten. Gedeiht am besten in voller Sonne auf durchlässigem, neutralem bis alkalischem Boden. Alpine Arten vor übermäßiger Nässe schützen.
E. guttatum: Sehr winterharte Staude oder Halbstrauch mit kleinen, silbrigen Blättern. Im Sommer weiße, rötlich gezeichnete Blüten mit je zwei dunklen Flecken. 10 × 20 cm
E. 'Merstham Pink': Die sehr winterharte Staude trägt rosa Blüten mit dunklerer Äderung. 15 × 25 cm

Eryngium agavifolium

Eryngium bourgatii

Eryngium giganteum

Eryngium Edeldistel, Mannstreu
Gattung winterharter bis sehr winterharter Einjähriger, Zweijähriger und Laub abwerfender oder immergrüner Stauden, meist mit Rosetten stacheliger Grundblätter und distelartigen Blüten an stark verzweigten Stängeln. Standort in voller Sonne.
E. agavifolium: Sehr winterharte, immergrüne Staude mit Rosetten spitzer, glänzend grüner Blätter. Trägt im Spätsommer grünweiße, von stacheligen Tragblättern umgebene Blüten. 1 m × 60 cm
E. bourgatii (Pyrenäendistel): Sehr winterharte Staude, die über dunkelgrünen, silbrig geäderten Grundblättern im Sommer an bläulichen Stängeln graugrüne Blüten trägt. 60 × 30 cm
E. giganteum (Elfenbein-Mannstreu): Sehr winterharte, kurzlebige Staude mit grasgrünen Grundblättern. Trägt im Sommer blassgrüne, später silberblaue, von silbrig grünen Tragblättern umgebene Blüten. 1 m × 30 cm

Erysimum Goldlack, Schöterich
Eine inzwischen auch *Cheiranthus* umfassende Gattung winterharter bis sehr winterharter Einjähriger, Zweijähriger und vorwiegend immergrüner Stauden. Sie sind mit ihrem Duft und ihren leuchtend bunten Blüten eine Bereicherung für jedes Frühlingsbeet. Die mehrjährigen Arten blühen über einen langen Zeitraum.
E. 'Bowles Mauve': Sehr winterharte, an der Basis verholzende, immergrüne Staude mit schmalen, graugrünen Blättern. Trägt vom Spätwinter bis zum Hochsommer und darüber hinaus Trauben hellvioletter Blüten. 75 × 60 cm
E. cheiri 'Harpur Crewe': Sehr winterharte, an der Basis verholzende, immergrüne Staude mit schmalen, graugrünen Blättern und Trauben gefüllter, goldgelber Blüten vom Spätwinter bis zum Frühsommer. 30 × 60 cm

Erysimum 'Bowles Mauve'

Erysimum cheiri 'Harpur Crewe'

Erythronium californicum 'White Beauty'

Erythronium Hundszahn, Zahnlilie
Gattung ausdauernder Zwiebelpflanzen für humosen, durchlässigen Boden im Halbschatten. Über den bei einigen Arten marmorierten Grundblättern trägt der Hundszahn vom Frühjahr bis zum Frühsommer hängende, sternförmige Blüten.
E. californicum 'White Beauty': Ausdauernde Zwiebelpflanze mit dunkelgrünen, bräunlich gezeichneten Blättern und cremeweißen Blüten im Frühjahr. 25 × 10 cm
E. 'Citronella': Ausdauernde Zwiebelpflanze mit glänzend grünen, bronzefarben gezeichneten Blättern, die im Frühjahr cremegelbe Blüten mit dunklerer Mitte trägt. 25 × 10 cm
E. dens-canis: Ausdauernde Zwiebelpflanze mit grünen, purpurn marmorierten Blättern und zartvioletten, rosa oder weißen Blüten im Frühjahr. 15 × 10 cm

Erythronium dens-canis

Escallonia Andenstrauch, Escallonie
Gattung von winterharten bis sehr winterharten, immergrünen Sträuchern und, sehr selten, kleinen Bäumen mit kleinen, ovalen, glänzenden Blättern und einer Fülle von rosa, roten oder weißen Blüten im Sommer. Standort in voller Sonne.
E. 'Apple Blossom': Winterharter, immergrüner Strauch von kompaktem Wuchs mit glänzend dunkelgrünen Blättern und kelchförmigen, hell- bis dunkelrosa Blüten mit weißer Mitte im Früh- und Hochsommer. An einem geschützten Standort ausreichend winterhart. 2,5 × 2,5 m
E. 'Iveyi': Winterharter, immergrüner, aufrechter Strauch mit glänzend dunkelgrünen Blättern und reinweißen Blüten vom Hoch- bis zum Spätsommer. An einem geschützten Standort ausreichend winterhart. 3 × 3 m

Escallonia 'Apple Blossom'

Escallonia 'Iveyi'

Eschscholzia californica-Hybride

Eucalyptus gunnii

Eucalyptus pauciflora subsp. *niphophila*

Eschscholzia **Goldmohn, Kappenmohn**
Gattung Einjähriger mit attraktiven, mohnähnlichen Blüten fürs Sommerbeet oder als Schnittblumen. Sie lassen sich leicht aus Samen ziehen und gedeihen auf magerem Boden in voller Sonne.
E. californica-Hybriden: Einjährige mit fein eingeschnittenem Laub, die im Sommer Blüten u. a. in Orange-, Rot- und Gelbtönen sowie Weiß tragen. 15–30 × 15 cm

Eucalyptus **Blaugummibaum, Eukalyptus**
Gattung sehr winterharter bis frostempfindlicher, immergrüner Bäume und Sträucher mit attraktivem, oft duftendem Laub und reizvoller Rinde. Winterharte Arten an einem windgeschützten, vollsonnigen Standort auf neutralem bis saurem Boden ziehen.
E. gunnii (Mostgummibaum, Mostgummi-Eukalyptus, Tasmanischer Eukalyptus): Generell sehr winterharter, immergrüner, aufrechter Baum mit grünlich weißer Rinde. Junge Blätter rundlich und grasgrün, später länglich und blaugrün. Vom Sommer bis zum Herbst cremefarbene Blüten. 10 × 6 m
E. pauciflora subsp. *niphophila:* Sehr winterharter, immergrüner, ausladender Baum mit grauweißer Rinde und wachsartig beflaumten Zweigen. Junge Blätter graugrün, später blaugrün. Weiße Blüten vom späten Frühjahr bis zum Sommer. 6 × 6 m

Eucomis bicolor

Eucomis **Schopflilie**
Gattung sehr winterharter bis frostempfindlicher, ausdauernder Zwiebelpflanzen mit auffallenden Trauben sternförmiger Blüten, gekrönt von einem Schopf Hochblätter. Zwiebeln tief in voller Sonne pflanzen oder in Kübeln ziehen und frostfrei überwintern.
E. bicolor: Winterharte bis sehr winterharte, ausdauernde Zwiebelpflanze, die über Rosetten hellgrüner Grundblätter im Spätsommer Blütenstände in Blassgrün und Violett trägt. 30–60 × 20 cm

Eucryphia × intermedia

Eucryphia **Eucryphie, Scheinulme**
Gattung winterharter bis sehr winterharter, vorwiegend immergrüner Bäume und Sträucher mit dunkelgrünen, lederartigen Blättern und becherförmigen, duftenden, weißen Blüten. An einem geschützten Standort mit neutralem bis saurem Boden ziehen, an dem die Wurzeln beschattet sind und die Krone Sonne bekommt.
E. × intermedia: Sehr winterharter, immergrüner Baum von aufrechtem Wuchs mit glänzend dunkelgrünen Blättern und duftenden Blüten vom Spätsommer bis zum Herbst. 10 × 6 m

Euonymus fortunei 'Silver Queen'

Euonymus alatus 'Compactus'

Euonymus europaeus 'Red Cascade'

Euonymus fortunei 'Sunshine'

Euonymus japonicus 'Président Gauthier'

Euonymus planipes

Euonymus Pfaffenhütchen, Spindelstrauch
Gattung winterharter bis sehr winterharter, Laub abwerfender, halbimmergrüner oder immergrüner Sträucher, Bäume und Kletterpflanzen mit oft panaschiertem Laub, attraktiven Herbstfarben und Früchten. Panaschierte Sorten in voller Sonne ziehen.
E. alatus 'Compactus': Sehr winterharter, Laub abwerfender, zwergwüchsiger Strauch. Dunkelgrünes, im Herbst feuerrotes Laub und purpurrote Früchte. 1 × 3 m
E. europaeus 'Red Cascade': Sehr winterharter, Laub abwerfender Strauch oder kleiner Baum, dessen dunkelgrünes Laub sich im Herbst für kurze Zeit leuchtend rot färbt; gleichzeitig erscheinen die roten Früchte. 3 × 2,5 m
E. fortunei 'Silver Queen': Sehr winterharter, immergrüner Strauch mit dunkelgrünen Blättern, die anfänglich weiß gerändert, später rosa getönt sind. Trägt im Herbst weiße Früchte. Für Wandspaliere geeignet. 2,5 × 1,5 m
E. f. 'Sunshine': Sehr winterharter, immergrüner Strauch mit hellgrünen, goldgelb panaschierten, später rosa überlaufenen Blättern. Trägt im Herbst weiße Früchte. Für Wandspaliere geeignet. 2,5 × 1 m
E. japonicus 'Président Gauthier': Winterharter, immergrüner Strauch oder kleiner Baum mit dunkelgrünen, weiß geränderten Blättern. Trägt im Herbst weiße, rosa überlaufene Früchte. 4 × 2 m
E. planipes: Sehr winterharter, Laub abwerfender, aufrechter Strauch, dessen grüne Blätter sich im Herbst feuerrot verfärben. Die aufgeplatzten roten Früchte zeigen zur gleichen Zeit orangefarbene Samen. 3 × 3 m

Eupatorium purpureum

***Eupatorium* Kunigundenkraut, Wasserdost**

Gattung winterharter bis sehr winterharter Einjähriger, Stauden, Halbsträucher und immergrüner Sträucher.

E. purpureum: Sehr winterharte Staude, die über einem Horst derber, spitzer, grasgrüner Blätter vom Hochsommer bis zum Frühherbst rosa, rosaviolette oder weiße Blütenstände in gewölbten Doldentrauben trägt. 1,5 × 1 m

Euphorbia amygdaloides var. *robbiae*

Euphorbia characias subsp. *wulfenii* 'Lambrook Gold'

Euphorbia dulcis 'Chameleon'

Euphorbia griffithii 'Fireglow'

Euphorbia × martinii

***Euphorbia* Wolfsmilch**

Äußerst vielgestaltige Gattung sehr winterharter bis frostempfindlicher Ein- und Zweijähriger, halbimmergrüner oder immergrüner Stauden und Laub abwerfender oder immergrüner Halbsträucher, Sträucher und Bäume für die unterschiedlichsten Standorte. Der in ihnen enthaltene Milchsaft kann die Haut reizen.

E. amygdaloides var. *robbiae:* Sehr winterharte, immergrüne, wuchernde Rhizomstaude mit lederartigen, dunkelgrünen Blättern und gelbgrünen Blüten ab Mitte des Frühjahrs bis zum Frühsommer. Für Sonne oder Halbschatten. 60 × 30 cm

E. characias subsp. *wulfenii* 'Lambrook Gold': Winterharter, immergrüner Strauch mit graugrünen Blättern und leuchtend gelbgrünen Blütenständen vom zeitigen Frühjahr bis zum Frühsommer. Für volle Sonne. 1,2 × 1,2 m

E. dulcis 'Chameleon': Sehr winterharte Rhizomstaude mit anfänglich dunkelroten, später heller werdenden Blättern. Trägt im frühen Sommer gelbgrüne, violett getönte Blütenstände. Sät sich selbst aus. Für lichten Schatten. 30 × 30 cm

E. griffithii 'Fireglow': Sehr winterharte, wuchernde Rhizomstaude mit rötlich grünen, im Herbst intensiver gefärbten Blättern. Im Frühsommer trägt sie an bunten Stängeln orangerote Hochblätter. Für lichten Schatten. 1 × 1 m

E. × martinii: Sehr winterharter, immergrüner, aufrechter Halbstrauch mit schmalen, grünen, anfänglich purpurn überlaufenen Blättern und gelbgrünen Blütenständen vom Frühjahr bis zum Hochsommer. Für volle Sonne. 1 × 1 m

E. mellifera: Winterharter, immergrüner Strauch mit schmalen, lanzenförmigen, dunkelgrünen Blättern und orangebraunen, nach Honig duftenden Blütenständen im späten Frühjahr. Für volle Sonne. 1 × 1,2 m

Euphorbia mellifera

:. *myrsinites:* Sehr winterharte, immergrüne, niederliegende Staude mit Spiralen grau-
›lauer Blätter, deren Spitzen im Frühjahr gelbgrüne Blütenstände tragen. Für volle
›onne. 10 × 30 cm
:. *nicaeensis:* Sehr winterharte, immergrüne oder halbimmergrüne Staude mit lanzen-
örmigen, graublauen Blättern und gelbgrünen Blütenständen vom späten Frühjahr bis
:um Hochsommer. Für volle Sonne. 60 × 45 cm
:. *polychroma:* Sehr winterharte, horstbildende Staude mit dunkelgrünen, mitunter
›urpurn überlaufenen Blättern und leuchtend gelbgrünen Blütenständen ab Mitte des
'rühjahrs bis zum Hochsommer. Für Sonne oder lichten Schatten. 45 × 60 cm

Euphorbia myrsinites

Euphorbia polychroma

Euphorbia nicaeensis

Euryops acraeus

Euryops Goldmargerite, Kapmargerite
Gattung sehr bis bedingt winterharter Einjähriger, Stauden, immergrüner Sträucher und Halbsträucher mit hübschen Blütenköpfchen und dekorativem Laub. Standort in voller Sonne.
E. acraeus: Sehr winterharter, niedriger, immergrüner Strauch mit silbergrauem Laub und goldgelben Blüten im späten Frühjahr und Frühsommer. Benötigt gut dränierten Boden. Für Steingärten geeignet. 30 × 30 cm
E. pectinatus: Bedingt winterharter, immergrüner Strauch mit behaarten, grauen Blättern und leuchtend gelben Blüten im Sommer. 1 × 1 m

Exochorda × *macrantha* 'The Bride'

Exochorda Blumenspiere, Radspiere
Gattung Laub abwerfender Sträucher von attraktiver Wuchsform, die im Frühjahr und Sommer eine Fülle schalenförmiger Blüten tragen. Gut als Einzelsträucher sowie für gemischte Beete oder Strauchgärten geeignet. Gedeihen auch auf Kalk; *E. racemosa* bevorzugt jedoch kalkfreien Boden. Für Sonne oder Halbschatten.
E. × *macrantha* 'The Bride': Strauch mit gebogenen Zweigen und leuchtend grünem Laub, der im späten Frühjahr und Frühsommer üppige Mengen reinweißer Blüten trägt. 2 × 3 m

F

Fabiana Fabiane
Gattung winterharter, immergrüner, heideähnlicher Sträucher mit schmalen, nadelartigen Blättern und glockenförmigen Blüten. Für windgeschützte Standorte in voller Sonne mit neutralem bis saurem Boden.
F. imbricata fo. *violacea:* Winterharter, immergrüner, aufrecht wachsender Strauch mit lavendelfarbenen Blüten im Frühsommer. 2 × 2 m

Fabiana imbricata fo. *violacea*

Fagus sylvatica

Fagus sylvatica 'Pendula'

Fagus Buche
Gattung großer, Laub abwerfender Bäume mit attraktiven Blättern und Herbstfarben. Am besten als Einzelbäume mit reichlich Entwicklungsspielraum pflanzen. *F. sylvatica* kann als Hecke oder Hochstammhecke gezogen werden und behält dann ihr Laub über den Winter. Gedeihen auf den meisten Böden, auch auf Kalk.
F. sylvatica (Rotbuche): Ausladender Baum mit anfänglich hellgrünen, später dunkleren Blättern, die sich im Herbst gelb und orangebraun verfärben. 25 × 15 m
F. s. 'Pendula' (Hängebuche): Ausladender Baum, dessen Äste herabhängen. 10 × 5 m

Fargesia Schirmbambus
Gattung winterharter bis bedingt winterharter, starkwüchsiger, horstbildender Bambuspflanzen zur Einzelpflanzung oder als Sichtschutz.
F. nitida (Fontänen-Schirmbambus): Winterharter, langsam wachsender Bambus mit grünpurpurnen, bräunlich gezeichneten Rohren, die im oberen Bereich Kaskaden schmaler, dunkelgrüner Blätter tragen. 5 × 1,5 m

Fascicularia
Gattung frostempfindlicher (bei Schutz vor winterlicher Nässe mitunter auch bedingt winterharter), immergrüner Ananasgewächse zur Kultivierung im Steingarten oder Kübel. Für mageren, durchlässigen Boden in voller Sonne.
F. bicolor: Frostempfindliches, mehrjähriges Ananasgewächs mit stacheligen, schmalen, dunkelgrünen Blättern. Im Sommer Doldentrauben blassblauer Blüten mit roten Tragblättern. 45 × 60 cm

Fargesia nitida

Fascicularia bicolor

× *Fatshedera* **Efeuaralie**
Einzige Art der Hybridgattung ist ein winterharter bis bedingt winterharter, immergrüner Strauch mit attraktivem Laub, der aus einer Kreuzung zwischen *Fatsia* und *Hedera* hervorgegangen ist.
× *F. lizei:* Bedingt winterharter, immergrüner Strauch mit geteilten, glänzend dunkelgrünen Blättern. Im Herbst sterile, weiße Blüten. Für Strauchbeete, kühle Wintergärten oder Gewächshäuser sowie als Zimmerpflanze. 2 × 3 m

Fatsia **Fatsie, Zimmeraralie**
Gattung winterharter bis bedingt winterharter, immergrüner Sträucher oder kleiner Bäume mit dekorativem Laub.
F. japonica: Winterharter, immergrüner, Schösslinge bildender Strauch. Trägt im Herbst cremefarbene Blüten über großen, geteilten Blättern, später schwarze Früchte. Für halbschattige Standorte. 1,5 × 4 m

Felicia **Kapaster**
Gattung winterharter bis frostempfindlicher Einjähriger, Stauden oder Halbsträucher, die im Sommer lange Zeit üppige Massen hübscher Körbchenblüten tragen. Für volle Sonne und durchlässigen Boden.
F. amelloides: Frostempfindlicher, buschiger Halbstrauch, der meist einjährig gezogen wird. Trägt vom Sommer bis zum Herbst eine Fülle himmelblauer Blüten.
60 × 60 cm

Ferula **Riesenfenchel, Steckenkraut**
Gattung zumeist sehr winterharter Stauden, die über einem Polster fein geteilter Blätter an hohen Stängeln violette, gelbe oder weiße Blüten tragen. Am besten als Blattpflanzen in voller Sonne ziehen.
F. communis: Robuste Staude, die nach einigen Jahren im Sommer Büschel kleiner, gelber Blüten trägt. Stirbt nach der Samenbildung häufig ab. 2 m × 60 cm

Festuca **Schwingel**
Gattung Laub abwerfender oder immergrüner Gräser mit schönen grauen oder blaugrauen Blättern. Für mageren, durchlässigen Boden in voller Sonne.
F. glauca (Blauschwingel): Immergrünes, mehrjähriges Gras mit schmalen, blaugrünen Blättern. Trägt im Sommer violett überlaufene Blütenähren im gleichen Farbton. 30 × 25 cm

Ficus **Feige, Gummibaum**
Gattung winterharter bis frostempfindlicher, meist immergrüner Sträucher, Bäume und Kletterpflanzen mit attraktivem Laub und essbaren Früchten. Unter Glas oder an einem geschützten Standort auf humosem, durchlässigem Boden kultivieren.
F. carica 'Brown Turkey': Winterharter, Laub abwerfender Strauch oder Baum mit gelappten Blättern und grünen, später braunen Feigenfrüchten. 3 × 4 m

× *Fatshedera lizei*

Fatsia japonica

Ferula communis

Felicia amelloides

Festuca glauca

Ficus carica 'Brown Turkey'

Filipendula rubra 'Venusta'

Filipendula ulmaria

Foeniculum vulgare

Foeniculum vulgare 'Purpureum'

Forsythia suspensa

Forsythia × *intermedia* 'Lynwood'

Filipendula **Mädesüß**
Gattung von Stauden mit geteilten Blättern und federigen Blütenständen in Rosa- und Rottönen oder Weiß vom späten Frühjahr bis zum Spätsommer. *F. vulgaris* gedeiht auch auf Kalk.
F. rubra 'Venusta': Breitwüchsige Staude, die im Sommer rosafarbene, später verblassende Blüten trägt. 1,5 m × 60 cm
F. ulmaria (Echtes Mädesüß): Breitwüchsige Staude mit cremeweißen Blüten im Sommer. *F. u.* 'Flore Pleno' trägt gefüllte Blüten. 90 × 60 cm

Foeniculum **Fenchel**
Einzige Art der Gattung ist eine Zweijährige oder Staude, die als Blattpflanze oder Küchenkraut kultiviert wird. Gedeiht am besten in voller Sonne.
F. vulgare: Staude mit flachen Dolden winziger, gelber Blüten im Hochsommer. Die aromatischen Blätter und Samen werden kulinarisch und heilkundlich verwendet. *F. v.* 'Purpureum' ist eine bronzefarbene Form. 1,8 m × 45 cm

Forsythia **Forsythie, Goldglöckchen**
Gattung Laub abwerfender, teils auch halbimmergrüner Sträucher, die vor Erscheinen der neuen Blätter an kahlen Zweigen eine Fülle gelber Blüten tragen. Für Wandspaliere geeignet. Standort in Sonne oder lichtem Schatten.
F. × *intermedia* 'Lynwood' (Gartenforsythie): Laub abwerfender Strauch, der in der ersten Frühjahrshälfte goldgelbe Blüten trägt. 3 × 3 m
F. suspensa (Hängeforsythie): Laub abwerfender Strauch mit gebogenen Zweigen und gelben Blüten in der ersten Frühjahrshälfte. 3 × 3 m

Fothergilla **Federbuschstrauch**
Gattung Laub abwerfender Sträucher mit bürstenförmigen Blütenständen und reizvoller Herbstfärbung. Für humosen, sauren bis leicht alkalischen Boden.
F. major: Langsam wachsender, Laub abwerfender Strauch mit glänzend dunkelgrünen, im Herbst flammfarbenen Blättern und duftenden, weißen Blüten im späten Frühjahr und Frühsommer. 2,5 × 2 m

Fragaria **Erdbeere**
Gattung Ausläufer bildender Stauden mit leuchtend grünen Blättern, kleinen, meist weißen, mitunter aber auch rosa Blüten und essbaren Früchten. Bevorzugen sauren Boden und Sonne.
F. vesca 'Variegata': Staude, die ihrer graugrün und cremeweiß panaschierten Blätter wegen kultiviert wird.
30 cm × unbegrenzte Ausbreitung

Francoa **Brautkranz**
Gattung winterharter bis sehr winterharter Stauden mit flaumigen Blättern, die an hohen Stängeln Trauben weißer oder rosafarbener Blüten tragen. Vor übermäßiger winterlicher Nässe schützen.
F. sonchifolia: Winterharte Staude mit Rosetten leuchtend grüner Blätter und blassrosa Blüten im Hochsommer. 60 × 45 cm

Fraxinus **Esche**
Gattung winterharter bis sehr winterharter, Laub abwerfender, selten auch immergrüner Bäume zur Einzelpflanzung oder für Waldgärten. Bevorzugen neutralen bis alkalischen Boden.
F. excelsior: Laub abwerfender, ausladender Baum mit auffallenden schwarzen Blattknospen. Das dunkelgrüne Laub färbt sich im Herbst gelb. 30 × 20 m

Freesia **Freesie**
Gattung bedingt winterharter, ausdauernder Knollenpflanzen, von denen viele Sorten als Schnittblumen kultiviert werden. Als Sommerblumen für sonnige Standorte.
F. lactea: Bedingt winterharte, ausdauernde Knollenpflanze mit duftenden, weißen, teils rosa getönten Blüten im Sommer. 30 cm

Fremontodendron **Flanellstrauch**
Gattung winterharter, immergrüner oder halbimmergrüner Sträucher oder Bäume mit dunkelgrünem Laub und leuchtend gelben Blüten. Zur Einzelpflanzung oder als Spalierpflanze vor einer warmen, geschützten Mauer geeignet.
F. 'California Glory': Winterharter, immergrüner, ausladender Strauch. Trägt vom späten Frühjahr bis zum Herbst becherförmige, weit geöffnete, buttergelbe Blüten. 6 × 4 m
F. mexicanum: Aufrechter, winterharter, immergrüner oder halbimmergrüner Strauch mit goldgelben Blüten vom späten Frühjahr bis zum Herbst. 6 × 4 m

Fothergilla major

Fothergilla major (Herbstlaub)

Fragaria vesca 'Variegata'

Freesia lactea

Fraxinus excelsior

Fremontodendron 'California Glory'

Fremontodendron mexicanum

Fritillaria imperialis 'Prolifera'

Fritillaria meleagris

Fritillaria pyrenaica

Fritillaria persica

Fritillaria **Kaiserkrone, Schachblume**
Gattung winterharter bis sehr winterharter, ausdauernder Zwiebelpflanzen mit meist lanzettlichen Blättern und glocken-, röhren- oder becherförmigen Blüten in vielen Farbtönen im Frühjahr und Frühsommer. Die Standortansprüche sind je nach Art unterschiedlich: Viele gedeihen gut bei trockenen Wintern und Sommern, brauchen aber ausreichende Feuchtigkeit während der Wachstumsperiode. Andere bevorzugen feuchten Boden und kühle, feuchte Sommer.

F. imperialis 'Prolifera' (Kaiserkrone): Sehr winterharte, ausdauernde Zwiebelpflanze, die im Frühsommer Wirtel orangeroter Blüten trägt. Für durchlässigen Boden in voller Sonne. 1 m × 30 cm

F. meleagris (Gewöhnliche Schachblume, Kibitzei): Sehr winterharte, ausdauernde Zwiebelpflanze, die im Frühjahr hängende Glockenblüten in Purpurrosa, Rotbraun oder Weiß mit charakteristischem Fleckenmuster trägt. Für Sonne oder lichten Schatten. 30 × 8 cm

F. persica: Sehr winterharte, ausdauernde Zwiebelpflanze mit graugrünen Blättern und glockenförmigen, grünbraunen bis purpurvioletten Blüten im Frühjahr. Für durchlässigen Boden in voller Sonne. 1 m × 10 cm

F. pyrenaica: Sehr winterharte, ausdauernde Zwiebelpflanze mit graugrünen Blättern und Glockenblüten in Braunviolett, mitunter auch Gelb, im späten Frühjahr. 45 × 8 cm

Fuchsia 'Annabel'

Fuchsia 'Beacon Rosa'

Fuchsia 'Border Queen'

Fuchsia Fuchsie

Gattung sehr winterharter bis frostempfindlicher, Laub abwerfender oder immergrüner Sträucher, Bäume sowie einiger Stauden, von denen es zahlreiche Hybriden und Sorten mit markanten und vielgestaltigen Blüten in einfacher, halb gefüllter oder gefüllter Form gibt. Sehr beliebt für Sommerbeete, Kübel und Blumenampeln.

F. 'Annabel': Bedingt winterharter, Laub abwerfender Strauch mit gefüllten, weißen Blüten im Sommer. Sehr üppige Blüte. 45 × 45 cm

F. 'Beacon Rosa': Bedingt bis sehr winterharter, Laub abwerfender Strauch mit einfachen, leuchtend rosaroten Blüten im Sommer. 30 × 30 cm

F. 'Border Queen': Bedingt winterharter, Laub abwerfender Strauch. Trägt im Sommer einfache Blüten aus blassrosa Kelch- und violetten Kronblättern. 45 × 45 cm

F. 'Brutus': Bedingt winterharter, Laub abwerfender Strauch. Im Frühsommer an gebogenen Zweigen einfache Blüten aus rosaroten Kelch- und lila Kronblättern. 45 × 45 cm

F. 'Checkerboard': Bedingt bis sehr winterharter, Laub abwerfender Strauch. Einfache Blüten aus weißen Kelch- und roten Kronblättern im Sommer und Herbst. 75 × 45 cm

F. 'Coachman': Bedingt winterharter, Laub abwerfender Strauch mit gebogenen Zweigen. Im Sommer einfache Blüten: Kelchblätter lachsrosa, Kronblätter orange. 45 × 45 cm

F. 'Display': Winterharter, Laub abwerfender Strauch mit einfachen Blüten aus rosa Kelch- und tiefrosaroten Kronblättern im Sommer. 60 × 45 cm

F. 'Dollar Princess': Winterharter, Laub abwerfender, aufrechter Strauch. Im Frühsommer gefüllte Blüten aus kirschroten Kelch- und dunkelvioletten Kronblättern. 30 × 45 cm

Fuchsia 'Brutus'

Fuchsia 'Coachman'

Fuchsia 'Display'

Fuchsia 'Checkerboard'

Fuchsia 'Dollar Princess'

F. 'Garden News': Winterharter, Laub abwerfender, aufrechter Strauch mit halb gefüllten Blüten aus rosa Kelch- und purpurrosa Kronblättern im Sommer. 45 × 45 cm
F. 'Gartenmeister Bonstedt': Frostempfindlicher, Laub abwerfender Strauch mit bronzefarbenem Laub und röhrenförmigen, ziegelroten Blüten im Sommer. 60 × 45 cm
F. 'Leonora': Bedingt winterharter, Laub abwerfender, aufrechter Strauch mit einfachen Blüten aus lachsrosa Kelch- und rosa Kronblättern im Sommer. 60 × 30 cm
F. 'Lye's Unique': Bedingt winterharter, Laub abwerfender, aufrechter und starkwüchsiger Strauch mit mittelgroßen, schmal röhrenförmigen Blüten aus weißen Kelch- und roten Kronblättern. 1,5 × 1 m
F. magellanica var. *molinae:* Winterharter bis sehr winterharter, Laub abwerfender, aufrechter Strauch mit gebogenen Zweigen, der im Sommer kleine, einfache Blüten mit blassvioletten Kelch- und dunkleren Kronblättern trägt. 1 m × 75 cm
F. 'Margaret': Winterharter, Laub abwerfender, aufrechter Strauch mit gefüllten Blüten aus scharlachroten Kelch- und violetten Kronblättern im Spätsommer. 1,2 × 1,2 m
F. 'Marin Glow': Bedingt winterharter, Laub abwerfender, aufrechter Strauch mit einfachen Blüten aus reinweißen Kelch- und purpurvioletten Kronblättern im Sommer. 45 × 45 cm
F. 'Marinka': Bedingt winterharter, Laub abwerfender, üppig blühender Hängestrauch mit einfachen Blüten aus glänzend roten Kelch- und dunkleren Kronblättern im Sommer. 30 × 60 cm
F. 'Mieke Meursing': Bedingt winterharter, Laub abwerfender, aufrechter Strauch mit einfachen Blüten aus roten Kelch- und geäderten, rosa Kronblättern. 1 m × 75 cm

Fuchsia 'Garden News'

Fuchsia 'Gartenmeister Bonstedt'

Fuchsia 'Leonora'

Fuchsia 'Lye's Unique'

Fuchsia 'Mieke Meursing'

Fuchsia magellanica var. *molinae*

Fuchsia 'Margaret'

Fuchsia 'Marin Glow'

Fuchsia 'Marinka'

Fuchsia 'Royal Velvet'

Fuchsia 'Mrs Popple'

Fuchsia 'Snowcap'

Fuchsia 'Swingtime'

Fuchsia 'Red Spider'

Fuchsia 'Rufus'

Fuchsia 'Tennessee Waltz'

F. 'Mrs Popple': Sehr winterharter, Laub abwerfender, aufrechter Strauch mit einfachen Blüten aus scharlachroten Kelch- und violetten Kronblättern im Sommer und Frühherbst. 1 × 1 m

F. 'Red Spider': Bedingt winterharter, Laub abwerfender Hängestrauch mit einfachen Blüten aus karminroten Kelch- und rosaroten, geäderten Kronblättern. 1,5 × 2 m

F. 'Royal Velvet': Bedingt winterharter, Laub abwerfender, aufrechter Strauch mit gefüllten Blüten aus rosaroten Kelch- und tiefvioletten Kronblättern im Sommer. 45 × 30 cm

F. 'Rufus': Starkwüchsiger, bedingt winterharter, Laub abwerfender Strauch von aufrechtem Wuchs mit kleinen, einfachen, roten Blüten. 1,5 m × 75 cm

F. 'Snowcap': Winterharter, Laub abwerfender, aufrechter Strauch mit halb gefüllten Blüten aus roten Kelch- und weißen Kronblättern im Sommer. 60 × 60 cm

F. 'Swingtime': Bedingt winterharter, Laub abwerfender, üppig blühender Strauch mit gefüllten Blüten aus dunkelrosa Kelch- und weißen, rosa geäderten Kronblättern im Sommer. 45 × 45 cm

F. 'Tennessee Waltz': Winterharter, Laub abwerfender Strauch mit gebogenen Zweigen und gefüllten Blüten aus rosaroten Kelch- und lavendelfarbenen, rosa gezeichneten Kronblättern im Sommer. 60 × 60 cm

F. 'Thalia': Frostempfindlicher, Laub abwerfender, aufrechter Strauch mit dunklem Laub und röhrenförmigen, orangeroten Blüten im Spätsommer. 60 × 60 cm

F. 'Tom Thumb': Winterharter, Laub abwerfender, üppig blühender, zwergwüchsiger Strauch mit einfachen Blüten aus karminroten Kelch- und hellviolettfarbenen Kronblättern ab dem Frühsommer. 30 × 30 cm

Fuchsia 'Thalia'

Fuchsia 'Tom Thumb'

G

Galanthus nivalis 'Flore Pleno'

Gaillardia **Kokardenblume**
Gattung winterharter bis sehr winterharter Einjähriger, Zweijähriger und Stauden in zahlreichen, als Sommerbeetblumen beliebten Sorten. Sie blühen lange in vielen leuchtenden Farben und gedeihen am besten in voller Sonne.
G. 'Kobold': Sehr winterharte, kurzlebige Staude, die vom Frühsommer bis zum Herbst Körbchenblüten mit rot-gelben Zungenblüten und dunkelroter Mitte trägt. 30 × 45 cm

Galanthus **Schneeglöckchen**
Gattung winterharter bis sehr winterharter, ausdauernder Zwiebelpflanzen, die meist vom Spätwinter bis zum zeitigen Frühjahr blühen. Die meisten bevorzugen humosen, dauerhaft feuchten Boden im Halbschatten. *Galanthus*-Arten kreuzen sich leicht, was eine sortenreine Anzucht aus Samen erschwert.
G. 'Magnet': Sehr winterharte, ausdauernde Zwiebelpflanze mit schmalen, graugrünen Blättern. Trägt im Spätwinter und zeitigen Frühjahr große, weiße Blüten mit V-förmiger grüner Zeichnung im Inneren. 20 × 8 cm
G. nivalis 'Flore Pleno': Sehr winterharte, ausdauernde Zwiebelpflanze mit schmalen, graugrünen Blättern und unregelmäßig gefüllten, weißen Blüten mit grünen Spitzen im Spätwinter und zeitigen Frühjahr. 10 × 10 cm

Galanthus 'Magnet'

Galega orientalis

Galium odoratum

Galtonia candicans

Galega **Geißraute**
Gattung von Stauden mit hellgrünen, teils bläulich getönten Blättern und blauen, hellviolettfarbenen, weißen oder zweifarbigen Schmetterlingsblüten. Geringe Standortansprüche.
G. orientalis: Staude von lockerem Wuchs mit hellgrünen Blättern und Trauben blauvioletter Blüten im späten Frühjahr und Frühsommer. 1,2 m × 60 cm

Galium **Klebkraut, Labkraut**
Gattung winterharter bis sehr winterharter Einjähriger und Stauden; einige davon sind lästige Unkräuter. *G. odoratum* ist ein attraktiver Bodendecker.
G. odoratum (Waldmeister): Sehr winterharte, wuchernde Staude mit leuchtend grünen Blättern und winzigen, weißen Sternblüten vom späten Frühjahr bis zum Hochsommer. 30 cm × unbegrenzte Ausbreitung

Galtonia **Galtonie, Sommerhyazinthe**
Gattung winterharter bis sehr winterharter, ausdauernder Zwiebelpflanzen mit röhren- oder trompetenförmigen, weißgrünen Blüten über aufrechten, lanzettlichen Blättern. Für volle Sonne und ständig feuchten Boden.
G. candicans: Sehr winterharte, ausdauernde Staude mit graugrünen Blättern und röhrenförmigen, weißgrünen Blüten im Spätsommer. 60 × 10 cm

Garrya elliptica

Gaultheria mucronata

Gaultheria procumbens

Garrya Becherkätzchen
Gattung winterharter bis bedingt winterharter, immergrüner Sträucher und kleiner Bäume mit ovalen, spitz zulaufenden Blättern und auffallenden, hängenden Blütenkätzchen. Winterharte Arten im Schutz einer Mauer ziehen.
G. elliptica: Winterharter, immergrüner Strauch mit graugrünen Blättern. Trägt ab Mitte des Winters bis ins zeitige Frühjahr zartblaugraue Blütenkätzchen. 4 × 4 m

Gaultheria Rebhuhnbeere, Scheinbeere
Gattung bedingt bis sehr winterharter, immergrüner Sträucher mit lederartigen Blättern, urnenförmigen Blüten und runden Früchten. Für sauren bis neutralen, stets etwas feuchten Boden im Halbschatten.
G. mucronata: Sehr winterharter, immergrüner, Schösslinge bildender Strauch mit weißen, mitunter rosa überlaufenen Blüten im späten Frühjahr und Frühsommer, gefolgt von violetten, roten oder weißen Früchten. 1,2 × 1,2 m
G. procumbens (Niedere Rebhuhnbeere): Sehr winterharter, niedriger, immergrüner Kriechstrauch mit glänzend grünen Blättern und weißen oder blassrosa Blüten im Sommer. Später rote Beeren, die sich bis zum Frühjahr halten. 15 cm × 1 m

Gazania 'Dorothy'

Gazania Gazanie
Gattung bedingt winterharter bis frostempfindlicher Einjähriger oder immergrüner Stauden, die ihrer farbenprächtigen Körbchenblüten wegen als Sommerblumen gezogen werden. Für durchlässigen Boden in voller Sonne.
G. 'Dorothy': Bedingt winterharte, mehrjährige, aber einjährig gezogene Hybride. Im Sommer goldgelbe Blütenkörbchen, die sich im Schatten schließen. 20 × 20 cm

Gaura Prachtkerze
Gattung von Einjährigen, Zweijährigen, Stauden und Halbsträuchern mit anmutigen, sternförmigen, rosa oder weißen Blüten. Bevorzugen volle Sonne.
G. lindheimeri: Horstbildende Staude, die vom Frühsommer bis zum Frühherbst an schlanken Stängeln sternförmige, weiße Blüten trägt. 1 m × 60 cm

Genista aetnensis

Genista hispanica

Genista lydia

Genista Ginster
Gattung sehr bis bedingt winterharter, meist Laub abwerfender Sträucher, selten auch Bäume mit gelben Schmetterlingsblüten. Für mageren Boden in voller Sonne.
G. aetnensis (Ätna-Ginster): Winterharter, Laub abwerfender Strauch mit hängenden, leuchtend grünen Zweigen und duftenden, goldgelben Blüten im Sommer. 8 × 8 m
G. hispanica (Spanischer Ginster): Sehr winterharter, dorniger, Laub abwerfender Strauch von dichtem, kuppelförmigem Wuchs, der im späten Frühjahr und Frühsommer Trauben goldgelber Blüten trägt. 75 cm × 1,5 m
G. lydia: Sehr winterharter, Laub abwerfender Strauch mit gebogenen, graugrünen Zweigen und einer Fülle leuchtend gelber Blüten im Frühsommer. 60 cm × 1 m

Gentiana asclepiadea

Gentiana acaulis

Gentiana lutea

Gentiana sino-ornata

Gentiana **Enzian**

Gattung von Einjährigen, Zweijährigen und Laub abwerfenden, halbimmergrünen oder immergrünen Stauden, die vom Frühjahr bis zum Sommer attraktive, meist trompetenförmige Blüten in intensiven Blautönen, mitunter auch in Weiß, Gelb oder Rot tragen. Kleinere Arten sind gut für den Steingarten geeignet. Auf humosem, vorwiegend neutralem bis saurem Boden im Halbschatten kultivieren.

G. acaulis (Keulenenzian): Immergrüne, niedrigwüchsige Staude mit lanzenförmigen, dunkelgrünen Blättern und tiefblauen, trompetenförmigen Blüten im späten Frühjahr und Frühsommer. 8 × 30 cm

G. asclepiadea (Schwalbenwurz-Enzian): Krautige Staude, die über Horsten mattgrüner, lanzenförmiger Blätter vom Hoch- bis zum Spätsommer hell- bis dunkelblaue Trompetenblüten trägt. 60 × 45 cm

G. lutea (Gelber Enzian): Krautige Staude, die über Horsten blaugrüner Grundblätter im Hochsommer an hohen Stängeln Büschel gelber Sternblüten trägt. 1,2 m × 60 cm

G. sino-ornata: Halbimmergrüne Staude, die über Rosetten schmaler, spitzer, dunkelgrüner Blätter im Herbst leuchtend blaue, violett und grünweiß gestreifte Trompetenblüten trägt. 5 × 30 cm

Geranium cinereum 'Ballerina'

Geranium clarkei 'Kashmir White'

Geranium endressii

Geranium himalayense 'Plenum'

Geranium 'Johnson's Blue'

Geranium himalayense 'Gravetye'

Geranium macrorrhizum 'Album'

Geranium macrorrizhum 'Bevan's Variety'

Geranium malviflorum

Geranium phaeum 'Lily Lovell'

Geranium Storchschnabel

Gattung sehr bis bedingt winterharter Einjähriger, Zweijähriger und Laub abwerfender, halbimmergrüner oder immergrüner Stauden, teils auch mehrjähriger Knollenpflanzen, nicht mit der im allgemeinen Sprachgebrauch fälschlich „Geranie" genannten Gattung *Pelargonium* zu verwechseln. Sie haben vorwiegend geteilte, oft duftende Blätter und tragen zumeist schalen- oder sternförmige, oft geäderte Blüten in Blau-, Rosa- und Violetttönen sowie Weiß. Storchschnäbel sind relativ anspruchslos; kleinere Arten gedeihen am besten in voller Sonne.

G. cinereum 'Ballerina': Sehr winterharte, immergrüne Staude mit Rosetten graugrüner Blätter und rosavioletten Blüten mit dunklerer Äderung im späten Frühjahr und Frühsommer. Bevorzugt gut dränierten Boden. 15 × 30 cm

G. clarkei 'Kashmir White': Sehr winterharte, krautige, wuchernde Staude mit fein eingeschnittenen, grasgrünen Blättern und weißen, rosaviolett geäderten Blüten im Sommer. 45 cm × unbegrenzte Ausbreitung

G. endressii: Sehr winterharte, immergrüne Staude mit Horsten leuchtend grüner Blätter und rosa Blüten vom Frühsommer bis zum Frühherbst. 45 × 60 cm

G. himalayense 'Gravetye': Sehr winterharte, krautige Staude, die Matten geäderter Blätter bildet und im Frühsommer blauviolette, in der Mitte rötlich schattierte Blüten trägt. 30 × 45 cm

G. h. 'Plenum': Sehr winterharte, krautige Staude, die Matten geäderter Blätter bildet. Trägt im Frühsommer und ein zweites Mal im Herbst gefüllte, blauviolette Blüten mit dunklerer Äderung. 25 × 45 cm

G. 'Johnson's Blue': Sehr winterharte, krautige, wuchernde Staude mit grasgrünen Blättern und lavendelblauen Blüten im Sommer. 45 × 75 cm

G. macrorrhizum 'Album' (Felsen-Storchschnabel): Sehr winterharte, halbimmergrüne, wuchernde Staude mit weißen Blüten im Frühsommer und hellgrünen Blättern, die sich im Herbst attraktiv verfärben. Verträgt Schatten. 45 × 60 cm

G. m. 'Bevan's Variety': Wie *G. m.* 'Album', blüht aber rotviolett. 45 × 60 cm

G. malviflorum: Sehr winterharte, ausdauernde Knollenpflanze mit sommerlicher Ruheperiode. Sie entwickelt im Herbst neue Blätter und trägt in der ersten Frühjahrshälfte blauviolette, rot geäderte Blüten. Bevorzugt volle Sonne. 30 × 45 cm

G. phaeum 'Lily Lovell': Sehr winterharte, krautige Staude mit grasgrünen, oft braunviolett gefleckten Blättern. Trägt im späten Frühjahr und Frühsommer hellviolette Blüten mit zurückgebogenen Blütenblättern. 75 × 45 cm

Geranium pratense 'Mrs Kendall Clark'

Geranium psilostemon

Geranium pratense

G. pratense (Wiesen-Storchschnabel): Sehr winterharte, krautige Staude mit tief geteilten Blättern und geäderten blauen, violetten oder weißen Blüten im Sommer. 60 × 60 cm
G. p. 'Mrs Kendall Clark': Sehr winterharte, krautige Staude, die im Sommer perlgraue, rosa überlaufene Blüten oft mit blauvioletter Äderung trägt. 60 × 60 cm
G. psilostemon: Sehr winterharte, krautige Staude mit grasgrünen, im Frühjahr karminrot austreibenden Blättern, die sich im Herbst wieder rot färben. Trägt im Sommer tief magentarote, geäderte Blüten mit schwarzer Mitte. 1 m × 60 cm
G. renardii: Sehr winterharte, krautige Staude mit gelappten, graugrünen Blättern. Trägt im Sommer zartlavendelfarbene, fast schon weiße Blüten mit violetter Äderung. 30 × 30 cm
G. × *riversleaianum* 'Mavis Simpson': Sehr winterharte, krautige, hängende Staude mit geteilten, graugrünen Blättern. Trägt im Sommer hellrosa Blüten mit blasserer Mitte. 30 cm × 1 m
G. sanguineum: Sehr winterharte, krautige Staude mit dunkelgrünen Blättern, die im Sommer geäderte, magentarote Blüten mit weißer Mitte trägt. 20 × 30 cm
G. s. var. *striatum:* Wie *G. s.,* aber von kompakterem Wuchs und mit blassrosa, dunkler geäderten Blüten. 10 × 30 cm
G. sylvaticum 'Mayflower' (Wald-Storchschnabel): Sehr winterharte, krautige Staude mit grasgrünen Grundblättern, die im späten Frühjahr und Frühsommer violette Blüten mit weißer Mitte trägt. Bevorzugt feuchten Boden. 75 × 60 cm

Geranium renardii

Geranium × *riversleaianum* 'Mavis Simpson'

Geranium sanguineum

Geranium sanguineum var. *striatum*

Geranium sylvaticum 'Mayflower'

Gerbera **Gerbera**
Gattung bedingt winterharter bis frostempfindlicher Stauden mit einfachen oder gefüllten Körbchenblüten, meist als Sommerblumen auf durchlässigem Boden in voller Sonne kultiviert.
G. jamesonii: Frostempfindliche Staude mit dunkelgrünen, unterseits blasseren Blättern und orangeroten Blüten vom späten Frühjahr bis zum Spätsommer. 60 × 30 cm

Geum 'Red Wings'

Geum rivale

Gem rivale 'Album'

Geum × borisii

Geum **Nelkenwurz**
Gattung von Stauden, die im späten Frühjahr und Sommer lange Zeit attraktive, schalen- bis becherförmige Blüten in vielen Creme-, Orange-, Rosa-, Rot- und Gelbtönen tragen. Für durchlässigen Boden in voller Sonne; *G. rivale* und ihre Sorten bevorzugen jedoch einen Feuchtigkeit haltenden Boden.
G. × borisii: Horstbildende Staude mit leuchtend grünen Blättern. Trägt vom späten Frühjahr bis zum Spätsommer orangerote Blüten mit auffallenden gelben Staubblättern. 45 × 30 cm
G. 'Red Wings': Horstbildende Staude mit hellgrünen Blättern und zahlreichen, halb gefüllten, scharlachroten Blüten im Sommer. 60 × 45 cm
G. rivale: Aufrecht wachsende Staude mit grasgrünen Blättern. Trägt vom Frühjahr bis zum Hochsommer glockenförmige Blüten in Tönen von Dunkelrosa bis Orangerot. 30 × 30 cm
G. r. 'Album': Wie die Art, blüht aber vom Frühjahr bis zum Hochsommer cremeweiß. 30 × 30 cm

Gillenia trifoliata

Gillenia **Dreiblattspiere**
Gattung von Stauden mit attraktivem bronzegrünem Laub und anmutigen Blüten in Blassrosa oder Weiß. Für neutralen bis sauren Boden im Halbschatten.
G. trifoliata: Aufrechte Staude, die an hohen, rötlichen Stängeln vom späten Frühjahr bis zum Spätsommer sternförmige, weiße oder rosaweiße Blüten trägt. 1 m × 60 cm

Ginkgo **Ginkgo, Mädchenhaarbaum**
Einzige Art der Gattung ist ein meist einzeln gepflanzter, Laub abwerfender Baum mit geteilten, fächerförmigen, grünen bis gelbgrünen Blättern, die sich im Herbst goldgelb färben. Für volle Sonne.
G. biloba: Aufrechter, säulenförmiger, mit zunehmendem Alter breiterer Baum mit gefurchter, grauer Rinde. Trägt im Herbst fleischige Früchte. 30 × 8 m

Ginkgo biloba

Gladiolus callianthus

Gladiolus × colvillei

Gladiolus communis subsp. *byzantinus*

Gladiolus Großblütige Hybride

Gladiolus Gladiole, Siegwurz
Gattung sehr winterharter bis frostempfindlicher, ausdauernder Knollenpflanzen mit prachtvollen, vielfarbigen Ähren meist trichterförmiger Blüten. Es gibt über 10 000 Hybriden und Sorten. Die meisten bevorzugen durchlässigen Boden in voller Sonne. Es empfiehlt sich, die Knollen der nicht ausreichend winterharten Arten im Herbst auszugraben und frostfrei zu überwintern.
G. callianthus (Sterngladiole): Bedingt winterharte, ausdauernde Knollenpflanze mit riemenartigen Blättern und duftenden, weißen, innen rotviolett gefleckten Blüten im Spätsommer und Frühherbst. 75 × 5 cm
G. × colvillei (Zwerggladiole): Bedingt winterharte, ausdauernde Knollenpflanze mit schmalen Blättern und vom zeitigen Frühjahr bis zum Frühsommer Blüten in Weiß, Orange oder Pfirsichrosa mit hellerem oder dunklerem Grund. 45 × 5 cm
G. communis subsp. *byzantinus:* Sehr winterharte, ausdauernde Knollenpflanze mit dunkelgrünen, linealischen Blättern, die vom späten Frühjahr bis zum Frühsommer Ähren magentaroter Blüten trägt. 60 × 8 cm
G. Großblütige Hybriden: Bedingt winterharte, ausdauernde Knollenpflanzen, die vom Früh- bis zum Spätsommer in vielen Farben blühen. Gut als Schnittblumen geeignet. 1,5 m × 15 cm oder mehr
G. papilio: Winterharte, ausdauernde, sich ausbreitende Knollenpflanze, die über schwertförmigen Blättern vom Hochsommer bis zum Frühherbst grünlich weiße, violett überlaufene Blüten trägt. 75 × 8 cm

Gladiolus papilio

Glaucidium palmatum

Gleditsia triacanthos 'Sunburst'

Glaucidium
Einzige Art der Gattung ist eine Staude mit schalenförmigen Blüten und tief gelappten Blättern. Für humosen Boden im Schatten oder Halbschatten.
G. palmatum: Horstbildende Staude mit Blüten in Zartrosa oder -violett im späten Frühjahr und Frühsommer. 45 × 45 cm

Gleditsia Gleditschie, Lederhülsenbaum
Gattung Laub abwerfender, meist dorniger Bäume von attraktiver Wuchsform mit farnartigem Laub. Für volle Sonne. Späte Fröste schädigen die jungen Triebe.
G. triacanthos 'Sunburst': Laub abwerfender, schnellwüchsiger Baum mit anfänglich goldgelbem, später blassgrünem und im Herbst wieder gelbem Laub. 12 × 10 m

Globularia Kugelblume
Gattung zumeist immergrüner Stauden oder Halbsträucher mit ledrigen Blättern und kugeligen Blütenköpfchen. Gut geeignet für Steingarten, Kübel oder Alpinhaus. Bevorzugen gut dränierten Boden in voller Sonne.
G. cordifolia: Zwergwüchsige, immergrüne, breit wuchernde Staude mit glänzend dunkelgrünen Blättern und lavendelblauen Blüten im Sommer. 5 × 20 cm

Gloxinia Gloxinie
Gattung frostempfindlicher Stauden oder Sträucher, die vom Sommer bis zum Herbst glockenförmige, rosa oder blaue Blüten hervorbringen. Für Wintergarten oder Gewächshaus geeignet.
G. perennis: Frostempfindliche Staude mit glänzend grünen Blättern und lavendelblauen, an der Basis violett überlaufenen Blüten vom Frühsommer bis zum Herbst. 1,2 × 1 m

Grevillea rosmarinifolia

Grevillea Grevillee, Silbereiche
Gattung winterharter bis frostempfindlicher, immergrüner Sträucher und Bäume mit ungewöhnlich geformten Blättern und Blüten. Für sauren Boden in voller Sonne oder zur Kultivierung unter Glas.
G. rosmarinifolia: Winterharter, stark verzweigter, ausladender Strauch. Trägt vom Spätherbst bis zum Frühsommer über nadelförmigen Blättern spinnenartige Blütentrauben in Rosa, Hellrot oder Cremeweiß. 0,5–3 × 1,5 m

Griselinia littoralis

Griselinia littoralis 'Variegata'

Griselinia Griseline
Gattung winterharter bis bedingt winterharter, immergrüner Sträucher und Bäume mit lederartigen Blättern und unscheinbaren Blüten im späten Frühjahr, gefolgt von purpurnen Früchten. Standort in voller Sonne.
G. littoralis: Bis ca. –12 °C winterharter, aufrechter Strauch mit glänzend grünen Blättern. Gut als Hecke oder Windschutz in Küstenregionen geeignet. Bis zu 8 × 5 m
G. l. 'Variegata': Wie die Art, jedoch mit cremeweiß geränderten und graugrün gezeichneten Blättern. Bis zu 8 × 5 m

Gunnera manicata

Gunnera Mammutblatt
Gattung winterharter bis sehr winterharter, krautiger oder immergrüner Stauden mit attraktiven Blättern, Blütenähren und Früchten. Für Feuchtigkeit bindenden, humosen Boden in Sonne oder Halbschatten. Die Basis großblättriger Arten im Winter mit Mulch schützen.
G. manicata: Sehr winterharte, krautige, große Horste bildende Staude mit attraktiven, dunkelgrünen Blättern von bis zu 2 m Länge. Trägt im Sommer Rispen kleiner, rötlich grüner Blüten. 2,5 × 3 m

Gypsophila 'Rosy Veil'

Gypsophila Gipskraut, Schleierkraut
Gattung winterharter bis sehr winterharter Einjähriger und krautiger, halbimmergrüner oder immergrüner Stauden mit lanzettlichen, graugrünen Blättern und kleinen Sternblüten in Weiß oder Rosa. Für volle Sonne und durchlässigen Boden. Vertragen keine winterliche Nässe.
G. 'Rosy Veil': Sehr winterharte Staude mit rosa Blüten im Sommer. 45 × 45 cm

H

Hakea lissosperma

Hakonechloa macra 'Alboaurea'

***Hacquetia* Schaftdolde**
Einzige Art der Gattung ist eine kleine, horstbildende Staude mit gelben, von hellgrünen Tragblättern umgebenen Blüten. Für neutralen bis sauren Boden im Halbschatten.
H. epipactis: Staude mit hellgrünen Blättern, die im späten Winter und zeitigen Frühjahr lange Zeit winzige, gelbe Blüten trägt. 5 × 15 cm

***Hakea* Hakea, Nadelkissen**
Gattung bedingt winterharter bis frostempfindlicher, immergrüner Bäume und Sträucher mit zumeist schmalen, nadelartigen Blättern. Für sauren Boden und Sonne.
H. lissosperma: Bedingt winterharter Strauch oder kleiner Baum von buschigem Wuchs. Trägt im Frühjahr und Sommer über stacheligen, graugrünen Blättern kleine, weiße Blüten, gefolgt von bronzenen Samenhülsen. 3–6 × 1–4 m

Hakonechloa
Einzige Art der Gattung ist ein mehrjähriges, dekoratives Gras, das sich gut im Kübel ziehen lässt. Panaschierte Sorten sollten im Halbschatten stehen.
H. macra 'Alboaurea': Mehrjähriges Gras, dessen leuchtend gelbe Blätter einen schmalen, grünen Streifen tragen. Im Sommer und Herbst blassgrüne kleine Ähren. 30 × 45 cm

Halesia monticola

× *Halimiocistus sahucii*

× *Halimiocistus wintonensis*

× *Halimiocistus wintonensis* 'Merrist Wood Cream'

***Halesia* Schneeglöckchenbaum**
Gattung Laub abwerfender Bäume mit hängenden Glockenblüten, geflügelten Früchten und leuchtenden Herbstfarben. Für neutralen bis sauren, feuchten Boden.
H. monticola: Kegelförmiger Baum mit grasgrünem Laub. Zusammen mit den jungen Blättern erscheinen im späten Frühjahr Büschel weißer Blüten, gefolgt von grünen Früchten. Herbstfarbe gelb. 12 × 8 m

× *Halimiocistus*
Hybridgattung winterharter bis sehr winterharter, immergrüner Sträucher aus Kreuzungen zwischen *Halimium* und *Cistus.* Ihre dekorativen Blüten ähneln denen von *Cistus* und *Helianthemum.* Windgeschützter Standort in voller Sonne.
× *H. sahucii:* Sehr winterharter Strauch, der ein breites Polster bildet. Im Sommer erscheinen über dunkelgrünen Blättern schalenförmige, weiße Blüten. 45 × 1 m
× *H. wintonensis:* Sehr winterharter, ausladender Strauch mit graugrünen Blättern. Trägt im späten Frühjahr und Frühsommer weiße, purpurrot gebänderte Blüten. 60 cm × 1 m
× *H. w.* 'Merrist Wood Cream': Wie × *H. w.,* trägt jedoch cremegelbe Blüten mit gelber Mitte und rotbrauner Bänderung. 60 cm × 1 m

Hamamelis × intermedia 'Aphrodite'

Hamamelis × intermedia 'Jelena'

Hamamelis × intermedia 'Pallida'

Hamamelis × intermedia 'Pallida'

Hamamelis mollis 'Goldcrest'

Hamamelis **Zaubernuss**

Gattung Laub abwerfender Sträucher mit attraktiver Herbstfärbung, die im späten Winter und zeitigen Frühjahr an kahlen Zweigen spinnenartige, oft duftende Blüten tragen. Für sauren bis neutralen Boden in offener, aber geschützter Lage.

H. × intermedia 'Aphrodite': Laub abwerfender, aufrechter Strauch, der im späten Winter und zeitigen Frühjahr orangegelbe Blüten trägt. 4 × 4 m

H. × i. 'Jelena': Laub abwerfender, aufrechter Strauch, der im Spätwinter Blüten in dunklem Orange trägt. Herbstlaub in Flammtönen. 4 × 4 m

H. × i. 'Pallida': Laub abwerfender, aufrechter Strauch, der im Spätwinter Blüten in blassem Schwefelgelb trägt. 4 × 4 m

H. mollis 'Goldcrest' (Chinesische Zaubernuss): Laub abwerfender, aufrechter Strauch, der ab Mitte des Winters bis zum Frühjahr goldgelbe, an der Basis rot gefleckte Blüten trägt. 4 × 4 m

Hebe cupressoides 'Boughton Dome'

Hebe macrantha

Hebe ochracea 'James Stirling'

Hebe pinguifolia 'Pagei'

Hebe rakaiensis

Hebe 'Simon Delaux'

Hebe 'Pewter Dome'

Hebe **Strauchehrenpreis, Strauchveronika**

Gattung sehr bis bedingt winterharter, immergrüner Sträucher, selten auch Bäume, mit attraktiven Blättern und Blüten. Sie gedeihen an sonnigen oder halbschattigen, vor kalten Winden geschützten Standorten mit relativ magerem, neutralem bis alkalischem Boden. Weniger winterharte Arten kann man auch unter Glas ziehen.

H. cupressoides 'Boughton Dome': Sehr winterharter, langsam wachsender Strauch, der eine Kuppel schmaler, graugrüner Blätter bildet, aber nur selten blüht. Ideal für den Steingarten. 30 × 60 cm

H. macrantha: Winterharter, breitwüchsiger Strauch mit leuchtend grünem Laub und Büscheln großer, weißer Blüten im Frühsommer. 60 cm × 1 m

H. ochracea 'James Stirling': Sehr winterharter Strauch mit gebogenen Zweigen und schmal dreieckförmigen, ockergelben Blättern, der im späten Frühjahr und Frühsommer kleine, weiße Blüten trägt. 45 × 60 cm

H. 'Pewter Dome': Winterharter, kuppelförmiger Strauch mit graugrünem Laub und Trauben kleiner, weißer Blüten im späten Frühjahr und Frühsommer. 45 × 60 cm

H. pinguifolia 'Pagei': Sehr winterharter, niederliegender Strauch mit blaugrünen Blättern, der im späten Frühjahr und Frühsommer eine Fülle weißer Blüten trägt. 30 cm × 1 m

H. rakaiensis: Strauch von rundlicher Wuchsform mit glänzend grünen Blättern und Trauben großer, weißer Blüten im Sommer. 1 × 1,2 m

H. 'Simon Delaux': Bedingt winterharter, rundlicher Strauch mit dunkelgrünem, im Austrieb purpurn getöntem Laub und karminroten Blüten im Sommer. 1,2 × 1,2 m

Hedera colchica 'Sulphur Heart'

Hedera canariensis 'Gloire de Marengo'

Hedera colchica 'Dentata Variegata'

Hedera Efeu

Gattung sehr winterharter bis bedingt winterharter, immergrüner Kletterpflanzen von kriechendem oder anhaftendem Wuchs. Variiert erheblich hinsichtlich der Form, Färbung, Größe und Stärke ihrer Blätter. Werden meist zur Berankung von Mauern und Zäunen oder als Bodendecker verwendet. Efeu ist anpassungsfähig bezüglich Boden- und Klimagegebenheiten; buntblättrige Formen bevorzugen mehr Licht, grünblättrige Arten gedeihen auch im Halbschatten oder Schatten.

H. canariensis 'Gloire de Marengo': Winterharter Kletterer mit silbergrünen, cremefarben gezeichneten Blättern für geschützten Standort. Oft im Kübel kultiviert. 4 m

H. colchica 'Dentata Variegata' (Kaukasus-Efeu): Sehr winterharte, kräftige Kletterpflanze mit panaschierten, cremefarben geranderten, hellgrünen Blättern. Gut als Bodendecker geeignet. 5 m

H. c. 'Sulphur Heart': Ähnlich wie *H. c.* 'Dentata Variegata', aber schnellwüchsig, mit leuchtend cremefarben panaschierten, mittelgrünen Blättern. 5 m

H. helix 'Angularia Aurea': Sehr winterharte Art mit glänzenden, mittelgrünen, leicht kantigen Blättern, im Alter mit blassgelber Zeichnung. 5 m

H. h. 'Buttercup': Sehr winterharte Kletterpflanze von mäßigem Wuchs und mit blassgrünen Blättern, die in der Sonne ein warmes Buttergelb annehmen. 2 m

H. h. 'Glacier': Sehr winterharte Kletterpflanze von gemäßigtem Wachstum und mit graugrünen Blättern mit silbergrüner und cremefarbener Panaschierung. Wird oft im Kübel gezogen. 2 m

Hedera helix 'Angularia Aurea'

Hedera helix 'Glacier'

Hedera helix 'Buttercup'

Hedera helix 'Goldheart'

Hedera helix 'Marginata'

Hedera helix 'Parsley Crested'

H. h. 'Goldheart': Sehr winterharter, starkwüchsiger Kletterer. Dunkelgrüne Blätter mit goldgelber Panaschierung, die bei Verwendung als Bodendecker abnimmt. 8 m
H. h. 'Marginata': Sehr winterharte, starkwüchsige Kletterpflanze mit mittelgrünen, vor allem an den Rändern intensiv cremegelb panaschierten Blättern. 5 m
H. h. 'Parsley Crested': Winterharte Kletterpflanze von mäßigem Wuchs mit mittel- bis dunkelgrünen, ausgefransten und leicht gewellten Blättern. 2 m

Hedychium coccineum 'Tara'

Hedychium **Kranzblume, Schmetterlingsingwer**
Gattung winterharter bis frostempfindlicher, mehrjähriger Rhizompflanzen mit auffälligem Blattwerk und meist duftenden, weißen, gelben oder orangeroten Blüten. Mäßig winterharte Arten hinreichend mulchen.
H. coccineum 'Tara': Winterharte Rhizompflanze mit langen, speerförmigen Blättern, orangefarbenen Blüten und roten Staubgefäßen im Sommer. 1,2 × 1 m

Hedysarum **Hahnkopf, Süßklee**
Gattung Mehrjähriger und Halbsträucher mit Schmetterlingsblüten in Rosa, Purpur, Rot oder Violett, gelegentlich auch Weiß oder Gelb im Frühjahr und Frühsommer. Bevorzugen nährstoffarme Böden mit guter Dränage in voller Sonne.
H. coronarium (Hahnkopf, Italienischer Süßklee): Zwei- oder Mehrjährige von aufrechtem Wuchs. Im Frühjahr duftende, dunkelrote Blüten. 1 m × 60 cm

Helenium 'Moerheim Beauty'

Helenium 'Golden Youth'

Helenium **Sonnenbraut**
Gattung sehr winterharter bis winterharter, ein-, zwei- oder mehrjähriger, horstbildender Kräuter mit gänseblümchenähnlichen Blütenköpfen. Bevorzugen feuchte, aber gut dränierte Böden in voller Sonne.
H. 'Golden Youth' (Syn. 'Goldene Jugend'): Sehr winterharte Mehrjährige mit großen, honiggelben Blüten auf hohen Stängeln vom Frühsommer bis zum Frühherbst. 1 m × 60 cm
H. 'Moerheim Beauty': Sehr winterharte Mehrjährige mit bronzeroten Blüten an hohen Stängeln im Hochsommer und Frühherbst. 1 m × 60 cm

Helianthemum 'Annabel'

Helianthemum 'Golden Queen'

Helianthemum 'Henfield Brilliant'

Helianthemum 'Wisley Primrose'

Helianthemum **Sonnenröschen**
Gattung sehr winterharter bis winterharter, immergrüner oder halbimmergrüner Sträucher oder Halbsträucher, die über lange Zeit geöffnete, tellerförmige Blüten mit farblich abgesetzter Mitte in vielen Farben tragen. Gedeihen am besten auf gut durchlässigem Boden an vollsonnigem Standort.
H. 'Annabel': Sehr winterharter, immergrüner Strauch von niedrigem, ausladendem Wuchs. Im Hochsommer krönen halbgefüllte, rosa Blüten die graugrünen Blätter. 20 × 45 cm
H. 'Golden Queen': Sehr winterharter, immergrüner Strauch von niedrigem, ausladendem Wuchs. Vom späten Frühjahr bis zum Frühherbst blassgoldgelbe Blüten. 30 cm × 1 m
H. 'Henfield Brilliant': Sehr winterharter, immergrüner, ausladender, eher niedrigwüchsiger Strauch mit graugrünen Blättern und orangeroten Blüten im Hochsommer. 30 × 30 cm
H. 'Wisley Primrose': Sehr winterharter, immergrüner, breitwüchsiger Strauch mit graugrünen Blättern und zitronengelben Blüten im Hochsommer. 25 × 45 cm

Helianthus decapetalus 'Triomphe de Gand'

Helianthus atrorubens 'Monarch'

Helianthus **Sonnenblume**
Gattung sehr winterharter bis winterharter Ein- und Mehrjähriger mit dicken, fleischigen Blättern an hohen Stängeln sowie gänseblümchenartigen Blütenköpfen. Eignen sich als Schnittblumen und ziehen Bienen an. Tolerieren auch trockene Böden und Dürre.
H. decapetalus 'Triomphe de Gand': Sehr winterharte, mehrjährige Rhizompflanze. Vom Spätsommer bis zur Herbstmitte sattgelbe Blüten mit dunklerer Mitte an hohen Stängeln. 1,5 × 1 m
H. atrorubens 'Monarch': Sehr winterharte Mehrjährige. Trägt gelbe Blüten mit schwarzer Mitte an hohen Stängeln im Spätsommer. 2,1 × 1 m

Helichrysum italicum

Helichrysum petiolare

Helictotrichon sempervirens

Helichrysum bracteatum

Helichrysum Strohblume

Gattung sehr winterharter bis winterharter Einjähriger, strauchiger oder immergrüner Mehrjähriger und immergrüner Sträucher sowie Halbsträucher. Kleinere Arten passen gut in den Steingarten oder das Alpinhaus. Frostempfindliche Arten hauptsächlich in Sommerrabatten verwenden. Für neutrale bis alkalische Böden an sonnigem, windgeschütztem Standort.

H. bracteatum (Garten-Strohblume): Bedingt winterharte, aufrechte Einjährige mit strohartigen Blüten in vielen Farben im Hochsommer. Gut zum Trocknen geeignet. 30 × 30 cm

H. italicum: Winterharter, immergrüner Halbstrauch mit silbergrauem Blattwerk und schwefelgelben Blüten von Sommer bis Herbst. 60 × 60 cm

H. petiolare: Bedingt winterharter, Polster bildender, immergrüner Strauch mit weichen, grauen Blättern und weißen Blüten im Spätsommer. 45 × 45 cm

Helictotrichon Wiesenhafer

Gattung Laub abwerfender, immergrüner Büschelgräser, die meist alkalische Böden in voller Sonne mögen. Blaugrünes oder hellgrünes Blattwerk trägt aufrechte oder hängende Blütenähren oder -rispen.

H. sempervirens (Blaustrahl-Wiesenhafer): Immergrünes, mehrjähriges, blaugrünes Büschelgras, das an hohen Stängeln im Frühsommer strohfarbene Blütenähren mit purpurner Zeichnung trägt. 45 × 30 cm

Heliopsis Sonnenauge

Gattung mehrjähriger Pflanzen mit sonnenblumenähnlichen Blütenköpfen in mehreren Gelbschattierungen. Bevorzugen feuchte Böden mit guter Dränage an vollsonnigem Standort. Als Schnittblumen hervorragend geeignet.

H. helianthoides var. *scabra* 'Light of Lodden': Mehrjährige mit Büscheln dunkelgrüner Blätter und halbgefüllter goldgelber Blütenköpfe im Sommer. 1 m × 60 cm

Heliotropium arborescens

Helipterum manglesii

Heliotropium Heliotrop, Sonnenwende, Vanilleblume

Gattung bedingt winterharter, ein- und mehrjähriger Halbsträucher und Sträucher mit duftenden Blüten für Sommerrabatten. Geeignet für gut dränierte, jedoch feuchte Böden an sonnigem Standort.

H. arborescens (Strauchige Sonnenwende): Kurzlebiger, bedingt winterharter, einjährig gezogener Strauch. Hellviolett bis purpurfarbene Blüten im Sommer. 45 × 45 cm

Helipterum Sonnenflügel

Gattung bedingt winterharter Ein- und Mehrjähriger sowie aufrechter Halbsträucher mit einfachen und gefüllten Blüten in Rosa, Weiß oder Gelb im Sommer.

H. manglesii: Bedingt winterharte Einjährige mit rosa Blüten im Hochsommer und Frühherbst. Gedeiht auch in nährstoffarmen, am besten aber in feuchten, fruchtbaren Böden an vollsonnigem Standort. 60 × 30 cm

Helleborus orientalis-Hybride

Helleborus argutifolius

Helleborus foetidus

Helleborus foetidus 'Wester Flisk'

Helleborus lividus

Helleborus niger

Helleborus orientalis subsp. *abchasicus*

***Helleborus* Christrose, Nieswurz**

Gattung sehr winterharter bis winterharter, horstbildender, mehrjähriger Rhizompflanzen mit grundständigen Blättern von fast strauchförmigem Wuchs mit borstigen zweijährigen Blütenstielen und Blüten in Weiß, Cremefarben, Rosa, Gelb, Purpur oder Grün, manchmal auch mit Sprenkelung, vom Spätwinter bis zur Frühjahrsmitte. *Helleborus* toleriert in der Regel humusreiche Böden und Halbschatten, doch hat jede Art ihre bevorzugten Standort- und Anbaubedingungen.

H. argutifolius (Korsische Nieswurz): Sehr winterharte, robuste Mehrjährige mit überwinternden, borstigen, zweijährigen Blütenstielen. Trägt über glänzenden, grünen Blättern blassgrüne Blüten im Frühjahr. Toleriert Sonne und Trockenheit. 60 × 60 cm

H. foetidus (Stinkende Nieswurz): Sehr winterharte, aufrechte Mehrjährige mit zweijährigen Blütenstielen und minzgrünen Blüten zu Frühjahrsbeginn. Die dunkelgrünen Blätter entwickeln beim Zerreiben einen unangenehmen Geruch. Geeignet für neutrale bis alkalische Böden und leichten Schatten. 45 × 45 cm

H. f. 'Wester Flisk': Ähnlich wie *H. f.*, aber mit leuchtend roten Stängeln und graugrünen Blättern. Für Sonne oder Schatten geeignet. 45 × 45 cm

H. lividus: Winterharte, niedrig- und breitwüchsige Mehrjährige mit langen, zweijährigen Stängeln, marmorierten Blättern und rosa-grünen Blüten von der Wintermitte bis zum Frühling. In kalten Klimazonen im kühlen Gewächshaus überwintern. Bevorzugt neutrale bis alkalische Böden im leichten Schatten. 45 × 45 cm

H. niger (Christrose, Schwarze Nieswurz): Sehr winterharte, horstbildende Mehrjährige mit überwinternden, glänzenden, grundständigen Blättern. An rötlichen Stängeln von Winter- bis Frühlingsanfang schneeweiße, manchmal leicht rosa überzogene Blüten. Für neutrale bis alkalische Böden im leichten Schatten. 30 × 45 cm

H. orientalis: Sehr winterharte Mehrjährige mit überwinternden, grundständigen Blättern und robusten Blütenstielen mit großen, oft gesprenkelten Blüten in vielen Farben von der Wintermitte bis zum späten Frühjahr. Gedeiht am besten in humusreichen, neutralen bis alkalischen Böden im Halbschatten. 45 × 60 cm

H. o. subsp. *abchasicus:* Ähnlich wie *H. o.*, trägt aber von der Wintermitte bis ins Frühjahr blassgrüne Blüten mit einem leichten Stich ins Rosarote, manchmal mit einigen dunkleren, purpurroten Flecken. 45 × 60 cm

Hemerocallis 'Joan Senior'

Hemerocallis lilioasphodelus

Hemerocallis 'Pink Damask'

Hemerocallis 'Bonanza'

Hemerocallis Taglilie

Gattung sehr winterharter bis winterharter, immergrüner und halbimmergrüner, krautartiger Stauden in zahlreichen Arten und vielen Farben. Taglilien sind Polster und manchmal Rhizome bildend und tragen Blüten, die nur für einen Tag blühen und umgehend ersetzt werden – daher der Name. Sie schätzen Böden mit guter Dränage sowie einen sonnigen oder halbschattigen Standort.

H. 'Bonanza': Sehr winterharte Staude mit lanzettlichen Blättern und dunkelgelben, braun gestreiften Blüten im Sommer. 1 × 1 m

H. 'Joan Senior': Sehr winterharte, halbimmergrüne Mehrjährige von robustem Wuchs und großen, weißen Blüten von Mitte bis Ende des Sommers. 60 × 75 cm

H. lilioasphodelus: Sehr winterharte, rhizombildende, halbimmergrüne Staude mit duftenden, klargelben Blüten vom späten Frühjahr bis zum Frühsommer. 75 × 75 cm

H. 'Pink Damask': Sehr winterharte, mehrjährige Pflanze, die im Sommer über eine längere Phase hinweg eine Fülle von rosa Blüten trägt. 1 m × 60 cm

H. 'Stella d'Oro': Sehr winterharte, robuste Mehrjährige, die im Frühsommer eine Fülle von buttergelben Blüten trägt. 30 × 45 cm

H. 'Summer Wine': Sehr winterharte Mehrjährige mit binsenförmigen Blättern und magenta- bis rosafarbenen Blüten mit gelben Streifen im Sommer. 60 × 60 cm

Hemerocallis 'Stella d'Oro'

Hemerocallis 'Summer Wine'

Hepatica nobilis

Hepatica Leberblümchen

Gattung frühlingsblühender Stauden mit sternförmigen Blüten, die sich meist öffnen, noch bevor die Blätter voll ausgebildet sind. Bevorzugen neutralen bis alkalischen Boden im Halbschatten und reagieren empfindlich auf Störung.

H. nobilis: Halbimmergrüne Staude mit dreilappigen Blättern und kleinen blauen, blaupurpurnen, rosa oder weißen Blüten zu Frühjahrsbeginn. 10 × 15 cm

Hermodactylus tuberosus

Hesperis matronalis

× *Heucherella alba* 'Bridget Bloom'

Hermodactylus **Wolfsschwertel**
Einzige Art der Gattung ist eine mehrjährige Knollenpflanze mit riemenförmigen Blättern und irisähnlichen Blüten. Geeignet für kalkhaltige Böden mit guter Dränage an einem sonnigen Standort. Benötigen Schutz vor übermäßiger Sommernässe.
H. tuberosus: Mehrjährige Knollenpflanze mit blaugrünen Blättern und grüngelben, schwarz eingefassten, irisähnlichen Blüten, die in kalten Klimazonen Frostschutz benötigen. 30 × 5 cm

Hesperis **Nachtviole**
Gattung zwei- und mehrjähriger Pflanzen, die ihrer süß duftenden Blüten in Lila oder Weiß wegen gezogen werden. Einige Kulturformen besitzen gefüllte Blüten. Sie gedeihen am besten auf neutralen bis alkalischen Böden.
H. matronalis: Rosetten bildende, kurzlebige Mehrjährige mit groben Blättern und duftenden Blüten in Lila oder Weiß. Ihr Duft ist abends am intensivsten. 75 × 60 cm

× ***Heucherella*** **Bastardschaumblüte**
Hybridgattung immergrüner Mehrjähriger aus einer Kreuzung zwischen *Heuchera* und *Tiarella*. Von Frühjahr bis Herbst rosa oder weiße Blüten über herzförmigen, deutlich geäderten Blättern. Zum Verwildern im Waldgarten geeignet.
× *H. alba* 'Bridget Bloom': Horstbildende Staude mit großen, mittelgrünen Blättern, die sich im Herbst rötlich braun färben. Trägt vom späten Frühjahr bis zur Herbstmitte weiße bis hellrosa Blüten an hohen Stängeln. 30 × 45 cm

Heuchera 'Persian Carpet'

Heuchera micrantha var. *diversifolia* 'Palace Purple'

Heuchera 'Rachel'

Heuchera **Purpurglöckchen**
Gattung sehr winterharter bis winterharter, immergrüner oder halbimmergrüner Stauden mit attraktivem, horstbildendem Blattwerk, das oft bronzen oder purpurn gefärbt und manchmal marmoriert ist. Die kleinen, bunten Blütenkelche locken Bienen an. Für feuchte Böden im Schatten geeignet.
H. micrantha var. *diversifolia* 'Palace Purple': Sehr winterharte, immergrüne, Polster bildende Mehrjährige mit dunkelroten, gelappten Blättern und cremefarbenen Blüten im Sommer. 45 × 45 cm
H. 'Persian Carpet': Sehr winterharte, immergrüne, Polster bildende Staude mit Blättern in einem tiefen Purpurton mit silberner Marmorierung. Trägt im Sommer an schlanken Stängeln rosafarbene Blüten. 45 × 45 cm
H. 'Rachel': Sehr winterharte, halbimmergrüne, Polster bildende Mehrjährige mit rubinfarbenen Blättern und blassrosa Blüten an schlanken Stängeln im Sommer. 45 × 30 cm

Hibiscus syriacus 'Blue Bird'

Hibiscus syriacus 'Woodbridge'

Hippophae rhamnoides

Hippeastrum 'Picotee'

Hoheria lyallii

Hibiscus **Roseneibisch, Sumpfeibisch**

Gattung sehr winterharter bis frostempfindlicher Ein- und Mehrjähriger sowie immergrüner Sträucher und Bäume mit vielfarbigen Blüten von Blau über Rosa, Purpur, Rot, Weiß und Gelb vom Frühjahr bis zum Herbst. Hibiskus gedeiht in voller Sonne. Weniger winterharte Arten im Schutz eines warmen Gewächshauses ziehen. Einige von ihnen können auch als einjährige Pflanzen kultiviert werden.

H. syriacus 'Blue Bird': Sehr winterharter, Laub abwerfender Strauch von aufrechtem Wuchs mit tiefgrünen Blättern und violettblauen Blüten im Spätsommer. 2 × 2 m

H. s. 'Woodbridge': Ähnlich wie *H. s.* 'Blue Bird', aber mit reichlich rosafarbenen Blüten mit dunklerer Mitte im Sommer. 2,5 × 2 m

Hippeastrum **Amaryllis der Gärtner, Ritterstern**

Gattung meist frostempfindlicher Zwiebelpflanzen mit spektakulären Blüten an blattlosen Stängeln vom Winter bis zum Frühjahr. Als Zimmerpflanze oder im warmen Wintergarten oder Gewächshaus ziehen.

H. 'Picotee': Frostempfindliche, mehrjährige Zwiebelpflanze mit großen, weißen, amaryllisähnlichen, dunkelrosa eingefassten Blüten im Winter und Frühjahr. 60 × 30 cm

Hippophae **Sanddorn**

Gattung Laub abwerfender Bäume und Sträucher mit silbrigen Blättern und runden, meist orangefarbenen Früchten. Bevorzugen neutralen bis alkalischen, sandigen Boden in voller Sonne.

H. rhamnoides: Laub abwerfender, Schösslinge bildender Strauch mit linearen grauen Blättern sowie grüngelben Blütentrauben im Frühjahr, gefolgt von goldenen Beeren. 5 × 5m

Hoheria **Hoherie, Neuseelandeibisch**

Gattung winterharter, Laub abwerfender und immergrüner Sträucher und Bäume mit eleganter Form und duftenden, weißen Blüten. Vor kalten, austrocknenden Winden schützen. Laub tragende Arten sind winterhärter als die immergrünen.

H. lyallii: Winterharter, breitwüchsiger Baum mit blaugrünen Blättern und großen, weißen Blüten sowie roten Staubbeuteln im Hochsommer. 7 × 7 m

Holboellia

Gattung winterharter, immergrüner Kletterpflanzen mit attraktivem Blattwerk. Bevorzugen volle Sonne oder Halbschatten und benötigen Schutz vor kalten Winden.

H. coriacea: Winterharter, robuster Kletterer mit dunkelgrünen Blättern und Büscheln kleiner Blüten; die weiblichen grünlichweiß, die männlichen hellviolett im Frühjahr, manchmal gefolgt von purpurfarbenen Früchten. 7 m

Hosta sieboldiana 'Frances Williams'

Hosta 'Gold Standard'

Hosta 'Halcyon'

Hosta sieboldiana

Hosta undulata var. *undulata*

Hosta Funkie

Gattung horstbildender, gelegentlich Rhizome oder Ausläufer bildender Stauden mit auffälligem Blattwerk von Blaugrün oder Graugrün über Grün bis zu Gelb, oft panaschiert. Für Feuchtigkeit speichernde Böden im Halbschatten und Schatten geeignet. Gelbblättrige Arten behalten ihre Farbe besser in voller Sonne. Vertragen keine Trockenheit. Im Frühjahr mulchen.

H. 'Gold Standard': Horstbildende Mehrjährige mit gelbgrünen, dunkelgrün geränderten Blättern. Trägt im Sommer lavendelfarbene Blüten. 60 × 60 cm

H. 'Halcyon': Horstbildende Mehrjährige von kompaktem Wuchs mit herzförmigen Blättern in metallischem Blau und lavendelfarbenen Blüten im Sommer. Bevorzugt feuchte Böden. 45 × 45 cm

H. sieboldiana: Horstbildende Mehrjährige mit stark geäderten, blaugrünen Blättern und blasslila Blüten im Frühsommer. 75 × 75 cm

H. s. 'Frances Williams': Horstbildende, mehrjährige Pflanze mit geäderten, graugrünen, gelb eingefassten Blättern, die im Alter verblassen. Im Sommer erscheinen lila Blüten. 75 × 75 cm

H. undulata var. *undulata:* Horstbildende Staude mit gewundenen, tief geäderten, lanzettlichen Blättern mit weiß-grüner Panaschierung und reichlich lila Blüten im Sommer. 45 × 45 cm

Hottonia Wasserfeder

Gattung sehr winterharter bis bedingt winterharter, mehrjähriger, Sauerstoff produzierender Wasserpflanzen. Über federigen Blättern weiße bis lila Blüten im Frühjahr. Bevorzugt stille, flache Gewässer.

H. palustris (Europäische Wasserfeder): Sehr winterharte, mehrjährige Wasserpflanze mit aufrechten Blütenstielen und blasslila oder weißen, primelartigen Blüten mit gelbem Blütenschlund im Frühjahr. 60 cm × unbegrenzte Ausbreitung

Houttuynia Houttuynie

Einzige Art der Gattung ist eine breitwüchsige, mehrjährige, manchmal wuchernde Rhizompflanze, die hauptsächlich als Bodendecker gezogen wird. Bevorzugt humusreiche Böden an einem vollsonnigen oder leicht schattigen Standort.

H. cordata 'Chameleon': Breitwüchsige, mehrjährige Pflanze mit panaschierten Blättern in Grün-, Rot- und Gelbschattierungen. 30 cm × unbegrenzte Ausbreitung.

Houttuynia cordata 'Chameleon'

Humulus lupulus 'Aureus'

Humulus Hopfen
Gattung sehr winterharter bis bedingt winterharter, krautartiger Schlingpflanzen mit leuchtend gefärbtem Blattwerk.
H. lupulus 'Aureus': Sehr winterharte, aus einem Rhizom treibende Mehrjährige mit großen, goldgelben Blättern und duftenden, erst grünen, dann strohfarbenen, weiblichen Blütenähren im Sommer. Gegen übermäßige Winternässe schützen. 6 m

Hyacinthoides hispanica

Hyacinthoides Hasenglöckchen
Gattung robuster, mehrjähriger Zwiebelpflanzen mit Trauben hängender, glockenförmiger, blauer, weißer und manchmal rosafarbener Blüten im Frühjahr. Geeignet zum Verwildern im Rasen oder Waldgarten. Bevorzugt leichten Schatten.
H. hispanica: Mehrjährige, horstbildende Zwiebelpflanze mit glänzenden, dunkelgrünen, riemenförmigen Blättern und blauen, weißen oder rosafarbenen, duftenden Blüten im Frühjahr. 45 × 10 cm
H. italica: Mehrjährige Zwiebelpflanze mit lanzettlichen, mattdunkelgrünen Blättern und aufwärts gerichteten, pflaumenblauen Blüten im Frühling. 20 × 5 cm
H. non-scripta (Atlantisches Hasenglöckchen): Mehrjährige, horstbildende Zwiebelpflanze mit lanzettlichen, glänzend dunkelgrünen Blättern sowie mittelblauen, manchmal auch weißen, duftenden Blüten im Frühjahr. 45 × 30 cm

Hyacinthoides italica

Hyacinthoides non-scripta

Hyacinthus Hyazinthe
Gattung mehrjähriger Zwiebelpflanzen mit dichten Trauben stark duftender Blüten in vielen Farben. Gerne für Frühjahrsrabatten oder als Kübelpflanzen verwendet. Topfpflanzen benötigen Schutz gegen starke Winternässe.
H. orientalis: Mehrjährige Zwiebelpflanze mit schwertförmigen, leuchtend grünen Blättern. Zu Frühjahrsbeginn erscheinen aufrechte Trauben glockenförmiger, intensiv duftender Blüten in Blau-, Rot-, Rosa-, Purpur-, Orange-, Gelb und Weißschattierungen. 30 × 8 cm

Hyacinthus orientalis

Hydrangea anomala subsp. *petiolaris*

Hydrangea arborescens

Hydrangea aspera 'Villosa'

Hydrangea **Hortensie**

Gattung sehr winterharter bis winterharter, Laub abwerfender und immergrüner Sträucher und Kletterpflanzen, vereinzelt auch kleiner Bäume mit auffälligen Blütenköpfen und Blättern in schöner Herbstfärbung. Bevorzugen humusreiche, feuchte, nicht austrocknende Böden; lehmigen Boden daher vermeiden.

H. anomala subsp. *petiolaris:* Sehr winterharte, verholzte, Laub abwerfende Kletterpflanze mit Haftwurzeln. Ihre dunkelgrünen, rundlichen Blätter verfärben sich im Herbst gelb. Trägt reinweiße Blüten in flachen Doldentrauben im Sommer. Mag feuchten Boden und toleriert Schatten. 6 m

H. arborescens (Waldhortensie): Sehr winterharter, Laub abwerfender Strauch von rundlichem Wuchs mit herzförmigen, dunkelgrünen, unterseits blasseren Blättern. Trägt Doldentrauben von matten weißen Blüten im Sommer. 2,5 × 2,5 m

H. aspera 'Villosa': Sehr winterharter, Laub abwerfender, aufrechter Strauch oder kleiner Baum mit blass pflaumenblauen, von unfruchtbaren Randblüten eingefassten Blütenköpfen im Spätsommer. Bevorzugt saure bis neutrale Böden im Halbschatten. 2,4 × 2 m

H. macrophylla 'Ayesha': Sehr winterharter, Laub abwerfender, aufrechter Strauch mit glänzenden, grünen Blättern und violetten Blüten im Hochsommer. 1 × 1,5 m

H. m. 'Madame E. Mouillère': Sehr winterharter, Laub abwerfender, rundlicher Strauch mit weißen, im Alter leicht rosafarbenen Blüten. 1 × 1,5 m

H. m. 'Mariesii': Sehr winterharter, Laub abwerfender, rundlicher Strauch mit reichhaltigen, von unfruchtbaren Randblüten eingefassten Blütenköpfen in Blassblau oder -rosa im Sommer. 1,5 × 1,5 m

H. m. 'Mariesii Perfecta' (Syn. 'Blue Wave'): Sehr winterharter, Laub abwerfender Strauch mit von unfruchtbaren Randblüten eingefassten Blütenköpfen im Sommer. In kalkfreiem Boden blaue Blütenköpfe, sonst rosa oder rot getönte. 2 × 2,5 m

Hydrangea macrophylla 'Madame E. Mouillère'

Hydrangea macrophylla 'Ayesha'

Hydrangea macrophylla 'Mariesii'

Hydrangea macrophylla 'Mariesii Perfecta'

Hydrangea paniculata

Hydrangea macrophylla 'Veitchii'

H. m. 'Veitchii': Sehr winterharter, Laub abwerfender, rundlicher Strauch mit blauen, außen weißen und blassrosa Blütenköpfen im Sommer. Toleriert kalkhaltige Böden. 2 × 2,7 m

H. paniculata: Sehr winterharter, Laub abwerfender, aufrechter Strauch mit langen, weißen Blütenrispen vom Spätsommer bis zum Frühherbst. Mag feuchte, humusreiche Böden. 2,7 × 2,1 m

H. 'Preziosa': Winterharter, Laub abwerfender, aufrechter Strauch mit glänzenden, mittelgrünen Blättern. Trägt im Spätsommer Doldentrauben rosafarbener Blüten, die sich auf saurem Boden in sattes Rot, Blau oder Hellviolett verfärben. 1,5 × 1,5 m

H. quercifolia (Eichenblättrige Hortensie): Sehr winterharter, Laub abwerfender, rundlicher Strauch mit mittelgrünen, eichenähnlichen Blättern, die sich im Herbst traubenblau verfärben. Spitze, cremefarbene, im Alter zart rosafarbene Blütenrispen vom Hochsommer bis zum Herbst. 1,5 × 2,1 m

H. serrata 'Grayswood': Winterharter, Laub abwerfender, aufrechter Strauch mit spitzen, mittelgrünen Blättern und lila bzw. weißen Blütenköpfen im Sommer. 2 × 2 m

Hydrangea 'Preziosa'

Hydrangea quercifolia

Hydrangea serrata 'Grayswood'

Iypericum calycinum

Iypericum Hartheu, Johanniskraut
Gattung sehr winterharter bis frostempfindlicher, ein- und mehrjähriger, krautiger, Laub bwerfender oder immergrüner und halbimmergrüner Sträucher und Bäume. Tragen gelbe Blüten und hervorstehende Staubgefäße und Zierfrüchte. Größere Arten tolerieen Sonne oder Halbschatten; Zwergarten bevorzugen volle Sonne.
I. calycinum (Großblütiges Johanniskraut): Sehr winterharter, immergrüner oder halbmmergrüner, niedriger Zwergstrauch. Von Hochsommer bis Herbst schalenförmige Blüten. 30 cm × unbegrenzte Ausbreitung
I. 'Hidcote': Sehr winterharter, immergrüner oder halbimmergrüner Strauch von dichem Wuchs mit goldgelben Blüten vom Hochsommer bis zur Herbstmitte. 1,2 × 1,5 m
I × inodorum 'Elstead': Sehr winterharter, Laub abwerfender oder halbimmergrüner, ufrechter Strauch mit kleinen, leuchtend gelben Blüten vom Hochsommer bis zum rühherbst, gefolgt von dekorativen orangeroten Früchten. 1,2 × 1,2 m
I. kouytchense: Sehr winterharter, Laub abwerfender oder halbimmergrüner Strauch von uschigem Wuchs mit großen, dunkelgelben Blüten im Sommer, gefolgt von ziegeloten Früchten. 1 × 1,5 m
I. olympicum: Sehr winterharter, Laub abwerfender Zwergstrauch mit blaugrünen Blättern und leuchtend gelben Blüten im Sommer. 30 × 30 cm

Hypericum olympicum

Hypericum 'Hidcote'

Hypericum × inodorum 'Elstead'

Hypericum kouytchense

Hyssopus officinalis

Hyssopus Ysop
Gattung krautiger Mehrjähriger und immergrüner oder halbimmergrüner Sträucher mit blauvioletten, rosafarbenen oder weißen Blüten. Die Blätter haben kulinarischen und medizinischen Wert. Bevorzugen volle Sonne.
H. officinalis: Halbimmergrüner Zwergstrauch mit dunkelgrünen, aromatischen Blättern und winzigen, blauen Blüten vom Hochsommer bis zum Herbst. 60 cm × 1 m

I

Iberis sempervirens

Iberis umbellata

Ilex × altaclerensis 'Lawsoniana'

Iberis Schleifenblume

Gattung sehr winterharter bis winterharter Ein- und Mehrjähriger sowie immergrüner Halbsträucher. Einjährige blühen lange und werden häufig in Sommerrabatten gepflanzt. Bevorzugen volle Sonne.

I. sempervirens: Sehr winterharter, immergrüner, breitwüchsiger, niedriger Halbstrauch mit schmalen, dunkelgrünen Blättern und kugelförmigen, weißen Blüten vom Frühling bis Frühsommer. 30 × 60 cm

I. umbellata (Doldige Schleifenblume): Sehr winterharte Einjährige, die eine dichte Matte dunkelgrünen Blattwerks hervorbringt und vom Frühjahr bis Frühsommer duftende weiße, lila, rosafarbene, purpurne oder rote Blüten trägt. 15 × 30 cm

Ilex Stechpalme

Gattung sehr winterharter bis frostempfindlicher, Laub abwerfender und immergrüner Sträucher, Bäume und Kletterpflanzen mit auffälligem Blattwerk und bunten Früchten. Tragen grüne oder gelbe, manchmal panaschierte, stachelige Blätter und blaue, grüne, rosafarbene, häufig cremefarbene oder weiße Blüten vom Frühjahr bis zum Frühherbst. Männliche und weibliche Blüten treten an separaten Pflanzen auf; beide Geschlechter werden aber benötigt, um Früchte hervorzubringen. Panaschierte Arten brauchen einen vollsonnigen Standort, frostempfindliche Arten Schutz in einem Gewächshaus.

I. × altaclerensis 'Lawsoniana': Winterharter, immergrüner, weiblicher Strauch von dichtem Wuchs mit dunkelgrünen, unregelmäßig golden panaschierten Blättern. Die braunen Früchte nehmen mit der Zeit eine rote Tönung an. 6 × 5 m

I. a. 'Golden King': Winterharter, immergrüner, weiblicher Strauch mit anfänglich purpurn überzogenen Zweigen. Trägt längliche, oft stachelige Blätter, zur Mitte hin hell graugrün gezeichnet und am Rand leuchtend gelb gestreift. Wenige braunrote Früchte. 6 × 5 m

I. aquifolium 'Ferox Argentea' (Gewöhnliche Stechpalme): Sehr winterharter, immergrüner, männlicher Strauch mit purpurn überhauchten Zweigen in der Jugend und mittelgrünen, stacheligen, cremefarben eingefassten Blättern. Langsam wachsend. 6 × 4 m

I. a. 'Golden Milkboy': Sehr winterharter, immergrüner, männlicher Strauch mit purpurn überhauchten Zweigen bei Jungpflanzen und ovalen, grünen, in der Mitte gelb panaschierten Blättern. 6 × 4 m

Ilex × altaclerensis 'Golden King'

Ilex aquifolium 'Ferox Argentea'

Ilex aquifolium 'Golden Milkboy'

Impatiens **Balsamine, Fleißiges Lieschen, Rühr mich nicht an, Springkraut**
Gattung sehr winterharter bis winterharter Einjähriger, immergrüner Mehrjähriger sowie Halbsträucher mit zerbrechlichen Stängeln, fleischigen Blättern und Blüten in verschiedenen Farben im Sommer. Oft in Rabatten oder als Kübelpflanzen kultiviert. Bevorzugen Halbschatten. Gegen austrocknende Winde schützen.
Impatiens-Hybride: Frostempfindliche Mehrjährige, meist als Einjährige gezogen. Vom Frühsommer bis zum Herbst Blüten in vielen Farben. 30 × 15 cm

Imperata
Gattung mehrjähriger, aus Rhizomen treibender Gräser mit leuchtendem Blattwerk. Benötigen heiße Sommer, um gut zu blühen; tolerieren auch leichten Schatten.
I. cylindrica 'Rubra' (Syn. 'Red Baron'): Mehrjährige von langsamem, ausladendem Wuchs, welche Horste riemenförmiger Blätter mit blutroten Spitzen bilden. Blütenähren in Silberweiß im Spätsommer. 45 × 30 cm

Incarvillea **Freilandgloxinie**
Gattung sehr winterharter bis winterharter Ein- und Mehrjähriger mit großen, trompetenförmigen Blüten in Rosa-, Purpur- oder Weißschattierungen.
I. delavayi: Sehr winterharte Staude mit fleischigen Wurzeln und Horsten tief eingeschnittener Blätter mit sattrosa Blüten im Frühsommer, gefolgt von attraktiven Samenkapseln. 60 × 30 cm

Indigofera **Indigostrauch**
Gattung sehr winterharter bis winterharter Einjähriger und krautiger Mehrjähriger sowie Laub abwerfender oder immergrüner Sträucher und Bäume mit attraktivem Blattwerk und erbsenartigen Blüten. Bevorzugen einen vollsonnigen Standort.
I. heteratha: Sehr winterharter, Laub abwerfender Strauch von weit verzweigtem Wuchs mit blaugrünen Blättern und erbsenartigen, sattrosa Blüten vom Frühsommer bis zum Frühherbst. Bevorzugt einen heißen, trockenen Standort. 2 × 2 m

Inula **Alant**
Gattung sehr winterharter bis winterharter, Ein-, Zwei- und Mehrjähriger sowie einiger Halbsträucher mit flachen, gänseblümchenartigen Blüten. Niedrigwüchsige Arten gut geeignet für den Steingarten, höherwüchsige Arten hingegen können sich als wuchernd erweisen. Gedeihen am besten in der Sonne.
I. hookeri: Sehr winterharte, horstbildende Staude mit schwefelgelben, gänseblümchenartigen Blüten über haarigen Blättern im Sommer. 75 × 45 cm

Ipheion **Frühlingsstern**
Gattung winterharter bis frostempfindlicher, mehrjähriger Zwiebelpflanzen mit attraktiven, sternförmigen Blüten. Bevorzugen humusreichen, gut dränierten Boden und einen vollsonnigen Standort. Im Winter gut mulchen.
I. uniflorum 'Froyle Mill': Sehr winterharte Zwiebelpflanze mit riemenförmigen Blättern und sternförmigen, violettblauen Blüten im Frühjahr. Die zerstoßenen Blätter riechen zwiebelartig. 15 × 8 cm
I. 'Rolf Fiedler': Sehr winterharte, mehrjährige Zwiebelpflanze mit Horsten schmaler, riemenförmiger Blätter und duftenden, sternförmigen Blüten. 15 × 8 cm

Impatiens-Hybride

Incarvillea delavayi

Indigofera heteratha

Inula hookeri

Ipheion uniflorum 'Froyle Mill'

Ipheion 'Rolf Fiedler'

Ipomoea 'Early Call'

Ipomoea lobata

Ipomoea Kaiserwinde, Purpurwinde
Gattung frostempfindlicher Ein- und Mehrjähriger, einiger Kletterpflanzen sowie immergrüner Sträucher und Bäume. Einjährige bevorzugen einen sonnigen Standort, Mehrjährige werden am besten unter Glas gezogen.
I. 'Early Call': Frostempfindliche, einjährige oder kurzlebige mehrjährige Kletterpflanze mit röhrenförmigen Blüten in verschiedenen Schattierungen vom Sommer bis zum Herbst. 5 m
I. lobata: Frostempfindliche, mehrjährige Kletterpflanze, oft als Einjährige gezogen. An karminrot überhauchten Stängeln erscheinen vom Sommer bis zum Herbst scharlachrote, röhrenförmige, sich später orangegelb verfärbende Blüten. 2–5 m

Iris chrysographes

Iris danfordiae

Holländische Iris (*I. xiphium*-Hybride)

Iris Iris, Schwertlilie
Gattung sehr winterharter bis frostempfindlicher, aus Rhizomen oder Zwiebeln aufrecht wachsender Mehrjähriger, meist Laub abwerfend. Blüte vom Frühjahr bis zum Sommer. Iris lassen sich unterteilen in Rhizomgewächse, bartlose Formen, Pazifikküsten-Iris, *Iris laevigata,* Louisiana-Iris, *Iris unguicularis* und Zwiebelpflanzen wie Juno-Iris, Reticulata-Iris und Xiphium-Iris. Gedeihen meist auf gut dränierten Böden an vollsonnigem oder halbschattigem Standort; Rhizome der Bartiris sonnig halten.
I. chrysographes: Sehr winterharte, bartlose Rhizompflanze mit riemenförmigen Blättern und fast schwarzen Blüten mit gelber Zeichnung im Frühsommer. 45 × 6 cm
I. danfordiae: Sehr winterharte, mehrjährige Zwiebelpflanze mit großen, gelben Blüten im Spätwinter und zu Frühjahrsbeginn. 15 × 5 cm
Holländische Iris (*I. xiphium*-Hybride): Sehr winterharte, mehrjährige Zwiebelpflanze von kräftigem Wuchs mit schwertförmigen Blättern und dunkelblauen oder violetten, manchmal gelben oder weißen Blüten im späten Frühjahr und Frühsommer. 60 × 10 cm
I. ensata: Sehr winterharte, bartlose, mehrjährige Rhizompflanze mit riesigen, pflaumenblauen Blüten im Hochsommer. 1 m × 30 cm
I. foetidissima (Übelriechende Schwertlilie): Sehr winterharte, breitblättrige Mehrjährige mit gelben oder lila Blüten im Sommer. Die Samenhülsen geben im Winter leuchtend orangefarbene Samen frei. 45 × 60 cm
I. 'Florentina': Sehr winterharte, aus einem Rhizom wachsende, mehrjährige Bartiris mit fächerförmigen, bisweilen immergrünen Blättern. Stark duftende, weiße Blüten im späten Frühjahr. 60 × 30 cm
I. forrestii: Sehr winterharte, bartlose, mehrjährige Rhizompflanze aus China. Trägt glänzende, dunkelgrüne Blätter und duftende, hellgelbe, braun gezeichnete Blüten im Frühsommer. 30 × 30 cm
I. germanica 'Pam's Wedding' (Deutsche Schwertlilie): Sehr winterharte, aus einem Rhizom treibende, mehrjährige Bartiris mit fächerförmigen, immergrünen Blättern und blauweißen Blüten im späten Frühjahr. 1 m × 30 cm
I. graminea (Grasblättrige Schwertlilie, Pflaumenduft-Iris): Sehr winterharte, mehrjährige Rhizompflanze mit flachen, riemenförmigen Blättern und im Spätfrühjahr und Frühsommer purpurvioletten Blüten, die nach gekochten Pflaumen duften. 30 × 30 cm
I. 'Holden Clough': Sehr winterharte, bartlose, mehrjährige Rhizompflanze mit zuweilen immergrünen Blättern. Im späten Frühjahr erscheinen dunkelgelbe, stark purpurn gezeichnete Blüten. 1 m × 60 cm
I. innominata: Diese an der Nordwestküste der USA beheimatete Mehrjährige trägt Blüten in Blau, Cremefarben, Gold, Rosa über Purpur bis hin zu Gelb vom späten Frühjahr bis in den Frühsommer. 25 cm × unbegrenzte Ausbreitung

Iris ensata

Iris foetidissima

Iris 'Florentina'

Iris germanica 'Pam's Wedding'

Iris forrestii

Iris graminea

Iris 'Holden Clough'

Iris innominata

Iris 'Joyce'

Iris 'Mandarin'

Iris 'Margot Holmes'

Iris pallida subsp. *pallida*

Iris pallida 'Variegata'

Iris pseudacorus var. *bastardii*

Iris missouriensis

I. 'Joyce': Sehr winterharte, mehrjährige Zwiebelpflanze mit blauen Blüten im Frühjahr. Gut geeignet für Steingärten oder Alpinhaus. 12 × 5 cm

I. 'Mandarin': Sehr winterharte, mehrjährige Rhizompflanze mit dünnen, riemenförmigen Blättern und sattpurpurnen Blüten im Frühsommer. 1 m × 30 cm

I. 'Margot Holmes': Sehr winterharte, mehrjährige Rhizompflanze mit riemenförmigen Blättern und hellviolettfarbenen Blüten im Frühsommer. 1 m × 30 cm

I. missouriensis: Sehr winterharte, aus einem Rhizom wachsende, bartlose Mehrjährige mit dünnen, riemenförmigen Blättern, die über die kurzen Blüten auf schlanken Stängeln hinauswachsen. Trägt Blüten von schöner, purpurlila Tönung und größere, hängende Blütenblätter mit dunkelpurpurner Zeichnung im Sommer. Bevorzugt feuchten Boden. 60 × 60 cm

I. p. subsp. *pallida:* Sehr winterharte, mehrjährige Rhizompflanze mit halbimmergrünen Blättern, die von den Blütenstielen mit papierartigen, glänzenden Bärten überragt werden. 1,2 m × 60 cm

I. pallida 'Variegata': Ähnlich wie *I. pallida* subsp. *pallida,* aber mit blassgelb und mittelgrün gestreiften Blättern. 1,2 × 60 cm

I. pseudacorus var. *bastardii* (Sumpf-Schwertlilie): Sehr winterharte, bartlose, mehrjährige Rhizompflanze von kräftigem Wuchs mit groben, mittelgrünen Blättern und dunkelgelben Blüten von Früh- bis Hochsommer. Bevorzugt feuchte bis nasse Böden oder flache Gewässer. 1 m × unbegrenzte Ausbreitung

I. pumila: Sehr winterharte, aus einem Rhizom wachsende, mehrjährige Bartiris von Zwergwuchs. Trägt in der Frühjahrsmitte blaue, purpurne oder gelbe Blüten. 15 × 15 cm

I. setosa: Sehr winterharte, bartlose Mehrjährige mit riemenförmigen, unterseits oft rotstichigen Blättern und blauen Blüten im späten Frühjahr und Frühsommer. 60 × 30 cm

I. sibirica 'Soft Blue': Sehr winterharte, mehrjährige, bartlose Rhizompflanze mit schmalen, binsenförmigen Blättern und blassblauen, in der Knospe dunkleren Blüten im Frühsommer. 1 m × 30 cm

I. unguicularis (Winter-Iris): Sehr winterharte, bartlose, mehrjährige Rhizompflanze von kräftigem Wuchs. Trägt von Spätwinter bis Frühjahrsbeginn lavendelblaue Blüten. Geeignet für offenen, sonnigen Standort mit guter Dränage. 60 × 30 cm

I. versicolor 'Kermesina': Sehr winterharte, mehrjährige, bartlose Rhizompflanze mit golden gezeichneten, pflaumenblauen Blüten. Bevorzugt halbschattigen Standort in feuchtem bis nassem Boden oder flachen Gewässern. 75 × 30 cm

Iris pumila

Iris setosa

Iris sibirica 'Soft Blue'

Iris unguicularis

Iris versicolor 'Kermesina'

Isoplexis canariensis

Itea ilicifolia

Isoplexis

Gattung frostempfindlicher, immergrüner Halbsträucher oder Sträucher mit auffälliger Sommerblüte. Gegen kalte Winde schützen.

I. canariensis: Frostempfindlicher, horstbildender, aufrechter Strauch mit gezackten, dunkelgrünen Blättern und Ähren röhrenförmiger Blüten in Orange oder Gelbbraun im Sommer. 1 × 1 m

Itea Rosmarinweide

Gattung sehr winterharter bis winterharter, Laub abwerfender oder immergrüner Sträucher und Bäume mit stechpalmenähnlichem Blattwerk. Bevorzugt gut dränierten Boden in voller Sonne. *I. virginica* mag feuchte, saure Böden im Halbschatten.

I. ilicifolia: Winterharter, immergrüner Strauch mit stechpalmenähnlichen Blättern und mintgrünen, duftenden Blüten in Form von Kätzchen im Sommer. 3 × 3 m

J

Jasione laevis 'Blue Light'

Jasione **Sandglöckchen**
Gattung Ein-, Zwei- und Mehrjähriger mit blauen Blüten im Sommer, die denen der *Scabiosa* ähneln. Bevorzugen leichten, sandigen Boden in voller Sonne.
J. laevis 'Blue Light': Horstbildende Staude mit rundlichen Blütenköpfen in einem intensiven Blau vom Hochsommer bis in den Frühherbst. 30 × 20 cm

Jasminum nudiflorum

Jasminum officinale

Jasminum × stephanense

Jasminum **Jasmin**
Gattung sehr winterharter bis frostempfindlicher, Laub abwerfender oder immergrüner Sträucher und Kletterer mit elegantem Wuchs und duftenden Blüten.
J. nudiflorum (Winterjasmin): Sehr winterharter, Laub abwerfender Strauch mit bogenförmigen, geschmeidigen, dunkelgrünen Zweigen und gelben Blüten von Winter bis Frühjahrsbeginn, vor Austrieb neuer Blätter. Geeignet für eine Mauer. 3 × 3 m
J. officinale (Echter Jasmin, weißer Jasmin): Winterharte, Laub abwerfende, manchmal halbimmergrüne Kletterpflanze von kräftigem Wuchs mit grünen oder panaschierten Blättern. Trägt duftende, weiße Blüten vom Sommer bis zum Frühherbst. Bevorzugt Sonne, verträgt aber auch andere Standorte. 7 m × unbegrenzte Ausbreitung.
J. × stephanense: Winterharte, Laub abwerfende Kletterpflanze von robustem Wuchs mit grünen oder panaschierten Blättern. Duftende, blassrosa Blüten im Früh- und Hochsommer. 5 m × unbegrenzte Ausbreitung.

Jeffersonia **Herbstblattschale, Zwillingsblatt**
Gattung Mehrjähriger mit nierenförmigen Blättern und Blüten an dünnen Stängeln im Frühjahr und Frühsommer. Geeignet für den Waldgarten im Halbschatten oder Schatten.
J. dubia: Niedrigwüchsige Staude mit graugrünen Blättern und lavendelfarbenen oder weißen Blüten im Frühjahr und Frühsommer. 20 × 15 cm

Juglans regia

Juglans **Walnuss**
Gattung sehr winterharter bis winterharter, Laub abwerfender, gelegentlich strauchförmiger Bäume von elegantem Wuchs. Tragen schönes Blattwerk, essbare Früchte sowie männliche und weibliche Blüten separat an einer Pflanze im späten Frühjahr und Frühsommer.
J. regia: Sehr winterharter Baum von niedrigem, ausladendem Wuchs mit aromatischen, anfangs bronzefarbenen Blättern und runden Früchten mit essbaren Kernen. 30 × 15 m

Juniperus communis 'Compressa'

Juniperus × *pfitzeriana* 'Pfitzeriana Aurea'

Juniperus communis 'Hibernica'

Juniperus **Wacholder**
Gattung sehr winterharter bis winterharter, immergrüner Nadelhölzer in Form von Bäumen und Sträuchern, meist als Einzelexemplare. Kleine Arten sind geeignet für Steingärten; breitwüchsige ergeben einen guten Bodendecker. Geeignet für unterschiedliche, z. B. kreide- oder sandhaltige Böden; bevorzugen Sonne.
J. communis 'Compressa': Sehr winterharter, immergrüner, zwergwüchsiger, für den Kübel geeigneter Baum. Vor kalten Winden schützen. 75 × 15 cm
J. c. 'Hibernica': Sehr winterharter, immergrüner, säulenförmiger Baum mit dichten, graugrünen Nadeln. Langsamwüchsig. 4 m × 45 cm
J. × *pfitzeriana* 'Pfitzeriana Aurea': Sehr winterharter, immergrüner, breitwüchsiger Strauch mit starken, aufsteigenden Ästen und goldgrünen Nadeln. Sorgt als Bodendecker für einen dramatischen Farbakzent. 1,8 × 4 m
J. sabina 'Tamariscifolia': Sehr winterharter, immergrüner Strauch von niedrigem, ausladendem Wuchs mit frischgrünen, bei Jungpflanzen grauen Nadeln. 1 × 2 m
J. squamata 'Blue Carpet': Sehr winterharter, immergrüner Strauch von niedrigem Wuchs mit silbergrauen Nadeln und blättriger brauner Rinde. Bevorzugt Böden mit guter Dränage. 45 cm × 2 m

Juniperus sabina 'Tamariscifolia'

Juniperus squamata 'Blue Carpet'

K

Kalmia latifolia

Kalmia latifolia 'Nimuck Red Bud'

Kalmia Berglorbeer, Lorbeerrose
Gattung immergrüner Sträucher mit glänzenden, ledrigen Blättern und attraktiven, becherförmigen Blüten vom späten Frühjahr bis zum Hochsommer. Braucht humusreichen, sauren Boden in Sonne oder Halbschatten.
K. latifolia: Langsamwüchsiger, immergrüner Strauch mit rosafarbenen, gelegentlich weißen Blüten, die vom späten Frühjahr bis zum Hochsommer aus dunklen Knospen sprießen. 3 × 3 m
K. l. 'Nimuck Red Bud': Langsamwüchsiger, immergrüner Strauch, der Blüten in einem tiefen, satten Rosaton mit hellerer Blütenmitte hervorbringt. 3 × 3 m
K. polifolia (Poleiblättrige Lorbeerrose): Kleiner, dünn verzweigter Strauch mit purpurrosa Blüten gegen Mitte bis Ende des Frühjahrs. 60 cm × 1 m

Kerria japonica 'Pleniflora'

Kerria Kerrie, Ranunkelstrauch
Einzige Art der Gattung ist ein Laub abwerfender Strauch mit attraktivem Blattwerk und goldgelben Blüten im Frühjahr.
K. japonica: Schösslinge bildender Strauch mit leuchtenden, hellgrünen Blättern sowie goldgelben, offenen Blüten im mittleren und späten Frühjahr. 2 × 2,5 m
K. j. 'Pleniflora': Wie *K. japonica,* aber mit gefüllten, pomponartigen goldgelben Blüten im Frühjahr. 2 × 2,5 m

Kirengeshoma palmata

Kirengeshoma Wachsglocke
Gattung horstbildender, mehrjähriger Rhizompflanzen mit platanenartigem Blattwerk und wachsartigen, zitronenfarbenen Blüten. Bevorzugt Feuchtigkeit speichernden, humusreichen und kalkfreien Boden. Kälteempfindlich.
K. palmata: Staude mit blassgrünen Blättern und zitronengelben Blüten im Spätsommer und Frühherbst. 1 m × 75 cm

Knautia arvensis

Knautia macedonica

Knautia Knautie
Gattung Ein- und Mehrjähriger mit Blüten in Lila oder einem dunklen Purpurton, die Bienen anziehen und denen der Gattung *Scabiosa* ähneln. Gedeihen am besten auf kalkhaltigen Böden mit guter Dränage an einem vollsonnigen Standort.
K. arvensis (Wiesen-Witwenblume): Mehrjährige mit Pfahlwurzeln und Horsten glanzloser, grüner Blätter und blauvioletten Blütenköpfchen im Hochsommer. 1 m × 30 cm
K. macedonica: Horstbildende Mehrjährige, die reichlich pflaumenblaue Blüten mit nadelkissenförmigen Köpfen im Hochsommer und Spätsommer trägt. Bildet zahlreiche Samen. 60 × 45 cm

Kniphofia 'Atlanta'

Kniphofia 'Little Maid'

Kniphofia northiae

Kniphofia pumila

Kniphofia 'Torchbearer'

Kniphofia Fackellilie, Tritome

Gattung sehr winterharter bis frostempfindlicher, teils Laub abwerfender, teils immergrüner, mehrjähriger Rhizompflanzen mit gras- oder riemenförmigen Blättern und stabförmigen Blüten in Rot, Orange, Gelb und Weiß, die Bienen anziehen. Vertragen vielfältige Boden- und Standortbedingungen; junge Exemplare sollten den Winter hindurch geschützt werden.

K. 'Atlanta': Sehr winterharte, immergrüne Mehrjährige mit blaugrünen Blättern und dunkelorangen, im Reifezustand zu zartem Gelb verblassenden Blüten im späten Frühjahr und Frühsommer. 1,2 m × 75 cm

K. 'Little Maid': Sehr winterharte, Laub abwerfende Mehrjährige mit grasartigen Blättern und cremefarbenen bis gelben Blüten im Spätsommer und Frühherbst. 60 × 45 cm

K. northiae: Sehr winterharte, immergrüne Mehrjährige mit Rosetten breiter Blätter in Graugrün und roten Blüten im Sommer. 1 × 1 m

K. pumila: Sehr winterharte, immergrüne Mehrjährige mit langen, schmalen Blättern und karmesinroten und cremefarbenen Blüten im Spätsommer und Frühherbst. 1 × 1 m

K. 'Torchbearer': Sehr winterharte, immergrüne Mehrjährige mit breiten Blättern und länglichen Blütenähren im Hochsommer. 1,5 × 1 m

Koelreuteria Blasenbaum

Gattung sehr winterharter bis winterharter, Laub abwerfender Bäume oder Sträucher von kuppelförmigem Wuchs und Blattwerk. Bevorzugen volle Sonne.

K. paniculata (Rispiger Blasenbaum): Sehr winterharter Baum von kuppelförmigem Wuchs mit gefiederten, dunkelgrünen Blättern – im Frühjahr rot und im Herbst gelb verfärbt – sowie kleinen, goldgelben Blütenrispen im Sommer. 10 × 10 m

Kolkwitzia Kolkwitzie

Einzige Art der Gattung ist ein Laub abwerfender, mit Blüten übersäter Strauch. Für gut dränierte Böden und vollsonnigen Standort.

K. amabilis: Laub abwerfender, Schösslinge bildender Strauch mit langen, gebogenen Zweigen sowie dunkelgrünen, im Herbst rötlich verfärbten Blättern. Fingerhutähnliche, blassrosa mit gelb überhauchte Blüten im späten Frühjahr und Frühsommer. 3 × 3 m

Koelreuteria paniculata

Kolkwitzia amabilis

L

***Laburnum* Goldregen**
Gattung Laub abwerfender Bäume, die meist ihrer üppigen Blüte wegen gezogen werden und im späten Frühjahr und Frühsommer Trauben von Schmetterlingsblüten tragen. Sämtliche Teile des Goldregens sind giftig. Als Einzelexemplare geeignet; bevorzugen volle Sonne.
L. × *watereri* 'Vossii': Breitwüchsiger Baum mit dunkelgrünen Blättern und langen Trauben sattgelber Blüten im späten Frühjahr und Frühsommer. 10 × 10 m

Laburnum × *watereri* 'Vossii'

Lamium galeobdolon 'Florentinum'

Lamium maculatum 'White Nancy'

***Lamium* Taubnessel**
Gattung Einjähriger und in der Regel aus Rhizomen wachsender Mehrjähriger, größtenteils ihres Blattwerks sowie der Eignung als exzellenter Bodendecker wegen gezogen. Einige Arten können wuchern und bleiben daher am besten auf den wilden Garten oder Waldgarten beschränkt. Kleine Arten passen in den Steingarten.
L. galeobdolon 'Florentinum': Mehrjährige Rhizompflanze, die sich schnell ausbreitet. Wirtel blassgelber Blüten thronen im späten Frühjahr und Frühsommer über silbrig dunkelgrünen Blättern. 30 cm × unbegrenzte Ausbreitung
L. g. 'Hermann's Pride': Mehrjährige Rhizompflanze mit dichten Horsten dunkelgrüner, stark silbern gemusterter Blätter. Trägt blassgelbe Blüten im späten Frühjahr und Frühsommer. 30 × 60 cm
L. maculatum 'White Nancy': Mehrjährige, breitwüchsige Rhizompflanze mit Wirteln kleiner weißer Blüten über silbrigen, zart mit Grün geränderten Blättern im späten Frühjahr und Frühsommer. 15 cm × 1 m
L. m. 'Wootton Pink': Mehrjährige Rhizompflanze von kriechendem Wuchs, die im späten Frühjahr und Frühsommer Wirtel kleiner rosafarbener Blüten über weiß gestreiften Blättern trägt. 15 × 30 cm
L. orvala: Horstbildende Mehrjährige. Trägt Blätter mit Oberflächenstruktur und vom Spätfrühjahr bis in den Sommer rosarote Blüten. 60 × 30 cm

Lamium maculatum 'Wootton Pink'

Lamium orvala

Lantana camara-Hybride

***Lantana* Wandelröschen**
Gattung frostempfindlicher, mehrjähriger und immergrüner Sträucher mit lebhaft getönten Blütenköpfchen. Für feuchten, gut dränierten Boden in voller Sonne.
L. camara-Hybride: Frostempfindlicher, oft stacheliger Strauch mit gefurchten, dunkelgrünen Blättern. Vom späten Frühjahr bis in den Spätherbst Blüten in Rosa, Rot, Purpur, Gelb oder Weiß. 1 × 1 m

Lapageria rosea

***Lapageria* Chileglöckchen, Lapagerie**
Einzige Art ist ein winterharter bis bedingt winterharter, holziger, immergrüner Kletterer. Geeignet für humusreichen, feuchten, aber gut dränierten, neutralen bis sauren Boden im Halbschatten.
L. rosea: Winterharter, Schösslinge bildender Kletterer mit dunkelgrünen Blättern und glockenförmigen, wachsartigen Röhrenblüten in Pink und Rot vom Sommer bis zum Spätherbst. 5 m

Larix decidua (Herbstlaub)

***Larix* Lärche**
Gattung sommergrüner, zapfentragender Nadelbäume mit im Frühjahr grünen, im Herbst stark verfärbten Nadeln. Als Einzelexemplar oder im Waldgarten bei vielfältigen Boden- und Klimabedingungen.
L. decidua (Europäische Lärche): Sommergrüner Baum in konischer Form mit kleinen, weiblichen Zapfen. Die hellgrünen Nadeln verfärben sich im Herbst in ein strohfarbenes Gelb. 30 × 6 m

Lathraea clandestina

Lathraea Schuppenwurz
Gattung blattloser, schmarotzender, teilweise unter der Erde wachsender Mehrjähriger mit lila oder weißen Blüten auf Bodenniveau im Frühjahr. Geeignet für feuchten, gut dränierten Boden im Halbschatten eines Wirtsbaumes.
L. clandestina: Mehrjährige Rhizompflanze mit lila Blüten im Frühjahr. Häufig am Fuß einer Erle, Pappel oder Weide zu finden. 2 cm × unbegrenzte Ausbreitung

Lathyrus latifolius

Lathyrus latifolius 'White Pearl'

Lathyrus odoratus-Hybride

Lathyrus Platterbse
Gattung sehr winterharter bis winterharter Einjähriger und krautiger oder immergrüner Mehrjähriger mit zahlreichen attraktiven, erbsenartigen Blüten in vielen Farben. Manche Arten klettern, andere sind horstbildend.
L. latifolius (Dreiblättrige Platterbse): Sehr winterharter, krautiger, mehrjähriger Kletterer mit Trauben rosa bis magentafarbener Blüten vom Sommer bis zum Frühherbst. 2 m
L. l. 'White Pearl': Ähnlich wie *L. latifolius,* aber vom Sommer bis zum Frühherbst mit schneeweißen Blüten über frischgrünen Blättern. 2 m
L. odoratus-Hybride (Duft-Wicke, Duftende Platterbse): Winterharte, kletternde Einjährige mit duftenden Blüten in vielen Farben im Sommer. 2 m

Laurus nobilis

Laurus Lorbeerbaum
Gattung winterharter, immergrüner Sträucher und Bäume mit aromatischem Blattwerk. Geeignet für den Formschnitt. Junge Pflanzen gegen kalte Winde schützen.
L. nobilis: Winterharter, kegelförmiger Baum oder großer Strauch mit aromatischen, glänzend dunkelgrünen Blättern, die auch in der Küche Verwendung finden. Büschel gelbgrüner Blüten erscheinen im Frühjahr. 12 × 10 m

Lavandula angustifolia 'Hidcote'

Lavandula × intermedia 'Grappenhall'

Lavandula stoechas

Lavandula stoechas fo. *leucantha*

Lavandula Lavendel
Gattung sehr winterharter bis bedingt winterharter, aromatischer, immergrüner Sträucher und Halbsträucher mit stark duftenden, Bienen anziehenden Blüten. Sowohl Blätter als auch Blütenköpfe können getrocknet und in Arrangements oder Potpourris verwendet werden. Bevorzugt eher magere Böden in voller Sonne.
L. angustifolia 'Hidcote': Sehr winterharter, kompakter Strauch mit dünnen, blaugrünen Blättern und intensiv violettblauen Blüten vom Sommer bis zum Spätsommer. 60 × 45 cm
L. × intermedia 'Grappenhall': Sehr winterharter, horstbildender Strauch mit behaarten, blaugrünen Blättern und Ähren blasspurpurner Blüten im Sommer. 1 × 1,5 m
L. stoechas (Schopflavendel): Sehr winterharter bis winterharter, kompakter Strauch mit graugrünen Blättern, über denen dunkelpurpurne Blütenstände an kurzen Stängeln wachsen. *L. s.* fo. *leucantha* trägt weiße Blüten. 60 × 60 cm

Lavatera 'Barnsley'

Lavatera maritima

Lavatera olbia 'Rosea'

Lavatera **Buschmalve, Strauchpappel**

Gattung sehr winterharter bis winterharter Ein- und Zweijähriger sowie krautiger, bedingt immergrüner oder immergrüner Mehrjähriger und Laub abwerfender Sträucher und Halbsträucher. Tragen auffällige Blüten in Rosa-, Hellviolett- und Weißtönen. Stehen am besten in voller Sonne.

L. 'Barnsley': Sehr winterharter, halbimmergrüner Halbstrauch von robustem Wuchs mit filzigen Blättern in Mittelgrün sowie weißlich cremefarbenen, zur Mitte hin rosa Blüten im Sommer, die sich später ganz rosa verfärben. 2 × 1 m

L. maritima (Syn. *L. bicolor*): Sehr winterharte, strauchige, aufrechte Mehrjährige. Graugrüne Blätter und rosa Blüten mit rosaroter Mitte im Sommer. 2 × 1 m

L. olbia 'Rosea': Sehr winterharter, halb immergrüner, kräftiger Halbstrauch mit silbergrünen Blättern und dunkelrosa Blüten im Sommer. 2 × 2 m

L. trimestris 'Silver Cup': Sehr winterharte Einjährige mit filzigen, mittelgrünen Blättern und auffälligen, rosafarbenen Blüten im Sommer. 75 × 45 cm

Lavatera trimestris 'Silver Cup'

Leptospermum scoparium

Leucojum aestivum

Leucojum vernum var. *carpathicum*

Leucanthemum × *superbum*

Leptospermum **Südseemyrte, Teebaum**

Gattung sehr winterharter bis frostempfindlicher, immergrüner Sträucher und Bäume mit vielen kleinen, rosafarbenen, roten oder weißen Blüten. Standort in voller Sonne oder im kühlen Wintergarten.

L. scoparium: Frostempfindlicher, kompakter Strauch mit mittel- und dunkelgrünen, aromatischen Blättern und weißen Blüten im späten Frühjahr und Frühsommer. 3 × 3 m

Leucanthemum **Margerite**

Gattung sehr winterharter, manchmal winterharter Mehrjähriger mit weißen oder gelben gänseblümchenartigen Blüten. Bevorzugt volle Sonne.

L. × *superbum* (Garten-Margerite): Winterharte Mehrjährige von robustem Wuchs mit Horsten glänzender, lanzettlicher Blätter. Einfache, manchmal gefüllte weiße Blüten mit gelber Mitte vom Spätsommer bis zum Frühherbst an hohen Stängeln. 1 m × 60 cm

Leucojum **Knotenblume**

Gattung sehr winterharter bis winterharter, mehrjähriger Zwiebelpflanzen, die eng mit *Galanthus* (Schneeglöckchen) verwandt sind. Im Frühjahr, Sommer und Herbst herabhängende, glockenförmige, meist weiße, zuweilen rosafarbene Blüten.

L. aestivum: Sehr winterharte, mehrjährige Zwiebelpflanze von robustem Wuchs mit riemenförmigen Blättern in glänzendem Dunkelgrün und schneeglöckchenartigen, duftenden, weißen Blüten mit grünen Spitzen im Frühjahr. 60 × 8 cm

L. vernum var. *carpathicum:* Sehr winterharte, mehrjährige Zwiebelpflanze mit aufrechten, riemenförmigen, glänzenden Blättern in Dunkelgrün sowie glockenförmigen, weißen Blüten mit gelben Spitzen zu Frühjahrsbeginn. 30 × 8 cm

Leucothoe walteri

Lewisia cotyledon-Hybriden

Leycesteria formosa

Leucothoe **Traubenheide**
Gattung sehr winterharter bis winterharter, Laub abwerfender, halbimmergrüner oder immergrüner Sträucher mit dekorativen Blättern und zylindrischen oder urnenförmigen weißen Blüten. Mag humusreiche, saure Böden im Schatten oder Halbschatten.
L. walteri: Sehr winterharter, immergrüner, aufrechter Strauch mit breiten, glänzenden, lanzettlichen Blättern in Dunkelgrün sowie weißen, zylindrischen Blüten im Frühjahr. 1 × 2 m

Lewisia **Bitterwurzel, Lewisie**
Gattung Laub abwerfender oder immergrüner Mehrjähriger mit fleischigen Blättern und trichterförmigen Blüten in vielen Farben, z. B. Magenta, Rosa, Purpur, Orange, Gelb und Weiß. Geeignet für Steingarten oder Alpinhaus. Mag gut dränierte, neutrale bis saure Böden. Gegen Winternässe schützen.
L. cotyledon-Hybride: Sehr winterharte, immergrüne Staude mit flachen Rosetten lanzettlicher Blätter und rosa- bis purpurgestreiften, seltener gelben, weißen, apricot- oder cremefarbenen Blüten im Frühjahr und Sommer. Bis zu 30 × 25 cm

Leycesteria **Leycesterie**
Gattung sehr winterharter bis bedingt winterharter, Laub abwerfender, Schösslinge bildender Sträucher mit hohlen Stängeln, die Trauben oder Ähren röhrenförmiger Blüten tragen. Passen gut in den Waldgarten.
L. formosa: Winterharter Strauch von aufrechtem Wuchs, der ein Dickicht hohler, grüner Stängel bildet. Weiße, von purpurroten Tragblättern umgebene Blüten vom Sommer bis zum Frühherbst, gefolgt von Beeren gleicher Farbe. 2 × 2 m

Liatris spicata 'Kobold'

Liatris **Prachtscharte**
Gattung Mehrjähriger mit Ähren oder Trauben röhrenförmiger Blüten, die sich kurioserweise von oben nach unten öffnen. Stehen gern in voller Sonne.
L. spicata 'Kobold': Staude, die Horste grundständiger, lanzettlicher Blätter und dunkelpurpurne Blütenähren vom Spätsommer bis zum Frühherbst ausbildet. 45 × 45 cm

Libertia grandiflora

Libertia **Andeniris, Schwertelglocke**
Gattung sehr winterharter bis winterharter, immergrüner und mehrjähriger Rhizomgewächse von horstbildendem Wuchs mit dünnen, spitz zulaufenden Blättern und offenen, scheibenförmigen, weißen oder blauen Blüten. Kleinere Arten passen gut in den Steingarten; bevorzugen volle Sonne.
L. grandiflora: Sehr winterharte, mehrjährige Rhizompflanze mit Horsten grasartiger Blätter und weißen Blüten vom späten Frühjahr bis zum Frühsommer. 1 m × 60 cm

Ligularia przewalskii

Ligularia **Goldkolben, Ligularie**
Gattung Mehrjähriger von kräftigem Wuchs mit großen, wohlgeformten Blättern und gelben oder orangen Blütenständen in Doldentrauben- oder Traubenform. Geeignet für Feuchtigkeit speichernde Böden und einen Standort in voller Sonne.
L. przewalskii: Robuste, horstbildende Mehrjährige mit tief eingeschnittenen Blättern und Trauben gelber Blütenköpfe an hohen dunklen Stängeln im Hoch- und Spätsommer. 2 × 1 m

Ligustrum **Liguster, Rainweide**
Gattung sehr winterharter bis winterharter, Laub abwerfender, halbimmergrüner und immergrüner Sträucher und Bäume mit attraktivem Blattwerk. Üblich als Einzelexemplar oder Hecke. Panaschierte Formen benötigen Sonne.
L. ovalifolium 'Aureum' (Wintergrüner Liguster): Sehr winterharter, immergrüner oder halbimmergrüner, aufrechter Strauch von kräftigem Wuchs mit mittelgrünen, gelb eingefassten Blättern und unauffälligen, weißen Blüten im Hochsommer. 4 × 4 m

Ligustrum ovalifolium 'Aureum'

Lilium candidum

Lilium 'King Pete'

Lilium Lilie

Gattung sehr winterharter bis bedingt winterharter, mehrjähriger Zwiebelpflanzen mit oft hohen Blütenstielen und auffälligen, meist stark duftenden Blüten. Bevorzugen meist saure bis neutrale Böden und volle Sonne, manche Arten tolerieren aber auch andere Bedingungen. Gut als Kübelpflanzen geeignet. Folgende Gruppen lassen sich einteilen: Asiatische Hybriden, Martagon-Hybriden, Candidum-Hybriden, Amerikanische Hybriden, Longiflorum-Hybriden, Trompeten-Hybriden, Aurelianische Hybriden, Orientalische Hybriden und ihre Arten.

L. candidum (Madonnenlilie): Sehr winterharte Mehrjährige mit lanzettlichen, mittelgrünen Blättern und reinweißen, duftenden Trompetenblüten von Mitte bis Ende des Sommers. 1–2 m

L. 'Golden Splendor': Sehr winterharte, mehrjährige Trompeten-Hybride mit nach außen gewölbten, duftenden, burgunderrot gestreiften Blüten im Sommer. 1,2–2 m

L. 'King Pete': Winterharte, mehrjährige Trompeten-Hybride mit schalenförmigen, dunkelcremefarbenen bis gelben Blüten mit orangefarbenen Sprenkeln im Hochsommer. 1 m

L. martagon (Türkenbund-Lilie): Sehr winterharte, mehrjährige, horstbildende Art mit kleinen, purpur-rosafarbenen, gesprenkelten Blüten an leuchtend grünen Stängeln im Sommer. *L. m.* var. *album* trägt reinweiße Blüten. 1 m

L. 'Mont Blanc': Sehr winterharte, mehrjährige Asiatische Hybride mit aufwärts gerichteten, breiten Blüten in Weiß, die in der Mitte braun gesprenkelt sind. Blüht von Anfang bis Mitte des Sommers. 60–75 cm

L. 'Olivia': Sehr winterharte, mehrjährige Trompeten-Hybride mit nach außen gewölbten, schalenförmigen Blüten in Reinweiß im Sommer. 1 m

Lilium 'Golden Splendor'

Lilium martagon

Lilium martagon var. *album*

Lilium 'Mont Blanc'

Lilium 'Olivia'

Lilium pardalinum

Lilium 'Pink Perfection'

Lilium pyrenaicum

L. pardalinum (Panterlilie): Sehr winterharte, horstbildende, mehrjährige Pflanze mit matten, grünen, lanzettlichen Blättern und Türkenbundblüten in Orangerot bis Rot mit braungelber Sprenkelung im Hochsommer. 1,5–2,5 m
L. 'Pink Perfection': Sehr winterharte, mehrjährige Trompeten-Hybride mit duftenden, rosaroten Blüten und orangefarbenen Staubbeuteln im Hochsommer. 1,5–2 m
L. pyrenaicum: Sehr winterharte, mehrjährige, horstbildende Art mit lanzettlichen, leuchtend grünen Blättern und Türkenbundblüten in Gelb oder Gelbgrün mit braunen Flecken im Früh- und Hochsommer. 30 cm–1 m
L. regale (Königslilie): Sehr winterharte, mehrjährige Art mit stark duftenden, trompetenförmigen weißen, außen leicht purpurrot überzogenen Blüten an graugrünen, aufrechten Stielen im Sommer. 60 cm–2 m
L. speciosum var. *rubrum:* Sehr winterharte, mehrjährige Pflanze mit duftenden, karmesinroten, weiß geränderten Türkenbundblüten an dunklen Stielen im Spätsommer und Frühherbst. Mag feuchte, saure Böden sowie Halbschatten. 1–2 m
L. speciosum 'Uchido': Ähnlich wie *L. s.* var. *rubrum,* trägt aber karmesinrote Blüten mit dunkler Zeichnung. 1–2 m
L. 'Star Gazer': Sehr winterharte, mehrjährige, Orientalische Hybride. Trägt rote, auswärts gerichtete Blüten mit dunkler Sprenkelung. Geeignet für den Kübel. 1–1,5 m

Lilium speciosum var. *rubrum*

Lilium speciosum 'Uchido'

Lilium regale

Lilium 'Star Gazer'

Limnanthes douglasii

Limonium platyphyllum 'Violetta'

Linaria maroccana 'Fairy Lights'

Linaria purpurea 'Canon J. Went'

Linum narbonense 'Heavenly Blue'

Liquidamber styraciflua (Herbstlaub)

Liriodendron tulipifera

***Liriodendron* Tulpenbaum**
Gattung Laub abwerfender Bäume mit anmutigem Wuchs und schön geformten Blättern. Häufig als Einzelexemplar; mag Standort in neutralem bis saurem Boden.
L. tulipifera: Laub abwerfender, säulenförmiger Baum mit ungewöhnlich geformten Blättern in Dunkelgrün und gelber Färbung im Herbst. Trägt im Hochsommer blassgrüne Blüten mit orangefarbener Basis. 30 × 15 cm

***Limnanthes* Sumpfblume**
Gattung langsamwüchsiger Einjähriger. Nur *L. douglasii* ist dank ihrer leuchtend grünen Blätter und farbenprächtigen Blüten weit verbreitet. Zieht Bienen an. Verträgt volle Sonne.
L. douglasii: Sich selbst aussäende, breitwüchsige Einjährige mit duftenden, weiß gerahmten gelben Blüten vom Sommer bis zum Herbst. 15 × 15 cm

***Limonium* Meerlavendel, Strandflieder, Widerstoß**
Gattung sehr winterharter bis winterharter Ein-, Zwei- sowie Laub abwerfender oder immergrüner Mehrjähriger und Halbsträucher mit papierartigen Blüten. Bevorzugt sonnige Standorte.
L. platyphyllum 'Violetta': Sehr winterharte Mehrjährige mit Rosetten dunkelgrüner Blätter und dunkelvioletten, röhrenförmigen Blüten im Spätsommer. 60 × 45 cm

***Linaria* Leinkraut**
Gattung sehr winterharter bis bedingt winterharter Ein-, Zwei- und Mehrjähriger mit größtenteils graugrünen Blättern und gespornten Blüten in Orange, Rosa, Purpur, Rot, Gelb und Weiß. Schätzt einen Standort in voller Sonne.
L. maroccana 'Fairy Lights': Sehr winterharte Einjährige mit schmalen, lanzettlichen Blättern in Mittelgrün und vielen purpurnen, gelben und weißen Blüten im Sommer. 30 × 15 cm
L. purpurea 'Canon J. Went': Sehr winterharte Staude mit graugrünen, lanzettlichen Blättern und zart rosafarbenen Blütenähren vom Frühsommer bis Frühherbst. 1 m × 30 cm

***Linum* Flachs, Lein**
Gattung ein-, zwei- und mehrjähriger Kräuter sowie Halbsträucher und Sträucher. Einige sind immergrün, andere Laub abwerfend mit trichter- oder tellerförmigen Blüten in vielen Farben. Sie blühen lange und gedeihen gut in voller Sonne.
L. narbonense 'Heavenly Blue': Sehr winterharte bis winterharte Mehrjährige mit lanzettlichen Blättern in Graugrün sowie tellerförmigen, intensiv violetten Blüten im Früh- und Hochsommer. 60 × 45 cm

***Liquidamber* Amberbaum**
Gattung sehr winterharter bis winterharter, Laub abwerfender Bäume von aufrechtem Wuchs mit ahornartigem, im Herbst verfärbendem Blattwerk. Geeignet als Einzelexemplar oder für Waldgärten. Bevorzugt sauren bis neutralen Boden. Empfindlich gegen Kalk.
L. styraciflua (Amerikanischer Amberbaum): Sehr winterharter, Laub abwerfender, kegelförmiger Baum mit korkartigen jungen Zweigen und mittelgrünen, im Herbst flammend roten Blättern. 25 × 12 m

Liriope muscari

***Liriope* Liriope**
Gattung horstbildender, immergrüner oder halbimmergrüner, mehrjähriger Rhizomstauden mit grasartigen Blättern und Blütenähren oder Blütentrauben. Gedeiht am besten in sauren Böden.
L. muscari: Horstbildende und immergrüne, knollige Mehrjährige mit riemenförmigen Blättern in Dunkelgrün und Blütenähren in Violett-Malve. 30 × 45 cm

Lithodora diffusa 'Star'

***Lithodora* Steinsame**
Gattung sehr winterharter bis winterharter, immergrüner Sträucher und Halbsträucher mit trichterförmigen Blüten in Blau und Weiß. Mag volle Sonne und alkalische bis neutrale Böden. *L. diffusa* braucht sauren Boden.
L. diffusa 'Star': Sehr winterharter, immergrüner Strauch von niedrigem, ausladendem Wuchs mit schmalen Blättern in Dunkelgrün sowie sternförmigen, weißen und blauen Blüten. 15 × 60 cm
L. zahnii: Winterharter, immergrüner Strauch mit schmalen, dunkelgrünen, unterseitig grauen Blättern sowie blauen oder weißen Blüten. Sie blühen lange im Sommer, gelegentlich im Herbst. 30 × 45 cm

Lithodora zahnii

Lobelia 'Dark Crusader'

Lobelia 'Queen Victoria'

***Lobelia* Lobelie**
Gattung sehr winterharter bis frostempfindlicher Einjähriger, teils aquatischer Stauden und Sträucher mit leuchtenden Blüten. Mögen Feuchtigkeit speichernde Böden; Wasserpflanzen saure Böden an den Rändern von Teichen und Flüssen. Die Einjährigen werden gern für Sommerrabatten verwendet.
L. 'Dark Crusader': Sehr winterharte Mehrjährige mit kastanienbraunen Blättern und dunkelroten Blüten im Hoch- und Spätsommer. 75 × 30 cm
L. erinus-Hybride: Bedingt winterharte Einjährige mit blauen, weißen oder rosafarbenen Blüten vom Sommer bis zum Herbst. Buschig oder kriechend. 15 × 20 cm
L. 'Queen Victoria': Sehr winterharte, Büschel bildende Mehrjährige mit dunkelpurpurnen Blättern und scharlachroten Blüten an dunklen Stielen vom Spätsommer bis zur Herbstmitte. 1 m × 30 cm
L. siphilitica (Blaue Kardinals-Lobelie): Sehr winterharte Mehrjährige, die Büschel blassgrüner Blätter und vom Spätsommer bis zur Herbstmitte trichterförmige, leuchtend blaue Blüten trägt. 60 × 30 cm

Lobelia siphilitica

Lobelia erinus-Hybride

Lobularia **Duftsteinrich, Silberkraut**
Gattung Ein- und Mehrjähriger von niedrigem, Büschel bildendem und ausladendem Wuchs mit leuchtenden Blüten. Sie sind als Randbepflanzung für Sommerrabatten beliebt.
L. maritima: Niedrigwüchsige Einjährige oder kurzlebige Mehrjährige mit graugrünen Blättern und winzigen weißen, rosa- oder lilafarbenen Blüten im Sommer. 5–30 × 20–30 cm

Lomatia
Gattung winterharter, immergrüner Sträucher und Bäume mit Trauben röhrenförmiger Sternblüten. Mag saure bis neutrale Böden und einen Standort mit Schutz gegen kalte Winde.
L. myricoides: Winterharter, immergrüner Strauch von aufrechtem Wuchs mit Blättern in Dunkelgrün und cremefarbenen Blüten im Sommer. 2 × 2 m

Lobularia maritima

Lomatia myricoides

Lonicera etrusca

Lonicera fragrantissima

Lonicera japonica 'Halliana'

Lonicera nitida 'Baggesen's Gold'

Lonicera × brownii 'Dropmore Scarlet'

Lonicera **Geißblatt, Heckenkirsche**
Gattung sehr winterharter bis bedingt winterharter, Laub abwerfender oder immergrüner Sträucher und Kletterpflanzen mit röhren- oder glockenförmigen, oft duftenden Blüten. Alle Arten tolerieren volle Sonne, schätzen jedoch Halbschatten. Bedingt winterharte Spezies in einem kühlen Gewächshaus ziehen.
L. × brownii 'Dropmore Scarlet': Sehr winterharte, Laub abwerfende oder halbimmergrüne Kletterpflanze mit blaugrünen Blättern und scharlachrot-orangefarbenen Blüten im Sommer, auf welche zuweilen rote Beeren folgen. 4 m
L. etrusca: Sehr winterharte bis winterharte, Laub abwerfende oder bedingt winterharte Kletterpflanze mit mittelgrünen, unten blaugrünen Blättern sowie duftenden gelben Blüten, dann roten Beeren, vom Hochsommer bis zum Herbst. 4 m
L. fragrantissima: Sehr winterharter, Laub abwerfender oder halbimmergrüner Strauch von ausladendem Wuchs mit mattgrünen Blättern und duftenden cremefarbenen Blüten im Spätwinter und Frühjahr. 2 × 3 m
L. japonica 'Halliana': Sehr winterharter, immergrüner oder halbimmergrüner, kräftiger Kletterer mit weißen, im Reifezustand gelben Blüten von Frühjahr bis Spätsommer. 10 m
L. nitida 'Baggesen's Gold': Sehr winterharter, immergrüner, buschiger Strauch mit gelben, in der Sonne leuchtenden Blättern und cremefarbenen Blüten im Frühjahr. 1,5 × 1,5 m
L. periclymenum 'Belgica': Sehr winterharte, Laub abwerfende Kletterpflanze mit mittelgrünen Blättern und weißen, rot gestreiften, später gelben Blüten im Hoch- und Spätsommer. Es folgen Beeren. 7 m
L. p. 'Graham Thomas': Kräftige, Laub abwerfende Kletterpflanze mit Büscheln duftender gelber und weißer Blüten vom Sommer bis Herbst. 7 m
L. p. 'Serotina': Ähnlich wie 'Belgica', hat aber dunkelpurpurn gestreifte, cremefarbene Blüten. 7 m
L. pileata: Sehr winterharter, immergrüner, breitwüchsiger Strauch mit lanzettlichen Blättern in Dunkelgrün sowie cremefarbenen Blüten im späten Frühjahr. Es folgen purpurne Beeren. 60 cm × 2,5 m
L. tatarica: Sehr winterharter, Laub abwerfender Strauch mit dunkelgrünen, unten graugrünen Blättern und röhrenförmigen Blüten in Rosa oder Rot vom Spätfrühjahr bis in den Sommer und leuchtenden Beeren danach. 4 × 2,5 m
L. × tellmanniana: Winterharter, Laub abwerfender Kletterer, der Halbschatten braucht, mit Büscheln gelboranger Blüten im späten Frühjahr und Frühsommer. 5 m
L. tragophylla: Sehr winterharte, Laub abwerfende Kletterpflanze mit mittelgrünen, unterseits weißlichen Blättern und langen, röhrenförmigen Blüten in Gelborange im Hochsommer. 6 m

Lonicera periclymenum 'Belgica'

Lonicera periclymenum 'Serotina'

Lonicera periclymenum 'Graham Thomas'

Lonicera pileata

Lonicera tatarica

Lotus berthelotii

Lonicera × tellmanniana

Lonicera tragophylla

Lotus **Hornklee**

Gattung sehr winterharter bis winterharter Einjähriger, kurzlebiger Stauden sowie Laub abwerfender, halbimmergrüner oder immergrüner Halbsträucher mit bunten Schmetterlingsblüten. Winterharte Spezies für ein kühles Gewächshaus. Volle Sonne.
L. berthelotii: Bedingt winterharter, immergrüner, kriechender Halbstrauch mit silbergrauen Blättern und orangefarbenen bis roten Blüten mit schwarzen Mittelpunkten im Frühjahr und Frühsommer. 20 cm × unbegrenzte Ausbreitung

Lunaria annua

Lunaria annua 'Alba Variegata'

Lupinus arboreus

Lunaria Silberblatt
Gattung Ein-, Zwei- und Mehrjähriger mit leuchtenden Staubbeuteln – oft in Trockenarrangements verwendet – sowie sich selbst aussäenden Blüten.
L. annua: Ein- oder Zweijährige mit herzförmigen, hellgrünlichen Blättern sowie weißen oder blass purpurnen Blüten im Frühling und Sommer. Später erscheinen flache silbrige Staubbeutel. 1 m × 30 cm
L. a. 'Alba variegata': Entspricht *L. annua,* hat aber weiße, panaschierte Blätter und cremefarbene sowie weiße Blüten. 1 m × 30 cm

Lupinus Lupine, Wolfsbohne
Gattung sehr winterharter bis bedingt winterharter Einjähriger, Mehrjähriger sowie halbimmergrüner und immergrüner Halbsträucher und Sträucher mit mittelgrünen grundständigen Blättern sowie Trauben oder Ähren von Schmetterlingsblüten in vielen Farben. Mag die meisten Standorte und Bodenarten.
L. arboreus (Baumlupine): Sehr winterharter, immergrüner oder halbimmergrüner Strauch oder Halbstrauch mit graugrünen Blättern und duftenden gelben oder blauen Blüten im späten Frühjahr und Sommer. 2 × 2 m
L. 'The Chatelaine': Sehr winterharte Mehrjährige von Büschel bildendem Wuchs mit Trauben zweifarbiger Blüten in Rosa und Weiß im Sommer. 1 m × 75 cm

Lupinus 'The Chatelaine'

Luzula Hainsimse, Marbel
Gattung hauptsächlich sehr winterharter und immergrüner grasartiger Mehrjähriger, seltener Einjähriger, die im Schatten stehen können und einen guten Bodendecker abgeben, mit Ausnahme von *L. nivea,* die volle Sonne braucht.
L. sylvatica: Sehr winterharte, immergrüne, Büschel bildende Mehrjährige mit schmalen, grasartigen, dunklen Blättern und kleinen rotbraunen Blüten im Frühjahr und Frühsommer. 75 × 45 cm

Lychnis chalcedonica

Lychnis coronaria

Lychnis Lichtnelke
Gattung Zweijähriger und Mehrjähriger mit trichter- oder sternförmigen, teilweise gefüllten Blüten in Rosa, Purpur, Rot oder Weiß. Nicht wählerisch bezüglich Standort und Bedingungen.
L. chalcedonica (Brennende Liebe): Sehr winterharte, Büschel bildende Mehrjährige mit grundständigen Blättern in Mittelgrün sowie leuchtend scharlachrot-orangefarbenen Blüten auf steifen Stängeln im Früh- und Hochsommer. 1 m × 30 cm
L. coronaria (Kronen-Lichtnelke): Zweijährige oder kurzlebige Mehrjährige mit Büscheln grau-weißer, grundständiger Blätter und purpurroten Blüten an langen Stielen im Spätsommer. *L. c.* 'Alba' hat weiße Blüten. 75 × 45 cm

Lychnis coronaria 'Alba'

Lysichiton americanus

Lysichiton **Scheinkalla**
Gattung großblättriger mehrjähriger Wasserpflanzen mit auffälligen, gelben oder weißen Blütenscheiden im Frühjahr. Für einen nährstoffreichen, feuchten Boden an Bächen oder Teichen.
L. americanus: Aquatische Mehrjährige mit großen, glänzenden, paddelförmigen Blättern in Mittelgrün und buttergelben, nach Moschus duftenden Blütenscheiden im Frühsommer. 1 × 1,2 m
L. camtschatcensis: Ähnlich wie *L. americanus,* hat aber weiße Blütenscheiden. 75 × 75 cm

Lysichiton camtschatcensis

Lysimachia clethroides

Lysimachia punctata

Lysimachia **Felberich, Gilbweiderich**
Gattung sehr winterharter bis frostempfindlicher krautiger und immergrüner Mehrjähriger mit dichten, langen Blütenkerzen in Gelb, Weiß, manchmal Rosa oder Purpur. Die meisten Arten bevorzugen humusreichen, feuchten Boden.
L. clethroides: Sehr winterharte, aus einem Rhizom wachsende Mehrjährige mit spitz zulaufenden, mittelgrünen, unten blasseren Blättern und im Sommer Trauben tellerförmiger, weißer Blüten. 1 m × 60 cm
L. nummularia (Pfennig-Gilbweiderich): Sehr winterharte, immergrüne, breitwüchsige Mehrjährige mit kriechenden Wurzelsprossen und rundlichen, mittelgrünen Blättern sowie offenen, leuchtend gelben Blüten im Sommer. 5 cm × unbegrenzte Ausbreitung
L. punctata: Sehr winterharte, aus einem Rhizom wachsende Mehrjährige mit lanzettlichen Blättern in Dunkelgrün sowie Wirteln becherförmiger, hellgoldgelber Blüten im Sommer. 1 m × 60 cm

Lysimachia nummularia

Lythrum **Weiderich**
Gattung Ein- und Mehrjähriger mit Ähren kleiner, stern- oder trichterförmiger Blüten in Rosa und Purpur, gelegentlich Weiß. Mag Sonne und feuchte Böden.
L. salicaria 'Firecandle': Mehrjährige von Büschel bildendem Wuchs mit lanzettlichen Blättern und Ähren sternförmiger, rosaroter Blüten von Hochsommer bis Herbst. 1 m × 45 cm

Lythrum salicaria 'Firecandle'

M

Maackia Maackie

Gattung Laub abwerfender Bäume und Sträucher mit attraktivem Laubwerk und kleinen, erbsenartigen Blüten. Neutrale bis saure Böden und volle Sonne.
M. amurensis: Laub abwerfender, breitwüchsiger Baum mit dunkelgrünen, innen weißen Blättern sowie Trauben weißer Blüten im Hoch- und Spätsommer. 15 × 10 m

Macleaya microcarpa

Macleaya Federmohn

Gattung rhizombildender Mehrjähriger mit attraktiven herzförmigen Blättern und röhrenförmigen Blüten, die ihre Blütenblätter nach dem Öffnen verlieren. Mögen volle Sonne, ansonsten nicht wählerisch.
M. microcarpa: Aus einem Rhizom sprießende Mehrjährige mit grauen bis olivgrünen Blättern und korallenfarbenen Blüten an hohen Stielen im Früh- und Hochsommer. 2,2 × 1 m

Magnolia campbellii

Magnolia campbellii subsp. *mollicomata*

Magnolia denudata

Magnolia grandiflora 'Exmouth'

Magnolia kobus

Magnolia Magnolie

Gattung sehr winterharter bis winterharter, Laub abwerfender und immergrüner Sträucher und Bäume mit auffallenden, cremefarbenen, grünen, rosafarbenen, purpurnen, gelben oder weißen Blüten. Kegelförmige Früchte im Herbst. Gut als Einzelexemplar geeignet. Blüten und Blattwerk können durch Spätfröste geschädigt werden. Mögen humusreiche, neutrale bis saure Böden; einige Arten Kalk.
M. campbellii: Sehr winterharter, Laub abwerfender Baum mit mittelgrünen Blättern und im Reifezustand ausladendem Wuchs. Becher- und tellerförmige Blüten in Weiß, Scharlachrot oder Rosarot vom Spätwinter bis zum Frühling an nackten Stielen. 15 × 10 m
M. c. subsp. *mollicomata:* Ähnlich der *M. campbellii,* hat aber rosa- bis purpurfarbene Blüten im Frühjahr. 15 × 10 m
M. denudata (Yulan-Magnolie): Sehr winterharter, Laub abwerfender, breitwüchsiger Strauch oder Baum mit mittelgrünen Blättern. Becherförmige, weiße Blüten sind im Frühjahr an nackten Stielen zu sehen. 10 × 10 m
M. grandiflora 'Exmouth': Sehr winterharter, immergrüner Baum mit hellgrünen, unten filzigen Blättern sowie großen, duftenden, becherförmigen Blüten in Creme vom Spätsommer bis in den Frühherbst. 10 × 10 m
M. kobus: Sehr winterharter, Laub abwerfender Baum mit aromatischen Blättern und becher- bis kelchförmigen weißen, am Grund rosa gesprenkelten Blüten im Frühjahr. 12 × 10 m
M. liliiflora 'Nigra': Sehr winterharter, Laub abwerfender Strauch von kompaktem Wuchs mit dunkelgrünen Blättern und kelchförmigen, dunkelpurpurnen Blüten im Frühsommer, gelegentlich auch im Herbst. 3 × 2,5 m
M. × loebneri 'Leonard Messel': Sehr winterharter, Laub abwerfender Baum von rundlichem Wuchs mit Blättern in Mittelgrün und sternförmigen Blüten in einem blassen Lila an kahlen Zweigen in der Frühjahrsmitte. 8 × 6 m
M. salicifolia (Weidenblättrige Magnolie): Sehr winterharter, Laub abwerfender Baum mit mittelgrünen Blättern und duftenden, weißen Blüten im Frühjahr an kahlen Zweigen. 10 × 5 m
M. × soulangeana 'Alba Superba': Sehr winterharter, Laub abwerfender Baum mit mittelgrünen Blättern und duftenden, weißen, unten purpurn gefleckten Blüten in Kelchform. Erscheinen gleichzeitig mit den Blättern im Frühjahr. 7 × 5 m
M. × s. 'Burgundy': Ähnlich der *M. soulangeana* 'Alba Superba', aber breitwüchsig und mit dunkel purpurrosa Blüten. 6 × 6 m
M. × s. 'Lennei': Ähnlich wie *M. s.* 'Burgundy', hat rosaviolette, innen weiße Blüten. 6 × 6 m
M. stellata (Stern-Magnolie): Sehr winterharter, Laub abwerfender, breitwüchsiger Strauch oder Baum mit Blättern in Mittelgrün und sternförmigen, reinweißen Blüten, gelegentlich mit einem rosafarbenen Stich, an kahlen Zweigen im Frühjahr. 3 × 4 m
M. wilsonii: Sehr winterharter, Laub abwerfender, breitwüchsiger Strauch oder Baum mit dunkelgrünen, unten filzigen, braunen Blättern sowie becherförmigen, duftenden, hängenden, weißen Blüten im Spätfrühjahr und Frühsommer. 6 × 6 m

Magnolia liliiflora 'Nigra'

Magnolia salicifolia

Magnolia × *loebneri* 'Leonard Messel'

Magnolia × *soulangeana* 'Burgundy'

Magnolia × *soulangeana* 'Alba Superba'

Magnolia × *soulangeana* 'Lennei'

Magnolia wilsonii

Magnolia stellata

Mahonia aquifolium

Mahonia japonica

Mahonia × wagneri 'Moseri'

Malus 'Evereste'

Malus floribunda

Mahonia lomariifolia

Mahonia Mahonie

Gattung sehr winterharter bis winterharter, immergrüner Sträucher mit stachlig umsäumtem, gezacktem Laubwerk, Traubenblüten oder -rispen sowie Früchten. Am besten im Halbschatten; einige Spezies brauchen volle Sonne.

M. aquifolium (Gewöhnliche Mahonie): Sehr winterharter, Schösslinge bildender Strauch mit leuchtend grünen, im Winter rotvioletten Blättern sowie Trauben gelber Blüten im Frühjahr, gefolgt von blauschwarzen Beeren. 1 × 1,5 m

M. japonica (Japanische Mahonie): Sehr winterharter Strauch von aufrechtem Wuchs mit lanzettlichen, dunkelgrünen Blättern sowie Trauben duftender, blassgelber Blüten vom Spätherbst bis zum Frühjahr, gefolgt von blauvioletten Beeren. 2 × 3 m

M. lomariifolia: Winterharter, aufrechter Strauch mit dunkelgrünen Blättern und aufrechten Trauben duftender, gelber Blüten vom Spätherbst bis in den Winter. Es folgen blauschwarze Beeren. Ist gegen kalte Winde zu schützen. 3 × 2 m

M. × wagneri 'Moseri': Sehr winterharter Strauch von aufrechtem Wuchs mit blassgrünen, rosa- oder rotstichigen Blättern sowie Trauben gelber Blüten im Frühjahr, gefolgt von blauschwarzen Beeren. 1 × 1 m

Malus Apfel

Gattung Laub abwerfender Bäume und Sträucher mit einfachen, halb gefüllten oder gefüllten, duftenden Blüten sowie interessanten, farbenprächtigen, zumeist essbaren Früchten. Innerhalb dieser Gattung finden wir auch Sorten von *M × domestica,* den handelsüblichen Äpfeln. Bevorzugt volle Sonne, verträgt aber auch Schatten.

M. 'Evereste': Baum von konischer Form mit dunkelgrünen Blättern. Auf weiße Blüten im Frühjahr folgen gelb-orangefarbene Früchte. 7 × 6 m

M. floribunda (Vielblütiger Apfel): Breitwüchsiger Baum mit dunkelgrünen, blassrosa Blüten im Frühjahr. Es folgen kleine gelbe Früchte. 10 × 10 m

M. hupehensis (Tee-Apfel): Breitwüchsiger Baum mit dunkelgrünen Blättern sowie duftenden, weißen Blüten im Frühjahr, gefolgt von kirschroten Früchten. 12 × 12 m

M. × moerlandsii 'Profusion': Breitwüchsiger Baum mit bronzegrünen, bei Jungpflanzen rotvioletten Blättern sowie dunkelrosavioletten Blüten im späten Frühjahr. Es folgen purpurne Früchte. 10 × 10 m

M. × robusta 'Red Sentinel': Baum von aufrechtem Wuchs mit dunkelgrünen Blättern sowie weißen Blüten im Spätfrühjahr. Glänzende rote Früchte bis in den Winter. 7 × 7 m

M. × schiedeckeri 'Red Jade': Baum mit hängenden Zweigen und glänzenden Blättern sowie weißen oder rosastichigen Blüten im Spätfrühjahr. Hat glänzende rote Früchte. 4 × 6 m

M. × zumi 'Golden Hornet': Baum von rundlichem Wuchs mit leuchtend grünen Blättern sowie weißen Blüten im späten Frühjahr und goldgelben Früchten bis in den Winter. 10 × 8 m

Malus hupehensis

Malus × moerlandsii 'Profusion'

Malus × schiedeckeri 'Red Jade'

Malus × robusta 'Red Sentinel'

Malus × zumi 'Golden Hornet'

Malva **Malve**

Gattung Ein-, Zwei- und Mehrjähriger mit auffälligen Blüten in Blau, Rosa, Purpur oder Weiß. Die Gattung blüht lange und steht gern in voller Sonne.

M. moschata fo. *alba:* Aufrechte Mehrjährige mit mittelgrünen, leicht nach Moschus duftenden Blättern sowie weißen Blüten vom Frühsommer bis zum Frühherbst. 1 m × 60 cm

M. sylvestris subsp. *mauritiana:* Niedrigwüchsige Staude von ausladendem Wuchs mit dunkelpurpurnen Blüten vom Frühjahr bis Herbst. 15 cm × 1 m

M. s. 'Primley Blue': Mehrjährige von buschigem Wuchs mit dunkelgrünen Blättern sowie blassen, himmelblauen, dunkler geäderten Blüten von Spätfrühjahr bis Frühherbst. 1 m × 60 cm

Malva sylvestris subsp. *mauritiana*

Malva sylvestris 'Primley Blue'

Malva moschata fo. *alba*

Matteuccia struthiopteris

Matthiola weiße Staude

Meconopsis cambrica

Meconopsis napaulensis

Meconopsis grandis

Melianthus major

Mentha gentilis 'Variegata'

Mentha suaveolens 'Variegata'

Matteuccia Straußenfarn, Trichterfarn
Gattung Laub abwerfender Farne mit auffallenden „Federball"-Blattwedeln. Für feuchten, neutralen bis sauren Boden im Halbschatten.
M. struthiopteris (Europäischer Straußenfarn): Laub abwerfender, Rhizome bildender Farn mit mittelgrünen, sterilen Blattwedeln im Frühjahr, gefolgt von dunkelbraunen, fruchtbaren Blattwedeln im Spätsommer. 1,5 × 1 m

Matthiola Levkoje
Gattung sehr winterharter bis winterharter ein- und mehrjähriger Stauden, zuweilen Halbsträucher, mit duftenden Blüten in Pastelltönen. Sonniger Standort in neutralem oder saurem Boden.
M. fruticulosa: Sehr winterharte, zwergwüchsige Mehrjährige mit graugrünen Blättern und gelben bis purpurvioletten Blüten im Sommer. 60 × 30 cm

Meconopsis Keulenmohn, Scheinmohn
Gattung Ein- und Zweijähriger sowie Laub abwerfender oder immergrüner monokarper Mehrjähriger mit mohnähnlichen Blüten. Gedeiht in humusreichen, feuchten, neutralen bis sauren Böden.
M. cambrica (Wald-Scheinmohn): Laub abwerfende Mehrjährige, die vom Frühjahr bis Herbst Büschel hellgrüner Blätter mit zitronen- bis orangefarbenen Blüten hervorbringt. 45 × 30 cm
M. grandis (Großer Scheinmohn): Laub abwerfende Mehrjährige mit grundständigen Rosetten mittelgrüner Blätter und großen, china- bis dunkelblauen Blüten im Frühsommer. 1 m × 60 cm
M. napaulensis: Immergrüne Mehrjährige mit grundständigen Rosetten gelbgrüner Blätter sowie becherförmigen Blüten in Rot, Rosa und Purpur vom späten Frühjahr bis zum Hochsommer. 2,6 m × 60 cm

Melianthus Honigblume, Honigstrauch
Gattung sehr winterharter bis frostempfindlicher, immergrüner Sträucher mit graugrünen, gesägten Blättern sowie kleinen, nach Honig duftenden Blüten.
M. major: Bedingt winterharter, breitwüchsiger Strauch mit graugrünen Blättern und Trauben bräunlich roter Blüten vom späten Frühjahr bis in den Hochsommer. 2 × 1 m

Mentha Minze
Gattung aromatischer Ein- oder Mehrjähriger, bekannt als Küchenkräuter. Für nährstoffarme Böden in voller Sonne.
M. gentilis 'Variegata': Breitwüchsige Mehrjährige mit gestreiften oder goldgelb gesprenkelten Blättern an rotstichigen Stielen. Lila Blüten im Sommer. 30 cm × 1 m
M. suaveolens 'Variegata' (Rundblättrige Minze): Breitwüchsige Mehrjährige mit gekräuselten, cremefarben gestreiften Blättern und rosaweißen Blüten im Sommer. 1 × 1 m

Mertensia **Blauglöckchen**
Horstbildende oder breitwüchsige Staude mit röhrenförmigen, blauen Blüten. Kleinere Arten eignen sich für den Steingarten oder das Alpinhaus und brauchen volle Sonne.
M. pulmonarioides: Staude mit Horsten blaugrüner Blätter und blauvioletten oder weißen Blüten, die im Frühjahr sprießen. 45 × 30 cm

Mespilus **Mispel**
Einzige Art der Gattung ist ein Laub abwerfender Baum oder großer Strauch, oft als Solitär gepflanzt, beliebt wegen seiner Blüten, Früchte und Herbstfärbung.
M. germanica: Laub abwerfender, breitwüchsiger Baum mit dunkelgrünen, im Herbst gelb verfärbten Blättern und rosastichigen, weißen Blüten im späten Frühjahr und Frühsommer, gefolgt von braunen Früchten, die essbar sind. 6 × 8 m

Mertensia pulmonarioides

Mespilus germanica

Metasequoia **Urweltmammutbaum**
Einzige Art der Gattung ist ein sommergrüner Nadelbaum mit rostrot verfärbten Nadeln im Herbst. Mag feuchten, gut dränierten oder Feuchtigkeit speichernden Boden und Sonne.
M. glyptostroboides: Sommergrüner, kegelförmiger Baum mit braunoranger, faseriger Rinde und mittelgrünen, im Herbst verfärbten Nadeln und männlichen wie weiblichen Zapfen. 20–40 × 5 m

Meum **Bärwurz**
Einzige Art der Gattung ist eine horstbildende Staude mit aromatischen Blättern und Dolden sternförmiger Blüten. Mag feuchten Boden und Sonne.
M. athamanticum (Gewöhnliche Bärwurz): Staude mit hellgrünen Blättern sowie weißen oder purpur getönten, winzigen Blüten im Sommer. 30 × 30 cm

Milium **Flattergras**
Gattung ein- und mehrjähriger Gräser mit schönen, lanzettlichen, gelbgrünen Blättern.
M. effusum 'Aureum' (Wald-Flattergras): Mehrjähriges, halbimmergrünes Gras mit Büscheln gelbgrüner Blätter und kleinen, goldgelben Blütenähren, die vom späten Frühjahr bis in den Sommer auftreten. 60 × 30 cm

Metasequoia glyptostroboides

Meum athamanticum

Milium effusum 'Aureum'

Mimosa **Mimose, Sinnpflanze**
Gattung frostempfindlicher Einjähriger, immergrüner Mehrjähriger, Sträucher und kleiner Bäume mit attraktiven, erbsenähnlichen Blüten. Eignet sich als Zimmerpflanze, für den warmen Wintergarten oder ein warmes Gewächshaus.
M. pudica: Frostempfindliche Einjährige oder kurzlebige Mehrjährige mit graugrünen Blättern sowie rosa- bis lilafarbenen Blütenköpfen im Sommer. 60 × 60 cm

Mimulus **Affenblume, Gauklerblume**
Gattung sehr winterharter bis frostempfindlicher, einjähriger, mehrjähriger und immergrüner Sträucher mit ungewöhnlich gesprenkelten Blüten. Mögen humose, feuchte Böden; frostempfindliche Arten gehören in ein kühles Gewächshaus.
M. 'Orange Glow': Winterharte, teppichbildende Mehrjährige mit mittelgrünen Blättern sowie gelben Blüten mit orangefarbener Zeichnung im Sommer. 20 × 20 cm

Mimulus 'Orange Glow'

Miscanthus 'Silberfeder'

Moltkia suffruticosa

Monarda 'Cambridge Scarlet'

Monarda 'Croftway Pink'

Morina longifolia

Morus nigra

Morina **Kardendistel, Steppendistel**
Gattung immergrüner Stauden mit stacheligen, glänzenden, mittelgrünen Blättern und wirteligen Tragblättern sowie Ähren röhrenförmiger Blüten in Rosa, Rot, Weiß oder Gelb. Mögen nährstoffarme Böden in voller Sonne.
M. longifolia (Nepal-Kardendistel): Immergrüne, Rosetten bildende Staude mit grundständigen Blätter und etagenförmig angeordneten Ähren weißer Blüten im Sommer. 1 m × 30 cm

Miscanthus
Gattung sehr winterharter bis winterharter, Laub abwerfender oder immergrüner mehrjähriger Gräser mit attraktiven Blättern und seidigen Ähren. Braucht feuchte, gut dränierte Böden und Sonne.
M. 'Silberfeder': Sehr winterhartes, Laub abwerfendes, mehrjähriges Gras mit Horsten schwertförmiger, blaugrüner Blätter und silberbraunen, kleinen Ähren im Herbst. 2,6 × 1,2 m

Mitella **Bischofskappe**
Gattung horstbildender Mehrjähriger mit grundständigen Blättern und Trauben glockenförmiger Blüten im Sommer. Gedeiht in sauren bis neutralen Böden.
M. breweri: Niedrigwüchsige, horstbildende Mehrjährige mit mittelgrünen Blättern und gelbgrünen Blüten im Sommer. 15 × 20 cm

Moltkia **Moltkie**
Gattung sehr winterharter bis winterharter, Laub abwerfender und immergrüner Stauden, Sträucher und Halbsträucher mit röhrenförmigen Blüten in Blau, Purpur oder Gelb. Lieben volle Sonne. Gegen Winternässe schützen.
M. suffruticosa: Sehr winterharter, Laub abwerfender Strauch von aufrechtem Wuchs mit dunkelgrünen Blättern sowie Büscheln blauer bis blauvioletter Blüten im Sommer. 30 × 30 cm

Moluccella **Muschelblume**
Gattung bedingt winterharter Einjähriger und kurzlebiger Mehrjähriger, die vom Sommer bis zum Herbst blühen und in Sommerrabatten verwendet werden. Bevorzugen volle Sonne.
M. laevis: Bedingt winterharte Einjährige mit gezähnten Blättern und weißen bis rosaroten Blüten mit großen, grünen Kelchen im Sommer. 60 × 25 cm

Monarda **Indianernessel**
Gattung Einjähriger und Rhizomstauden mit aromatischen, dunkelgrünen oder purpurstichigen Blättern sowie Wirteln salbeiartiger Blüten im Sommer und Frühherbst.
M. 'Croftway Pink': Horstbildende Staude mit dunkelgrünen Blättern und zartrosafarbenen Blüten vom Hochsommer bis zum Frühherbst. *M.* 'Cambridge Scarlet' trägt tiefscharlachrote Blüten. 1 m × 45 cm

Morus **Maulbeere**
Gattung sehr winterharter bis frostempfindlicher, Laub abwerfender Sträucher und Bäume mit Blütenkätzchen und essbaren Früchten, zumeist als Solitäre gepflanzt. Mögen Sonne, brauchen Schutz gegen kalte Winde.
M. nigra (Schwarzer Maulbeerbaum): Sehr winterharter, Laub abwerfender Baum mit herzförmigen Blättern in Mittelgrün sowie grünen, zu Rot und Purpur reifenden Früchten im Spätsommer. 12 × 15 m

Muscari neglectum

Muscari aucheri

Muscari Träubel, Traubenhyazinthe

Gattung sehr winterharter bis winterharter, mehrjähriger Zwiebelpflanzen mit zumeist röhren- oder glockenförmigen Blüten in vielen Farben. Dekorativ in großer Menge. Mögen volle Sonne.

M. aucheri: Sehr winterharte, mehrjährige Zwiebelpflanze mit aufrechten, schmalen Blättern in Mittelgrün und blasstürkisblauen Blüten im Frühjahr. 10 × 5 cm

M. neglectum (Weinbergs-Traubenhyazinthe): Sehr winterharte, mehrjährige Zwiebelpflanze mit aufrechten Blättern in Mittelgrün und dunkelblauen Blüten im Frühjahr. Geeignet zum Verwildern. 10–20 × 5 cm

Mutisia ilicifolia

Mutisia

Gattung sehr winterharter bis bedingt winterharter, immergrüner Kletterpflanzen mit Blütenkörbchen vom Sommer bis Herbst. Bevorzugen gut dränierte Böden in voller Sonne.

M. ilicifolia: Winterharte, immergrüne Kletterpflanze mit stechpalmenartigen Blättern und hellrosa, in der Mitte gelben Blüten im Sommer und Herbst. 3 m

Myosotis sylvatica

Myosotis Vergissmeinnicht

Gattung Ein-, Zwei- und Mehrjähriger mit meist blauen, gelben oder weißen Blüten. Niedrigwüchsige Arten sind kurzlebig.

M. sylvatica (Wald-Vergissmeinnicht): Zweijährige oder kurzlebige mehrjährige Staude mit Büscheln graugrüner Blätter und oftmals schalenförmigen Blüten in Blau, gelegentlich Weiß, im Spätfrühjahr und Frühsommer. 15–30 × 15 cm

Myriophyllum aquaticum

Myriophyllum Tausendblatt

Gattung sehr winterharter bis winterharter, ein- und mehrjähriger, Sauerstoff produzierender Wasserpflanzen mit attraktivem Laub.

M. aquaticum (Brasilianisches Tausendblatt): Winterharte, mehrjährige Wasserpflanze mit blaugrünen, unterseits gelbgrünen Blättern. Gelbgrüne Blüten erscheinen im Sommer. Unbegrenzte Ausbreitung

Myrrhis Süßdolde

Einzige Art der Gattung ist eine aromatische Mehrjährige mit attraktiven, farnartigen Blättern und Dolden petersilienartiger Blüten. Gedeiht im Halbschatten.

M. odorata: Anmutige Staude mit hohlen Stängeln, leuchtend grünen Blättern sowie Dolden sternförmiger, weißer Blüten im späten Frühjahr und Frühsommer. 60 × 45 cm

Myrrhis odorata

Myrtus communis

Myrtus Myrte

Gattung winterharter, immergrüner, aufrechter Bäume und Sträucher mit aromatischen Blättern und Blüten für einen sonnigen, geschützten Standort.

M. communis: Winterharter, immergrüner Strauch von aufrechtem Wuchs mit glänzenden, dunkelgrünen Blättern und weißen Blüten im Sommer sowie Frühherbst, gefolgt von dunkelpurpurnen, fast schwarzen Früchten. 3 × 3 m

N

Nandina domestica

Nandina **Himmelsbambus, Nandine**
Einzige Art ist ein winterharter, immergrüner oder halbimmergrüner Strauch mit schönen Blüten, Blättern und Früchten. Vollsonniger, geschützter Standort.
N. domestica: Winterharter, immergrüner oder halbimmergrüner Strauch mit lanzettlichen, anfangs sowie im Winter roten Blättern. Sternförmige, weiße Blüten im Hochsommer, gefolgt von leuchtend roten Früchten. 2 × 1,5 m

Narcissus bulbocodium

Narcissus cyclamineus

Narcissus 'February Gold'

Narcissus 'Golden Ducat'

Narcissus 'Hawera'

Narcissus 'Flower Drift'

Narcissus **Narzisse, Osterglocke**
Gattung sehr winterharter bis bedingt winterharter, mehrjähriger Zwiebelpflanzen in zahlreichen Sorten. Die Mehrheit blüht im Frühjahr und wirkt am besten in Gruppen. Toleriert eine Vielzahl an Böden und Bedingungen. Aus gartenbaulichen Erwägungen werden Narzissen in zwölf Gruppen eingeteilt: 1. Trompeten-Narzissen, 2. Großkronige Narzissen, 3. Kleinkronige Narzissen, 4. Gefüllte Narzissen, 5. Triandrus-Narzissen, 6. Cyclamineus-Narzissen, 7. Jonquilla-Narzissen, 8. Tazetta-Narzissen, 9. Poeticus-Narzissen (Dichternarzissen), 10. Wildarten, 11. Narzissen mit gespaltener Krone und 12. Weitere Narzissenarten.
N. bulbocodium (Reifrock-Narzisse): Sehr winterharte, mehrjährige Zwiebelpflanze (Gruppe 10). Kräftiggelbe, trichterförmige Blüten zu Frühjahrsbeginn. Zum Verwildern geeignet. 10–15 cm
N. cyclamineus (Alpenveilchen-Narzisse): Sehr winterharte, mehrjährige Zwiebelpflanze (Gruppe 10). Goldgelbe Blüten mit schmalen, trichterförmigen Trompeten im Frühjahr. 15–20 cm
N. 'February Gold': Sehr winterharte, mehrjährige Zwiebelpflanze (Gruppe 6). Goldgelbe Trompetenblüten erscheinen im Frühjahr. 30 cm
N. 'Flower Drift: Sehr winterharte, mehrjährige Zwiebelpflanze (Gruppe 4). Gefüllte Blüten in Dottergelb und Weiß erscheinen im Frühjahr. 45 cm
N. 'Golden Ducat': Sehr winterharte, mehrjährige Zwiebelpflanze (Gruppe 4). Gefüllte, buttergelbe Blüten erscheinen in der Frühjahrsmitte. 45 cm
N. 'Hawera': Winterharte, mehrjährige Zwiebelpflanze (Gruppe 5). An einfachen Stängeln erscheinen im späten Frühjahr mehrere kanariengelbe Blüten. 18 cm

Narcissus 'Ice Follies'

N. 'Ice Follies': Sehr winterharte, mehrjährige Zwiebelpflanze (Gruppe 2). Cremefarbene, oben gekräuselte, weißkronige Blüten zur Mitte des Frühjahrs. 45 cm

N. 'Jetfire': Sehr winterharte, mehrjährige Zwiebelpflanze (Gruppe 6) mit leuchtend gelben Blüten mit orangefarbenen Trompeten im zeitigen Frühjahr. 20 cm

N. 'Mount Hood': Sehr winterharte, mehrjährige Zwiebelpflanze (Gruppe 1) mit großen, weißen Blüten mit gekräuselten, cremefarbenen Trompeten im Frühjahr. 45 cm

N. 'Palmares': Sehr winterharte, mehrjährige Zwiebelpflanze (Gruppe 11). Einfache Blüten in Apricot und Cremeweiß mit halb gespaltener Krone erscheinen im Frühjahr. 45 cm

N. 'Passionale': Sehr winterharte, mehrjährige Zwiebelpflanze (Gruppe 2). Reinweiße Blüten mit rosefarbenen, gekräuselten Trompeten im Frühjahr. 45 cm

N. 'Peeping Tom': Sehr winterharte, mehrjährige Zwiebelpflanze (Gruppe 6). Lange, goldgelbe Trompeten erscheinen im Frühjahr. 20 cm

N. 'Petit Four': Sehr winterharte, mehrjährige Zwiebelpflanze (Gruppe 4). Gefüllte Blüten in Apricot und Weiß im Frühjahr. 45 cm

N. poeticus var. *recurvus* (Dichter-Narzisse): Sehr winterharte, mehrjährige Zwiebelpflanze (Gruppe 9) mit reinweißen, duftenden Blüten sowie gelber, rot geränderter Mitte im Frühjahr und Sommer. 30 cm

N. pseudonarcissus 'Lobularis': Sehr winterharte, mehrjährige Zwiebelpflanze (Gruppe 10). Blasszitronen- oder dunkelgelbe Blüten erscheinen im Frühjahr. Geeignet zum Verwildern. 30 cm

Narcissus 'Petit Four'

Narcissus poeticus var. *recurvus*

Narcissus 'Jetfire'

Narcissus 'Mount Hood'

Narcissus 'Palmares'

Narcissus 'Passionale'

Narcissus 'Peeping Tom'

Narcissus pseudonarcissus 'Lobularis'

Narcissus 'Rip van Winkle'

Narcissus 'Roseworthy'

Narcissus 'Silver Chimes'

Narcissus 'Sir Winston Churchill'

Narcissus 'Sun Disc'

Narcissus 'Tête-à-tête'

Narcissus 'White Lion'

Narcissus 'White Marvel'

N. 'Rip van Winkle': Sehr winterharte, mehrjährige Zwiebelpflanze (Gruppe 4). Gefüllte Blüten in Gelbgrün erscheinen zu Beginn des Frühjahrs. 15 cm

N. 'Roseworthy': Sehr winterharte, mehrjährige Zwiebelpflanze (Gruppe 2). Cremefarbene Blütenblätter umgeben eine pfirsichfarbene Trompete im Frühjahr. 30 cm

N. 'Silver Chimes': Winterharte, mehrjährige Zwiebelpflanze (Gruppe 8). Büschel duftender Blüten mit cremefarbenen Blütenblättern und blassgelben Trompeten erscheinen im Frühjahr. 30 cm

N. 'Sir Winston Churchill': Sehr winterharte, mehrjährige Zwiebelpflanze (Gruppe 4). Duftende, gefüllte Blüten in Cremeweiß und Dottergelb erscheinen im Frühjahr. 45 cm

N. 'Sun Disc': Sehr winterharte, mehrjährige Zwiebelpflanze (Gruppe 7). Kreisrunde Blüten in Mittelgelb sprießen in der Frühjahrsmitte. 15 cm

N. 'Tête-à-Tête': Sehr winterharte, mehrjährige Zwiebelpflanze (Gruppe 12). Blüten mit goldgelben Blütenblättern sowie dunkelgelben Trompeten erscheinen zu Beginn des Frühjahrs. 15 cm

N. 'Thalia': Sehr winterharte, mehrjährige Zwiebelpflanze (Gruppe 5). Reinweiße Blüten stehen in der Frühjahrsmitte an einfachen Stielen. 30 cm

N. 'White Lion': Sehr winterharte, mehrjährige Zwiebelpflanze (Gruppe 4). Gefüllte, cremefarbene oder cremeweiße Blüten zu Beginn und Mitte des Frühjahrs. 45 cm

N. 'White Marvel': Sehr winterharte, mehrjährige Zwiebelpflanze (Gruppe 4). Gefüllte Blüten in einem blassen Cremegelb erscheinen im späten Frühjahr. 45 cm

Narcissus 'Thalia'

Nectaroscordum siculum

Neillia thibetica

Nectaroscordum **Honiglauch**
Gattung mehrjähriger Zwiebelpflanzen mit langen, gerillten Blättern in Grün. Röhrenförmige, hängende Blüten, die würzig duften.
N. siculum: Mehrjährige Zwiebelpflanze mit schwertförmigen, mittelgrünen Blättern und cremefarbenen, rosa überhauchten oder purpurroten, unterseits rotstichigen Blüten im Sommer. 1,2 m × 10 cm

Neillia **Traubenspiere**
Gattung Laub abwerfender Sträucher und Halbsträucher von bogenförmigem Wuchs mit Trauben röhrenförmiger Blüten im Frühjahr und Frühsommer.
N. thibetica: Laub abwerfender, Schösslinge bildender Strauch mit einem Dickicht von Stielen mit graugrünen Blättern und rosa Blüten im Frühsommer. 2 × 2 m

Nelumbo **Lotosblume**
Gattung bedingt winterharter bis winterharter, aus einem Rhizom sprießender, Wasserstauden mit duftenden, seerosenförmigen Blüten. Benötigen je nach Art flache oder tiefe Gewässer.
N. lutea: Frostempfindliche, mehrjährige Wasserpflanze mit blaugrünen Blättern und rosenartigen, zitronengelben Blüten im Sommer. 1 m × unbegrenzte Ausbreitung

Nemesia caerulea

Nepeta nervosa

Nepeta 'Six Hills Giant'

Nemesia **Nemesie**
Gattung winterharter bis bedingt winterharter Ein- und Mehrjähriger sowie Halbsträucher für Sommerrabatten. Bevorzugt sandigen, gut dränierten, leicht sauren Boden in der Sonne.
N. caerulea: Bedingt winterharte Mehrjährige mit Blütentrauben in Rosa, Blau, Lavendel oder Weiß vom Frühsommer bis zum Herbst. 60 × 30 cm

Nepeta **Katzenminze**
Gattung sehr winterharter bis bedingt winterharter Stauden sowie vereinzelter Einjähriger mit stark aromatischen, graugrünen Blättern sowie röhrenförmigen Blüten in Blau, Purpur, Gelb oder Weiß. Bienenweide.
N. nervosa: Sehr winterharte Staude, die Horste lanzettlicher, graugrüner, aromatischer Blätter sowie kleine lavendelblaue, zuweilen gelbe Blütenähren im Sommer ausbildet. 45 × 30 cm
N. 'Six Hills Giant': Sehr winterharte Staude, die Horste schmaler, aromatischer, graugrüner Blätter und Ähren lavendelblauer Blüten im Sommer ausbildet. 1 m × 60 cm

Nerine bowdenii

Nerine flexuosa 'Alba'

Nerium oleander

Nerine **Nerine**
Gattung sehr winterharter bis bedingt winterharter, mehrjähriger Zwiebelpflanzen mit lilienartigen Blütentrichtern, auf die aufrechte, grundständige Blätter folgen. Bevorzugen gut dränierte Böden und einen geschützten, sonnigen Standort.
N. bowdenii: Winterharte, mehrjährige Zwiebelpflanze mit langen, bandförmigen Blättern und tiefrosa Blütendolden im Herbst. 45 × 8 cm
N. flexuosa 'Alba': Bedingt winterharte, mehrjährige Zwiebelpflanze mit langen riemenförmigen Blättern und Dolden weißer Blüten im Spätherbst. 45 × 8 cm

Nerium **Oleander**
Gattung winterharter, immergrüner Sträucher oder kleiner Bäume in vielen Sorten mit farbenprächtigen, einfachen oder gefüllten Blüten. Für den kühlen Wintergarten geeignet.
N. oleander: Winterharter, immergrüner, breitwüchsiger Strauch mit rosafarbenen, weißen oder roten Blüten über graugrünen Blättern im Sommer. 2 × 1 m

Nicandra physalodes

Nicandra Giftbeere
Einzige Art der Gattung ist eine Einjährige mit glockenförmigen, von laternenartigen Kelchen umgebenen Blüten, gefolgt von ungewöhnlichen braunen Beeren. Standort in voller Sonne.
N. physalodes: Aufrechte Einjährige von kräftigem Wuchs mit reichlich blassvioletten Blüten mit weißen Blütenschlund vom Sommer bis zum Herbst, gefolgt von rundlichen Beeren. 1 m × 30 cm

Nicotiana alata-Hybride

Nicotiana Tabak
Gattung winterharter bis bedingt winterharter, ein-, zwei- und mehrjährige Kräuter und Sträucher mit zuweilen duftenden Blüten in einer breiten Farbpalette. Bevorzugt für Sommerrabatten verwendet.
N. alata-Hybride: Bedingt winterharte, Rosetten bildende Staude, die häufig als Einjährige gezogen wird. Trägt duftende Blüten in Weiß an der Innenseite, Grüngelb an der Außenseite; weitere Hybriden blühen in vielen Farben. 1 m × 30 cm
N. langsdorffii: Bedingt winterharte, Rosetten bildende Einjährige mit röhrenförmigen, gelbgrünen Blüten im Sommer. 1 m × 30 cm

Nicotiana langsdorffii

Nigella damascena

Nigella Braut in Haaren, Jungfer im Grünen, Schwarzkümmel
Gattung aufrechter Einjähriger mit federigem Laub und Blüten in Blau, Rosa, Gelb oder Weiß im Sommer. Bevorzugen volle Sonne, wo sie sich selbst aussäen.
N. damascena: Einjährige Pflanze mit federigen Blättern in Hellgrün sowie blassblauen oder weißen Blüten im Sommer. 45 × 23 cm

Nomocharis pardanthina

Nomocharis Prachtlilie
Gattung mehrjähriger Zwiebelpflanzen mit Trauben ungewöhnlich gefleckter, offener, tellerförmiger Blüten im Sommer. Eignet sich für humose, saure Böden im Halbschatten. Verträgt keine Trockenheit.
N. pardanthina: Mehrjährige Zwiebelpflanze mit lanzettlichen Blättern und blassrosafarbenen oder weißen, purpurrot gefleckten Blüten im Frühsommer. 1 m × 10 cm

Nothofagus betuloides

Nothofagus Scheinbuche, Südbuche
Gattung sehr winterharter bis winterharter, immergrüner Sträucher und Bäume mit attraktivem Wuchs. Laub abwerfende Arten bestechen durch ihre wunderschöne bronzefarbene Herbstfärbung.
N. betuloides: Immergrüner, sehr winterharter bis winterharter Baum von breiter, konischer Gestalt mit kleinen, glänzenden, dunkelgrünen Blättern. 20 × 5 m

Nymphaea 'Escarboucle'

Nymphaea 'Gonnère'

Nymphaea 'James Brydon'

Nymphaea 'Marliacea Chromatella'

Nymphaea 'Venusta'

Nymphaea **Seerose**
Gattung sehr winterharter bis winterharter, mehrjähriger Wasserpflanzen mit farbenprächtigen Blüten und attraktiven, schwimmenden Blättern. Seerosen brauchen stehendes Wasser in einem Behälter mit fruchtbarer, lehmiger Erde, die in Höhe der Rhizome aufgeschichtet werden muss. Die Pflanztiefe (Pt) sollte wie folgt sein: Miniseerosen ca. 23 cm, kleine Seerosen ca. 30 cm und mittlere Pflanzen ca. 45 cm
N. 'Escarboucle': Sehr winterharte, mehrjährige Wasserpflanze mit runden, grünen, braun gesprenkelten Blättern sowie rosaroten, sternförmigen Blüten im Sommer. Pt 1 m
N. 'Gonnère': Sehr winterharte, mehrjährige Wasserpflanze mit runden, grünen Blättern und duftenden, kugelförmigen, gefüllten, weißen Blüten im Sommer. Pt 45 cm
N. 'James Brydon': Sehr winterharte, mehrjährige Wasserpflanze mit rundlichen, bronzegrünfarbenen Blättern und becherförmigen, rosaroten Blüten im Sommer. Pt 23–45 cm
N. 'Marliacea Chromatella': Sehr winterharte, mehrjährige Wasserpflanze mit olivgrünen, bronze gemusterten Blättern sowie dunkelgelben Blüten im Sommer. Pt 45 cm
N. 'Venusta': Sehr winterharte, mehrjährige Wasserpflanze mit dunklen Blättern sowie rosa Blüten im Sommer. Pt 45 cm–1 m

Nuphar lutea

Nuphar **Mummel, Teichrose**
Gattung sehr winterharter bis winterharter, Laub abwerfender, mehrjähriger Wasserpflanzen mit kriechenden Rhizomen und teils schwimmenden, teils untergetauchten Blättern. Die meisten eignen sich für große Teiche und Seen.
N. lutea: Sehr winterharte, mehrjährige Wasserpflanze mit dunkelgrünen Blättern sowie goldgelben Blüten im Sommer. 2 m Breite

Nyssa **Tupelobaum**
Gattung Laub abwerfender Bäume mit attraktivem Laub und stark leuchtenden Herbstfarben wie Karmesinrot und Gelb. Bevorzugen neutrale bis saure Böden und einen Standort außerhalb der Reichweite kalter Winde.
N. sylvatica (Wald-Tupelobaum): Laub abwerfender Baum von breiter, säulenförmiger Gestalt mit dunklen, im Herbst leuchtend roten Blättern. 20 × 10 m

Nyssa sylvatica (Herbstlaub)

O

Oenothera biennis

Oenothera missouriensis

Oenothera fruticosa 'Fireworks'

Oenothera speciosa 'Pink Petticoats'

Olearia ilicifolia

Olearia macrodonta

Oenothera Nachtkerze

Gattung sehr winterharter bis winterharter, Ein-, Zwei- und Mehrjähriger mit duftenden, kurzlebigen Blüten in Rosa, Gelb oder Weiß im Sommer. Bevorzugen volle Sonne und gut dränierten Boden; kleine Arten gut für den Steingarten.

O. biennis: Sehr winterharte Ein- oder Zweijährige von aufrechtem Wuchs mit Rosetten rot geäderter, mittelgrüner Blätter. Duftende, becherförmige Blüten in blassem Zitronengelb, sich später verdunkelnd und am Abend geöffnet, erscheinen vom Sommer bis zum Herbst. 1 m × 60 cm

O. fruticosa 'Fireworks': Sehr winterharte Zwei- oder Mehrjährige von aufrechtem Wuchs mit grundständigen Blättern mit einem Purpurbraunstich sowie dunkel buttergelben, in der Knospe roten Blüten vom Spätfrühjahr bis zum Sommer. 60 × 30 cm

O. missouriensis: Sehr winterharte, kräftige, breitwüchsige Mehrjährige mit lanzettlichen, gerippten Blättern sowie gelben, becherförmigen Blüten vom Frühjahr bis zum Frühherbst. 15 × 45 cm

O. speciosa 'Pink Petticoats': Sehr winterharte, kräftige, breitwüchsige Mehrjährige mit Rosetten mittelgrüner Blätter sowie rosafarbenen, dunkler geäderten Blüten vom Sommer bis zum Frühherbst. 30 × 30 cm

Olea Ölbaum, Olive

Gattung winterharter, immergrüner Sträucher und Bäume mit essbaren Früchten. Brauchen einen gut dränierten, fruchtbaren Boden sowie volle Sonne außerhalb der Reichweite austrocknender Winde. Kann im kühlen Wintergarten oder Gewächshaus stehen.

O. europaea: Winterharter, immergrüner Baum mit graugrünen, unterseits silbergrauen Blättern sowie duftenden cremefarbenen Blüten im Sommer, auf welche rundliche Früchte (Oliven) folgen. 10 × 10 m

Olearia Baumaster, Gänseblümchenstrauch

Gattung sehr winterharter bis winterharter, immergrüner Sträucher und Bäume mit Blütenkörbchen im Frühjahr und Sommer. Vor kalten Winden geschützter Standort in voller Sonne. Frostempfindliche Arten können unter Glas gezogen werden und in den Sommermonaten im Freien stehen.

O. ilicifolia (Hakeke): Sehr winterharter, immergrüner, breitwüchsiger Strauch mit scharf gesägten Blättern in Graugrün sowie Büscheln weißer Blütenkörbchen im Sommer. Mag einen geschützten Standort. 5 × 5 m

O. macrodonta: Sehr winterharter, immergrüner, aufrechter Strauch oder Baum mit scharf gesägten, glänzenden, dunkelgrünen Blättern in der Art der Stechpalme sowie duftenden, weißen Blütenkörbchen im Sommer. 6 × 5 m

O. phlogopappa: Winterharter, immergrüner, aufrechter Strauch mit gesägten, graugrünen, unterseits grauweißen Blättern sowie Doldentrauben weißer oder violetter Blütenköpfe im Frühjahr und Frühsommer. 2 × 2 m

O. 'Waikariensis': Winterharter, immergrüner Strauch von aufrechtem Wuchs mit lanzettlichen Blättern in Mittelgrün sowie Doldentrauben cremefarbener Blütenköpfe im Sommer. 3 × 5 m

Olearia phlogopappa

Olearia 'Waikariensis'

Omphalodes Gedenkemein, Nabelnüsschen

Gattung Ein-, Zwei- und Mehrjähriger, von denen einige halbimmergrün oder immergrün sind. Typisch sind die an Vergissmeinnicht erinnernden Blüten, die im Frühjahr und Sommer sprießen. Mögen humusreichen Boden im Halbschatten.

O. cappadocica 'Cherry Ingram': Immergrüne, horstbildende, kompakte Mehrjährige mit dekorativen Trauben dunkelblauer, sternförmiger Blüten über mittelgrünen, grundständigen Blättern zu Beginn des Frühjahrs. 25 × 45 cm

O. verna 'Alba': Halbimmergrüne Mehrjährige von horstbildendem Wuchs mit grundständigen Blättern in Mittelgrün sowie Trauben weißer, sternförmiger Blüten im Frühjahr. 20 × 30 cm

Omphalodes cappadocica 'Cherry Ingram'

Omphalodes verna 'Alba'

Onoclea Perlfarn

Einzige Art der Gattung ist ein Laub abwerfender Farn. Bevorzugt humosen, feuchten, sauren Boden im Halbschatten.

O. sensibilis: Laub abwerfender Farn mit aufrechten, sterilen Wedeln in Hellgrün im Frühjahr, worauf im Spätsommer fertile Blattwedel folgen. Frische Blattwedel können im Frühjahr leicht rosabronzefarben erscheinen. 60 cm × unbegrenzte Ausbreitung

Onopordum Eselsdistel

Gattung Zweijähriger mit Rosetten stachliger Blätter, deren Blattoberseiten von weichen, grauen Haaren bedeckt sind. Große, distelartige Blütenköpfe erscheinen einzeln bzw. im Sommer in Büscheln. Volle Sonne und neutrale bis alkalische Böden.

O. nervosum: Zweijährige mit Rosetten silbergrauer Blätter und purpurrosafarbenen Blütenköpfen, die von stacheligen Tragblättern umgeben werden. Blüht im Sommer und sät sich reichlich selbst aus. 2,5 × 1 m

Onopordum nervosum

Onoclea sensibilis

Ophiopogon Schlangenbart

Gattung sehr winterharter bis bedingt winterharter, immergrüner Stauden mit grasartigen Blättern und Trauben kleiner Blüten, auf welche glänzende Früchte folgen. Mögen leicht sauren Boden.

O. planiscapus 'Nigrescens': Sehr winterharte, breitwüchsige Staude mit bandförmigen, spitz zulaufenden Blättern in Grünschwarz sowie zart purpurfarbenen Blüten im Sommer, gefolgt von blauschwarzen Früchten. 20 × 30 cm

Ophiopogon planiscapus 'Nigrescens'

Origanum laevigatum

Origanum laevigatum 'Hopley's'

Ornithogalum umbellatum

Origanum **Dost, Majoran**
Gattung sehr winterharter bis winterharter Stauden und Laub abwerfender oder immergrüner Halbsträucher, die ihrer aromatischen Blätter wegen als Küchenkraut bekannt ist. Tragen röhrenförmige Blüten mit Tragblättern. Mäßig fruchtbare, alkalische Böden, Sonne.
O. laevigatum: Sehr winterharte Mehrjährige mit aufrechten, weinroten Stielen und dunkelgrünen Blättern. Wirtel rosavioletter, von purpurroten Tragblättern umgebener Blüten bis Herbst. 60 × 45 cm
O. l. 'Hopley's': Ähnlich wie *O. laevigatum,* aber mit dunkelrosa Blüten. 60 × 45 cm

Ornithogalum **Milchstern, Stern von Bethlehem, Vogelmilch**
Gattung sehr winterharter bis winterharter mehrjähriger Zwiebelpflanzen mit sternförmigen, teils duftenden Blüten im Frühjahr und Sommer.
O. umbellatum: Sehr winterharte Zwiebelpflanze mit sternförmigen, außen grün gestreiften, weißen Blüten, die im Frühsommer sprießen. 10–30 × 10 cm

Orontium aquaticum

Osmanthus × burkwoodii

Osmanthus delavayi

Orontium **Goldkeule**
Einzige Art der Gattung ist eine mehrjährige Wasserpflanze für Teich- oder Bachränder.
O. aquaticum: Aus einem Rhizom sprießende, mehrjährige Wasserpflanze mit schwimmenden oder untergetauchten, unterseits purpurstichigen Blättern sowie leuchtend gelben Blüten an den Spitzen weißer Blütenkolben vom späten Frühjahr bis in den Hochsommer. 30 × 60 cm

Osmanthus **Duftblüte**
Gattung sehr winterharter bis frostempfindlicher, immergrüner Sträucher und Bäume mit schönen Blättern, süß duftenden Blüten und Früchten. Frostempfindliche Arten unter Glas ziehen.
O. × burkwoodii: Sehr winterharter, immergrüner, dichter Strauch. Dunkelgrüne, leicht gezähnte Blätter heben sich im Frühjahr von den Büscheln duftender, weißer, röhrenförmiger Blüten ab. 3 × 3 m
O. delavayi: Sehr winterharter, immergrüner, runder Strauch mit dunkelgrünen, glänzenden Blättern an übergebogenen Ästen sowie weißen, duftenden, röhrenförmigen Blüten im Sommer, gefolgt von blauschwarzen Früchten. 4 × 4 m

Osmunda regalis

Osmunda Königsfarn, Rispenfarn
Gattung Laub abwerfender Farne für humose, feuchte, saure Böden und Halbschatten. *O. regalis* bevorzugt Feuchtigkeit speichernde Böden und Sonne.
O. regalis (Gewöhnlicher Rippenfarn, Königsfarn): Laub abwerfender Farn mit hellgrünen, sterilen Blattwedeln im Frühjahr sowie fertilen Blattwedeln im Sommer mit quastenförmigen Spitzen aus zimtbraunen Sporenträgern. 2 × 4 m

Osteospermum 'Buttermilk'

Osteospermum 'Whirligig'

Osteospermum jucundum var. *compactum*

Osteospermum Paternosterstrauch
Gattung sehr winterharter bis frostempfindlicher, immergrüner Halbsträucher, Ein- und Mehrjähriger mit zahlreichen Blütenkörbchen vom Frühjahr bis zum Herbst. Zahllose Sorten in vielen Farben. Geschützter Standort in voller Sonne.
O. 'Buttermilk': Bedingt winterharter Halbstrauch von aufrechtem Wuchs mit lanzettlichen, mittelgrünen Blättern und von Frühjahr bis Herbst weißen und primelgelben, unterseits bronzegelben Blüten. 60 × 60 cm
O. jucundum var. *compactum:* Winterharter Halbstrauch von kompaktem Wuchs mit graugrünen Blättern sowie hellviolettfarbenen, unterseits dunkleren Blüten vom Frühjahr bis zum Herbst. 20 × 30 cm
O. 'Whirligig': Bedingt winterharter, breitwüchsiger Halbstrauch mit graugrünen Blättern und weißen, unterseits schieferblauen Blüten vom Frühjahr bis zum Herbst. 60 × 60 cm

Othonna cheirifolia

Othonna
Gattung sehr winterharter bis frostempfindlicher, immergrüner oder Laub abwerfender, sukkulenter Stauden und Sträucher mit fleischigen Blättern und gänseblümchenartigen, gelben Blüten.
O. cheirifolia: Winterharter, immergrüner Strauch mit verzweigten Stängeln und fleischigen, graugrünen Blättern und gelben Blütenköpfen im Sommer. Für gut dränierte Böden in voller Sonne. 30 × 60 cm

Oxalis articulata

Oxalis Sauerklee
Gattung sehr winterharter bis winterharter, teils wuchernder Einjähriger und Stauden mit Knollen, Rhizomen oder Faserwurzeln, attraktiven Blüten und kleeartigem Blattwerk. Je nach Art für Sonne oder Halbschatten.
O. articulata: Niedrige, sehr winterharte Mehrjährige mit rosa Blüten vom späten Frühjahr bis zum Spätsommer. Verträgt die meisten Standorte. 20 × 20 cm

Ozothamnus ledifolius

Ozothamnus
Gattung sehr bis bedingt winterharter, immergrüner Sträucher und holziger Mehrjähriger mit süßlich duftendem Blattwerk und winzigen, doldenartigen Blütenköpfchen.
O. ledifolius: Winterharter, immergrüner, kompakter Strauch mit stumpfen, unterseits flaumigen, dunkelgrünen Blättern sowie weißen Blütenköpfen im Frühsommer. 1 × 1 m

P

Pachysandra terminalis

Pachysandra terminalis 'Variegata'

Pachyphragma **Scheinschaumkraut**
Einzige Art der Gattung ist eine halbimmergrüner Rhizomstaude mit glänzenden, dunkelgrünen, im Alter matten Blättern. Bevorzugt feuchten Boden und Halbschatten; geeignet als Bodendecker.
P. macrophylla: Halbimmergrüne Mehrjährige mit Büscheln bogenförmiger, gekräuselter, grundständiger Blätter sowie flachen Doldentrauben kreuzförmiger weißer Blüten im Frühjahr. 30 × 60 cm

Pachysandra **Dickmännchen, Ysander**
Gattung immergrüner oder halbimmergrüner Mehrjähriger und Halbsträucher mit grau- bis dunkelgrünen oder panaschierten Blättern und kleinen Blüten im Frühjahr oder Frühsommer. Geeignet als Bodendecker.
P. terminalis: Immergrüne, breitwüchsige Mehrjährige mit glänzenden, dunkelgrünen Blättern sowie Ähren winziger weißer Blüten im Frühsommer.
20 cm × unbegrenzte Ausbreitung
P. t. 'Variegata': Ähnlich wie *P. terminalis,* aber weniger robust mit weiß umrahmten Blättern. 25 × 60 cm

Paeonia **Päonie, Pfingstrose**
Gattung sehr winterharter bis winterharter, Laub abwerfender Stauden und Sträucher mit zusammengesetzten Blättern sowie großen, vielgestaltigen Blüten in einfacher, halb gefüllter, gefüllter sowie anemonenartiger Form und mannigfaltigen Farben. Mag schwere, nährstoffreiche Böden. Die langlebige Päonie mag keine Störungen im Wurzelbereich und braucht nach dem Pflanzen etwas Zeit, sich zu etablieren.
P. delavayi (Delavays Strauch-Pfingstrose): Sehr winterharter, Laub abwerfender Strauch mit dunklen, unterseits blaugrünen Blättern sowie einfachen, roten Blüten im Frühsommer. 2 × 1,2 m
P. d. var. *ludlowii:* Sehr winterharter, Laub abwerfender Strauch mit leuchtend grünen Blättern und großen, einfachen, gelben Blüten im Spätfrühjahr. 2,5 × 2,5 m
P. lactiflora 'Bowl of Beauty': Sehr winterharte Staude mit grünen Blättern und anemonenartigen, rosafarbenen, gefüllten Blüten mit cremigen Mittelpunkten im Sommer. 1 × 1 m
P. l. 'Docteur H. Barnsby': Sehr winterharte Mehrjährige mit mittelgrünen Blättern und gefüllten, samtroten Blüten im Frühsommer. 1 × 1 m

Paeonia delavayi

Paeonia delavayi var. *ludlowii*

Paeonia lactiflora 'Bowl of Beauty'

Paeonia lactiflora 'Docteur H. Barnsby'

Paeonia lactiflora 'Monsieur Jules Elie'

P. l. 'Monsieur Jules Elie': Sehr winterharte Staude mit dunkelgrünen Blättern und großen, gefüllten, rosaroten Blüten im Sommer. 1 × 1 m

P. × *lemoinei* 'Souvenir de Maxime Cornu': Sehr winterharter, Laub abwerfender Strauch mit gefiederten Blättern in Mittelgrün und duftenden, gefüllten Blüten in Orange-Gold im Frühsommer. 2 × 1,5 m

P. mascula subsp. *arietina:* Sehr winterharte Staude mit gefiederten, blaugrünen Blättern und einfachen, rötlich rosafarbenen Blüten im Frühsommer. 60 × 60 cm

P. mlokosewitschii: Sehr winterharte Staude mit zusammengesetzten Blättern in Graugrün und einfachen, zitronengelben Blüten im Spätfrühjahr und Sommer. 75 × 75 cm

P. officinalis 'Rosea Plena': Sehr winterharte Staude mit gefingerten, dunkelgrünen, unterseits blasseren Blättern und großen, gefüllten, rosa Blüten im Früh- und Hochsommer. 75 × 75 cm

P. × *suffruticosa* 'Sitifukujin' (Strauch-Pfingstrose): Sehr winterharter, Laub abwerfender Strauch mit dunklen Blättern und halb gefüllten, rosaroten Blüten im Sommer. 2 × 2 m

P. veitchii var. *woodwardii:* Sehr winterharte Mehrjährige mit geteilten, dunklen, unterseits behaarten Blättern und in der Knospe dunkleren, rosa Blüten im Frühjahr und Sommer. 30 × 30 cm

Paeonia × *suffruticosa* 'Sitifukujin'

Paeonia × *lemoinei* 'Souvenir de Maxime Cornu'

Paeonia mascula subsp. *arietina*

Paeonia mlokosewitschii

Paeonia officinalis 'Rosea Plena'

Paeonia veitchii var. *woodwardii*

Pandorea Pandorea

Gattung winterharter, immergrüner Kletterpflanzen mit schönem Blattwerk und duftenden, röhrenförmigen Blüten. Mag feuchten, dränierten Boden und Sonne.
P. pandorana (Holzige Pandorea): Diese frostempfindliche, verschlungene, robuste Kletterpflanze kann kurzfristig Temperaturen von 0 °C überleben. Trägt gefiederte Blätter sowie cremig gelbe Blüten mit rötlichen Sprenkeln im Winter und Frühjahr. 6 m

Papaver orientale 'Charming'

Papaver rhoeas Shirley-Serie

Papaver Mohn

Gattung sehr winterharter bis winterharter, teilweise als Unkrautpflanze angesehener Ein-, Zweijähriger und Stauden mit schalen- und becherförmigen Blüten in zahlreichen Farben und mit unterschiedlicher Zeichnung. Mag volle Sonne.
P. orientale 'Charming': Sehr winterharte Staude mit Horsten gezähnter Blätter und lilarosa überhauchten Blüten vom Spätfrühjahr bis Hochsommer. 60 × 60 cm
P. rhoeas Shirley-Serie: Sehr winterharte Einjährige. Blüten in Orange, Rosa, Rot oder Gelb sind einfach, halb gefüllt oder gefüllt. 60 × 30 cm
P. somniferum Päonienblütige Serie: Winterharte Einjährige mit großen, gekräuselten und gefüllten Blüten in Rosa, Purpur, Rot oder Weiß. 1 m × 30 cm

Papaver somniferum Päonienblütige Serie

Paradisea Paradieslilie

Gattung von Rhizomstauden mit Horsten graugrüner, grundständiger Blätter sowie Trauben duftender, röhrenförmiger Blüten, die als Schnittblumen wunderbar aussehen. Für humusreiche, feuchte Böden in Sonne oder Halbschatten.
P. liliastrum: Mehrjährige mit spitz zulaufenden, grasartigen Blättern und weißen Blüten mit ausgeprägten gelben Staubbeuteln im Frühjahr und Sommer. 45 × 30 cm

Parahebe catarractae

Parahebe

Gattung sehr winterharter bis winterharter, immergrüner oder halbimmergrüner Halbsträucher und mehrjähriger Pflanzen mit aufrechten Trauben kleiner, tellerförmiger, gemusterter Blüten in Blau, Lila, Rosa oder Weiß. Mag volle Sonne.
P. catarractae: Sehr winterharter, immergrüner Strauch mit kleinen, ovalen Blättern und Trauben weißer, purpur geäderter Blüten im Sommer. 30 × 30 cm

Paris Einbeere

Gattung von Rhizomstauden mit aufrechten Stielen und vielfältigen Blättern von Mittel- bis Dunkelgrün sowie von Fruchtkapseln gefolgten schildförmigen Blüten. Mag nährstoffreiche Böden und Halbschatten.
P. quadrifolia: Aufrechte Mehrjährige mit Wirteln mittelgrüner Blätter sowie sternförmigen, grünen, gelbgrünen oder weißen Blüten im Spätfrühjahr, gefolgt von blauschwarzen Samenkapseln. 30 × 30 cm

Parrotia persica

Parthenocissus henryana

Parthenocissus quinquefolia (Herbstlaub)

Parrotia Eisenholz, Parrotie

Einzige Art der Gattung ist ein Laub abwerfender Baum mit attraktivem, im Herbst buntem Blattwerk und abblätternder Rinde. Die beste Herbstfarbe entsteht, wenn der Baum in saurem Boden wächst.
P. persica: Laub abwerfender Baum mit verzweigten, ausladenden Ästen an einem kurzen Stamm mit schuppig abblätternder, grau-rehbrauner Rinde. 8 × 10 m

Parthenocissus Jungfernrebe, Wilder Wein

Gattung sehr winterharter, Laub abwerfender Kletterpflanzen mit eingeschnittenen oder gefiederten Blättern mit leuchtender Herbstfärbung. Die Mehrheit klettert mithilfe kleiner Haftteller und eignet sich zur Begrünung einer Mauer oder zum Erklimmen eines Baumes.
P. henryana (Chinesische Jungfernrebe): Sehr winterharte Kletterpflanze mit zusammengesetzten, weiß geäderten, mittelgrünen, im Herbst leuchtend roten Blättern. Gedeiht im Halbschatten an einem geschützten Standort. 10 m
P. quinquefolia: Sehr winterharte, kräftige Kletterpflanze mit zusammengesetzten, matten, grünen Blättern, die im Herbst rot leuchten. 15 m

Passiflora antioquiensis

Passiflora caerulea

Paulownia tomentosa

Passiflora **Eierfrucht, Grenadille, Passionsblume, Passionsfrucht**
Gattung bedingt winterharter bis winterharter, immergrüner oder halbimmergrüner Kletterpflanzen mit auffallenden Blüten sowie saftigen essbaren Früchten im Herbst. Bei Trockenheit reichlich gießen.
P. antioquiensis: (Rote Bananen-Passionsblume): Winterharte Kletterpflanze mit gelappten Blättern in Grün sowie großen, roten, rosaroten oder rosafarbenen, sich weit öffnenden, langen Blüten im Sommer. Es folgen gelbe Früchte. 5 m
P. caerulea: Winterharter Kletterer mit dunkelgrünen, zusammengesetzten Blättern und schalenförmigen, weißen oder rosa überhauchten Blüten mit purpurnen, blauen oder weißen Kronen vom Sommer bis Herbst. Es folgen gelborange Früchte. 10 m

Paulownia **Blauglockenbaum, Paulownie**
Gattung sehr winterharter bis winterharter, Laub abwerfender Bäume mit großen Blättern und glockenartigen Blüten, die noch vor den neuen Blättern erscheinen. Mag volle Sonne. Im Frühjahr kräftig zurückzuschneiden, um große Blätter zu erhalten.
P. tomentosa: Sehr winterharter, ausladender Baum mit großen, behaarten Blättern in Grün sowie Trauben duftender, hellviolettfarbener Blüten im Frühjahr. 12 × 10 m

Pelargonium **Geranie der Gärtner, Pelargonie**
Gattung winterharter, immergrüner Stauden, oft als Einjährige gezogen, mit leuchtenden Blüten den ganzen Sommer über. Finden in Sommerrabatten und im Kübel Verwendung. Man unterscheidet vier Gruppen: Zonale Hybriden mit runden Blättern mit markantem Muster und einfachen, halb gefüllten oder gefüllten Blüten; Edel-Pelargonien mit runden bis ovalen, scharf gezähnten Blättern und trompetenförmigen Blüten; Hänge-Pelargonien sind rankende Pflanzen mit runden, gelappten Blättern und Blüten wie Zonale Hybriden; Duft-Pelargonien und Arten tragen duftende Blätter und kleine, sternförmige Blüten. Geeignet für neutrale bis alkalische Böden und volle Sonne.
Hänge-Pelargonien: Winterharte, immergrüne Pelargonien von kriechendem Wuchs mit zumeist gelappten, fleischigen Blättern in Mittelgrün und Büscheln einfacher, halb gefüllter oder gefüllter Blüten in Hellviolett, Rot, Rosa, Purpur oder Weiß.
Zonale Pelargonien: Winterharte, immergrüne Staude von buschigem, aufrechtem Wuchs mit rundlichen, oftmals bronze- oder kastanienbraun gezeichneten Blättern mit einfachen, halb gefüllten oder gefüllten Blüten in Orange, Rot, Rosa, Purpur, Weiß und Gelb. Bis zu 60 cm.
P. 'Lord Bute': Winterharte, immergrüne Edel-Pelargonie mit gezackten Blättern in Hell- bis Mittelgrün sowie Büscheln schwarzroter Blüten im Sommer. 45 × 30 cm
P. 'Mabel Grey': Winterharte, immergrüne Duft-Pelargonie mit Büscheln blass lilafarbener und purpurner Blüten über geäderten, nach Limonen duftenden Blättern im Sommer. 1 m × 60 cm
P. 'Madame Layal': Winterharte, immergrüne, als Engels-Pelargonie klassifizierte, aber den Edel-Pelargonien ähnliche Mehrjährige mit Büscheln einfacher Blüten in Purpur und Lila sowie leicht gesägten Blättern in Grün. 30 × 30 cm
P. 'Roller's Pioneer': Frostharte, immergrüne Hänge-Pelargonie mit Büscheln dunkel samtroter, halb gefüllter Blüten über marmorierten Blättern im Sommer. Bis zu 60 cm
P. 'Elsie Hickman': Frostempfindliche, immergrüne, mehrjährige Edel-Pelargonie. Trägt Büschel samtroter und altrosafarbener Blüten über gesägten, mittel- bis dunkelgrünen Blättern im Sommer. 60 × 60 cm

Hänge-Pelargonien

Zonale Pelargonien

Pelargonium 'Lord Bute'

Pelargonium 'Madame Layal'

Pelargonium 'Mabel Grey'

Pelargonium 'Roller's Pioneer'

Pelargonium 'Elsie Hickman'

***Pennisetum* Federborstengras, Lampenputzergras**

Gattung sehr winterharter (bis –10 °C) bis frostempfindlicher, ein- und mehrjähriger, horstbildender Gräser mit dekorativen, kleinen Blütenähren im Sommer und Herbst. Für leichte, gut dränierte Böden in voller Sonne.

P. orientale: Winterhartes, Laub abwerfendes, mehrjähriges Gras mit gebogenen, dunkelgrünen Blättern und federigen, silberrosa Ähren im Sommer. 60 × 75 cm

Penstemon 'Blackbird'

Penstemon 'Apple Blossom'

Penstemon 'Chester Scarlet'

Penstemon davidsonii var. *menziesii*

***Penstemon* Bartfaden**

Gattung sehr winterharter bis bedingt winterharter, zumeist halbimmergrüner Einjähriger, Stauden, Halbsträucher und Sträucher mit zumeist röhrenförmigen Blüten in zahlreichen Farben je nach Art vom Frühjahr bis Herbst. Für volle Sonne und fruchtbare, gut dränierte Böden.

P. 'Apple Blossom': Sehr winterharte Staude mit schmalen Blättern sowie röhrenförmigen Blüten in blassem Rosa mit weißem Schlund vom Hochsommer bis Mitte Herbst. 60 × 60 cm

P. 'Blackbird': Sehr winterharte bis winterharte Mehrjährige mit schmalen, mittelgrünen Blättern und röhrenförmigen Blüten in Weinrot vom Hochsommer bis zur Herbstmitte. 60 × 60 cm

P. 'Chester Scarlet': Sehr winterharte bis winterharte Staude mit schmalen Blättern sowie röhrenförmigen Blüten in Scharlachrot vom Hochsommer bis zur Herbstmitte. 60 × 45 cm

P. davidsonii var. *menziesii:* Sehr winterharter, halbimmergrüner, kriechender Halbstrauch mit rundlichen, grünen Blättern sowie Trauben röhrenförmiger, violetter und rosafarbener Blüten im Sommer. 15 × 20 cm

P. 'Edithiae': Sehr winterharte Mehrjährige mit schmalen, grünen Blättern und röhrenförmigen Blüten in Violett im Frühjahr und Frühsommer. 30 × 30 cm

P. glaber: Sehr winterharter, halbimmergrüner Halbstrauch mit schmalen Blättern in Grün sowie röhrenförmigen Blüten in Blau und Rosa im Sommer. 45 × 60 cm

P. 'Joy': Sehr winterharte bis winterharte, schmalblättrige Mehrjährige mit röhrenförmigen Blüten in einem warmen Rosa mit hellerem Blütenschlund vom Hochsommer bis zur Herbstmitte. 60 × 45 cm

Penstemon 'Edithiae'

Penstemon glaber

Penstemon 'Joy'

Perovskia atriplicifolia

Persicaria bistorta 'Superba'

Persicaria campanulata

Persicaria vacciniifolia

Perovskia **Perowskie**
Gattung Laub abwerfender Halbsträucher mit aromatischen, graugrünen Blättern sowie endständigen Rispen blauer Blüten. Gedeiht am besten in voller Sonne, verträgt Trockenheit und kalkhaltigen Boden.
P. atriplicifolia: Halbstrauch von aufrechtem Wuchs mit tief eingeschnittenen Blättern in Graugrün und kleinen, röhrenförmigen Blüten in Violettblau im Spätsommer und Frühherbst. 1,2 × 1 m

Persicaria **Knöterich**
Gattung sehr winterharter bis winterharter, Laub abwerfender, halbimmergrüner oder immergrüner Mehrjähriger sowie einjähriger Kräuter und Halbsträucher mit Ähren oder Rispen rosafarbener, roter oder weißer Blüten und schönem Herbstlaub. Manchmal erscheinen auffällige Früchte. Einige Spezies können wuchern. Tolerieren die meisten Standorte, *P. bistorta* z. B. gedeiht auch bei Trockenheit.
P. bistorta 'Superba': Sehr winterharte, halbimmergrüne, horstbildende Staude mit geäderten Blättern in Mittelgrün sowie zylinderförmigen Blütenähren in Altrosa vom Frühsommer bis zur Herbstmitte. 75 cm × 1 m
P. campanulata: Sehr winterharte, Laub abwerfende oder halbimmergrüne Mehrjährige mit Büscheln behaarter, graugrüner, unterseits weißlicher, grundständiger Blätter sowie Rispen duftender, rosafarbener oder weißer Blüten von Sommer bis Herbst. 1 × 1 m
P. vacciniifolia: Sehr winterharte, halbimmergrüne, kriechende Staude mit rötlichen Stielen und glänzenden Blättern. Glockenförmige, rosa, im geöffneten Zustand blassrosa Blüten, in Ähren stehend, im Spätsommer und Herbst. 20 × 45 cm

Petasites japonicus var. *giganteus*

Petasites **Pestwurz**
Gattung sehr winterharter bis winterharter Rhizomstauden mit herz- bis nierenförmigen Blättern. Eignet sich hervorragend als Bodendecker am Ufer von Teichen und Flüssen; manche Arten wuchern.
P. japonicus var. *giganteus:* Sehr winterharte Staude für den Halbschatten mit großen, nierenförmigen, grundständigen Blättern und Doldenrispen gelbweißer, von Tragblättern umgebener Blüten im Winter, bevor die Blätter kommen. 1,1 m × unbegrenzte Ausbreitung

Petunia **Petunie**
Gattung sehr winterharter Stauden mit zahlreichen namhaften Hybriden. Die gerne als Einjährige gezogenen Petunien haben wunderschöne leuchtende Blüten im Sommer und Herbst. Sie mögen einen sonnigen Standort, der Schutz vor austrocknenden Winden bietet.
Petunia-Hybriden: Bedingt winterharte Stauden mit mittel- bis dunkelgrünen Blättern sowie einfachen oder gefüllten, teller- oder trompetenförmigen Blüten in vielen Farben wie Rosa, Purpur, Rot, Violett, Violettblau, Weiß oder Gelb, die geädert oder gestreift sind und Blütenhälse in kontrastierenden Farben haben. Blüte von Sommer bis Herbst. 30–45 × 30 cm–1 m

Petunia-Hybriden

Phalaris arundinacea 'Picta'

Phalaris Glanzgras

Gattung sehr winterharter bis winterharter, mehrjähriger Gräser mit hell- bis mittelgrünen, oft panaschierten Blättern sowie kleinen Ähren von ein bis drei Blüten. Verträgt die meisten Standorte.
P. arundinacea 'Picta' (Rohr-Glanzgras): Sehr winterhartes, mehrjähriges Gras mit weiß-grün gestreiften Blättern sowie blassgrünen, kleinen Blütenähren im Sommer. 1 m × unbegrenzte Ausbreitung

Philadelphus 'Belle Etoile'

Philadelphus coronarius 'Aureus'

Philadelphus 'Manteau d'Hermine'

Philadelphus 'Sybille'

Philadelphus Pfeifenstrauch, Sommerjasmin

Gattung sehr winterharter bis winterharter, Laub abwerfender Sträucher mit duftenden, einfachen, halb gefüllten und gefüllten Blüten sowie attraktivem Wuchs. Gedeiht am besten in voller Sonne, verträgt aber auch etwas Schatten.
P. 'Belle Etoile': Winterharter, bogenförmiger Strauch mit spitz zulaufenden Blättern in Mittelgrün und einfachen, becherförmigen, stark duftenden, weißen, in der Mitte blasspurpurnen Blüten im Frühjahr und Sommer. 2 × 2,5 m
P. coronarius 'Aureus': Winterharter Strauch von aufrechtem Wuchs mit goldgelben, im Sommer gelb-grün verfärbten Blättern und einfachen, duftenden, cremefarbenen Blüten im Frühsommer. 2,5 × 1,5 m
P. 'Manteau d'Hermine': Sehr winterharter, kompakter Strauch mit hellgrünen Blättern und gefüllten, stark duftenden, cremig weißen Blüten im Früh- und Hochsommer. 75 cm × 1,5 m
P. 'Sybille': Winterharter, bogenförmig wachsender Strauch mit grünen Blättern sowie einfachen, becherförmigen, stark duftenden, weißen, im Mittelpunkt purpurn gezeichneten Blüten im Sommer. 1,2 × 2 m

Phlomis Brandkraut

Gattung sehr winterharter bis winterharter, immergrüner Stauden, Halbsträucher und Sträucher mit auffälligen, helmförmigen, wirtelig angeordneten Blüten und attraktiven, blassen graugrünen Blättern. Braucht fruchtbare, gut dränierte Böden und volle Sonne.
P. fruticosa (Strauchiges Brandkraut): Meist winterharter, immergrüner Strauch mit aufwärts gerichteten Trieben und salbeiartigen, faltigen, graugrünen, unterseits wolligen Blättern sowie buttergelben Blüten im Früh- und Hochsommer. 1 × 1,5 m
P. italica: Winterharter Strauch von aufrechtem Wuchs mit graugrünen, wolligen Blättern und rosavioletten Blüten im Hochsommer. 60 × 60 cm
P. russeliana: Sehr winterharte Mehrjährige mit behaarten, mittelgrünen Blättern und helmförmigen Blüten in einem blassen Cremegelb im Frühsommer oder zu anderen Zeiten. 1 m × 75 cm

Phlomis fruticosa

Phlomis russeliana

?hlox *divaricata* 'May Breeze'

Phlox adsurgens 'Wagon Wheel'

Phlox bifida

Phlox carolina 'Bill Baker'

Phlox Flammenblume, Phlox

Gattung sehr winterharter bis bedingt winterharter, immergrüner und halbimmergrüner, einjähriger Kräuter und Stauden mit Blüten in vielen leuchtenden Farben. Kleinere Arten eignen sich für den Steingarten oder das Alpinhaus, während höhere, auffallende Beet-Phloxarten viele Standorte im Garten vertragen. Einige Arten mögen saure Böden.

P. adsurgens 'Wagon Wheel': Sehr winterharte, halbimmergrüne Staude von niederliegendem, kissenförmigem Wuchs mit blassen bis mittelgrünen Blättern. Lachsrosa, speichenförmig angeordnete Blüten erscheinen im Frühjahr und Frühsommer. Für saure Böden und Halbschatten. 30 × 30 cm

P. bifida (Sand-Phlox): Sehr winterharte, immergrüne Staude mit Büscheln schlanker Blätter und duftenden, sternförmigen, hellblauen bis weißen Blüten im Frühjahr und Frühsommer. Mag volle Sonne, verträgt aber auch leichten Schatten. 20 × 15 cm

P. carolina 'Bill Baker': Sehr winterharte, aufrechte Staude mit leuchtenden Blättern und rosafarbenen Blüten im Frühsommer. Sonne oder Halbschatten. 45 × 30 cm

P. divaricata 'May Breeze': Sehr winterharte, halbimmergrüne, aufrechte Staude mit grünen Blättern und rosa bis weißen Blüten im Frühsommer. Gedeiht am besten im Halbschatten. 30 × 45 cm

P. drummondii (Einjähriger Phlox): Winterharte Einjährige von aufrechtem bis ausladendem Wuchs. Schöne Blüten in Lavendel, Rosa, Purpur, Rot oder Weiß, innen oft blasser und am Grund der Blütenlappen gezeichnet, erscheinen im Spätfrühjahr. Braucht volle Sonne. 10–45 × 30 cm

P. paniculata 'Fujiyama': Sehr winterharte Staude von aufrechtem Wuchs mit schmalen Blättern in Grün sowie duftenden, weißen Blüten im Sommer bis Frühherbst. Mag Sonne oder Halbschatten. 75 × 60 cm

P. stolonifera: Winterharte, mehrjährige Kriechpflanze mit dunkelgrünen Blättern sowie blauen, rosa oder weißen Blüten im Frühsommer. Gedeiht in sauren Böden und im Halbschatten. 15 × 30 cm

P. subulata 'Betty': Sehr winterharte, immergrüne Mehrjährige, die leuchtend grüne Blätter sowie rosa Blüten im Frühjahr und Sommer hervorbringt. Für volle Sonne. 15 × 45 cm

P. s. 'Emerald Cushion': Sehr winterharte, immergrüne Mehrjährige mit Polstern leuchtend grüner Blätter sowie rosa- bis hellviolettfarbenen Blüten im Spätfrühjahr und Frühsommer. Mag volle Sonne. 15 × 45 cm

Phlox paniculata 'Fujiyama'

Phlox stolonifera

Phlox subulata 'Betty'

Phlox subulata 'Emerald Cushion'

Phormium cookianum 'Dazzler'

Phormium tenax

Phormium tenax (Blüten)

Phormium **Neuseelandflachs**
Gattung sehr winterharter bis bedingt winterharter, immergrüner Mehrjähriger mit Horsten linealischer Blätter in Gelbgrün bis Dunkelgrün, oftmals gestreift. Die zahlreich vertretenen Sorten haben farbenprächtiges, panaschiertes Blattwerk mit Blütenrispen im Sommer. Brauchen gut dränierte Böden und volle Sonne. In kalten Klimazonen dick mulchen.
P. cookianum 'Dazzler': Winterharte Staude mit bogenförmigen, bronzerot-grün gestreiften Blättern und röhrenförmigen, gelben Blüten im Sommer. 1 × 1 m
P. tenax: Winterharte Mehrjährige mit steifen, aufrechten, dunkelgrünen, unterseits blaugrünen Blättern sowie röhrenförmigen, hellroten Blüten im Sommer. 4 × 2 m

Photinia × fraseri 'Red Robin'

Phuopsis stylosa 'Purpurea'

Photinia **Glanzmispel**
Gattung sehr winterharter bis winterharter, Laub abwerfender und immergrüner Sträucher und Bäume mit attraktivem Laub, ebensolchen Blüten und Früchten.
P. × fraseri 'Red Robin': Winterharter, immergrüner, kompakter Strauch mit ledrigen, dunkelgrünen Blättern, dessen neue Triebe rot oder bronzefarben leuchten. Kleine, weiße Blüten im Frühjahr. 5 × 5 m

Phuopsis **Baldriangesicht**
Einzige Art der Gattung ist eine Horste oder Matten bildende Staude mit wirtelständigen, schmalen, hellgrünen Blättern und röhrenförmigen, duftenden Blüten in Trauben den ganzen Sommer über.
P. stylosa 'Purpurea': Matten bildende Mehrjährige mit nach Moschus duftenden Blättern und rundlichen, purpurnen Blütenköpfen über einen langen Zeitraum im Sommer. 15 × 45 cm

Physalis alkekengi (Kelche)

Phygelius aequalis 'Yellow Trumpet'

Phygelius **Kapfuchsie**
Gattung winterharter, immergrüner Sträucher oder Halbsträucher mit farbenprächtigen, röhrenförmigen Blüten, die lange im Sommer und Frühherbst blühen. In kalten Klimazonen ist die Pflanze als krautige Mehrjährige zu behandeln und im Frühjahr auf Bodenniveau zurückzuschneiden. Braucht einen geschützten Standort in voller Sonne.
P. aequalis 'Yellow Trumpet': Winterharter, Schösslinge bildender Strauch mit hellgrünen Blättern und blassen, cremig gelben Blüten im Sommer. 1 × 1 m

Physalis **Blasenkirsche, Erdkirsche, Judenkirsche, Lampionblume**
Gattung sehr winterharter bis winterharter Einjähriger und Stauden mit winzigen, unauffälligen, glockenförmigen Blüten, gefolgt von roten Beeren. Diese sind in auffällige, orangefarbene bis rote Blütenkelche eingebettet, die oft in Trockensträußen Verwendung finden.
P. alkekengi (Wilde Blasenkirsche): Sehr winterharte, breitwüchsige Rhizomstaude mit dreieckigen bis länglichen Blättern, cremefarbenen Blüten im Sommer, gefolgt von leuchtend orangeroten Beeren in papierartigen roten Kelchen, die wie Lampions wirken. 75 cm × 1 m

Physocarpus **Blasenspiere**
Gattung Laub abwerfender Sträucher mit schuppig abblätternder Rinde und Doldentrauben becherförmiger, weißer Blüten. Mag saure Böden und Halbschatten.
P. opulifolius (Schneeball-Blasenspiere): Kompakter, Schösslinge bildender Strauch mit grünen Blättern und weißen, rosastichigen Blüten im Sommer sowie blasenförmigen, grünroten Früchten. 3 × 5 m

Physostegia virginiana 'Variegata'

***Physostegia* Gelenkblume**
Gattung sehr winterharter bis winterharter, aufrecht wachsender Rhizomstauden mit röhrenförmigen Blüten in Rosa-, Purpur- oder Weißschattierungen, die ihre Position beibehält, wenn sie gebogen wird (daher der Beiname.) Gedeiht am besten in nicht austrocknendem Boden.
P. virginiana 'Variegata': Sehr winterharte Mehrjährige mit gräulich grünen, weiß geränderten Blättern und magentafarbenen Blüten vom Hochsommer bis zum Frühherbst. 60 × 60 cm

Picea abies 'Gregoryana'

Picea glauca var. *albertiana* 'Conica'

Picea breweriana

***Picea* Fichte**
Gattung sehr winterharter bis winterharter, immergrüner Nadelbäume mit wirteligen Zweigen. Weibliche Zapfen reifen die ganze Saison von Grün zu Rot oder Braun; männliche Zapfen sind gelb bis rot. Die Fichten schätzt man als häufig zwergförmige Einzelexemplare oder schützendes Spalier. Neutrale bis saure Böden und volle Sonne.
P. abies 'Gregoryana': Winterharter Strauch oder Zwergbaum mit Nadeln in einem frischen Grün. Passt gut in den Steingarten. 75 × 75 cm
P. a. 'Little Gem': Ähnlich wie *P. a.* 'Gregoryana'. 1 × 1 m
P. breweriana (Siskiyou-Fichte): Sehr winterharter, langsam wüchsiger, säulenförmiger Baum mit hängenden Zweigen und dunkelgrünen, unterseits grünweißen Nadeln sowie zylinderförmigen, rötlichen weiblichen Zapfen. 10 × 3 m
P. glauca var. *albertiana* 'Conica': Sehr winterharter, konischer Strauch oder kleiner Baum mit grünen, nach außen weisenden Nadeln sowie grünen oder braunen weiblichen Zapfen. 2–6 × 1–2,5 m
P. pungens 'Glauca Procumbens': Sehr winterharter, niederliegender Strauch oder kleiner Baum mit nach außen gebogenen, schmalen Nadeln in Graublau sowie grünen, zu Braun reifenden weiblichen Zapfen. Für Steingärten. 15 cm × 1 m

Picea abies 'Little Gem'

Picea pungens 'Glauca Procumbens'

Pieris 'Flamingo'

Pieris japonica 'Little Heath'

Pieris japonica 'Mountain Fire'

Pieris **Lavendelheide**

Gattung sehr winterharter bis winterharter, immergrüner Sträucher mit glänzenden, mittel- bis dunkelgrünen Blättern; junge Triebe leuchten. Kleine, urnenförmige Blüten im Frühjahr. Braucht humose, feuchte, aber gut dränierte, saure Böden, volle Sonne oder Halbschatten. Schutz vor austrocknenden Winden.

P. 'Flamingo': Sehr winterharter Strauch mit glänzenden, dunklen Blättern und dunkelrosafarbenen, in der Knospe roten Blüten in hängenden Rispen im Frühjahr. 4 × 3 m

P. japonica 'Little Heath': Sehr winterharter Zwergstrauch mit grünen, weiß geränderten, an jungen Trieben rosafarbenen Blättern. Rosa Blüten erscheinen im Winter und zeitigen Frühjahr. 60 × 60 cm

P. j. 'Mountain Fire': Sehr winterharter Strauch mit mittelgrünen, anfangs leuchtend roten Blättern und hängenden Rispen cremefarbener Blüten im Spätwinter und Frühjahr. 1,5 × 1,5 m

Pileostegia

Gattung sehr winterharter (bis –10 °C), immergrüner Kletterer mit attraktivem Laub und becher- oder sternförmigen, weißen Blüten. Für die Mauerbegrünung.

P. viburnoides: Winterharte, immergrüne Kletterpflanze mit ledrigen, grünen Blättern sowie sternförmigen, weißen Blüten im Spätsommer und Herbst. 6 m

Pinus **Kiefer**

Gattung sehr winterharter bis winterharter, immergrüner Nadelbäume und Sträucher mit gefurchter Rinde und grünen Nadeln sowie männlichen und weiblichen Zapfen. Als Einzelexemplar oder Windschutz. Niedrige Arten sind gute Steingartenpflanzen und mögen volle Sonne.

P. mugo (Latschenkiefer): Sehr winterharter Strauch oder kleiner, breitwüchsiger Baum mit grauer, schuppiger Rinde, glänzenden Nadeln und dunkelbraunen weiblichen Zapfen. 3,5 × 5 m

P. pinea (Pinie, Schirmkiefer): Sehr winterharter Baum von kuppelförmigem Wuchs und orangebrauner Rinde bei ausgereiften Pflanzen. Junge blaugrüne Nadeln verfärben sich über Jahre hinweg glänzend grün. Trägt braune, weibliche Zapfen. 15–20 × 6–12 m

P. radiata (Monterey-Kiefer): Sehr winterharter, schnellwüchsiger, kegelförmiger Baum, der zu kuppelförmiger Form mit tief gefurchter, schwarzer Rinde heranwächst. Glänzende, leuchtend grüne Nadeln und gelbbraunen, weiblichen Zapfen. 25–40 × 8–12 m

P. wallichiana (Tränenkiefer): Sehr winterharter, robuster Baum von konischem, später kuppelförmigem Wuchs und weicher, grauer, schuppiger Rinde. Graugrüne bis blaugrüne Nadeln und grünen, zu Braun reifenden weiblichen Zapfen. 20–35 × 6–12 m

Pinus mugo

Pinus pinea

Pinus radiata

Pinus wallichiana

Piptanthus nepalensis

Pistia stratiotes

Pittosporum tenuifolium 'James Stirling'

Piptanthus
Gattung winterharter, Laub abwerfender oder halbimmergrüner Sträucher mit attraktivem Laub und Schmetterlingsblüten. Kann gut vor einer Mauer gezogen werden. Gegen austrocknende Winde schützen.
P. nepalensis (Nepal-Goldregen): Winterharter, Laub abwerfender oder halbimmergrüner Strauch von aufrechtem Wuchs mit blaugrünen, unterseits blauweißen Blättern. Gelbe, erbsenartige Blüten erscheinen in Trauben im Spätfrühjahr und Frühsommer, gefolgt von hängenden Samenbeuteln. 2,5 × 2 m

Pistia Wassersalat
Einzige Art der Gattung ist eine winterharte, immergrüne, schwimmende, mehrjährige Wasserpflanze, die wegen der attraktiven Blätter und farbigen Wurzeln als Zierpflanze gilt. An der Wasseroberfläche in voller Sonne ziehen; braucht Winterschutz.
P. stratiotes: Winterharte, immergrüne, schwimmende, mehrjährige Wasserpflanze mit keilförmigen, Rosetten bildenden, blaugrünen Blättern. Unauffällige weiße Blüten das ganze Jahr hindurch. 10 cm × unbegrenzte Ausbreitung

Pittosporum tenuifolium 'Silver Queen'

Pittosporum Klebsame
Gattung winterharter bis frostempfindlicher, immergrüner Sträucher und Bäume von attraktiver Form, mit farbigen, oft panaschierten Blättern und duftenden Blüten. Mag Sonne oder Halbschatten sowie einen geschützten Standort, Sorten mit panaschierten oder purpurnen Blättern am besten in voller Sonne halten.
P. tenuifolium 'James Stirling': Winterharter, großer Strauch oder kleiner Baum mit braunen bis schwarzen Ästen und glänzenden, an den Rändern gekräuselten Blättern in Grün. Duftende, dunkelrot bis schwarze Blüten im Spätfrühjahr und Frühsommer. 4–10 × 2–5 m
P. t. 'Silver Queen': Winterharter Strauch von kompaktem Wuchs mit dunklen Ästen sowie graugrünen Blättern mit unregelmäßig rosaweißem Rand. Die Blüten sind wie bei der Art. 1–4 × 2 m
P. t. 'Tom Thumb': Winterharter Strauch im Zwergformat mit dunklen Ästen und dunkelbronzenen, purpurn überhauchten Blättern. Duftende Blüten wie bei der Art. 1 m × 60 cm

Platycodon grandiflorus 'Mariesii'

Plantago Wegerich
Gattung sehr winterharter bis winterharter Ein- und Zweijähriger sowie immergrüner Stauden und Sträucher, teils wuchernd und als Unkräuter geltend. Neutrale bis saure Böden in voller Sonne.
P. nivalis: Sehr winterharte Mehrjährige mit hübschen Rosetten lanzettlicher, behaarter, silbergrüner Blätter und Ähren graubrauner Blüten im Sommer. 2,5 × 8 cm

Platanus Platane
Gattung sehr winterharter bis winterharter, Laub abwerfender Bäume von imposanter Form und mit großen, im Herbst verfärbten Blättern sowie interessanter, abblätternder Rinde. Standort in voller Sonne.
P. × hispanica (Bastard-Platane): Sehr winterharter, Laub abwerfender, säulenförmiger Baum mit abblätternder, brauner Rinde in Cremefarben und Grau sowie leuchtend grünen Blättern. Zu Braun reifende Früchte in Büscheln den Herbst und Winter über. 30 × 20 m

Pittosporum tenuifolium 'Tom Thumb'

Platycodon Ballonblume
Einzige Art der Gattung ist eine Mehrjährige mit Horsten blaugrüner Blätter und im Sommer glockenförmigen Blüten in Blau, Purpur oder Weiß.
P. grandiflorus 'Mariesii': Büschel bildende Staude mit lanzettlichen, blaugrünen Blättern und hübschen, blassviolettblauen, in der Knospe ballonförmigen Blüten im Sommer. 60 × 30 cm

Pleione hookeriana

Plumbago capensis

Polemonium caeruleum

Pleioblastus
Gattung immergrüner Bambusgewächse mit linealischen bis lanzettlichen, oft gezeichneten oder panaschierten Blättern und dünnen, hohlen Schäften. Geeignet für Waldgärten oder wilde Gärten. Panaschierte Sorten mögen volle Sonne.
P. variegatus: Immergrünes Bambusgewächs mit dunkelgrünen, cremefarben panaschierten, linealischen Blättern sowie blassgrünen Schäften. 75 cm × 1,2 m

***Pleione* Tibetorchidee**
Gattung bedingt winterharter, teils winterharter, Laub abwerfender Orchideen mit Pseudobulben, zumeist als Topfpflanzen oder in einem kühlen Alpinhaus gezogen. Meist einzeln stehende Blüten zu verschiedenen Jahreszeiten.
P. hookeriana: Bedingt winterharte, Laub abwerfende Orchidee mit einzeln stehenden, rosa oder purpurnen Blüten mit rosafarbenen bis weißen Lippen im Sommer. 10 × 15 cm

***Plumbago* Bleiwurz**
Gattung bedingt winterharter bis winterharter Ein- oder Mehrjähriger sowie immergrüner Sträucher und Kletterpflanzen mit blauen, roten oder weißen Blüten. In kalten Klimazonen im kalten oder temperierten Wintergarten oder Gewächshaus ziehen. Im Freiland Standort in voller Sonne wählen.
P. capensis: Bedingt winterharter, immergrüner Strauch, zumeist als Kletterpflanze gezogen. Mattgrüne, gelegentlich blaugraue Blätter und röhrenförmige, himmelblaue Blüten von Sommer bis Spätherbst. 3–6 × 1–3 m

***Podocarpus* Steineibe**
Gattung sehr winterharter bis frostempfindlicher, immergrüner Nadelhölzer als Bäume oder Bodendecker. Pflaumenförmige Früchte erscheinen, wenn männliche und weibliche Pflanzen zusammen gezogen werden. Viele Standorte und Bedingungen.
P. alpinus: Winterharter, breitwüchsiger Strauch mit schmalen, matten, grünen, unterseits grau gezeichneten Nadeln und zapfenartigen Blüten im Sommer. An weiblichen Pflanzen erscheinen im Herbst rote Früchte. 2 × 2 m

Polemonium 'Lambrook Mauve'

***Podophyllum* Maiapfel**
Gattung sehr winterharter bis winterharter Rhizomstauden mit schönem Blattwerk, Blüten und Früchten. Humoser, feuchter Boden im Schatten bis Halbschatten.
P. peltatum (Entenfuß, Gewöhnlicher Maiapfel): Sehr winterharte, kriechende Staude mit glänzenden Blättern und becherförmigen, duftenden, wachsartigen, rosa oder weißen Blüten von Frühjahrsmitte bis Frühsommer. Gelbgrüne Früchte im Herbst. 45 cm × 1,2 m

***Polemonium* Himmelsleiter, Jakobsleiter, Sperrkraut**
Gattung meist horstbildender Ein- und Mehrjähriger mit mannigfach geformten, vielgestaltigen Blüten in Blau, Malve, Rosa oder Weiß, zuweilen Purpur oder Gelb im Frühjahr und Sommer.
P. caeruleum: Horstbildende Staude mit glockigen, lavendelblauen, manchmal weißen Blüten an hohen Stängeln im Frühsommer. 30–90 × 30 cm
P. 'Hopley's': Horstbildende Staude mit becherförmigen, lila- und hellviolettfarbenen Blüten im Spätfrühjahr und Frühsommer. 45 × 45 cm
P. 'Lambrook Mauve': Horstbildende Staude mit becherförmigen, lilablauen Blüten im Spätfrühjahr und Frühsommer. 45 × 45 cm

Polygonatum × hybridum

Polygonatum Weißwurz
Gattung sehr winterharter bis winterharter, rhizombildender Stauden mit hübschen, im Herbst gelb verfärbten Blättern an übergebogenen Zweigen, sowie meist hängenden, glockenförmigen Blüten in Creme oder Weiß, gelegentlich Rosa, mit grüner Zeichnung. Mag feuchten Boden in Schatten oder Halbschatten.
P. × hybridum: Sehr winterharte Staude mit gebogenen Ästen und gerippten Blättern sowie cremefarbenen und grünen, röhrenförmigen Blüten im Frühjahr, gefolgt von kleinen, blauschwarzen Früchten. 1,2 m × 30 cm

Polygonum Vogelknöterich
Gattung Mehrjähriger, die inzwischen als *Persicaria* oder *Fallopia* bzw. *P. baldschuanicum* (Syn. *Fallopia baldschuanicum*) umklassifiziert wird. Sehr winterharte, Laub abwerfende Kletterpflanze von kräftigem, aggressivem Wuchs, mit herzförmigen Blättern in Grün und Trauben trichterförmiger weißer, leicht rosastichiger Blüten im Sommer und Herbst. 12 m

Polygonum baldschuanicum

Polystichum setiferum 'Plumosodivisilobum'

Polypodium Tüpfelfarn
Gattung sehr winterharter bis frostempfindlicher, meist immergrüner Farne für humose, gut dränierte Böden, Sonne oder leichten Schatten.
P. cambricum: Sehr winterharter, Laub abwerfender Farn mit grünen Wedeln, die im Frühjahr absterben. 15–60 cm × unbegrenzte Ausbreitung

Polystichum Schildfarn
Gattung sehr winterharter bis winterharter, immergrüner Farne mit attraktiven Wedeln, die „federballartige" Kronen haben. Bevorzugen humose, gut dränierte Böden, Halbschatten oder Schatten.
P. setiferum 'Plumosodivisilobum': Sehr winterharter, immergrüner Farn mit Wedeln in Dunkelgrün, entlang dessen Mittelrippe oftmals Brutknospen zu finden sind. 60 × 60 cm

Poncirus trifoliata

Poncirus Bitterorange
Einzige Art der Gattung ist ein Laub abwerfender Strauch oder kleiner Baum von offenem Wuchs mit duftenden, weißen Blüten und orangeartigen Früchten. Volle Sonne, braucht Schutz vor Wind.
P. trifoliata: Laub abwerfender Strauch oder kleiner Baum mit starren, stacheligen Zweigen und dunkelgrünen, im Herbst gelben Blättern. Duftenden, weißen Blüten im Spätfrühjahr und Frühsommer folgen grüne, zu Orangen reifende Früchte. 5 × 5 m

Pontederia Hechtkraut
Gattung sehr winterharter bis winterharter, mehrjähriger Wasserpflanzen für Teich- oder Flussränder. Ähren blauer Blüten erheben sich über Horsten grüner Blätter im Sommer und Frühherbst. Volle Sonne, maximale Wassertiefe 12 cm.
P. cordata: Sehr winterharte, mehrjährige Wasserpflanze mit schwimmenden oder untergetauchten Blättern und Ähren röhrenförmiger Blüten im Sommer. 1 m × 60 cm

Populus × candicans 'Aurora'

Populus Espe, Pappel
Gattung Laub abwerfender Bäume mit schnellem Wachstum. Geeignet für zahlreiche Böden und Standorte, als Windhecke oder Einzelexemplar. Aufgrund kräftigen Wurzelwachstums nicht in die Nähe von Gebäuden pflanzen.
P. × candicans 'Aurora': Laub abwerfender Baum von säulenförmigem Wuchs mit herzförmigen, weiß, creme oder rosa gesprenkelten Blättern und weiblichen Kätzchen im Frühjahr. 15 × 6 m
P. nigra 'Italica' (Italienische Pappel): Laub abwerfender, schmaler, säulenförmiger Baum mit glänzenden, dunklen Blättern sowie männlichen Kätzchen im Frühjahr. 30 × 5 m
P. tremula (Espe, Zitter-Pappel): Laub abwerfender, breitwüchsiger Baum mit dunkelgrünen, zuerst bronzefarbenen, im Herbst gelb verfärbten Blättern. Blätter zittern und rascheln im Wind. Trägt männliche und weibliche Kätzchen zu Beginn des Frühjahrs. 20 × 10 m

Potentilla fruticosa 'Elizabeth'

Potentilla nepalensis 'Miss Willmott'

Pratia pedunculata

Potentilla **Fingerkraut**

Gattung von Stauden und Sträuchern sowie vereinzelten Ein- und Zweijährigen mit Blüten in vielen Farben wie Orange, Rosa, Rot, Weiß oder Gelb vom Frühjahr bis zum Herbst. Hinsichtlich Boden und Standort recht anpassungsfähige Pflanze, liebt aber volle Sonne.

P. fruticosa: Laub abwerfender, kompakter, buschiger Strauch mit kleinen, dunkelgrünen Blättern und tellerfömigen, gelben Blüten vom Spätfrühjahr bis zum Herbst.

P. f. 'Elizabeth': Art mit leuchtend zitronengelben Blüten. 1 × 1,5 m

P. nepalensis 'Miss Willmott': Horstbildende Mehrjährige mit mittelgrünen Blättern und rosa Blüten mit dunklerer Mitte im Sommer. 45 × 60 cm

Pratia **Teppichlobelie**

Gattung sehr winterharter bis winterharter, immergrüner, breitwüchsiger Stauden. Winterharte Arten brauchen feuchte Böden; Schatten oder Halbschatten. Nur *P. pedunculata* verträgt Trockenheit.

P. pedunculata: Sehr winterharte, teppichbildende, niederliegende Staude mit rundlichen, grünen Blättern und sternförmigen, blauen bis weißen Blüten den ganzen Sommer über. 1,5 cm × unbegrenzte Ausbreitung

Primula denticulata

Primula **Aurikel, Primel, Schlüsselblume**

Gattung sehr winterharter bis winterharter, zumeist mehrjähriger, teils immergrüner Pflanzen mit blass- bis dunkelgrünen, grundständigen Rosetten und unterschiedlich geformten Blüten, die zwischen den Blättern oder an schlanken bis dicken Stängeln sitzen. Anforderungen variieren je nach Art, optimal sind humose, feuchte Böden im Halbschatten. Die komplexe Gattung lässt sich in folgende Gruppen unterteilen: Auricula-Gruppe mit immergrünen Dolden flacher Blüten über weichem Blattwerk, oft mit Blütenstaub; Laub abwerfende oder halbimmergrüne Kandelaber-Gruppe mit Wirteln etagenförmig an dicken Stielen angeordneter Blüten; Polyanthus-Gruppe ist Laub abwerfend, halbimmergrün und immergrün, trägt Blüten vom Winter bis zum Frühjahr und wird in der Regel für Kübel oder Rabatten als Zweijährige gezogen.

P. auricula-Hybride: Sehr winterharte, immergrüne Staude mit Rosetten grüner, gezähnter Blätter und dunkelpurpurnen Blüten mit weißer Mitte im Frühjahr. Mag Sonne oder Halbschatten und kann im Alpinhaus stehen. 20 × 25 cm

P. 'Crescendo Red': Sehr winterharte, halbimmergrüne Mehrjährige der Polyanthus-Gruppe mit Rosetten geäderter, dunkler Blätter sowie roten, in der Mitte gelben Blüten im Winter und Frühjahr. Für Sonne oder Halbschatten. 20 × 25 cm

P. denticulata (Kugel-Primel): Sehr winterharte, Laub abwerfende Staude mit Rosetten gezähnter, grüner, unterseits mehlig weißer Blätter sowie dichten Blütenbällen röhrenförmiger, purpurner Blüten im Frühjahr. *P. d.* var. *alba* trägt weiße Blüten und bevorzugt Sonne oder Halbschatten. 45 × 45 cm

Primula auricula-Hybride

Primula 'Crescendo Red'

Primula florindae

Primula 'Dusky Lady'

Primula elatior

P. 'Dusky Lady': Sehr winterharte, halbimmergrüne Staude mit Rosetten grüner, purpurstichiger Blätter sowie weinroter Blüten im Frühjahr. Mag Sonne oder Halbschatten. 15 × 30 cm

P. elatior (Waldschlüsselblume): Sehr winterharte, halbimmergrüne oder immergrüne Staude mit Rosetten mittelgrüner Blätter sowie gelben Blüten im Frühjahr und Sommer. Mag neutrale bis saure Böden; Standort im Halbschatten. 30 × 25 cm

P. florindae (Tibet-Primel): Sehr winterharte, Laub abwerfende Staude mit Rosetten gezähnter Blätter in Mittelgrün und Dolden duftender, röhrenförmiger, schwefelgelber Blüten im Sommer. Mag volle Sonne und Halbschatten. 1 × 1 m

P. 'Gigha White': Sehr winterharte, halbimmergrüne Staude mit blassgrünen Rosetten geäderter Blätter sowie weißen Blüten mit gelber Mitte im Frühjahr. Sonne oder Halbschatten. 20 × 25 cm

P. Gold-Laced-Gruppe: Sehr winterharte, halbimmergrüne oder immergrüne Mehrjährige, die zu der Polyanthus-Gruppe zählt. Trägt grüne Blätter und Dolden flacher Blüten in verschiedenen Farben mit goldgelbem Rand im Frühjahr. Mag neutrale bis saure Böden im Halbschatten. 25 × 30 cm

P. 'Guinevere': Sehr winterharte, immergrüne Staude mit Rosetten fein gezähnter, dunkelblaugrüner Blätter und duftenden blassvioletten, in der Mitte gelben Blüten im Frühjahr. Neutrale bis saure Böden im Halbschatten. 12 × 25 cm

P. 'Hose-in-Hose': Sehr winterharte, halbimmergrüne Staude mit Rosetten geäderter Blätter und im Frühjahr gefüllten, gelben Blüten mit dunklerer Mitte, bei denen eine Blüte durch den Schlund einer anderen verdoppelt wird. Für Sonne und Halbschatten. 20 × 25 cm

Primula 'Gigha White'

Primula 'Guinevere'

Primula Gold-Laced-Gruppe

Primula 'Hose-in-Hose'

Primula helodoxa

Primula japonica

Primula japonica 'Postford White'

Primula pulverulenta

Primula sieboldii

Primula sieboldii alba

Primula 'Miss Indigo'

P. helodoxa: Sehr winterharte, Laub abwerfende Staude der Kandelaber-Gruppe mit Rosetten mittelgrüner Blätter sowie Wirteln goldgelber, in Etagen angeordneter Blüten an dicken Stängeln im Spätfrühjahr und Frühsommer. Geeignet für Teich- oder Bachränder. Mag feuchte Böden und Halbschatten. 1 m × 30 cm

P. japonica (Japanische Etagen-Primel): Sehr winterharte, Laub abwerfende Staude mit Rosetten fein gezähnter, geäderter, heller Blätter sowie Wirteln blassroter bis purpurroter oder weißer Blüten im Frühjahr. Neutrale bis saure Böden, Halbschatten. 45 × 45 cm

P. j. 'Postford White': Ähnlich wie *P. japonica,* trägt aber weiße Blüten mit roter Mitte. 45 × 45 cm

P. 'Miss Indigo': Sehr winterharte, halbimmergrüne Staude mit Rosetten geäderter Blätter sowie gefüllten Blüten in dunklem, sattem Purpur mit weißen Rändern im Frühjahr. Mag Halbschatten. 20 × 30 cm

P. pulverulenta: Sehr winterharte, halbimmergrüne Staude mit Rosetten fein gezähnter Blätter in Grün sowie Wirteln dunkel- oder purpurroter, etagenförmig angeordneter Blüten an weiß bemehlten Stängeln im Frühjahr und Sommer. Mag feuchten Boden und Halbschatten. 60 cm–1 m × 30–45 cm

P. sieboldii: Winterharte, Laub abwerfende Staude mit Rosetten flaumiger, hellgrüner Blätter sowie rosavioletten bis lilapurpurnen oder scharlachroten Blüten mit weißer Mitte im Spätfrühjahr oder Frühsommer. Bevorzugt feuchten Boden und Halbschatten. 30 × 45 cm

P. s. alba: Ähnlich wie *P. sieboldii,* aber mit reinweißen Blüten. 30 × 45 cm

P. 'Snow Cushion': Sehr winterharte, immergrüne Staude mit Rosetten grüner Blätter sowie leuchtend weißen Blüten im Frühjahr. Schätzt Sonne oder Halbschatten. 10 × 20 cm

Primula 'Snow Cushion'

Primula veris

P. veris (Echte Schlüsselblume): Sehr winterharte, halbimmergrüne oder immergrüne Staude mit Rosetten evtl. außen leicht gekräuselter Blätter, darüber Dolden duftender Blüten in einem satten Gelb. Für Sonne oder Halbschatten. 25 × 25 cm

P. vialii: Sehr winterharte, Laub abwerfende Staude mit Rosetten gezähnter, behaarter Blätter sowie kurzen Ähren röhrenförmiger, in der Knospe karmesinroter Blüten, die sich im Sommer violettpurpurn öffnen. Mag neutrale bis saure Böden im Halbschatten. 30–60 × 30 cm

P. vulgaris: Sehr winterharte, halbimmergrüne oder immergrüne Staude mit Rosetten geäderter Blätter in einem leuchtenden Grün sowie Büscheln blassgelber Blüten im Frühjahr. Mag Sonne oder Halbschatten und feuchten Boden. 20 × 30 cm

P. v. 'Lilacina Plena': Ähnlich wie *P. vulgaris,* aber mit gefüllten, in der Mitte dunkleren Blüten in zartem Lila. 20 × 30 cm

P. v. subsp. *sibthorpii:* Wie *P. vulgaris,* aber mit keilförmigen Blättern und lila, purpurnen, roten, hellrosa oder weißen Blüten mit gelber Mitte. 20 × 30 cm

P. v. 'Viridis': Ähnlich wie *P. vulgaris,* trägt aber hellgrüne Blüten mit gelber Mitte. 20 × 30 cm

P. 'Wanda': Sehr winterharte, halbimmergrüne oder immergrüne Staude mit Rosetten purpurstichiger, grüner Blätter sowie Büscheln purpurner Blüten mit gelber Mitte im Frühjahr. Mag sowohl Sonne als auch Schatten. 15 × 30 cm

Primula vulgaris 'Lilacina Plena'

Primula vulgaris 'Viridis'

Primula 'Wanda'

Primula vialii

Primula vulgaris

Primula vulgaris subsp. *sibthorpii*

Prunella grandiflora 'Pink Loveliness'

Prunella **Braunelle**

Gattung halbimmergrüner Stauden von ausladendem, kräftigem Wuchs mit aufwärts gerichteten Ähren röhrenförmiger Blüten in Weiß, Rosa oder Violett. Zieht Bienen an. Verträgt die meisten Böden und Standorte.

P. grandiflora 'Pink Loveliness': Sehr breitwüchsige Staude mit Blättern in Dunkelgrün sowie Wirteln rosafarbener Blüten im Sommer. 15 cm × 1 m

Prunus 'Amanogawa'

Prunus 'Accolade'

Prunus cerasifera 'Pissardii'

Prunus **Aprikose, Kirsche, Lorbeerkirsche, Mandel, Pfirsich, Pflaume, Schlehe, Traubenkirsche, Weichsel, Zwetschge**

Gattung sehr winterharter bis winterharter, Laub abwerfender und immergrüner, aufrechter bis rundlicher Bäume und Sträucher, zuweilen breitwüchsig. Tragen teller-, schalen oder becherförmige Blüten, die einfach, halb gefüllt oder gefüllt sein können, in Rosa, Rot oder Weiß, meist gefolgt von Früchten. Die Gattung umfasst *P. domestica* (Pflaume), *P. dulcis* (Mandel) sowie *P. persica* (Pfirsich). Viele Arten als Einzelexemplare geeignet, einige geradezu ideal für kleinere Gärten. Standort in voller Sonne.

P. 'Accolade': Winterharter, Laub abwerfender, breitwüchsiger Baum mit spitzen, dunklen Blättern sowie halb gefüllten, rosafarbenen, in der Knospe dunkleren Blüten im Frühjahr. 8 × 8 m

P. 'Amanogawa': Sehr winterharter, Laub abwerfender, aufrechter Baum mit frischen Blättern in Bronzegelb, die sich über Grün im Sommer zu Rot und Gelb im Herbst verfärben. Halb gefüllte, duftende, rosa Blüten im Frühjahr. 8 × 4 m

P. cerasifera 'Pissardii': Sehr winterharter, Laub abwerfender, runder Baum mit purpurnen Blättern sowie einfachen, rosafarbenen, später weißen Blüten an kahlen Zweigen im Frühjahr. 10 × 10 m

P. 'Kanzan': Sehr winterharter, Laub abwerfender, aufrechter, dann zunehmend breitwüchsiger Baum mit grünen, anfangs bronzenen Blättern sowie gefüllten, rosafarbenen Blüten im Frühjahr. 10 × 10 m

P. 'Kursar': Sehr winterharter, Laub abwerfender, breitwüchsiger Baum mit dunklen, anfangs bronzenen Blättern sowie einfachen, rosafarbenen, in der Mitte dunkleren Blüten, die im Frühjahr an kahlen Zweigen stehen. 8 × 8 m

P. laurocerasus (Kirschlorbeer): Sehr winterharter, immergrüner, später breitwüchsiger Strauch mit länglichen, glänzenden, dunklen Blättern, unterseits blasser. Duftende, weiße Blüten im Frühjahr, gefolgt von roten, zu Schwarz reifenden Früchten. 8 × 10 m

P. lusitanica (Portugiesische Lorbeerkirsche): Sehr winterharter bis winterharter immergrüner Strauch oder Baum mit glänzenden, dunklen Blättern sowie duftenden, weißen Blüten im Sommer. Rote Früchte. 6–10 × 5 m

P. mume 'Benichidori': Sehr winterharter, Laub abwerfender, aufrechter Baum mit spitzen, dunklen Blättern sowie einfachen, dunkelrosa Blüten an nackten Zweigen im Winter und zeitigen Frühjahr. 2,5 × 2,5 m

Prunus 'Kanzan'

Prunus laurocerasus

Prunus lusitanica

Prunus mume 'Benichidori'

Prunus 'Kursar'

Prunus 'Taoyame'

P. 'Taoyame': Sehr winterharter, breitwüchsiger Baum mit erst bronzenen, dann grünen, im Herbst orangeroten Blättern sowie halb gefüllten, duftenden, rosafarbenen Blüten im Frühjahr. 5 × 8 m

P. 'Taihaku': Winterharter, Laub abwerfender, breitwüchsiger Baum mit dunkelgrünen, anfangs bronzenen Blättern sowie Büscheln einfacher, weißer Blüten im Frühjahr. 3 × 10 m

P. tenella 'Fire Hill': Sehr winterharter, Laub abwerfender, aufrechter Strauch mit glänzenden, dunklen Blättern sowie Büscheln dunkelrosafarbener Blüten im Frühjahr. 1,5 × 1,5 m

Prunus 'Shirotae'

Prunus Pendula 'Pendula Rosea'

Prunus Persica-Hybride

Prunus 'Pink Shell'

Prunus × *subhirtella* 'Autumnalis Rosea'

Prunus 'Taihaku'

Prunus tenella 'Fire Hill'

Pseudolarix amabilis (Herbstlaub)

Pseudolarix **Goldlärche**
Einzige Art der Gattung ist ein sommergrüner Nadelbaum mit schöner Herbstfarbe und männlichen und weiblichen Zapfen. Eignet sich als Einzelexemplar in sauren bis neutralen Böden an einem geschützten Standort in voller Sonne.
P. amabilis: Sommergrüner, kegelförmiger Nadelbaum mit gefurchter, grauer Rinde sowie weichen, sich im Herbst verfärbenden Nadeln. 15 × 6 m

Pterostyrax hispida

Pterostyrax **Flügelstorax**
Gattung Laub abwerfender, breitwüchsiger Bäume oder Sträucher mit abblätternder, aromatischer Rinde, blassen Blättern, duftenden, weißen Blüten sowie gerippten oder geflügelten Früchten. Für neutrale bis saure Böden in Sonne oder Halbschatten.
P. hispida (Borstiger Flügelstorax): Laub abwerfender Baum oder Strauch mit glockenförmigen, duftenden, weißen Blüten im Sommer. 15 × 12 m

Pulmonaria officinalis 'Bowles' Blue'

Pulmonaria officinalis 'Sissinghurst White'

Pulmonaria rubra 'Redstart'

Pulmonaria longifolia

Pulmonaria **Lungenkraut**
Gattung Laub abwerfender oder immergrüner, niedrigwüchsiger Stauden mit trichterförmigen Blüten in zahlreichen Farben wie Blau, Rot, Rosa, Purpur, Violett oder Weiß im Winter und Frühjahr. Behaarte, grundständige Blätter sind weiß oder silbern gesprenkelt. Für humose, feuchte Böden im Schatten oder Halbschatten, auch wenn *P. officinalis* Sonne verträgt.
P. longifolia: Sehr winterharte, Laub abwerfende, horstbildende Staude mit lanzettlichen, dunkelgrünen, silber-weiß gesprenkelten Blättern. Blaue bis blaupurpurne Blüten erscheinen vom Spätwinter bis zum Spätfrühjahr. 30 × 45 cm
P. officinalis 'Bowles' Blue': Sehr winterharte, immergrüne, Büschel bildende Staude mit silberweiß gesprenkelten Blättern sowie trichterförmigen, blauvioletten Blüten und einem dunkleren Auge im Frühjahr. 30 × 45 cm
P. o. 'Sissinghurst White': Sehr winterharte, immergrüne, horstbildende Staude mit grünen, stark weiß gesprenkelten Blättern sowie weißen, trichterförmigen Blüten im Frühjahr. 30 × 45 cm
P. rubra 'Redstart': Sehr winterharte, immergrüne, horstbildende Staude mit mattgrünen Blättern sowie trichterförmigen, korallenfarbenen Blüten im Winter und Frühjahr. 30 cm × 1 m

Pulsatilla **Küchenschelle, Kuhschelle**
Gattung Laub abwerfender, horstbildender Stauden mit fein gegliedertem, farnartigem Blattwerk und seidigen, glocken- oder becherförmigen Blüten, auf welche auffällige Samenköpfchen folgen. Eignet sich gut für den Steingarten oder das Alpinhaus und mag gut dränierte Böden in voller Sonne.
P. vulgaris (Große Küchenschelle): Horstbildende Staude mit gegliederten, hellgrünen Blättern sowie aufrechten, purpurnen, glockenförmigen Blüten im Frühjahr. 20 × 20 cm
P. v. 'Rubra': Ähnlich wie *P. vulgaris,* aber mit weinroten Blüten. 20 × 20 cm

Punica **Granatapfelbaum**
Gattung winterharter Sträucher oder Bäume von rundlichem Wuchs mit leuchtend roten Blüten und essbaren Früchten. Mag volle Sonne und geschützten Standort.
P. granatum: Winterharter, etwas stacheliger Strauch mit leuchtenden, erst kupferfarbenen Blättern sowie trichterförmigen, orangeroten Blüten im Sommer, auf welche essbare Früchte folgen. 30 cm–1 m × 30 cm–1 m

Puschkinia **Kegelblume, Puschkinie**
Einzige Art der Gattung ist eine mehrjährige Zwiebelpflanze, die eng mit *Scilla* verwandt ist. Trauben blassblauer Blüten mit dunkleren Streifen erscheinen im Frühjahr. Gute Steingartenpflanze.
P. scilloides var. *libanotica:* Kleine, mehrjährige Zwiebelpflanze mit linealischen, grundständigen Blättern sowie eisfarbenen, blau gestreiften Blüten im Frühjahr. 20 × 5 cm

Pyracantha **Feuerdorn**
Gattung sehr winterharter bis winterharter, immergrüner, aufrechter und breitwüchsiger Sträucher oder bisweilen Bäume mit attraktiven Blättern, Blüten sowie orangefarbenen, gelben und roten Früchten im Herbst. Als Einzelexemplar, Hecke oder Mauerbegrünung ziehen.
P. 'Mohave': Sehr winterharter bis winterharter, kräftiger Strauch mit dunkelgrünen Blättern und weißdornähnlichen, weißen Blüten im Frühjahr; es folgen langlebige, rote Beeren. 4 × 5 m

Pyrus **Birne**
Gattung größtenteils Laub abwerfender Bäume und Sträucher mit schöner Form, dekorativen Blüten und teilweise essbaren Birnen. Die Zierpflanzen der Gattung eignen sich gut als Einzelexemplare und mögen einen Standort in voller Sonne.
P. salicifolia 'Pendula': Laub abwerfender Baum mit hängenden, weidenartigen, silbergrauen Zweigen und kleinen, cremig weißen Blüten im Frühjahr, auf welche birnenartige, nicht essbare Früchte folgen. 5 × 4 m

Pulsatilla vulgaris

Pulsatilla vulgaris 'Rubra'

Puschkinia scilloides var. *libanotica*

Pyracantha rogersiana 'Flava'

Pyracantha 'Mohave'

Pyrus salicifolia 'Pendula'

QR

Quercus coccinea (Herbstlaub)

Quercus cerris

Quercus Eiche
Gattung sehr winterharter bis winterharter, Laub abwerfender oder halbimmergrüner Bäume und Sträucher mit schöner Form und ebensolchem Laub. Trägt ganze, gelappte oder gezähnte Blätter und unauffällige, weibliche und männliche Kätzchen, gefolgt von Eicheln in schuppigen Fruchtbechern. Immergrüne Arten schätzen volle Sonne, andere tolerieren auch Schatten.
Q. cerris (Zerr-Eiche): Sehr winterharter, Laub abwerfender, breitwüchsiger Baum mit tief gelappten oder gezähnten, dunklen, unterseits blassen, im Herbst gelben Blättern und Eicheln in schuppigen Hülsen. 30 × 23 m
Q. coccinea (Scharlach-Eiche): Sehr winterharter, Laub abwerfender, rundlicher Baum mit schuppiger, graugrüner Rinde und glänzenden, dunklen, im Herbst leuchtend roten Blättern. Eicheln sind fast kreisrund. Mag kalkfreie Böden. 20 × 15 m

Ramonda myconi

Ramonda Felsenteller, Ramondie
Gattung immergrüner Mehrjähriger mit attraktiven, oft behaarten und gekräuselten Blättern in vielen Formen und Farben, sowie flachen oder abgeflachten, becherförmigen Blüten im Spätfrühjahr und Frühsommer. Eignet sich gut für Steingarten, Alpinhaus oder Mauerspalten. Mag Halbschatten.
R. myconi: Immergrüne Mehrjährige mit hübschen Rosetten schwach gekräuselter, dunkelgrüner Blätter sowie nach außen gerichteten, violettblauen Blüten mit sehr auffälligen, gelben Staubbeuteln im Spätfrühjahr und Frühsommer. 10 × 20 cm

Ranunculus ficaria 'Brazen Hussy'

Ranunculus ficaria 'Flore Pleno'

Ranunculus Hahnenfuß, Ranunkel, Scharbockskraut
Gattung sehr winterharter Ein- und Zweijähriger und Laub abwerfender oder immergrüner Mehrjähriger mit schalen- oder becherförmigen, zumeist gelben Blüten, die aber auch in Orange, Rosa, Rot oder Weiß auftreten. Verträgt viele Böden und Standorte, obwohl einige Arten spezifische Anforderungen haben.
R. ficaria 'Brazen Hussy': Sehr winterharte, Laub abwerfende, mehrjährige Knollenpflanze mit grundständigen Blättern in einem glänzenden Bronzeschokobraun sowie becherförmigen, goldgelben Blüten im Frühsommer. Ruht den Sommer über und mag Halbschatten oder Schatten. 5 × 30 cm
R. f. 'Flore Pleno': Sehr winterharte Knollenpflanze mit glänzenden, grundständigen, dunkelgrünen Blättern sowie gefüllten, klar gelben Blüten im Frühjahr. Für Schatten oder Halbschatten. 5 × 30 cm

Raoulia Raoulie, Schafsteppich
Gattung sehr winterharter (bis –10 °C), immergrüner, Matten bildender Stauden oder Halbsträucher mit silbrigen Blättern und tellerförmigen Blütenköpfen. Geeignet für den Steingarten und gut dränierte Kiesböden sowie einen kühlen Standort.
R. australis: Sehr winterharte, immergrüne Staude mit schwefelgelben Blütenköpfen im Sommer. 1 m × 30 cm

Rehmannia Chinafingerhut, Rehmannie
Gattung winterharter bis bedingt winterharter Stauden, gelegentlich als Zweijährige gezogen, mit fingerhutähnlichen Blüten über Grundrosetten gelappter oder gezähnter, stark geäderter und behaarter Blätter. Für geschützten, vollsonnigen Standort.
R. elata (Hoher Chinafingerhut): Bedingt winterharte Staude mit Blüten in Rosa bis Purpurrosa von Sommer bis Herbst. 1 m × 45 cm

?hamnus alaternus 'Argenteovariegata'

?hamnus Kreuzdorn

?attung sehr winterharter bis winterhar-?er, Laub abwerfender und immergrüner ?träucher und Bäume mit attraktivem ?lattwerk, das sich im Herbst bei einigen ?aub abwerfenden Arten verfärbt. Trägt ?ekorative Früchte, die den winzigen, ?uweilen duftenden, zwittrigen Blüten ?olgen.

?. *alaternus* 'Argenteovariegata': Winter-?arter, immergrüner, breitwüchsiger ?trauch mit graugrünen, weiß gerän-?erten Blättern sowie gelbgrünen Blüten ?m späten Frühjahr und Frühsommer, ?efolgt von roten, zu Schwarz reifenden ?rüchten. 5 × 4 m

?hodanthemum hosmariense

?hodiola rosea

?hodiola Rosenwurz

?attung Mehrjähriger mit fleischigen, ?raugrünen Blättern und sternförmigen ?lüten in Grün, Orange, Rot oder Gelb. ?ag volle Sonne.

?. *rosea:* Horstbildende Mehrjährige mit ?urpurnen Stängeln und blau- bis grau-?rünen Blättern mit roter Spitze. Dolden-?raubenartige, gelbgrüne Blütenköpfe ?ehen aus rosa Knospen hervor. ?0 × 20 cm

Rheum palmatum

***Rheum* Rhabarber**

Gattung rhizombildender Mehrjähriger mit großen, dekorativen Blättern und imposanten Blütenrispen, denen kleine, braune Früchte folgen. Meist geeignet für feuchte Erde, vor allem an Gewässerrändern; nicht zu verwechseln mit dem wegen der essbaren Stängel beliebten *R.* × *hybridum*.

R. palmatum (Handlappiger Rhabarber): Rhizombildende Mehrjährige mit großem Wurzelstock, aus dem dicke Stängel mit gezähnten, dunkelgrünen, unterseits roten Blättern sowie Rispen grünlich cremefarbener bis dunkelroter, sternförmiger Blüten im Frühsommer hervorgehen. 2,5 × 1,8 m

Rhodanthemum

Gattung winterharter (bis ca. –10 °C) Mehrjähriger und Halbsträucher mit einzelnen, gänseblümchenähnlichen Blütenkörbchen. Geeignet für Steingarten und volle Sonne.

R. hosmariense: Winterharter, breitwüchsiger Halbstrauch mit silbrigen Blättern und dekorativen, weißen, innen gelben Blütenköpfen von Frühjahr bis Herbst. 10–30 × 30 cm

Rhodochiton

Gattung winterharter, Laub abwerfender, mehrjähriger Kletterpflanzen mit ungewöhnlichen Blüten und gezähnten Blättern. In kalten Klimazonen zieht man die Pflanze als Einjährige aus reifen Samen.

R. atrosanguineus: Winterharte, mehrjährige Kletterpflanze mit herzförmigen, dunkelgrünen Blättern, welche fast schwarze bis rotpurpurne, röhrenförmige Blüten mit kräftig rosafarbenen Kelchblättern im Sommer hervorbringt. 3 m

Rhodochiton atrosanguineus

Rhododendron arboreum-Hybride

Rhododendron barbatum

Rhododendron 'Bric-a-Brac'

Rhododendron 'Elizabeth'

Rhododendron 'Hinomayo'

Rhododendron 'John Cairns'

Rhododendron Alpenrose, Azalee, Rhododendron
Gattung sehr winterharter bis winterharter, Laub abwerfender und immergrüner Sträucher und Bäume, die sich stark im Wuchs unterscheiden. Zahlreiche Hybriden existieren. Die meisten haben lanzettliche, grüne Blätter und einen wolligen Überzug aus winzigen Haaren oder Schuppen und auffällige, duftende Blüten, die als Einzelblüten oder in Dolden auftreten. Manche Laub abwerfende Arten haben eine lebhafte Herbstfärbung. Für humose, saure Böden und leichten Schatten; Zwergarten brauchen volle Sonne.

R. arboreum-Hybride: Winterharter, immergrüner Baum mit dunkelgrünen, lederartigen Blättern, unterseits hellbraun behaart, sowie röhrenförmigen, rosa Blüten zu Frühjahrsbeginn. 12 × 4 m

R. barbatum: Sehr winterharter, immergrüner Strauch oder kleiner Baum mit dunklen Blättern und purpurroter, abblätternder Rinde. Röhrenförmige, scharlachrote Blüten zu Frühjahrsbeginn. 6 × 6 m

R. 'Bric-a-Brac': Sehr winterharter, immergrüner Strauch mit dunklen Blättern sowie trichterförmigen, weißen, in der Knospe cremefarbigen Blüten im Winter und Frühjahr 1,5 × 1,5 m

R. 'Elizabeth': Sehr winterharter, immergrüner, kompakter Strauch mit kleinen, grünen Blättern sowie trichterförmigen, leuchtend roten Blüten im Frühjahr. Verträgt Sonne. 1 × 1 m

R. 'Hinomayo': Sehr winterharter, immergrüner, kompakter Strauch mit kleinen, dunkelgrünen Blättern sowie trichterförmigen, leuchtend rosa Blüten vom Frühjahr bis zum Sommer. Verträgt Sonne. 1,5 × 1,5 m

R. 'John Cairns': Sehr winterharter, immergrüner, kompakter Strauch mit grünen, zuerst bronzenen Blättern sowie trichterförmigen, orangeroten Blüten im Frühjahr. Volle Sonne. 1,5 × 1,5 m

R. 'Lem's Cameo': Sehr winterharter, immergrüner Strauch mit grünen, erst bronzenen Blättern sowie trichterförmigen, pfirsichfarbenen Blüten mit gesprenkelten Hälsen, welche im Frühjahr zu Apricot bis Cremefarben verblassen. 2,2 × 2,2 m

R. luteum: Sehr winterharter, Laub abwerfender Strauch mit behaarten, mittelgrünen Blättern sowie duftenden, trichterförmigen, gelben Blüten im späten Frühjahr und Frühsommer. Mag volle Sonne. 4 × 4 m

R. moupinense: Sehr winterharter, immergrüner, kompakter Strauch mit glänzenden, dunkelgrünen, unterseits blasseren Blättern sowie trichterförmigen, weißen oder rosa Blüten, innen purpurn gefleckt, im Winter und Frühjahr. 1,2 × 1,2 m

R. mucronulatum 'Cornell Pink': Sehr winterharter, Laub abwerfender Strauch mit dunklen Blättern sowie trichterförmigen, rosafarbenen Blüten vom Winter bis zum Frühjahr. Mag volle Sonne. 2,5 × 2,5 m

R. 'Olive': Sehr winterharter, immergrüner Strauch mit kleinen, mittelgrünen, unterseits helleren Blättern sowie Doldentrauben trichterförmiger, hellviolettfarbener, innen dunkler gesprenkelter Blüten im Frühjahr. 1,2 × 1 m

R. ponticum: Sehr winterharter, immergrüner Strauch mit kleinen, mittelgrünen, unterseits helleren Blättern sowie purpurstichigen, gelegentlich weißen Blüten im Spätfrühjahr und Frühsommer. 6 × 6 m

R. 'Praecox': Sehr winterharter, immergrüner Strauch mit dunklen Blättern und trichterförmigen, purpurrosa Blüten im Winter und Frühling. Volle Sonne. 1,2 × 1,2 m

R. racemosum: Sehr winterharter, immergrüner Strauch mit grünen, unterseits blaugrünen Blättern sowie Knäueln trichterförmiger, rosafarbener oder weißer Blüten im Frühjahr. 2 × 2 m

R. 'Seta': Sehr winterharter, immergrüner Strauch mit kleinen, dunklen Blättern sowie röhrenförmigen, blassrosafarbenen, unterseits dunkler gestreiften Blüten im Frühjahr. 1,2 × 1,2 m

R. williamsianum weiße Form: Sehr winterharter, immergrüner Strauch mit leuchtend grünen, unterseits blaugrünen, zunächst braunen Blättern und glockenförmigen, weißen Blüten im Frühjahr. Mag volle Sonne. 1,2 × 1,2 m

R. 'Yellow Hammer': Sehr winterharter, immergrüner Strauch mit kleinen, dunkelgrünen Blättern sowie röhrenförmigen, kanariengelben Blüten im Frühjahr und als Folgeblüte oft im Herbst. Mag volle Sonne. 2 × 2 m

Rhododendron 'Lem's Cameo'

Rhododendron luteum

Rhododendron mucronulatum 'Cornell Pink'

Rhododendron moupinense

Rhododendron 'Olive'

Rhododendron ponticum

Rhododendron 'Praecox'

Rhododendron 'Seta'

Rhododendron racemosum

Rhododendron williamsianum weiß

Rhododendron 'Yellow Hammer'

Rhodohypoxis baurii

Rhus × *pulvinata* Autumn-Lace-Gruppe

Rhus typhina (Herbstlaub)

Rhodohypoxis

Gattung sehr winterharter bis winterharter horstbildender Stauden. Rosafarbene, purpurne, rote oder weiße Blüten stehen im Sommer an kurzen Stielen. Gute Steingartenpflanze, für gut dränierte Böden und volle Sonne.

R. baurii: Winterharte Mehrjährige mit matten, graugrünen, grundständigen Blättern sowie hell- bis dunkelrosaroten Blüten im Sommer. 10 × 10 cm

Rhus Essigbaum, Sumach

Gattung größtenteils sehr winterharter bis winterharter, Laub abwerfender oder immergrüner Sträucher, Bäume und Kletterpflanzen mit dekorativen Blättern, die sich bei vielen Arten und Sorten im Herbst rot verfärben. Rispen unauffälliger Blüten erscheinen im Frühjahr, gefolgt von Früchten im Herbst.

R. × *pulvinata* Autumn-Lace-Gruppe: Sehr winterharter, Laub abwerfender, Schösslinge bildender Strauch mit kleinen Blättern, die sich im Herbst orange, rot und purpurn verfärben. Auf Rispen gelbgrüner Blüten im Sommer folgen rote Früchte. 3 × 5 m

R. typhina (Essigbaum, Kolben-Sumach): Sehr winterharter, Laub abwerfender, Schösslinge bildender Strauch. Die Blätter verfärben sich im Herbst orangerot. Gelbgrüne Sommerblüte wird gefolgt von scharlachroten Früchten (weibliche Pflanzen). 5 × 6 m

Ribes laurifolium

Ribes sanguineum

Ribes sanguineum 'White Icicle'

Ribes speciosum

Ribes Johannisbeere, Stachelbeere

Gattung sehr winterharter bis winterharter, Laub abwerfender, zuweilen immergrüner Sträucher mit kleinen, becherförmigen Blüten und beerenartigen Früchten. Die Gattung umfasst *R. nigrum* (Schwarze Johannisbeere), *R. rubrum* (Rote Johannisbeere) sowie *R. uva-crispa* (Gewöhnliche Stachelbeere). Mag volle Sonne.

R. laurifolium: Sehr winterharter, Laub abwerfender, breitwüchsiger Strauch mit ledrigen, dunklen Blättern sowie grüngelben Blüten im Winter und zeitigen Frühjahr. Es folgen rote, zu Schwarz reifende Früchte. Gedeiht im Halbschatten. 1 × 1,5 m

R. sanguineum: Sehr winterharter, Laub abwerfender, aufrechter Strauch mit aromatischen, dunklen Blättern sowie Trauben rosaroter Blüten im Frühjahr, auf welche blauschwarze Früchte folgen. 2 × 2 m

R. s. 'White Icicle': Wie *R. sanguineum,* aber mit Trauben weißer Blüten im Frühjahr. 2 × 2 m

R. speciosum (Fuchsienblütige Johannisbeere): Sehr winterharter, Laub abwerfender, bogenförmiger Strauch mit stacheligen, anfangs roten Trieben sowie glänzenden Blättern. Dunkelrote Blüten mit hervorstehenden Samengefäßen wie bei der Fuchsie erscheinen im fortgeschrittenen Frühjahr, gefolgt von roten Früchten. 2 × 2 m

Ricinus communis

Robinia kelseyi

Robinia pseudoacacia 'Frisia'

Ricinus **Palma Christi, Rizinus, Wunderbaum**

Einzige Art der Gattung ist ein bedingt winterharter, immergrüner, Schösslinge bildender Strauch mit großen, dekorativen Blättern sowie Ähren kleiner, becherförmiger Blüten. Als Einjährige in voller Sonne oder im Gewächshaus ziehen.

R. communis: Bedingt winterharter, aufrechter Strauch mit glänzenden, mittelgrünen, purpurroten oder bronzenen Blättern sowie grünlich gelben Blüten im Sommer, auf welche rundliche, rotbraune Kapseln folgen. Als Einjährige bis 1,8 × 1 m.

Robinia **Robinie, Scheinakazie**

Gattung Laub abwerfender Sträucher und Bäume mit attraktivem Blattwerk und hängenden Trauben von Schmetterlingsblüten im Frühjahr und Sommer. Machen sich gut als Einzelexemplare und mögen volle Sonne, vertragen nährstoffarme Böden und Trockenheit.

R. kelseyi: Aufrechter, Schösslinge bildender Strauch mit dunkelgrünen Blättern sowie vielen Trauben rosafarbener Blüten im späten Frühjahr und Sommer. 2,5 × 3 m

R. pseudoacacia 'Frisia' (Gewöhnliche Scheinakazie): Schnellwüchsiger, säulenförmiger, Schösslinge bildender Baum mit goldgelben Blättern, die im Sommer grün werden und sich im Herbst orangegelb verfärben. Trauben duftender, weißer Blüten im Sommer werden von braunen Samengefäßen abgelöst. 15 × 8 m

Rodgersia aesculifolia

Rodgersia pinnata 'Superba'

Romneya coulteri

Rodgersia **Bronzeblatt, Schaublatt**

Gattung horstbildender Rhizomstauden mit auffallenden, zuweilen bronzestichigen, grundständigen Blättern sowie pyramidenförmigen Rispen sternförmiger, weißer oder rosafarbener Blüten, auf welche dunkle Früchte folgen. Mag Feuchtigkeit speichernden Boden in voller Sonne oder Halbschatten.

R. aesculifolia: Rhizomstaude mit gekräuselten, mittelgrünen Blättern sowie weißen oder rosafarbenen Blütenrispen im Hochsommer. 2 × 1 m

R. pinnata 'Superba': Rhizomstaude mit glänzenden, gekräuselten Blättern in Dunkelgrün bzw. Bronze an jungen Trieben sowie Rispen leuchtend rosafarbener Blüten im Hoch- und Spätsommer. 1,2 m × 75 cm

R. sambucifolia: Rhizomstaude mit dunkelgrünen, holunderähnlichen Blättern sowie großen Rispen weißer oder rosafarbener Blüten im Sommer. 1 × 1 m

Rodgersia sambucifolia

Romneya **Kalifornischer Baummohn**

Gattung winterharter, halbstrauchiger Mehrjähriger mit blaugrünen Blättern sowie mohnähnlichen, duftenden, weißen Blüten. Mag einen Standort in voller Sonne, geschützt vor kalten, austrocknenden Winden. Im Winter stark mulchen.

R. coulteri: Winterharte, halbstrauchige Mehrjährige mit dekorativen, großen, graugrünen Blättern sowie weißen, becherförmigen Blüten mit dunkelgelben Staubgefäßen im Sommer.
1–2,5 m × unbegrenzte Ausbreitung

Rosa 'Albertine'

Rosa 'Amber Queen'

Rosa 'American Pillar'

Rosa Hagebutte, Rose

Gattung sehr winterharter bis winterharter, halbimmergrüner oder meist Laub abwerfender Sträucher und Kletterpflanzen mit zumeist aufrechten, übergebogenen oder kletternden, stacheligen Trieben sowie dreigeteilten oder gefiederten Blättern aus unterschiedlich geformten, oft gezähnten Blättchen. Tragen meist duftende Blüten in vielen Farben, Größen und Formen sowie Früchte und Stacheln. Durch Kreuzung der Arten sind viele Sorten entstanden, die sich grob in alte und neue Rosen einteilen lassen. Die erste Kategorie umfasst Albarosen, Bourbonrosen, Centifoliarosen, Chinarosen, Damaszenerrosen, Gallicarosen, Remontantrosen, Moosrosen, Noisetterosen, Portlandrosen und Sempervirensrosen, die zweite Kategorie Kletterrosen, Floribundarosen, Teehybriden, Zwerg(bengal)rosen, Polyantharosen, Patiorosen, Rugosa-Hybriden und Strauchrosen. Vertragen vielfältige Boden- und Standortbedingungen, bevorzugen aber feuchten, gut dränierten, humosen Boden in voller Sonne.

R. 'Albertine': Sehr winterharte, kräftige Kletterrose mit grünen Blättern sowie runden bis becherförmigen, gefüllten, duftenden, hellrosa Blüten im Sommer. 5 × 4 m

R. 'Amber Queen': Sehr winterharte Floribundarose mit bronzestichigen Blättern und becherförmigen, gefüllten, duftenden, bernsteingelben Blüten bis Herbst. 60 × 60 cm

R. 'American Pillar': Sehr winterharte, kräftige Kletterrose mit glänzenden, grünen Blättern sowie becherförmigen, einfachen, karminroten Blüten mit weißer Mitte im Sommer. 5 × 4 m

R. 'Ballerina': Sehr winterharte, zwergwüchsige Polyantharose mit grünen Blättern und becherförmigen, rosafarbenen Blüten mit weißer Mitte vom Sommer bis Herbst. 1,2 × 1 m

R. banksiae 'Lutea': Winterharte, kletternde Rosen mit kleinen, hellgrünen Blättern sowie rosettenförmigen, gefüllten, duftenden, limonengelben Blüten im späten Frühjahr. 12 × 6 m

R. 'Blanche Double de Coubert': Sehr winterharte Rugosarose mit ledrigen, grünen Blättern sowie flachen bis becherförmigen, gefüllten, duftenden, weißen Blüten im Herbst, manchmal gefolgt von Hagebutten. 1,5 × 1,2 m

R. 'Blush Noisette': Sehr winterharte Noisetterose mit matten, grünen Blättern sowie becherförmigen, gefüllten, duftenden, rosaweißen Blüten bis zum Herbst. 2,2 × 1,2 m

R. 'Buff Beauty': Sehr winterharter Strauch mit dunklen Blättern sowie becherförmigen, gefüllten, duftenden Blüten in einem warmen Apricot im Sommer. 1,5 × 1,5 m

Rosa 'Ballerina'

Rosa banksiae 'Lutea'

Rosa 'Blanche Double de Coubert'

Rosa 'Blush Noisette'

Rosa 'Buff Beauty'

Rosa 'Complicata'

Rosa 'Céleste'

Rosa 'Comte de Chambord'

Rosa 'Cornelia'

R. 'Céleste': Sehr winterharte Albarose mit dunklen Blättern und becherförmigen, gefüllten, duftenden, rosa Blüten im Sommer. 1,5 × 1,2 m
R. 'Complicata': Sehr winterharte Gallicarose mit graugrünen Blättern und becherförmigen, einfachen, in der Mitte blasseren, rosa Blüten im Sommer. 2,2 × 2,5 m
R. 'Comte de Chambord': Sehr winterharte Portlandrose mit grünen Blättern und rosettenartigen, gefüllten, duftenden, rosavioletten Blüten bis zum Herbst. 1,2 × 1 m
R. 'Cornelia': Sehr winterharter Strauch mit dunklen Blättern und rosettenartigen, gefüllten, rosa überhauchten, in der Mitte kupfernen Blüten vom Sommer bis zum Herbst. 1,5 × 1,5 m
R. 'Empress Josephine': Sehr winterharte Gallicarose mit graugrünen Blättern und runden, halb gefüllten, rosa, leicht hellviolettfarbenen Blüten bis Herbst, gefolgt von Hagebutten. 1 × 1,2 m
R. 'Fragrant Cloud': Sehr winterharte Teehybride mit dunklen Blättern und rundlichen, gefüllten, duftenden, scharlachroten Blüten vom Sommer bis zum Herbst. 1 × 1 m
R. 'Fritz Nobis': Sehr winterharte Strauchrose mit glänzenden, dunklen Blättern und runden, gefüllten, rosa Blüten im Sommer, gefolgt von Hagebutten. 1,5 × 1,2 m
R. gallica 'Versicolor': Sehr winterharte Gallicarose mit dunklen Blättern und becherförmigen, halb gefüllten, duftenden, hellrosa Blüten im Sommer, die rosa gefleckt und gestreift sind. 1,2 × 1,2 m

Rosa 'Empress Josephine'

Rosa 'Fragrant Cloud'

Rosa gallica 'Versicolor'

Rosa 'Fritz Nobis'

Rosa glauca

Rosa 'Golden Showers'

Rosa 'Gertrude Jekyll'

Rosa 'Graham Thomas'

Rosa 'Iceberg'

R. 'Gertrude Jekyll': Sehr winterharte Strauchrose mit graugrünen Blättern und becherförmigen, einfachen, duftenden, rosa Blüten vom Sommer bis zum Herbst. 1,2 × 1 m
R. glauca: Sehr winterharte Art mit braunroten Trieben, graugrünen Blättern und flachen, einfachen, rosaroten Blüten im Sommer, gefolgt von Hagebutten. 2 × 1,2 m
R. 'Golden Showers': Sehr winterharte Kletterrose mit dunklen Blättern und becherförmigen, gefüllten, duftenden, leuchtend gelben Blüten bis Herbst. 3 × 2 m
R. 'Graham Thomas': Sehr winterharte Strauchrose mit hellgrünen Blättern und rosetten- bis becherförmigen, duftenden, goldgelben Blüten vom Sommer bis zum Herbst. 1,2 × 1,2 m
R. 'Iceberg': Sehr winterharte Floribundarose mit hellen Blättern und rosetten- bis becherförmigen, gefüllten, weißen Blüten vom Sommer bis zum Herbst. 1,2 × 1,2 m
R. 'Ingrid Bergman': Sehr winterharte Teehybride mit dunklen Blättern und gefüllten, dunkelroten Blüten vom Sommer bis zum Herbst. 1 m × 60 cm
R. 'Madame Alfred Carrière': Sehr winterharte Noisetterose mit hellen Blättern und runden, gefüllten, duftenden, rosa bis weißen Blüten bis Herbst. 5 × 3 m
R. 'Madame Isaac Pereire': Sehr winterharte Bourbonrose, auch als Kletterrose mit dunklen Blättern und geviertelt rosettenförmigen, gefüllten, duftenden, rosapurpurnen Blüten bis Herbst. 2,2 × 2 m

Rosa 'Ingrid Bergman'

Rosa 'Madame Alfred Carrière'

Rosa 'Madame Isaac Pereire'

Rosa 'Marchesa Boccella'

Rosa 'Mermaid'

Rosa 'Mountbatten'

R. 'Marchesa Boccella' (Syn. 'Jacques Cartier'): Sehr winterharte Portlandrose mit geviertelt rosettenförmigen, gefüllten, duftenden rosa Blüten bis Herbst. 1,2 × 1 m
R. 'Mermaid': Sehr winterharte Kletterrose mit glänzenden, dunklen Blättern und becherförmigen bis flachen, einfachen, primelgelben Blüten vom Sommer bis zum Herbst. 6 × 6 m
R. 'Mountbatten': Sehr winterharte Strauchrose mit leuchtenden Blättern und runden, gefüllten, duftenden, gelben Blüten vom Sommer bis zum Herbst. 1,2 m × 75 cm
R. 'Nevada': Sehr winterharte Strauchrose mit blassen Blättern und schalenförmigen, halb gefüllten, duftenden, cremeweißen Blüten im Sommer und dann erneut, weniger zahlreich, im Herbst. 2,2 × 2,2 m
R. 'New Dawn': Sehr winterharte Kletterrose von kräftigem Wuchs mit glänzenden Blättern und becherförmigen, gefüllten, duftenden, rosa überhauchten, weißen Blüten vom Sommer bis zum Herbst. Verträgt Halbschatten. 3 × 2,5 m
R. 'Paul's Himalayan Musk': Sehr winterharte, kräftige Kletterrose mit grünen Blättern und rosettenförmigen, gefüllten, rosa Blüten im Sommer. 10 × 10 m
R. 'Pink Bells': Sehr winterharter, breitwüchsiger Bodendecker mit grünen Blättern und pomponförmigen, gefüllten, leuchtend rosa Blüten im Sommer. 75 cm × 1,5 m
R. 'Rambling Rector': Sehr winterharte Ramblerrose mit graugrünen Blättern und becherförmigen bis flachen, halb gefüllten, duftenden, cremeweißen Blüten im Sommer, gefolgt von roten Hagebutten im Herbst. 6 × 6 m

Rosa 'Nevada'

Rosa 'New Dawn'

Rosa 'Pink Bells'

Rosa 'Paul's Himalayan Musk'

Rosa 'Rambling Rector'

Rosa 'Scharlachglut'

Rosa 'Sweet Dream'

Rosa 'Tequila Sunrise'

Rosa 'The Queen Elizabeth'

Rosa 'Variegata di Bologna'

Rosa xanthina 'Canary Bird'

Rosa 'Roseraie de l' Haÿ'

R. 'Roseraie de l'Haÿ': Sehr winterharte Rugosarose mit faltigen Blättern und becherförmigen bis flachen, gefüllten, duftenden, purpurroten Blüten bis Herbst. 2,2 × 2 m

R. 'Scharlachglut': Sehr winterharte Strauch- oder Kletterrose mit dunklen Blättern und becherförmigen, scharlachroten Blüten, gefolgt von roten Hagebutten im Herbst. 3 × 2 m

R. 'Sweet Dream': Sehr winterharte Floribundarose mit mittelgrünen Blättern und Büscheln becherförmiger, gefüllter, leicht duftender, pfirsich- bis apricotfarbener Blüten vom Sommer bis zum Herbst. 45 × 30 cm

R. 'Tequila Sunrise': Sehr winterharte Teehybride mit glänzenden, dunkelgrünen Blättern und rundlichen, scharlachrot geränderten, goldgelben Blüten bis Herbst. 75 × 60 cm

R. 'The Queen Elizabeth': Sehr winterharte Floribundarose von kräftigem Wuchs mit dunkelgrünen, rundlichen Blättern und gefüllten, rosa Blüten vom Sommer bis zum Herbst. 2,2 × 1 m

R. 'Tuscany Superb': Sehr winterharte Gallicarose mit dunklen Blättern und becherförmigen bis flachen, gefüllten, duftenden, purpurnen Blüten im Sommer. 1 × 1 m

R. 'Variegata di Bologna': Sehr winterharte Bourbonrose mit grünen Blättern und geviertelt rosettenförmigen, gefüllten, duftenden, rosa, purpurn getüpfelten Blüten vom Sommer bis zum Herbst. 2,2 × 1,5 m

R. xanthina 'Canary Bird': Sehr winterharte, übergebogene Rosenart mit graugrünen Blättern und becherförmigen, einfachen, duftenden, gelben Blüten im Frühjahr und vereinzelt zu anderen Zeiten. 3 × 4 m

Rosa 'Tuscany Superb'

Roscoea Ingwerorchidee, Scheinorchis
Gattung sehr winterharter bis winterharter, mehrjähriger Knollenpflanzen mit auffälligen, orchideenartigen Blüten. Mögen feuchte, gut dränierte Böden und Halbschatten. In kalten Gegenden im Winter stark mulchen.
R. purpurea: Zumeist winterharte, mehrjährige Knollenpflanze mit dunkelgrünen Blättern und purpurnen, gelegentlich weißen oder zweifarbigen Blüten im Früh- und Hochsommer. 30 × 15 cm

Rosmarinus Rosmarin
Gattung winterharter, immergrüner Sträucher mit aromatischen Blüten und Blättern, die oft zu kulinarischen Zwecken eingesetzt werden. Gut geeignet für den Kräutergarten. Mag gut dränierte, nährstoffarme Böden und volle Sonne.
R. officinalis: Winterharter Strauch von aufrechtem oder rundlichem Wuchs mit linealischen, dunkelgrünen, unterseits filzig weißen Blättern und Wirteln röhrenförmiger, purpurblauer bis weißer Blüten von der Mitte des Frühjahrs bis zum Sommer, zuweilen erneut im Herbst. 1,5 × 1,5 m

Rubus Brombeere, Himbeere
Gattung sehr winterharter bis winterharter, Laub abwerfender oder immergrüner Sträucher sowie krautiger Mehrjähriger mit teller- bis becherförmigen Blüten, attraktiven Blättern sowie zuweilen Wintertrieben. Die Gattung umfasst *R. fructicosus* (Brombeere) und *R. idaeus* (Himbeere). Für gut dränierte Böden in Sonne oder Halbschatten.
R. 'Benenden': Sehr winterharter, Laub abwerfender, bogenförmiger Strauch mit stachelfreien Trieben, abblätternder Rinde sowie dunkelgrünen Blättern. Weiße, rosenartige Blüten erscheinen im Frühjahr und Sommer. 3 × 3 m
R. phoenicolasius: Sehr winterharter, Laub abwerfender Strauch mit mittelgrünen, unterseits weißen, filzigen Blättern sowie blassrosafarbenen Blüten im Hochsommer, gefolgt von essbaren, orangeroten Früchten. 3 × 3 m
R. thibetanus (Tibet-Himbeere): Sehr winterharter, Laub abwerfender Strauch mit stacheligen, im Winter weiß beflaumten Trieben und im Sommer tellerförmigen, rotpurpurnen Blüten über dunkelgrünen, unterseits weißlichen Blättern, gefolgt von schwarzen Früchten. 2,5 × 2,5 m
R. tricolor: Sehr winterharter, immergrüner, niederliegender Strauch mit gebogenen, roten Zweigen sowie glänzenden, dunklen, unterseits weiß behaarten Blättern. Tellerförmige, weiße Blüten erscheinen im Sommer, gefolgt von essbaren, roten Früchten. 60 cm × unbegrenzte Ausbreitung

Rudbeckia Sonnenhut
Gattung sehr winterharter bis bedingt winterharter Ein-, Zwei- und Mehrjähriger mit gänseblümchenartigen

Rosmarinus officinalis

Rubus thibetanus

Blütenköpfen, die über einen langen Zeitraum von Sommer bis Herbst blühen. Einige mehrjährige Pflanzen werden für Sommerrabatten als Einjährige gezogen.
R. var. *sullivantii* 'Goldsturm': Winterharte Staude mit Horsten grober, dunkelgrüner Blätter und ausdauernden Blütenköpfen, die vom Spätsommer bis zur Herbstmitte erscheinen. 60 × 45 cm

Ruscus Mäusedorn
Gattung sehr winterharter bis winterharter, immergrüner, rhizombildender Halbsträucher mit eigentümlichen blattartigen Trieben sowie einfachen, sternförmigen Blüten und roten Früchten. Mag Trockenheit und Schatten.
R. aculeatus (Stachliger Mäusedorn): Winterharter, Rhizome und Büschel bildender Halbstrauch mit glänzenden, blattartigen Trieben, oberhalb derer weibliche Pflanzen vom Spätsommer bis zum Winter rote Früchte tragen. 75 cm × 1 m

Ruta Raute
Gattung sehr winterharter bis winterharter, Laub abwerfender oder immergrüner Sträucher, Halbsträucher sowie holziger, krautiger Mehrjähriger mit attraktiven, aromatischen Blättern und Blüten. Mögen heißes und trockenes Klima.
R. graveolens 'Jackman's Blue' (Wein-Raute): Winterharter, immergrüner, kompakter Strauch mit eigentümlichen, graugrünen Blättern und mattgelben Blüten im Sommer. 60 × 75 cm

Rubus 'Benenden'

Rubus phoenicolasius

Rubus tricolor

Rudbeckia var. *sullivantii* 'Goldsturm'

Ruscus aculeatus

Ruta graveolens 'Jackman's Blue'

S

Sagittaria Pfeilkraut
Gattung winterharter bis frostempfindlicher Wasserpflanzen oder am Wasserrand lebender Pflanzen mit Trauben oder Rispen tellerförmiger, weißer Blüten. Mag Feuchtigkeit speichernde Böden oder flache Gewässer in voller Sonne.
S. sagittifolia: Sehr winterharte, mehrjährige Gewässerrandpflanze mit pfeilförmigen Blättern sowie Trauben weißer, dunkel gesprenkelter Blüten im Sommer. 1 m × unbegrenzte Ausbreitung

Salix alba var. *vitellina* 'Britzensis'

Salix caprea 'Kilmarnock'

Salix elaeagnos

Salix hastata 'Wehrhahnii'

Salix alba 'Tristis'

Salix Weide
Gattung Laub abwerfender Bäume und Sträucher von vielgestaltigem Wuchs mit attraktivem Blattwerk, bemerkenswerten Kätzchen und teils interessanter Winterfärbung. Die Arten umfassen solche für große Grundstücke und andere für Steingarten oder Alpinum. Bevorzugen feuchte, gut dränierte Böden und volle Sonne; keine kalkhaltigen Böden.
S. alba var. *vitellina* 'Britzensis': Kräftiger, breitwüchsiger Baum, der oft zurückgeschnitten wird, um das Wachstum einzugrenzen und um orangegelbe Wintertriebe mit spitzen Blättern sowie gelbe, männliche Kätzchen im Frühjahr zu erhalten. 25 × 10 m
S. a. 'Tristis': Kräftiger, breitwüchsiger Baum mit hängenden Zweigen sowie kleinen goldgelben Trieben und schmalen, leuchtend grünen Blättern. Männliche und weibliche Kätzchen erscheinen im Frühjahr an derselben Pflanze. 15 × 15 m
S. caprea 'Kilmarnock' (Sal-Weide): Kleiner Baum mit hängenden Zweigen, gelben Trieben und dunkelgrünen, unterseits graugrünen Blättern. Lange, graue, männliche Kätzchen erscheinen im Frühjahr. 2 × 2 m
S. elaeagnos (Lavendel-Weide): Aufrechter Strauch mit frischen Trieben in Grau, welche zu Braun reifen, sowie dunklen, erst grauen und sich im Herbst gelb verfärbenden Blättern. Männliche Kätzchen mit gelben Staubgefäßen im Frühjahr. 3 × 5 m
S. hastata 'Wehrhahnii': Langsamwüchsiger, aufrechter Strauch mit dunkel getönten Trieben und leuchtend grünen Blättern. Silbergraue Kätzchen erscheinen zu Beginn des Frühjahrs noch vor den neuen Blättern. 1,5 × 1,5 m

Salpiglossis 'Casino Purple Bicolour'

Salpiglossis Trompetenzunge
Gattung bedingt winterharter Einjähriger sowie kurzlebiger Mehrjähriger mit trichterförmigen, leuchtenden Blüten in Bronze, Purpur, Rot, Violettblau oder Gelb, die zumeist in Sommerrabatten verwendet werden. Mögen volle Sonne und feuchten, aber gut dränierten Boden.
S. Casino-Serie 'Purple Bicolour': Bedingt winterharte Einjährige mit leuchtend grünen Blättern sowie purpurnen und goldgelben, trichterförmigen Blüten vom Sommer bis zum Herbst. 60 × 30 cm

Salvia lavandulifolia

Salvia confertiflora

Salvia Salbei
Gattung sehr winterharter bis winterharter Ein-, Zwei-, und Mehrjähriger oder Sträucher, zumeist mit aromatischem Blattwerk. Besonders Ein- und Mehrjährige haben hübsche, leuchtende Blüten, was sie für Sommerrabatten geeignet macht. Die meisten Arten bevorzugen leichte, humose, gut dränierte Böden und einen sonnigen oder halbschattigen Standort.
S. confertiflora: Bedingt winterharte, holzige Staude mit gelblichen, unterseits wolligen Blättern sowie Ähren orangeroter Blüten von Spätsommer bis Mitte Herbst. 1 m × 60 cm
S. lavandulifolia: Winterharte, holzige Staude mit wolligen, grauen Blättern sowie Trauben lavendelblauer Blüten im späten Frühjahr und Frühsommer. 45 × 60 cm
S. leucantha: Bedingt winterharter, immergrüner Halbstrauch mit faltigen, mittelgrünen, unterseits weißflaumigen Blättern sowie Trauben weißer und purpurner Blüten vom Winter bis zum Frühjahr. 60 × 60 cm
S. officinalis 'Purpurascens' (Echter Salbei): Sehr winterharte, immergrüne, strauchige Mehrjährige mit purpurnen, rotstichigen Blättern und Trauben lilablauer Blüten im Früh- und Hochsommer. 75 cm × 1 m
S. patens: Winterharte, mehrjährige Knollenpflanze mit behaarten, grünen Blättern sowie Trauben dunkelblauer Blüten von Hochsommer bis Mitte Herbst. 45 × 45 cm

Salvia patens

Salvia leucantha

Salvia officinalis 'Purpurascens'

Salvia sclarea var. turkestanica

Salvia splendens

S. sclarea var. *turkestanica:* Sehr winterharte Zweijährige oder kurzlebige Mehrjährige mit faltigen, graugrünen Blättern und langen Ähren rot-weiß gemusterter Blüten an rosa überhauchten Stielen im Sommer. 1 m × 30 cm

S. splendens (Pracht-Salbei): Sehr winterharte Mehrjährige, zumeist als Einjährige gezogen, mit hellgrünen Blättern sowie Ähren röhrenförmiger, leuchtend roter Blüten vom Sommer bis zum Herbst. Gedeiht am besten in voller Sonne. 45 × 30 cm

S. × *sylvestris* 'Mainacht': Sehr winterharte, horstbildende Mehrjährige mit behaarten, mittelgrünen Blättern sowie Ähren indigoblauer Blüten im Sommer. 75 × 45 cm

S. uliginosa: Winterharte, rhizombildende Mehrjährige mit Horsten gezähnter, mittelgrüner Blätter sowie Trauben klarer, hellblauer Blüten vom Spätsommer bis zur Herbstmitte. 2 × 1 m

S. verticillata 'Purple Rain': Sehr winterharte Mehrjährige mit behaarten Blättern sowie Trauben violettpurpurner Blüten in Wirteln den Sommer über. 1 m × 45 cm

S. viridis: Sehr winterharte, aufrechte Einjährige mit behaarten Blättern sowie Ähren wirteliger, rosa bis blasspurpurner Blüten im Sommer, die von gleichfarbigen oder weißen Tragblättern umgeben sind. 45 × 23 cm

Salvia × *sylvestris* 'Mainacht'

Salvia uliginosa

Salvia verticillata 'Purple Rain'

Salvia viridis

Sambucus racemosa 'Plumosa Aurea'

Sambucus nigra 'Guincho Purple'

Sanguinaria canadensis 'Plena'

Sambucus **Attich, Holunder**
Gattung Laub abwerfender Sträucher und Bäume mit dekorativen Blättern, weißen bis elfenbeinfarbenen Blüten und schwarzen, roten oder weißen Früchten. Ggf. zurückschneiden, um das Wachstum zu begrenzen.
S. nigra 'Guincho Purple': Aufrechter Strauch mit purpurnen Stielen und dunkelgrünen, später purpurschwarzen und im Herbst roten Blättern. Trägt weiße, rosastichige Blüten im Sommer, auf welche glänzende schwarze Früchte folgen. 6 × 6 m
S. racemosa 'Plumosa Aurea': Buschiger Strauch mit bronzenen, später gelben, fein eingeschnittenen Blättern. Auf cremefarbene Blüten im Sommer folgen rote Früchte. Nicht in der vollen Sonne ziehen, um Versengungen der Blätter zu vermeiden. 3 × 3 m

Sanguinaria **Blutwurzel**
Einzige Art der Gattung ist eine rhizombildende Mehrjährige mit intensiv weißen oder rosafarbenen, becherförmigen Blüten im Frühjahr. Mag humose, gut dränierte Böden im Halbschatten.
S. canadensis: Rhizombildende Mehrjährige mit blassen bis graugrünen Blättern sowie weißen oder rosa Blüten im Frühjahr. 'Plena' ist eine Form mit gefüllten Blüten. 15 × 30 cm

Sanguisorba **Wiesenknopf**
Gattung rhizombildender Mehrjähriger mit dem Ackerschachtelhalm ähnlichen Ähren von Blüten in Grauweiß, Rosa, Rot oder Weiß an drahtigen Stängeln. Gedeiht am besten in feuchten Böden.
S. obtusa: Rhizombildende Mehrjährige mit Horsten grundständiger Blätter mit dunkelrosa, schachtelhalmartigen Blüten vom Hochsommer bis zum Frühherbst. 60 × 60 cm

Santolina pinnata subsp. neapolitana

Saponaria ocymoides

Saponaria officinalis 'Rosea Plena'

Santolina **Heiligenkraut**
Gattung winterharter, immergrüner Sträucher mit kleinen, knopfartigen, gelben oder weißen Blüten. Eignet sich gut als niedrigwüchsige Hecke und mag nährstoffarme Böden in voller Sonne.
S. pinnata subsp. *neapolitana:* Winterharter, rundlicher Strauch von buschigem Wuchs mit aromatischen, graugrünen Blättern und leuchtend gelben Blütenköpfen im Hochsommer. 75 cm × 1 m

Saponaria **Seifenkraut**
Gattung Ein- und Mehrjähriger mit offenen rosa Blüten. Kleinere Arten eignen sich gut für den Steingarten oder können in Kübeln gezogen werden. Bevorzugen neutrale bis alkalische Böden in voller Sonne.
S. ocymoides (Kleines Seifenkraut): Niedrig- sowie breitwüchsige Staude mit lanzettlichen, behaarten Blättern sowie zahlreichen, rosavioletten Blüten im Sommer. 8 × 45 cm
S. officinalis 'Rosea Plena' (Echtes Seifenkraut): Kräftige, aufrechte, breitwüchsige Staude mit mittelgrünen Blättern und gefüllten, rosa Blüten vom Sommer bis zum Herbst. 60 × 45 cm

Sarcococca hookeriana var. *digyna*

Saxifraga × *apiculata* 'Alba'

Saxifraga 'Boston Spa'

Sarcococca **Fleischbeere, Schleimbeere**
Gattung sehr winterharter bis winterharter, immergrüner Sträucher mit dekorativen Blättern, zumeist duftenden Blüten und Früchten. Eignet sich gut als niedrige Hecke.
S. hookeriana var. *digyna:* Sehr winterharter, Schösslinge bildender Strauch mit spitzen, dunklen Blättern sowie cremefarbenen Blüten im Winter, gefolgt von schwarzen Früchten. 1,5 × 2 m

Saxifraga burseriana

Saxifraga 'Tumbling Waters'

Saxifraga × *urbium*

Saxifraga **Steinbrech**
Gattung sehr winterharter, immergrüner, halbimmergrüner oder Laub abwerfender Zwei- und Mehrjähriger sowie einiger Einjähriger in vielen Formen. Viele eignen sich für Steingarten, Alpinhaus oder als Kübelpflanze. Die Anforderungen sind unterschiedlich, manche Arten brauchen volle Sonne, andere tiefen Schatten.
S. × *apiculata* 'Alba': Sehr winterharte, immergrüne Staude mit niedrigen Polstern aus in Rosetten angeordneten, dunkelgrünen, lanzettlichen Blättern. Becherförmige, weiße Blüten erscheinen im Frühjahr. Mag volle Sonne. 10 × 30 cm
S. 'Boston Spa': Sehr winterharte, immergrüne Staude mit Horsten graugrüner Blätter und leuchtend primelgelben Blüten, die im Frühjahr erscheinen. 10 × 15 cm
S. burseriana: Sehr winterharte, immergrüne Staude mit winzigen Rosetten blaugrauer Blätter sowie becherförmigen, weißen Blüten an rötlichen Stielen im Frühjahr. Mag volle Sonne. 5 × 15 cm
S. 'Gaiety': Sehr winterharte, immergrüne Staude mit Matten mittelgrüner Blätter und rosa Blüten im späten Frühjahr. 15 × 45 cm
S. 'Tumbling Waters': Sehr winterharte, immergrüne Mehrjährige mit Rosetten schmaler, silbergrüner Blätter und becherförmigen, weißen Blüten im Frühjahr. Bevorzugt volle Sonne; Staunässe vermeiden. 45 × 30 cm
S. × *urbium:* Sehr winterharte, immergrüne Mehrjährige von kräftigem, ausladendem Wuchs mit Rosetten mittelgrüner Blätter sowie sternförmigen, rosafarbenen und weißen Blüten an schlanken Stielen im Sommer. Mag Schatten. 30 cm × unbegrenzte Ausbreitung

Saxifraga 'Gaiety'

'cabiosa **Grindkraut, Skabiose**
;attung sehr winterharter bis winterhar-
·r Ein-, Zwei- und Mehrjähriger. Tragt
,inzelblüten in Blau-, Rosa-, Weiß- oder
;elbschattierungen mit nadelkissenartigen
taubgefäßen im Zentrum. Zieht Bienen
nd Schmetterlinge an.
. caucasica: Sehr winterharte Mehrjährige
on Büschel bildendem Wuchs mit lan-
ettlichen, grundständigen, graugrünen
lättern und blass- bis lavendelblauen
lüten im Hoch- und Spätsommer.
0 × 60 cm

;caevola **Spaltglocke**
;attung winterharter, kurzlebiger, zu-
ıeist immergrüner Mehrjähriger und
.letterpflanzen, die zumeist in Gewächs-
äusern kultiviert bzw. als Container-
flanze oder in Sommerrabatten gezogen
vird, am besten in voller Sonne oder in
ichtem Schatten.
. aemula: Winterharte, immergrüne
Aehrjährige mit dekorativen, blättrigen,
ı violettblauen oder blauen Blütentrau-
en über grünen, grundständigen Blättern
n Sommer. 45 × 45 cm

;chisandra **Beerentraube**
;attung Laub abwerfender oder immer-
rüner Kletterpflanzen mit becherförmi-
en Blüten in Rosa, Rot, Weiß oder Gelb
owie farbigen Früchten, die nur dann er-
cheinen, wenn männliche und weibliche
'flanzen zusammen gezogen werden.
. chinensis: Laub abwerfende Kletter-
flanze mit glänzenden, dunklen Blättern
owie creme- bis rosafarbenen Blüten im
'rühjahr und Sommer, denen an weib-
.chen Pflanzen rote oder rosa Früchte
olgen. 10 m

;chizanthus **Orchidee des armen Aannes, Schlitzblume, Spaltblume**
;attung frostempfindlicher Ein- und
:weijähriger mit orchideenartigen Blüten
n zahlreichen Farben. Eignen sich am
esten als Kübelpflanzen, können aber
uch im Gewächshaus gezogen werden.
;. 'Hit Parade': Frostempfindliche Ein-
ährige von aufrechtem Wuchs mit orchi-
eenartigen Blüten in vielen Farben sowie
ontrastierender Zeichnung.
0 × 30 cm

;chizophragma **Spalthortensie**
;attung sehr winterharter bis winter-
arter, Laub abwerfender Kletterpflanzen
nit bemerkenswerten Blüten, die den-
enigen einer Tellerhortensie nicht unähn-
ich sehen.
;. integrifolium: Winterharte Kletterpflanze
nit dunkelgrünen Blättern sowie schwach
luftenden, cremefarbenen, von Trag-
lättern in einer ähnlichen Farbe umge-
enen Blüten im Hochsommer. 12 m

;chizostylis **Kaffernlilie, Spaltgriffel**
:inzige Art der Gattung ist eine praktisch
mmergrüne, rhizombildende Staude mit
päten Ähren offener, becherförmiger Blü-
ten, die denjenigen einer Gladiole ähneln. Mögen feuchten Boden und volle Sonne.
S. coccinea alba: Staude mit Horsten schmaler, bandförmiger, dunkelgrüner Blätter und weißen Blüten im Herbst. 60 × 30 cm
S. c. 'Sunrise': Ähnlich wie *S. coccinea alba,* jedoch mit hübschen, lachsfarbenen Blüten. 60 × 30 cm

Sciadopitys **Schirmtanne**
Einzige Art der Gattung ist ein immergrüner Nadelbaum mit abblätternder Rinde und wirteligen Nadeln an den Spitzen der Triebe. Hervorragend als Einzelexemplar.
S. verticillata: Immergrüner Nadelbaum von konischem Wuchs mit rötlicher, abblätternder Rinde sowie dunkelgrünen, unterseits olivgrünen Nadeln. Trägt männliche wie weibliche Zapfen.
10–20 × 6–8 m

Scabiosa caucasica

Scaevola aemula

Schizanthus 'Hit Parade'

Schizophragma integrifolium

Schizostylis coccinea 'Sunrise'

Schizostylis coccinea alba

Sciadopitys verticillata

Scilla siberica 'Spring Beauty'

Scilla messeniaca

Scilla mischtschenkoana

Scilla Blaustern

Gattung sehr winterharter bis bedingt winterharter, mehrjähriger Zwiebelpflanzen mit Trauben oder Doldentrauben größtenteils blauer, rosafarbener, purpurner oder weißer Blüten. Zum Verwildern geeignet; Zwergarten eignen sich für das Alpinhaus.
S. messeniaca: Sehr winterharte, mehrjährige Zwiebelpflanze mit glänzenden, bandförmigen Blättern sowie hellblauen Blüten im Frühjahr. 25 × 15 cm
S. mischtschenkoana: Sehr winterharte, mehrjährige Zwiebelpflanze mit linealischen, grundständigen Blättern und sternförmigen, silbrig blauen Blüten mit dunkleren Streifen im Winter oder Frühjahr. 10 × 5 cm
S. siberica 'Spring Beauty': Sehr winterharte, mehrjährige Zwiebelpflanze mit linealischen, grundständigen Blättern und schalenförmigen, blauen Blüten im Frühjahr. 20 × 5 cm

Sedum album subsp. *teretifolium* 'Murale'

Sedum Fetthenne, Mauerpfeffer

Gattung sehr winterharter bis frostempfindlicher Einjähriger, Stauden sowie vielgestaltiger Halbsträucher und Sträucher, die je nach Art verschiedene Standorte im Garten haben können. Schätzt gut dränierte Böden und einen Standort in voller Sonne.
S. album subsp. *teretifolium* 'Murale': Sehr winterharte, Laub abwerfende, breitwüchsige Staude mit graugrünen Blättern und sternförmigen, weißen Blüten an rosa Stielen im Sommer. 8 × 45 cm
S. 'Autumn Joy': Sehr winterharte, Laub abwerfende Staude mit blaugrünen Blättern und flachen Blüten in Rosa bis Lachsfarben mit einem Stich Bronze vom Spätsommer bis zur Herbstmitte. 45 × 45 cm
S. spathulifolium 'Cape Blanco': Sehr winterharte, immergrüne, Matten bildende Mehrjährige mit Rosetten silbergrüner, mit weißem Flaum überzogener Blätter sowie sternförmigen, leuchtend grüngelben Blüten im Sommer. 10 × 60 cm
S. spurium 'Dragon's Blood': Sehr winterharte, immergrüne, breitwüchsige Staude mit bronzegrünen Blättern und dunkelrosa, sternförmigen Blüten im Sommer. 10 × 60 cm
S. telephium subsp. *maximum* 'Atropurpureum': Sehr winterharte, Laub abwerfende Mehrjährige mit Horsten tief purpurner, blaugrüner Blätter und rosafarbenen Blüten im Spätsommer und Frühherbst. 45 × 30 cm

Sedum 'Autumn Joy'

Sedum spathulifolium 'Cape Blanco'

edum spurium 'Dragon's Blood'

Sedum telephium subsp. maximum 'Atropurpureum'

elinum **Silge**
Gattung Mehrjähriger mit fein einge-
chnittenen Blättern und Dolden stern-
örmiger, weißer, zuweilen purpurn
berhauchter Blüten. Verträgt viele
erschiedene Böden und Standorte.
. wallichianum: Horstbildende Mehrjäh-
ige mit aufrechten, rötlich purpurnen
tielen und winzigen, weißen Blüten vom
Hochsommer bis zum Frühherbst.
,8 m × 60 cm

Semiaquilegia **Scheinakelei**
Gattung zumeist kurzlebiger Mehrjähriger, die der *Aquilegia* ähneln, aber unterteilte Blättern sowie ungespornte Blüten im Frühjahr und Sommer tragen. Für neutrale bis saure Böden.
S. ecalcaratha: Kurzlebige Mehrjährige mit mittelgrünen, unterseits purpurnen Blättern sowie dekorativen, rosa bis purpurnen Blüten im Frühsommer. 30 × 20 cm

Sempervivum 'Commander Hay'

empervivum **Dachwurz, Hauswurz**
Gattung immergrüner, sukkulenter Mehrjähriger, die Rosetten spitzer Blätter, z. T. mit Netzen weißer Haare, sowie Stängel mit sternförmigen Blüten in Purpur, Rot, Weiß oder Gelb bilden. Für nährstoffarme Böden und volle Sonne. Haarige Arten vor Nässe chützen.
. arachnoideum (Spinnweb-Hauswurz): Immergrüne Mehrjährige mit mittelgrünen bis oten, von weißen Haaren überzogenen Blättern. Rötlich rosafarbene Blüten sitzen im ommer an blattartigen Stielen. 8 × 30 cm
. 'Commander Hay': Immergrüne Mehrjährige mit Rosetten glänzender, rotpurpurer, an den Spitzen grüner Blätter sowie grünlich roten Blüten im Sommer. 10 × 30 cm

Senecio cineraria

empervivum arachnoideum

Senecio
Gattung winterharter bis frostempfindlicher Ein-, Zwei- und Mehrjähriger, Kletterpflanzen, Halbsträucher, Sträucher und kleiner Bäume, meist mit weißen oder silbernen Blättern und gelben Blütenkörbchen. Einjährige geeignet für Sommerrabatten.
S. cineraria: Winterharter, immergrüner, meist als Einjähriger gezogener Halbstrauch, der Büschel silbergrauer Blätter und im Sommer des zweiten Jahres senfgelbe Blüten trägt. Mag volle Sonne. 60 × 60 cm
S. pulcher: Winterharte, Laub abwerfende oder halbimmergrüne Mehrjährige mit grünen Blättern sowie purpurrosa Blütenköpfen im zeitigen und späten Herbst. 45 × 45 cm

Sequoia sempervirens

Sequoiadendron giganteum

Sequoia Küstenmammutbaum

Einzige Art der Gattung ist ein immergrüner, schnellwüchsiger Nadelbaum mit wirteligen Zweigen und Nadeln, die denen der Eibe nicht unähnlich sehen.
S. sempervirens: Konischer Nadelbaum mit waagerechten Ästen, rotbrauner Rinde und dunkelgrünen, unterseits weißen Nadeln. Trägt männliche und weibliche Zapfen. 30 × 9 m

Sequoiadendron Mammutbaum, Wellingtonie

Einzige Art der Gattung ist ein immergrüner Nadelbaum mit schmalen, keilförmigen Blättern und dicker Rinde. Gut geeignet als hohes Einzelexemplar.
S. giganteum: Säulenförmiger Nadelbaum in Trauerform, mit rotbrauner Rinde sowie graugrünen Nadeln. Trägt weibliche Zapfen. 25–30 × 7–10 m

Sidalcea 'Elsie Heugh'

Sidalcea 'Reverend Page Roberts'

Sidalcea Doppelmalve, Präriemalve, Schmuckmalve

Gattung horstbildender Ein- und Zweijähriger mit mittelgrünen, grundständigen Blättern, über denen für einen langen Zeitraum stockrosenartige Blüten in Rosa, Purpur oder Weiß an steifen Stängeln erscheinen. Bevorzugt leichte, neutrale bis saure Böden und volle Sonne.
S. 'Elsie Heugh': Aufrechte Mehrjährige mit Trauben trichterförmiger, rosapurpurner Blüten im Sommer. 1 m × 45 cm
S. 'Reverend Page Roberts': Entspricht 'Elsie Heugh', trägt aber blassrosa Blüten. 1 m × 45 cm

Silene dioica 'Flore Pleno'

Silene Leimkraut, Lichtnelke, Pechnelke, Strahlensame

Gattung sehr winterharter bis bedingt winterharter Ein- und Zweijähriger sowie Laub abwerfender oder immergrüner Mehrjähriger. Einjährige sind vielfach in Sommerrabatten zu finden. Die meisten vertragen neutrale bis alkalische Böden, *S. hookeri* braucht saure Böden. Kleinere Arten passen gut in das Alpinhaus, wo sie eine gute Dränage brauchen.
S. alpestris: Sehr winterharte, immergrüne Mehrjährige mit lanzettlichen Blättern und weißen oder rosa Blüten im Frühsommer. 15 × 20 cm
S. dioica 'Flore Pleno': Sehr winterharte, immergrüne Mehrjährige mit graugrünen, lanzettlichen Blättern und gefüllten, kirschroten Blüten im Sommer. 15 × 20 cm

Silybum marianum

Silybum Mariendistel

Gattung Rosetten bildender Ein- oder Zweijähriger mit distelartigen, tief eingeschnittenen, stacheligen Blättern sowie rosa Blüten inmitten stacheliger Tragblätter. Für nährstoffarme Böden und volle Sonne.
S. marianum (Gewöhnliche Mariendistel): Zweijährige mit leicht duftenden, purpurrosa Blütenköpfen vom Sommer bis zum Herbst. 1,5 × 1 m

Sinacalia tangutica

Sisyrinchium 'Blue Ice'

Sisyrinchium idahoense 'Album'

Sisyrinchium striatum

Sinacalia Chinagreiskraut

Einzige Gartenart der Gattung ist eine Laub abwerfende Mehrjährige mit dunkelgrünen, unterteilten Blättern und attraktiven Trauben leuchtend gelber Blüten.

S. tangutica: Etwas wuchernde Mehrjährige mit tief eingeschnittenen, dunkelgrünen Blättern und gelben Blütenköpfen, die vom Spätsommer bis zur Herbstmitte erscheinen. Mag Sonne. 1,2 × 1,2 m

Sisyrinchium Grasschwertel

Gattung sehr winterharter bis bedingt winterharter Einjähriger sowie teils immergrüner Rhizomstauden mit Horsten linealischer Blätter und stern-, becher- oder trompetenförmigen Blüten im Frühjahr oder Sommer. Mag volle Sonne.

S. idahoense 'Album': Sehr winterharte, halbimmergrüne Staude mit Horsten schmaler, grüner Blätter und sternförmigen, weißen Blüten mit gelber Mitte im Sommer. 12 × 15 cm

S. striatum: Sehr winterharte, immergrüne Staude mit Horsten steifer, graugrüner Blätter und offenen, becherförmigen, cremegelben Blüten im Sommer. 1 m × 25 cm

Skimmia × confusa 'Kew Green'

Skimmia japonica 'Rubella'

Skimmia Skimmie

Gattung immergrüner, teils zwittriger Sträucher und Bäume mit dekorativen Blättern, zumeist duftenden Blüten sowie roten und schwarzen Früchten an weiblichen und zwittrigen Pflanzen.

S. × confusa 'Kew Green': Immergrüner, kompakter Strauch mit aromatischen, grünen Zweigen und Rispen cremefarbener, männlicher Blüten über einen langen Zeitraum im Spätwinter und Frühjahr. 1,2 × 1,2 m

S. japonica 'Rubella': Immergrüner Strauch mit schwach duftenden, rot geränderten Blättern sowie duftenden, weißen, in der Knospe roten Blüten im Frühjahr. 1,5 × 2 m

Smilacina racemosa

Smilacina Duftsiegel

Gattung vorwiegend rhizombildender Mehrjähriger, die *Polygonatum* ähneln. Tragen bogenförmige Stiele sowie Trauben oder Rispen sternförmiger, cremefarbener Blüten, gefolgt von grünen, zu Rot reifenden Früchten. Geeignet für den Halbschatten.

S. racemosa: Rhizom- und horstbildende Mehrjährige mit spitz zulaufenden, geäderten, im Herbst gelben Blättern sowie Trauben oder Rispen cremefarbener Blüten im Frühjahr. 1 m × 60 cm

Smyrnium Gelbdolde

Gattung Zweijähriger oder monokarper Mehrjähriger mit Dolden ungewöhnlicher, kleiner, grüngelber Blüten. Gut zum Verwildern in Waldgärten geeignet. Bevorzugt Sonne oder Halbschatten.

S. perfoliatum (Stängelumfassende Gelbdolde): Zweijährige von aufrechtem Wuchs mit gelbgrünen, den Stängel umfassenden, oberen Blättern sowie winzigen, gelbgrünen Blüten im Frühjahr. 1 m × 60 cm

Smyrnium perfoliatum

Solanum crispum 'Glasnevin'

Solanum rantonnetii

Solanum jasminoides 'Album'

Solenostemon-Hybride

Solanum Aubergine, Eierfrucht, Kartoffel, Nachtschatten

Gattung winterharter bis frostempfindlicher Ein-, Zwei- und Mehrjähriger sowie immergrüner, halbimmergrüner und Laub abwerfender Sträucher, Bäume und Kletterpflanzen. Ebenfalls zur Gattung gehörend ist *S. tuberosum* (Kartoffel) sowie *S. melongena* (Aubergine, Eierfrucht). *Solanum* trägt glocken-, trompeten- oder sternförmige Blüten in Blau-, Purpur- oder Weißschattierungen und essbare Früchte. Geeignet für den Wintergarten oder das Gewächshaus an einem geschützten Standort in voller Sonne.

S. crispum 'Glasnevin': Winterharte, immergrüne oder halbimmergrüne Kletterpflanze mit dunkelgrünen Blättern sowie duftenden, purpurfarbenen Blüten im Sommer, gefolgt von weißgelben Früchten. 6 m

S. jasminoides 'Album' (Jasmin-Nachtschatten): Bedingt winterharte, immergrüne oder halbimmergrüne Kletterpflanze mit glänzenden, dunklen Blättern sowie duftenden, weißen Blüten im Sommer und Herbst, gefolgt von schwarzen Früchten. 6 m

S. rantonnetii: Frostempfindlicher, immergrüner Strauch mit mittelgrünen bis dunkelgrünen Blättern und offenen, flachen Blüten in verschiedenen Blauschattierungen im Sommer und Herbst, gefolgt von roten Früchten. 1–2 × 1–2 m

Soldanella Alpenglöckchen, Troddelblume

Gattung immergrüner Mehrjähriger mit runden oder nierenförmigen, grundständigen Blättern sowie Dolden purpurner bis weißer Blüten im Frühjahr. Gut für den Steingarten oder das Alpinhaus.

S. alpina (Alpen-Troddelblume): Mehrjährige von horstbildendem Wuchs mit nierenförmigen, dunkelgrünen Blättern sowie trichterförmigen, violetten Blüten im Frühjahr. 12 × 12 cm

Solenostemon Buntnessel

Gattung frostempfindlicher, immergrüner Mehrjähriger mit auffälligem Blattwerk und röhrenförmigen, blauen, purpurnen oder weißen Blüten. Eignet sich gut zur Kultivierung unter Glas oder als Zimmerpflanze.

S.-Hybride: Frostempfindliche, immergrüne Mehrjährige mit gezähnten, haarigen, rötlich purpurnen und leuchtend grün eingefassten Blättern sowie weißen Blüten das ganze Jahr über. 60 × 60 cm

Solidago canadensis

Sophora microphylla

Sorbaria tomentosa var. *angustifolia*

Solidago Goldrute
Gattung robuster Mehrjähriger mit steifen Stängeln und geäderten, mittelgrünen Blättern sowie Trauben oder Ähren goldgelber Blüten im Spätsommer und Herbst. Die bekannten Hybriden wachsen langsamer.
S. canadensis: Mehrjährige von aufrechtem Wuchs mit mittelgrünen Blättern sowie Trauben leuchtend goldgelber Blütenköpfe im Spätsommer und Frühherbst. 1 m × 45 cm

Sophora Pagodenbaum, Schnurbaum
Gattung sehr winterharter bis frostempfindlicher Mehrjähriger und Laub abwerfender oder immergrüner Bäume und Sträucher mit schönen Blättern und Schmetterlingsblüten. Für geschützten Standort in voller Sonne; frostempfindliche Arten sollten im warmen Gewächshaus stehen.
S. microphylla: Sehr winterharter, immergrüner, breitwüchsiger Strauch oder kleiner Baum mit kleinen, dunkelgrünen Blättern an seidigen Trieben sowie im Frühjahr Trauben dunkelgelber Blüten. 8 × 8 m

Sorbaria Fiederspiere
Gattung Laub abwerfender, Schösslinge bildender Sträucher mit attraktiven Blättern sowie Rispen sternförmiger, weißer Blüten. Mag feuchte, gut dränierte, neutrale bis alkalische Böden in Sonne oder Halbschatten.
S. tomentosa var. *angustifolia:* Ausladender Strauch mit schlanken, spitz zulaufenden, dunkelgrünen Blättern sowie Rispen cremeweißer Blüten im Hoch- und Spätsommer. 3 × 3 m

Sorbus aria 'Lutescens'

Sorbus Eberesche, Elsbeere, Mehlbeere, Speierling, Vogelbeerbaum
Gattung sehr winterharter bis winterharter, Laub abwerfender Sträucher und Bäume mit schönem, buntem Blattwerk im Herbst sowie Doldentrauben weißer oder rosa Blüten und farbigen Früchten. Gut geeignet als Einzelexemplar; verträgt vielfältige Boden- und Standortbedingungen. *S. aria* gedeiht auf kalkhaltigem wie saurem Boden.
S. aria 'Lutescens' (Gewöhnliche Mehlbeere): Sehr winterharter, säulenförmiger Baum mit jungen Blättern in Silbergrau, später Grün, und Rispen weißer Blüten im Frühjahr, gefolgt von braun gesprenkelten, roten Beeren. 10 × 8 m
S. cashmiriana 'Rosiness': Sehr winterharter, breitwüchsiger Strauch oder Baum mit lanzettlichen, dunklen Blättern und Doldentrauben rosafarbener Blüten im Frühjahr, gefolgt von rosaweißen Beeren. 8 × 7 m
S. commixta: Sehr winterharter, aufrechter Strauch oder Baum mit spitzen, dunklen, lanzettlichen Blättern, die sich im Herbst rot verfärben, sowie Doldentrauben weißer Blüten im Frühjahr, gefolgt von orangeroten Beeren. 10 × 7 m

Sorbus aria 'Lutescens' (Blüten)

Sorbus cashmiriana 'Rosiness'

Sorbus commixta

Sorbus fruticosa 'Koehneana'

S. fruticosa 'Koehneana': Sehr winterharter, breitwüchsiger Strauch oder Baum mit gezähnten, dunklen Blättern sowie kleinen Doldentrauben weißer Blüten im Frühjahr, gefolgt von mittelgrünen, zu Weiß reifenden Beeren an roten Stielen. 5 × 6 m
S. hupehensis: Sehr winterharter, säulenförmiger Baum mit blaugrünen, im Herbst roten Blättern sowie Doldentrauben weißer Blüten im Frühjahr, gefolgt von rosastichigen, weißen Beeren. 8 × 8 m
S. sargentiana: Sehr winterharter, langsamwüchsiger, aufrechter Baum mit roten Winterknospen, lanzettlichen, dunklen, im Winter roten oder orangen Blättern und Doldentrauben weißer Blüten im Sommer, gefolgt von roten Beeren. 10 × 10 m
S. vilmorinii: Sehr winterharter, bogenförmiger Strauch oder Baum mit glänzenden, dunklen Blättern und Doldentrauben weißer Blüten im Frühjahr und Sommer, gefolgt von roten, zu Rosa und Weiß reifenden Beeren. 5 × 5 m

Sorbus hupehensis

Sorbus sargentiana

Sorbus vilmorinii

Spartina pectinata 'Aureomarginata'

Sparaxis **Fransenschwertel**
Gattung bedingt winterharter, mehrjähriger Knollenpflanzen und Ähren trichterfömiger, farbenprächtiger Blüten im Frühjahr und Sommer. Eignet sich gut für ein kaltes Gewächshaus oder gut dränierte Böden an einem sonnigen Standort.
S. tricolor: Bedingt winterharte, mehrjährige Knollenpflanzen mit fächerförmigen, lanzettlichen, grundständigen Blättern sowie orangen, purpurnen oder roten Blüten, die bis zum Sommer eine dunkle Zeichnung aufweisen. 30 × 8 cm

Spartina **Schlickgras**
Einzige Art der Gattung ist ein mehrjähriges Gras mit bandförmigem Blattwerk und attraktiven Blütenähren. Mag feuchten Boden; Wurzeln können wuchern.
S. pectinata 'Aureomarginata': Mehrjähriges Gras mit bogenförmigen, gelb gestreiften Blättern sowie grünen Blütenähren mit purpurnen Staubgefäßen im Sommer. 1, 8 m × unbegrenzte Ausbreitung

Spartium junceum

Spartium **Binsenginster, Pfriemenginster**

Einzige Art der Gattung ist ein sehr winterharter, immergrüner Strauch mit Trauben von Schmetterlingsblüten und dunkelgrünen, besenartigen Trieben. Verträgt Kalk und mag volle Sonne.

S. junceum: Winterharter Strauch von aufrechtem Wuchs mit schmalen, lanzettlichen, unterseits behaarten Blättern sowie leuchtend gelben Schmetterlingsblüten im Sommer und Frühherbst, gefolgt von auffälligen, flachen Samengefäßen. 3 × 3 m

Spiraea 'Arguta'

Spiraea japonica 'Goldflame'

Spiraea nipponica 'Snowmound'

Spiraea **Spierstrauch**

Gattung Laub abwerfender oder halbimmergrüner Sträucher mit zahlreichen teller-, becher- oder schalenförmigen Blüten in Rosa, Purpur, Weiß oder Gelb im Frühjahr und Sommer. Kleinere Arten machen sich gut im Steingarten und mögen volle Sonne.

S. 'Arguta' (Schneespiere): Laub abwerfender, kugeliger Strauch mit übergebogenen Zweigen sowie schmalen, grünen, gezähnten Blättern. Tellerförmige, weiße Blüten erscheinen zahlreich im Frühjahr. 2,5 × 2,5 m

S. japonica 'Goldflame': Laub abwerfender, horstbildender Strauch mit jungen, zu Gelb reifenden Blättern in Bronzerot sowie schalenförmigen, rosafarbenen Blüten im Hoch- und Spätsommer. 1 × 1 m

S. nipponica 'Snowmound': Laub abwerfender, rundlicher Strauch mit dunkelgrünen, an der Blattunterseite blaugrünen Blättern und schalenförmigen, weißen Blüten im Sommer. 1,2 × 1,2 m

Stachys macrantha

Stachys byzantina

Stachys **Ziest**

Gattung sehr winterharter bis winterharter Einjähriger, Stauden und einiger immergrüner Sträucher mit dekorativen Blättern und röhrenförmigen, zweilippigen Blüten in Rosa, Purpur, Rot, Weiß oder Gelb.

S. byzantina (Woll-Ziest): Sehr winterharter, mehrjähriger Bodendecker mit lanzettlichen, weißflaumigen, graugrünen Blättern und aufrechten Stielen mit wolligen Ähren dunkelrosafarbener Blüten vom Frühsommer bis zum Frühherbst. 45 × 60 cm

S. b. 'Silver Carpet': Ähnlich wie die Art, blüht aber selten. Trägt Blüten in einem intensiven Silberweiß. 30 × 60 cm

S. macrantha: Sehr winterharte Staude von aufrechtem Wuchs mit Rosetten gekräuselter, geäderter, dunkelgrüner Blätter sowie Ähren zweilippiger, dunkelrosa Blüten an hohen Stängeln im Sommer. 60 × 30 cm

Stachyurus praecox

Stachyurus **Perlschweif, Schweifähre**
Gattung Laub abwerfender oder halbimmergrüner Sträucher oder kleiner Bäume mit hängenden Trauben kleiner, heller Blüten noch vor dem Austrieb neuer Blätter. Trägt lanzettliche Blätter an glänzenden, rotbraunen Trieben.
S. praecox: Laub abwerfender, breitwüchsiger Strauch mit hängenden Trauben glockenförmiger, hellgelber Blüten im Spätwinter und Frühsommer. 1–4 × 3 m

Sternbergia **Goldkrokus, Sternbergie**
Gattung winterharter Zwiebelpflanzen mit narzissenartigen, großen, kelchförmigen, zumeist leuchtenden, gelben Blüten über schmalen, grundständigen Blättern. Mag einen Standort in voller Sonne und gut dränierten Böden.
S. lutea: Winterharte, mehrjährige Zwiebelpflanze mit dunklen Blättern und kelchförmigen, dunkelgelben Blüten im Herbst. 15 × 8 cm

Stewartia sinensis

Stipa gigantea

Stipa tenuissima

Strobilanthes atropurpureus

Strelitzia reginae

Stewartia **Scheinkamelie**
Gattung sehr winterharter bis winterharter, Laub abwerfender oder immergrüner Sträucher und Bäume mit abblätternder Rinde, attraktiv verfärbtem Laub im Herbst und becherförmigen, weißen Blüten mit hervorstehenden Staubgefäßen. Mag neutrale bis saure Böden in Sonne oder Halbschatten.
S. sinensis: Sehr winterharter, Laub abwerfender, kegelförmiger Baum mit abblätternder, rotbrauner Rinde, dunklem, im Herbst rotem Laub und duftenden, weißen Blüten im Sommer. 20 × 7 m

Stipa **Espartogras, Federgras, Pfriemengras, Raugras**
Gattung sehr winterharter bis winterharter, immergrüner oder Laub abwerfender, mehrjähriger und zuweilen einjähriger Gräser mit attraktivem Wuchs und federigen Blütenständen. Mag einen Standort in voller Sonne.
S. gigantea (Riesenfedergras): Sehr winterharte, immergrüne oder halbimmergrüne Mehrjährige von horstbildendem Wuchs mit grünen Blättern und grünpurpurnen, später goldgelben, kleinen Ähren im Sommer. 2,5 × 1,2 m
S. tenuissima: Sehr winterharte, Laub abwerfende, horstbildende Mehrjährige mit leuchtend grünen Blättern und nickenden Blütenrispen im Sommer. 60 × 30 cm

Stokesia **Kornblumenaster, Stokesie**
Einzige Art der Gattung ist eine immergrüne Mehrjährige von aufrechtem Wuchs mit kornblumenähnlichen Blütenköpfen in Violettblau, Rosa oder Weiß. Mag saure Böden und volle Sonne.
S. laevis: Sehr winterharte, immergrüne Mehrjährige mit grundständigen Rosetten mittelgrüner Blätter und violettblauen, rosafarbenen oder weißen Blütenköpfen vom Sommer bis zum Frühherbst. 60 × 45 cm

Strelitzia **Paradiesvogelblume, Strelitzie**
Gattung frostempfindlicher, immergrüner Mehrjähriger mit exotisch wirkenden, länglichen Blütenständen, die aus bootförmigen Hochblättern mit kammartigen Blüten bestehen.
S. reginae: Frostempfindliche, horstbildende Mehrjährige mit Blättern an hohen Stielen und grünen, orangen und purpurnen Hochblättern sowie orangen Blüten vom Winter bis zum Frühjahr. 2 × 1 m

Strobilanthes **Zapfenblume**
Gattung sehr winterharter und frostempfindlicher, immergrüner oder Laub abwerfender Mehrjähriger mit Blüten in Blau- oder Purpurschattierungen, Weiß oder manchmal Gelb.
S. atropurpureus: Sehr winterharte, aufrechte Mehrjährige mit dunklen Blättern sowie Ähren röhrenförmiger, indigoblauer oder violetter Blüten im Sommer. 1,2 × 1 m

***Styrax* Storaxbaum**
Gattung sehr winterharter bis winterharter, Laub abwerfender oder immergrüner Sträucher mit attraktivem Wuchs und glocken- oder becherförmigen, duftenden, weißen Blüten. Mag neutrale bis saure Böden und einen vor kalten Winden geschützten Standort.
S. americanum: Sehr winterharter, Laub abwerfender Strauch mit glänzenden, tiefgrünen Blättern sowie glockenförmigen, weißen Blüten im Sommer. 3 × 2,5 m

***Symphoricarpos* Knallerbsenstrauch, Korallenbeere, Schneebeere, Wolfsbeere**
Gattung Laub abwerfender Sträucher mit winzigen, glockenförmigen, weißen oder rosa Blüten sowie fleischigen Früchten in Blau, Rosa, Purpur oder Weiß. Verträgt verschiedene Böden und Standorte.
S. albus var. *laevigatus:* Dichtwüchsiger, halb überhängender Strauch mit grünen Blättern sowie rosafarbenen Blüten im Sommer, gefolgt von runden, reinweißen Früchten, die sich bis in den Winter hinein halten. 2 × 2 m

***Symphyandra* Steinglocke**
Gattung monokarper oder kurzlebiger Rhizomstauden mit röhren- oder glockenförmigen Blüten. Standort in voller Sonne oder leichtem Schatten.
S. hofmannii: Meist monokarpe Mehrjährige mit Rosetten grundständiger Blätter sowie Trauben hängender, röhrenförmiger, cremeweißer Blüten im Sommer. 45 × 30 cm

***Symphytum* Beinwell**
Gattung rhizombildender Stauden mit hängenden, röhrenförmigen Blüten in Blau, Rosa, Purpur oder Gelbweiß. Meist als Bodendecker in feucht-schattigen Waldgärten genutzt. Weicht man die Blätter in Wasser ein, können sie als Flüssigdünger dienen. Einige Arten wuchern und können im Garten lästig werden.
S. caucasicum: Horstbildende Staude mit behaarten, grünen Blättern sowie blauen Blüten im Sommer. 60 × 60 cm
S. 'Hidcote Blue': Horstbildende Staude mit behaarten, mittelgrünen Blättern sowie blassblauen, in der Knospe roten Blüten im mittleren und späten Frühjahr. 45 × 45 cm

***Syringa* Flieder**
Gattung Laub abwerfender Sträucher und Bäume mit pyramidenförmigen Rispen kleiner, duftender, röhrenförmiger Blüten in verschiedenen Blau-, Rosa- und Purpurtönen sowie Weiß. Mag neutrale bis alkalische Böden in voller Sonne. Gut geeignet als Einzelexemplar.
S. × *josiflexa* 'Bellicent': Strauch von aufrechtem Wuchs mit dunkelgrünen Blättern sowie duftenden, klarrosafarbenen Blüten im späten Frühjahr und Frühsommer. 4 × 5 m

Symphytum caucasicum

Symphytum 'Hidcote Blue'

Syringa × *josiflexa* 'Bellicent'

Syringa meyeri var. *spontanea* 'Palibin'

S. meyeri var. *spontanea* 'Palibin': Niedrigwüchsiger Strauch von runder Gestalt mit mittelgrünen Blättern sowie duftenden, lavendelrosa Blüten im Spätfrühjahr und Frühsommer. 1,5 × 1,5 m
S. vulgaris (Gewöhnlicher Flieder): Ausladender Strauch oder kleiner Baum mit duftenden, einfachen oder gefüllten, lila Blüten im späten Frühjahr und Frühsommer. 7 × 7 m

Syringa vulgaris

T

Tagetes erecta

Tagetes patula

Tagetes **Sammetblume, Studentenblume, Tagetes**

Gattung bedingt winterharter Stauden und Einjähriger mit zahlreichen Hybriden und Sorten. Tragen attraktive Blütenkörbchen oder nelkenartige Blüten und werden vorwiegend in Sommerrabatten oder in Kübeln kultiviert. Lassen sich leicht durch Aussaat im Freien ziehen; bevorzugen volle Sonne.

T. erecta (Hohe Studentenblume): Kompakte Einjährige mit gefüllten Blütenköpfchen in verschiedenen Farben von Zitronengelb bis Dunkelorange vom Sommer bis zum Herbst. 75 × 45 cm

T. patula: Einjährige von buschigem Wuchs mit meist gefüllten Blütenköpfen in Orange, Rotbraun, Gelb sowie gemischten Farben vom späten Frühjahr bis Herbst. 30 × 30 cm

Tamarix tetrandra

Tamarix **Tamariske**

Gattung Laub abwerfender Sträucher und kleiner Bäume mit kleinem, nadelartigem, federig wirkendem Laub sowie federartigen Trauben winziger Blüten in Rosaschattierungen. Eignet sich dank ihrer Windresistenz gut für die Küste. Mag volle Sonne.

T. ramossima: Strauch oder kleiner Baum von bogenförmigem Wuchs mit spitzen Blättern an rotbraunen Trieben und Trauben rosafarbener Blüten im Spätsommer und Frühherbst. 5 × 5 m

T. tetrandra: Bogenförmiger Strauch oder kleiner Baum mit nadelartigem Laub an purpurbraunen Trieben sowie Trauben von hellrosa Blüten im Frühjahr. 3 × 3 m

Tanacetum densum subsp. *amani*

Tanacetum parthenium

Tanacetum **Balsamkraut, Margerite, Mutterkraut, Rainfarn, Wucherblume**

Gattung bedingt winterharter, immergrüner oder Laub abwerfender Mehrjähriger und Halbsträucher sowie Einjähriger mit aromatischen, silbernen Blättern und knopf- oder gänseblümchenartigen Blüten. Geeignet für den Steingarten.

T. densum subsp. *amani:* Sehr winterharte, größtenteils immergrüne Mehrjährige mit farnartigen, grauweißen Blättern sowie gelben Blütenkörbchen im Sommer. Gute Steingartenpflanze. 25 × 20 cm

T. parthenium (Mutterkraut): Sehr winterharte, kurzlebige Mehrjährige von buschigem Wuchs mit aromatischen, grundständigen Blättern sowie gelben und weißen Blütenkörbchen im Sommer. 30 × 30 cm

Taxodium distichum

Taxus baccata

Taxus baccata 'Aurea'

Taxus baccata 'Fastigiata'

Taxodium **Sumpfzypresse**

Gattung sommergrüner oder halbimmergrüner Koniferen von kegelförmigem Wuchs mit leuchtender Herbstfärbung. Gut geeignet als Einzelexemplar. Mag Feuchtigkeit speichernde, saure Böden in voller Sonne oder Halbschatten.

T. distichum: Sommergrüne Konifere mit hellen, lanzettlichen, eibenähnlichen Blättern, die sich im Herbst rostrot verfärben, sowie weiblichen, zu Braun reifenden Zapfen. Männliche Zapfen sind hängend und rot. 20–40 × 6–9 m

Taxus **Eibe**

Gattung immergrüner Koniferen in Form von Bäumen oder Sträuchern mit rotbrauner Rinde, grünen, nadelartigen Blättern sowie farbigen Früchten an weiblichen Pflanzen. Geschätzt als Einzelexemplar, in Hecken oder im Formschnitt. Verträgt vielfältige Boden- und Standortbedingungen.

T. baccata: Konischer Baum mit ausladenden Zweigen und dunklen Blättern, meist als Heckenpflanze genutzt. Trägt gelbe, männliche Zapfen im Frühjahr. 10–20 × 8–10 m

T. b. 'Aurea': Strauch oder kegelförmiges Bäumchen mit goldgelben Blättern, die eine grüne Färbung annehmen, wenn die Pflanze im Schatten steht. 6 × 5 m

T. b. 'Fastigiata': (Gewöhnliche Eibe): Säulenförmiger Baum mit dunklen Blättern und eiförmigen Früchten, die einen giftigen Samen enthalten. 10 × 6 m

Telekia speciosa

Tellima grandiflora

Teucrium fruticans

Telekia **Telekie**

Gattung Mehrjähriger von aufrechtem Wuchs mit grob gezähnten, grundständigen Blättern und Blütenkörbchen. Mag feuchten Boden und Halbschatten; braucht Schutz vor starken Winden.

T. speciosa: Rhizombildende Mehrjährige mit aromatischen Blättern und gelben Blütenkörbchen an hohen Stielen im Spätsommer und Frühherbst. 2 × 1 m

Tellima **Falsche Alraunenwurzel**

Einzige Art der Gattung ist eine immergrüne Staude mit attraktivem Laub und Trauben winziger, glockenförmiger Blüten. Verträgt trockenen Boden und mag einen halbschattigen Standort.

T. grandiflora: Staude mit Rosetten außen gekräuselter, hellgrüner Blätter und Trauben grünweißer Blüten vom Spätfrühjahr bis zur Sommermitte. 75 × 30 cm

Teucrium **Gamander**

Gattung sehr winterharter bis winterharter Mehrjähriger sowie Laub abwerfender und immergrüner Sträucher und Halbsträucher mit aromatischem Blattwerk und röhren- oder glockenförmigen Blüten. Kleinere Arten eignen sich für den Steingarten. Mag volle Sonne.

T. fruticans (Baum-Gamander): Winterharter, immergrüner Strauch mit lanzettlichen, graugrünen Blättern und Wirteln hübscher, hellblauer Blüten im Sommer. 60 cm × 4 m

Thalia
Gattung bedingt winterharter bis frostempfindlicher, Laub abwerfender oder immergrüner Uferpflanzen mit auffälligen, lanzettlichen Blättern an hohen Stielen und ungewöhnlichen, violetten Blüten. Mag Feuchtigkeit speichernde Böden oder flaches Wasser an einem offenen, sonnigen Standort.
T. dealbata: Bedingt winterharte, immergrüne, mehrjährige Uferpflanze mit graugrünen Blättern und Rispen violetter Blüten im Sommer. 2 × 2 m

Thalictrum aquilegifolium

Thalictrum flavum subsp. *glaucum*

Thalictrum **Wiesenraute**
Gattung sehr winterharter bis winterharter Rhizom- oder Zwiebelpflanzen mit attraktiven, zumeist farnartigen Blättern sowie winzigen, kronblattlosen Blüten in Lila, Rosa, Violett, Weiß oder Gelb. Mag humose Böden und Halbschatten.
T. aquilegifolium: Sehr winterharte Rhizomstaude mit Blättern, die der *Aquilegia* ähneln, sowie Rispen flaumiger, rosafarbener, purpurner oder weißer Blüten im Sommer. 1 m × 45 cm
T. flavum subsp. *glaucum:* Sehr winterharte Rhizomstaude mit geäderten, blaugrünen Blättern und Rispen blasser, schwefelgelber Blüten im Sommer. 1 m × 60 cm

Thermopsis montana

Thermopsis **Fuchsbohne**
Gattung von Rhizomstauden mit attraktivem Laub und Trauben lupinenartiger Blüten in Purpur oder Gelb. Verträgt vielfältige Boden- und Standortbedingungen.
T. montana: Rhizomstaude mit mittelgrünen Blättern sowie lupinenartigen, buttergelben Blüten im Spätfrühjahr und Frühsommer. 75 × 75 cm

Thuja occidentalis 'Rheingold'

Thuja orientalis 'Aurea Nana'

Thuja **Lebensbaum, Thuja**
Gattung immergrüner Koniferen von kegel- oder säulenförmigem Wuchs. Geeignet als Einzelexemplar oder Hecke; kleinere Sorten sind gut als Steingartenpflanze. Mögen einen Standort in voller Sonne.
T. occidentalis 'Rheingold': Kleiner, kegelförmiger Baum mit orangebrauner Rinde und locker angeordneten Zweigen mit goldgelben, zunächst rosastichigen Blättern. 3 × 1,5 m
T. orientalis 'Aurea Nana': Zwergbaum mit gelbgrünen Blättern, die sich im Winter bronze verfärben. Gut für den Steingarten. 60 × 60 cm

Thunbergia alata

Thunbergia **Schwarzäugige Susanne, Thunbergie**
Gattung bedingt winterharter bis frostempfindlicher, immergrüner Mehrjähriger, einiger Sträucher und Kletterpflanzen sowie Einjähriger mit Blüten in Blau, Orange, Rot, Weiß oder Gelb. Eignet sich für den Wintergarten oder das Gewächshaus. Bevorzugen als Einjährige im Freien volle Sonne.
T. alata: Frostempfindliche, immergrüne Kletterpflanze, zumeist als Einjährige gezogen, mit mittelgrünen Blättern und orangen, gelben oder manchmal weißen Blüten mit purpurner Mitte vom Sommer bis zum Herbst. 1,5–2 m

Thymus serpyllum 'Snowdrift'

Thymus vulgaris

Thymus **Quendel, Thymian**
Gattung sehr winterharter bis winterharter, immergrüner, mehrjähriger und strauchiger Bodendecker, deren aromatische Blätter in der Küche Verwendung finden. Tragen röhrenförmige, winzige Blüten in Rosa-, Purpur- oder Weißschattierungen. Ziehen Bienen an. Mögen einen vollsonnigen Standort.
T. serpyllum 'Snowdrift': Sehr winterharter, Matten bildender Halbstrauch mit kriechenden, mittelgrünen Trieben und weißen Blüten im Sommer. 25 × 45 cm
T. vulgaris (Echter Thymian): Sehr winterharter, breitwüchsiger Halbstrauch mit Polstern aromatischer, graugrüner Blätter und purpurnen bis weißen Blüten im Sommer. 25 × 45 cm

'iarella **Bischofskappe, Schaumblüte**
;attung rhizombildender Mehrjähriger
ıit attraktiven, im Herbst oft verfärbten
lättern und Trauben oder Rispen weißer
der rosaweißer Blüten. Mag einen Stand-
rt in Sonne oder Halbschatten.
: cordifolia: Rhizombildende Mehrjährige
on kräftigem Wuchs mit hellgrünen, im
Ierbst bronzenen Blättern und rispen-
rtigen Ähren cremeweißer Blüten im
ommer. 30 × 30 cm

'igridia **Pfauenblume, Tigerblume**
;attung frostempfindlicher, mehrjähriger
:wiebelpflanzen mit schmalen, lanzett-
chen Blättern und höchst ungewöhn-
chen, entweder irisartigen oder glocken-
›rmigen Blüten. Kann gut im kühlen
Vintergarten stehen.
: meleagris: Frostempfindliches, mehrjäh-
iges Zwiebelgewächs mit fächerförmig
ngeordneten, grundständigen Blättern
owie gesprenkelten, blassrosa bis kasta-
ienbraunen Glockenblüten im Sommer.
0 × 10 cm

'olmiea **Lebendblatt, Tolmie**
:inzige Art der Gattung ist eine breit-
vüchsige Mehrjährige. Junge Pflanzen
rscheinen am Blattgrund der rundlichen
3lätter. Geeignet als Bodendecker für den
chatten oder als Zimmerpflanze.
: menziesii: Horstbildende Staude mit
rob gezähnten, nierenförmigen, gelb-
rünen Blättern und grünpurpurnen
3lüten im späten Frühjahr und Früh-
ommer. 30 cm × 1 m

Trachelospermum **Sternjasmin**
;attung sehr winterharter, immergrüner
Kletterpflanzen mit dekorativem Blatt-
verk und kleinen, duftenden Blüten. Am
›esten an einem windgeschützter Standort
:iehen, z. B. vor einer Mauer.
T. asiaticum: Sehr winterharte, immergrüne
Kletterpflanze mit glänzenden, dunkelgrü-
ıen Blättern sowie duftenden, cremewei-
3en Blüten im Sommer. 6 m

Tiarella cordifolia

Tilia **Linde**
Gattung Laub abwerfender Bäume von attraktiver Form mit schönen Blättern und Blüten. Gut geeignet als Einzelexemplar oder in Alleen, einige Arten auch zum Verflechten. Verträgt saure Böden.
T. × euchlora: Runder Baum mit herzförmigen, winzigen, dunkelgrünen, an der Blattunterseite helleren Blättern und gelbweißen Blüten im Sommer. 20 × 15 m

Trachelospermum asiaticum

Trachycarpus **Hanfpalme**
Gattung winterharter, immergrüner Palmen mit fächerförmigen Blattwedeln, becherförmigen Blüten und schwarzen Beeren.
T. fortunei (Chinesische Hanfpalme): Winterharte, immergrüne Palme mit fächerförmig angeordneten, dunkelgrünen Blattwedeln und Rispen kleiner, gelber Blüten im Frühsommer. Bei weiblichen Pflanzen folgen blauschwarze Früchte. 20 × 2,5 m

Tilia × euchlora

Trachycarpus fortunei

Tradescantia × andersoniana 'Osprey'

Tradescantia × andersoniana 'Purple Dome'

Tricyrtis formosana 'Stolonifera'

Tradescantia **Dreimasterblume, Tradeskantie**
Gattung sehr winterharter bis winterharter, immergrüner Stauden mit fleischigen Blättern und kurzlebigen, tellerförmigen Blüten. Weniger winterharte Arten als Zimmerpflanzen, im Gewächshaus oder in Hängekörben und Kübeln ziehen.
T. × andersoniana 'Osprey': Sehr winterharte, horstbildende Mehrjährige mit grünen, purpurstichigen Blättern sowie großen, weißen Blüten vom Sommer bis zum Herbst. 45 × 45 cm
T. × a. 'Purple Dome': Ähnlich wie 'Osprey', aber mit Blüten in einem satten Purpurton. 45 × 45 cm

Tricyrtis **Höckerblume, Krötenlilie**
Gattung von Stauden mit stern-, glocken- oder trichterförmigen Blüten. Geeignet für humose Böden im Schatten.
T. formosana 'Stolonifera': Rhizombildende Staude mit glänzenden, dunkelgrünen, dunkelpurpurn gesprenkelten Blättern sowie stern- oder glockenförmigen, weißen, rosafarbenen oder purpurnen Blüten im Frühherbst. 75 × 45 cm

Trifolium repens 'Purpurascens'

Trillium grandiflorum

Trillium grandiflorum 'Roseum'

Trillium sessile

Trifolium **Klee**
Gattung Ein-, Zwei- und Mehrjähriger von kriechendem oder aufrechtem Wuchs mit meist dreizähligen Blättern und kleinen Schmetterlingsblüten im Frühjahr oder Sommer. Wuchern sehr und gelten daher z. T. als Unkraut.
T. repens 'Purpurascens': Rhizomstaude mit dreizähligen, dunkel pupurfarbenen Blättern sowie kleinen, weißen Blütenköpfchen im Sommer. 10 cm × unbegrenzte Ausbreitung

Trillium **Dreiblatt, Dreizipfellilie**
Gattung von Rhizomstauden mit aufrechtem Wuchs und geäderten, purpurnen oder silbern marmorierten Blättern sowie äußerst attraktiven, becher- oder trichterförmigen Blüten. Für humose, saure bis neutrale Böden im Schatten oder Halbschatten.
T. grandiflorum (Große Dreizipfellilie): Horstbildende Staude mit dunkelgrünen Blättern sowie reinweißen, später rosafarbenen Blüten im Frühjahr und Sommer. 45 × 30 cm
T. g. 'Roseum': Wie die Art, aber mit rosa Blüten. 45 × 30 cm
T. sessile: Horstbildende Staude mit unterschiedlich marmorierten, dunkelgrünen Blättern sowie größtenteils rotbraunen Blüten im Frühjahr. 30 × 20 cm

Triteleia **Triteleie**
Gattung winterharter, mehrjähriger Knollenpflanzen mit Dolden trichterförmiger Blüten in Blau-, Purpurblau-, Weiß- oder Gelbschattierungen. Mag leichte, sandige Böden und einen Standort in voller Sonne.
T. laxa: Winterharte, mehrjährige Knollenpflanze mit schmalen, bis zur Blütezeit absterbenden, grundständigen Blättern sowie violettblauen oder weißen Blüten im Spätfrühjahr. 75 × 5 cm

Tritonia **Tritonie**
Gattung winterharter bis bedingt winterharter, mehrjähriger Knollenpflanze, die mit der ähnlichen *Crocosmia* verwandt ist und Ähren becher- oder trichterförmiger Blüten in vielen Farben trägt. Mag leichte, gut dränierte Böden und volle Sonne.
T. disticha subsp. *rubrolucens:* Winterharte Knollenpflanze mit lanzettlichen Blättern und Ähren trichterförmiger, altrosafarbener Blüten im Hoch- und Spätsommer. 60 × 5 cm

Triteleia laxa

rochodendron **Radbaum**
inzige Art der Gattung ist ein winterarter, immergrüner Baum oder großer trauch mit auffallenden, spiralig angeordeten Blättern und Trauben grüner lüten. Schätzt neutrale bis saure Böden.
aralioides: Winterharter, säulenförmiger aum oder großer Strauch mit glänzenen, dunklen Blättern und kronblattlosen, uchtend grünen Blüten im Frühjahr und ommer. 10 × 8 m

rollius **Trollblume**
attung horstbildender Mehrjähriger mit ef eingeschnittenen Blättern sowie unden oder schalenförmigen Blüten in)range oder Gelb. Schätzt einen Standort n Teich- oder Bachrand im Halbschatten.
chinensis 'Golden Queen': Horstbilende Mehrjährige mit grünen, grundändigen Blättern sowie becherförmigen, rangen Blüten im Früh- und Hochommer. 75 × 45 cm

ropaeolum **Kapuzinerkresse**
attung sehr winterharter bis winterarter Mehrjähriger und Einjähriger von uschigem, kletterndem oder rankendem Vuchs mit leuchtenden, trichterförmigen lüten in vielen Farben. Geeignet für ommerrabatten, Hängekörbe oder übel. Bevorzugt volle Sonne.
majus 'Alaska' (Große Kapuzinerkresse): injährige von buschigem Wuchs mit remefarben, gesprenkelten Blättern sowie lüten in Creme, Orange, Rot oder Gelb om Sommer bis zum Herbst. 30 × 45 cm
speciosum (Flammende Kapuzinerkresse): Vinterharte, mehrjährige Kletterpflanze iit mittel- bis dunkelgrünen Blättern soyie zinnoberroten Blüten. Runde Früchte om Sommer bis zum Herbst. 3 m
tuberosum var. *lineamaculatum* 'Ken Aslet': edingt winterharte, mehrjährige Kletterflanze mit graublauen Blättern und Blüen vom Sommer bis zum Herbst. 2–4 m

suga **Hemlocktanne, chierlingstanne**
attung immergrüner Nadelbäume mit ekorativen Nadeln, Zapfen und großer chattenverträglichkeit. Mag saure bis eutrale Böden.
canadensis 'Pendula': Langsamwüchsiger, nmergrüner, kugeliger Strauch mit pururgrauer Rinde und schmalen, gezähnen Nadeln in Mittelgrün sowie weibchen Zapfen. 4 × 8 m

ulbaghia **Kaplilie**
attung winterharter bis frostempfindcher, Laub abwerfender oder gelegentch halbimmergrüner Stauden mit bandrtigen, manchmal graugrünen Blättern owie anmutigen Dolden röhrenförmiger, urpurner oder weißer Blüten. Geeignet ir den kühlen Wintergarten oder das ewächshaus.
violacea: Sehr winterharte, horstbildende taude mit duftenden, lila Blüten von Iochsommer bis Frühherbst. 45 × 25 cm

Trollius chinensis 'Golden Queen'

Tropaeolum majus 'Alaska'

Tropaeolum tuberosum var. *lineamaculatum* 'Ken Aslet'

Tropaeolum speciosum

Tsuga canadensis 'Pendula'

***Tulipa* Tulpe**

Mehrjährige Zwiebelpflanze mit leuchtenden, einfachen oder gefüllten, ei-, kelch- oder schalenförmigen, lilienartigen und gelegentlich geränderten oder gefransten Blüten in ein- und mehrfarbiger oder panaschierter Form als Ergebnis eines Virus. Zur Erleichterung der Klassifizierung lassen sich Tulpen in die folgenden Gruppen einteilen: 1. Einfache frühe Tulpen, 2. Gefüllte frühe Tulpen 3. Triumph-Tulpen, 4. Darwin-Hybriden, 5. Einfache späte Tulpen, 6. Lilienblütige Tulpen, 7. Gefranste Tulpen, 8. Viridiflora-Tulpen, 9. Rembrandt-Tulpen, 10. Papagei-Tulpen, 11. Gefüllte späte Tulpen (Päonienblütige Tulpen), 12. Kaufmanniana-Hybriden, 13. Fosteriana-Hybriden, 14. Greigii-Hybriden und weitere, 15. Gemischte Tulpen. Alle Arten bevorzugen gut dränierte Böden und volle Sonne.

T. 'Apeldoorn': Mehrjährige Zwiebelpflanze (Darwin-Hybride) mit einfachen, leuchtend kirschroten Blüten im Frühjahr. 60 cm

T. 'Bellona': Zwiebelpflanze (Triumph-Tulpe) mit einfachen, duftenden, intensiv buttergelben Blüten in der Frühjahrsmitte. 45 cm

T. 'Black Parrot': Mehrjährige Zwiebelpflanze (Papagei-Tulpe) mit einfachen, sehr dunklen, braunroten Blüten im späten Frühjahr. 60 cm

T. 'Burgundy': Mehrjährige Zwiebelpflanze (Lilienblütige Tulpe) mit einfachen Blüten in Burgunderrot, die sich zu Dunkelrosa aufhellen. 60 cm

T. 'China Pink': Mehrjährige Zwiebelpflanze (Lilienblütige Tulpe) mit einfachen, rosafarbenen, am Grund weißen Blüten im späten Frühjahr. 45 cm

T. 'Duke of Wellington': Mehrjährige Zwiebelpflanze (Einfache späte Tulpe) mit einfachen, weißen Blüten im späten Frühjahr. 60 cm

T. 'Fantasy': Mehrjährige Zwiebelpflanze (Papagei-Tulpe) mit einfachen, rosafarbenen und rosaroten Blüten mit grüner Zeichnung im späten Frühjahr. 60 cm

Tulipa 'Apeldoorn'

Tulipa 'Bellona'

Tulipa 'Black Parrot'

Tulipa 'Burgundy'

Tulipa 'China Pink'

Tulipa 'Duke of Wellington'

Tulipa 'Fantasy'

ulipa 'First Lady'

Tulipa 'Fringed Elegance'

Tulipa 'Gaiety'

T. 'First Lady': Mehrjährige Zwiebelpflanze (Triumph-Tulpe) mit einfachen, altrosa Blüten zur Mitte und zum Ende des Frühjahrs. 45 cm
T. 'Fringed Elegance': Mehrjährige Zwiebelflanze (Gefranste Tulpe) mit primelgelben, nnen grüngelben und an den Rändern blasser geränderten Blüten im späten Frühjahr. 0 cm
T. 'Gaiety': Mehrjährige Zwiebelpflanze (Kaufmanniana-Hypride) mit einfachen, uttergelben, zu Cremeweiß verblassenden, am Grund dunkelbraunen Blüten mit roter ußenzeichnung. 15 cm
T. 'General Eisenhower': Mehrjährige Zwiebelpflanze (Darwin-Hybride) mit einfachen, charlachroten Blüten von Mitte bis Ende des Frühjahrs. 60 cm
T. 'Golden Melody': Mehrjährige Zwiebelpflanze (Triumph-Tulpe) mit einfachen, satt-elben Blüten von Mitte bis Ende des Frühjahrs. 45 cm
T. 'Groenland': Mehrjährige Zwiebelpflanze (Viridiflora-Tulpe) mit einfachen, creme-is rosafarbenen Blüten mit hellgrünen Rändern im Spätfrühjahr. 45 cm
T. 'Keizerskroon': Mehrjährige Zwiebelpflanze (Einfache frühe Tulpe) mit einfachen, charlachroten, breit gelb geränderten Blüten im Frühjahr. 30 cm
T. *linifolia* Batalinii-Gruppe: Mehrjährige Zwiebelpflanze mit einfachen, zartgelben, eicht grünstichigen Blüten im Frühjahr. 20 cm
T. 'Maréchal Niel': Mehrjährige Zwiebelpflanze (Gefüllte frühe Tulpe) mit leuchtend elben, orangestichigen Blüten zur Mitte des Frühjahrs. 30 cm

Tulipa 'General Eisenhower'

Tulipa 'Golden Melody'

ulipa 'Maréchal Niel'

Tulipa 'Groenland'

Tulipa 'Keizerskroon'

Tulipa linifolia Batalinii-Gruppe

Tulipa 'Mariette'

Tulipa 'Monte Carlo'

Tulipa 'Mount Tacoma'

Tulipa 'Noranda'

Tulipa 'Oranje Nassau'

T. 'Mariette': Mehrjährige Zwiebelpflanze (Lilienblütige Tulpe) mit einfachen Blüten in einem satten Rosa im späten Frühjahr. 45 cm
T. 'Monte Carlo': Mehrjährige Zwiebelpflanze (Gefüllte frühe Tulpe) mit sattgelben Blüten im Spätfrühjahr. 30 cm
T. 'Mount Tacoma': Mehrjährige Zwiebelpflanze (Gefüllte späte Tulpe) mit leuchtend weißen Blüten im späten Frühjahr. 45 cm
T. 'Noranda': Mehrjährige Zwiebelpflanze (Gefranste Tulpe) mit einfachen, blutroten, außen an den Kanten orange geränderten Blüten, die im späten Frühjahr erscheinen. 45 cm
T. 'Oranje Nassau': Mehrjährige Zwiebelpflanze (Gefüllte frühe Tulpe) mit blutroten, orangestichigen Blüten in der Frühjahrsmitte. 30 cm
T. 'Purissima' Fosteriana-Hybride: Mehrjährige Zwiebelpflanze mit einfachen, leuchtend weißen Blüten im Frühjahr. 30 cm
T. 'Queen of Night': Mehrjährige Zwiebelpflanze (Einfache späte Tulpe) mit einfachen, dunkelbraunen, fast schwarzen Blüten im späten Frühjahr. 60 cm
T. 'Red Riding Hood': Mehrjährige Zwiebelpflanze (Greigii-Hybride) mit einfachen, leuchtend scharlachroten Blüten im Frühjahr und grün-braun gestreiften Blättern. 20 cm
T. saxatilis: Mehrjährige Zwiebelpflanze (aus der Gruppe der Gemischten Tulpen) mit duftenden, einfachen, rosa- bis lilafarbenen, am Grund gelben Blüten im Frühjahr. 30 cm

Tulipa 'Purissima'

Tulipa 'Queen of Night'

Tulipa 'Red Riding Hood'

Tulipa saxatilis

'ulipa 'Spring Green'

Tulipa 'Scarlet Baby'

Tulipa sprengeri

Tulipa turkestanica

T. 'Scarlet Baby': Mehrjährige Zwiebelpflanze (Kaufmanniana-Hybride) mit einfachen, oten, in der Mitte dottergelben Blüten im zeitigen und mittleren Frühjahr. 20 cm
T. sprengeri: Mehrjährige Zwiebelpflanze (aus der Gruppe der Gemischten Tulpen) mit rangeroten, am Grund blassockerfarbenen Blüten im Frühsommer. 45 cm
T. 'Spring Green': Mehrjährige Zwiebelpflanze (Viridiflora-Tulpe) mit einfachen, remeweißen Blüten mit grüner Zeichnung zum Ende des Frühjahrs. 45 cm
T. turkestanica: Mehrjährige Zwiebelpflanze (aus der Gruppe der Gemischten Tulpen) mit reinweißen Blüten mit gelber Mitte zu Anfang und Mitte des Frühjahrs. 30 cm
T. 'West Point': Mehrjährige Zwiebelpflanze (Lilienblütige Tulpe) mit Blüten von larem Gelb im Spätfrühjahr. 45 cm

Tulipa 'West Point'

Tweedia caerulea

Typha angustifolia

Tweedia

Einzige Art der Gattung ist ein frostempfindlicher, immergrüner, rankender Halbstrauch, der meist als Einjährige behandelt und im Gewächshaus gezogen wird.
T. caerulea: Frostempfindlicher, immergrüner Halbstrauch mit rankenden Trieben, lanzettlichen, mittelgrünen Blättern sowie himmelblauen, haltbaren, später purpurnen Blüten von Sommer bis Herbst. 1 m

Typha Rohrkolben

Gattung mehrjähriger Gewässerrandpflanzen für Teich- und Flussufer mit dünnen, grundständigen Blättern sowie kolbigen Blütenständen (Rohrkolben). Die Rhizome können wuchern.
T. angustifolia: Mehrjährige Uferpflanze mit schmalen, am Grund scheidenförmig umhüllten Blättern sowie endständigen Blütenkolben im Sommer. 1,5 m × unbegrenzte Ausbreitung

UV

Ulex europaeus

Ulmus minor 'Dampieri Aurea'

Ulex Stechginster
Gattung immergrüner Sträucher mit gelben Schmetterlingsblüten und jungen Blättern, die rasch durch scharfe, grüne Stacheln ersetzt werden. Mag nährstoffarme, saure bis neutrale Böden.
U. europaeus (Gewöhnlicher Stechginster): Immergrüner, aufrechter Strauch mit duftenden, gelben Blüten mehrmals im Jahr. Dunkelbraune Samengefäße erscheinen im Sommer. 2,5 × 2 m

Ulmus Rüster, Ulme
Gattung Laub abwerfender oder halbimmergrüner Bäume oder bisweilen Sträucher mit attraktiver Form. Trägt buntes Laub im Herbst sowie Glockenblüten und Früchte. In jüngster Zeit wurden viele Ulmen in Europa und Nordamerika von der Holländischen Ulmenkrankheit befallen, die oft zum Absterben der Pflanzen führt.
U. minor 'Dampieri Aurea': Laub abwerfender, säulenförmiger Baum mit leuchtend gelben Blättern an aufrechten Zweigen sowie seltenen Trauben kleiner, roter Blüten im Frühjahr. 10 × 6 m
U. procera (Haar-Ulme): Laub abwerfender, aufrechter Baum mit einer kompakten, kugeligen Krone und beachtlicher Höhe in der Reife. Auf kleine, rote Blüten im Frühjahr folgen grüne, geflügelte Früchte. 40 × 15 m

Uvularia grandiflora

Valeriana phu 'Aurea'

Uvularia Goldglocke, Goldsiegel, Trauerglocke
Gattung rhizombildender Mehrjähriger mit langen, hängenden, röhren- bis glockenförmigen, gelben Blüten an hohen, schlanken Stielen. Mag humose, gut dränierte Böden, Schatten oder Halbschatten.
U. grandiflora: Rhizombildende Mehrjährige mit mittelgrünen, unterseits leicht behaarten Blättern und herabhängenden, röhren- bis glockenförmigen, gelben Blüten im Frühjahr. 75 × 30 cm

Vaccinium Blaubeere, Heidelbeere, Moorbeere, Moosbeere, Preiselbeere
Gattung sehr winterharter bis winterharter, Laub abwerfender, immergrüner oder halbimmergrüner Bäume und Sträucher mit attraktivem Laub, Blüten in verschiedenen Farbtönen und essbaren Beeren.
V. angustifolium var. *laevifolium:* Sehr winterharter, Laub abwerfender, breitwüchsiger Strauch mit glänzenden, dunklen, im Herbst roten Blättern sowie weißen Glockenblüten im Frühjahr, gefolgt von essbaren, blauschwarzen Beeren. 60 × 60 cm

Valeriana Baldrian
Gattung Ein- und Mehrjähriger sowie halbimmergrüner Halbsträucher und meist immergrüner Sträucher. Die meist krautigen Stauden werden ihrer attraktiven, langlebigen Blüten wegen gezogen.
V. phu 'Aurea': Horstbildende Rhizomstaude mit anfangs lieblich gelben, später im Sommer grünen, grundständigen Blättern sowie kleinen, rundlichen, weißen Blüten im Frühsommer. 1 m × 60 cm

ancouveria **Vancouverie**
attung sehr winterharter bis winterhar-r, teils immergrüner, rhizombildender audgn und Sträucher, die mit *Epimedium* g verwandt sind. Tragen grundständige ätter und Trauben kleiner Blüten an innen, drahtigen Stängeln im zeitigen ühjahr und Frühsommer. Mögen hu-ose, gut dränierte Böden im Halbschat-n an windgeschützten Standorten.
hexandra: Sehr winterharter, Laub ab-erfender, rhizombildender, mehrjähriger rauch mit aus sechseckigen Fiedern estehenden Blättern und weißen Blüten dünnen, aufrechten Stielen im späten ühjahr und Frühsommer. 45 × 45 cm

eratrum viride

Veratrum nigrum

Veratrum **Germer**
Gattung kräftiger Stauden mit sehr attraktiven, plissierten, grünen Blättern an aufrechten, blattreichen Stielen und sternförmigen Blüten in Grün, Rotbraun sowie fast Schwarz, worauf Staubgefäße folgen. Die Blüten sind sowohl eingeschlechtlich wie zwittrig innerhalb eines Blütenstandes. Mag nährstoffreiche, nicht austrocknende Böden im Halbschatten.
V. nigrum: Horstbildende Rhizomstaude mit plissierten, grundständigen Blättern und rotbraunen bis fast schwarzen, rückseitig grün gestreiften Blüten an hohen Stielen im Hoch- und Spätsommer. 1 m × 60 cm
V. viride (Grüner Germer): Horstbildende Rhizomstaude mit plissierten, unterseits behaarten, grundständigen Blättern und grünen bis gelbgrünen Blüten im Früh- und Hochsommer. Verträgt feuchtes Klima. 2 m × 60 cm

erbascum **Königskerze, Wollkraut**
attung sehr winterharter bis winterhar-er Zweijähriger, einiger Einjähriger owie Stauden und Halbsträucher, teils albimmergrün, teils immergrün. Viele Hybriden sind im Laufe der Zeit entstan-en. *Verbascum* hat in Rosetten angeord-ete, zumeist graugrüne, grundständige Blätter und tellerförmige Blüten an ohen, aufrechten Stängeln in mannig-altigen Farben wie etwa Purpur, Rot, Rotbraun, Gelb und Weiß. Verträgt lkalische Böden und mag einen Standort n voller Sonne.
V. chaixii 'Album': Sehr winterharte, halb-mmergrüne Mehrjährige mit Rosetten behaarter, grüner Blätter und weißen Blüten mit hellviolettfarbenen Mittel-punkten an weißen, wolligen Stielen im Hoch- und Spätsommer. 1 m × 45 cm
V. olympicum: Sehr winterharte, meist monokarpe Staude mit Rosetten mittel-grüner, filzig behaarter Blätter sowie Rispen goldgelber Blüten an verzweigten, weißen, wolligen Stielen vom Früh- bis Spätsommer. 2 m × 60 cm

Verbascum chaixii 'Album'

Verbascum olympicum

Verbena bonariensis

Verbena × hybrida

Verbena 'Sissinghurst'

Verbena Eisenkraut, Verbene
Gattung sehr winterharter bis winterharter Ein-, Zwei- und Mehrjähriger und Halbsträucher mit kantigen Stängeln und kleinen, leuchtend getönten Blüten über einen längeren Zeitraum. Die meisten Hybriden werden für Sommerrabatten, Kübel oder Blumenampeln gezogen. Für volle Sonne.
V. bonariensis: Winterharte, kurzlebige Staude mit niedrigen, grundständigen Horsten grober, gezähnter, dunkelgrüner Blätter sowie Trugdolden winziger, lilapurpurner Blüten an hohen, verzweigten Stielen von Hochsommer bis Mitte Herbst. 2 m × 45 cm
V. × hybrida: Bedingt winterharte Staude, zumeist als Einjährige gezogen, von aufrechtem oder buschigem Wuchs mit mittel- bis dunkelgrünen Blättern sowie weißäugigen Blüten in vielen Farben wie Rosa, Purpur, Rot, Weiß oder Gelb. 45 × 45 cm
V. 'Sissinghurst': Winterharte, Matten bildende Staude mit dunklen Blättern sowie rosa bis magentafarbenen Blüten vom Ende des Frühjahrs bis zum Frühherbst, am zahlreichsten im Sommer. 20 cm × 1 m

Veronica Ehrenpreis
Gattung sehr winterharter bis winterharter Einjähriger, Stauden und einiger Laub abwerfender Halbsträucher, die kleine Blüten in Blau, Rosa, Purpur oder Weiß haben. Kleine Arten passen gut in den Steingarten, eignen sich als Kübelpflanzen oder für das Alpinum und brauchen volle Sonne und gut dränierte Böden. *V. beccabunga* sollte am Ufer eines Teiches oder im nassen Boden eines Sumpfgartens gezogen werden.
V. austriaca Korfu-Form: Sehr winterharte, Matten bildende Staude mit graugrünen Blättern sowie tellerförmigen, intensiv himmelblauen Blüten an aufrechten Stielen über einen langen Zeitraum im Sommer. Bis 30 × 45 cm

Veronica austriaca Korfu-Form

’. gentianoides ‘Tissington White’: Sehr winterharte, teppichbildende Staude mit anzettlichen, dunkelgrünen, grundständigen Blättern und aufrechten Stielen mit echerförmigen, blass blauweißen Blüten im Frühsommer. 45 × 45 cm

. peduncularis ‘Georgia Blue’: Sehr winterharte, Matten bildende Staude mit glänzenden, grünen, purpurstichigen Blättern sowie tellerförmigen, pflaumenblauen Blüten vom zeitigen Frühjahr bis in den Sommer oder auch Herbst und Winter. 0 × 60 cm

’. pinnata ‘Blue Eyes’: Sehr winterharte, teppichbildende Staude mit mittelgrünen Blättern und Blütenähren tellerförmiger, leuchtend blauer Blüten im Frühsommer. 0 × 30 cm

’. prostrata: Sehr winterharte, niedrigwüchsige Staude mit leuchtend grünen Blättern und tellerförmigen, blass- bis tiefblauen Blüten im Frühsommer. 15 × 45 cm

’. spicata subsp. *incana:* Matten bildende Staude mit behaarten, silbergrünen Blättern owie Ähren sternförmiger, purpurblauer Blüten im Sommer. 30 × 30 cm

Veronica peduncularis ‘Georgia Blue’

Veronica pinnata ‘Blue Eyes’

Veronica prostrata

eronica gentianoides ‘Tissington White’

Veronica spicata subsp. *incana*

eronica ‘Shirley Blue’

Veronicastrum **Arzneiehrenpreis**

Gattung mehrjähriger Pflanzen von aufrechtem Wuchs mit Trauben rosafarbener, purpurblauer oder weißer Blüten. Im sommerlichen Kräuterbeet setzt diese Pflanze einen etwas höheren Akzent.

V. virginicum fo. *album:* Mehrjährige von aufrechtem Wuchs mit spitz zulaufenden, dunkelgrünen Blättern sowie großen Trauben weißer Blüten von Hochsommer bis Frühherbst. 2 m × 45 cm

Viburnum betulifolium

Viburnum × bodnantense 'Dawn'

Viburnum × burkwoodii

Viburnum davidii

Viburnum carlesii 'Aurora'

Viburnum **Schneeball**

Gattung sehr winterharter bis winterharter, immergrüner, halbimmergrüner und Laub abwerfender Sträucher und Bäume mit attraktivem Laub sowie zuweilen duftenden Blüten in Creme, Weiß oder Rosa und Früchten in Schwarz, Blau oder Rot. *Viburnum* verträgt vielfältige Standortbedingungen, mag aber feuchte und zugleich gut dränierte Böden in der Sonne oder im Halbschatten. *V. lantanoides* braucht kalkfreie Böden.

V. betulifolium: Sehr winterharter, Laub abwerfender, aufrechter Strauch mit gebogenen Zweigen voller glänzender, dunkler Blätter und kuppelförmigen Büscheln kleiner, weißer Blüten im Sommer, gefolgt von roten Früchten. 3 × 3 m

V. × bodnantense 'Dawn': Sehr winterharter, Laub abwerfender, aufrechter Strauch mit dunklen, erst bronzenen Blättern sowie Trauben duftender, röhrenförmiger, rosa Blüten an kahlen Zweigen vom Winter bis zum Frühjahr. Trägt manchmal blauschwarze oder purpurne Früchte. 3 × 2 m

V. × burkwoodii: Sehr winterharter, immergrüner, runder Strauch mit glänzenden, dunklen Blättern sowie rundlichen Dolden duftender, weißer Röhrenblüten mit rosa Knospen; gefolgt von roten, zu Schwarz dunkelnden Früchten im Frühjahr. 2,5 × 2,5 m

V. carlesii 'Aurora': Sehr winterharter, Laub abwerfender, buschiger Strauch mit dunklen, im Herbst roten Blättern sowie rundlichen Dolden duftender, röhrenförmiger, rosa Blüten mit roten Knospen, gefolgt von roten, zu Schwarz reifenden Früchten im Frühjahr. 2 × 2 m

V. davidii: Sehr winterharter, immergrüner, kompakter Strauch mit geäderten, dunkelgrünen Blättern und flachen Büscheln kleiner, röhrenförmiger, weißer Blüten im Frühjahr, gefolgt von stahlblauen Früchten, wenn man männliche und weibliche Pflanzen zusammen zieht. 1 × 1 m

V. × juddii: Sehr winterharter, Laub abwerfender, runder Strauch mit dunklen Blättern, gelegentlich rot im Herbst, sowie kugelförmigen Büscheln duftender, rosa überhauchter, weißer, in der Knospe rosa Blüten im Frühjahr. 1,2 × 1,5 m

Viburnum × juddii

Viburnum opulus 'Sterile'

V. opulus (Gewöhnlicher Schneeball): Sehr winterharter, Laub abwerfender, kräftiger Strauch mit ahornartigen, dunkelgrünen, im Herbst roten Blättern sowie flachen Dolden weißer, röhrenförmiger Blüten im Frühjahr und Sommer, gefolgt von fleischigen, roten Früchten. 5 × 4 m

V. o. 'Sterile': Sehr winterharter, Laub abwerfender, runder Strauch mit ahornartigen, dunkelgrünen, im Herbst purpurnen Blättern sowie kugelförmigen Blütenbällen weißer oder grünweißer, manchmal auch rosa Blüten im späten Frühjahr und Frühsommer. 4 × 4 m

V. o. 'Xanthocarpum': Wie *V. o.* 'Sterile', aber mit durchscheinenden, gelben Früchten. 5 × 4 m

V. plicatum 'Mariesii': Sehr winterharter, Laub abwerfender, breitwüchsiger Strauch mit etagenförmigen Zweigen sowie dunkelgrünen, im Herbst rotpurpurnen Blättern. Trägt im späten Frühjahr Blütenbälle tellerförmiger, weißer Blüten, manchmal gefolgt von Früchten. 3 × 4 m

V. rhytidophyllum: Sehr winterharter, immergrüner, kräftiger Strauch mit geäderten, glänzenden, dunklen Blättern sowie Bällen kleiner, röhrenförmiger, cremeweißer Blüten im Frühjahr, gefolgt von roten, zu Schwarz reifenden Früchten. 5 × 4 m

V. tinus (Immergrüner Schneeball, Lorbeerschneeball): Sehr winterharter, immergrüner, kompakter Strauch mit dunklen Blättern und flachen Büscheln kleiner, weißer Blüten vom Winter bis zum Frühjahr sowie blauschwarzen Früchten. 3 × 3 m

Viburnum plicatum 'Mariesii'

Viburnum opulus

Viburnum opulus 'Xanthocarpum'

Viburnum rhytidophyllum

Viburnum tinus

Vinca major

Vinca minor 'Alba Variegata'

Viola cornuta

Viola 'Bowles' Black'

Viola-Hybride

Vinca Immergrün

Gattung sehr winterharter bis winterharter, immergrüner Halbsträucher und krautiger Stauden mit oft panaschierten Blättern und attraktiven, teilweise gefüllten Blüten in Blau, Violett, Purpur oder Weiß. Verträgt vielfältige Standortbedingungen, trägt aber die meisten Blüten in voller Sonne.

V. major (Großes Immergrün): Sehr winterharter, immergrüner, niedrigwüchsiger, manchmal wuchernder Halbstrauch mit dunkelgrünen Blättern an übergebogenen Zweigen sowie violettblauen oder violetten Blüten von Mitte Frühjahr bis Herbst. 45 cm × unbegrenzte Ausbreitung

V. minor 'Alba variegata' (Kleines Immergrün): Sehr winterharter, immergrüner, niedrigwüchsiger Halbstrauch mit hellgrünen, breit gelb geränderten Blättern an rankenden Trieben sowie weißen Blüten von Mitte des Frühjahrs bis Herbst. 20 cm × unbegrenzte Ausbreitung

Viola Stiefmütterchen, Veilchen

Gattung sehr winterharter bis bedingt winterharter Ein- und Zweijähriger sowie immergrüner, halbimmergrüner und Laub abwerfender Mehrjähriger mit vielgestaltigen, mittelgrünen Blättern sowie größtenteils duftenden Blüten in vielen Farben, oft auch „gemustert". Die Kreuzung vieler Arten hat zahlreiche Sorten hervorgebracht, oft einfach „Veilchen" genannt.

V. 'Bowles' Black': Sehr winterharte Einjährige oder immergrüne, kurzlebige Mehrjährige mit samtigen, fast schwarzen Blüten mit jeweils einem goldgelben Auge von Frühjahr bis Herbst. Wird aus Samen gezogen. 10 × 20 cm

V. cornuta: Sehr winterharte, immergrüne Mehrjährige mit duftenden Blüten in Lila bis Lavendel oder Weiß von Frühjahr bis Sommer. 7 × 20 cm

V. hederacea (Australisches Veilchen): Winterharte, immergrüne Mehrjährige mit schwach duftenden Blüten in Creme, Violett oder Weiß, Letztere manchmal mit violetten Tupfen, im Spätsommer. Geeignet für das Alpinhaus; verträgt Halbschatten. 10 × 20 cm

V.-Hybride: Sehr winterharte Zweijährige oder kurzlebige Mehrjährige mit gemusterten Blüten in Hell- und Dunkelpurpur sowie Gelb vom zeitigen Frühjahr bis zum Sommer. 20 × 20 cm

Viola hederacea

'iola labradorica

' labradorica (Labrador-Veilchen): Sehr vinterharte, halbimmergrüne Mehrjähige mit dunklen, erst purpurstichigen 3lättern sowie purpurnen Blüten im 'rühjahr und Sommer. 8 cm × unbegrenzte Ausbreitung

' sororia 'Freckles': Sehr winterharte Mehrjährige mit weißen, stark lavendelblau gesprenkelten Blüten vom Frühjahr is zum Frühsommer. 10 × 20 cm

' 'Sorbet Mixed': Sehr winterharte Zweijährige oder kurzlebige Mehrjährige nit schönen, zweifarbenen Blüten in schattierungen wie Creme, Gelb, Purpur ınd Violett im Frühjahr. 10 × 30 cm

' tricolor (Wildes Stiefmütterchen): Einährige, Zweijährige oder immergrüne, urzlebige Mehrjährige mit Blüten in avendelblau, Purpur, Violett, Weiß oder Gelb mit purpurnen oberen Blütenblätern von Frühjahr bis Herbst. 10 × 10 cm

Vitis Rebe, Weinrebe, Weintraube

Gattung Laub abwerfender Kletterpflanzen und seltener Sträucher, mit attraktivem Laub und Früchten (Trauben). Zierpflanzen mögen neutrale bis alkalische Böden und Sonne oder Halbschatten und eignen sich zur Begrünung einer Pergola, eines Spaliers oder einer Mauer.

' coignetiae: Laub abwerfende Kletterpflanze von kräftigem Wuchs mit großen, herzförmigen, an der Oberfläche geäderten, unterseits filzigen Blättern, die sich m Herbst rot verfärben und blauschwarze Weintrauben hervorbringen. 15 m

' vinifera 'Purpurea': Laub abwerfende Kletterpflanze mit gezähnten, anfangs gräulich behaarten Blättern, die zu Pflaumenfarben reifen und sich im Herbst purpurn verfärben, wenn kleine, purpurne Trauben erscheinen. 7 m

Viola sororia 'Freckles'

Viola 'Sorbet Mixed'

Viola tricolor

Vitis vinifera 'Purpurea'

Vitis coignetiae

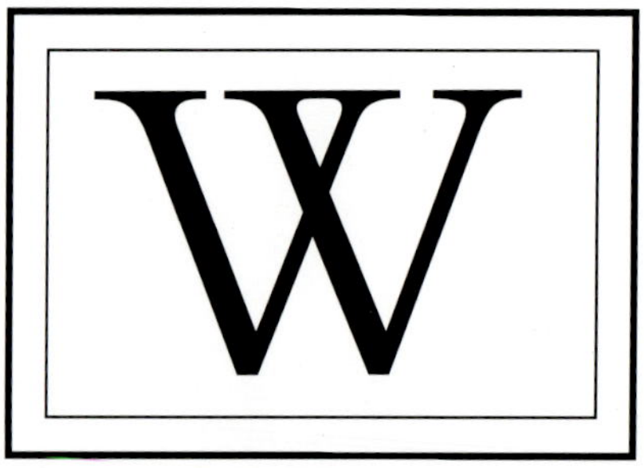

Waldsteinia ternata

Weigela florida 'Foliis Purpureis'

Weigela 'Florida Variegata'

Wisteria floribunda

Wisteria sinensis 'Alba'

Waldsteinia **Golderdbeere, Waldsteinie**
Gattung rhizombildender Stauden mit attraktiven Blättern und tellerförmigen, gelben Blüten im Spätfrühjahr und Frühsommer. Mag Schatten oder Halbschatten und eignet sich gut als Bodendecker. Kann auch Trockenheit vertragen.
W. ternata: Halbimmergrüne Staude von kräftigem Wuchs mit zusammengesetzten, gezähnten Blättern in Mittelgrün sowie leuchtend gelben Blüten im späten Frühjahr und Frühsommer. 10 × 60 cm

Watsonia **Watsonie**
Gattung bedingt winterharter Knollenpflanzen mit aufrechten, schwertförmigen Blättern und Blütenähren röhrenförmiger Blüten in Orange, Rosa, Rot oder Weiß. Geeignet für einen kühlen Wintergarten.
W. borbonica: Bedingt winterharte, horstbildende Knollenstaude mit verzweigten Ähren leuchtend rosafarbener Blüten im Sommer. 1 m × 10 cm

Weigela **Weigelie**
Gattung Laub abwerfender Sträucher mit glocken- bis trichterförmigen Blüten in Rosa und Rot oder seltener Weiß und Gelb. Verträgt zwar zahlreiche Standortbedingungen, braucht aber gut durchlässige Böden.
W. florida 'Foliis Purpureis': Laub abwerfender Strauch mit übergebogenen Zweigen, bronzegrünem Laub und trichterförmigen Blüten in Dunkelrosa im späten Frühjahr und Frühsommer. 1 × 1,5 m
W. 'Florida Variegata': Laub abwerfender, runder Strauch mit blassgrünen, cremeweiß geränderten Blättern sowie trichterförmigen, hellrosa, in der Knospe dunkleren Blüten im Spätfrühjahr und Frühsommer. 2–2,5 × 2–2,5 m
W. 'Snowflake': Laub abwerfender, breitwüchsiger Strauch mit dunkelgrünen Blättern sowie glockenförmigen, weißen Blüten im Spätfrühjahr und Frühsommer. 1,2 × 1,5 m

Wisteria **Blauregen, Glyzine, Wisterie**
Gattung Laub abwerfender Kletterpflanzen mit höchst auffälligen, erbsenartigen Blüten in hängenden Trauben im Frühjahr und Sommer, gefolgt von bohnenähnlichen Samenhülsen. Rankende, gegen den Uhrzeigersinn wachsende Triebe sind besonders attraktiv in der Reife, wenn sie ein knorriges Aussehen annehmen. Kann auch frei stehend gezogen werden.
W. floribunda (Japanischer Blauregen): Kräftige Kletterpflanze mit gefiederten Blättern sowie duftenden, blauvioletten, rosafarbenen oder weißen Blütentrauben im Sommer, gefolgt von samtigen Samenhülsen. 9 m
W. sinensis 'Alba' (Chinesischer Blauregen): Kräftige Kletterpflanze mit gefiederten Blättern aus zahlreichen Blättchen sowie duftenden, weißen, hängenden Blütentrauben im Frühjahr und Frühsommer, gefolgt von samtigen Samengefäßen. 9 m

XYZ

Yucca Palmlilie
Gattung sehr winterharter bis frostempfindlicher, teils monokarper Stauden, immergrüner Sträucher und Bäume mit lanzettlichen, meist in Rosetten angeordneten Blättern und Blütenrispen in der Regel weißer Blüten. Im Garten gut geeignet als Einzelexemplar; braucht volle Sonne.
Y. filamentosa (Fädige Palmlilie): Sehr winterharter, horstbildender Strauch mit steifen, dunklen, schwach weiß geränderten, grundständigen Blättern sowie aufrechten Rispen weißer, grünstichiger, glockenförmiger Blüten im Sommer. 75 cm × 1,5 m
Y. gloriosa (Kerzen-Palmlilie): Winterharter Strauch von aufrechtem Wuchs mit schmalen, lanzettlichen, blaugrünen, später dunkelgrünen Blättern an dicken Stängeln sowie Rispen weißer, manchmal purpurn überhauchter, glockenförmiger Blüten vom Spätsommer bis zum Herbst. 2 × 2 m

Xanthoceras Gelbhorn
Einzige Art der Gattung ist ein selten zu sehender, aufrechter, Laub abwerfender Strauch mit sternförmigen, weißen Blüten im Frühjahr. Lässt sich gut vor einer Mauer ziehen, braucht volle Sonne.
X. sorbifolium: Laub abwerfender, aufrechter Strauch mit schmalen, lanzettlichen, gezähnten, glänzenden Blättern in Dunkelgrün sowie weißen Blüten im Spätfrühjahr, wenn die neuen Blätter erscheinen. 4 × 3 m

Xanthoceras sorbifolium

Yucca filamentosa

Yucca gloriosa

Zantedeschia Kalla, Zimmerkalla
Gattung sehr winterharter bis frostempfindlicher Stauden mit attraktiven Blättern und weißen oder farbigen Blütenscheiden im Frühjahr und Sommer. Mag humose, Feuchtigkeit speichernde Böden in voller Sonne. *Z. aethiopica* ist gut geeignet für Teichufer.
Z. aethiopica: Winterharte, teils immergrüne, horstbildende Rhizomstaude mit pfeilförmigen, glänzenden, leuchtenden Blättern sowie weißen Blütenscheiden mit cremefarbenen Blütenkolben vom Frühjahr bis Sommer. In kalten Regionen im Winter stark mulchen. 1 m × 60 cm

Zantedeschia aethiopica

Zauschneria
Gattung sehr winterharter bis winterharter, Laub abwerfender oder immergrüner Stauden mit zahlreichen röhren- bis trichterförmigen Blütentrauben in Scharlachrot im Sommer und Herbst. Gedeiht in voller Sonne; braucht Schutz vor kalten Winden.
Z. californica 'Dublin': Sehr winterharte, Laub abwerfende Staude mit schmalen Blättern in Graugrün sowie Trauben röhrenförmiger, orangeroter Blüten im Spätsommer und Frühherbst. 25 × 30 cm

Zauschneria californica 'Dublin'

Zigadenus Jochlilie
Gattung winterharter Zwiebel- oder Rhizompflanzen mit aufrechten, kleinen, sternförmigen Blüten in Grün- oder Gelbweiß im Sommer. Mag tiefe, Feuchtigkeit speichernde Böden in voller Sonne oder im Halbschatten. *Z. fremontii* bevorzugt volle Sonne, gedeiht am besten in einem Pflanzkorb.
Z. elegans: Winterharte Zwiebelpflanze mit schmalen, grundständigen, graugrünen Blättern sowie Ähren sternförmiger, grünweißer Blüten im Hoch- und Spätsommer. 75 × 8 cm

Zinnia Zinnie
Gattung winterharter, einjähriger Kräuter, Stauden und Halbsträucher mit dahlienähnlichen Blütenköpfen in vielen Farben wie Lila-, Orange-, Purpur-, Rot-, Weiß- oder Gelbschattierungen an langen Stielen. Geeignet für Sommerrabatten in voller Sonne.
Z.-Hybride: Winterharte Einjährige von aufrechtem, buschigem Wuchs mit mittelgrünen Blättern sowie gänseblümchenartigen Blüten mit breiten Kronblättern in Orange, Purpur, Rot oder Gelb im Sommer. 60 × 30 cm

Zinnia-Hybriden

Register der deutschen Namen

G

H

I

J

K

L

M

N

O

P

Danksagung

Der Verlag dankt für die Überlassung der Rechte am Abdruck der folgenden Abbildungen:
dem Autor für *Aesculus* × *neglecta* 'Erythroblastos';
Stapeley Water Gardens Ltd., London Road, Stapeley, Nantwich, Cheshire für *Nymphaea* 'Gonnère' und *N.* 'Venusta';
Thompson and Morgan Ltd., Ipswich, Suffolk für *Cobaea scandens*.

» PRESENTACIÓ I ESTRUCTURA

Els continguts s'estructuren en nou unitats. Cada unitat, tret de l'última, dedicada íntegrament a la literatura, consta de dos blocs: **Llengua i comunicació** (Lectura i Textos funcionals, Literatura o Llengua i societat) i **Coneixement de la llengua** (Lèxic i semàntica, Gramàtica i Ortografia).

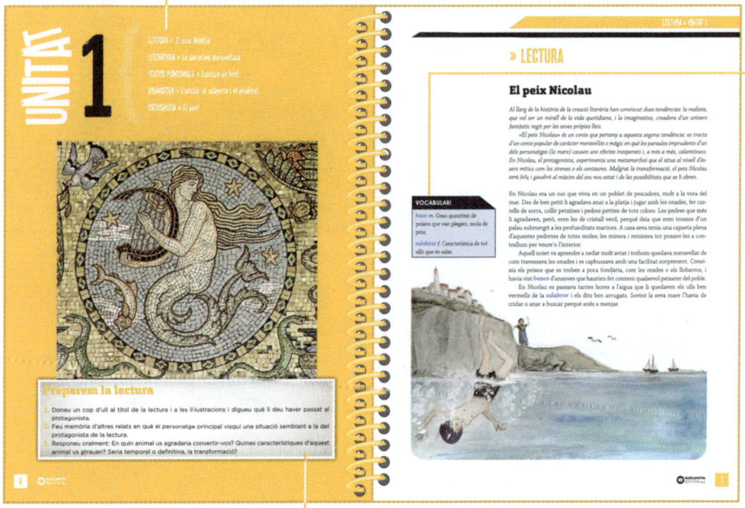

Índex dels apartats en què es divideix la unitat.

Vocabulari amb les definicions dels mots i expressions més complicats per facilitar la lectura del text.

Introducció a la lectura, de gèneres literaris diversos, amb un seguit de preguntes que serveixen per avaluar els coneixements previs i que animen a llegir.

Aquesta icona indica que cal anar a l'espai personal del web *www.barcanova.cat* per accedir a enllaços i continguts necessaris per fer l'activitat.

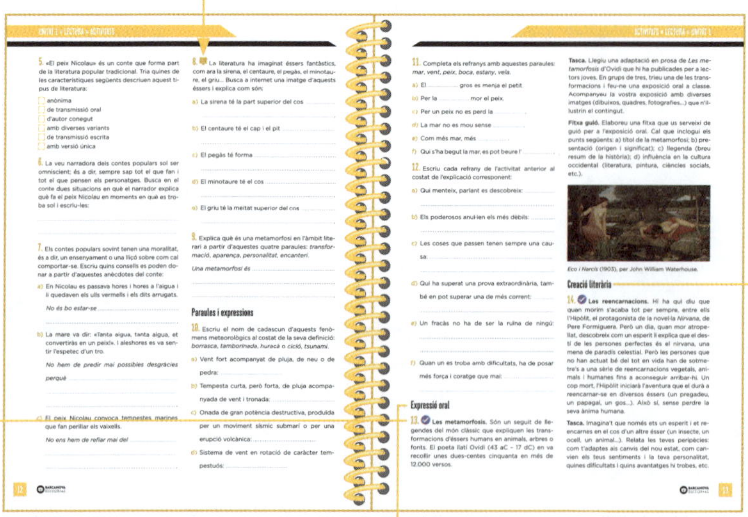

Aquesta icona indica que és una activitat per avaluar per competències i dimensions.

Activitat pautada, generalment per fer per parelles o en grup, per afavorir l'adquisició de les competències en **comunicació oral** i en **expressió escrita**.

La resta d'apartats es distribueixen en dobles pàgines:

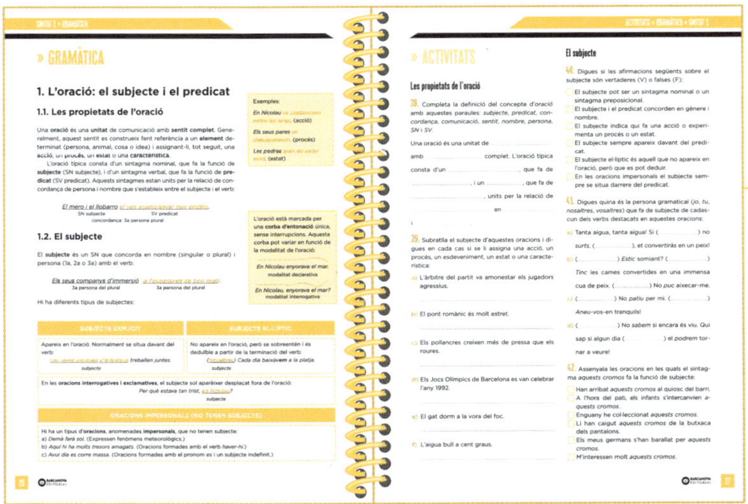

Pàgina en què es presenten els **continguts**.

Pàgina en què es proposen les **activitats** amb l'espai corresponent per resoldre-les.

Aquesta icona indica que és una activitat relacionada amb algun dels 17 **objectius de desenvolupament sostenible** de les Nacions Unides.

Sota el títol **Posa't a prova** es proposa una **avaluació final** de dues pàgines per valorar el grau de coneixement dels continguts treballats.

Al final de cada trimestre es proposa un **projecte cooperatiu** en què cal resoldre una sèrie pautada d'activitats.

UNITAT 1

LECTURA » *El peix Nicolau*

LITERATURA » La narrativa meravellosa

TEXTOS FUNCIONALS » Escriure un text

GRAMÀTICA » L'oració: el subjecte i el predicat

ORTOGRAFIA » El punt

Preparem la lectura

1. Doneu un cop d'ull al títol de la lectura i a les il·lustracions i digueu què li deu haver passat al protagonista.
2. Feu memòria d'altres relats en què el personatge principal visqui una situació semblant a la del protagonista de la lectura.
3. Responeu oralment: En quin animal us agradaria convertir-vos? Quines característiques d'aquest animal us atrauen? Seria temporal o definitiva, la transformació?

» LECTURA

El peix Nicolau

Al llarg de la història de la creació literària han conviscut dues tendències: la realista, que vol ser un mirall de la vida quotidiana, i la imaginativa, creadora d'un univers fantàstic regit per les seves pròpies lleis.

«El peix Nicolau» és un conte que pertany a aquesta segona tendència: es tracta d'un conte popular de caràcter meravellós o màgic en què les paraules imprudents d'un dels personatges (la mare) causen uns efectes inesperats i, a més a més, calamitosos. En Nicolau, el protagonista, experimenta una metamorfosi que el situa al nivell d'éssers mítics com les sirenes o els centaures. Malgrat la transformació, el peix Nicolau serà feliç i gaudirà al màxim del seu nou estat i de les possibilitats que se li obren.

VOCABULARI

banc *m.* Gran quantitat de peixos que van plegats, mola de peix.

salabror *f.* Característica de tot allò que és salat.

En Nicolau era un noi que vivia en un poblet de pescadors, molt a la vora del mar. Des de ben petit li agradava anar a la platja i jugar amb les onades, fer castells de sorra, collir petxines i pedres petites de tots colors. Les pedres que més li agradaven, però, eren les de cristall verd, perquè deia que eren trossos d'un palau submergit a les profunditats marines. A casa seva tenia una capseta plena d'aquestes pedretes de totes mides; les mirava i remirava tot posant-les a contrallum per veure'n l'interior.

Aquell noiet va aprendre a nedar molt aviat i tothom quedava meravellat de com travessava les onades i es capbussava amb una facilitat sorprenent. Coneixia els peixos que es troben a poca fondària, com les orades o els llobarros, i havia vist **bancs** d'anxoves que haurien fet content qualsevol peixater del poble.

En Nicolau es passava tantes hores a l'aigua que li quedaven els ulls ben vermells de la **salabror** i els dits ben arrugats. Sovint la seva mare l'havia de cridar o anar a buscar perquè anés a menjar.

—Aquest noi no pensa ni en el menjar ni en res més que no sigui l'aigua —deia el pare, tot esperant que arribés per dinar.

—Ja seria hora que m'ajudés una mica a casa —va dir la mare—. Podria anar a comprar o parar taula.

Però el noi, tan bon punt sortia el sol, s'afanyava a esmorzar i sortia com una fletxa cap a la platja, i no tornava fins a l'hora de dinar. I a la tarda hi tornava, fins que gairebé el sol es ponia. Els seus companys d'immersió, el mero **rabassut** i el llobarro tafaner, ja l'esperaven de bon matí. Amb aquests dos guies va conèixer pam a pam totes les profunditats de les platges properes: els forats i els túnels sota les roques, les coves fosques sense vida animal i les coves on es trobaven els coralls vermells, les esponges i les estrelles de mar de totes mides. I també va descobrir racons amagats on hi havia pedres de cristall verd, que tant li agradaven.

Un dia, la seva mare, cansada d'avisar-lo tant i de veure'l arribar amb aquells ulls tan vermells i els dits tan arrugats, li va dir:

—Tanta aigua, tanta aigua, et convertiràs en un peix!

Quan va acabar de dir aquestes paraules, es va sentir l'espetec d'un tro que va fer tremolar tota la casa.

L'endemà al matí, en Nicolau va veure que els dits dels peus se li havien afinat i aplanat, però no va dir res a ningú. Al migdia, abans d'anar a dinar, es va adonar que tenia una filera d'escates a les cames. Primer es va pensar que se li havien clavat mentre nedava enmig d'un banc de sorells i sardines, però quan va voler treure-se-les, no va poder. Els dits dels peus s'anaven ajuntant i prenien la forma d'aletes. El cert és que, des que va començar a experimentar aquells petits canvis, nedava millor que mai i aguantava més hores sota l'aigua.

Un matí, quan va anar a llevar-se, les cames li havien desaparegut i s'havien convertit en una immensa cua de peix amb escates de color plata, semblants a les dels llobarros.

—Estic somiant? —es va preguntar tot sorprès en Nicolau.

No somiava, no. Estès al llit, no podia aixecar-se. Els seus pares, en veure aquella desgràcia, es van desesperar.

VOCABULARI

rabassut -uda *adj.* Molt gruixut i no gaire llarg.

BARCANOVA EDITORIAL

—Tant de bo no hagués dit aquelles paraules —es deia la mare, amb la pena de veure el fill mig peix.

En Nicolau, cada dia que passava, estava més trist. Enyorava el mar, les onades, capbussar-se entre els sorells i les sardines i amagar-se a les coves amb el mero rabassut i el llobarro tafaner. Amb els dies, el noi anava **empal·lidint** i la cua de peix se li feia més **feixuga**.

El seu pare va muntar una banyera per tenir-lo **en remull** i la va posar al costat de la finestra, perquè el noi pogués veure i sentir el mar.

Una nit en què el cel estava cobert totalment de núvols, en Nicolau, que no podia dormir, mirava per la finestra i li va semblar veure la lluna reflectida a l'aigua.

—Com pot ser la lluna, si està tapada pels núvols? —es va preguntar—. Si pogués tornar a l'aigua... —deia tot sospirant.

Els seus pares, que van sentir el desig del seu fill, van decidir que de bon matí el portarien al mar i l'anirien a recollir cap al tard.

I així va ser com en Nicolau, davant la mirada curiosa dels vilatans, es va capbussar entre les ones amb la seva grossa i pesant cua de peix. Va nedar i nedar per tots els racons enyorats, amb el mero rabassut i el llobarro tafaner, que el miraven contents que fos la meitat com ells.

Quan va fosquejar, va poder descobrir el misteri de la lluna. Es tractava del peix lluna, que s'havia acostat a la platja per menjar-se uns calamars. El peix lluna és ben pla i, quan sura de costat a la superfície de l'aigua, sembla talment el reflex de la lluna. Mentre mirava el curiós peix, va sortir de dins d'una cova un núvol vermellós de gambes petites.

—El mar és ple de meravelles que vull conèixer —es va dir ben convençut, tot mirant l'estrany peix lluna i el núvol de gambes que fugia cap a la foscor de la mar.

L'endemà, el noi va fer saber als seus pares que volia conèixer tots els prodigis de la mar. Era la il·lusió de la seva vida. Tota la gent del poble el van anar a acomiadar a la platja.

—No patiu per mi —deia el peix Nicolau, més feliç que mai, mentre anava saltant per sobre les ones.

VOCABULARI

empal·lidir *v.* Tornar-se pàl·lid.

feixuc -uga *adj.* Difícil de moure a causa del pes.

en remull *loc.* Dins de l'aigua.

Els seus companys d'immersió, el mero i el llobarro, el van acompanyar fins a mar endins, on el noi peix va desaparèixer per començar una nova vida.

I neda que nedaràs, el peix Nicolau, amb la seva cua grossa, va recórrer els mars i els oceans de tot el món. Va veure totes les espècies de peixos conegudes i per conèixer, va nedar al costat de les balenes més grosses i dels temuts taurons. Va suportar les tempestes més ferotges dels grans oceans i les **mànegues** marines més violentes. Coneixia tots els racons del mar, millor que cap mariner expert. Vivia en coves i **grutes** i mai no deixava de recollir pedres de cristall verd, que mirava i remirava a contrallum per veure'n l'interior.

Però hi havia una platja que li quedava per conèixer, era la més profunda i perillosa del món; n'havia sentit a parlar als mariners d'alguns vaixells. Amb la seva habilitat per nedar i com a bon coneixedor de la mar que era, ben aviat va trobar la platja misteriosa. Uns pescadors que va trobar li van dir que en aquest indret hi havia un **xuclador** que engolia tot aquell que s'hi acostés. Els tripulants del vaixell l'avisaren que no s'hi endinsés, però la curiositat del peix Nicolau era tan gran que va dir als pescadors:

—Si no surto d'aquí a tres dies, voldrà dir que he mort. **Qui no s'arrisca no pisca**, oi? —I es va llançar al xuclador de la platja.

Els mariners van esperar, esperar i esperar, però el peix Nicolau no va sortir. Si va arribar a sobreviure o no, ningú no ho sap del cert. Alguns mariners diuen que pel març se'l pot veure, i saluda els viatgers dels vaixells. Fins i tot hi ha gent que assegura que, quan la mar és encalmada, surt per explicar les meravelles del fons marí.

Altres mariners afegeixen que a la persona que vegi el peix Nicolau i miri directament els seus ulls se li tornaran els cabells blancs. El cert és que alguns pescadors temen trobar-se'l, perquè convoca tempestes que fan perillar els seus vaixells, i han de tornar a port sense haver pescat res.

Sigui com sigui, els anys passen per a tothom, però no passen per a l'espectacular peix Nicolau, que, de ben segur, segueix nedant per aquests mars del nostre planeta. Potser viu en un palau fet de pedres de cristall de color verd, com a ell li agraden. Qui sap si algun dia el podrem veure. Ja ho sabeu, quan viatgeu en algun vaixell, estigueu alerta.

I conte acabat,
conte remullat.

SÍLVIA CABALLERIA I M. CARME CODINA: *Contes catalans retrobats* (text adaptat).

VOCABULARI

mànega *f.* Núvol en forma d'embut, tromba marina.

gruta *f.* Cavitat natural, espai buit dins d'una roca.

xuclador *m.* Indret d'un riu o del mar on els objectes flotants són xuclats o atrets cap al fons.

«Qui no s'arrisca no pisca». Refrany que vol dir que cal arriscar-se per obtenir coses bones o importants.

» ACTIVITATS

Comprensió lectora

1. Assenyala les cinc característiques que defineixin més bé el peix Nicolau:

- [ ] dinàmic
- [ ] dòcil
- [ ] comunicatiu
- [ ] mandrós
- [ ] autònom
- [ ] passiu
- [ ] esquiu
- [ ] solitari

2. Contesta aquestes preguntes sobre la lectura:

a) Què recollia i després col·leccionava en Nicolau quan anava a la platja? ______________________

b) Qui són els companys d'aventura d'en Nicolau quan es capbussa al mar? ______________________

c) Quines paraules màgiques pronuncia la mare d'en Nicolau sense saber els efectes que causarien? ______________________

d) Quin fenomen meteorològic es produeix tan bon punt la mare pronuncia aquelles paraules? ______________________

e) Quin és el malefici causat per les paraules de la mare? ______________________

f) Com se sent en Nicolau quan experimenta la transformació? ______________________

g) Quin és el gran desig d'en Nicolau? ______________________

h) Un cop satisfet el desig, què expressa en Nicolau als seus pares? ______________________

i) On viu en Nicolau quan se separa dels seus pares? ______________________

3. Explica quin és el destí final del peix Nicolau.

____

Anàlisi literària

4. «El peix Nicolau» és un conte. Completa la definició d'aquest gènere literari amb les paraules següents: *narració*, *fets*, *ensenyament*, *llegendaris*, *fet*, *breu*, *ficticis*, *entretenir*, *intenció*.

Un conte és la ______________, generalment ______________, d'un ______________ o d'una sèrie de ______________ reals, ______________ o ______________, amb la ______________ d'______________, divertir o transmetre un ______________ moral.

5. «El peix Nicolau» és un conte que forma part de la literatura popular tradicional. Tria quines de les característiques següents descriuen aquest tipus de literatura:

- ☐ anònima
- ☐ de transmissió oral
- ☐ d'autor conegut
- ☐ amb diverses variants
- ☐ de transmissió escrita
- ☐ amb versió única

6. La veu narradora dels contes populars sol ser omniscient; és a dir, sempre sap tot el que fan i tot el que pensen els personatges. Busca en el conte dues situacions en què el narrador explica què fa el peix Nicolau en moments en què es troba sol i escriu-les:

____

____

7. Els contes populars sovint tenen una moralitat, és a dir, un ensenyament o una lliçó sobre com cal comportar-se. Escriu quins consells es poden donar a partir d'aquestes anècdotes del conte:

a) En Nicolau es passava hores i hores a l'aigua i li quedaven els ulls vermells i els dits arrugats.

No és bo estar-se ________________________

______________________________________.

b) La mare va dir: «Tanta aigua, tanta aigua, et convertiràs en un peix!». I aleshores es va sentir l'espetec d'un tro.

No hem de predir mai possibles desgràcies perquè ______________________________

____

______________________________________.

c) El peix Nicolau convoca tempestes marines que fan perillar els vaixells.

No ens hem de refiar mai del ____________________

____

______________________________________.

8. La literatura ha imaginat éssers fantàstics, com ara la sirena, el centaure, el pegàs, el minotaure, el griu... Busca a internet una imatge d'aquests éssers i explica com són:

a) La sirena té la part superior del cos __________

______________________________________.

b) El centaure té el cap i el pit ________________

______________________________________.

c) El pegàs té forma ________________________

______________________________________.

d) El minotaure té el cos _____________________

______________________________________.

e) El griu té la meitat superior del cos __________

______________________________________.

9. Explica què és una metamorfosi en l'àmbit literari a partir d'aquestes quatre paraules: *transformació*, *aparença*, *personalitat*, *encanteri*.

Una metamorfosi és ________________________

____

______________________________________.

Paraules i expressions

10. Escriu el nom de cadascun d'aquests fenòmens meteorològics al costat de la seva definició: *borrasca*, *tamborinada*, *huracà* o *cicló*, *tsunami*.

a) Vent fort acompanyat de pluja, de neu o de pedra: ________________

b) Tempesta curta, però forta, de pluja acompanyada de vent i tronada: ________________

c) Onada de gran potència destructiva, produïda per un moviment sísmic submarí o per una erupció volcànica: ________________

d) Sistema de vent en rotació de caràcter tempestuós: ________________

11. Completa els refranys amb aquestes paraules: *mar*, *vent*, *peix*, *cul*, *estany*, *vela*.

a) El ________ gros es menja el petit.

b) Qui vulgui peix que es mulli el ________.

c) Per un peix no es perd la ________.

d) La mar no es mou sense ________.

e) Com més mar, més ________.

f) Qui s'ha begut la mar, es pot beure l' ________.

12. Escriu cada refrany de l'activitat anterior al costat de l'explicació corresponent:

a) Qui menteix, parlant es descobreix: ________

b) Els poderosos anul·len els més dèbils: ________

c) Les coses que passen tenen sempre una causa: ________

d) Qui ha superat una prova extraordinària, també en pot superar una de més corrent: ________

e) Un fracàs no ha de ser la ruïna de ningú: ________

f) Quan un es troba amb dificultats, ha de posar més força i coratge que mai: ________

Expressió oral

13. **Les metamorfosis.** Són un seguit de llegendes del món clàssic que expliquen les transformacions d'éssers humans en animals, arbres o fonts. El poeta llatí Ovidi (43 aC – 17 dC) en va recollir unes dues-centes cinquanta en més de 12.000 versos.

Tasca. Llegiu una adaptació en prosa de *Les metamorfosis* d'Ovidi que hi ha publicades per a lectors joves. En grups de tres, trieu una de les transformacions i feu-ne una exposició oral a classe. Acompanyeu la vostra exposició amb diverses imatges (dibuixos, quadres, fotografies...) que n'il·lustrin el contingut.

Fitxa guió. Elaboreu una fitxa que us serveixi de guió per a l'exposició oral. Cal que inclogui els punts següents: a) títol de la metamorfosi; b) presentació (origen i significat); c) llegenda (breu resum de la història); d) influència en la cultura occidental (literatura, pintura, ciències socials, etc.).

Eco i Narcís (1903), per John William Waterhouse.

Creació literària

14. **Les reencarnacions.** Hi ha qui diu que quan morim s'acaba tot per sempre, entre ells l'Hipòlit, el protagonista de la novel·la *Nirvana*, de Pere Formiguera. Però un dia, quan mor atropellat, descobreix com un esperit li explica que el destí de les persones perfectes és el nirvana, una mena de paradís celestial. Però les persones que no han actuat bé del tot en vida han de sotmetre's a una sèrie de reencarnacions vegetals, animals i humanes fins a aconseguir arribar-hi. Un cop mort, l'Hipòlit iniciarà l'aventura que el durà a reencarnar-se en diversos éssers (un pregadeu, un papagai, un gos...). Això sí, sense perdre la seva ànima humana.

Tasca. Imagina't que només ets un esperit i et reencarnes en el cos d'un altre ésser (un insecte, un ocell, un animal...). Relata les teves peripècies: com t'adaptes als canvis del nou estat, com canvien els teus sentiments i la teva personalitat, quines dificultats i quins avantatges hi trobes, etc.

» LITERATURA

1. La narrativa meravellosa

La **narrativa meravellosa** crea un món de ficció en què les lleis naturals són alterades per forces màgiques.

CARACTERÍSTIQUES DE LA NARRATIVA MERAVELLOSA
1. Presència de personatges i elements extraordinaris (genis, fades, llànties, beuratges, etc.) que provoquen tota mena d'encanteris i transformacions.
2. Personificació d'animals i plantes que poden actuar com a col·laboradors o bé com a opositors del protagonista.
3. Descripció d'indrets exòtics, llunyans i paradisíacs.

Des de l'antiguitat, la imaginació humana ha creat un **univers de ficció**, paral·lel al real, on es presenta com a natural allò que és extraordinari. Aquest fet és possible perquè l'emissor i el receptor decideixen entrar junts en aquest món irreal i compartir-ne els efectes.

L'**origen** d'aquest subgènere literari es troba en la **literatura popular** tradicional (per exemple, *Les mil i una nits*) i en la **mitologia clàssica**.

1.1. Guillem de Torroella

Guillem de Torroella és un escriptor de Mallorca del segle XIV que va escriure un conte meravellós conegut amb el títol de *La Faula*. El conte explica com el cavaller Guillem va ser raptat per la fada Morgana i conduït a l'illa Encantada.

VOCABULARI

tany *m.* Branca tendra que surt del tronc d'un arbre.
refilar *v.* Cantar fent sons diferents i ràpids com els rossinyols o els canaris.
límpid -a *adj.* Clar, transparent.
brollar *v.* Sortir aigua de terra.

L'illa Encantada

Em vaig trobar dins d'un jardí que tenia mil arbres plantats, tots de la mateixa mida i amb un aspecte semblant, i tot d'espècies estranyes. I tots havien crescut densos de la mateixa manera i, per art d'encantament, mostraven alhora els fruits i les flors, encara que l'estació no ho permetia. Els fruits eren ben madurs i les flors, d'una bellesa extrema, eren fresques i perfumades, entremig de les fulles verdes que cobrien els **tanys**. I tots els ocellets cantaven i **refilaven** amb veus melodioses, perquè l'ambient era alegre i els omplia el cor d'alegria natural. Tot el jardí era regat per un rierol d'aigua pura i **límpida** que rajava d'una font que **brollava** al mig del prat, en un indret molt ben pavimentat de marbre blanc, net i polit.

Al centre del jardí s'alçava un palau ric i meravellós: el temple que va fer Salomó, construït amb gran enginy i embellit de riqueses de tota mena, al seu costat no era res. Tinc la impressió que mai ningú no ha vist una obra tan bella ni tan agradable.

GUILLEM DE TORROELLA: *La Faula*.

» ACTIVITATS

La narrativa meravellosa

15. Assenyala els trets que defineixen la narrativa meravellosa:

- ☐ realista
- ☐ imaginària
- ☐ fantasiosa
- ☐ animals i personatges coneguts
- ☐ geografia propera
- ☐ geografia exòtica
- ☐ qualitats humanes
- ☐ presència de dracs, fades...
- ☐ geografia real

16. Completa aquests enunciats amb les expressions següents: *forces màgiques*, *món de ficció*, *lleis naturals*, *mitologia clàssica*, *literatura popular*.

a) La narrativa meravellosa crea un ____________ ____________ en què les ____________ són alterades per ____________.

b) L'origen de la narrativa meravellosa, el trobem en la ____________ tradicional i en la ____________.

17. Llegeix el text «L'illa Encantada» i contesta les preguntes següents:

a) Escriu els deu elements de l'illa Encantada que apareixen descrits o esmentats en el fragment que has llegit:

____

____

____

____

____

____

____

b) Subratlla l'adjectiu més adequat en cada cas per definir l'espai de l'illa encantada:
1. selvàtic / cultivat
2. corrent / exòtic
3. paradisíac / infernal
4. habitat / solitari
5. esplendorós / pobre
6. idealitzat / realista

c) En la descripció de l'illa Encantada, el narrador fa referència a tres sentits: el de la vista, el de l'olfacte i el de l'oïda. Busca en el text tres percepcions sensorials, una referent a cada sentit:

1. vista: ____________
____
2. olfacte: ____________
____
3. oïda: ____________
____

18. Busca en el fragment de «L'illa Encantada» adjectius que descriguin aquest indret tan exòtic i escriu també el nom que acompanyen. Fixa't en l'exemple:

Nom	Adjectiu
espècies	estranyes

1.2. *Les mil i una nits*

Les mil i una nits és una obra de l'època medieval que recull **contes orientals antics** que s'havien transmès oralment durant segles. L'estructura del llibre se sosté sobre una història marc que té com a protagonistes el rei Xahriar i la donzella Xahrazad. Els contes de *Les mil i una nits* s'encadenen gràcies a una **tècnica narrativa** molt eficaç: el personatge d'una història es converteix en narrador d'una altra, de manera que aquesta última quedarà inserida dins la primera. Així, l'autor fa un **tramat d'històries** ben cohesionat gràcies a la **multiplicitat de narradors**.

La història dels tres germans

Duniazad demanà a la seva germana que expliqués la història del xeic dels dos gossos llebrers.

—Amb molt de gust, si el rei m'ho permet... —respongué ella.

El rei l'encoratjà a fer-ho i Xahrazad va continuar amb aquestes paraules:

—**Aleshores** s'acostà el xeic que duia els dos gossos llebrers i va començar així:

Senyor dels genis! Has de saber que jo soc el més petit de tres germans. Quan el nostre pare va morir, ens va deixar tres mil dinars. Amb aquests diners, ens en vam anar de viatge. Al cap d'un mes de navegar per la costa, vam arribar a una ciutat, on vam vendre el gènere que dúiem, i per cada dinar, en vam guanyar deu. Però quan ja tornàvem cap al vaixell per embarcar-nos de nou, ens vam trobar prop de la riba una dona jove d'aspecte descurat que anava vestida amb una túnica esparracada. Sense com va ni com ve, m'agafà la mà, me la besà i, amb veu tremolosa, em demanà:

—Sisplau, caseu-vos amb mi i porteu-me al vostre país, no us en penedireu.

—Déu va voler que em compadís d'ella i m'hi vaig avenir.

A mesura que anàvem navegant, me n'anava enamorant. Per aquest motiu, em vaig anar allunyant dels meus germans i ells van començar a sentir gelosia de mi. Tant va anar creixent aquesta rancúnia que fins i tot van parlar de matar-me. **Així doncs**, una nit, mentre dormia, guiats pel dimoni, em van agafar entre tots dos i em van llançar al mar. La meva dona, que ho va veure tot, es va estremir i es transformà en una geni. **Immediatament** es va submergir, em va agafar i em traslladà a una illa. No cal que us digui que jo, mentrestant, estava inconscient. Al matí, quan vaig recuperar els sentits, m'ho va explicar tot:

—Has de saber que jo soc una geni. Com que tu et vas casar amb mi malgrat el meu aspecte descurat, ara jo t'he salvat de morir ofegat. Però vull que sàpigues que estic molt enfadada amb els teus germans i que els penso matar.

—No cal que morin els meus germans. Escolta aquest proverbi: «Sigues tu el benefactor, que tornar bé per mal sempre és millor». **Al capdavall**, són els meus germans.

—Aleshores, d'una revolada, em va agafar i em traslladà pels aires fins al terrat de casa meva. Al vespre em vaig trobar dos gossos lligats. Quan em van veure, se'm van acostar ben a la vora. La meva esposa no trigà a venir i em digué:

—Aquí tens els teus germans.

—Qui ho ha fet, això?

—Jo. He manat a la meva germana que els transformés, i en aquest estat es quedaran fins d'aquí a deu anys.

L'arribada de l'alba sorprengué Xahrazad i aleshores callà. Duniazad va dir llavors:

—És una història ben sorprenent!

—Aquesta no és res comparada amb la que us explicaré la pròxima nit, si soc viva i sa majestat m'ho permet...

El rei pensà: «No la mataré pas ara com ara. Vull sentir què més explica, perquè és extraordinari tot el que conta.» I s'adormiren abraçats.

Les mil i una nits (text adaptat).

BARCANOVA EDITORIAL

» ACTIVITATS

Les mil i una nits

19. Llegeix «La història dels tres germans» i, després, contesta aquestes preguntes:

a) Quina importància tenen els dos gossos que acompanyen el xeic?

b) Un cop la donzella Xahrazad ha presentat el protagonista del conte (el xeic dels gossos), qui passa a ser el narrador del relat? Qui és el destinatari de la seva explicació?

c) El viatge que inicien els tres germans, és símbol de fortuna o de desgràcia?

d) La geni vol posar a prova el germà més jove per saber amb quin criteri valora o jutja les persones. De quina manera ho fa?

e) Quin sentiment va experimentar el jove envers aquella noia que li demanava unir-se en matrimoni?

f) Quins sentiments s'apoderen del cor dels dos germans grans quan observen que el germà petit és feliç amb aquella noia? Què decideixen fer?

g) Quin personatge es manifesta venjatiu pel que han fet els dos germans grans? Quin es manifesta com a benefactor?

h) Com aconsegueix la geni acomplir alhora la seva voluntat (venjar-se) i la voluntat del seu marit (ser benefactor)?

i) Creus que aquesta narració és un conte moral? Quines lliçons de conducta vol que aprenguin els lectors?

20. Fixa't en els connectors de sota, que surten en el text, i escriu-hi d'entre els que et donem, el que té el mateix significat de cada un: *de seguida*, *al cap i a la fi*, *llavors*, *per tant*, *mentre*.

a) aleshores:

b) a mesura que:

c) així, doncs:

d) immediatament:

e) al capdavall:

21. Busca dos elements característics de la literatura meravellosa que apareguin en «La història dels tres germans» i comenta'ls:

1.3. Pere Calders

Pere Calders (1912-1994) és un dels grans **contistes** catalans. És autor, entre altres obres, de *Cròniques de la veritat oculta* i *Invasió subtil i altres contes*.

Pere Calders conrea el **realisme màgic**. Aquest corrent literari compagina en una mateixa història dos **mons oposats**: l'un és el de la realitat, caracteritzada per la monotonia i la submissió dels personatges a un ordre social establert, i l'altre és el de la **irrealitat màgica**, caracteritzada per la irracionalitat i la total llibertat de la imaginació.

VOCABULARI

àvidament *adv.* Amb un desig incontrolat.

corrua *f.* Multitud de persones que avancen les unes darrere les altres.

trepidant *adj.* Que es desenvolupa de forma ràpida i emocionant.

commoció *f.* Alteració violenta de l'estat d'ànim causada per la sorpresa d'un fet desagradable.

La rebel·lió de les coses

Si s'hagués pogut investigar el fenomen des del seu origen, s'hauria vist que tot va començar amb una vaga dels panys i dels interruptors. Les portes no s'obrien o no es tancaven i ocasionaven problemes que prenien de seguida unes proporcions difícils de controlar. Els interruptors unes vegades deixaven encès un aparell i d'altres es negaven a posar-lo en marxa.

Els fets es produïen escalonadament, com si algú volgués regular malignament la situació. Les plomes estilogràfiques abocaven el contingut de tinta al simple contacte amb el paper o bé es buidaven a les butxaques i els documents gairebé sortien de les carteres buscant **àvidament** la taca. Cada incident, ell tot sol, hauria ocasionat les diminutes tragèdies conegudes de tothom. Però, per acumulació, el dia de la revolta de les coses es convertí en una catàstrofe que amenaçava la supervivència humana.

Pels carrers, es veien ciutadans asseguts a les voreres, amb la roba pengim-penjam perquè els botons, els cinturons i les tires elàstiques que subjectaven les peces al cos abandonaven les seves funcions i oferien carn rosada a l'escàndol públic. Les sabates es descordaven d'improvís i eren causa de caigudes; la proximitat del granit i del ciment exposava els cranis a topades de molta conseqüència. Els encenedors i els llumins van fallar tots alhora, i els fumadors (que pretenien afrontar la crisi encenent un cigarret) semblaven ben indefensos.

La cosa curiosa era que el món natural no s'acabava pas. Al contrari: feia sol i vent suau de primavera, característiques pròpies d'una estació complidora. El mal funcionament era purament dels productes manufacturats, de coses de les quals l'home havia prescindit durant molts segles de la seva història i que havia anat inventant amb astúcia i paciència.

Es van formar unes **corrues** enormes, multituds que emprenien el camí de la muntanya guiades per l'instint del retorn a la naturalesa. Tres o quatre temes de conversa animaven la marxa. Les lamentacions ocupaven el primer lloc, perquè queixar-se no vol un gran esforç, i després venien les preguntes d'actualitat, de **trepidant** interès públic. Aquella pertorbació, era local o internacional? No podien saber-ho, ja que la plaga havia posat fora de servei les comunicacions de tota mena i, d'altra banda, des del dia abans no arribaven viatgers: els aeròdroms estaven deserts, les estacions buides, les carreteres sense vehicles.

La precipitada reincorporació a la naturalesa fou una **commoció**. L'ésser humà ja no coneixia l'herba, no en distingia la bona de la dolenta i ja no podia pasturar amb garanties. Tampoc no era caçador (en general) ni bon buscador d'aigua; s'havia convertit en un ésser mal adaptat a la intempèrie i, sense farmàcies a prop, tot li feia cremor d'estómac i tot se li infectava. En poques setmanes va haver-hi moltes morts. «Ja se sap», deien els vius. «És la típica selecció natural: en moment de forta crisi, els dèbils desapareixen».

PERE CALDERS: *Invasió subtil i altres contes.*

BARCANOVA EDITORIAL

» ACTIVITATS

Pere Calders

22. Llegeix «La rebel·lió de les coses» i contesta:

a) Què tenen en comú, tots els objectes que es rebel·len?

b) Com reaccionen, els éssers humans, en aquest moment de caos? Cap on es dirigeixen?

c) Quins són els temes de conversa dels éssers humans en la seva fugida?

d) S'integra bé, l'ésser humà, en aquest nou hàbitat? Explica dues raons que justifiquin la teva resposta.

23. Enumera quatre objectes que es rebel·lin en el conte de Pere Calders i explica quina acció emprenen:

1.

2.

3.

4.

24. Escriu com creus que reaccionaries si visquessis una situació com la que s'explica en el conte:

Creació literària

25. Escriu amb l'ordinador un relat breu en què un objecte es rebel·li i deixi de fer la seva funció (per exemple, un mirall que deixi de reflectir les imatges). Explica quines són les conseqüències d'aquest fet.

Lectura de clàssics

26. *Alícia al país de les meravelles*, de Lewis Carroll, i *El petit príncep*, d'Antoine de Saint-Exupéry, són dues de les obres universals més rellevants de la narrativa meravellosa. En grups de tres o quatre alumnes, llegiu-les i feu-ne un treball per exposar-lo a la resta de la classe (autor, època, obra...).

» TEXTOS FUNCIONALS

1. Escriure un text

A l'hora d'escriure un text cal tenir en compte tres tasques bàsiques: la planificació, la redacció i la revisió.

PRIMERA TASCA: PLANIFICAR	
a) A qui vull escriure? **b)** Sobre què vull escriure? **c)** Per a què vull escriure? **d)** Com ho vull escriure?	a) Cal tenir en compte el tipus de receptor. b) S'ha de buscar informació en tot tipus de fonts. c) Cal tenir clar l'objectiu: narrar, explicar, descriure... d) S'han de seleccionar les idees principals i organitzar-les en paràgrafs.

SEGONA TASCA: REDACTAR TENINT EN COMPTE LA PLANIFICACIÓ PRÈVIA	
a) Quina estructura ha de tenir el text?	a) Cal estructurar el text adequadament en capítols, apartats...
b) Com organitzaré les idees en paràgrafs?	b1) S'han de distribuir les diferents idees en paràgrafs i crear una organització eficaç i clara. b2) Hi ha d'haver una progressió de les idees de manera clara i ordenada. En definitiva, el text ha de ser coherent.
c) Quin registre i quin estil són els adequats?	c) El registre s'ha d'adequar al destinatari i el resultat del text ha de ser cohesionat; és a dir, les oracions han d'estar connectades amb lligams lèxics o gramaticals.
d) Quin vocabulari específic hauré d'utilitzar?	d) Cal utilitzar un vocabulari entenedor i precís per al possible receptor i fer un ús correcte de les normes gramaticals i ortogràfiques.

TASCA FINAL: REVISAR EL TEXT REDACTAT	
	Un cop escrit el text, cal revisar:
a) El text, expressa allò que volia comunicar?	a) Que les idees del text s'expressen amb ordre i precisió.
b) L'estructura, és coherent i clara?	b) Que no hi ha cap informació repetida o contradictòria.
c) La informació, és entenedora i precisa?	c) Que les idees estan ben connectades i són clares i entenedores.
d) Des del punt de vista normatiu, el text és correcte?	d) Que no hi hagi possibles errors lèxics, gramaticals o ortogràfics.

RECORDA

Per seguir les normes de presentació de textos escrits:
- Has d'escriure el nom i els cognoms a l'angle superior dret del primer full.
- Has de deixar marges i prou espai entre línies per facilitar les anotacions del professor.
- Has de fer el sagnat dels paràgrafs (amb el tabulador o amb tres espais blancs).
- Has de grapar els fulls (no has de fer servir clips).

» ACTIVITATS

Planificar el text

27. Escriu, al costat de cada objectiu del text, el tipus de text corresponent: *un poema, un conte, una entrada del diccionari, una notícia, un treball de Socials, una carta al director, un debat electoral, un anunci publicitari, una recepta de cuina, un diari personal, una predicció meteorològica.*

a) Narrar una història de ficció: ______

b) Opinar públicament i argumentar: ______

c) Instruir o ensenyar a fer un producte: ______

d) Explicar coneixements adquirits: ______

e) Informar d'un fet o d'un esdeveniment: ______

f) Crear versos amb recursos retòrics i mètrics: ______

g) Reflexionar sobre un mateix i deixar-ne constància: ______

h) Persuadir el públic o induir-lo a consumir un producte determinat: ______

i) Donar a conèixer la definició d'una paraula: ______

j) Avançar-se a fets del futur: ______

k) Convèncer que les idees exposades són les més adequades: ______

28. La Marta ha visitat el Museu Picasso i la professora li ha encarregat un article explicatiu i, alhora, valoratiu de la visita. Subratlla les preguntes adients per tal de planificar el text:

a) A qui anirà dirigit el text?

> A la professora? • Als companys de classe? Als lectors d'un blog o d'una revista? A uns lectors totalment desconeguts o indeterminats?...

b) Quins seran els aspectes que voldrà destacar de la visita?

> La biografia del pintor? • La història del museu? • L'exposició en conjunt? • Una sala en concret? • Unes obres en particular?...

c) Quin serà l'objectiu principal de l'article?

> Descriure el conjunt de la visita? • Explicar l'estil del pintor? • Valorar i opinar sobre el conjunt de l'obra del pintor? • Valorar i opinar sobre uns quadres concrets?...

29. Classifica aquestes tasques segons la part del procés d'escriure un text de la qual formen part: *vigilar que no hi hagi faltes ortogràfiques*; *reflexionar per què es vol escriure*; *comprovar que el text s'entengui*; *distribuir les idees en paràgrafs*; *definir el tipus de destinatari*; *cohesionar les oracions*; *cercar informació en diferents tipus de fonts.*

Planificació

Redacció

Revisió

1.1. L'estructura del text

Cada text presenta una estructura determinada en funció del seu objectiu i de les seves característiques. Com a regla general, els textos s'estructuren en tres apartats bàsics: la introducció o presentació, el cos o desenvolupament i la conclusió o desenllaç.

ESTRUCTURES BÀSIQUES TIPIFICADES

TEXT EXPLICATIU	EXEMPLE
	Les marees
Introducció (presentació del tema)	*Tots hem sentit a parlar de les marees. Però, què són les marees? Què les causa?*
Desenvolupament (exposició: fenòmens, causes, conseqüències...)	*Les marees són els moviments d'ascens (marea alta) i descens (marea baixa) del nivell del mar produïts per les forces d'atracció gravitatòria de la Lluna i el Sol. Entre una marea alta (plenamar) i una marea baixa (baixamar) transcorre un període aproximat de sis hores i quart. La diferència de nivell entre la marea alta i la marea baixa s'anomena* amplitud de marea. *Quan les forces de la Lluna i el Sol se sumen es produeix la marea viva, durant la qual l'amplitud és màxima. Quan les dues forces s'anul·len parcialment, es produeix la marea morta, durant la qual l'amplitud és mínima.*
Conclusions o síntesi	*Hi ha altres factors que també intervenen en les marees, però la gran protagonista d'aquest fenomen és l'atracció de la Lluna.*

TEXT NARRATIU	EXEMPLE
	El pont del diable
Plantejament (protagonista i situació inicial)	*Una vella passava cada tarda pel pont de Martorell per portar aigua d'una font que hi havia a l'altra banda del riu Llobregat. Un dia el riu es va desbordar i s'endugué el pont, i la pobra vella es va quedar sense aigua.*
Nus (evolució de la història)	*Aquella nit, el diable es va aparèixer a la vella i li va proposar reconstruir el pont amb la condició d'emportar-se el cos i l'ànima del primer que hi passés. La vella va acceptar el tracte.*
Desenllaç (resolució final)	*L'endemà, quan la vella anava a buscar aigua, el pont ja estava acabat. Però la dona, abans de passar, va deixar anar un gat perquè passés davant d'ella. Així el diable es va emportar el gat, en cos i ànima, i va deixar tranquil·la la vella. Des de llavors el pont és conegut com «el pont del diable».*

TEXT ARGUMENTATIU	EXEMPLE
	L'anglès i el doblatge
Introducció del tema	*Als catalans ens costa Déu i ajuda aprendre anglès, tot i que hi dediquem moltes hores.*
Tesi (opinió o punt de vista)	*Jo crec que, si els cinemes i les televisions deixessin de doblar les pel·lícules, a tots ens seria més fàcil aquest aprenentatge. El doblatge de les pel·lícules el va decretar obligatori el règim franquista l'any 1941 amb un doble objectiu: imposar la llengua castellana en tot l'àmbit audiovisual i controlar els diàlegs per mitjà de la censura.*
Fets i arguments	*Han passat més de vuitanta anys del decret franquista, ens hem integrat a la Unió Europea i, tanmateix, el doblatge es manté com una tradició profundament arrelada. Això ens distancia de la població de molts altres països europeus on el doblatge no existeix.*
Conclusions o síntesi	*Per al nostre bé, hauríem de posar fi a aquesta vella tradició i acostumar-nos a mirar-nos totes les pel·lícules en versió original.*

» ACTIVITATS

L'estructura dels textos explicatius

30. Els textos explicatius solen començar amb un paràgraf introductori que presenta el tema i capta l'atenció del lector. Redacta el primer paràgraf d'un text titulat «L'alimentació saludable». Fixa't en el model:

Les marees
Tots hem sentit a parlar de les marees. Però, què són les marees? Què les causa?

L'alimentació saludable

____

____

____

31. Els textos explicatius acaben amb les conclusions o amb una síntesi (resum que destaca les idees clau). Assenyala l'opció que et sembli més adequada per redactar l'últim paràgraf del text «L'alimentació saludable»:

- ☐ Llista dels aliments que han d'aparèixer en la dieta diària.
- ☐ Consells finals i beneficis d'una alimentació saludable.
- ☐ Desigualtats alimentàries entre les diferents zones geogràfiques del planeta.

L'estructura dels textos narratius

32. Els textos narratius comencen amb el plantejament (presentació del protagonista i de la situació inicial). Redacta el paràgraf inicial d'un conte de por o de detectius:

____

____

____

____

33. La part central dels textos narratius s'anomena *nus* (evolució de la història). Indica quin dels textos següents resumeix el nus de la història:

☐ La mare de l'Ignasi havia ingressat a l'UCI a les tres de la matinada en estat greu: es debatia entre la vida i la mort. L'accident s'havia produït a mitjanit en un dels revolts més perillosos.

L'Ignasi, amb llàgrimes als ulls, s'agafava fort a la mà del pare mentre escoltava les paraules del metge: «De moment, no podem assegurar res».

Van passar els dies, i l'Ignasi va haver de tornar a l'escola. Però en el seu pensament només hi havia una imatge: la de la mare immòbil, amb la pell blanca, com morta.

☐ Aquell dia l'Ignasi feia vuit anys. S'havia despertat de matinada ple d'il·lusió pensant en els regals, els petons i les abraçades que rebria. Per a ell, era un dia molt especial.

Es va llevar i se'n va anar directe al llit dels pares per compartir amb ells l'alegria que sentia. Però no hi va trobar ningú. Va recórrer tota la casa: el menjador, la cuina, el lavabo, l'habitació dels mals endreços... Ningú enlloc. Encara sort que l'Ignasi se sabia de memòria el telèfon del pare.

L'estructura dels textos argumentatius

34. Defensa amb arguments aquestes opinions, tant si hi estàs d'acord com si no:

a) Les xarxes socials són molt positives perquè...

____

____

____

b) Les xarxes socials tenen molts riscos perquè...

____

____

____

1.2. L'organització de les idees i la coherència

El **paràgraf** és la unitat bàsica per organitzar els escrits i per donar-los coherència: l'escriptor que distribueix la informació en paràgrafs s'obliga a **triar i ordenar les idees** de manera coherent. Per tant, facilita la lectura i la comprensió del text al lector.

CONSELLS PER ORGANITZAR ELS PARÀGRAFS
• No facis paràgrafs excessivament llargs (superiors a quinze ratlles) ni excessivament curts (inferiors a tres ratlles). • Procura que la llargada dels paràgrafs sigui equilibrada (extensió semblant). • Fes que els paràgrafs formin una unitat visual clara (fent el sagnat o deixant una ratlla en blanc entre l'un i l'altre). • Comprova que cada paràgraf forma una unitat significativa (intenta reduir la informació a un títol que en sintetitzi la idea central).

REGLES DE COHERÈNCIA

REGLA DE PROGRESSIÓ
La informació del text ha d'anar avançant de manera lògica i entenedora.

REGLA DE NO-CONTRADICCIÓ
Les idees exposades en el text han de ser compatibles: no podem afirmar una cosa i alhora negar-la.

REGLA DE RELACIÓ
Totes les informacions del text han de tenir relació amb el tema general de què tracta.

Fixa't en la representació d'aquests textos i en la valoració que en fem a continuació:

a)

1. Té un sol paràgraf, llarg i atapeït.
2. Les idees no estan organitzades.
3. Caldria dividir el text en tres o quatre paràgrafs per facilitar-ne la lectura.

b)

1. Consta de quatre paràgrafs força equilibrats (entre quatre i cinc ratlles).
2. S'han organitzat bé les idees en quatre paràgrafs.

c)

1. S'han disposat les idees en nou paràgrafs molt curts (no n'hi ha cap que arribi a les tres ratlles.
2. Les oracions no estan cohesionades.
3. Caldria agrupar les oracions al voltant de tres o quatre idees bàsiques, que serien els paràgrafs del text.

d)

1. Distribueix el text en tres paràgrafs: dos de llargs i un de molt curt.
2. Hi ha un desequilibri massa gran en la llargada dels paràgrafs. A més a més, no s'ha fet el sagnat.
3. Caldria replantejar i organitzar les idees en paràgrafs més equilibrats i fer el sagnat correctament.

» ACTIVITATS

La coherència

35. Llegeix les valoracions següents i digues en quina hi ha una contradicció, en quina no hi ha progressió temàtica i en quina es barregen idees diverses:

a) L'argument de la novel·la és interessant i la lectura es fa molt amena. Podríem dir que és un llibre que el lector llegeix amb molt interès, perquè se li fa molt amè.

____

b) L'argument de la novel·la és molt intrigant i manté el lector en suspens com correspon a una novel·la de terror. El desenllaç no m'ha agradat gaire perquè ja me l'esperava: tot és molt previsible.

____

c) L'argument de la novel·la és simple i molt tòpic. L'autor la va escriure fa trenta anys, quan era molt jove, i no us la recomano: no desperta l'interès del lector.

____

____

36. Indica els quatre paràgrafs en què s'ha de dividir el text explicatiu següent i escriu un títol per a cada un que n'expressi la idea clau:

El primer paràgraf va de ______________ a ______________.

Títol: ______________________________

El segon paràgraf va de ______________ a ______________.

Títol: ______________________________

El tercer paràgraf va de ______________ a ______________.

Títol: ______________________________

El quart paràgraf va de ______________ a ______________.

Títol: ______________________________

La Lluna és l'únic satèl·lit natural de la Terra i l'únic cos del sistema solar que podem observar en detall a ull nu o amb instruments senzills. Té una forma sensiblement esfèrica, amb un diàmetre de 3.473 km i una massa igual a 1/81 de la massa de la Terra. La Lluna té un moviment de translació al voltant de la Terra i triga uns 28 dies a fer una volta completa. Aquest moviment fa que l'aspecte de la Lluna canviï cada dia i origini les quatre fases de la Lluna: lluna creixent, lluna plena, lluna minvant i lluna nova. La Lluna no té atmosfera ni aigua; per això la seva superfície no es deteriora amb el temps, si no és per l'impacte ocasional d'algun meteorit. La Lluna es considera fossilitzada. El 20 de juliol de 1969, Neil Armstrong es va convertir en el primer ésser humà que trepitjava la Lluna, gràcies a la missió Apollo 11 dels Estats Units. Des d'aleshores, els projectes lunars han recollit prop de 400 kg de mostres que els científics analitzen.

37. Escriu de nou el text d'acord amb la indicació que l'encapçala:

a) Fes oracions més breus.

Mart, anomenat de vegades el planeta vermell o roig, és el quart planeta del sistema solar i aquest astre forma part dels denominats *planetes tel·lúrics* (de naturalesa rocosa, com la Terra) i aquest planeta té dos satèl·lits naturals o llunes, Fobos i Deimos, de mida molt petita i forma irregular.

____

____

____

____

____

____

____

____

____

» GRAMÀTICA

1. L'oració: el subjecte i el predicat

1.1. Les propietats de l'oració

Una **oració** és una **unitat** de comunicació amb **sentit complet**. Generalment, aquest sentit es construeix fent referència a un **element** determinat (persona, animal, cosa o idea) i assignant-li, tot seguit, una **acció**, un **procés**, un **estat** o una **característica**.

L'oració típica consta d'un sintagma nominal, que fa la funció de **subjecte** (SN subjecte), i d'un sintagma verbal, que fa la funció de **predicat** (SV predicat). Aquests sintagmes estan units per la relació de concordança de persona i nombre que s'estableix entre el subjecte i el verb:

El mero i el llobarro el van acompanyar mar endins.
SN subjecte — SV predicat
concordança: 3a persona plural

Exemples:

En Nicolau es capbussava entre les ones. (acció)

Els seus pares es desesperaven. (procés)

Les pedres eren de color verd. (estat)

1.2. El subjecte

El **subjecte** és un SN que concorda en nombre (singular o plural) i persona (1a, 2a o 3a) amb el verb:

Els seus companys d'immersió ja l'esperaven de bon matí.
3a persona del plural — 3a persona del plural

Hi ha diferents tipus de subjectes:

L'oració està marcada per una **corba d'entonació** única, sense interrupcions. Aquesta corba pot variar en funció de la modalitat de l'oració:

En Nicolau enyorava el mar.
modalitat declarativa

En Nicolau, enyorava el mar?
modalitat interrogativa

SUBJECTE EXPLÍCIT	SUBJECTE EL·LÍPTIC
Apareix en l'oració. Normalment se situa davant del verb: *Les seves amigues d'infantesa treballen juntes.* (subjecte: *Les seves amigues d'infantesa*)	No apareix en l'oració, però se sobreentén i és deduïble a partir de la terminació del verb: *(Nosaltres) Cada dia baixà**vem** a la platja.* (subjecte: *Nosaltres*)

En les **oracions interrogatives i exclamatives**, el subjecte sol aparèixer desplaçat fora de l'oració:
Per què estava tan trist, en Nicolau? (subjecte: *en Nicolau*)

ORACIONS IMPERSONALS (NO TENEN SUBJECTE)

Hi ha un tipus d'**oracions**, anomenades **impersonals**, que no tenen subjecte:
a) *Demà farà sol.* (Expressen fenòmens meteorològics.)
b) *Aquí hi ha molts tresors amagats.* (Oracions formades amb el verb *haver-hi*.)
c) *Avui dia es corre massa.* (Oracions formades amb el pronom *es* i un subjecte indefinit.)

» ACTIVITATS

Les propietats de l'oració

38. Completa la definició del concepte d'*oració* amb aquestes paraules: *subjecte*, *predicat*, *concordança*, *comunicació*, *sentit*, *nombre*, *persona*, *SN* i *SV*.

Una oració és una unitat de ______________ amb ______________ complet. L'oració típica consta d'un ______________, que fa de ______________, i un ______________, que fa de ______________, units per la relació de ______________ en ______________ i ______________.

39. Subratlla el subjecte d'aquestes oracions i digues en cada cas si se li assigna una acció, un procés, un esdeveniment, un estat o una característica:

a) L'àrbitre del partit va amonestar els jugadors agressius.

____

b) El pont romànic és molt estret.

____

c) Els pollancres creixen més de pressa que els roures.

____

d) Els Jocs Olímpics de Barcelona es van celebrar l'any 1992.

____

e) El gat dorm a la vora del foc.

____

f) L'aigua bull a cent graus.

____

El subjecte

40. Digues si les afirmacions següents sobre el subjecte són vertaderes (V) o falses (F):

- ☐ El subjecte pot ser un sintagma nominal o un sintagma preposicional.
- ☐ El subjecte i el predicat concorden en gènere i nombre.
- ☐ El subjecte indica qui fa una acció o experimenta un procés o un estat.
- ☐ El subjecte sempre apareix davant del predicat.
- ☐ El subjecte el·líptic és aquell que no apareix en l'oració, però que es pot deduir.
- ☐ En les oracions impersonals el subjecte sempre se situa darrere del predicat.

41. Digues quina és la persona gramatical (*jo*, *tu*, *nosaltres*, *vosaltres*) que fa de subjecte de cadascun dels verbs destacats en aquestes oracions:

a) Tanta aigua, tanta aigua! Si (______________) no *surts*, (______________), et *convertiràs* en un peix!

b) (______________) *Estic* somiant? (______________) *Tinc* les cames convertides en una immensa cua de peix. (______________) No *puc* aixecar-me.

c) (______________) No *patiu* per mi. (______________) *Aneu*-vos-en tranquils!

d) (______________) No *sabem* si encara és viu. Qui sap si algun dia (______________) el *podrem* tornar a veure!

42. Assenyala les oracions en les quals el sintagma *aquests cromos* fa la funció de subjecte:

- ☐ Han arribat *aquests cromos* al quiosc del barri.
- ☐ A l'hora del pati, els infants s'intercanvien *aquests cromos*.
- ☐ Enguany he col·leccionat *aquests cromos*.
- ☐ Li han caigut *aquests cromos* de la butxaca dels pantalons.
- ☐ Els meus germans s'han barallat per *aquests cromos*.
- ☐ M'interessen molt *aquests cromos*.

1.3. El predicat

El **predicat** és la part de l'oració que s'organitza al voltant d'un **verb conjugat** i que expressa alguna cosa del subjecte.

Els **esdeveniments bàsics** que pot expressar un predicat giren a l'entorn de set àmbits, que es poden representar per set verbs:

VERB	EXEMPLE
Fer	*La Rosa* ***escriu un poema***.
Posseir	*L'Abel* ***té un mòbil nou***.
Transferir	*La Isabel* ***m'ha regalat una novel·la policíaca***.
Moure	*Els meus cosins* ***han anat a Tailàndia***.
Experimentar	***M'agrada*** *la música*.
Ocórrer	***Avui fa molt de vent.***
Ser	*Aquestes noies* ***són tailandeses***.

Hi ha dos tipus de predicats:

PREDICAT VERBAL

- El **predicat verbal** expressa una acció o un procés del subjecte amb un **verb predicatiu**.

El noi enyorava el mar.
Predicat verbal

- El **verb predicatiu** és la part més important de la predicació verbal.
- El predicat verbal pot estar format per un **sol verb** (*nedava*) o pot estar acompanyat de **complements** (*enyorava el mar*).

PREDICAT NO VERBAL

- El **predicat no verbal** atribueix una característica al subjecte mitjançant un **verb copulatiu** (*ser*, *estar* o *semblar*) i un **atribut**.

El noi estava ***molt trist***.
Predicat no verbal

- El verb no és la part essencial del predicat; fa d'enllaç entre el subjecte i l'**atribut**, que és l'element central de la predicació no verbal.

PER SABER-NE MÉS

Els verbs són paraules que **requereixen** certs elements per poder ser efectius en una oració:

El pare ***va regalar*** *unes aletes a en Nicolau.* *A en Nicolau li* ***agradaven*** *els peixos.*

a) El verb *regalar* requereix un **agent** (la persona que regala, *el pare*), un **pacient** (la cosa regalada, *unes aletes*) i un **destinatari** (la persona a qui va destinat el regal, *a en Nicolau*).
b) El verb *agradar* requereix un **tema** (allò que agrada, *els peixos*) i un **experimentador** (la persona a qui agrada, *a en Nicolau*).

Aquests elements requerits pel verb s'anomenen **arguments del verb**.

- Per parelles, identifiqueu els elements d'aquesta oració requerits pel verb i indiqueu quins tipus d'arguments són:
En Bernat dedica unes paraules als seus avis.

» ACTIVITATS

El predicat

43. Completa els espais buits amb les paraules següents: *subjecte*, *verbal*, *predicat*, *verb* (3), *atribut*, *no verbal*, *concordança*.

El nucli del ______________ és el ______________, que manté una relació de ______________ amb el ______________.

Hi ha dos tipus de predicats: el predicat ______________, que té el ______________ com a element principal, i el predicat ______________, en què el ______________ fa d'enllaç entre el subjecte i l'______________.

44. Relaciona el missatge del predicat d'aquestes oracions amb el verb corresponent de més avall:

- ☐ L'Eva disposa de molts diners.
- ☐ Aquest vaixell navega per tots els mars.
- ☐ El jardiner poda els rosers.
- ☐ M'agraden els espectacles de circ.
- ☐ Ja surt el sol.
- ☐ Aquest ninot és de neu.
- ☐ M'hauries de prestar diners.

1. Fer (acció)
2. Experimentar (sensació)
3. Posseir (objecte)
4. Moure's (lloc)
5. Transferir (objecte / a algú)
6. Ocórrer (esdeveniment)
7. Ser (característica)

45. Subratlla el predicat d'aquestes oracions. Fixa't en l'exemple:

a) Els seus pares <u>li han donat una gran sorpresa</u>.
b) Han col·locat els llibres al prestatge.
c) Avui la Magda ha arribat del viatge a París.
d) La veïna del cinquè pis és advocada.
e) Han arribat molts trens plens de turistes a l'estació de França.

46. Subratlla el predicat d'aquestes oracions. Després, digues si és un predicat verbal (PV) o un predicat no verbal (PNV). Fixa't en els exemples:

a) Aquella història <u>era una mica rocambolesca</u>. *PNV*
b) Un núvol de gambes <u>fugia cap a la foscor de la mar</u>. *PV*
c) La curiositat del peix Nicolau ha estat insaciable. ______
d) Aquella gruta era profunda i perillosa. ______
e) Cada dia aguantava més hores sota l'aigua. ______
f) Els tripulants del vaixell ja l'havien avisat del perill. ______
g) Avui la mar sembla encalmada. ______
h) D'aquest arbre, cauen moltes fulles. ______
i) Per classificar-nos, encara ens falten deu punts. ______
j) L'home havia envellit molt els darrers mesos. ______

47. Analitza les oracions d'acord amb el model. Tingues en compte que les paraules encerclades són el nucli del subjecte i del predicat.

<u>Les [fulles] verdes</u> *<u>ja [cobreixen] els tanys dels arbres</u>*.
SN subjecte — SV predicat
concordança: 3a persona plural

a) Els arbres de fulla caduca dominen el paisatge.

b) La primavera ho enjoveneix tot.

c) El vent i les pluges trenquen l'estabilitat hivernal.

d) Les orenetes renoven els seus nius de fang.

» ORTOGRAFIA

1. El punt

El **punt** és un signe de puntuació que pot marcar les tres situacions següents:

- el final d'un text (**punt i final**)
- el final d'un paràgraf (**punt i a part**)
- el final d'una oració simple o composta (**punt i seguit**)

1.1. Variants del punt

Podem marcar l'acabament de les oracions amb altres signes de puntuació:

VARIANTS DEL PUNT		
ASPECTES	**SIGNES DE PUNTUACIÓ**	**EXEMPLES**
LES MODALITATS INTERROGATIVA I EXCLAMATIVA	a) En una oració interrogativa o exclamativa llarga i complexa escrivim els **signes d'interrogació** o **d'admiració** d'obertura (**¿**, **¡**) i de tancament (**?**, **!**). b) En una oració curta o que comença amb un mot interrogatiu o exclamatiu acostumem a escriure només el signe de tancament (**?**, **!**).	a) **¿***Es podrien evitar molts incendis si els boscos s'explotessin econòmicament i se'n tragués la llenya sobrera per fer biomassa***?** **¡***Ningú no pot suportar per més temps aquesta gelosia tan extrema i aquesta rancúnia que ni la deixa viure***!** b) ***Què*** *és la biomassa***?** ***Com*** *s'obté***?** ***Ei****, vigila, que ve un ciclista***!**
LA SUSPENSIÓ	a) Al final d'una oració que deixem en suspens perquè no expressem tots els elements escrivim els **punts suspensius**. b) També els utilitzem al final de les enumeracions obertes.	a) *Aquí no s'hi pot aparcar, ja ho saps. Si hi aparques***...** b) *La paraula* maldat *té molts sinònims:* dolenteria, malícia, perversió**...**
EL GRAU DE RELACIÓ	Quan unim dues oracions independents, però molt relacionades entre elles, les separem amb un **punt i coma**.	*Era la* ***platja*** *més profunda i perillosa del món; n'havia sentit a parlar als mariners d'alguns vaixells.*

Després de **punt i coma** sempre escrivim **minúscula**; en canvi, després de les **altres variants del punt**, escrivim majúscula.

Si els signes d'**interrogació** i d'**admiració** no tanquen l'oració perquè coincideixen amb un **punt i coma**, una **coma** o un **guió**, seguidament escrivim **minúscula**.

No hem de posar mai punt després dels signes d'interrogació i d'admiració.

» ACTIVITATS

El punt

48. En aquest paràgraf hi falten quatre punts: tres punts i seguit, i un punt i a part. Escriu els punts on pertoca i les lletres majúscules corresponents:

quan va fosquejar, en Nicolau va poder descobrir el misteri de la lluna es tractava del peix lluna, que s'havia acostat a la platja per menjar-se uns calamars el peix lluna és ben pla i, quan sura de costat a la superfície de l'aigua, sembla talment el reflex de la lluna mentre mirava el curiós peix, va sortir de dins d'una cova un núvol vermellós de gambes petites

Variants del punt

49. Escriu els signes interrogatius que falten en aquest text. Després, llegeix-lo en veu alta amb l'entonació adient.

Què esperaven d'ell, aquella gent La vida l'havia tractat molt malament. Estava disposat a seguir endavant si això li havia de permetre de guanyar-se la vida. Però de quina classe haurien de ser els serveis que havia de prestar allà Tot tenia un límit... Hi havia perill. Què hi havia perdut, ell, al cor del continent negre Però, també, no era millor allò que qualsevol altra ocupació en alguna de les Costes Brava, Blava o Groga I si el que l'organització esperava d'ell era evitar el progrés dels negres Com quedaria amb en Henry

JOAQUIM CARBÓ: *La casa sota la sorra.*

50. Copia aquestes oracions i corregeix la majúscula o la minúscula que hi ha després del signe d'interrogació:

a) Per què no pares de bellugar-te? t'has d'estar ben quieta.

b) Creieu que ens en sortirem?; Nosaltres no ho tenim gaire clar.

c) Quan aniràs a la consulta del dentista?... fa massa temps que no hi vas.

d) —Per quin motiu em sento millor? –Es va preguntar el noi.

e) Tens alguna idea? a mi no se me n'acut cap.

DICTAT

Fixa't bé en els signes de puntuació i escriu el text en un full a part mentre te'l dicten.

El rei tenia un poder tan gran que va meravellar el petit príncep. Si l'hagués tingut ell, hauria pogut presenciar, no pas quaranta-quatre, sinó setanta-dues, o fins i tot dues-centes postes de sol el mateix dia, sense haver de moure mai la cadira! I com que estava una mica trist per culpa del record del seu planeta abandonat, es va atrevir a sol·licitar una gràcia al rei:

—Voldria veure una posta de sol. Feu-me el favor... Ordeneu que el sol es pongui.

ANTOINE DE SAINT-EXUPÉRY: *El petit príncep.*

» POSA'T A PROVA

Llegeix aquest text i comprova si l'has entès

Aplica't la tècnica del semàfor

Mares i pares, filles i fills, mestres i alumnes, parelles, polítics, totes les persones en general ens entendrem més bé, tindrem menys conflictes i resoldrem més fàcilment els que puguem tenir si ens apliquem la tècnica del semàfor cada cop que determinades emocions ens dominin.

Aquesta tècnica consisteix a autoimposar-nos la llum vermella i aturar-nos quan estem sobrepassats per alguna emoció. Les emocions són agitacions anímiques intenses que impulsen a l'acció, i aturar-nos quan estem emocionalment agitats no és fàcil. Però cal fer-ho per evitar que l'emoció es desfermi, ens arrossegui i ens porti a dir o a fer coses que ens compliquin la vida o que potser després lamentarem.

Si aquest primer pas no és fàcil, el segon, el que té a veure amb la llum groga o ambre, ho sol ser menys, ja que comporta ser capaços de contenir i sostenir durant un temps el malestar i fer alguna cosa per calmar-lo. Com que mantenir-lo a dins resulta ingrat, normalment el que fem és llençar-lo fora, abocar-lo sobre altres en forma de mal humor, queixa, retret, acusació, exigència, ofensa, atac... Però això gairebé sempre incrementa el conflicte. D'aquí ve que primer calgui aturar-se i seguidament buscar maneres de calmar-nos. Només quan hàgim recobrat la calma estarem en condicions d'actuar. Amb tot, abans de concedir-nos llum verda encara haurem de pensar bé què cal dir o què cal fer, i tenir cura de fer-ho amb empatia i una actitud positiva.

Aquesta tècnica requereix un entrenament persistent si volem convertir-la en hàbit i que resulti efectiva. I té el hàndicap que socialment falten models que representin bons referents que puguin ser seguits. Però és una competència socioemocional bàsica. Moltes relacions esdevenen tòxiques, es malmeten o es trenquen per incontinència emocional. Ser conscients de la tensió emocional, aturar-nos i aplicar estratègies per rebaixar-la impedeix que actuem segrestats per l'emoció primària i ens encamina cap a les actuacions lúcides, lúcidament i sàviament expressades. A força de practicar, a vegades n'hi ha prou d'aturar-nos i respirar en silenci per aconseguir modular i transformar les emocions que ens sobrepassen.

EVA BACH: «Aplica't la tècnica del semàfor», dins diari *Ara* (23/11/2019).

1. Si haguessis de canviar el títol del text, quin triaries?

- ☐ Aprèn a controlar les emocions per atenuar els conflictes
- ☐ Atura't a pensar abans d'emprendre una acció
- ☐ Aprèn a actuar amb empatia i una actitud positiva

2. Quina és la intenció de l'autora del text?

- ☐ Exposar uns coneixements que ens ajudin a entendre millor què són les emocions.
- ☐ Demostrar-nos que les seves opinions estan ben fonamentades en fets certs.
- ☐ Donar-nos unes pautes que ens ajudin a actuar adequadament per evitar conflictes.

3. Numera aquestes idees segons l'ordre en què apareixen en el text:

- ☐ Les tres fases o les tres activitats que exigeix la tècnica.
- ☐ Com es pot convertir la tècnica en un hàbit.
- ☐ Objectiu que es persegueix aplicant la tècnica del semàfor.
- ☐ Persones a qui pot interessar la tècnica del semàfor.

4. Segons l'autora, què indica cadascun dels colors del semàfor? Pinta el quadradet del color corresponent:

- ☐ Actuar amb cura i empatia, tenir una actitud positiva.
- ☐ Aturar-se quan un està sobrepassat per les emocions.
- ☐ Contenir el malestar, calmar-se i pensar la millor manera d'actuar.

5. Quines d'aquestes afirmacions fa l'autora del text?

- ☐ Les emocions són agitacions anímiques intenses que ens empenyen a actuar.
- ☐ Podem trobar bons models a partir dels quals aprendre la tècnica del semàfor.
- ☐ Les emocions ens encaminen cap als comportaments lúcids, sàviament expressats.

6. Les paraules *retret*, *empatia*, *hàbit*, *tòxic* i *lúcid*, subratllades en el text, volen dir, respectivament:

- ☐ queixa, identificació, rutina, verinós, enllestit
- ☐ reprovació, enuig, costum, nociu, intel·ligent
- ☐ reprovació, identificació, costum, nociu, intel·ligent

7. Subratlla el subjecte, si n'hi ha, de cadascuna de les oracions següents.

a) Aquest primer pas no és fàcil.
b) Tindrem menys conflictes.
c) Socialment falten models.

8. Quina d'aquestes oracions té un predicat no verbal?

- ☐ Sovint les emocions ens dominen.
- ☐ Aquesta tècnica és una competència socioemocional bàsica.
- ☐ Moltes relacions es trenquen per incontinència emocional.

Per escrit

Escriu, en un full a part, un text d'unes 75 paraules en què donis uns quants consells a un amic o a una amiga que està molt alterat perquè algú l'ha insultat greument. Pots començar de la manera següent: *Escolta'm bé. Primer de tot, atura't, no t'hi tornis, que a cop calent pot ser pitjor...*

De viva veu

Quin fet t'ha despertat l'emoció més intensa de la teva vida? Descriu en veu alta aquesta emoció i les conseqüències que va tenir en el teu comportament. En cas que et trasbalsés, vas aplicar alguna tècnica per relaxar-te?

UNITAT 2

- LECTURA » Recull de poemes musicats
- LITERATURA » Els poemes èpics
- LLENGUA I SOCIETAT » Les llengües d'Europa
- LÈXIC I SEMÀNTICA » Les paraules derivades. Els sufixos
- GRAMÀTICA » Les modalitats de l'oració
- ORTOGRAFIA » La coma, els parèntesis i els guions

Preparem la lectura

1. Responeu oralment: Quins cantautors en llengua catalana coneixeu? Quins us agraden més?
2. Responeu oralment: Us considereu persones romàntiques? Us agraden les cançons d'amor? Amb quina cançó amorosa us identifiqueu més?
3. Per parelles, intercanvieu els coneixements que teniu del personatge del comte Arnau. Després, poseu-los en comú amb la resta de la classe.

» LECTURA

Recull de poemes musicats

La poesia i la cançó han estat entrelligades des de l'antiguitat. Els aedes, els rapsodes, els trobadors, els joglars, els cantautors... han compost i han interpretat poemes musicats de tots els estils i de totes les temàtiques. En aquest bloc ens proposem llegir i escoltar quatre poemes musicats i interpretats per cantautors: «Vinyes verdes vora el mar» és un poema descriptiu d'un paisatge mediterrani; «Cançó amorosa» és un poema d'amor i aventura; «Corrandes de lluna» és un poema de festa i alegria, i «Lo comte Arnau» és un poema èpic inspirat en una llegenda popular.

1. El paisatge

Vinyes verdes vora el mar

Vinyes verdes vora el mar,
ara que el vent no **remuga**,
us feu més verdes i encar
teniu la fulla **poruga**,
vinyes verdes vora el mar.

Vinyes verdes del **coster**,
sou més fines que la **userda**.
Verd vora el blau mariner,
vinyes amb la fruita verda,
vinyes verdes del coster.

Vinyes verdes, dolç repòs,
vora la vela que passa;
cap al mar **vincleu** el cos
sense decantar-vos massa,
vinyes verdes, dolç repòs.

Vinyes verdes, soledat
del verd en l'hora calenta.
Raïm i **cep** retallat
damunt la terra lluenta;
vinyes verdes, soledat.

Vinyes que dieu adeu
al **llagut** i a la gavina,
i al fi **serrellet** de neu
que ara neix i que ara fina...
Vinyes que dieu adeu!

Vinyes verdes del meu cor...
Dins del cep s'adorm la tarda,
raïm negre, **pàmpol** d'or,
aigua, penyal i **basarda**.
Vinyes verdes del meu cor...

Vinyes verdes vora el mar,
verdes a punta de dia,
verd suau de cap al tard...
Feu-nos sempre companyia,
vinyes verdes vora el mar!

JOSEP M. DE SAGARRA
Poema cantat per Mariona Sagarra i per Lluís Llach.
Pots escoltar-lo en l'espai personal del web *www.barcanova.cat.*

VOCABULARI

remugar *v.* Parlar entre dents en senyal d'enuig o de desaprovació.

poruc -uga *adj.* Que agafa por fàcilment.

coster *m.* Pendent d'un terreny.

userda *f.* Alfals, herba que es cultiva per a menjar del bestiar.

vinclar *v.* Corbar, doblegar.

cep *m.* Vinya, planta baixa que fa raïm.

llagut *m.* Embarcació amb veles triangulars que s'usa per anar a pescar.

serrell *m.* Fils sense teixir que fan d'ornament.

pàmpol *m.* Fulla de cep o vinya.

basarda *f.* Por d'algun perill contra el qual un se sent indefens.

2. L'amor

Cançó amorosa

Voldria ser mariner
i dur-te a la meva vora;
la vela iria pel mar
com un cavall blanc que corre,
el vent posaria olor
de fonoll entre les cordes
i l'ona es faria enllà
deixant el camí a la **proa**.

Passarien els vaixells
fent voleiar les banderes.
—Mariners, cap on aneu,
cap on aneu tan de pressa?
Potser cerqueu un tresor
perdut en la mar deserta?—
Passarien els vaixells
fent voleiar les banderes.

Jo els veuria com se'n van,
sense mica de **recança**.
Els teus ulls són mon tresor,
poc he de cercar-ne d'altre.
Quina joia, al teu costat,
veure la terra allunyar-se
i seguir en les nits d'agost
les estrelles que es desmaien!

On tu giressis l'**esguard**
el vent ens hi portaria,
t'escoltarien la veu
els peixos i les gavines,
els **focs** ardents **de Sant Elm**
a dalt dels pals s'encendrien
i veuries que al teu pas
la terra i el mar sospiren.

Tomàs Garcés
Poema cantat per Paco Muñoz.
Pots escoltar-lo en l'espai personal
del web *www.barcanova.cat*.

VOCABULARI

proa *f.* Part davantera d'una embarcació.

recança *f.* Greu que sap de fer, d'haver fet o de deixar de fer una cosa.

esguard *m.* Mirada.

foc de Sant Elm. Fenomen meteorològic que es produeix durant les tempestes i que consisteix en una resplendor brillant d'un blanc blavós als extrems dels pals dels vaixells.

VOCABULARI

ufana *f.* Esplendor.

gep *m.* Bony que sobresurt de l'esquena o del pit.

minvar *v.* Disminuir.

ullerós -osa *adj.* Que fa ulleres, que fa cara de cansat o malalt.

agre -a *adj.* Que té una acidesa desagradable.

3. La festa popular

Corrandes de lluna

Ai, quina **ufana** de lluna!
Amic, sortim en finestra
entre les dotze i la una!

Lluna, moneda de coure
a l'aire, duu-nos fortuna
entre les dotze i la una!

Avui, si venia
la lluna morta,
l'amor cantaria
que truca a la porta.

I si ens arribava
amb **gep** a ponent,
l'amor cantaria
en quart creixent.

Si la lluna era
rodona i roja,
l'amor cantaria,
l'amor boja.

Mes ai, si ve blanca
rodona i blanca,
l'amor cantaria
que la porta tanca.

I si duu la lluna
un gep a llevant,
l'amor cantaria
l'amor **minvant**.

Set llunes **ulleroses**
i una set **agra**
sota les set taronges
de l'amor clara;
de l'amor clara, sí,
de l'amor clara,
set llunes ulleroses
i una set agra.

MARIA MERCÈ MARÇAL
Poema cantat per Txiki Berraondo i Anna Subirana.
Pots escoltar-lo en l'espai personal del web *www.barcanova.cat*.

4. El món de les llegendes

Lo comte Arnau

Lo comte de Mataplana
ne tenia dos cavalls:
l'un era blanc com la **gebre**,
l'altre fosc com lo pecat.

Malhaja *lo cavall negre,*
benhaja *lo cavall blanc.*

Un matí de la hivernada
lo negre feia **ensellar**;
la comtessa ja li'n deia:
—Per què no enselles lo blanc?
—Perquè fuig dels camins **aspres**
i a mi em plauen més que els plans.—

La comtessa ja hi tornava:
—Mon marit, no ho fesses pas;
lo negre em sembla el diable,
Déu nos lo tinga allunyat.—
Ell no li torna resposta,
com si sentia tronar:
al negre posa la sella
baldament fos **Satanàs**.
—Adeu, la comtessa **aimada**.
—Déu te guie i l'Àngel Sant.—

L'Àngel prou lo guiaria,
mes ell no es deixa guiar,
lo guiaria a l'església
i ell a la vila **fa cap**,
on hi ha nines que perdre
i pobres per escanyar.

Malhaja lo cavall negre,
benhaja lo cavall blanc.

Quan sortia de la vila
semblava un esperitat:
corria lo cavall negre,
corria com si volàs,
tantost per les altes cimes
com pel fons del **xaragall**.
Los **gombernesos** se **senyen**
quan lo veuen desbocat.

Los llops d'aquelles muntanyes
lo segueixen udolant,
algun d'ells per simpatia,
los altres olorant carn,
que n'esperen un bon àpat
més amunt o més avall;
sos ulls semblen llumenetes,
llumenetes infernals.

Al sentir sa **udoladissa**
lo comte s'és **esglaiat**,
voldria girar lo poltre
mes ja no el pot aturar.

Malhaja lo cavall negre,
benhaja lo cavall blanc.

VOCABULARI

gebre *m.* Gelada, rosada glaçada.

malhaja *interj.* Exclamació de maledicció.

benhaja *interj.* Exclamació de benedicció.

ensellar *v*. Posar la sella a un cavall per pujar-hi a sobre.

aspre -a *adj.* Accidentat, abrupte.

baldament *conj.* Encara que.

Satanàs. Nom del diable.

aimat -ada *adj.* Estimat.

fer cap *loc. v.* Presentar-se, acudir.

tantost *adv.* Tan aviat.

xaragall *m.* Rec que forma l'aigua de la pluja.

gombernès -esa *adj.* De Gombrèn, poble de la comarca del Ripollès.

senyar-se *v.* Fer-se el senyal de la creu al front.

udoladissa *f.* Cridòria de llops.

esglaiar-se *v.* Agafar por per la imminència d'un gran perill.

BARCANOVA EDITORIAL

VOCABULARI

afrau *f.* Congost, pas estret.

obirar *v.* Veure de lluny.

forat de Sant Ou. Avenc profund que hi ha al mig de la serra del Montgrony, al Ripollès.

A la nit, que és fosca fosca,
se barreja el temporal,
i els pastors al comte veuen
entremig de trons i llamps
volar d'una cresta a l'altra
del Montgrony vers les **afraus**.
La tempesta esgarrifosa
a mitjanit fa un esclat;
d'un llampec entre les ales
s'**obira** lo comte Arnau,
rodolant de l'alta cima
de **Sant Ou dins lo Forat**
d'on surt entre rius de flama
lo renill del seu cavall.

La comtessa l'esperava
a la porta del palau;
passen hores, passen dies,
passen nits de por i espant;
a la tercera que passa
l'en veu venir condemnat.
La nit era negra, negra,
més negre era son cavall,
son cavall, que era el diable,
Déu nos lo tinga allunyat.

Malhaja lo cavall negre,
benhaja lo cavall blanc.

JACINT VERDAGUER
Poema cantat per Jaume Arnella. Pots escoltar-lo en l'espai personal del web *www.barcanova.cat*.

» ACTIVITATS

Vinyes verdes vora el mar

1. Relaciona els versos següents amb les estacions de l'any: primavera, estiu, tardor i hivern.

a) al fi serrellet de neu: ____________

b) teniu la fulla poruga: ____________

c) vinyes amb la fruita verda: ____________

d) raïm negre, pàmpol d'or: ____________

2. Relaciona ara els versos següents del poema amb les parts del dia: matinada, migdia-tarda, tarda-capvespre i vespre.

a) verd suau de cap al tard: ____________

b) dins del cep s'adorm la tarda: ____________

c) del verd en l'hora calenta: ____________

d) verdes a punta de dia: ____________

3. El paisatge del poema de Sagarra no és un objecte neutre descrit objectivament, sinó que és el reflex de les sensacions del poeta.

Completa el text de més avall per explicar les sensacions del poeta en contemplar les vinyes a partir dels versos següents:

vinyes verdes, dolç repòs
vinyes verdes, soledat
vinyes verdes del meu cor
feu-nos sempre companyia

Per al poeta, les vinyes són un lloc de ________ i de ________, les ________ com a pròpies i se les ________. Per això demana que sempre pugui tenir la seva ________.

4. Per al poeta, el paisatge és un element viu que interactua amb ell i amb l'entorn. Per això utilitza la personificació de manera reiterada. Cerca els elements personificats del poema a partir d'aquestes preguntes i indica en quin vers apareixen:

a) Quin element no *remuga*? ________ (vers ___)

b) A què s'atribueix la qualitat de *poruc*? ________ (vers ___)

c) Qui diu *adeu* al llagut i a la gavina? ________ (vers ___)

d) Què és el que s'*adorm* dins del cep? ________ (vers ___)

5. Analitza la mètrica del poema i completa l'explicació següent:

El poema «Vinyes verdes vora el mar» consta de ________ estrofes de ________ versos amb tornada (repetició del ________ vers) cadascuna. Els versos són ________, és a dir, tenen ________ síl·labes, i la rima és ________ i ________ (ababa).

Cançó amorosa

6. El poema «Cançó amorosa», en la tradició de la cançó popular, ens narra un viatge hipotètic o imaginari que neix del desig del poeta. Amb quin temps verbal s'expressa aquest viatge?

☐ present ☐ futur
☐ passat ☐ condicional

7. La presència de l'enamorada a la nau del mariner fa que tot sigui més bell, més poètic. Cerca aquestes figures retòriques en el poema:

a) Una metonímia en la primera estrofa:

____

b) Una comparació en la primera estrofa:

____

c) Una metàfora en la tercera estrofa:

____

d) Tres personificacions en la quarta estrofa:

1. ________
2. ________
3. ________

8. Analitza la mètrica del poema i completa l'explicació següent:

«Cançó amorosa» consta de ________ estrofes de ________ versos cadascuna. Els versos són ________, és a dir, tenen ________ síl·labes, i la rima és ________ i únicament es dona en els versos ________.

Corrandes de lluna

9. Escriu cadascuna de les expressions següents en el lloc corresponent per obtenir una definició del concepte de corranda: *cançó de dansa, tonada alegre, cançó popular, lletra improvisada.*

Una corranda és una ________ festiva de ________ i ________ que sovint s'utilitza com a ________ o ball.

10. Quina metàfora s'utilitza en el segon tercet de «Corrandes de lluna» per fer referència a la lluna?

____

11. Les fases de la lluna i les etapes de l'amor avancen d'una manera paral·lela al llarg de la cançó. Llegeix el comentari i subratlla l'opció correcta en cada cas:

La veu poètica es refereix a la lluna nova amb la [*personificació* / *metàfora*] «lluna [*morta* / *vella*]». En aquesta fase, l'amor tot just [*acaba* / *comença*]. Ho expressa amb la [*personificació* / *metàfora*] «truca a la [*finestra* / *porta*]». Quan la lluna té gep a ponent, es troba en la fase de lluna [*creixent* / *minvant*]. En aquesta fase l'amor [*decreix* / *creix*] («cantaria en quart [*creixent* / *minvant*]»). «L'amor boja» es produeix quan la lluna és «rodona i [*blanca* / *roja*]». L'amor «tanca la porta» quan la lluna és «rodona i [*blanca* / *roja*]». Quan la lluna té gep a llevant, es troba en la fase de lluna [*minvant* / *creixent*]. En aquesta fase l'amor [*creix* / *minva*] («cantaria l'amor minvant»). En totes les etapes, l'expressió «l'amor cantaria» és una [*metonímia* / *personificació*].

12. L'estrofa que tanca la cançó contrasta amb les anteriors.

Quins són els dos adjectius que aporten aquest element de contrast? ______ i ______

Què et suggereixen? ______

______

______

13. Les repeticions són trets típics de la cançó popular. Quins són els versos que es repeteixen?

______

______

______

Què et suggereixen? ______

______

______

14. Quins són els versos que rimen en cada estrofa? La rima, és consonant o assonant? Completa l'explicació següent:

En el primer tercet rimen els versos ______ i ______. En el segon rimen els versos ______ i ______. En les quartetes rimen els versos ______.

En general, la rima és ______.

Lo comte Arnau

15. «Lo comte Arnau» és un poema èpic que narra la història d'un personatge llegendari. Assenyala els cinc adjectius que el caracteritzen:

- [ ] temerari
- [ ] tossut
- [ ] sociable
- [ ] amable
- [ ] tètric
- [ ] prudent
- [ ] pervers
- [ ] independent
- [ ] virtuós

16. Relaciona aquestes figures retòriques amb els exemples corresponents:

metàfora • comparació • hipèrbaton
paral·lelisme

a) sos ulls semblen llumenetes, / llumenetes infernals: ______

b) Malhaja lo cavall negre, / benhaja lo cavall blanc: ______

c) i els pastors al comte veuen / entremig de trons i llamps: ______

d) Fuig dels camins aspres: ______

Expressió oral

17. En grups de tres, feu una petita antologia de poemes que tinguin la natura com a element temàtic. Després, llegiu-los o reciteu-los davant la resta de la classe.

Creació literària

18. Tria un paisatge conegut que t'agradi i, seguint el model del poema «Vinyes verdes vora el mar» escriu en un full a part un poema que el descrigui i expressi les sensacions que et provoca. Pots acompanyar-lo d'una fotografia o d'un dibuix.

» LITERATURA

1. Els poemes èpics

Els poemes èpics són textos literaris tradicionals en **vers** de **caràcter narratiu** que canten les **gestes d'uns personatges** extraordinaris que la gent considerava **herois** pel seu valor o per les seves virtuts. Aquests poemes es divulgaven oralment i formaven part de la tradició.

Els poemes èpics europeus més antics pertanyen a la **Grècia antiga** (del 1200 aC al 146 aC). Els **aedes**, acompanyats d'una lira, cantaven i els **rapsodes**, acompanyats d'un bastó, recitaven llargs **relats en vers**, amb els quals retien honor als seus herois, ja fossin històrics o llegendaris.

Els grecs veien, en aquests relats, l'explicació dels seus **orígens** i de la seva **identitat** com a poble, i per això els consideraven els fonaments de la seva història nacional. Però l'èpica grega no era independent del **pensament mític** que impregnava la cultura d'aquest poble; per tant, els **déus** i les **deesses** interferien en l'acció dels herois i les heroïnes i els assenyalaven el seu **destí ineludible**.

Partenó d'Atenes.

PER SABER-NE MÉS

Els herois grecs cerquen l'excel·lència física i intel·lectual per ser dignes del reconeixement públic (l'honor dels herois). Tanmateix, estan sotmesos al dictat de la profecia o de l'oracle (la força del destí).

1.1. Les grans epopeies

Les epopeies són **poemes èpics extensos** sovint elaborats per un autor concret a partir de l'àmplia tradició oral. L'aede grec **Homer** (segle VIII aC) és considerat l'autor de les dues grans epopeies de la Grècia antiga, la *Ilíada* i l'*Odissea*, i el poeta romà **Virgili** (segle I aC) és l'autor de la gran epopeia de Roma, l'*Eneida*.

Argument de l'*Odissea*

L'*Odissea* narra el retorn d'un dels herois de la guerra de Troia, Odisseu o Ulisses, a Ítaca, la seva pàtria, on l'esperen la seva esposa, Penèlope, i el seu fill, Telèmac.

Els déus, principalment Posidó, faran que el viatge sigui llarg i que Odisseu hagi de viure grans aventures i superar greus dificultats: l'illa dels ciclops, l'illa de les sirenes, la fetillera Circe, etc.

Finalment, Odisseu arriba com un nàufrag a l'illa d'Ítaca i es presenta al palau on viu la seva esposa disfressat de captaire. Només el gos Argos i la serventa més vella reconeixen l'heroi. L'obra acaba quan Odisseu mata els pretendents de Penèlope, que tramaven apoderar-se del seu regne.

L'*Odissea* és l'epopeia de l'aventura, l'astúcia, l'experiència i el coneixement que l'heroi adquireix en el seu llarg viatge de retorn a casa.

» ACTIVITATS

Els poemes èpics

19. Digues si les afirmacions següents són vertaderes (V) o falses (F):

- ☐ Els grecs consideraven que els poemes èpics explicaven la seva identitat.
- ☐ L'èpica grega està netament separada del pensament mític del poble grec.
- ☐ Els déus i les deesses s'interposaven en els fets dels herois i les heroïnes.
- ☐ Virgili és conegut per ser l'autor de l'*Odissea*.
- ☐ Ulisses és l'heroi protagonista de la *Ilíada*.
- ☐ El fill d'Ulisses es deia Argos.

Les grans epopeies

20. El cavall de Troia és un dels mites més coneguts. Explica per què els grecs van construir aquest cavall i com van enganyar els troians. Utilitza aquestes paraules: *soldats, a dins, regal dels déus, confiats, entrar, obrir les portes*.
Pots trobar informació en el teu espai personal del web *www.barcanova.cat*.

21. Un dels episodis més coneguts de l'*Odissea* és el pas de la nau d'Ulisses per l'illa de les sirenes. Llegeix aquest fragment, en la traducció de Joan F. Mira, i contesta les preguntes de sota:

> [...] Jo, amb el bronze esmolat, vaig tallar un gran rotllo de cera, / fent-ne trossos, i després els pastava amb les mans poderoses. /
> Ben aviat, amb la força del sol, la cera cedia / i s'ablania amb els raigs del senyor de l'altura, Hiperíon. /
> Vaig taponar-los a tots les orelles, un rere de l'altre, / i ells m'amarraren enmig de la nau les cames i els braços, / dret en la base del pal i amb les cordes lligades a l'arbre. [...] /
> Quan ens trobàvem ja a la distància d'un crit de persona, / ràpids, volant, no se'ls va escapar que la nostra nau àgil / se'ls acostava, i em varen cantar amb veu melodiosa: /
> «Vine, Ulisses, honor dels aqueus i home digne de glòria, / fes aturar el vaixell, i acosta't i escolta les nostres / veus. Ningú no ha passat per ací amb la seua nau negra / sense escoltar la veu dolça com mel que ens surt de la boca; / i després de gaudir-ne se'n va, sabent més que sabia». [...] /
> Van dir això amb bellíssima veu, i el meu cor desitjava / tant escoltar-les que vaig ordenar als companys que em soltaren / fent-los senyals amb les celles; i ells, amb l'esquena corbada, / no van deixar de remar. Perimedes i Euríloc s'alçaren / i em van lligar més estret i més fort i amb més cordes encara. /
> I després que passàrem de llarg i ja no se sentia / ni la cançó ni la veu amb què aquelles sirenes cantaven, / ràpidament els meus homes lleials es llevaren la cera / amb què els havia tapat les orelles, i em van deixar lliure. /

a) Què fa Ulisses amb la cera?

b) Per què ho fa?

c) Per què els companys d'Ulisses el lliguen?

d) Per què Perimedes i Euríloc estrenyen més les cordes?

e) Què va sentir Ulisses en trobar-se amb les sirenes?

1.2. Jacint Verdaguer

Jacint Verdaguer (1845-1902) és el poeta més important de la literatura catalana del segle XIX. Va conrear la **poesia lírica** i la **poesia èpica** i, pel que fa a aquest últim àmbit, va escriure poemes curts sobre personatges històrics o llegendaris (Jaume I, el comte Arnau, etc.) i també **dues obres extenses** a l'estil de les grans epopeies de l'antiguitat: *L'Atlàntida* i *Canigó*.

Retrat de Jacint Verdaguer, obra de Ramon Casas.

Argument de *L'Atlàntida*

L'Atlàntida narra com el jove Colom, nàufrag d'una nau genovesa, arriba a la costa atlàntica del sud de la península Ibèrica i és acollit per un vell ermità que li conta la fabulosa història de l'enfonsament d'un continent llegendari que hauria existit a l'Atlàntic, a prop de l'arxipèlag de les Canàries: l'Atlàntida.

Colom, un cop escoltada la narració de l'ermità, intueix l'existència de terres a l'altra banda de l'Atlàntic i se li desvetlla el desig de descobrir-les i cristianitzar-les.

Canigó explica l'**origen mític** i llegendari de Catalunya. Tant l'argument com els temes de l'obra responen al propòsit de l'autor de **mitificar la natura** (els Pirineus) i, sobretot, els **orígens històrics de Catalunya**.

La creences de la **cultura popular** tenen un paper destacat en el poema *Canigó*. Així, les **fades** i les **goges** (dones d'aigua) són éssers mitològics que comparteixen protagonisme amb els personatges humans i esdevenen els millors cantadors dels prodigis de la natura. Però, en l'obra, a aquest **món de les fades** folklòric i popular s'hi oposa el món del sants; és a dir, les creences imposades per la **fe cristiana**.

Argument de *Canigó*

L'argument de *Canigó* situa l'acció al segle XI als Pirineus. Gentil, fill del comte Tallaferro, un cop armat cavaller, s'enamora de la pastora Griselda. Mentre fa guàrdia per prevenir l'atac dels sarraïns, el seu escuder li parla de les fades que viuen al cim del Canigó. Fascinat, abandona les seves obligacions militars per unir-se a la fada Flordeneu, que habita al Canigó i que ha pres l'aparença de Griselda. Tots dos fan un vol nupcial i recorren els dominis del Pirineu dalt d'una carrossa voladora.

Però la deserció de Gentil provoca la derrota de l'exèrcit cristià. Aleshores el comte Guifré, el seu oncle, puja al cim del Canigó i, mogut per la ira, mata Gentil estimbant-lo daltabaix.

Tallaferro aconsegueix vèncer els invasors. Guifré es penedeix del seu crim, demana fer-se monjo i funda el monestir de Sant Martí de Canigó, on vol ser enterrat, a la vora de la tomba de Gentil. L'abat Oliba, seguit de monjos i guerrers, nobles i pagesos, puja al cim del Canigó per plantar-hi la creu i les fades abandonen per sempre més la muntanya.

Aquest final representa el triomf del cristianisme sobre les forces màgiques pròpies de la cultura popular.

» ACTIVITATS

Jacint Verdaguer

22. Digues si les afirmacions següents són vertaderes (V) o falses (F):

- ☐ Jacint Verdaguer és el poeta català més important del segle XVIII.
- ☐ Va conrear la poesia lírica i la poesia èpica.
- ☐ Va escriure poemes èpics curts sobre personatges com Jaume I.
- ☐ És l'autor de *L'Atlàntida* i de *Terra baixa*.
- ☐ En *L'Atlàntida* explica l'origen mític de Catalunya.
- ☐ En *Canigó* contraposa la cultura popular a la fe cristiana.

23. Classifica aquests personatges i situacions segons que pertanyin a *L'Atlàntida* o a *Canigó*:

Gentil • sarraïns • enfonsament d'un continent
Colom • Griselda • descobriment • ermità
fades • naufragi

L'Atlàntida	*Canigó*
______	______
______	______
______	______
______	______
______	______

24. El poema *Canigó* s'inspira en una realitat històrica i en una altra de folklòrica extreta de la cultura popular. Completa les respostes:

a) En quin context històric està inserit l'argument del poema *Canigó*?

L'argument del poema Canigó està inserit en el ______ *històric del segle* ______ *, quan els* ______ *cristians lluitaven contra els* ______ *per dominar el territori català.*

b) Quina és la realitat folklòrica en què es basa el poema?

El poema es basa en les ______ *i les contalles populars sobre* ______ *i goges. Gentil, el* ______ *del poema narratiu, és seduït per la fada* ______ *i, junts, fan un* ______ *mític per les contrades del* ______ *.*

c) Quines són les dues creences oposades que conviuen en el poema *Canigó*?

En el poema hi conviuen les ______ *derivades de la cultura* ______ *(el món de les fades i les goges) i les* ______ *imposades per la fe* ______ *(el món dels sants).*

Creació literària

25. Verdaguer fou un home polifacètic i en una etapa de la seva vida es va dedicar a fer exorcismes. Cerca informació a internet sobre aquests fets i descriu-los breument.

______

______

______

______

26. Escriu amb l'ordinador un breu relat mitològic sobre els orígens de l'univers o de la humanitat. Pots inspirar-te en la mitologia grega, en les narracions bíbliques, en relats d'altres cultures o bé seguir lliurement la teva fantasia.

Lectura de clàssics

27. Actualment la *Ilíada* i l'*Odissea* d'Homer tenen diverses adaptacions en prosa catalana. En grups de tres o quatre alumnes, llegiu-les i feu un treball (autor, època, obra...) per exposar-lo a classe. El professor o la professora us dirà quina pot ser la versió més adequada.

» LLENGUA I SOCIETAT

1. Les llengües d'Europa

1.1. Un continent multilingüe

Europa és una **realitat multilingüe** on es parlen **diverses llengües**; uns **70 idiomes** són parlats per les diferents comunitats establertes a l'espai cultural i geogràfic europeu.

Mapa que mostra la distribució geogràfica de les llengües europees.

1.2. Les fronteres i les llengües

Les **fronteres** dels diferents estats europeus ens poden fer creure que dins el territori de cada estat només s'hi parla una llengua. Però la realitat és ben diferent: a la majoria dels estats europeus s'hi parla **més d'una llengua**, com en el cas d'Espanya o el Regne Unit. De fet, només Albània, Islàndia i Portugal disposen d'una sola comunitat lingüística.

D'altra banda, hi ha **parlants** d'un mateix idioma **separats per fronteres**. La **llengua catalana**, per exemple, es parla a l'est d'Espanya, a Andorra, al sud de França i a la ciutat de l'Alguer, a l'illa de Sardenya, que forma part d'Itàlia. Així, doncs, podem afirmar que l'Europa dels estats no coincideix amb l'**Europa de les comunitats lingüístiques**.

PER SABER-NE MÉS

Entenem per **comunitat lingüística** el conjunt dels habitants d'un territori que parlen la mateixa llengua i que la consideren com a pròpia perquè és la llengua autòctona d'aquest territori.

BARCANOVA EDITORIAL

» ACTIVITATS

Les llengües d'Europa: fronteres

28. Digues si les afirmacions següents són vertaderes (V) o falses (F):

- ☐ La majoria d'estats europeus són monolingües.
- ☐ Bèlgica i el Regne Unit disposen d'una única comunitat lingüística.
- ☐ El català es parla en una ciutat sarda.
- ☐ Les comunitats lingüístiques venen determinades per les fronteres administratives.

29. A què ens referim quan diem que Europa és una realitat multilingüe? Quants idiomes s'hi parlen?

____

____

____

____

30. Observa el mapa de la distribució geogràfica de les llengües europees i digues quines llengües es parlen als territoris següents:

a) Al terç sud de França: ______________

b) A la Bretanya francesa: ______________

c) A l'illa de Còrsega: ______________

d) A la Catalunya Nord: ______________

e) Al País de Gal·les: ______________

f) Al nord-est d'Escòcia: ______________

g) A la major part del territori suís: ______________

h) Al sud-est de Suïssa: ______________

31. Digues tres llengües europees que es parlin en dos o més estats:

____

____

32. Completa el resum següent amb aquestes paraules:

estat • fronteres • llengües • comunitats lingüístiques • Islàndia • monolingües plurilingües • majoria

Les ______________ polítiques no coincideixen amb les ______________ ______________ d'Europa, ja que la ______________ d'estats són ______________; això és: s'hi parlen dues o més llengües. D'altra banda, hi ha diferents ______________ que es parlen en més d'un ______________. De fet, només Albània, ______________ i Portugal són estats ______________; és a dir, només s'hi parla una llengua.

33. Defineix amb paraules teves els termes següents:

a) plurilingüisme: ______________

____

b) monolingüisme: ______________

____

34. Cerca informació sobre les llengües no europees que es parlen al centre on estudies i al teu municipi. Fes-ne una llista que inclogui el país d'on provenen i la família lingüística a la qual pertanyen.

____

____

____

____

____

____

____

____

1.3. L'oficialitat

Les **lleis** dels estats europeus no donen la mateixa categoria a les seves llengües. Així, hi ha molts estats que només donen **caràcter oficial** a una de les seves llengües, com en el cas de França o Itàlia. N'hi ha d'altres que consideren que hi ha **una llengua oficial** per a tot l'estat i unes **altres de cooficials**, però únicament als territoris on es parlen, com en el cas d'Espanya. I, finalment, hi ha algun estat que considera pràcticament **totes les seves llengües oficials**, com en el cas de Suïssa.

L'Estatut d'Autonomia de Catalunya estableix que el català és la llengua oficial de Catalunya. També ho és el castellà, que és la llengua oficial de l'estat espanyol. Totes les persones tenen el dret d'utilitzar les dues llengües oficials i els ciutadans de Catalunya tenen el dret i el deure de conèixer-les.

PER SABER-NE MÉS

Una llengua o un idioma és **oficial** quan les lleis d'un estat estableixen que és d'ús obligat en els actes de govern i en els actes i els serveis de l'administració pública, de la justícia i del sector privat.

Placa identificativa d'un carrer en català i en italià, a la ciutat de l'Alguer, a l'illa de Sardenya.

1.4. El parentiu lingüístic

La majoria de la setantena de llengües europees pertanyen a la **família indoeuropea**; és a dir, tenen un **origen comú** i, per tant, s'assemblen, malgrat que aquestes similituds molt sovint només les poden detectar els especialistes perquè no són gens evidents a simple vista. A Europa hi ha, a més, llengües de les famílies **uraliana** (com ara el finès, l'estonià o l'hongarès) i **altaica** (com ara el turc), una llengua de la família **afroasiàtica**, el maltès, emparentat amb l'àrab, i una llengua sense família coneguda: el basc.

A Europa són indoeuropees les llengües **bàltiques** (com el letó o el lituà), les **cèltiques** (com el gaèlic irlandès, el gal·lès o el bretó), les **eslaves** (com el rus, el polonès, l'ucraïnès, el serbi o el croat), les **germàniques** (com l'anglès, l'alemany, el suec, el noruec o l'islandès), les **romàniques**, que deriven del llatí, (com el català, el castellà, el portuguès, l'italià o el romanès) i, també, el grec, l'albanès i el romaní, que és la llengua indoirànica que parlen alguns gitanos europeus.

» ACTIVITATS

Les llengües d'Europa: oficialitat

35. Respon a les preguntes següents:

a) Pel que fa a l'oficialitat, com consideren les seves llengües molts estats europeus?

b) Quin estat europeu considera oficials gairebé totes les seves llengües?

c) Quina és la consideració legal de les llengües a Espanya?

d) A quin petit estat europeu el català és l'única llengua oficial?

e) A quin altre estat és cooficial als territoris on es parla?

El parentiu lingüístic

36. Digues si les afirmacions següents són vertaderes (V) o falses (F):

- ☐ La família indoeuropea és l'origen comú de la majoria de les llengües europees.
- ☐ El bretó és una llengua que es parla al sud de la Gran Bretanya.
- ☐ Les llengües romàniques tenen el seu origen en el llatí.
- ☐ El maltès i el basc són llengües emparentades.
- ☐ Les llengües eslaves es parlen a Escandinàvia.
- ☐ L'anglès, el suec o el noruec són llengües germàniques.

37. A quina família lingüística pertanyen les llengües següents?

Llengua	País
finès	
cors	
croat	
neerlandès	
lituà	
feroès	
eslovè	
occità	

38. A quins països situaries les llengües següents?

a) aranès ______ d) gal·lès ______

b) noruec ______ e) lituà ______

c) croat ______ f) turc ______

39. Segons les semblances en la manera de dir *benvingut*, digues quines de les salutacions següents són pròpies d'una llengua romànica i quines ho són d'una llengua germànica. A quina llengua pertany cada salutació?

Salutació	Llengua romànica	Llengua germànica	Nom de la llengua
bem-vindo	X		portuguès
bienvenu			
willkommen			
welcome			
benvenuto			
velkommen			
velkomin			

» LÈXIC I SEMÀNTICA

1. Les paraules derivades. Els sufixos

Per crear paraules noves sovint utilitzem la **derivació**. Així, per exemple, per designar un lloc cobert per protegir les plantes del fred de l'**hivern**, hem creat per derivació la paraula ***hivernacle***.

Les **paraules derivades** són aquelles que s'han format afegint a l'**arrel** o **base lèxica** d'un mot (***hivern***-) un o més **afixos** (*hivern-**acle***, *hivern-**al***). El conjunt de paraules formades d'una mateixa base comuna constitueix una **família de paraules**. Així, les paraules *hivernacle*, *hivernada*, *hivernal* o *hibernació* formen part de la família de paraules de la base lèxica *hivern-*.

> **RECORDA**
>
> Els **afixos** poden ser **morfemes flexius** (*pobre*, *pobra*, *pobres*) o **morfemes derivatius** (*pobresa*, *pobrissó*, *empobrir*).
> L'**arrel** o **base lèxica** és l'element bàsic que resta d'una paraula un cop despullada de tots els afixos, tant dels flexius com dels derivatius (***pobr-***).

1.1. Classes d'afixos derivatius

Segons la **posició de l'afix** respecte de la base lèxica, distingim **dues classes d'afixos derivatius**: els **prefixos**, que s'adjunten a l'esquerra de les bases, i els **sufixos**, que s'adjunten a la dreta de les bases.

MOT DERIVAT AMB PREFIX	MOT DERIVAT AMB SUFIX	MOT DERIVAT AMB DOS SUFIXOS
*re + llogar → **re**llogar*	*llog(ar) + er → llogu**er***	*llog(ar) + at + er → lloga**ter***
DERIVACIÓ PER PREFIXACIÓ	**DERIVACIÓ PER SUFIXACIÓ**	**DERIVACIÓ PER SUFIXACIÓ**

1.2. Modificacions en la base lèxica

El fet d'afegir un **sufix** a la base lèxica per formar una paraula derivada pot provocar **modificacions** de diferents tipus en el punt de contacte:

CANVIS ORTOGRÀFICS				CANVIS DE SONS				SUPRESSIÓ DE SONS		ADDICIÓ DE SONS	
c qu	*fresc* *fresquíssim*	ç c	*caça* *cacera*	p b	*llop* *llobató*	ig j/g	*boig* *bojament* *bogeria*	-a	*rialla* *riall-eta*	-t-	*cafè* *cafe-**t**-er*
g gu	*botiga* *botiguer*	s ss	*arròs* *arrossar*	t d	*prat* *praderia*	ig tj/tg	*lleig* *lletjor* *lletgesa*	-e	*ample* *ampl-itud*	-d-	*gran* *gran-**d**-íssim*
gu gü	*aigua* *aigüera*	j g	*taronja* *taronger*	c g	*foc* *foguera*	u v	*blau* *blavor*	-o	*suro* *sur-eda*	-n-	*jove* *jove-**n**-ívol*

» ACTIVITATS

La derivació

40. Completa les paraules definides entre claudàtors amb els afixos adequats:

Al centre del jardí s'alçava un palau ric i meravell_____ [*que meravella*]: el temple que va fer edificar Salomó, construït amb gran enginy i _____bellit [*fet més bell*] de riqu_____ [*coses riques*] de tota mena. Penso que mai ningú no ha vist una obra tan bella ni tan agrad_____ [*que agrada*].

41. A partir de l'activitat anterior, subratlla l'opció adequada en aquestes explicacions:

a) Les paraules completades són *compostes / derivades*, ja que s'han format mitjançant el mecanisme de la *derivació / composició*.
b) La *composició / derivació* consisteix a adjuntar *al morfema / a la base lèxica* d'una paraula, com ara *meravell-*, un o més afixos *flexius / derivatius*, com ara *-ós*, per crear una paraula *derivada / composta*, com *meravellós*.

42. Agrupa aquestes paraules derivades en dues famílies: *taulell, aterratge, terrissaire, tauler, terrat, terrari, tauló, tauleta*. Escriu al final quina és la base lèxica de cadascuna de les dues famílies de paraules.

Família 1	Família 2
_____	_____
_____	_____
_____	_____
_____	_____
Base lèxica: _____	Base lèxica: _____

43. Digues si aquestes paraules són primitives (P), derivades (D) o compostes (C):

☐ arbre	☐ peixater	☐ barret
☐ filferro	☐ platja	☐ altaveu
☐ historiador	☐ paraigües	☐ tristesa

Classes d'afixos

44. Completa les oracions amb la paraula derivada de la que hi ha en cursiva. Has de fer servir els afixos o les combinacions d'afixos següents: *en-* o *em-*; *-dor* o *-dora*; *-an-* + *-er*; *-et-* + *-er*. Per exemple:

Necessita una mica de coratge, que algú l'encoratgi.

a) No ho puc *batre*: se m'ha espatllat la _____.
b) Li encanta *jugar*; és molt _____.
c) El barri antic és _____. La *muralla* data del segle XIII.
d) Sembla que hauré d'*escalfar* aigua perquè l'_____ s'ha espatllat.

Modificacions en la base lèxica

45. Forma els derivats corresponents i escriu en cada cas quina modificació s'ha produït en la base lèxica del mot primitiu. Fixa't en l'exemple:

Base lèxica	Sufix	Derivat	Modificació
casc	-et	casquet	*c* passa a *q*
cec	-esa	_____	_____
braç	-ejar	_____	_____
figa	-era	_____	_____
aigua	-era	_____	_____
boig	-eria	_____	_____
trepig	-ada	_____	_____
breu	-etat	_____	_____

1.3. Els sufixos lèxics

Els sufixos permeten expressar una gran quantitat d'idees, com, per exemple, una acció (*fum* → *fum**ejar***), una idea abstracta (*sol* → *soli**tud***), l'abundància (*gent* → *gent**ada***), un objecte (*fregar* → *freg**all***)...

Val a dir que sovint podem expressar una **mateixa idea** per mitjà de **diferents sufixos**:

GENTILICIS	
-à, -ana	*africà, -ana*
-enc, -enca	*canadenc, -enca*
-er, -era	*brasiler, -era*
-ès, -esa	*xinès, -esa*
-eny, -enya	*caribeny, -enya*
-í, -ina	*filipí, -ina*

COL·LECTIU O CONJUNT	
-eda	*fageda*
-am	*eixam*
-at	*ramat*
-atge	*cordatge*
-eria	*cristalleria*
-menta	*ossamenta*

PROFESSIÓ	
-à, -ana	*cirurgià, -ana*
-aire	*escombriaire*
-ari, -ària	*secretari, -ària*
-er, -era	*forner, -era*
-ista	*tenista*
-dor, -dora	*dissenyador, -dora*

De la mateixa manera, es poden expressar **idees diferents** per mitjà d'**un mateix sufix**:

PROFESSIÓ	LLOC	OBJECTE	ARBRE
*grang**er***	*fem**er***	*clau**er***	*cirer**er***
*pastiss**er***	*formigu**er***	*cendr**er***	*llor**er***

Els sufixos també ens permeten formar paraules noves que pertanyen a una **categoria lèxica diferent** de la seva base lèxica:

suau →	suav**itat**	suau →	suav**itzar**	suau →	suau**ment**
Adj	N	Adj	V	Adj	Adv

RECORDA

La derivació es pot repetir diverses vegades.
Base lèxica o arrel: *harmon-*
+ sufix 1: *harmon-**itzar***
+ sufix 2: *harmonitza-**ció***

1.4. Els sufixos valoratius

Els **sufixos valoratius** no creen una paraula nova amb un significat diferent ni modifiquen la categoria lèxica de la base, sinó que es limiten a aportar un **matís valoratiu** a la paraula a la qual s'adjunten. Es poden classificar en **diminutius** i **augmentatius**, si fan referència a la grandària, i en **afectius** i **despectius**, si fan referència a una valoració subjectiva.

DIMINUTIUS O AFECTIUS	
-et, -eta	*peuet, maneta*
-ó, -ona	*reietó, carona*
-im	*plugim, polsim*
-ol, -ola	*estanyol, muntanyola*

AUGMENTATIUS O DESPECTIUS	
-às, -assa	*homenàs, bocassa*
-arro, -arra	*tiparro, veuarra*
-ot, -ota	*altot, altota*
-astre, -astra	*poetastre, musicastra*

RECORDA

Molts dels sufixos amb valor diminutiu s'han **lexicalitzat** en determinades paraules: *bombeta* (petita bola de vidre que produeix llum); *barretina* (barret típic), etc. Són paraules que ja no entenem com a diminutius de la paraula primitiva: és a dir, una *bombeta* ja no és una *bomba petita* i una *barretina* no significa un *barret petit*.

» ACTIVITATS

Els sufixos lèxics

46. Completa les paraules definides amb el sufix corresponent. Després, classifica-les en la taula que hi ha a continuació.

a) Part d'uns pantalons, d'unes mitges, etc. que cobreix la cama: *cam*________

b) Acció de trepitjar amb el peu algú o alguna cosa: *trepitj*________

c) Local o espai destinat a canviar-se de roba: *vesti*________

d) Peça de cel·lulosa que embolca el cos del nadó en forma de calcetes: *bolqu*________

e) Lligada que es fa amb una o més benes: *em-ben*________

f) Lloc d'on s'extreu pedra i altres materials per a la construcció: *pedr*________

g) Peça de roba que cobreix des del coll fins a la cintura: *samarr*________

h) Operació de fitxar, especialment un jugador: *fitx*________

i) Instal·lació equipada per emmagatzemar les deixalles: *deixall*________

Llocs	Objectes	Noms d'accions
-dor, -era, -eria	-al, -er, -eta	-ada, -at, -atge
________	________	________
________	________	________
________	________	________

47. Repassa els sufixos que formen noms amb la idea de col·lectivitat i escriu el mot derivat que equival a les definicions que hi ha entre parèntesis:

a) El sotabosc de la ________ (*terreny amb molts roures*) és ric en espècies vegetals.

b) Han obert una parada al mercat on venen carn d' ________ (*aus de corral*).

c) A la primavera es fa la poda de l' ________ dels parcs (*conjunt d'arbres*).

d) És un vaixell de gran ________ (*nombre de tones*).

e) La ________ de l'estadi era plena de gom a gom (*sèrie de grades esglaonades*).

f) Van restaurar el portal i van canviar-ne part de la ________ (*conjunt de peces de ferro*).

Els sufixos valoratius

48. Escriu el mot derivat augmentatiu que equival a cadascuna de les expressions en cursiva. Utilitza els sufixos següents, sense repetir-ne cap: *-às, -assa, -arra, -íssim, -ot, -ota*. Per exemple: *El davanter centre ha fet un gran gol* → *golàs*

a) Haig d'endreçar tota aquesta *abundància de papers escrits*. → ________

b) Era un *home molt alt i molt corpulent*. → ________

c) L'Antoni és un *que menja molt de pa amb tot*. → ________

d) Volen rehabilitar el *casal gran i antic* dels afores. → ________

e) Cal arrencar *l'herba dolenta* que creix entre el planter de l'hort. → ________

f) L'atemptat terrorista va ser *molt greu*. → ________

» GRAMÀTICA

Les modalitats de l'oració

1.1. Les quatre modalitats de l'oració

La **modalitat** és la propietat de l'oració que transmet l'**actitud** o la **intenció** de l'emissor:

CLASSES	ACTITUD O INTENCIÓ	EXEMPLES
ORACIÓ DECLARATIVA	L'emissor **enuncia** un fet o **informa** d'algun esdeveniment.	*En Nil ja s'ha tret el carnet de conduir.* *Ahir en Nil va fer divuit anys.*
ORACIÓ INTERROGATIVA	L'emissor **pregunta** si una cosa és certa o **demana** una informació.	*Ja té el carnet de conduir, en Nil?* *Quants anys té?*
ORACIÓ EXCLAMATIVA	L'emissor manifesta una **emoció** o destaca el **grau elevat** d'una propietat.	*Hurra, en Nil ja té el carnet de conduir!* *Quina sort que ha tingut!*
ORACIÓ IMPERATIVA	L'emissor **ordena** o **aconsella** fer alguna cosa.	*Nil, circula amb precaució.* *No corris gaire.*

1.2. Les oracions declaratives

Les oracions declaratives enuncien un fet, **informen** d'un esdeveniment o **exposen** una idea. L'**ordre** habitual dels elements bàsics de l'oració declarativa és **subjecte + verb + complements exigits**:

Els avis *regalaran* *uns texans* *als nets.*
subjecte verb complement complement

Tanmateix, per raons expressives, podem **desplaçar** algun dels elements a una altra posició:

FOCALITZACIÓ. Es posa l'ÈMFASI o el **FOCUS** de la informació sobre l'element que aporta **informació nova.**	*UNS TEXANS, et regalaran els avis.* *ET REGALARAN UNS TEXANS, els avis.*	Què em regalaran els avis?
TEMATITZACIÓ. Es desplaça a la perifèria de l'oració (al principi o al final) un element que ja és el tema; és a dir, que és **informació ja coneguda.**	***Els texans** te'ls regalaran els avis.* *Te'ls regalaran els avis, **els texans**.*	Qui em regalarà els texans?

PER SABER-NE MÉS

Quan desplacem un complement del verb a la perifèria de l'oració, normalment s'inclou dins l'oració el **pronom feble** que correspon a aquest complement. Per exemple:

*Aquest patinet me'**l** va regalar el meu germà.* *Ja **en** parlarem un altre dia, d'aquest assumpte.*

Quan el desplaçament es fa cap a la dreta (cap al final de l'oració), la **coma** és obligatòria.

» ACTIVITATS

Les quatre modalitats de l'oració

49. Escriu la modalitat de l'oració a la qual pertany cadascuna de les oracions següents:

a) —Aquest matí l'Emma s'ha desmaiat a classe de matemàtiques: ____________

b) Vaja, quin ensurt que deveu haver tingut!: ____________

c) —Que l'han dut a l'hospital?: ____________

d) —El professor de guàrdia la hi ha acompanyat: ____________

e) —Tant de bo que no sigui res!: ____________

f) —Telefona als seus pares i pregunta'ls-ho: ____________

Les oracions declaratives

50. Llegeix en veu alta aquestes oracions i posa èmfasi en els focus. Després, indica quines segueixen l'ordre habitual, en quines s'ha produït la focalització i en quines altres la tematització:

a) 1. La Rosa ha fet aquest pastís: ____________

2. *Aquest pastís l'*ha fet la Rosa: ____________

3. LA ROSA, ha fet aquest pastís (i no pas en Quim): ____________

b) 1. VUIT GERMANS, tenia l'avi (i no pas cinc): ____________

2. L'avi *en* tenia vuit, de *germans*: ____________

3. L'avi tenia vuit germans: ____________

c) 1. A *Escòcia hi* viuen uns amics meus: ____________

2. Uns amics meus viuen a Escòcia: ____________

3. VIUEN A ESCÒCIA, els meus amics (i no pas a Irlanda): ____________

51. Converteix l'element subratllat de cada oració en el tema de la informació. Fixa't en l'exemple:

Els jugadors no han regalat mai res a l'entrenador.
→ ***A l'entrenador**, els jugadors no li han regalat mai res.*

a) Hauríem de llegir els poemes en veu alta.

____

b) Han sancionat amb tres partits sense jugar el teu germà.

____

c) Els aficionats ja no confien gens en aquest equip.

____

52. Converteix l'element destacat en el focus de la informació. Fixa't en l'exemple:

Avui l'Elisenda ha vist UN LINX. → ***UN LINX**, ha vist avui l'Elisenda (i no pas un gat).*

a) La Sara ha guanyat LA MEDALLA D'OR.

____

b) El Museu Dalí és A FIGUERES.

____

1.3. Les oracions interrogatives i exclamatives

Les **oracions interrogatives** formulen una pregunta al receptor. N'hi ha de dos tipus:

INTERROGATIVES TOTALS	INTERROGATIVES PARCIALS
Pregunten si el contingut de l'oració és cert o fals.	Demanen informació sobre un dels elements de l'oració (*qui*, *què*, *quin*, *com*, *quan*, *on*).
Es pinten les ungles, les teves amigues? *Les teves amigues (,) ja surten de nit?*	***Què** t'han dit, les teves amigues?* *Les teves amigues, **quin** esport practiquen?*

**L'element subratllat fa de subjecte.*

Les **oracions interrogatives parcials** van encapçalades per un **mot interrogatiu** que constitueix el focus de la pregunta. Els mots interrogatius poden pertànyer a diferents categories:

QUANTIFICADORS DEL NOM	PRONOMS	ADVERBIS
quin, quant	**qui, què**	**on, quan, com, quant**
***Quin** dia podrà venir, el tècnic?* *A **quina** hora ha passat, això?* ***Quants** anys té, el teu germà?*	***Qui** t'ho ha dit?* *De **qui** parlàveu?* ***Què** hi tens al front?*	***On** viu, la Marta?* ***Quan** vindrà, el lampista?* ***Quant** t'ha costat, el mòbil?*

**L'element subratllat fa de subjecte.*

Les oracions interrogatives totals també poden anar encapçalades per la **conjunció *que***: *Que són fora, els veïns?*

Les **oracions exclamatives** expressen l'estat d'ànim de l'emissor. N'hi ha de dos tipus:

EXCLAMATIVES TOTALS	EXCLAMATIVES PARCIALS
Expressen sorpresa, admiració, retret o enuig.	Destaquen amb un mot exclamatiu (*quin*, *que*, *com*, *quant*) el grau elevat d'una propietat.
Ja arriba el tren! *Està nevant!* *Home, no m'ho facis, això!* *Avui, la Marta, treu foc pels queixals!*	***Quina** sort **que** ha tingut, el teu germà!* ***Que** emocionant deu ser, aquest viatge!* ***Com** m'agrada, aquesta música!* ***Quanta** gent **que** ha vingut!* ***Si** se'n necessita, de paciència!* ***La** gana **que** van passar durant la guerra!* ***Que** cansat **que** estic!*

**L'element subratllat fa de subjecte.*

Les **interjeccions** són paraules que expressen l'actitud o els sentiments del parlant i sovint encapçalen aquest tipus d'oracions.

***Au va**, afanya't!*
***Déu-n'hi-do** la gent que ha vingut!*
***Ep**, vigila el que dius!*
***Alerta**, que ve un camió!*

» ACTIVITATS

Les oracions interrogatives

53. Assenyala si les oracions següents són interrogatives totals (T) o parcials (P):

- ☐ Has menjat mai un mango?
- ☐ D'on els porten, els mangos?
- ☐ Quan s'ha de plantar, la llavor del mango?
- ☐ Que t'agraden, els mangos?

54. Completa les oracions següents amb *que* (de vegades aporta un matís de sorpresa o de contrarietat) o *què* (introdueix una interrogativa parcial) segons correspongui:

a) ______ t'ha passat aquesta nit? ______ no et trobaves bé?

b) ______ has de fer demà al matí? ______ podries acompanyar-me al metge?

c) ______ ha tingut algun disgust, en Martí? ______ li passa? Per ______ plora?

d) ______ hi fa, aquí, tanta gent? ______ ha passat res? ______ hi ha hagut un accident?

55. Relaciona cadascuna de les oracions de la primera llista amb el matís especial que aporta de la segona:

- ☐ Que potser no t'hem deixat prou temps?
- ☐ Has vingut a peu o has agafat l'autobús?
- ☐ Que em deixareu passar, si us plau?
- ☐ I si ens comprem un cotxe de segona mà?
- ☐ Els teus pares portaran les postres, oi?
- ☐ Però, que no t'ha auxiliat ningú?
- ☐ —La Blanca deixa l'equip. —Ah, sí?, deixa l'equip?

1. Espera una confirmació.
2. Implica una afirmació.
3. Expressa una proposta.
4. Implica un prec o una ordre.
5. Manifesta estranyesa.
6. Repeteix una afirmació amb sorpresa.
7. Presenta una alternativa.

56. Completa aquestes oracions amb *perquè* (conjunció que indica causa o finalitat) o *per què* (construcció formada per una preposició i un pronom interrogatiu que s'empra per preguntar quin és el motiu), segons correspongui:

a) Un dia m'hauràs d'explicar (*per quin motiu*) ______________ te'n vas anar de l'escola.

b) M'agradaria jugar en aquest equip (*a causa que*) ______________ té un bon entrenador.

c) L'empresa l'ha enviat un any a Anglaterra (*a fi que*) ______________ millori l'anglès.

d) No sé pas (*per quina raó*) ______________ els volen, aquests trastos vells!

Les oracions exclamatives

57. Assenyala si les oracions següents són exclamatives totals (T) o parcials (P):

- ☐ Avui anirem a les atraccions del Tibidabo!
- ☐ Si que n'eren, de despistats, els teus amics!
- ☐ Hurra, hem guanyat la lliga!
- ☐ Com raja, aquesta font!
- ☐ Que bé que treballa!
- ☐ Arribarem tard!
- ☐ Quins companys més simpàtics que tens!

58. Completa les oracions que hi ha a continuació amb aquests mots exclamatius:

> que ... que • quin ... que • les ... que • ni que • si que • si n'..., de • com

a) ____ valenta ____ és, la teva mare!

b) ____ ____ arribes tard, avui!

c) ____ ____ arribava a tenir, ____ diners!

d) ____ pallasso ____ estàs fet!

e) ____ trampes ____ ha arribat a fer!

f) D'això, ____ parlar-ne!

g) ____ m'agrada, el pastís de l'àvia!

h) ____ bonic que és aquest paisatge!

1.4. Les oracions imperatives

Les **oracions imperatives** expressen una **ordre**, un **consell** o un **prec**:

Renta't les mans. *No et rendeixis.* *Obriu-me la porta, sisplau.*

Les oracions imperatives **afirmatives** es construeixen en mode **imperatiu**. En canvi, les negatives es construeixen en mode **subjuntiu**.

CLASSES D'ORACIONS IMPERATIVES	
IMPERATIVES AFIRMATIVES	**IMPERATIVES NEGATIVES**
Mode imperatiu	**Mode subjuntiu**
***Obre** la finestra.* ***Escriviu** el nom en el full.*	*No **obris** la finestra.* *No **escrigueu** el nom en el full.*

Cal recordar que no hem d'utilitzar en cap cas l'infinitiu per expressar una ordre o una prohibició:

~~Entrar~~ per l'altra porta.

Entrin per l'altra porta. **Entreu** per l'altra porta.

No ~~trepitjar~~ la gespa.

No **trepitgin** la gespa. No **trepitgeu** la gespa.

» ACTIVITATS

Les oracions imperatives

59. Escriu les formes de tercera persona del singular (tractament de *vostè*) de l'imperatiu o bé del present de subjuntiu en aquests consells per no malgastar aigua:

Accions que cal fer

- Tanqui l'aixeta mentre no ______________ (*fer*) servir l'aigua.
- Quan ______________ (*canviar*) les aixetes, ______________ (*posar-ne*) unes de palanca, perquè es redueix el consum d'aigua.
- ______________ (*regar*) les plantes amb la mateixa aigua que ha fet servir per rentar aliments, bullir-los o cuinar-los al vapor.

Accions que cal evitar

- No ______________ (*fer*) servir el vàter com a paperera, atès que amb cada descàrrega s'aboquen entre 6 i 10 litres d'aigua.
- No ______________ (*banyar-se*); ______________ (dutxar-se). Una banyera plena gasta uns 300 litres.
- No ______________ (*rentar*) el cotxe amb una mànega, ja que pot consumir fins a 350 litres d'aigua.

60. Escriu les formes verbals de l'activitat anterior en segona persona del plural (tractament de *vosaltres*):

Accions que cal fer: ______ (*tancar*) / ______ (*fer*) / ______ (*canviar*) / ______ (*posar*-ne) / ______ (*regar*)

Accions que cal evitar: ______ (*fer*) / ______ (*banyar-se*) / ______ (*dutxar-se*) / ______ (*rentar*)

61. Completa aquests missatges amb la forma adequada del verb que hi ha entre parèntesis:

a) Anar amb bicicleta o amb patinet pel carrer és perillós. ______ (*anar*, 2a persona del singular) amb compte! No te la ______ (*jugar*)!

b) A muntanya el temps és imprevisible. Si hi aneu, ______ (*ser*) prudents i no ______ (*córrer*) riscos innecessaris.

c) Si agafeu la grip, ______ (*rentar-se*) sovint les mans, ______ (*fer*) servir mocadors d'un sol ús, ______ (*ventilar*) bé l'habitació, ______ (*descansar*) i ______ (*beure*) força aigua o sucs de fruita.

62. Converteix les oracions següents en oracions imperatives afirmatives. Per exemple:

Te n'has d'anar ara mateix. → Ves-te'n ara mateix.

a) D'això, te n'has d'oblidar per sempre més. →

______

b) Us hi heu de presentar a les vuit en punt. →

______

c) Els has d'enviar aquests documents. →

______

d) Hi hauràs d'anar tu sol, a comprar. →

______

e) Us l'haureu d'aprendre de memòria. →

______

f) Se n'han d'anar d'aquí ara mateix. →

______

63. Converteix les oracions imperatives següents en oracions imperatives negatives. Per exemple:

Canvia de canal. → No canviïs de canal.

a) Copia l'enunciat dels exercicis. →

______

b) Pronuncia la erra final. →

______

c) Sigues agosarat i fes-ho. →

______

d) Enceneu el llum de les golfes. →

______

e) Beveu aigua d'aquella font. →

______

f) Aixequeu-vos i veniu tots aquí! →

______

g) Menja't tot el que et posin al plat. →

______

64. Assenyala quines de les oracions següents són imperatives:

- ☐ Tant de bo demà plogui!
- ☐ Demana el torn de paraula.
- ☐ No toquis res més!
- ☐ No aixequis el to de veu.
- ☐ Potser tancarà per vacances.
- ☐ Potser que demanis permís!
- ☐ Hauries de fer cas a la teva mare.

» ORTOGRAFIA

1. La coma, els parèntesis i els guions

La **coma**, **els parèntesis** i els **guions** són els signes de puntuació que marquen els límits dels segments que inserim dins l'oració i que pronunciem entre pauses i amb una entonació autònoma.

Aquests segments són els següents:

- **Incisos**: grups de paraules que tallen el discurs natural de l'oració.
- **Complements explicatius**: paraules o oracions que complementen els noms.
- **Connectors**: paraules que relacionen dues o més oracions.
- **Elements perifèrics**: paraules situades als marges o a la perifèria de l'oració.

Les flors, d'una bellesa extrema,
[segment inserit]
eren fresques i perfumades.

SEGMENTS	SIGNES DE PUNTUACIÓ	EXEMPLES
INCISOS	Els límits dels incisos senzills i lligats al sentit de l'oració, els marquem amb la **coma**.	*Se li va aparèixer al davant, amb un aspecte temible, un geni altíssim que brandava una espasa.*
	Els límits dels incisos complexos o allunyats del sentit de l'oració, els marquem amb els **parèntesis**.	*Els fumadors (volien fer front a la crisi encenent un cigarret) tenien aire d'una extrema indefensió.*
	Els límits que produeixen un canvi brusc respecte al sentit de l'oració, els marquem amb els **guions**.	*A mitja tarda —dit a ull, perquè no es trobava hora fàcilment— les aixetes i els taps es van sumar al moviment.*
COMPLEMENTS EXPLICATIUS	Els límits dels elements explicatius que complementen els noms (noms, adjectius o oracions adjectives), els marquem amb la **coma**.	*Allà hi havia pedres de cristall verd, que tant li agradaven.* *En Nicolau, que no podia dormir, mirava per la finestra.*
CONNECTORS TEXTUALS	Els límits de la majoria de connectors que relacionen oracions independents o grups d'oracions els marquem **seguits de coma** si ocupen la posició inicial de l'oració o bé **entre comes** si se situen dins l'oració.	*Alguns mariners diuen que el peix Nicolau saluda els viatgers dels vaixells. En canvi, d'altres diuen que provoca tempestes que fan perillar els vaixells.* *Alguns mariners diuen que el peix Nicolau saluda els viatgers dels vaixells; d'altres, en canvi, diuen que provoca tempestes que fan perillar els vaixells.*
ELEMENTS PERIFÈRICS	Els límits dels vocatius, els marquem amb la **coma**.	*Majestat, m'han explicat que hi hagué un comerciant molt ric que tenia negocis arreu del país.*
	Els límits dels adverbis que afecten tota l'oració, els marquem amb la **coma**.	*Finalment, l'home va seure sota un arbre a descansar. Però, habitualment, no s'aturava mai.*

» ACTIVITATS

La coma, els parèntesis i els guions

65. Insereix els incisos dins l'oració corresponent. Escriu-los entre comes, entre parèntesis o entre guions.

> Folgueroles, 1845 - Vallvidrera, 1902
> ja fa temps que fem pena
> seguit de monjos i guerrers

a) L'abat Oliba ______ puja al cim del Canigó.

b) Jacint Verdaguer ______ és un dels més grans poetes catalans.

c) Jugant així ______ no arribarem gaire lluny.

66. Insereix entre comes la segona oració dins la primera de manera que la segona formi un complement explicatiu (en l'última oració hauràs d'usar el pronom relatiu *que*). Per exemple:

Gentil s'enamora de la pastora Griselda. / Gentil és fill del comte Tallaferro. → *Gentil, que és fill del comte Tallaferro, s'enamora de la pastora Griselda.*

a) Aquil·les abandona la batalla / Aquil·les està ofès perquè Agamèmnon li pren Briseida.

Aquil·les, està ofès perque Agamèmnon li pren Briseida, abandona la Batlla

b) Hèctor mata Pàtrocle, l'amic d'Aquil·les. / Hèctor és el millor guerrer troià.

Hèctor, que és el millar guesser troià, l'amic d'Aquil·les

c) Els bessons Ròmul i Rem són descendents d'Enees. / Ròmul i Rem són considerats els fundadors de Roma.

______

______

67. Completa les frases següents amb els connectors adequats que hi ha entre parèntesis i escriu les comes que calgui:

a) Deien que era un licantrop és a dir un home que es transformava en llop. (*ara bé, és a dir, sens dubte*)

b) Les centrals solars i les centrals eòliques aprofiten l'energia del sol i del vent, per exempl. (*respectivament, si fa no fa, per exemple*)

68. Completa les oracions següents substituint les expressions entre parèntesis per aquests adverbis perifèrics: *sortosament, legalment, malauradament*. Escriu les comes que calguin.

a) (*Per sort*) ______ no s'han produït víctimes mortals en l'incendi forestal.

b) (*Per desgràcia*) ______ els éssers humans hem trencat l'equilibri de la biosfera.

c) Deia que ______ (*des del punt de vista legal*) havia actuat de manera incorrecta.

DICTAT

Subratlla els segments del text que estan marcats amb una coma i indica de quin tipus és cadascun. Després, en un full a part, escriu el text mentre te'l dicten.

El que és específic dels mites, grecs i universals, és la seva voluntat d'explicar els orígens del món i trobar una resposta per saber de quina manera va començar tot a partir del no-res. D'aquests esforços d'explicació se'n diuen *cosmogonies*, i són històries que narren el naixement i la vida dels déus, la separació de la llum i les tenebres, la formació de la terra, la dels oceans... Ara bé, no tots els mites són cosmogonies; n'hi ha que senzillament relaten fets passats, foscos i mig oblidats, com la guerra de Troia, per exemple, o el retorn a casa dels seus protagonistes.

ROGER CÒNSUL: «Introducció» en *Relats de mitologia*, de Maria Àngels Anglada.

» POSA'T A PROVA

Llegeix aquest text i comprova si l'has entès

La invenció de separar els mots

ELSROMANSNOVANPRACTICARMAILADIVISIÓDEPARAULESNIFEIENSERVIRTAMPOCENGENERALCAPSIGNEDEPUNTUACIÓ. En els seus llibres, els ulls que recorrien els rotlles manuscrits, en què les lletres, sempre majúscules, s'arrengleraven plàcidament l'una darrere l'altra, no es veien amenaçats pel sobresalt de cap forat en blanc ni havien de franquejar els entrebancs d'aquestes petites i enutjoses taquetes de què són sembrats els nostres escrits.

En efecte, els culpables de la invenció de la separació de mots i dels signes de puntuació es troben entre els mestres de minyons que imposaven la preparació dels textos com a pas previ a la seva lectura a les escoles. Aquesta operació solia comportar la introducció d'accents, la indicació de les quantitats sil·làbiques i l'establiment de tres situacions per indicar tres graus decreixents de pausa. Era un dels exercicis escolars per excel·lència i fins i tot se n'han conservat mostres en tauletes escolars de fusta.

El cert és que en aquells temps quasi ningú no llegia: els propietaris dels llibres solien «escoltar-los» acudint al servei d'un esclau especialista (el lector o l'anagnosta), que acostumava a estar prou familiaritzat amb els fons de la biblioteca del seu amo com per poder-se estar tranquil·lament d'aquests avantatges.

El culpable del trànsit de la divisió de paraules i els signes de puntuació de les escoles als llibres és Carlemany: una autèntica paradoxa del destí, perquè, com ens explica el seu biògraf, aquell rude militar barbaflorit, emperador dels francs, padrí de Catalunya i avi d'Europa, va aprendre a llegir tard, amb dificultats, i no va passar mai de ser un alumne mediocre malgrat que s'endugués cada dia al llit les eines d'escriure per realitzar exercicis. Carlemany, però, amb la característica veneració per la cultura que experimenten justament els que n'estan mancats, va disposar la reorganització del sistema escolar de l'imperi i va promoure una renovació espectacular de l'escriptura.

JOAN SOLÀ i JOSEP M. PUJOL:
Tractat de puntuació (text adaptat).

1. Els romans...

- [ ] eren molt primmirats amb la puntuació.
- [ ] no separaven les paraules d'un text ni el puntuaven.
- [ ] escrivien amb majúscula inicial totes les paraules d'un text.

2. L'expressió «els entrebancs d'aquestes petites i enutjoses taquetes de què són sembrats els nostres escrits» es refereix a...

- [ ] les faltes d'ortografia.
- [ ] els signes de puntuació.
- [ ] les taques de tinta.

3. L'origen d'afegir espai entre les paraules i d'utilitzar signes de puntuació s'atribueix...

- [ ] a Carlemany.
- [ ] als propietaris dels llibres.
- [ ] als mestres romans.

4. Els autors parlen de «culpables de la invenció» i de «petites i enutjoses taquetes». Per tant, hem d'entendre que...

- [ ] són contraris a la separació de paraules i a l'ús dels signes de puntuació.
- [ ] utilitzen un to irònic i adopten la visió d'un lector romà contrari a qualsevol reforma.
- [ ] valoren negativament les innovacions pedagògiques dels mestres romans.

5. Relaciona cadascuna d'aquestes llengües amb la família lingüística corresponent:

anglès •	• Família cèltica
italià •	• Família germànica
polonès •	• Família romànica
gal·lès •	• Família eslava

6. Quins són els sinònims de *sobresalt*, *enutjós*, *minyó*, *paradoxa* i *rude*, respectivament:

- [ ] *esglai*, *molest*, *malvat*, *contradicció* i *rigorós*
- [ ] *espant*, *plaent*, *vailet*, *metàfora* i *inculte*
- [ ] *ensurt*, *molest*, *noi*, *contradicció* i *inculte*

7. El terme *romà* s'ha format afegint un...

- [ ] sufix amb la idea de gentilici.
- [ ] prefix amb la idea de repetició.
- [ ] sufix valoratiu.

8. Separa els elements que constitueixen aquestes paraules derivades: (prefix +) base lèxica (+ sufix):

a) culpable → ____________________

b) tauleta → ____________________

c) arrenglerar → ____________________

d) renovació → ____________________

9. Quin tipus de segment marquen les comes en l'expressió «les lletres, sempre majúscules, s'arrengleraven plàcidament l'una darrere l'altra»?

- [ ] Un incís.
- [ ] Un complement explicatiu.
- [ ] Un vocatiu.

Per escrit

Imagina que un company o companya t'ha demanat que llegeixis un treball que ha de presentar. Fes, en un full a apart, una nota en què li recomanis que en millori alguns aspectes, com la presentació, la mida de la lletra, els marges, la netedat, etc., i que el torni a escriure. Inclou-hi sufixos valoratius que expressin la idea de grandària i un valor afectiu o despectiu.

De viva veu

Imagina que ets un mestre d'una escola romana. Fes una crítica de la manera d'escriure tradicional (sense separar les paraules) i defensa amb arguments la necessitat de separar les paraules i d'utilitzar signes de puntuació per facilitar la lectura correcta dels textos i millorar la comprensió lectora.

19 abril cap. 5 del gos dels baskabille

UNITAT 3

LECTURA » *Mar i cel*

LITERATURA » La tragèdia

TEXTOS FUNCIONALS » Els textos periodístics

GRAMÀTICA » La negació i la veu passiva

ORTOGRAFIA » Marcadors de desplaçaments i enumeracions

© David Ruano/TNC

Preparem la lectura

1. Doneu un cop d'ull a les il·lustracions del text *Mar i cel* i digueu de què deu tractar l'obra.
2. Escolteu el tema «Per què he plorat?» de la versió teatral que Dagoll Dagom va fer de l'obra i responeu oralment: Què impedeix que els dos amants puguin estar junts?
3. Responeu oralment: Quins altres amors impossibles del món de la literatura coneixeu?
4. Intercanvieu comentaris i opinions: Com us imagineu que devia ser la vida en un vaixell pirata al segle XVII?

» LECTURA

Mar i cel

La creació literària s'inspira sovint en les vivències essencials de les persones, com són l'enamorament i l'amor. L'enamorament és un impuls molt poderós que pot produir, segons les circumstàncies, sentiments oposats: de plaer i de dolor, de vida i de mort.

Mar i cel *és una obra de teatre que ens mostra l'enamorament apassionat de dos personatges de cultures i religions enfrontades: ell és morisc i ella, cristiana. Aquesta circumstància converteix la relació en un amor impossible. Les escenes que llegiràs són del tercer acte i corresponen al desenllaç de l'obra, el moment en què esclata la tragèdia.*

Personatges principals

Saïd: Capità d'un vaixell pirata. Fill d'un morisc i una cristiana; expulsat d'Espanya el 1609, quan només tenia sis anys. L'exèrcit cristià va matar els seus pares.
Blanca: Filla del comandant de la **milícia** cristiana. Als quatre anys, la seva mare va morir i el pare la va recloure en un convent de monges.
Carles: Comandant de la milícia cristiana al servei del rei d'Espanya. Pare de Blanca.
Ferran: Capità d'un vaixell cristià abordat pels pirates. Cosí de Blanca i nebot del comandant de la milícia.

Sinopsi de les escenes anteriors

Any 1639. Un vaixell pirata aborda un vaixell cristià i fa presoners tots els membres de la família del comandant de la milícia, Carles. El capità pirata, Saïd, i una de les presoneres, Blanca, s'enamoren. Els pirates fan un **motí** contra Saïd. Els cristians aconsegueixen alliberar-se i vencen els pirates. Carles vol executar Saïd, però Blanca s'hi oposa i amenaça de matar-se amb un punyal. Carles renega d'ella. Saïd i Blanca es confessen el seu amor apassionat i s'adonen que se'ls acosta l'hora de la mort.

TERCER ACTE

Escena IX

SAÏD: Blanca, qui ets? Et miro i veig que no has nascut a la terra com la resta de nosaltres. Tu vens d'un altre món, del lloc on sorgien els somnis dolços de la meva infantesa. Quan et miro, quan et sento... Fins i tot l'aire que mous en passar fa que tota la vida del meu ésser, que el meu cos, que la meva ànima es despertin i sentin, vibrants, que moro i visc alhora! I busco i aspiro l'aire que ja has respirat, i m'ofego. I una onada potent, com la que arrenca les roques del fons del mar i les llança contra el sol, la lluna i les estrelles, una onada de sang, sospirs i besos, i bramuls salvatges i clams de joia, i llàgrimes i queixes, i harmonies... m'**esqueixa** per dins i **irromp** en els meus llavis per dir-te: «Blanca, t'estimo».

BLANCA (*cobrint-se el rostre avergonyida*): No!

SAÏD: T'he ofès? Què has dit, llengua traïdora?

BLANCA: No, no... Vull sentir-te! Vull escoltar-te!

SAÏD: Em perdones?

VOCABULARI

milícia *f.* Tropa o gent de guerra.

motí *m.* Tumult o aixecament de la tripulació contra el comandament d'un vaixell.

esqueixar *v.* Trencar, partir.

irrompre *v.* Entrar bruscament en un lloc.

BLANCA (*creient haver sentit un soroll*): Són ells!

SAÏD: No, Blanca, encara no ve la mort!

BLANCA: La mort? S'acosta la mort? Abans que arribi et vull veure. Deixa que et miri l'ànima a través dels teus ulls! Qui ets? Quin dia m'has vist i t'he vist jo? No, no apartis la mirada. Ara et vull mirar per recuperar el temps que no t'he vist. Sense adonar-me'n, jo t'enyorava i estaves en els meus somnis de **claustre** i soledat. Aleshores jo no sabia com eres, i eres com ara! No vull que moris. No vull que la mort t'arribi perquè la meva vida ja s'ha arrelat a la teva. Què hi fa que en comptes de flors estiguem voltats de serps si són elles les que ens uneixen? Vens d'un altre món, del món odiat. Quant i quant has patit sobre la terra? Quanta amargura ha begut la teva ànima, sempre reclosa al fons del pit sentint les ànsies de volar, com la meva, i donant-se cops d'ales contra les reixes, **glatint** i fent-se trossos. Quant patiment! Quanta infelicitat!

SAÏD: I quant has trigat! He hagut de recórrer sol la vida i, ara, al final et trobo al meu camí, quan ja gairebé toco el sepulcre!

BLANCA (*amb energia i desesperació*): No, Saïd, no! No ve l'hora de morir! No ara que sento la vida brotar per tot el meu ésser! Vull viure! Déu meu, salva'ns!

SAÏD: Ira d'Al·là! Que tornin! Aquí els espero! Esquinçaré les seves carns, jo mateix estamparé els murs amb les seves entranyes! Que vinguin ja! Tots! Vull morir matant!

BLANCA (***esglaiada** de la ràbia de Saïd*): Saïd! No!

SAÏD (*canviant la seva desesperació per tendresa*): No, no, Blanca, no t'espantis. Soc el teu esclau. Vols que besi la terra que trepitja el teu pare!

BLANCA: Jo l'estimo, Saïd!

SAÏD: Ho veus, estimada? Tot és en va. Tu ets el cel; jo soc el mar. Mai no s'ajunten aquí. Mira. Només s'ajunten a l'horitzó. Tot és en va.

BLANCA: Ja venen.

© David Ruano/TNC

Escena X

FERRAN (*baixant ràpidament*): Soc jo!

BLANCA (*volent fer-lo retrocedir*): No!

FERRAN: Blanca! Escolta'm! Jo us vull salvar!

SAÏD: Salva-la a ella! A mi tant me fa morir. Per què la vida?

BLANCA: Ferran...

FERRAN: No diguis res, Blanca, escolta'm primer. (*Emportant-se-la a un costat perquè no ho senti Saïd.*) Tu estimes aquest home. Doncs, bé, jo em sacrifico gustós per tu. Per damunt del meu amor d'infantesa hi ha la teva felicitat. I res més. Que vull salvar-lo, cosina!

BLANCA: Oh! Ferran! Gràcies!

FERRAN: Però el teu pare continua volent la seva vida!

BLANCA: No!

FERRAN: No et preocupis. Tot està a punt. Saïd, encara tinc gent que m'obeeix. Hem baixat una barca des de la popa. És de nit i els núvols cobreixen el cel. Jo vigilaré que l'oncle no torni, i tu baixes per la finestra, saltes a l'aigua i en un moment puges a la barca. Arribaràs a **Alger** abans que es faci de dia. Aneu de pressa. (*A Blanca.*) Ell t'estima i et trobarà.

BLANCA: Però...

FERRAN: Arribaran de seguida! De pressa, Saïd. I prega perquè no surti la lluna.

VOCABULARI

claustre *m.* Recinte voltat de murs amb galeries cobertes i obertes cap al pati que hi sol haver als monestirs.

glatir *v. intr.* Estar inquiet pel desig d'una cosa difícil d'aconseguir.

esglaiat -ada *adj.* Temorós, que té por que passi alguna cosa dolenta.

Alger. Ciutat d'Algèria, al nord d'Àfrica.

Escena XI

BLANCA: Saïd, fuig!
SAÏD: Fugir!
BLANCA: Aquesta finestra dona a la vida. Estàs salvat!
SAÏD: Blanca, deixa'm morir aquí. Deixa que et besi i ja ho tindré tot.
BLANCA: No, Saïd, no. Vull que visquis i vull esperar-te, em sents? Viuré cada hora esperant-te. (*Creu haver sentit un soroll.*) Fuig!
SAÏD: Et buscaré, Blanca. Et buscaré on siguis i et trobaré.
BLANCA (*plorant*): Marxa, sisplau! M'estàs matant!
Saïd: La teva mà...
BLANCA: Saïd!
SAÏD (*besant-la*): La que volia matar-me i que al final m'ha salvat!
BLANCA: És teva!
SAÏD: Llança al mar el punyal, amor meu. M'espanta saber que el tens.
BLANCA (*el llança per la finestra*): Ja està. Fuig!
SAÏD: Deixar-te ara és com si m'arrenquessin la vida!
BLANCA: Tornaràs?
SAÏD: T'ho juro! Si morís, vindria el meu cadàver!
BLANCA: Crida'm des de la terra, des del mar, des del paradís o des de l'abisme! Jo et respondré i et seguiré perquè soc teva.

Se sent un lleuger soroll dalt de l'escala i se separen de pressa.

Escena XII

CARLES: On és el monstre?
BLANCA (*a Saïd*): Ja tornen! Marxa!
CARLES: Mor!
Surt la lluna, que il·lumina de ple Saïd.
BLANCA: Pare!
CARLES: El pirata fuig! Jo el mato!

Carles baixa un altre graó i dispara a Saïd. Blanca se n'adona i s'interposa per protegir-lo amb el cos i és ella qui rep el tret. La noia recula ferida.

BLANCA: Ah!
SAÏD (*que ha tornat a pujar i l'agafa abans que caigui a terra*): L'heu ferida a ella!
BLANCA: Pare!
CARLES: Filla!
FERRAN (*apareixent dalt de l'escala, seguit de mariners i soldats*): Què heu fet...!
SAÏD: És meva! Morim plegats! La meva dolça esposa! Abraça'm!
CARLES (*arribant al mig de l'escena seguit de tothom*): Filla!
SAÏD: Al mar!
BLANCA: Al cel!

Es llancen al mar abraçats. Carles cau al mig de l'escena de genolls.

FERRAN (*corrent cap a la finestra*): Han desaparegut!
Teló.

ÀNGEL GUIMERÀ: *Mar i cel* (versió actualitzada i en prosa; text adaptat).

» ACTIVITATS

Comprensió lectora

1. Identifica cadascun dels personatges de *Mar i cel* (Saïd, Blanca, Ferran, Carles) a partir de les descripcions següents:

a) Capità d'un vaixell cristià abordat pels pirates; cosí de Blanca i nebot de Carles, el comandant de la milícia:

Ferran

b) Comandant de la milícia cristiana al servei del rei d'Espanya; pare de Blanca:

carles

c) Capità d'un vaixell pirata; fill d'un morisc i una cristiana, expulsat d'Espanya quan només tenia sis anys:

Eo Saïd

d) Filla de Carles, el comandant de la milícia cristiana; reclosa en un convent des dels quatre anys:

Blanca

2. Blanca diu a Saïd que ell ve «d'un altre món, del món odiat». Quin sentit tenen les seves paraules?

____

____

____

____

____

3. Blanca utilitza la imatge de l'ocell engabiat «donant-se cops d'ales contra les reixes». Què vol simbolitzar? Tria la resposta correcta:

- [ ] Que no se sent lliure perquè els pirates la tenen presonera al seu vaixell.
- [x] Que no se sent lliure per culpa dels condicionaments culturals, socials o religiosos.
- [ ] Que no se sent lliure per culpa d'una passió amorosa que l'arrossega a un destí fatal.

4. Tant Saïd com Blanca fan referència als somnis de la infantesa. Què caracteritza els somnis de l'un i de l'altra? Van tenir una infantesa semblant? Completa les explicacions:

a) Saïd parla dels «somnis dolços de la meva infantesa». Segons això, ______________________________

______________________________.

b) Blanca parla dels «meus somnis de claustre i soledat» perquè va passar la infantesa ______________

____

______________________________.

Per tant, va ser una etapa ______________________________

______________________________.

Anàlisi literària

5. En l'obra *Mar i cel* podem observar algunes de les característiques del teatre romàntic del segle XIX. Reconstrueix les oracions següents, que descriuen característiques pròpies d'aquest teatre, a partir de les paraules que hi ha entre parèntesis:

a) L'acció és dinàmica, amb ______________ i ______________; sovint està situada en una ______________ més o menys ______________ (*fets violents; intriga; idealitzada; època històrica*).

b) Els personatges viuen ______________ per motius socials, ______________, i es deixen portar ______________ (*pels sentiments i les passions; culturals o religiosos; situacions problemàtiques*).

c) L'amor és ______________: no pot cedir a les ______________ i no troba altra sortida que la ______________ (*mort tràgica; absolut; convencions socials*).

d) La finalitat de l'__________ és __________ en el públic: ________, compassió, __________, desconcert, etc. *(rebuig; desvetllar emocions; admiració; espectacle teatral*).

Paraules i expressions

6. Relaciona cada concepte amb la definició corresponent, que has de completar amb les paraules que hi ha entre claudàtors. Per exemple:

Torbament: alteració de la ***serenitat****, la lucidesa, la* ***tranquil·litat*** *o la calma.*

a) Depressió [afebliment, forces]
b) Pietat [compassió, desgràcia]
c) Sacrifici [renúncia, benefici]
d) Fanatisme [creença, intemperància]
e) Rancúnia [odi, mal]

1) Deprellió: estat emocional caracteritzat per un afeblimen de les forces animiques, intel·lectuals i físiques. ✓

2) Sacrifi: privació, concessió o senucia dolorosa d'una cosa en benefiei d'una altra persona. ✓

3) Rancunia sentiment d' odi que incita a fer mal a algú altre. ✓

4) Pietat: sentiment de dolor o desompa que desperta la degraa dels altres. ✓

5) Fanatis: qualitat d'aquell que sustenta una int. o una opinió amb creenç __________ i sense sentit crític.

7. La cultura popular considera que el cor és l'òrgan on resideixen l'amor, la sensibilitat i la bondat. Substitueix cadascuna de les expressions que hi ha a continuació per una de les frases fetes següents: *tenir un cor de pedra / fer el cor fort / arribar al cor / tenir el cor robat / obrir el cor / estar amb l'ai al cor / anar amb el cor a la mà.*

a) Té molta por pel que pugui passar. → Està amb l'ai cor.

b) L'Eduard no és gens sensible a l'amor o a la compassió. → L'Eduard té __________.

c) Hem de commoure vivament la gent. → Hem d' __________ de la gent.

d) Aquesta noia m'agrada bojament. → Em té __________.

e) M'ha explicat secrets i intimitats. → M'ha __________.

f) És una persona que obra amb sinceritat. → És una persona que va __________.

g) No he pogut fer altra cosa que sobreposar-me a les adversitats. → He hagut de __________.

Expressió oral

8. En grups de tres, prepareu un treball sobre els sentiments i les emocions (por, tristesa, odi, alegria, afecte...) i exposeu-lo a classe. Cada membre del grup haurà de definir almenys cinc sentiments o emocions i explicar una anècdota, una situació o una petita història real o de ficció en què es manifestin.

Creació literària

9. El personatge de Carles, per la seva intolerància, odia Saïd i acaba odiant també Blanca, la seva pròpia filla. Escriu, en un full a part, un monòleg (o una intervenció que es pugui incorporar en el diàleg de l'obra) de Carles en què expressi la seva animadversió i les raons en què la fonamenta.

» LITERATURA

1. La tragèdia

1.1. Les passions humanes

Hi ha situacions en la vida de les persones en què un **sentiment** pot ser tan viu i tan **intens** que ens pot anul·lar la capacitat de raonar i d'actuar de manera assenyada. Aleshores diem que estem afectats per una **passió** que domina sobre la nostra voluntat, i això pot fer que seguim comportaments del tot irracionals.

GRANS PASSIONS HUMANES	
1. L'AMOR	L'amor, com a passió, sorgeix del **desig exaltat d'unió** amb una altra persona. Quan aquesta unió es fa impossible per raons socials, culturals o religioses, la **passió amorosa** pot conduir els afectats a un desenllaç tràgic.
2. L'AMBICIÓ	L'ambició és el **desig desordenat d'aconseguir** honor, poder o qualsevol altra cosa que alimenti l'**amor propi**. L'ambició exagerada pot conduir la persona afectada a un deliri de grandesa, anomenat *megalomania*.
3. L'ODI	L'odi, l'enveja i la rancúnia són diversos **sentiments de malvolença** que una persona pot tenir envers una altra. Aquests sentiments poden provocar atacs irrefrenables d'ira.
4. LA VENJANÇA	És el dany que una persona causa a una altra per tal de **satisfer el seu ressentiment**. En alguns pobles es reconeix el dret de la venjança de sang, segons el qual el parent més pròxim d'una víctima té dret a executar l'assassí o de prendre personalment la venjança.

La **literatura**, tot i ser fruit de la ficció creativa dels escriptors, esdevé un **testimoni** permanent de la **complexitat humana** i aborda aquest **univers de passions**, el condueix fins a l'extrem per aprofundir-hi, conèixer-ne les conseqüències i extreure'n **ensenyaments morals**.

1.2. La tragèdia grega

La tragèdia és un gènere teatral culte i de to elevat que té com a protagonista un **heroi** o una **heroïna** que **s'enfronta al seu destí** amb gran **enteresa moral**; és a dir, amb **sentit del deure** i total convenciment de la rectitud dels seus actes. La tragèdia és una de les creacions més brillants de la cultura grega i Sòfocles n'és el màxim exponent.

Els **personatges** de les tragèdies gregues solen pertànyer a l'**univers mitològic i religiós** (herois, heroïnes, déus, deesses...); tot i així, els arguments mostren un ventall de conflictes que neixen de les **passions humanes**. És per això que els sentiments i els dilemes morals que ens susciten les tragèdies gregues ens són propers i encara avui ens emocionen.

» ACTIVITATS

Les passions humanes

10. Relaciona els principals sentiments que es poden convertir en grans passions (*l'amor, l'ambició, l'odi, la venjança*) amb les definicions següents:

a) Sentiment de malvolença que una persona pot tenir envers una altra: ____________

b) Desig exaltat d'unió amb una altra persona: ____________

c) Dany que una persona pot causar a una altra per satisfer el seu ressentiment: ____________

d) Desig gran d'aconseguir honor, poder, fama o qualsevol altra cosa que alimenti l'amor propi: ____________

11. Quin paper creus que tenen les passions humanes en la creació literària? Completa la resposta següent amb aquestes paraules: *complexitat, passions, testimoni, ensenyaments, aborda, conseqüències.*

La literatura esdevé un ____________ de la ____________ humana i ____________ les grans ____________, les utilitza fins a l'extrem d'aprofundir-hi per tal de conèixer-ne les ____________ i extreure'n ____________ morals.

12. Explica amb les teves paraules el significat d'aquestes expressions:

comportament irracional: ____________

desenllaç tràgic: ____________

amor propi: ____________

ensenyament moral: ____________

La tragèdia grega

13. Digues a quin gènere teatral correspon la definició següent:

Obra de caràcter culte i to elevat que té com a protagonista un heroi o una heroïna que s'enfronta al seu destí fatal amb un gran sentit del deure i amb el convenciment que actua justament:

____

14. Quina d'aquestes definicions descriu un heroi o una heroïna?

- ☐ Persona que imposa el seu poder sobre d'altres per treure'n un profit o per fer-ne ostentació.
- ☐ Persona que sobresurt per les seves característiques morals i per la seva força i valentia.
- ☐ Persona que desitja quelcom, sigui material o no, que posseeix una altra.
- ☐ Persona que imposa la seva voluntat d'una manera tirànica i brutal.

15. Digues si les afirmacions següents són vertaderes (V) o falses (F):

- ☐ La literatura és un testimoni permanent de la complexitat humana.
- ☐ La tragèdia és un gènere teatral popular.
- ☐ Els sentiments i els dilemes morals que ens susciten les tragèdies gregues encara són vàlids actualment.
- ☐ Sòfocles és l'heroi d'una de les primeres tragèdies gregues conegudes.
- ☐ La tragèdia és una de les grans creacions de la cultura germànica.
- ☐ Els personatges de les tragèdies pertanyen a l'univers del sistema solar.
- ☐ La complexitat humana té relació, entre d'altres, amb els conflictes que generen les passions.
- ☐ L'expressió *enteresa moral* vol dir actuar amb mala fe.

1.3. Sòfocles

Sòfocles (497-406 aC) va ser una personalitat molt destacada a la ciutat d'Atenes, la qual, arran de la seva mort, fins i tot el va venerar amb ofrenes i sacrificis. Va escriure al voltant de 120 obres, de les quals només se n'han conservat set. *Antígona* i *Èdip rei* són dues de les més reconegudes.

Les obres de Sòfocles s'endinsen en la psicologia d'herois i heroïnes que, tanmateix, esdevenen imatges molt fidels de l'ésser humà.

Bust del poeta tràgic Sòfocles a Atenes (Grècia).

Argument d'*Antígona*
Acabada la guerra entre l'exèrcit de la ciutat d'Argos i el de la ciutat de Tebes, amb el resultat de la mort de dos germans que combatien en bàndols contraris, Etèocles i Polinices, el rei de Tebes, Creont, ordena que el cadàver del germà enemic, Polinices, resti insepult, com a menjar dels ocells rapinyaires. Això suposava, per als grecs, un gran deshonor: tenien la creença que la seva ànima vagaria eternament sense descans.

Aleshores Antígona es rebel·la contra l'ordre i, d'amagat, enterra el seu germà Polinices. Infringeix, doncs, la llei del rei i decideix seguir el dictat d'un principi moral superior: el del deure de donar sepultura als morts. Per aquest motiu, Creont la castiga a morir reclosa en una tomba. Només la intervenció de l'endeví Tirèsies fa que el rei canviï de parer. Però, quan ho fa, ja és massa tard: Antígona s'ha suïcidat.

1.4. William Shakespeare

William Shakespeare (1564-1616) és el dramaturg més reconegut, llegit, traduït i representat de la literatura universal. És autor de 10 tragèdies, 9 drames històrics i 17 comèdies. Dues de les tragèdies shakespearianes més representades són *Hamlet* i *Romeu i Julieta*. Molts el consideren el dramaturg més gran de tots els temps.

Romeu i Julieta és una tragèdia en què es fonen **l'amor i la mort**. Tracta de dos adolescents que s'enamoren a primera vista i es juren amor etern. Però les famílies respectives, enemistades, impedeixen la felicitat dels enamorats. Al final, la gran **passió amorosa** conduirà els protagonistes al suïcidi.

Shakespeare converteix els protagonistes de les seves tragèdies en símbols de les grans passions humanes: l'amor (*Romeu i Julieta*), el dubte malaltís (*Hamlet*), la gelosia (*Otel·lo*), la revenja (*El mercader de Venècia*), l'ambició i el remordiment (*Macbeth*), l'amor filial (*El rei Lear*)... Davant les passions incontrolades, no hi ha cap altra sortida que la mort, final comú en totes les tragèdies.

Escena de l'obra *Romeu i Julieta* per a ballet.

» ACTIVITATS

Sòfocles i *Antígona*

16. Una de les característiques de Sòfocles és que s'endinsa en la psicologia dels personatges de les seves obres. Què significa *psicologia dels personatges*?

17. Llegeix l'argument de la tragèdia *Antígona* i, després, contesta aquestes preguntes:

a) Què fa Antígona perquè s'hagi convertit en la representació del triomf del deure moral?

b) Quina repercussió té el seu acte?

c) Què vol dir «restar insepult» i què representava aquest fet per als grecs?

Shakespeare i *Romeu i Julieta*

18. Explica breument l'argument de *Romeu i Julieta*. Tingues en compte que ha de justificar aquesta afirmació: «*Romeu i Julieta* és una tragèdia en què es fonen l'amor i la mort».

19. Shakespeare se serveix de recursos literaris per aconseguir un llenguatge dramàtic. Llegeix atentament l'escena del balcó de *Romeu i Julieta*, que trobaràs en l'espai personal del web *www.barcanova.cat*, i copia els versos que contenen les figures retòriques següents:

a) Les metàfores amb les quals fa referència a la llum de la cambra i a Julieta:

b) La metàfora i la personificació amb què expressa el desig que Julieta surti a la finestra i que superi l'enveja que provoca la seva bellesa:

c) La hipèrbole amb què expressa la resplendor que desprèn la bellesa de Julieta:

d) El desig de transformació per poder acaronar Julieta:

e) La metàfora amb la qual diu que és capaç de superar els obstacles familiars:

f) La comparació que estableix entre dos tipus de mort i quina prefereix:

20. Indica si els enunciats següents fan referència a *Antígona* (A) o a *Romeu i Julieta* (R):

- ☐ L'amor impossible entre dos joves per rivalitats entre les seves famílies.
- ☐ El triomf del deure moral davant la llei injusta del poder reial.
- ☐ Dos germans que lluiten en bàndols diferents.
- ☐ Dues famílies enfrontades fins a les darreres conseqüències.
- ☐ El suïcidi com a única sortida quan la passió amorosa és impossible.
- ☐ El suïcidi per dignitat i contra la injustícia.

1.5. Àngel Guimerà

Àngel Guimerà (1845-1924) és el dramaturg català més important del segle XIX i principis del XX. Les seves obres van tenir un èxit immediat als teatres i, fins i tot, algunes van ser traduïdes a diverses llengües. Les més destacades són *Mar i cel* (1888) i *Terra baixa* (1896).

Terra baixa és un **drama romàntic** amb trets realistes: els personatges són gent del poble senzill, el llenguatge és col·loquial, amb diàlegs vius i àgils, i els temes tractats són quotidians i responen a problemes socials del seu moment.

Pel que fa a l'**aspecte simbòlic**, aquest drama plasma l'oposició romàntica entre la «terra baixa», el pla, on l'egoisme ho corromp tot, i la «terra alta», la muntanya, un paradís redemptor i incontaminat, que esdevé el refugi per als éssers bons quan l'amor i la bondat no són possibles entre les persones.

Argument de *Terra baixa*

Terra baixa tracta de l'opressió que exerceix un terratinent, el Sebastià, sobre els seus treballadors i, de manera especial, sobre la Marta, una noia òrfena que té sota el seu domini. El terratinent, per interessos econòmics, obliga la Marta a casar-se amb un pastor, el Manelic, que ni tan sols coneix. Tot i així, el terratinent manté relacions d'amagat amb la Marta.

El pastor i la Marta es veuen obligats a conviure i a compartir l'angoixa que els crea la seva situació. Quan el pastor descobreix l'engany, es converteix en un home violent i venjatiu.

Terra baixa
Acte segon, escena VIII

La Marta i el Manelic comparteixen el seu dolor.

MARTA: Parla d'una vegada! Jo t'ho demano per...
MANELIC: Per qui m'ho demanes, Marta? Per ell? Per qui m'ho demanes?
MARTA: No, Manelic, no. Escolta'm... I perdona'm.
MANELIC: Que et perdoni? Què t'havia fet, jo? Parla! Per què m'havies d'enganyar a mi? Per què?
MARTA: Perquè no era ningú, jo! Perquè no tenia voluntat, i obeïa! I ni t'havia mirat mai! Ni t'estimava.
MANELIC: Doncs per què t'has casat amb mi, i no et vas casar amb aquell home? Digue-ho! Que em torno boig per saber-ho!
MARTA: He sigut amb tu la dona més dolenta del món. I això no ho puc canviar... Ni el passat de la meva vida tampoc, perquè no hi ha forces que el desfacin, el passat.
MANELIC: Marta! Ai, Marta! Que jo t'estimo. I t'estimava des d'allà dalt, perquè jo era un grapat de neu que es va fondre mirant-te. Allà dalt es perdona tot, Marta. Perquè no és com aquí baix, on tot es podreix. Allà dalt, Marta, fins i tot s'hi conserven els cossos amb la neu: què no faran les ànimes! Marxem d'aquí, i anem-nos-en a la terra alta!
MARTA: Sí, Manelic, anem-hi, anem-hi de pressa.

» A

Àngel Guimerà i *Terra baixa*

21. En l'obra *Terra baixa* apareixen dos mons contraposats: el món ideal de la terra alta i el món real de la terra baixa. Classifica els personatges oponents i els conceptes oposats, segons pertanyin a un món o a l'altre: *Sebastià*, *Manelic*, *salvació*, *esclavatge*, *opressió*, *puresa*, *llibertat*, *corrupció*, *innocència*, *maldat*.

Món ideal (terra alta)	Món real (terra baixa)

22. Llegeix l'argument de *Terra baixa* i determina a quin moment correspon el fragment de l'acte segon, escena VIII, de la pàgina anterior:

23. En aquest fragment Manelic diu: «Allà dalt es perdona tot, Marta. Perquè no és com aquí baix, on tot es podreix. Allà dalt, Marta, fins i tot s'hi conserven els cossos amb la neu: què no faran les ànimes!». Comenta aquestes paraules fent servir alguns termes de l'activitat 21.

24. Explica l'expressió «jo era un grapat de neu que es va fondre mirant-te».

25. Basant-te en aquesta escena VIII, descriu breument com és la personalitat del Manelic.

26. De quines paraules del fragment de *Terra baixa* de la pàgina anterior són sinònims aquestes parelles de mots?

a) pregar, implorar:

b) mentir, enredar: engana

c) dement, orat: Boig

d) perversa, vil: dolenta

Creació literària

27. Escriu amb l'ordinador un breu diàleg entre el rei Creont i Antígona. Fes que sembli un judici en què Creont acusi Antígona de no haver seguit la llei dictada pel rei (ell mateix) i en què Antígona es defensi recorrent a una llei natural superior que dicta que qualsevol persona, un cop morta, té dret a ser sepultada dignament, amb independència dels seus actes. El diàleg ha d'acabar amb la sentència del rei i unes últimes paraules de la condemnada.

Lectura de clàssics

28. ✓ *Antígona* de Sòfocles, *Romeu i Julieta* de William Shakespeare i *Terra baixa* d'Àngel Guimerà tenen versions adaptades fàcils de llegir. En grups de tres o quatre alumnes, llegiu-les i feu un treball (autor, època, obra...) per exposar-lo davant la resta de la classe.

» TEXTOS FUNCIONALS

1. Els textos periodístics

Els textos periodístics són aquells que apareixen en els **mitjans de comunicació**: diaris, revistes, ràdios, televisions, etc. Aquests mitjans persegueixen tres **objectius**:

- **Informar**: explicar què passa al món.
- **Formar**: interpretar i valorar les notícies, crear opinió i transmetre valors.
- **Entretenir**: distreure amb articles de caràcter lúdic, tires còmiques, passatemps...

PER SABER-NE MÉS

El creixement imparable d'internet els últims anys ha provocat un ràpid creixement dels **mitjans de comunicació digitals**, que han passat a formar part del nostre dia a dia.

Entre les 25 llengües més utilitzades a la xarxa hi trobem el català. El domini .cat té més de 100.000 llocs web registrats.

ELEMENTS FONAMENTALS DE LA COMUNICACIÓ PERIODÍSTICA

EMISSOR	Periodista, corresponsal, cronista, agència de notícies...	**MISSATGE**	Contingut de la informació (notícies, crítiques, opinions...)
CANAL	Premsa escrita, ràdio, televisió, internet...	**CODI**	Lingüístic, icònic, audiovisual...
RECEPTOR	Públic lector, oient, teleespectador, internauta...	**CONTEXT**	Circumstàncies relacionades amb el lloc, el moment, el mitjà...

1.1. Els gèneres periodístics

El periodisme ha creat una gran varietat de gèneres:

GÈNERES INFORMATIUS	Notícia	Text breu i clar que explica **fets actuals d'interès públic** de manera objectiva.
	Reportatge	Text **informatiu i extens** que va acompanyat de fotografies o gràfics. Pot incloure l'opinió de testimonis o especialistes.
GÈNERES D'OPINIÓ	Editorial	Text escrit per un **mitjà de comunicació** que **valora i interpreta** una notícia per crear un estat d'opinió.
	Article d'opinió	Text d'un **autor reconegut** que **analitza i interpreta** una notícia de manera personal i seguint un estil propi.
	Crítica	Text que **valora** una producció artística, cultural, esportiva...
	Cartes al director	Text escrit pels **lectors** dels diaris en què expressen les seves **opinions**.
GÈNERES MIXTOS	Crònica	Text escrit per un **especialista** o un **corresponsal** que **informa** d'una notícia i, alhora, **la interpreta i la valora**.
	Entrevista	Text que recull les **preguntes** d'un entrevistador i les **respostes** d'un entrevistat. Pot tenir un caràcter **informatiu** o **d'opinió**.

» ACTIVITATS

Els gèneres periodístics

29. Quins són els tres objectius principals dels mitjans de comunicació?

30. Què diferencia un reportatge d'una notícia?

31. Per què l'entrevista es considera un gènere mixt?

32. Relaciona cada un d'aquests gèneres periodístics amb la seva definició: *crònica*, *reportatge*, *editorial*, *crítica*.

a) Text amb què un mitjà de comunicació valora i interpreta una notícia.

b) Text que valora una producció en el terreny de l'art, l'esport i la cultura.

c) Text que informa d'una notícia i, alhora, la interpreta i la valora.

d) Text informatiu i extens sobre fets d'actualitat que sovint va acompanyat de fotografies o gràfics.

33. Digues a quin tipus de gènere periodístic pertanyen els textos següents:

A

Per un Nadal sostenible

S'acosta l'època més emotiva i irracional de l'any. Tirem la casa per la finestra i comprem com si no hi hagués un demà. Però, si us plau, siguem socialment responsables també en aquestes dates. Un arbre natural de què ens desfem apropiadament té una petjada de carboni de 3,5 kg de CO_2. No és innocu, però la seva petjada de carboni serà menor que la d'un arbre artificial que assoleix fins als 40 kg de CO_2! Perquè un de plàstic sigui sostenible, l'haurem de reutilitzar durant, almenys, 12 anys, però quan ens en deslliurem el plàstic seguirà sense ser biodegradable... I el mateix passa amb altres elements decoratius, pels materials amb què estan fabricats i els seus processos productius. Aquests acaben tenint un alt cost mediambiental que no ens podem permetre.

C. FRIGOLA, dins *El Punt Avui* (22/12/2019).

B

Incidències pel fort vent que bufa arreu del país

Protecció Civil ha desactivat l'alerta del pla Ventcat al Principat, un cop passat el període de més intensitat de l'episodi de fort vent que ha afectat Catalunya des d'ahir a la tarda. El balanç és un pescador mort que ha caigut des de les roques a Sant Feliu de Guíxols i tres persones ferides de poca gravetat a Sant Adrià de Besòs, Cornellà de Llobregat i Barcelona. Els Bombers han atès 1.023 avisos entre les 19 hores de dissabte i les 13 hores d'aquest diumenge. A la regió metropolitana nord s'han produït 529 incidents; a les comarques gironines, 249, i a la regió metropolitana sud, 157. El telèfon 112 ha rebut 1.118 trucades relacionades amb 795 incidències derivades del vent: el 23,17 % des del Barcelonès; el 18,34 % des del Vallès Occidental; el 14,76 % des del Vallès Oriental, i el 13,95 % des del Gironès.

VilaWeb (22/12/2019).

1.2. Els gèneres informatius: la notícia i el reportatge

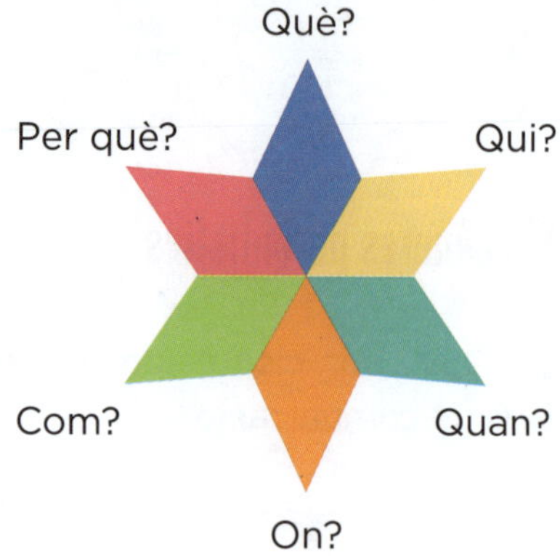

La notícia i el reportatge són **textos narratius** que tenen com a objectiu **informar** de la manera més clara i ràpida possible dels **esdeveniments d'actualitat** (la notícia) o de **fets socials o científics** (el reportatge).

Una notícia ha de donar informació sobre sis qüestions bàsiques: *què* (fet o esdeveniment), *qui* (protagonistes o afectats), *quan* (temps), *on* (lloc o espai), *com* (manera) i *per què* (causes).

L'esquema en forma d'estrella que hi ha al marge il·lustra aquestes sis qüestions clau.

L'ESTRUCTURA DELS TEXTOS INFORMATIUS

TITULARS	Les notícies i els reportatges poden tenir un **avanttítol**, un **títol** i un **subtítol**. Els titulars encapçalen la informació i anuncien el fet o l'acció de què es pretén informar. Van sempre en un cos de lletra superior a la resta.
ENTRADETA	Sol ser el **primer paràgraf** de la notícia, que ofereix als lectors les **dades fonamentals** d'una manera breu i clara.
COS	És el conjunt de paràgrafs que apareixen després de l'entradeta i que arrodoneixen el contingut de la notícia amb tots els **detalls**.
INTERTÍTOLS	Són els **titulars** que apareixen en el cos de la notícia per avançar sintèticament la informació continguda en els paràgrafs que encapçalen. Només apareixen en notícies extenses.
PEU DE FOTO	És l'**explicació breu** que es posa a sota d'una fotografia o una il·lustració.

La informació d'una notícia sol aparèixer per **ordre de rellevància**; és per aquest motiu que l'estructura d'una notícia sol tenir forma de **piràmide invertida**: comença donant al lector la informació més rellevant (titulars i entradeta) i, després, la va completant amb detalls secundaris en els paràgrafs posteriors.

» ACTIVITATS

La notícia i el reportatge

34. Llegeix aquesta notícia i completa la taula per comprovar si respon a les sis preguntes bàsiques:

què?	Sí	**qui?**	Yana
quan?	2012	**on?**	Sí
com?		**per què?**	

El Periódico de Catalunya / Dijous, 30 de maig del 2013 — **NOTÍCIA**

A LA REGIÓ DE IACÚTIA

Trobada sang líquida en les restes d'un mamut que podrien permetre clonar-lo

AGÈNCIES / MADRID

Els científics descobreixen mostres d'una femella localitzada a la zona nord-oriental de Rússia.

Un equip internacional de científics ha confirmat la troballa de sang líquida en el cadàver d'un mamut. Els experts han mostrat entusiasme davant la possibilitat que aquesta troballa els permeti clonar aquest animal prehistòric.

L'expedició espeleològica «Yana 2012», integrada per científics de Rússia, Corea del Sud, els Estats Units, el Canadà, Suècia i el Regne Unit, ha treballat a la zona nord-oriental de Rússia, coneguda com a Iacútia, a una profunditat de 100 metres sota el gel, on ja s'havien trobat fragments de pell, cuir i ossos del crani d'aquest animal.

Segons ha assenyalat el director de l'expedició, Semen Grigoriev, les restes congelades pertanyen a una femella de mamut llanut, que podria haver mort fa entre 15 i 10 mil·lennis. «Quan vam trencar el gel sota el seu abdomen, va fluir sang, molt fosca. És el cas més sorprenent que he vist en la meva vida», ha relatat el científic.

Grigoriev creu que la sang podria haver-se mantingut líquida al llarg de tants anys perquè l'animal «va caure en un pou d'aigua o en un pantà, probablement fins a la meitat de la seva alçada, mentre que la resta del cos es va congelar».

Però el principal motiu d'alegria és que «aquest descobriment ofereix possibilitats reals de trobar cèl·lules vives i concretar el projecte de clonació d'un mamut».

La Universitat de Iakutsk (Sibèria), que també participa en la investigació, va firmar l'any passat un acord amb el sud-coreà Hwang Woo-suk, un especialista en clonació. En el cas que es trobin cèl·lules vives, el seu nucli serà transferit a òvuls d'elefant amb l'objectiu de produir embrions amb ADN de mamut, que després serien col·locats a l'úter d'una elefanta d'Àsia.

35. Llegeix la notícia que hi ha a continuació i posa-hi un títol i un subtítol:

En un món en què la desigualtat social, l'extinció d'espècies i el canvi climàtic són una realitat, emergeixen persones que se senten responsables dels problemes que té el planeta. Opten per un model de vida diferent amb l'objectiu de transformar el sistema cap a una economia social i solidària. Per això creen empreses, que defineixen la sostenibilitat tenint en compte criteris socials i mediambientals.

36. En grups de tres alumnes, prepareu un reportatge ampli d'un país (o d'una ciutat) per tal de donar-lo a conèixer a través d'un diari o d'una revista. Després, podeu editar tots els treballs de la classe amb fotografies i il·lustracions a la revista o al blog del vostre centre. Trobareu exemples de reportatges sobre països o ciutats en el vostre espai personal del web *www.barcanova.cat*.

» GRAMÀTICA

1. La negació

Les oracions poden ser **afirmatives** (*Fa molt fred*) o **negatives** (***No** fa gens de fred*).

L'adverbi ***no*** és l'**activador negatiu** per excel·lència, però també poden fer aquesta funció paraules com *sense*, *ni* i *tampoc*. A més, hi ha mots que poden activar el sentit negatiu segons el context; així, els pronoms *ningú* i *res*, els quantificadors *cap*, *gens* i *gaire* i els adverbis *mai* i *enlloc* poden ser activadors negatius, però **no tenen sentit negatiu** quan apareixen en oracions **interrogatives**, **dubitatives** o **condicionals**:

PER SABER-NE MÉS

En determinats contextos, el mot ***no*** i el conjunt ***no pas*** s'usen **sense que activin** el sentit negatiu. Per això, es poden suprimir sense que s'alteri el missatge:
*Fa més calor a dins **que no (pas)** a fora. → Fa més calor a dins **que** a fora.*

USOS NO NEGATIUS	USOS NEGATIUS
—Has sentit **res** (*algun soroll*)? —Has anat **mai** (*alguna vegada*) a París?	—No, jo no he sentit **res**. —No, no hi he anat **mai**.
—Ves a saber si vindrà **ningú** (*algú*) amb aquest temps! —Dubto que presenti **cap** (*alguna*) proposta seriosa.	—Amb aquest temps no vindrà **ningú**. —No presentarà **cap** proposta seriosa.
—Si el veus enlloc (*en algun lloc*), avisa'm. —Si l'armari és **gaire** (*molt*) alt, no passarà per la porta.	—No l'he vist **enlloc**. —No, l'armari no és **gaire** alt.

2. La veu passiva

Les oracions amb un verb que requereix un element que fa l'acció (**agent**) i un element sobre el qual recau aquesta acció (**pacient**), poden presentar-se en **veu activa** o en **veu passiva**:

- En la **veu activa**, l'**agent de l'acció** verbal fa de **subjecte** de l'oració:

  Els bombers ***van apagar*** *l'incendi forestal.*
  Subjecte (agent de l'acció) Complement (agent de l'acció)

- En la **veu passiva**, és el **pacient de l'acció** verbal el que fa de **subjecte**:

  L'incendi forestal ***va ser apagat*** *pels bombers.*
  Subjecte (pacient de l'acció) Complement (agent de l'acció)

En l'oració en veu passiva trobem:

PASSIVA PERIFRÀSTICA	Es construeix amb la **perífrasi** formada pel **verb *ser*** i el **participi** del verb corresponent: *Els documents **han estat manipulats**; La casa **serà reformada**.*
PASSIVA PRONOMINAL	Es construeix amb el **pronom *es***: *Els documents **s'**han manipulat; **Es** reformarà la casa.*

BARCANOVA EDITORIAL

» ACTIVITATS

La negació

37. Completa aquestes oracions negatives amb la paraula adequada de cada parella que hi ha entre parèntesis:

a) A mi Ningú (*algú/ningú*) no m'ha dit res (*res/cap*).

b) Aquí no hi ha cap (*cap/ningú*) rellotge que vagi a l'hora.

c) res gens (*res/gens*) no ens farà canviar d'opinió.

d) Ens trobem en una situació no gaire (*molt/gaire*) agradable.

e) —Què t'han dit? / —No res (*gens/res*).

f) —T'ha agradat l'espectacle? / —No gens (*gens/res*).

38. Digues en quins casos el mot *no* i el conjunt *no pas* són activadors negatius i en quins altres formen part d'un enllaç relacional (sense activar la negació):

a) *No* entris al despatx de la directora fins que *no* t'avisi el secretari.
Negatiu / enllaç

b) Parlem de literatura, *no pas* de política.
negatiu

c) Li agrada més treballar de nit que *no pas* de dia.
enllaç

d) Encara *no* entenc com se n'ha sortit tan bé.
negatiu

e) Tenia por que *no* ens agafessin *in fraganti*.
enllaç

La veu passiva

39. Digues quines d'aquestes oracions estan en veu activa (A) i quines en veu passiva (P):

- A El codi de circulació prohibeix circular a més de 120 km/h.
- P Les víctimes de l'accident seran indemnitzades per la companyia asseguradora.
- P Almenys dues persones van haver de ser ateses per inhalació de fum.
- A Els bombers investiguen les causes de l'incendi en una nau de residus.
- A El públic va aplaudir l'espectacle.

40. Digues quines d'aquestes oracions estan en veu passiva perifràstica (PE) i quines en veu passiva pronominal (PR):

- PR En aquest establiment no s'admeten animals de companyia.
- PE No seran admeses les butlletes trencades o en mal estat.
- PE Aquests drets seran reconeguts a totes les persones sense excepció.
- PR A partir d'ara es protegiran totes les dades personals dels clients.

41. Escriu la construcció passiva perifràstica corresponent a cadascuna de les oracions actives següents. Per exemple:

El jutge no **va admetre** la denúncia. →
Subjecte agent — Complement pacient

La denúncia no **va ser admesa** pel jutge.
Subjecte pacient — Complement agent

a) L'assemblea va acceptar totes les esmenes.
totes les esmenes van ser acceptades

b) (Els veïns) havien suspès el concert.
Havia esta suspès

c) El cap de la policia anunciarà la detenció dels presumptes delinqüents.
Serà anunciada pel cap de la policia

d) Cada any l'Ajuntament organitza una gran festa popular.
es organitzada cada any l'Ajuntament

» ORTOGRAFIA

1. Marcadors de desplaçaments i enumeracions

1.1. Els desplaçaments

Quan desplacem un element de l'oració fora del seu lloc habitual, fem una pausa entre aquest element i la resta de l'oració, que sovint s'assenyala amb una **coma**:

a) Ordre neutre més habitual:
Els operaris (Subjecte) *van poder enllestir* (Verb) *la feina* (CD) *malgrat les dificultats* (CC).

b) Alteració de l'ordre habitual per desplaçament:
Malgrat les dificultats (CC)*,* *els operaris* (Subjecte) *van poder enllestir* (Verb) *la feina* (CD).

Principalment, fem els desplaçaments en els casos següents:

Desplaçament a l'esquerra del complement circumstancial (CC)	Quan fem aparèixer el **CC intercalat** entre els elements necessaris de l'oració, normalment el marquem **entre comes**: *Els operaris, malgrat les dificultats, van poder enllestir la feina.*
	Quan fem aparèixer un **CC llarg al principi** de l'oració, sovint el marquem amb una **coma**. Ara bé, si el CC **és curt**, no solem escriure **coma**: *Malgrat les dificultats de tota mena, els operaris van poder enllestir la feina. Ahir els operaris van poder enllestir la feina.*
Desplaçament a la dreta o a l'esquerra d'un element tematitzat	Quan desplacem un element que tractem com a informació ja coneguda (**tema**), el dupliquem amb un **pronom**; si el posem **a la dreta**, el separem amb una **coma**; en canvi, el podem deixar **sense coma** si el posem a **l'esquerra**: *No **li** hem de donar res, a en Miquel. A en Miquel (,) no **li** hem de donar res. No us **en** donarem gaire, de feina. De feina (,) no us en donarem gaire.*

1.2. Les enumeracions

Diem que fem una enumeració quan agrupem una **sèrie d'elements homogenis**, és a dir, de la mateixa classe. Com que són elements coordinats, generalment els marquem amb una **coma**:

Enumeració tancada	Els dos últims elements van units per una ***i*** o per una ***o***.	*Crida'm des de la terra, des del mar, des del paradís **o** des de l'abisme.*
Enumeració oberta	Es marquen al final amb els **punts suspensius** o amb una **coma** seguida de l'abreviatura *etc.*	*Cal menjar de tot: carn, peix, verdura...* *Cal menjar de tot: carn, peix, verdura, **etc**.*

Enumeració complexa	Si els **elements** d'una sèrie són **llargs i complexos** (amb puntuació interna), van separats amb un **punt i coma** i amb una **coma** davant de la ***i*** o la ***o*** quan uneixen els dos últims elements.	*Als pobles hi ha tres elements essencials: la plaça, que és el centre de la vida en comú; la casa de la vila, que és la seu política, i l'església, que és el focus religiós.*

» ACTIVITATS

Els desplaçaments i les enumeracions

42. Copia les oracions següents desplaçant els elements en cursiva fins on indica el símbol. Per exemple:

Antígona es rebel·la contra l'ordre i ▼ enterra el seu germà d'amagat. → Antígona es rebel·la contra l'ordre i, ***d'amagat****, enterra el seu germà.*

a) ▼ Creont la castiga a morir reclosa en una tomba *per aquest motiu.*

Per aquest motiu, Creon la castiga

b) Un dia ▼ Èdip va matar un noble desconegut *en una baralla de camins.*

Un dia, en una baralla de camins. Edip...

c) ▼ Èdip descobreix els seus orígens i la pròpia identitat *al final de la investigació.*

d) En *Terra baixa*, el cacic Sebastià explota els pagesos i ▼ la Marta *de manera especial.*

els pagesos

43. Identifica els desplaçaments de les frases següents i marca'ls amb una o dues comes segons calgui:

a) Gràcies a la clorofil·la les plantes són de color verd.

b) El cos humà com qualsevol màquina és un sistema transformador d'energia.

c) Llevat de casos excepcionals els meteorits que cauen a la Terra són de dimensions reduïdes.

d) En les societats industrials avançades les persones han substituït mitjançant la tècnica bona part dels esforços físics.

44. Llegeix les frases següents amb l'entonació adequada. Després, marca els elements tematitzats amb una coma o dues si cal:

a) —Nosaltres hem rebut el programa de la festa major. I vosaltres ja l'heu rebut aquest programa?

b) —En Cesc sempre em parla de la Núria, però jo no en vull parlar més d'ella.

c) —Jo només volia collir rovellons. Però de rovellons no en vaig trobar cap.

DICTAT

Llegeix el text i subratlla de colors diferents els diversos tipus d'enumeracions. Després, escriu-lo en un full a part mentre te'l dicten.

SAÏD: Blanca, qui ets? Et miro i veig que no has nascut a la terra com la resta de nosaltres. Tu vens d'un altre món, del lloc on sorgien els somnis dolços de la meva infantesa. Quan et miro, quan et sento... Fins i tot l'aire que mous en passar fa que tota la vida del meu ésser, que el meu cos, que la meva ànima es despertin i sentin, vibrants, que moro i visc alhora! I busco i aspiro l'aire que ja has respirat, i m'ofego. I una onada potent, com la que arrenca les roques del fons del mar i les llança contra el sol, la lluna i les estrelles, una onada de sang, sospirs i besos, i bramuls salvatges i clams de joia, i llàgrimes i queixes, i harmonies... m'esqueixa per dins i irromp en els meus llavis per dir-te: «Blanca, t'estimo».

ÀNGEL GUIMERÀ: *Mar i cel.*

» POSA'T A PROVA

Llegeix aquest text i comprova si l'has entès

Tatuar-se encara mola?

Les modes canvien, però els tatuatges queden gravats a la pell. Si te'n penedeixes, pots optar per esborrar-los o per cobrir-los amb un nou disseny. Però si t'ho vols estalviar, val més que només et tatuïs allò que et surt de l'ànima.

Només cal fer una mirada ràpida al voltant nostre per comprovar que un percentatge elevat de la població porta alguna mena de tatuatge. Però... tatuar-se encara està de moda?

Marta Bermúdez, coneguda en el món del tatuatge com a Mamba, fa dotze anys que tatua i reconeix que el nombre de persones que es pinten la pell ha augmentat, i assegura que «tatuar-se mola molt per a molta gent i ja està normalitzat entre els més joves». Tanmateix, per a l'artista Abel Miranda la qüestió va més enllà de les xifres: «L'aspecte més important és que el tatuatge ha trencat la barrera de la pell, literalment i socialment». Fins fa uns anys, les persones tatuades estaven estigmatizades com a «macarres, convictes o marginades». Però ara hem fet el recorregut invers i, en segons quins entorns i quines franges d'edat, miris on miris, hi veus pells pintades.

Què implica tatuar-se? Optar per la tinta és bàsicament una tria per a tota la vida, sobretot si tenim en compte les costoses (i doloroses) opcions per esborrar-la, com amb el làser. «Molta gent opta per esborrar-se els tatuatges, però gairebé sempre ho fan per poder aprofitar aquell espai per fer-se'n un de nou que els defineixi millor», explica Abel Miranda. Per The Gallery Tattoo hi passa molta gent buscant un nou disseny que tapi el tatuatge que ja porten.

¿Què cal fer per no sucumbir a les modes i fer-se un tatuatge que no ens faci passar vergonya? «Tothom pot penedir-se d'algun tatuatge, però el més interessant és aprendre de l'error i fer que el pròxim et defineixi en algun aspecte —afirma Miranda—, i que el tatuador sigui molt bo», un detall en què coincideixen tots els artistes. «Si et fas un bon tatuatge amb un bon tatuador, llavors ja no parlem de moda, sinó que parlem d'una obra d'art que perdura en el temps», assegura Cöco Käfer, responsable de The Gallery Tattoo. Però Mamba va encara un pas més enllà. Per a l'artista, tatuar-se la pell és la manera de deixar imprès el que realment importa: «Tatua't l'ànima, tatua't la pell. Quan una cosa significa tant per a tu que t'ho poses a la pell, té un significat especial, passi el temps que passi. Si allò que et tatues té la força que surt de l'ànima, mai no te'n penediràs».

En conclusió, podem dir que vivim un moment molt dolç per a tots els amants de l'art del tatuatge. «Els últims anys hi ha hagut una gran millora en el terreny tècnic i d'estils». Per a Mamba, queda clar que «el món del tatuatge va paral·lel a la història de l'ésser humà», i que els últims temps tatuadors i públic han entès el tatuatge «com un art», cosa que ha fet possible que el ventall d'opcions ara sigui «molt més gran».

MARTA TERRASA, dins Ara, 23/02/2018 (text adaptat)

1. Què vol dir Abel Miranda amb la frase «L'aspecte més important és que el tatuatge ha trencat la barrera de la pell, literalment i socialment»?

- ☐ Que avui dia els tatuatges no són unes simples imatges a la pell, sinó que han esdevingut obres d'art que defineixen la personalitat dels qui els porten.
- ☐ Que avui dia els tatuatges es poden esborrar del tot o cobrir-los amb nous dissenys, i ja no s'associen a persones marginals, sinó que els porta gent molt diversa.

2. Què vol dir que les persones amb tatuatges «estaven estigmatitzades»?

- ☐ Que eren considerades excèntriques.
- ☐ Que duien el símptoma característic d'una malaltia.
- ☐ Que les associaven a un comportament rebutjable.

3. Què cal fer per no penedir-se d'un tatuatge? Assenyala l'opció que no és correcta:

- ☐ Assegurar-se que el tatuador sigui molt bo.
- ☐ Que el tatuatge tingui un significat molt especial.
- ☐ No fer-se el tatuatge abans dels divuit anys.

4. La lectura és un fragment...

- ☐ d'un article d'opinió.
- ☐ d'una crònica.
- ☐ d'un reportatge.

5. El primer paràgraf del text correspon...

- ☐ a l'entradeta.
- ☐ al desenvolupament.
- ☐ al titular.

6. En quina oració el mot destacat té un ús negatiu?

- ☐ Has vist mai *ningú* amb un tatuatge?
- ☐ T'has fet *mai* un tatuatge?
- ☐ No duc cap tatuatge *enlloc*.

7. Quina oració presenta la veu passiva pronominal?

- ☐ Ara hem fet el camí invers.
- ☐ Ara s'ha fet el camí invers.
- ☐ El camí invers ha estat fet per la societat.
- ☐ La societat ha fet el camí invers.

8. L'autora del text fa servir les cometes per...

- ☐ transcriure literalment les paraules dels entrevistats.
- ☐ fer referència als títols d'articles periodístics.
- ☐ marcar paraules amb un sentit diferent de l'habitual.

9. Copia la frase següent i puntua correctament l'enumeració: «Collins imprimia a la pell motius mariners: còctels, orenetes, tortugues, ukeleles etc...»

____

____

10. Escriu una coma on sigui obligatòria:

a) No et penediràs d'un bon tatuatge.
b) D'un bon tatuatge no te'n penediràs.
c) No te'n penediràs d'un bon tatuatge.

Per escrit

Escriu, en un full a part, una notícia per informar que l'Ajuntament de la teva població vol posar en marxa un curs orientat a joves que volen aprendre la tècnica del tatuatge per trobar feina en l'àmbit de l'art corporal.

De viva veu

Imagina't que, un cop has fet el curs, has trobat feina en un taller de tatuatge. Explica com és el teu primer dia de feina i què n'esperes d'aquesta experiència en el món laboral.

» FEM RÀDIO. L'INFORMATIU

Quan volem estar informats i entendre el que passa al món, busquem informació per internet, mirem els telenotícies, escoltem els programes informatius a la ràdio o llegim el diari.

Aquest projecte té com a finalitat que us convertiu en uns periodistes que transmeten per ràdio un programa informatiu. Els informatius radiofònics consten de notícies d'actualitat que sovint s'amplien en forma de breus reportatges.

En un informatiu radiofònic es fa servir la paraula com a mitjà d'expressió. Per tant, caldrà estar atents tant als continguts (allò que diem) com a la forma expressiva (com ho diem).

Què hem de fer?

1. **Planificar l'informatiu**
   - A. Seleccionar unes quantes notícies interessants i decidir quines poden captar més l'atenció dels oients en un informatiu adreçat a persones de la nostra edat.
   - B. Decidir l'estructura de l'informatiu radiofònic i pensar el muntatge: com arribaran els missatges als nostres receptors i com els comprendran millor per mitjà de les formes sonores.
2. **Redactar les notícies**
   - A. Preparar els textos radiofònics d'acord amb el context comunicatiu (a quin tipus de públic ens adreçarem) i d'acord amb la intenció comunicativa (no és el mateix la voluntat d'informar que la d'entretenir).
   - B. Escriure textos breus, fàcils de comprendre i que ajudin a recordar les informacions, ja que, quan escoltem una notícia, no tenim el text al davant per poder-lo llegir o rellegir si no l'hem entès prou bé.
3. **Elaborar un guió radiofònic**
   Traslladar en un full l'estructura de l'informatiu i tot el muntatge sonor que s'emetrà per ràdio.
4. **Enregistrar l'informatiu**
   Fer de locutors o locutores, enregistrar l'informatiu i publicar-lo perquè es pugui escoltar.

Com ho hem de fer?

1. Organització

Es tracta de fer un treball cooperatiu en grups de quatre o cinc alumnes. Cada grup s'ha de constituir en un consell d'edició del programa radiofònic. Aquest consell ha de proposar, debatre i decidir quins són els fets noticiables més interessants. Després cada grup dissenyarà el muntatge del noticiari: quina estructura tindrà, quines formes sonores el configuraran i quant durarà (entre 5 i 10 minuts). Finalment, distribuïu-vos les tasques següents:

1. Redacteu les notícies d'acord amb el muntatge que teniu pensat. Heu d'adaptar la redacció al llenguatge radiofònic.
2. Elaboreu el guió incorporant-hi els textos que llegireu davant els micròfons. Indiqueu-hi, també, tots els altres elements sonors que emetreu.
3. Enregistreu, seguint les indicacions del guió, l'informatiu amb el programa de gravació i edició d'àudio Audacity. Un cop polit i enllestit, convertiu l'arxiu sonor en un podcast d'àudio (MP3) perquè tota la classe el pugui escoltar des de l'ordinador connectat a internet.

2. Cerca d'informació

En l'espai personal del web *www.barcanova.cat* trobareu les instruccions per fer les diferents tasques:

1. Com cal redactar les notícies radiofòniques.
2. Com es fa el muntatge sonor del programa.
3. Com s'elabora un guió radiofònic.
4. Com s'ha de modular la veu en un informatiu radiofònic.
5. Què cal fer per enregistrar el programa radiofònic i emetre'l en format podcast.

3. Treball escrit

Recordeu que els títols de les notícies han de ser sintètics i interessants. Després dels títols, ve l'entradeta, que conté el nucli de la informació, i, finalment, el cos de la notícia, que n'explica els detalls.

Quan els oients escolten la ràdio, sovint estan conduint, menjant, cuinant, etc. Així doncs, redacteu textos radiofònics que en captin l'atenció i, sobretot, la mantinguin perquè no apaguin la ràdio o canviïn d'emissora.

4. Treball oral

Tingueu en compte que a la ràdio rarament s'improvisa. Per això, abans de llegir les notícies en veu alta, elaboreu un guió del noticiari i llegiu-lo d'una manera natural i espontània, procurant, sobretot, que se us entengui bé. Es tracta que tragueu el màxim de rendiment de la veu, ja que és l'eina bàsica del mitjà radiofònic. D'una banda, la veu ha de garantir la bona comprensió de les notícies i, de l'altra, ha de donar sentit i expressivitat als textos.

Mostra de textos d'un informatiu escolar

Veu en off: Benvinguts a Infotrimestre, el noticiari de Ràdio.Net.

Presentadora: Hola, aquest trimestre ha estat difícil seleccionar només dues notícies entre tanta informació interessant. A veure què en penseu vosaltres.

Avui coneixerem les finalistes catalanes del concurs de tecnologia *Girls for a change*.

Heu sentit a parlar de les *fake news*, les notícies falses que corren per les xarxes socials? Us ajudarem a detectar-les.

Comencem.

Reporter (notícia 1): Cada any, equips de noies d'arreu del món participen en el *Girls for a change*. Es tracta d'inventar solucions per resoldre problemes aplicant la tecnologia. L'equip guanyador anirà fins a Silicon Valley, als Estats Units, on s'han instal·lat molts laboratoris tecnològics i on han nascut empreses gegants com Google o Apple. Tres equips catalans finalistes ens expliquen per a què serveix l'app que han creat. La Lucía i la Irene ens expliquen la seva: «Hem fet una aplicació que es diu *Poop dog*. Quan trobes una caca de gos, l'actives i avisa l'Ajuntament perquè la retirin.»

Ara que ja tenim els carrers nets, escoltem la Laia i la Laura, creadores d'una app que intenta trobar solució a un problema molt seriós. «Hem fet una aplicació contra la violència de gènere. Hi ha moltes aplicacions contra la violència de gènere que activen l'alarma pitjant un botó; la nostra l'activa per veu. Dient una paraula clau que has gravat abans, envia l'alarma als contactes que has triat i al servei d'emergències.»

I, per acabar, una bona idea de la Marta i l'Alba per reciclar l'oli que utilitzem quan cuinem. «La majoria de la gent llença l'oli usat per l'aigüera. El nostre projecte consisteix a repartir bidons per recollir l'oli usat, i tu tries per l'aplicació una data, una hora i un lloc on vols que te'ls recullin.»

Presentadora: Molt bona feina, noies, sou un exemple de creativitat. Us desitgem moltíssima sort.

PRESENTADORA: Segur que per WhatsApp o per internet t'ha arribat alguna notícia molt impactant o que t'ha fet riure. L'has compartida? Abans de fer-ho, t'has aturat a pensar que potser era mentida o, simplement, una broma? No tot el que apareix a internet és real.

REPORTER (notícia 2): Cada dia rebem una allau de missatges per les xarxes socials. Comencem donant unes dades, només d'imatges, que us deixaran bocabadats. Al món cada dia es veuen 10.000 milions de vídeos de Snapchat i 10.000 milions de vídeos de Facebook. A YouTube es visualitzen uns 5 bilions de vídeos al dia. I, atenció, es publiquen 300 hores de vídeo al minut. I a Instagram, què? S'hi publiquen més de 100 milions d'imatges cada dia. Però no tot el que ens arriba, tant d'imatges com de notícies, és real. Us llegim un parell de notícies falses, amb fotografia incorporada, que ens han arribat els darrers dies: «Troben una nova espècie de dinosaure nan que vivia als arbres.» «Tens un patinet elèctric? Oblida-te'n: les vambes "voladores" estan a punt de sortir al mercat. Agafen els 40 km/h.»

Milers de vídeos, d'imatges i de notícies que s'emeten diàriament són mentida. El que busquen és que el màxim de persones les comparteixin. I qui en treu profit? Com podem saber què és veritat i què no? Doncs bé, ens hem de fer una sèrie de preguntes: Has llegit la notícia en algun altre lloc? L'han dita per la televisió o per la ràdio? Ha sortit en el diari? Ho ha dit algú conegut? Si la resposta és no, potser cal investigar una mica. Per començar, s'ha de mirar si la notícia ha aparegut en alguna web que sembla estranya. Ha donat la notícia algú anònim o amb pseudònim? Les fotografies et semblen retocades per ordinador? Si la resposta és sí, tenim motius per pensar que és una informació falsa o que es tracta d'una broma.

Ah, i si encara tens dubtes, continua preguntant!

PRESENTADORA: Per saber més coses sobre la campanya contra els perills d'internet, podeu consultar el web *www.aminomenganyen.cat*.

Avui hem conegut les nostres representants al concurs *Girls for a change* i les seves innovadores aplicacions. També hem reflexionat sobre les informacions falses que corren per la xarxa i com es poden detectar. I per avui acabem. Ens tornem a trobar en el proper Infotrimestre. Adeeeu!

UNITAT 4

LECTURA » *Tristany i Isolda*

LITERATURA » La literatura medieval

LÈXIC I SEMÀNTICA » Les paraules derivades. Els prefixos

GRAMÀTICA » Els temps verbals

ORTOGRAFIA » La síl·laba

Preparem la lectura

1. Llegiu l'apartat «La formació de Tristany» i contesteu: En què es convertirà, Tristany, quan acabi la seva formació?
2. *Tristany i Isolda* és una història d'amor apassionada amb un final tràgic. Què els va passar als dos protagonistes?
3. Intercanvieu comentaris i opinions: Creieu que es pot morir d'amor?

» LECTURA

Tristany i Isolda

L'imaginari medieval ens ha deixat un conjunt de figures que han perdurat fins avui dia. És el cas, per exemple, de Tristany i Isolda, dos personatges units per l'efecte màgic d'un beuratge que simbolitzen l'amor involuntari, irresistible i etern.

L'origen de la història de Tristany i Isolda el trobem en les llegendes cèltiques antigues i en alguns relats escrits en vers del segle XII, els quals només s'han conservat fragmentàriament. És per això que, a finals del segle XIX, Joseph Bédier va decidir escriure'n una versió completa en prosa. A continuació, en llegiràs diversos fragments.

VOCABULARI

Cornualla (en anglès, *Cornwall*). Regió del sud-oest d'Anglaterra, situada a la península del mateix nom. Entre el 800 i el 450 aC fou poblada per tribus cèltiques britàniques.

nova *f.* Notícia.

ai las! *interj.* Expressió usada per lamentar-se.

deslliurar *v.* Parir, tenir una criatura.

festa *f.* Carícia, mostra d'estimació.

ensinistrar *v.* Ajudar a tenir una habilitat manual o a fer un exercici físic.

fossat *m.* Excavació que rodeja un castell, vall.

El naixement de Tristany

Senyores i senyors, us plau de sentir un bell conte d'amor i de mort? És de Tristany i d'Isolda la reina. Escolteu com tots dos, amb gran joia i amb gran dolor, s'estimaren. Després, moren un mateix dia, ell per ella, ella per ell.

En els temps antics, el rei Marc regnava a **Cornualla**. Havent sabut que els seus enemics li movien guerra, Rivalèn, rei de Leonís, travessà el mar per portar-li el seu ajut. Rivalèn serví el rei Marc, com hauria fet un vassall, i ho feu tan fidelment que Marc li donà en recompensa la bella Blancaflor, germana seva, que el rei Rivalèn estimava d'un meravellós amor.

Rivalèn prengué Blancaflor per dona al monestir de Tintagel. Però, tot just l'hagué esposada, **noves** li vingueren, i hagué de partir cap a sostenir la seva guerra. Blancaflor l'esperà molt de temps. Però, **ai las!**, Rivalèn no havia de tornar mai més.

Passat el temps, Blancaflor posà al món un fill, i havent-lo pres entre els seus braços, li digué:

—Fill, molt de temps he desitjat de veure't; i veig la més bella criatura que cap dona hagi engendrat mai. Trista et **deslliuro** i trista et faig la primera **festa**. Per amor de tu tinc una tristesa que em moro. I com que has vingut a la terra amb tristesa, duràs el nom de Tristany.

En haver dit aquests mots, el besà i, tot d'una que el va haver besat, morí.

La formació de Tristany

Al cap de set anys, Tristany fou confiat a un mestre expert, el bon escuder Governal. Governal li ensenyà en pocs anys les arts que convenen als barons. L'**ensinistrà** a fer anar la llança, l'espasa, l'escut i l'arc, a llançar els discos de pedra i a passar d'un bot els **fossats** més amples; l'ensenyà d'avorrir tota mentida i tota deslleialtat, de socórrer els febles i de mantenir la paraula donada; li ensenyà diverses maneres de cant, el maneig de l'arpa i l'art de la caça; i, quan l'infant cavalcava entre els joves escuders, s'hauria dit que el seu cavall, les seves armes i ell no formaven sinó un sol cos.

El rei Marc i el cabell d'or

Hi havia a la cort del rei Marc quatre barons, els més deslleials dels homes, que odiaven Tristany per la seva valentia i per la gran estimació que el rei Marc li tenia.

Els barons instaren el rei Marc de prendre per muller una filla de rei, que li donaria hereus; si **refusava**, ells es retirarien dins dels seus castells per fer-li la guerra.

En aquest instant, per la finestra oberta sobre el mar, dues orenetes que feien el niu entraren barallant-se; després, esverades de cop i volta, desaparegueren. Però dels becs s'havia escapat un llarg cabell de dona, més fi que un fil de seda, que lluïa com un raig de sol. Marc, havent-lo agafat, feu entrar els barons i Tristany, i els digué:

—Per tal de complaure-us, senyors, jo prendré dona, però amb la condició que vulgueu anar a cercar-me la que he triat. He triat aquella de qui fou aquest cabell d'or, i sapigueu que no en vull d'altra. Aquest cabell d'or em ve de la Bella dels cabells d'or; dues orenetes me l'han portat; elles saben de quin país.

Tristany, havent considerat el cabell d'or, somrigué, i parlà així:

—Rei Marc, jo aniré a cercar la Bella dels cabells d'or. Sapigueu que la cerca és perillosa, però jo vull posar per vós el meu cos i la meva vida a l'aventura.

Tristany i el drac

Tristany preparà una nau, hi feu pujar cent joves cavallers i se n'anà cap a Irlanda.

Un matí, a punta de dia, va sentir una veu tan espantosa que qualsevol l'hauria pres pel crit d'un dimoni. Mai no havia sentit una bèstia **esgüellar** d'una **guisa** com aquella, tan horrible i tan meravellosa. Cridà una dona que passava pel port:

—Digueu-me, bona dama —va fer ell—, d'on ve aquesta veu que he sentit?

—Us ho diré sense cap mena d'engany. Ve d'una bèstia fera, la més odiosa que hi hagi al món. Cada dia, **davalla** de la seva cova i s'atura davant una de les portes de la vila. Ningú no en pot sortir, ningú no hi pot entrar, fins que algú no hagi lliurat al dragó una jovencella. I tot d'una que la té entre les urpes, la devora en menys temps que no cal per dir un **parenostre**. El rei d'Irlanda ha proclamat que donarà la seva filla Isolda la **Blonda** a qui mati el monstre.

Tristany deixà la dona i se'n tornà cap a la nau. S'armà en secret, i hauria estat molt bonic veure sortir de la nau un cavall de guerra tan ric i un cavaller tan ben plantat. Però el port era desert.

El monstre s'apropava. Tenia el cap d'una **víbria**, els ulls rojos com carbons encesos, dues banyes al front, les orelles llargues i peludes, urpes de lleó, una cua de serpent i el cos escatós d'un **grifó**.

Tristany llançà contra aquell monstre el seu cavall amb una força tal que, bo i eriçat de **paüra**, botà contra ell. La llança de Tristany topà les escates i volà feta **estelles**. Llavors el drac vomità pels narius un doble raig de flames verinoses: el vestit de malles de Tristany s'ennegrí com un carbó apagat, el seu cavall **s'abaté** i morí. Però, tornant-se a aixecar tot d'una, Tristany enfonsà la seva bona espasa dins la gola del monstre: hi penetrà tota i li **esberlà** el cor en dos trossos. El dragó engegà una darrera vegada el seu crit horrible, i morí.

Tristany i Isolda

Tristany es presentà davant el rei d'Irlanda i parlà així:

—Senyor, he posat el meu cos en perill de mort i us he alliberat del monstre, i vet aquí que he conquerit Isolda la Blonda, la bella. Havent-la conquerida, me l'enduré doncs amb la meva nau. Però, a fi que per les terres d'Irlanda i de Cornualla no s'escampi ja més l'odi, sinó l'amor, sapigueu que el rei Marc, el meu estimat senyor, l'esposarà.

VOCABULARI

refusar *v.* Rebutjar, no acceptar una cosa o una proposta.

esgüellar *v.* Cridar com ho fan els porcs, les rates o els conills.

guisa *f.* Manera.

davallar *v.* Baixar.

parenostre *m.* Oració, pregària.

blond -a *adj.* Ros.

víbria *f.* Animal fabulós en forma de serpent i de drac femella.

grifó *m.* Animal mitològic de cap i ales d'ocell rapaç i cos de lleó, griu.

paüra *f.* Por molt gran.

estella *f.* Fragment que es desprèn d'una fusta en partir-la.

abatre's *v.* Perdre la força, el coratge, etc.

esberlar *v.* Partir una cosa dura en dues o més parts, en especial si es fa d'un cop.

VOCABULARI

ensenyorir-se *v.* Fer-se senyor, amo, d'algú o d'alguna cosa.

filtre *m.* Beuratge màgic, en especial el que desperta la passió amorosa.

amarar *v.* Mullar alguna cosa de manera que el líquid la penetri.

flascó *m.* Vas petit de coll estret.

nupcial *adj.* Del casament, de les noces.

romandre *v.* Restar en un lloc, no anar-se'n.

abastar *v.* Agafar una cosa distant allargant la mà.

esbarzer *m.* Planta semblant al roser que té forts agullons i que fa mores.

llanguir *v.* Patir decaïment, tenir una gran tristesa.

El rei prengué Isolda per la mà i preguntà a Tristany si la conduiria lleialment al seu senyor. Tristany ho jurà. Aleshores el rei posà la mà dreta d'Isolda dins la mà dreta de Tristany i aquest la retingué en senyal que **s'ensenyoria** d'ella en nom del rei de Cornualla.

El filtre d'amor

Quan arribà el temps de lliurar Isolda als cavallers de Cornualla, la seva mare recollí herbes, flors i arrels, les **amarà** amb vi i pastà un beuratge poderós. Havent-lo acabat amb ciència i màgia, l'abocà dins un **flascó** i digué secretament a la serventa Brangiata:

—Filla, has de seguir Isolda al país del rei Marc. Quan vindran la nit **nupcial** i l'instant en què la gent deixa els esposos, abocaràs aquest vi d'herbes dins una copa i la presentaràs al rei Marc i a la reina Isolda perquè la buidin plegats. Tal és la seva virtut: els que en beuran plegats s'estimaran amb tots els sentits i amb tot el pensament, per sempre més, en la vida i en la mort.

La travessia cap a Cornualla

La nau, tallant les onades profundes, s'emportava Isolda. Un dia, els vents caigueren i les veles penjaven desinflades al llarg de l'arbre. Tristany feu prendre terra en una illa i, cansats de la mar, els cent cavallers de Cornualla davallaren a la platja. Isolda havia **romàs** sola a la nau, amb una serventa petita. Tristany vingué on era la reina i s'esforçava de calmar el seu cor. Com que el sol cremava i tenien set, demanaren per beure. La serventa cercà algun beuratge i descobrí el flascó confiat a Brangiata per la mare d'Isolda.

—He trobat vi! —va cridar.

La serventa n'omplí una copa i la presentà a la seva mestressa. Ella en begué uns quants glops; després l'**abastà** Tristany, que la buidà. En aquest instant, Brangiata entrà i els veié que es miraven en silenci, com extraviats i com transportats. A Tristany li semblava que un **esbarzer** vivaç d'espines agudes, de flors oloroses, arrelava dins la sang del seu cor i amb forts lligams enllaçava al bell cos d'Isolda el seu cos i tot el seu pensament, i tot el seu desig.

Brangiata els observava amb angoixa, més cruelment turmentada encara, perquè ella sola sabia quin mal havia desfermat. Dos dies els espià: els veié cercar-se com cecs que caminen a les palpentes, infeliços quan **llanguien** separats, més infeliços encara quan, reunits, tremolaven davant l'horror de la primera confessió.

Quan per primera vegada tots dos assaborien una joia d'amor, Brangiata llançà un crit i, amb la cara vermella de llàgrimes, es tirà als seus peus:

—Malaurats! Detureu-vos, torneu enrere si encara podeu! Però no, el camí és sense retorn, ja la força de l'amor us arrossega i no tindreu mai més cap goig sense dolor. És el vi d'herbes que us posseeix, el beuratge d'amor que la vostra mare, Isolda, m'havia confiat. Només el rei Marc l'havia de beure amb vós; però l'Enemic s'ha burlat de nosaltres tres i sou vosaltres que heu buidat la copa. Pel meu crim, dins la copa maleïda, heu begut l'amor i la mort.

Els enamorats s'estrenyeren i Tristany digué:

—Vingui doncs la mort!

I quan el vespre caigué, damunt la nau que navegava més ràpida cap a la terra del rei Marc, lligats per sempre, s'abandonaren a l'amor.

JOSEPH BÉDIER: *El romanç de Tristany i Isolda* (text adaptat).

» ACTIVITATS

Comprensió lectora

1. Els protagonistes de *Tristany i Isolda* representen la força d'atracció de l'amor. Quina mena d'amor simbolitzen? Subratlla els tres adjectius que el defineixen:

desitjat	*involuntari*	*controlable*
irresistible	*efímer*	*etern*

2. Per què Blancaflor posa el nom de Tristany al seu fill? Tria l'opció adequada i explica'n el motiu:

- ☐ Perquè era el nom del seu pare.
- ☐ Perquè, en tenir-lo, sent una tristesa molt profunda.
- ☐ Perquè era un nom mitològic molt reconegut.

____

____

3. L'escuder Governal s'encarrega de la formació física, moral i artística de Tristany com a cavaller. Quin és el contingut de cadascuna d'aquestes matèries? Completa l'explicació d'acord amb el que diu el text:

La formació física consisteix a fer anar la llança, __________, __________ i __________. La formació moral consisteix a avorrir __________ i __________. I la formació artística consisteix a aprendre diverses maneres de __________ i __________.

4. Com ho fa el rei Marc per triar la dona amb qui vol casar-se? Completa l'explicació:

La seva dona ha de ser la propietària del __________ ____________________.

5. Per què Tristany, arribat a Irlanda, decideix atacar el drac? Quin trofeu espera conquerir? Per a què vol el trofeu? Completa l'explicació:

Tristany decideix atacar el __________ perquè sap que el rei d'__________ ha __________ que lliurarà la seva __________ a qui __________ el drac. Tristany vol __________ la filla del rei, __________, perquè es __________ amb el rei __________ de Cornualla.

6. Qui prepara el beuratge màgic? Quines propietats té aquest beuratge? Per a qui havia de ser?

____

____

____

7. Per què Tristany i Isolda es prenen el beuratge màgic? En coneixien els efectes?

____

____

____

8. Quin efecte provoca el filtre d'amor en Tristany i Isolda? Tria la resposta adequada:

- ☐ Un amor tan irresistible que els durà a acceptar la mort abans de renunciar-hi.
- ☐ Un amor tan irresistible com infeliç que saben que no poden consumar perquè s'han de separar.
- ☐ Un amor irresistible, però infeliç, perquè senten horror d'haver contravingut la voluntat reial.

Anàlisi literària

9. Tot i ser un text escrit, la llegenda de Tristany i Isolda presenta signes d'oralitat, és a dir, de text concebut perquè un joglar el reciti o l'expliqui. Cerca el fragment de la lectura que ho exemplifica.

____

____

____

10. L'episodi de Tristany i el drac té similitud amb el d'una altra llegenda medieval molt divulgada arreu d'Europa. Quina llegenda és? Quines són les coincidències principals entre les dues històries?

____

____

11. La història de Tristany i Isolda se sosté en una sèrie de fenòmens sobrenaturals que modifiquen la conducta dels personatges. Explica quin fenomen màgic és la causa de cadascun dels fets següents:

a) El rei Marc pren la decisió de casar-se.

____

____

b) Tristany obté el trofeu del rei d'Irlanda.

____

____

c) Neix l'amor etern entre els protagonistes.

____

____

Paraules i expressions

12. En el llenguatge poètic d'aquesta llegenda hi abunden les figures retòriques. Relaciona les formes següents amb les expressions equivalents del text: *fer-se un petó*, *no casar-se*, *atacar*, *fer-se fosc*, *no vigilar prou*, *arriscar-se*:

Moure guerra.	
No entrar cap dona al llit.	
Posar el cos i la vida a l'aventura.	
Assaborir una joia d'amor.	
Fer mala guarda.	
Caure el vespre.	

13. Hi ha expressions que denoten la gran desigualtat que hi havia entre homes i dones en la societat feudal. Relaciona la concepció de les expressions de la primera llista amb les explicacions de la segona.

- ☐ Els barons instaren el rei Marc a *prendre per muller* una filla de rei, que li *donaria hereus*.
- ☐ El rei *donarà la seva filla* Isolda la Blonda a qui mati el monstre.
- ☐ *He conquerit* Isolda la Blonda. *Me l'enduré* doncs amb la meva nau.
- ☐ Tristany la retingué en senyal que *s'ensenyoria d'ella*.

1. La dona és vista com una possessió, com un objecte conquerit.
2. La dona és vista com un trofeu que s'atorga a qui superi una prova.
3. La funció bàsica de la dona és donar descendència.
4. L'home domina la dona, se l'apropia com si fos un objecte.

Expressió oral

14. Les llegendes i les rondalles són fruit d'una època i d'una mentalitat determinades. Per tant, les podem valorar per les seves qualitats literàries sense estar a favor de la ideologia que manifesten.

Organitzeu entre tots un debat sobre els rols o els papers dels personatges masculins i dels personatges femenins en les llegendes i les rondalles (en trobareu algunes en l'espai personal del web *www.barcanova.cat*).

Creació literària

15. Els protagonistes de *Tristany i Isolda* són víctimes del beuratge màgic, que els lliga per sempre contra la seva voluntat. Escriu, en un full a part, un breu diàleg entre aquests dos personatges en què es manifestin les seves sensacions d'estranyesa pel que els està passant. Pots començar com t'indiquem a continuació:

—Tristany, no sé què em passa. Des que he begut aquest vi, tinc una sensació estranya, com si...

» LITERATURA

1. La literatura medieval

El **feudalisme** és el nom amb què es coneix el model de societat que va configurar l'època medieval, que se sostenia en els pactes de **vassallatge**: els vassalls juraven **fidelitat** als nobles d'estament superior i es comprometien a ajudar-los en la pau i en la guerra. Aquest sistema social va fomentar la construcció de **palaus** i **castells**, on vivien els nobles. Els nobles medievals eren sobretot guerrers, però al si de les **corts** d'alguns reis i d'alguns comtes s'hi va crear una **cultura singular**, caracteritzada per la cortesia, la música i la creació literària.

GRANS FITES DE LA LITERATURA MEDIEVAL	
1. Les cançons dels trobadors i els joglars	Els trobadors eren músics i poetes que componien les cançons que cantaven els joglars a les corts dels palaus i dels castells o a la plaça dels pobles. Els gèneres trobadorescos més importants són la cançó d'amor cortès, l'alba, el sirventès i el plany.
2. Les cançons de gesta	Les cançons de gesta són poemes èpics que exalten els cavallers que havien lluitat amb gran coratge, principalment en les guerres contra els sarraïns. Els joglars les cantaven per fer créixer la fama de l'heroi i fer conèixer les seves virtuts entre la població.
3. Les novel·les artúriques	Les novel·les artúriques són narracions en vers que expliquen la vida de cavallers errants que anaven a la recerca d'aventures fantàstiques i lluitaven contra malvats i encantaments estranys. Sovint, els cavallers perseguien fer mèrits per obtenir l'amor de la seva dama.
4. Les novel·les cavalleresques	Les novel·les cavalleresques són narracions que estaven inspirades en la realitat de l'època (segles XIV i XV) i que, per tant, expliquen les aventures i els amors d'uns cavallers amb atributs humans. Es tracta, doncs, d'obres versemblants, que narren fets creïbles.

L'origen de la cavalleria segons Ramon Llull

Va arribar un dia en què els valors de la justícia, la veritat i la lleialtat van desaparèixer del món. Aleshores es van estendre pertot arreu la injustícia, la falsedat i la traïció. Així fou com el poble de Déu va caure en l'error i la confusió.

Tanmateix, els humans van sentir la necessitat de recuperar els valors perduts i tornar-los al seu lloc. I, per aconseguir-ho, van formar comunitats de mil persones i, de cada comunitat de mil, van triar l'home més amable, més savi, més lleial i més fort. En acabat, van cercar l'animal més bell, més ràpid, més resistent en la feina i més fidel a l'home, i convingueren que l'animal més noble era el cavall. Per això van donar un cavall a cadascun dels homes elegits i, en conseqüència, els van anomenar *cavallers*.

Un cop tingueren els homes més nobles muntats sobre els animals més dignes, van cercar les armes més adequades perquè els cavallers poguessin combatre els enemics. Amb l'espasa, que és el símbol de la creu de Jesucrist, han de vèncer els enemics de la creu i han d'imposar la justícia; amb la llança, que representa la força, han d'imposar la veritat sobre l'engany, i amb l'escut, que porta la insígnia del propi ofici, han de parar els cops dels enemics.

Aquell qui vulgui formar part de l'orde de cavalleria ha de conèixer com i per què es va instaurar, i ha de ser un home noble disposat a dedicar tota la seva existència a defensar els valors pels quals va néixer la institució de Cavalleria.

RAMON LLULL: *Llibre de l'orde de cavalleria* (text adaptat).

» ACTIVITATS

La literatura medieval

16. Com s'anomena el sistema polític i socioeconòmic que es basava en els pactes de vassallatge? Què juraven els vassalls?

17. Quina diferència hi havia entre els trobadors i els joglars?

18. Escriu el nom de cadascun d'aquests gèneres medievals al costat de la definició corresponent: *cançons de gesta*, *novel·les artúriques*, *novel·les cavalleresques*:

a) Narracions en vers adreçades a un públic refinat i cortesà que expliquen les aventures heroiques, amb elements fantàstics, d'uns cavallers errants que són fidels a l'honor, a l'amor i a uns ideals espirituals:

b) Narracions en prosa que pretenen reflectir el món real dels cavallers de l'època; els cavallers presenten atributs humans i les accions són versemblants:

c) Poemes èpics medievals per ser recitats o cantats, que narren els fets extraordinaris d'herois que s'han convertit en llegendes populars i nacionals:

19. Els cavallers eren considerats un grup privilegiat en la societat feudal, amb la missió de defensar uns valors socials i religiosos. Segons Ramon Llull, quins valors havien de defensar els cavallers? A qui havien de vèncer amb l'espasa?

20. Assenyala quines d'aquestes característiques s'associen a la cavalleria:

☐ avarícia	☐ justícia	☐ noblesa
☐ dignitat	☐ hipocresia	☐ indecisió
☐ força	☐ deslleialtat	☐ falsedat
☐ traïdoria	☐ vilesa	☐ coratge
☐ audàcia	☐ debilitat	☐ saviesa

21. Llegeix aquest text i, amb l'ajut d'internet, respon a les preguntes que hi ha a continuació:

> En el seu text Ramon Llull ens fa una explicació idealitzada de l'origen de la cavalleria. Però, de fet, l'origen dels ordes de cavalleria el trobem en els ordes militars i religiosos que, sota les ordres del papa i dels reis de la cristiandat, van lluitar en les croades per conquerir Jerusalem i per protegir els pelegrins que anaven a Terra Santa, principalment durant els segles XI, XII i XIII.

a) Explica breument què eren les croades.

b) Busca el nom de tres ordes militars medievals i escriu-los.

1.1. La novel·la artúrica

El monjo gal·lès Geoffrey de Monmouth va escriure l'any 1135 la *Història dels reis de Bretanya*, una **història llegendària** de la Gran Bretanya que ens parla d'un heroi del segle VI anomenat **Artur** (o Artús), que, amb una espasa màgica i una força extraordinària, vencé els saxons i fou coronat rei.

Aquest rei, del qual no es té certesa històrica, es va convertir en el protagonista de llegendes orals i de relats escrits (anomenats *romans*), els quals van formar la **novel·la artúrica** o **matèria de Bretanya**, un gènere literari conreat entre els segles XII i XV, principalment a França, que es caracteritza per narrar les aventures i els amors d'uns cavallers totalment idealitzats.

PER SABER-NE MÉS

La literatura catalana té diversos relats del segle XIV que s'inscriuen dins el gènere de la novel·la artúrica. Els més destacats són *La Faula* de Guillem de Torroella i *Blandín de Cornualla*, d'autor anònim.

PERSONATGES MÉS DESTACATS DE LA NOVEL·LA ARTÚRICA

ARTUR	Rei virtuós, principal defensor dels valors cavallerescos. Va crear la institució dels Cavallers de la Taula Rodona, que simbolitza la igualtat i la fraternitat entre tots els cavallers.
MERLÍ	Mag que fa de protector i conseller del rei Artur.
GINEBRA	Esposa del rei Artur. Manté una relació d'adulteri amb el cavaller Lancelot, amic del rei.
LANCELOT	Un dels cavallers de la Taula Rodona, amic del rei Artur i amant de la reina Ginebra.
PERCEVAL	Un dels cavallers de la Taula Rodona, protagonista principal de la recerca del Sant Greal (el calze utilitzat per Jesucrist en el Sant Sopar).
TRISTANY I ISOLDA	Amants inseparables a causa d'un beuratge que es prenen accidentalment.
MORGANA	Bruixa o fetillera que representa el mal, l'odi i la venjança.

1.2. Chrétien de Troyes

Chrétien de Troyes (1135-1190) és un **autor cabdal** en la configuració de la **novel·la artúrica**. Les seves obres es poden classificar en dos grups: les **novel·les d'aventures**, en què el cavaller ha de superar un seguit de **proves** per demostrar el seu **valor** (com *Erec i Enida*), i les **novel·les de recerca**, en què el cavaller cerca un **objecte meravellós** o bé una **persona segrestada** o **perduda** (com *El conte del greal*).

VOCABULARI

justa *f.* Combat a cavall, d'home a home, amb la llança, en un torneig.

esquer *m.* Allò que atrau, que desperta la cobejança o el desig.

Argument d'*Erec i Enida*

Erec i Enida, després de casar-se, abandonen la cort del rei Artur i viuen dedicats intensament al seu amor. Però els amics murmuren perquè Erec ha oblidat dels seus deures de cavaller: el maneig de les armes, les **justes**, les aventures pels camins... Enida s'adona de l'error del seu marit i així li ho manifesta.

Aleshores Erec, per recuperar el prestigi, obliga Enida a posar-se els vestits més elegants i les joies més valuoses, i tots dos emprenen un llarg viatge per terres hostils i solitàries. Ella va davant en silenci i esdevé l'**esquer** de lladres i cavallers malvats que, atrets per la seva bellesa i per la riquesa dels vestits i les joies que du, li cauen al damunt. Erec, armat amb les millors de les seves armes, va darrere d'Enida i la defensa eficaçment de tots els atacs. D'aquesta manera Erec demostra el seu valor i recupera el prestigi de cavaller virtuós davant els ulls de la seva esposa i dels cavallers de la cort.

» ACTIVITATS

La novel·la artúrica

22. Completa la definició de novel·la artúrica:

La novel·la artúrica o matèria de ________ *és un* ________ *literari conreat entre el segle* ____ *i el segle* ____, *principalment a* ________, *que es caracteritza per narrar les* ________ *i els amors d'uns* ________ *totalment* ________.

23. Assenyala quins d'aquests personatges pertanyen a la tradició de la novel·la artúrica:

- [ ] Merlí
- [ ] Romeu
- [ ] Isolda
- [ ] Creont
- [ ] Blandín
- [ ] Tirant lo Blanc
- [ ] Ginebra
- [ ] Tristany
- [ ] Lear

Chrétien de Troyes

24. D'acord amb l'argument, les obres de Chrétien de Troyes es classifiquen en dos grups. Explica breument quins són.

____

____

____

____

25. Com ho fa Erec per recuperar el prestigi de cavaller virtuós i demostrar el seu valor?

____

____

____

____

26. Llegeix el resum següent de l'argument de la novel·la de Chrétien de Troyes *El conte del greal*. Després, respon a les preguntes que hi ha a continuació.

> Perceval és un vailet criat al bosc, lluny de la civilització, per voluntat expressa de la seva mare, la Dama Viuda. Un dia, quan ja té tretze anys, arriben a la seva contrada cinc cavallers, que li parlen del servei de les armes i del rei Artur. Meravellat pel descobriment, abandona la seva mare per començar una vida de cavaller.
>
> Un cop ja s'ha convertit en cavaller, Perceval retorna a casa per visitar la seva mare, però en el trajecte troba un castell misteriós, on hi presencia un ritual al·legòric, que no sap interpretar, i descobreix una llança que regalima sang i el greal. L'endemà no troba ningú al castell i decideix seguir el camí. De seguida apareix una donzella que li fa comprendre el seu error: si hagués preguntat què significaven la llança (la passió de Jesucrist) i el greal (l'eucaristia), el rei del castell, que era paralític, hauria recobrat la salut i el seu reialme. La donzella fa saber després a Perceval que la seva mare és morta: va morir en el mateix instant que ell l'havia abandonada per fer-se cavaller.
>
> CHRÉTIEN DE TROYES: *El conte del greal.*

a) *El conte del greal* és una novel·la d'aventures o de recerca? Justifica la teva resposta.

____

____

____

b) Quines característiques de la novel·la artúrica detectes en l'argument?

____

____

____

c) Com creus que reacciona Perceval en saber que la seva mare va morir tot just ell la va abandonar? Escriu un breu monòleg en què expressi la seva reacció. Fes servir les paraules *culpa*, *pecat*, *cavaller*, *amor*, *perdó* i *agraïment*.

____

____

____

____

1.3. Joanot Martorell

Joanot Martorell (1413-1468) fou un **cavaller valencià** autor d'una de les novel·les de cavallers més importants: ***Tirant lo Blanc***. Aquesta obra ja no s'inscriu en el gènere de la novel·la artúrica, ja que té una sèrie de característiques que la fan més moderna; per això diem que *Tirant lo Blanc* pertany a un gènere nou, la **novel·la cavalleresca**.

NOVEL·LA ARTÚRICA
1. Narra **històries increïbles** o **fantasioses** en què els cavallers s'han d'enfrontar a forces màgiques o extraordinàries.
2. Els cavallers han de demostrar el seu valor per mitjà d'**aventures** i **justes**; només així podran aconseguir l'amor de la dama estimada.
3. Les aventures protagonitzades pels cavallers tenen lloc en **espais exòtics** i en **èpoques remotes**.

NOVEL·LA CAVALLERESCA
1. Narra **històries creïbles** o **realistes** en què els cavallers es comporten de manera semblant a com ho feien els cavallers de l'època.
2. Els cavallers han de demostrar el seu valor per mitjà de l'**estratègia militar**. Per aconseguir l'amor d'una dama, l'han de seduir.
3. Les accions que protagonitzen els cavallers tenen lloc en **països coneguts i en èpoques recents**.

El fragment següent de *Tirant lo Blanc* recull una de les anècdotes més conegudes de l'obra. Tirant ha anat a **Constantinoble** per defensar l'imperi cristià de l'atac dels turcs i l'emperador li dona el comandament de l'exèrcit. Però abans d'anar a la guerra, Tirant vol saludar i conèixer la **família de l'emperador**, que roman tancada en una habitació fosca en senyal de dol per la mort del fill. Aleshores, Tirant veu per primer cop la **princesa Carmesina**.

Tirant coneix la princesa Carmesina

—Senyor —parlà Tirant—, doneu-me llicència que pugui anar a fer reverència a la senyora emperadriu i a sa cara filla, la princesa...

Llavors el duc de Macedònia s'avançà furiós i cridà:

—No pot ser! L'emperadriu i la princesa Carmesina porten dol per la mort del príncep i ningú no pot veure-les. S'estan, com és degut, totes vestides de drap negre, en la foscor, car totes les finestres són tancades.

L'emperador s'alçà del seu tron i digué:

—El capità major té poder per obrir les finestres i llevar-los el dol que porten. A més que ja fa prou temps que ploren la mort del fill i germà.

Tirant prengué una torxa i es dirigí a la cambra on hi havia reunides la senyora reina, la princesa Carmesina i totes les seves dames. Malgrat la torxa que duia a la mà, la foscor era tanta que amb prou feines si es veien unes ombres que es movien lentament. Tirant, sorprès de tanta foscor, augmentada per les vestidures negres, temia topar amb qualsevulla d'aquelles dames o trepitjar-la, i per això digué:

—Per fe he de creure que aquella és la senyora emperadriu, perquè res no veig.

I fent ús de l'autoritat que l'emperador li havia atorgat, anà a una finestra i l'obrí de bat a bat. I entrà un raig de llum resplendent que il·luminà de ple la princesa Carmesina, que mig jeia sobre coixins de seda negra. I per culpa de la molta calor que feia dins la cambra, la princesa s'havia descordat el vestit, i Tirant va veure els dos pits de la princesa, semblants a dues pomes cristal·lines. I els ulls de Tirant quedaren empresonats i ja mai més se'n pogueren eixir.

JOANOT MARTORELL: *Tirant lo Blanc.*

» ACTIVITATS

Joanot Martorell

27. Classifica les característiques següents segons que corresponguin a la novel·la artúrica o a la cavalleresca:

- històries fantàstiques / històries realistes
- estratègia militar / aventures i justes
- seducció i enamorament / mèrits en les aventures per aconseguir la dama
- països coneguts / indrets exòtics
- èpoques remotes / èpoques recents

Novel·la artúrica	Novel·la cavalleresca

28. Llegeix el fragment «Tirant coneix la princesa Carmesina» de la pàgina anterior i, després, contesta les preguntes següents:

a) Per què Tirant ha anat a Constantinoble?

b) Quin càrrec dona l'emperador a Tirant?

c) Per què l'emperadriu i la princesa guarden dol?

d) Com guarden aquest dol?

e) Quin poder (o autoritat) atorga l'emperador a Tirant?

f) Com expressa, el narrador, l'enamorament sobtat de Tirant?

g) Quants personatges intervenen en el fragment? Anomena'ls:

29. Explica amb les teves paraules les expressions següents:

a) donar llicència a algú:

b) anar a fer reverència a algú:

c) portar dol per la mort d'algú:

d) obrir de bat a bat:

30. Escriu l'antònim de les paraules següents:

furiós →

foscor →

tancades →

lentament →

augmentada →

descordat →

empresonats →

eixir →

» LÈXIC I SEMÀNTICA

1. Les paraules derivades. Els prefixos

La **derivació** és un mecanisme per modificar el significat d'algunes paraules o per obtenir-ne de noves. Fixa't en aquests exemples:

Una persona ***molt sensible*** *és una persona* ***hipersensible****.*

Un fruit ***bonyegut*** *és un fruit que té* ***bonys****.*

El codony és un fruit **bonyegut**.

Els adjectius *hipersensible* i *bonyegut* són paraules derivades: s'han creat adjuntant un afix davant la base lèxica (***hiper****-sensible*) en el primer cas, i dos afixos darrere la base (*bony-****eg****-****ut***) en el segon cas.

Els afixos que anteposem a la base lèxica (com *hiper-*) s'anomenen **prefixos** i els afixos que posem darrere la base (com *-eg-ut*) s'anomenen **sufixos**.

1.1. Derivats per prefixació

La **prefixació** és un procés de formació de paraules derivades que consisteix a adjuntar un prefix a la base lèxica d'un nom, un adjectiu o un verb:

avantatge → ***des****avantatge*	*marí* → ***sub****marí*	*existir* → ***co****existir*
N → N	Adj → Adj	V → V

La majoria dels prefixos, com acabem de veure, no canvien la categoria de la base lèxica: *desavantatge*, *submarí* i *coexistir* tenen la mateixa categoria lèxica de la base (*avantatge*, *marí*, *existir*). Tanmateix, hi ha un petit grup de prefixos que formen paraules noves amb una categoria diferent que la de la base:

PER SABER-NE MÉS

Alguns verbs derivats per prefixació incorporen alhora un sufix entre la base i la terminació verbal:

crit → ***es****crid****assar***
mica → ***es****mic****olar***
ferro → ***a****ferr****issar***

La formació de paraules derivades per addició simultània d'un prefix i un sufix s'anomena ***parasíntesi*** i les paraules que se'n deriven, ***parasintètiques***.

PREFIXOS QUE CANVIEN LA CATEGORIA LÈXICA EN DERIVATS VERBALS

PREFIXOS	SIGNIFICAT	EXEMPLES
a- **en-** [o **em-**] **es-** **re-** [o **res-**] **des-** [o **de-**] **in-**	accions que expressen un procés ('posar en estat de', 'posar dins', 'reiterar'...) o una acció contrària	*consell* → ***a****consellar; lluny* → ***a****llunyar* *orgull* → ***en****orgullir-se; brut* → ***em****brutar* *cabell* → ***es****cabellar; bri* → ***es****brinar* *fred* → ***re****fredar; so* → ***res****sonar* *nata* → ***des****natar; sang* → ***des****sagnar* *crim* → ***in****criminar; tímid* → ***in****timidar*

BARCANOVA EDITORIAL

» ACTIVITATS

Els prefixos

31. Completa les paraules destacades en cursiva de les frases següents d'acord amb les definicions que hi ha entre claudàtors:

a) Hi havia a la cort del rei Marc quatre barons, els més ______ *lleials* dels homes [que no guarden la llei deguda].

b) Allà hi havia un ______ *llum* ______ ament tan gran com el que podrien fer cent candeles en un estatge [l'efecte d'enllumenar].

32. Completa les frases següents referents a l'activitat anterior:

a) Les paraules ______ i ______ són paraules ______ perquè s'han format amb afixos derivatius; la primera, amb el ______ *des-* i el sufix *-al* i la segona, amb el ______ *en-*, l'infix *-en-* i el ______ *-ament*.

b) Els afixos derivatius que anteposem a una base lèxica (com ______ o *en-*) s'anomenen ______ i els afixos que intercalem entre la base i un ______ (com *-al*, *en-* o *-ament*) reben el nom de ______.

Derivats per prefixació

33. Subratlla el mot derivat per prefixació de cada parella d'expressions i, després, copia'l separant el prefix de la base lèxica amb un guionet. Per exemple:

moviment continu / *moviment* discontinu → *dis-continu*

a) *aclarir* els dubtes / fer més *clar* un concepte

→ ______

b) energia *nuclear* / manifestació *antinuclear*

→ ______

c) *contrarestar* l'atac / *restar* les despeses

→ ______

d) *aprofundir* la mina / un pou molt *profund*

→ ______

e) *transfusió* de sang / temperatura de *fusió*

→ ______

f) servei *postvenda* / *venda* a l'engròs

→ ______

g) *allunyar* els mals / veure'ls d'un tros *lluny*

→ ______

34. Forma amb els prefixos *a-* (*as-* davant *s*) i *en-* (*em-* davant *b*, *m*, *p*) els verbs que corresponen a les definicions que hi ha a continuació. Per exemple:

Ajudar, protegir, obrar a favor (d'algú). → ***a****favorir*

a) Fer tornar fosc. → ______

b) Gustar lentament (un menjar o una beguda) per sentir-ne bé el sabor. → ______

c) Embolicar, aguantar, tapar, amb una bena.

→ ______

d) Mostrar o designar amb el dit o fent qualsevol altre senyal. → ______

e) Fer posar malalt. → ______

f) Posar-se de genolls. → ______

g) Fer més lleuger, treure un pes o una càrrega. →

______

h) Fer-se passar (quelcom) gola avall, de la boca a l'esòfag. → ______

i) Tornar-se pàl·lid. → ______

Pel que fa als prefixos que no canvien la categoria lèxica de la base, aquests són els més productius:

PREFIXOS QUE NO CANVIEN LA CATEGORIA LÈXICA

PREFIXOS	SIGNIFICAT	EXEMPLES
a- [o **an-**] / **des-** [o **dis-**] / **in-** [o **im-**, o **ir-**, o **il-**] / **no-**	negació	***a**simètric; **an**alfabet / **des**avantatge; **dis**continu / **in**necessari; **im**mòbil; **ir**regular; **il**·lògic / **no**-violència*
anti- / **contra-**	oposició	***anti**aeri / **contra**indicat*
re- [o **res-**] / **bes-** / **bi-** [o **bis-**]	repetició o duplicació	***re**caure; **res**seguir / **bes**avi / **bi**lateral; **bis**anual*
ben- / **mal-** / **menys-**	valoració	***ben**estar / **mal**criar / **menys**preu*
sobre- [o **super-**] / **re-** [o **res-**] / **ultra-** / **hiper-** / **extra-** / **multi-**	intensitat, grau o quantitat	***sobre**viure; **super**vivent / **re**baixar; **res**saltar / **ultra**dreta / **hiper**mercat / **extra**plà / **multi**nacional*
entre- [o **inter-**, o **intra-**] / **extra-** / **sobre-** / **sota-** [o **sub-**, o **sots-**] / **trans-** / **ultra-** / **ante-** [o **avant-**] / **post-** / **pre-**	posició real o figurada	***entre**pà; **inter**posar; **intra**venós / **extra**ordinari / **sobre**sortir / **sota**bosc; **sub**delegat; **sots**delegat / **trans**atlàntic / **ultra**mar / **ante**penúltim; **avant**passat / **post**part / **pre**història*
con- [o **com-**, o **cor-**, o **col-**, o **co-**]	'en comú'	***con**viure; **com**memorar; **cor**relació; **col**·laborar; **co**existir*
ex-	'deixar de ser'	***ex**ministre; **ex**president*
neo-	'nou, recent'	***neo**clàssic; **neo**romanticisme*
semi-	'quasi´	***semi**cercle; **semi**sec*
pseudo-	'fals'	***pseudo**derivat*
pro-	'a favor de'	***pro**americà*

La derivació és un **procés recursiu**, és a dir, que es pot repetir diverses vegades; per aquest motiu és possible trobar paraules amb diversos afixos. Per exemple:

ciutat → ciutadà → ciutadania   *terra → **en**terrar → **des**enterrar*

PER SABER-NE MÉS

En català hi ha moltes **paraules cultes**, d'origen llatí o grec, formades en aquestes llengües amb algun prefix. Actualment, són paraules que no es poden desglossar, perquè el terme que resta després de separar-ne el prefix no existeix en català: ***ante**cedent*, ***as**cendir*, ***des**cendir*, ***ex**hibir*, ***in**cògnit*, etc.

» ACTIVITATS

Prefixos que no canvien la categoria

35. Classifica en la taula que hi ha a continuació les paraules derivades següents segons el significat que aporta el prefix i subratlla'l: *exdiputat, apolític, contradir, indecent, rellogar, antiaeri, besavi, hiperactiu, reescalfar, bimensual, entresol, extraplà, avantbraç, exmarit, sobrenatural, antesala, neoliberal, postvenda, neofeixisme, preacord, pseudoderivat, semicercle, proxinès, semifinal, pseudoprofeta, proamericà*.

Significat del prefix	Paraules amb prefix
negació	______ / ______
oposició	______ / ______
repetició	______ / ______
duplicació	______ / ______
intensitat o grau	______ / ______
posició real o figurada	______ / ______
'mig', 'quasi'	______ / ______
'deixar de ser'	______ / ______
'nou', 'recent'	______ / ______
'fals'	______ / ______
'a favor de'	______ / ______

36. El prefix *in-* presenta diverses variacions fonètiques i ortogràfiques: *im-* (davant *b*, *m*, *p*), *ir-* (davant *r*), *il·l-* (en lloc de *l* o *ll*). Forma els derivats corresponents. Per exemple:

guanys legals → *guanys **il·l**egals*

a) tracte admissible → ______

b) béns mobles → ______

c) deducció racional → ______

d) programa coherent → ______

e) noms llegibles → ______

f) persona reflexiva → ______

37. Amb els prefixos *poli-*, *multi-*, *bi-*, *co-*, *sub-*, *trans-*, *ex-*, per aquest ordre, escriu els noms, els adjectius o els verbs que corresponen a les definicions que hi ha a continuació. Per exemple:

Pavelló on es poden practicar diversos esports → *Pavelló poliesportiu*

a) Flor que té molts colors. →

Flor ______

b) Lent que té dos focus. →

Lent ______

c) Habitar en comú, fer vida comuna. →

______

d) Cable que és sota la superfície del mar. →

Cable ______

e) Fer passar d'una forma a una altra. →

______

f) Alumne que ho ha deixat de ser. →

______

38. Classifica les paraules següents segons si tenen prefix o no en tenen: *immadur, emirat, emmudir, autobiografia, autoritat, commovedor, terrenal, semicercle, prehistòric, precipici, presentar, pastisser*.

Paraules amb prefix	Paraules sense prefix

» GRAMÀTICA

1. Els temps verbals

1.1. Els temps de l'indicatiu

El **mode indicatiu** s'utilitza per expressar situacions i esdeveniments reals i objectius. Està format per sis temps simples i els seus corresponents sis temps compostos.

USOS BÀSICS DE L'INDICATIU

TEMPS VERBALS	USOS	EXEMPLES
Present *canta*	Fet que passa quan s'emet el missatge.	*Aquí ara **plou** a bots i barrals.*
	Fet habitual.	*La Natàlia **es lleva** a les set.*
	Fet admès científicament.	*Els lleons **són** carnívors.*
	Fet hipotètic introduït per ***si***.	*Si **vens** demà, pintarem l'habitació.*
	Notícia recent (titular).	*Un vaixell **naufraga** en alta mar.*
	Fet planificat per a un futur.	*Demà **se'n van** a Tailàndia.*
Passat *cantà, van cantar*	Fet passat no vinculat al present (*ahir, dilluns passat, l'any passat...*).	*Ahir **veiérem / vam veure** un isard.*
Perfet *ha cantat*	Fet passat vinculat al moment present (*avui, aquesta setmana, aquest any...*).	*Avui **hem vist** un cabirol.*
	Fet posterior a un moment del passat.	*Aquest avet **ha crescut** molt.*
Imperfet *cantava*	Fet en desenvolupament simultani a un moment del passat (*aleshores*).	*Quan en Pol va néixer, la Glòria ja **vivia** a Londres.*
Plusquamperfet *havia cantat*	Fet anterior a un moment del passat (*aleshores*).	*Quan la Glòria se'n va anar a Londres, la Mai ja **havia nascut**.*
Passat anterior *hagué cantat* *va haver cantat*	Fet del passat immediatament anterior a un altre.	*Tan bon punt **va haver acabat / hagué acabat** l'exposició del treball, tot el públic el va aplaudir.*
Futur *cantarà*	Fet que passarà en el futur.	*Demà **anirem** a la platja.*
Futur perfet *haurà cantat*	Fet anterior a un moment del futur (*quan arribarà aquell moment*).	*Quan tu faràs vint anys, jo ja n'**hauré fet** seixanta.*

Condicional *cantaria*	Fet posterior a un moment del passat.	*La setmana passada ens va dir que* ***vindria*** *amb avió.*
	Fet difícilment realitzable a causa d'una condició hipotètica.	*Si ens toqués la loteria,* ***ens n'aniríem*** *de viatge.*
Condicional perfet *hauria cantat*	Fet del passat que no es va realitzar perquè no s'havia complert una condició prèvia.	*Si m'haguéssiu avisat,* ***hauria vingut*** *a ajudar-vos.*

» ACTIVITATS

Els temps de l'indicatiu

39. Relaciona cada oració amb el tipus d'esdeveniment que expressa el temps present d'indicatiu:

fet que s'esdevé ara • fet habitual
fet hipotètic en un futur
fet admès científicament • acció planificada per al futur • notícia recent (titular)

a) La carnisseria *obre* a un quart de deu.

____

b) Les serps *cacen* talps i ratolins.

____

c) *Sento* un soroll estrany a dins de la calaixera.

____

d) Si demà et *lleves* ben d'hora, veuràs sortir el sol.

____

e) Un cotxe *atropella* un ciclista en una rotonda.

____

f) El mes vinent *comencen* les obres.

____

40. Subratlla la forma verbal adequada a la situació que indica el context en casdascun del parell d'oracions següents.

a) 1. Aquest any *ha plogut / va ploure* més que l'any passat.
   2. L'any passat *ha plogut / va ploure* menys que aquest any.

b) 1. Ahir *plovia / va ploure* tot el dia.
   2. A mitjanit encara *plovia / va ploure*.

c) 1. A la mitja part ja *hem marcat / havíem marcat* tres gols.
   2. I a la segona part *hem fet / havíem fet* tres gols més.

d) 1. Si esperes la setmana vinent, els ocells ja *s'haurien menjat / s'hauran menjat* les cireres.
   2. Si haguéssim esperat uns quants dies més, els ocells ja *s'haurien menjat / s'hauran menjat* les cireres.

e) 1. Si reguessis l'herba, *creixeria / hauria crescut* de seguida.
   2. Si haguessis regat l'herba, *creixeria / hauria crescut* de seguida.

41. Escriu la forma verbal adequada en cada cas:

a) *Quan vaig arribar* a casa, l'Enric ______________ (*dormir*) tranquil·lament al sofà.

b) *Em va prometre* que ______________ (*ajudar-me*).

c) *Quan vaig arribar* al pavelló, el partit ja ______________ (*començar*).

d) *Aquest matí* la Roser no ______________ (*anar*) a treballar perquè ______________ (*tenir*) febre.

e) Em va dir que, *quan arribéssim*, els avis ja ______________ (*anar-se'n*).

f) *El mes passat*, l'alcaldessa ______________ (*inaugurar*) la biblioteca.

1.2. Els temps del subjuntiu i l'imperatiu

El **mode subjuntiu** s'utilitza per expressar valors de **possibilitat** (*és possible que* ***vinguin*** *demà*), **dubte** (*dubto que ho* ***acceptin***), **desig** (*m'agradaria que* ***vinguéssiu***), **temença** (*temo que no* ***pugui*** *venir*) o **necessitat** (*no cal que hi* ***vagis***).

El **mode imperatiu** permet expressar ordres, consells o precs. Per exemple:

Tanqueu *la porta, sisplau.*

Renteu-vos *les dents després de cada àpat.*

USOS BÀSICS DEL SUBJUNTIU

TEMPS VERBALS	USOS	EXEMPLES
Present *canti*	Fet hipotètic del present.	*Desitjo que* ***estiguis*** *millor.*
	Fet hipotètic del futur.	*És possible que* ***arribi*** *demà.*
	Fet ordenat o desitjat.	*Que* ***se'n vagi****!*
	Prohibició (modalitat imperativa).	*No* ***obris*** *la porta a ningú.*
Perfet *hagi cantat*	Fet anterior vinculat al moment actual.	*Em sap greu que no t'****hagin admès****.*
	Fet hipotètic futur anterior a una altra acció futura.	*Quan* ***hagis acabat****, avisa'm.*
Imperfet *cantés*	Fet del passat.	*Em sabia greu que no* ***poguessis*** *venir.*
	Fet desitjat.	*Tant de bo que* ***se n'anés****.*
	Prohibició emfàtica.	*No* ***obrissis*** *pas la porta, eh!*
Plusquamperfet *hagués cantat*	Fet anterior a un moment del passat.	*Ningú no es creia que* ***hagués aprovat****.*
	Fet condicional no realitzat en el passat.	*Si* ***haguessis vingut****, m'hauries ajudat.*
	Fet desitjat vinculat al passat, però ja irrealitzable.	*Tant de bo* ***haguéssiu estudiat*** *una mica més.*

PER SABER-NE MÉS

El mode subjuntiu s'utilitza habitualment en **oracions subordinades**, que són oracions que complementen una altra oració anomenada *oració principal*; per exemple: *Desitjo que et* ***donin*** *la beca.*

El temps verbal que expressa l'oració principal condiciona la forma verbal de l'oració secundària:

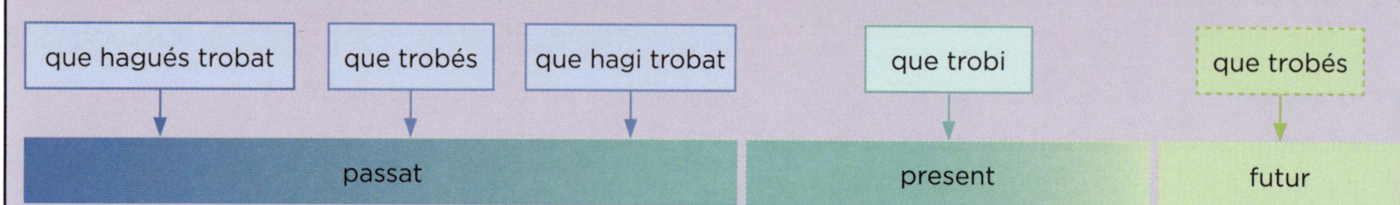

BARCANOVA EDITORIAL

» ACTIVITATS

Els temps del subjuntiu i l'imperatiu

42. Subratlla la forma verbal adequada a cada situació:

a) 1. Coneixeu algú a qui no li *agradin* / *hagin agradat* les maduixes?
   2. Em sap greu que aquestes maduixes no us *agradin* / *hagin agradat*.

b) 1. Tu fes com si no ho *hagis vist* / *haguessis vist*.
   2. Quan ho *hagis vist* / *haguessis vist*, ja em diràs què n'opines.

c) 1. Si *afinés* / *hagués afinat* una mica més, hauria guanyat el concurs de cant.
   2. Si *afinés* / *hagués afinat* una mica més, guanyaria el concurs de cant.

d) 1. Quan *hagis acabat* / *haguessis acabat* de llegir el llibre, deixa-me'l.
   2. No em podia creure que ja *hagis acabat* / *haguessis acabat* de llegir el llibre.

e) 1 Demà no *veniu* / *vingueu* a les vuit.
   2. *Veniu* / *Vingueu* a un quart de nou.

43. Digues a quin temps verbal pertanyen aquestes formes:

a) perdi: ______

b) hagués perdut: ______

c) perdés: ______

d) hagi perdut: ______

44. Completa aquest text amb les formes adequades del perfet de subjuntiu:

Ens sap molt de greu que el nostre hotel no ______ (ser) *del seu gust i que* ______ (decidir) *anar-se'n abans del dia previst. Els demanem disculpes per les molèsties que el nostre servei els* ______ (poder) *causar i els prometem que les seves queixes seran tingudes en compte.*

45. Completa aquest text amb les formes adequades del plusquamperfet de subjuntiu:

Escolta, et truco per dir-te que s'han exhaurit totes les entrades per al concert. Encara que ______ (anar) *a les taquilles i* ______ (fer) *cua, no n'hauríem aconseguit cap. Si no s'* ______ (posar) *a la venda per internet, encara n'hauríem pogut aconseguir alguna. Tant de bo ho* ______ (saber) *abans!*

46. Subratlla les formes del mode imperatiu del text. Després, copia'l, però en lloc de tractar el receptor de *tu* tracta'l de *vostè*:

> Aquest matí escriu un informe de la situació econòmica de l'empresa, presenta'l al gerent perquè hi doni el vistiplau i envia'l a la direcció general. A la tarda prepara les comandes per a la setmana vinent i reclama les mercaderies que es van extraviar a la duana del port.

______

______

______

______

______

______

47. Indica si els verbs destacats en cursiva de les oracions següents pertanyen al mode indicatiu (IN), subjuntiu (SU) o imperatiu (IM):

a) El professor de física no *vol* [ ] que ningú *parli* [ ] a classe.

b) *Salta* [ ], *corre* [ ], *canta* [ ], *sigues* [ ] feliç!

c) Si no *fos* [ ] tan tard, *endreçaria* [ ] l'habitació.

d) Aviat *acabarà* [ ] els estudis de medicina.

e) Us *he dit* [ ] que no *segueu* [ ] per terra.

f) Albert, *vine* [ ] immediatament a la cuina!

g) M'*hauria agradat* [ ] que el seu cap *hagués complert* [ ] la promesa.

» ORTOGRAFIA

1. La síl·laba

Quan pronunciem una paraula, agrupem els sons en **síl·labes**: cada un dels **cops de veu** que fem en articular una paraula és una síl·laba. En català tota síl·laba està constituïda, obligatòriament, per una **vocal**, que n'és el nucli (*tó**m**-bo-**la***), i, opcionalment, per **consonants** que van davant o darrere el nucli.

Segons el nombre de síl·labes, classifiquem els mots en **polisíl·labs**, si tenen més d'una síl·laba (*tómbola*), i en **monosíl·labs**, si en tenen una (*tomb*).

> **RECORDA**
>
> En els grups *güe*, *güi*, *qüe*, *qüi*, la dièresi indica que la *u* es pronuncia (*següent*, *pingüí*, *freqüent*, *aqüífer*); per tant, constitueix un diftong creixent amb la *e* o la *i*. En canvi, en els grups *gue*, *gui*, *que*, *qui*, la *u* no es pronuncia (*guerra*, *guinyol*, *esquena*, *esquí*) per tant, la lletra *u* forma part dels dígrafs *gu* [g] i *qu* [k].

1.1. Els diftongs

Els **diftongs** es produeixen quan dos sons vocàlics es pronuncien en la mateixa síl·laba (*qua-tre, ai-re*): **una vocal** és el nucli de la síl·laba (*qua-, ai-*), mentre que l'**altra vocal**, que sempre és una ***i*** o una ***u***, n'ocupa el marge, com si fos una **consonant** (*qua-, ai-*).

Segons la posició de la *i* o de la *u* consonàntiques, distingim dues classes de diftongs:

DIFTONGS CREIXENTS	DIFTONGS DECREIXENTS
La ***g*** i la ***q*** seguides de ***u*** + vocal: ***gua**-nyar; **qua**-tre / se-**güe**nt; fre-**qüe**nt; pin-**güí**; a-**qüí**-fer / ai-**guó**s; **quo**-ta*	Qualsevol vocal + ***i*** o ***u***: ***mai**; **ai**-re / **rei**; **bei**-na / **noi**; **boi**-ra / **cui**-na; **bui**-dar*
La ***i*** a principi de mot + vocal: ***iar**-da / **io**-gurt / **hie**-na / **iu**-ca*	***nau**; **cau**-re / **neu**; **beu**-re / **riu**; **viu**-re / **pou**; **mou**-re / **lluu*** (del verb *lluir*)
La ***i*** o ***u*** entre vocals *no-**ia** / pe-**uo**t / ba-**ie**-ta / es-ti-**ue**ig*	

> **PER SABER-NE MÉS**
>
> Alguna vegada ens podem trobar un **triftong**, que és una combinació d'un diftong creixent amb un diftong decreixent:
>
> *gua + ai → **guai**-tar*
>
> *qüe + eu → a-de-**qüeu***
>
> *ie + eu → dè-**ieu***

1.2. El hiat

Dues vocals en contacte que pertanyen a dues síl·labes diferents constitueixen un **hiat**. Es produeix en aquest casos:

a) Quan la *i* o la *u* són tòniques: *cu-a*, *di-a*, *pa-ís*, *o-be-ir*, *ra-ïm*, *di-ürn*.
b) Quan la *i* és àtona, però porta dièresi: *a-ï-llar, co-ïs-sor*.
c) Quan la *i* o la *u* són àtones i van seguides d'una vocal: *fa-mí-**li**-a*, *pèr-**du**-a*.
d) Quan es combinen la *a*, la *e* i la *o* entre si: ***a**-**e**-ri*, *à-**re**-**a***, *ra-**o**-nat*, *ne-**o**-lí-tic*.

1.3. La separació de síl·labes

Per partir una paraula a fi de ratlla, cal seguir les normes següents:

a) No s'ha de deixar cap lletra sola ni a l'inici ni al final de ratlla.
b) No es poden separar les vocals que formen part d'un diftong.
c) Els mots derivats i compostos s'han de separar d'acord amb els elements que els integren:

benestar (ben + estar) → *ben-es-tar*
nosaltres (nos + altres) → *nos-al-tres*

d) Pel que fa als dígrafs, cal seguir les indicacions següents:

DÍGRAFS QUE S'HAN DE SEPARAR				DÍGRAFS QUE NO S'HAN DE SEPARAR	
rr: *ser-**ra*** **ss**: *tas-**sa*** **sc**: *es-**ce**-na*	**ix**: *cai-**xa*** **l·l**: *pàl-**lid*** **cc**: *ac-**cés*** **tj**: *plat-**ja***	**tg**: *met-**ge*** **tx**: *cot-**xe*** **tl**: *at-**les*** **tll**: *rat-**lla***	**tm**: *set-**ma**-na* **tz**: *at-**zar*** **mm**: *im-**mens*** **nn**: *in-**no**-ble*	**gu**: *fi-**gue**-ra* **qu**: *es-**que**-na* **ll**: *ve-**lla***	**ny**: *ca-**nya*** **ig**: *es-**toig***

» ACTIVITATS

La síl·laba. Els diftongs. El hiat

48. Escriu el nombre de síl·labes de les paraules següents d'acord amb els cops de veu que fem en articular-les:

a) frescor: ______
b) fresc: ______
c) grup: ______
d) subgrup: ______
e) frescament: ______
f) refrescador: ______
g) agrupar: ______
h) agrupament: ______

49. Subratlla els diftongs creixents (9), encercla els diftongs decreixents (9) i ratlla els hiats (6) que trobis en les frases següents:

a) El poeta no va començar amb puntualitat la firma de llibres i la cua donava la volta al carrer.
b) Enguany s'espera que hi hagi gran quantitat de fruita i de bona qualitat.
c) És un país bilingüe: s'hi parlen dues llengües.
d) Les lluites entre famílies rivals eren freqüents.
e) La reina seia sota un roure quan aparegué la nau del rei.
f) Vaig veure entre la boira una piragua.

DICTAT

Subratlla les paraules que tinguin un diftong (10) i encercla les que tinguin un dígraf (15). Després, escriu el text en un full a part mentre te'l dicten.

Joanot Martorell, l'autor de la novel·la cavalleresca *Tirant lo Blanc*, era un home bregós, altiu, agressiu i molt pagat de la seva dignitat i del seu llinatge. Manifestava el seu orgull cavalleresc de manera extremada i fins i tot una mica teatral. No estalviava despeses per fer grans viatges, amb armes i seguici quan això era exigit pel seu honor. A Anglaterra estigué en relació directa i potser íntima amb Enric VI, al qual anomenava, com feien els anglesos, «el molt alt i poderós senyor, el rei d'Anglaterra i de França».

MARTÍ DE RIQUER:
Aproximació al Tirant lo Blanc.

» POSA'T A PROVA

Llegeix aquest text i comprova si l'has entès

Què és el Sant Greal?

Des dels cavallers de les llegendes medievals fins a les pel·lícules d'Indiana Jones, el Sant Greal ha estat la relíquia cristiana més cobejada.

Diu la llegenda que el Sant Greal és la copa amb la qual Jesucrist va beure a l'Últim Sopar. També es diu que era el mateix calze amb què el mercader Josep d'Arimatea va recollir la sang que brollava de les ferides del Messies el dia de la crucifixió. Atesa la gran importància de l'eucaristia i la crucifixió de Jesús, la recerca del Greal ha esdevingut la missió més sagrada del cristianisme. S'atribueix al Greal la capacitat de concedir poders sobrenaturals, fins i tot la immortalitat, a qui l'acabi posseint.

L'expansió del cristianisme entre els pobles celtes de la Bretanya va afavorir el naixement del mite del Sant Greal, ja que trobava connexions amb calderes i altres recipients sagrats de la mitologia celta. La llegenda de la copa sagrada es va transmetre de generació en generació per via oral fins al punt que es va convertir en un tema comú en la literatura sobre el rei Artur. El poeta francès Chrétien de Troyes és reconegut per haver introduït el Greal com un objecte diví en la seva novel·la *Perceval o li contes del Graal* de principis del segle XII.

En general, s'accepta que la llegenda del Sant Greal és fruit de la ficció. No obstant això, hi ha qui considera que el Greal és quelcom més que un producte de la literatura medieval. Es creu que el mateix Josep d'Arimatea el va portar a França i més tard a Anglaterra, on hauria estat amagat durant uns quants segles fins que els càtars se'l van endur a Occitània, concretament al castell de Montsegur. Però quan els càtars van ser perseguits i combatuts per heretgia a partir de 1209, van amagar l'objecte sagrat en algun indret del Pirineu. Des de llavors, la recerca del Sant Greal continua viva. Algunes fonts el situen a la catedral de València, d'altres, a Montserrat, on l'any 1940 es va desplaçar el jerarca nazi Heinrich Himmler perquè, segons ell, "A Alemanya tothom sap que el Greal es troba a Montserrat!".

El Sant Greal ha servit d'argument per a l'òpera *Parsifal* (1882) de Richard Wagner, i en el cinema, per a una de les aventures d'Indiana Jones: *Indiana Jones i l'última croada* (1989). Aquesta pel·lícula recull la llegenda de la cerca del sant Greal per part del Tercer Reich durant la Segona Guerra Mundial amb la intenció d'obtenir el poder absolut sobre el món. Però Indiana ha de recuperar-lo abans que ningú per poder guarir el seu pare de les ferides mortals que li havien infligit els nazis. Després d'enfrontar-se a tota mena d'obstacles i perills, aconsegueix accedir a la cambra del Temple Secret on hi ha el calze sagrat, beure'n i curar el seu pare. Però no se l'emporta: està convençut que cap humà no és digne de posseir-lo, i el deixa ocult dins el Temple, d'on creu que no hauria de sortir mai.

Text adaptat a partir de diversos articles de la Revista *Sàpiens*.

1. Ordena els títols que sintetitzen la informació sobre el Sant Greal dels quatre paràgrafs:

a) «Font argumental d'obres artístiques modernes». Paràgraf: ______

b) «Origen, característiques i propietats». Paràgraf: ______

c) «Lloc i època del naixement del mite». Paràgraf: ______

d) «Recorregut, vitalitat i possibles localitzacions». Paràgraf: ______

2. La frase més important del tercer paràgraf és...

- [ ] Josep d'Arimatea va portar el Greal a França.
- [ ] Els càtars van ser perseguits per heretgia.
- [ ] La recerca del Greal continua viva.

3. El Sant Greal és la relíquia cristiana més cobejada perquè...

- [ ] és la font d'inspiració d'obres artístiques.
- [ ] qui l'aconsegueixi obtindrà poders sobrenaturals.
- [ ] és la copa d'on va beure Jesús i on es va recollir la seva sang.

4. El mite del Sant Greal va néixer...

- [ ] entre els pobles càtars d'Occitània.
- [ ] entre els pobles cristians dels Pirineus.
- [ ] entre els pobles celtes de la Bretanya.

5. Qui va introduir en les novel·les de cavalleria la llegenda del Greal?

- [ ] Jesús d'Arimatea
- [ ] Chrétien de Troyes
- [ ] Indiana Jones
- [ ] Joseph Bédier

6. En la pel·lícula *Indiana Jones i l'última croada* el protagonista deixa el Sant Greal ocult al Temple Secret perquè...

- [ ] els nazis no l'hi prenguin si se l'emportava.
- [ ] està convençut que cap humà no és digne de posseir-lo.
- [ ] tem els seus poders extraordinaris i no vol ser immortal.

7. Quina anàfora lèxica no usa l'autor del text per referir-se al Sant Greal?

- [ ] calze sagrat
- [ ] copa sagrada
- [ ] gresol sagrat

8. La paraula derivada *immortalitat* és formada per...

a) prefix (______) + prefix (______) + base lèxica (______) + sufix (______)

b) prefix (______) + base lèxica (______) + sufix (______)

c) prefix (______) + base lèxica (______) + sufix (______) + sufix (______)

9. Separa per síl·labes les paraules següents:

a) eucaristia: ______

b) posseint: ______

c) naixement: ______

d) Montserrat: ______

Per escrit

Imagina que ets un col·laborador d'una revista de viatges i et demanen informació sobre algun indret llegendari de la geografia catalana. Escriu, en un full a apart, un correu electrònic informant-los dels atractius d'aquest indret.

De viva veu

Ara fes de guia turístic i explica a un grup de visitants les característiques i les històries llegendàries de l'indret de Catalunya que has triat. Com t'hi dirigiries i què els explicaries?

UNITAT 5

LECTURA » *Marbre de talla humana*

LITERATURA » La fantasia i el terror. La novel·la romàntica

TEXTOS FUNCIONALS » Els textos argumentatius

GRAMÀTICA » Les perífrasis verbals

ORTOGRAFIA » L'accentuació

Preparem la lectura

1. Quin ambient us suggereixen els termes *esgarrifós*, *amoïnar*, *execrable*, *aspre* i *vilesa*? Consulteu, si cal, el vocabulari de la lectura.
2. Què és una milla? Consulteu, si cal, el vocabulari de la lectura i digueu a quins països s'utilitza.
3. Us agraden les pel·lícules de terror? Quins elements es fan servir en aquest gènere de cinema per crear l'atmosfera típica del gènere?

» LECTURA

Marbre de talla humana

Existeixen els fantasmes? Es poden veure i sentir els esperits dels morts? Els pobles antics creien que els esperits dels avantpassats eren les divinitats de la casa, que vetllaven pel bé de la família. Avui encara hi ha la creença que les ànimes dels difunts surten la nit de Tots Sants de les tombes i tornen a viure unes hores al costat dels seus familiars. Però també hi ha les ànimes en pena, que no poden descansar en pau a causa dels crims que han comès en vida i de nit vaguen pels llocs on havien viscut disposats a descarregar la seva fúria sobre el primer ésser vivent que troben.

Creus en aquestes històries? Estaries disposat a passar una nit en una casa aïllada que tingués fama d'estar encantada? Respon després de llegir aquest conte.

Tot i que aquesta història és veritat de cap a peus, no espero que ningú se la cregui. Us l'explico tal com va passar. Vosaltres mateixos. Va passar fa pocs anys. La Laura i jo érem fora, de viatge de lluna de mel. Vam marxar de l'indret costaner on fèiem turisme per veure un poblet cap al sud. La zona era bonica i tranquil·la. El destí va voler que prop de l'església trobéssim una mansió rural en venda.

La mansió era un edifici llarg i baix amb tot d'habitacions afegides en llocs inesperats. L'havien construïda aprofitant les restes d'una casa molt vella ja desapareguda. Era a unes dues **milles** del poble. Vam decidir de comprar-la.

En aquella època jo em dedicava a la pintura i la Laura escrivia poemes i contes. Vam llogar una vella pagesa que es deia senyora Dorman perquè fes les feines domèstiques. A part d'endreçar la casa, ens entretenia amb històries de contrabandistes i de **saltejadors** de camins i, encara millor, amb històries sobre les **esgarrifoses** visions que es podien veure les nits solitàries i estrellades.

Vam passar tres mesos molt feliços. Després, un vespre d'octubre, la senyora Dorman va anunciar-nos tot de sobte que abans d'acabar-se la setmana havia de marxar. Alguna cosa l'**amoïnava**.

—S'ha comportat d'una manera molt estranya —va dir la Laura—. I si l'hem ofès amb alguna cosa?

—Ja hi parlaré jo —vaig replicar—. Anem caminant fins a l'església. Això sempre ens reconforta.

Ens encantava visitar l'església, gran i solitària, sobretot les nits clares. El camí que hi duia **serpentejava** pel bosc, s'enfilava per la **cresta** d'un **turó**, passava per dos prats i finalment arribava a la paret del cementiri.

A dins, els arcs s'elevaven en la foscor. Pels rics **vitralls** s'hi filtrava la llum de la lluna. A cada banda de l'altar hi havia dues lloses de pedra, i en cada bloc hi jeia la figura de marbre d'un cavaller amb tota l'armadura. Tenien les mans juntes, en posició de pregària. Aquestes estàtues, de mida natural, eren els objectes més **peculiars** de l'església. Les dues pàl·lides figures de marbre semblava que resplendissin en contrast amb la fusta de roure negre de la resta de l'església.

Ningú no recordava els noms dels cavallers, però els pagesos deien que havien estat uns homes ferotges i malvats. Havien fet coses tan **execrables** que a la casa on vivien havia caigut un llamp, un càstig del cel. Aquesta casa havia

VOCABULARI

milla *f.* Mesura utilitzada als països anglosaxons que equival a 1.609 metres.

saltejador -a *m.* i *f.* Lladre que salteja o roba pels camins.

esgarrifós -osa *adj.* Que produeix esgarrifances, calfreds.

amoïnar *v.* Inquietar, preocupar.

serpentejar *v.* Seguir una línia sinuosa, fer ziga-zagues.

cresta *f.* Carena, línia divisòria de dos vessants d'una muntanya.

turó *m.* Muntanya petita, puig.

vitrall *m.* Vidriera de colors dels finestrals.

peculiar *adj.* Característic, singular.

execrable *adj.* Abominable, repugnant, dolent.

estat precisament al mateix indret on hi havia la mansió que ara ocupàvem la Laura i jo.

Si et miraves les cares **aspres** d'aquestes figures de pedra, les seves històries perverses eren fàcils de creure. Però, malgrat tanta **vilesa**, els personatges que representaven havien estat prou rics per **persuadir** l'Església que exhibís les seves estàtues.

Un cop a la mansió, vaig pressionar la senyora Dorman perquè em digués la veritable raó per la qual ens volia abandonar.

—Trobeu que hem fet alguna cosa malament, senyora Dorman? —vaig preguntar-li.

—De cap manera, senyor. Heu estat molt amables, i ho dic de debò.

—Però per què voleu marxar, tan de sobte? —vaig insistir.

—Mireu, senyor —va dir fluixet i dubtant—, ja deveu haver vist aquelles dues figures que hi ha a l'església, al costat de l'altar, oi?

—Voleu dir les estàtues dels cavallers armats? —vaig dir jo alegrement.

—Vull dir els dos cossos de mida natural esculpits en marbre. —Es va aturar per fer un bon sospir i després va continuar—. Diuen que la vigília de Tots Sants tots dos cossos s'incorporen, baixen de les lloses i es posen a caminar per la **nau**. I quan al rellotge de l'església toquen les onze, surten del temple, travessen el cementiri i agafen el camí.

—I on van? —vaig preguntar tot **fascinat** per aquesta pintoresca llegenda.

—Tornen aquí, a casa seva, senyor. I si algú hi topa...

—Aleshores què? —vaig preguntar. Però no, no hi va haver manera d'arrencar-li cap altra paraula..., només un advertiment:

—Feu com vulgueu, senyor, però la vigília de Tots Sants tanqueu la porta ben d'hora i amb clau.

A la Laura no li vaig explicar la llegenda. Vaig témer que potser s'amoïnaria, per més que fos una **bajanada**. Ja li'n parlaria quan hagués passat. Dijous, el 30 d'octubre, la senyora Dorman va marxar. Ens va prometre que la setmana següent tornaria de nou a treballar.

Va arribar el divendres, la vigília de Tots Sants. La Laura i jo vam passar un dia molt agradable netejant i fent feina. Però quan va començar a pondre's el sol, l'humor alegre de la Laura va canviar.

—Et noto trista, maca —vaig dir-li.

—Trista ben bé, no —va replicar ella—. Estic inquieta. No tinc fred, però tremolo. Sembla com si intuís que passarà alguna cosa dolenta.

Vam seure una estona en silenci davant la llar de foc. La Laura es va animar una mica, però feia una cara pàl·lida i cansada.

Tenia moltes ganes de fumar-me una pipa abans d'anar a dormir, però no volia molestar la Laura amb el fum. Li vaig dir que me la fumaria a fora.

—No t'hi estiguis gaire —va dir ella.

En sortir, no vaig passar la **balda** de la porta. La nit era totalment silenciosa. Enllà dels prats veia les torres de l'església que es dibuixaven grises i negres contra el cel. La campana va tocar les onze. Jo encara no tenia ganes d'anar-me'n a dormir. Vaig decidir pujar fins a l'església. Quan vaig començar a allunyar-me de la mansió, vaig veure la Laura adormida a la cadira davant la llar de foc.

Mentre caminava a poc a poc pel marge del bosc, vaig sentir clarament uns passos damunt les fulles seques. Però en aturar-me jo, el soroll també es va aturar. Vaig pensar que devia ser una il·lusió.

VOCABULARI

aspre -a *adj.* Desagradable, repulsiu, malcarat.

vilesa *f.* Perversitat, baixesa.

persuadir *v.* Convèncer.

nau *f.* Espai comprès entre parets o entre fileres de columnes.

fascinat -ada *adj.* Captivat, enlluernat.

bajanada *f.* Ximpleria, bestiesa, disbarat.

balda *f.* Tancadura consistent en una peça prima i llarga que gira i s'encaixa en una altra peça per impedir que la porta o la finestra es pugui obrir des de fora.

VOCABULARI

calfred *m.* Sensació de fred i de calor alhora, amb tremolor o estremiment.

estremir-se *v.* Tremolar fortament, agitar-se convulsivament.

embogir *v.* Perdre el control, estar fora de si.

tarannà *m.* Manera de comportar-se.

alleujar *v.* Alliberar algú d'una part del seu sofriment, tranquil·litzar.

Quan vaig ser a prop de l'església, vaig veure que la porta era oberta. Vaig entrar. Fins que no vaig ser a mitja nau no vaig recordar, cosa que em va produir un sobtat **calfred**, que aquell dia i aquella hora eren precisament el dia i l'hora en què se suposava que les estàtues de marbre es posaven a caminar.

En adonar-me que momentàniament la llegenda m'havia espantat, em vaig avergonyir.

Amb les mans a la butxaca, vaig acabar de recórrer la nau, feblement il·luminada. Aleshores la lluna va sortir d'un núvol i va omplir l'església de la seva llum. Em vaig aturar en sec. El cor em va fer un salt tan gran que gairebé em va tallar la respiració, i després es va encongir i em vaig marejar.

Els cavallers de marbre no hi eren! Vaig passar les mans damunt les lloses per assegurar-me que no veia visions. Les lloses eren planes i llises. Sí, les figures havien marxat!

I aleshores em vaig **estremir**. La Laura! Vaig sortir corrents de l'església, mossegant-me els llavis per no xisclar. Quan ja arribava a la mansió, va aparèixer una silueta negra enmig de la foscor. **Embogit** de terror, vaig cridar:

—Aparta't del meu camí, vinga!

En intentar reprendre la marxa, vaig notar que m'agafaven els braços just per sobre dels colzes. Era el metge Kelly, el nostre veí més pròxim.

—Deixeu-me anar, ximple! —vaig esbufegar—. Les figures de marbre han sortit de l'església!

—Heu sentit massa històries de velles —va dir rient el metge.

—He vist les lloses desertes. He de tornar amb la meva dona —vaig suplicar.

—Rucades —va dir ell—. Anem i ensenyeu-me les lloses. No sigueu covard.

El **tarannà** tranquil del metge em va refer. Vam tornar a l'església i vam recórrer tota la nau. Jo vaig tancar els ulls, perquè sabia que les estàtues no hi serien. El metge Kelly va encendre un llumí.

—Mireu-les —va dir alegrement.

I sí, hi eren! Vaig respirar fondo i vaig estrènyer la mà del metge.

—Deu haver estat algun efecte de la llum —vaig dir tot avergonyit.

—Segurament —va replicar ell. Es va inclinar per mirar l'estàtua de la dreta—. Mireu —va afegir el metge—. Té la mà trencada.

I era veritat. Jo estava convençut que l'última vegada que la Laura i jo l'havíem observada estava perfecta. M'havia **alleujat** tant, veure l'estàtua, que la mà trencada no em va amoïnar gens.

Vaig convidar el metge Kelly a la nostra mansió. Quan ja hi arribàvem, vaig veure que sortia llum a través de la porta entreoberta. Havia sortit, la Laura?

Vam donar un cop d'ull a la sala d'estar. De primer no la vam veure.

Vam trobar el seu cos estirat sobre el banc de la finestra. El cap li penjava d'un extrem i els cabells castanys li queien damunt la catifa. Tenia la boca i els ulls molt oberts. Quina devia ser l'última cosa que havia vist?

—Tranquil·la, Laura! Ara t'ajudo! —vaig cridar.

Em va caure als braços com un sac ple de terra. Tenia les mans molt ben tancades. En una hi havia alguna cosa. Quan vaig estar segur que era morta, vaig deixar que el metge li obrís la mà per veure què hi tenia.

Era un dit gris de marbre.

EDITH NESBIT: «Marbre de talla humana»,
dins de *Relats de fantasmes* (text adaptat).

PER SABER-NE MÉS

Tots Sants és la festa popular del calendari cristià que se celebra l'1 de novembre per recordar tots els justos que es troben al cel i per pregar per les ànimes dels difunts que encara no hi han pogut entrar. En aquest dia és costum de visitar els cementiris, menjar panellets i, al vespre, fer la castanyada. Una creença antiga diu que la nit de Tots Sants les ànimes visitaven les cases dels seus familiars, i aquests, per tal de donar-los proves d'afecte, els deixaven panellets i castanyes.

» ACTIVITATS

Comprensió lectora

1. Les desgràcies dels relats de terror sovint s'esdevenen en edificis abandonats, solitaris i vells. Descriu la casa de la lectura d'acord amb les característiques que hi atribueix el narrador.

La casa estava ______ i en venda, era a dues ______ del ______ i l'havien construïda sobre les ______ d'una casa molt ______ ja ______.

2. Molts relats de terror solen presentar la gent senzilla del camp com unes persones supersticioses, que creuen en llegendes misterioses i les temen. Quina llegenda explicava la gent dels voltants sobre les estàtues? Completa l'explicació:

La llegenda deia que les ______ pertanyien a homes ______ i ______ i que el cel els havia castigat amb la caiguda d'un ______ a la casa on vivien. També deia que, la vigília de Tots ______, s'incorporaven i, quan el ______ tocava les onze, sortien de l'______, travessaven el ______ i agafaven el ______ cap a la ______ on havien viscut.

3. Qui era la senyora Dorman? Per què va decidir abandonar el matrimoni per al qual treballava?

4. La vigília de Tots Sants, en pondre's el sol, es van acumulant una sèrie de circumstàncies que fan presagiar una desgràcia. Ordena'ls d'acord amb el desenvolupament de la història.

- [ ] Va veure la porta de l'església oberta i hi va entrar.
- [ ] Va decidir pujar fins a l'església.
- [ ] El pintor es va trobar amb el metge Kelly.
- [ ] Va sentir passos damunt les fulles seques.
- [ ] El pintor va sortir a fumar i no va passar la balda de la porta.
- [ ] Va recordar els detalls de la llegenda en arribar al mig de la nau.
- [ ] La Laura estava inquieta, pàl·lida i cansada.
- [ ] Va sortir corrents de l'església i anà cap a la mansió.
- [ ] Va veure que els cavallers de marbre no hi eren.

5. Per què el pintor i el metge van decidir tornar a l'església? Què van observar en una de les estàtues?

6. Quan van tornar a la mansió, com van trobar la Laura?

7. El narrador no explica en cap moment què provoca la mort de la seva dona. No obstant això, la pista que apareix al final del relat fa que no sigui difícil d'imaginar. Quina és aquesta pista? Quina és, doncs, la causa de la mort de la Laura?

Anàlisi literària

8. L'ambientació és molt important en els relats de terror. El temps i l'espai contribueixen a crear l'ambient adequat. Descriu els aspectes referits al temps (època de l'any, mes, dia, part del dia i hora) i a l'espai (trets de la mansió, de l'església i el seu interior). Completa el text:

La història passa a ____________, per Tots Sants (1 de novembre). La visita a l'____________ i la mort de la ____________ tenen lloc després de les onze de la ____________. La mansió era un edifici ____________ i baix amb tot d'____________ afegides en llocs ____________. Quedava apartada del ____________ i a prop d'una església gran i ____________. El camí que hi duia serpentejava pel ____________ i passava pel costat del ____________. L'església tenia uns rics ____________ per on es filtrava la ____________ de la lluna. I, a cada banda de l'____________, hi havia dues lloses de ____________ i, a cada bloc, hi jeia la ____________ d'un cavaller amb tota l'____________.

9. Al començament el narrador es dirigeix al lector. Per què diu que no espera que ningú es cregui aquesta història?

____

____

____

Paraules i expressions

10. La Laura va tenir un *pressentiment* (la impressió que havia de passar alguna desgràcia). Els meteoròlegs fan *prediccions* (anuncien el temps que farà). Els metges fan *pronòstics* (preveuen l'evolució de les malalties). Quan algú té un somni sobre el que li pot passar, diem que té una *premonició*. Si percebem un senyal que anuncia un esdeveniment futur, parlem de *presagi*.

Completa les frases següents amb les paraules anteriors destacades en cursiva:

a) Tinc el ____________ que aquesta relació no durarà gaire.

b) Segons els metges, l'estat del malalt té bon ____________.

c) Les ____________ del temps no són prou bones per intentar fer el cim aquesta setmana.

d) Que la directora de l'empresa ens vulgui conèixer és un bon ____________.

e) He somiat que el vaixell s'enfonsava. Espero que no sigui una ____________.

11. Què significa l'expressió «ser un ocell de mal averany»? De quina paraula és sinònima *averany*?

____

____

Expressió oral

12. Recorda l'última pel·lícula de por o de terror que hagis vist (al cinema o a la televisió) i explica'n l'argument davant la resta de la classe. T'espanten aquestes pel·lícules?

Creació literària

13. Després de la mort de la Laura, el pintor devia tenir malsons. Imagina un d'aquests malsons en què el cavaller de marbre a qui li falta un dit es presenta en somnis al pintor i li parla. Escriu, en un full a part, què li podria haver dit. Pots començar així:

Aquesta nit he tornat a tenir un malson terrible. He somiat que el cavaller de marbre del dit trencat se m'apareixia i, amb una veu d'ultratomba, em deia...

» LITERATURA

1. La fantasia i el terror. La novel·la romàntica

1.1. El Romanticisme

A la primera meitat de segle XIX es va desenvolupar arreu d'Europa el **Romanticisme**, un **moviment cultural i polític** caracteritzat per la ruptura amb els valors del passat i la cerca de la llibertat autèntica amb el conreu de temes **fantàstics**, de viatges i aventures, de terror i de mort.

ELS IDEALS I ELS SENTIMENTS ROMÀNTICS	
1. LA LLIBERTAT	Defensaven la llibertat individual i la dels pobles. Hereus dels principis de la **Revolució Francesa** (llibertat, igualtat i fraternitat), volien una societat més lliure i més justa.
2. ELS SENTIMENTS	Rebutjaven els principis racionalistes de l'època de la Il·lustració (segle XVIII) i promovien la transmissió dels sentiments i les emocions a través de l'art.
3. L'EXOTISME	Reivindicaven l'**originalitat** i la creació personal, i escrivien obres fantàstiques de **caràcter misteriós** que, partint de la **tradició popular** (monstres, fantasmes...), avancen cap a la **ciència-ficció** i el **terror** (home invisible, creació d'un ésser viu...).
4. LA TRISTESA	Tenien una **visió malenconiosa** de la vida. Preferien la foscor de la nit a la llum del dia, el patiment al plaer, l'amor impossible a la compenetració amorosa, la mort a la vida.
5. LA LLETJOR I LA POR	Posaven en relleu les **forces irracionals de la vida**: les passions, els aspectes grotescos, les situacions escabroses, la lletjor i la por. Van crear la **novel·la gòtica i de terror**: creien que la lletjor i la por també podien ser sublims, que formaven part de la bellesa.

1.2. Mary Shelley

Mary Shelley (1797-1851) és una de les novel·listes més destacades del segle XIX. És coneguda, sobretot, per la seva novel·la *Frankenstein*, una obra en què reflexiona sobre els límits morals de la ciència i els perills que això comporta si s'actua només per ambició.

Argument de *Frankenstein*
El doctor Victor Frankenstein, aplicant uns processos científics complexos, aconsegueix donar vida a una criatura físicament horrible, feta de membres de persones mortes. En resulta, però, un ésser psicològicament normal, amb sentiments humans i amb necessitat d'afecte. Tanmateix, el seu aspecte el converteix en un monstre horrible als ulls del seu propi creador i de tothom. No rep mai un nom de persona i la manca d'amor engendra odi i destrucció. Només un cec el tractarà amb naturalitat. El rebuig social i l'incompliment de la promesa del científic de crear-li una companya són les causes per les quals l'ésser creat es transforma en un malvat capaç d'assassinar a sang freda el germà petit i la promesa de Victor Frankenstein, el seu creador.

» ACTIVITATS

El Romanticisme

14. El Romanticisme va heretar els principis de la Revolució Francesa. Quin era el lema de la Revolució Francesa? Quin any es va produir?

15. La Il·lustració del segle XVIII defensava la raó com a valor suprem de la humanitat. Què defensava el Romanticisme? Tria l'opció adequada:

- ☐ La imitació de l'art clàssic.
- ☐ La transmissió dels sentiments a través de l'art.
- ☐ La mesura i l'equilibri en la creació artística.

16. Subratlla entre aquests parells de conceptes els set més propis del moviment romàntic:

originalitat / imitació
rutina / misteri • malenconia / alegria
seguretat / terror • exotisme / costumisme
realitat / fantasia • objectivitat / subjectivitat

Mary Shelley

17. Si en un principi l'ésser creat pel doctor Frankenstein era bo, per què després es va convertir en un ésser malvat?

18. Llegeix aquest fragment de *Frankenstein* i cerca-hi la informació que es demana a continuació:

Les últimes paraules de l'ésser creat per Victor Frankenstein

No busco ningú que vulgui compartir les meves penes. [...] On he de buscar comprensió? Em conformo patint tot sol, mentre em durin els patiments. Quan mori, estaré satisfet que l'horror i la venjança omplin els meus records.

Un dia la meva imaginació va ser plena de somnis de virtut, de fama i d'alegria. Un dia vaig tenir esperances inútils de relacionar-me amb éssers que perdonarien el meu aspecte exterior i m'estimarien per les qualitats excel·lents que posseïa. Tenia pensaments elevats d'honor i de devoció. Però els meus crims m'han degradat per sota dels animals més vils. No podríem trobar cap culpa, cap malifeta, cap perversitat, ni cap infelicitat més gran que les meves. Quan penso en la llista terrible dels meus crims, no puc creure que soc la mateixa criatura que, fa temps, va tenir sentiments plens d'idees brillants i plenes de sentit sobre la bellesa i la majestat de la bondat. La vida és així; l'àngel caigut esdevé un dimoni malvat. Però fins i tot aquest enemic de Déu i de l'home tenia amics i companys en la seva desolació. Jo estic ben sol.

Prepararé la meva pira funerària i reduiré a cendres aquest cos miserable, perquè les seves restes no il·luminin la ment de cap humà sacríleg, infeliç i curiós que volgués crear un altre ésser com jo. Moriré. Deixaré de sentir les penes que ara em torturen i ja no seré víctima de sentiments insatisfets. El qui em va crear ara és mort i, quan jo deixi d'existir, de tots dos no en quedarà ni tan sols el record. No tornaré a veure el sol ni els estels, ni sentiré el vent que em bufa a les galtes. La llum, els sentiments i les sensacions desapareixeran per a mi i així trobaré la felicitat.

a) Una frase sobre la impossibilitat de relacionar-se amb l'altra gent a causa del seu aspecte.

b) Una frase al·legòrica que sintetitza el canvi dràstic de ser bona persona a ser un criminal.

1.3. Bram Stoker

Bram Stoker (1847-1912) és un novel·lista destacat de la literatura del segle XIX, gràcies, sobretot, a la novel·la *Dràcula*. El protagonista d'aquesta novel·la és un vampir de Transsilvània que viu en un indret remot dels Carpats. Però un dia decideix traslladar-se a Londres per estendre el seu regne de terror. De dia, el comte Dràcula descansa dins un taüt amb els ulls oberts. De nit, recupera la vitalitat i ataca les seves víctimes: els xucla la sang i les converteix en vampirs.

La Lucy és una de les víctimes del comte i es converteix en una no-morta. Ara llegiràs què ha de fer el seu promès, l'Arthur, perquè la seva ànima pugui descansar en pau.

La no-morta

Quan la Lucy ens va veure, va recular una passa, grunyint de la mateixa manera que ho faria un gat sorprès d'improvís. Els seus ulls van espurnejar amb un centelleig infernal i el seu rostre es va contraure amb un somrís **voluptuós**. Va avançar cap a l'Arthur amb els braços oberts i un somriure **lasciu**:

—Vine, Arthur, aparta't d'aquests i vine. Els meus braços t'enyoren. Vine i descansarem junts.

L'Arthur semblava embruixat i va obrir els braços. Ella es disposava a abraçar-lo quan de sobte en Van Helsing va plantar-s'hi al davant interposant el seu petit crucifix d'or entre ells dos. Ella va recular i, amb el rostre contret, plena de ràbia, va passar davant seu amb la intenció d'entrar a la tomba.

L'Arthur va fer una passa endavant i, ple de coratge, va dir:

—Amic, des del fons del meu cor destrossat li dono les gràcies. Digui'm què he de fer i no fallaré!

En Van Helsing li va posar la mà sobre l'espatlla tot dient:

—Ha de travessar el seu cos amb aquesta estaca. Serà una prova espantosa, però serà ràpid i finalment la seva alegria serà més gran que el dolor, i sortirà d'aquesta tenebrosa tomba com si surés en l'aire. Però un cop hagi començat, no vacil·li.

L'Arthur va agafar l'estaca i el martell i, un cop decidit, les seves mans no van experimentar ni el més lleuger tremolor. Va col·locar la punta damunt el cor i, a continuació, va descarregar un cop amb totes les seves forces. L'ésser del taüt es va retorçar i un crit esgarrifós va sortir dels seus llavis rojos entreoberts. L'Arthur no va dubtar i va clavar més endins l'estaca misericordiosa.

Després, les contorsions i les convulsions del cos es van debilitar i, finalment, va quedar immòbil. El martell va caure de la mà de l'Arthur. Una estranya llum de felicitat va il·luminar el seu rostre i va foragitar completament l'horror que l'havia inundat.

Una de les formes tradicionals d'eliminar un vampir és clavar una estaca al cor dels cadàvers sospitosos. Els vampirs no suporten els símbols cristians i els seus atacs es poden frenar mostrant-los un crucifix.

VOCABULARI

voluptuós -osa *adj.* Que es complau en els delits sensuals.

lasciu -iva *adj.* Inclinat als delits carnals.

Un **vampir** és una persona que es troba en un estat molt especial, ja que ha traspassat la frontera de la mort sense poder adquirir la qualitat pròpia d'un mort. Per això el seu cos no es descompon i, de nit, necessita sortir del taüt per xuclar la sang de les seves víctimes, les quals passen immediatament a formar part de l'horda dels vampirs. Un vampir només podrà assolir la pau eterna si és empalat, és a dir, si algú li travessa el cos de part a part clavant-li un pal al pit.

» ACTIVITATS

Bram Stoker

19. Segons la tradició literària, què és un vampir? Per què se'l considera un no-mort? Com podrà aconseguir la pau eterna?

20. Llegeix el fragment de *Dràcula* de la pàgina anterior i contesta les preguntes següents:

a) Com es devia haver convertit en una vampiressa, la Lucy?

b) Per què el professor Van Helsing s'interposava entre la Lucy i l'Arthur?

c) Quin objecte frenava l'acció de la vampiressa? Per què?

d) Quin és el final de la Lucy?

e) D'on prové la felicitat que sent l'Arthur?

21. Bram Stoker es va inspirar en un personatge històric real per escriure la seva novel·la *Dràcula*. Quin era aquest personatge? Cerca'n les dades bàsiques a internet i exposa-les per escrit.

22. El mite de Dràcula ha estat especialment prolífic al món del cinema, amb una gran quantitat de pel·lícules que l'han abordat des de diferents òptiques. En recordes cap que t'hagi agradat o impactat especialment? Cerca informació a internet sobre la filmografia relacionada amb els vampirs i escriu-ne un breu resum. Explica també les pel·lícules que has vist i quina opinió personal tens d'aquest gènere filmogràfic.

1.4. Victor Hugo

Victor Hugo (1802-1885) és l'autor més rellevant del **Romanticisme francès**. Va ser poeta, novel·lista, dramaturg, assagista i pintor. La seva obra més coneguda és *Nostra Senyora de París* (publicada també amb el títol *El geperut de Notre-Dame*), una **novel·la històrica i sentimental** ambientada a la ciutat de París de finals de l'edat mitjana.

Nostra Senyora de París és una novel·la que ens parla de l'oposició entre el bé i el mal, la bellesa i la lletjor, l'amor i la concupiscència. Tot i ser una novel·la històrica i sentimental, presenta les característiques de la **novel·la gòtica** i la de la **novel·la de terror**.

Prefaci de Victor Hugo inclòs en l'edició de *Nostra Senyora de París*

Fa uns quants anys que, visitant l'església de Nostra Senyora, l'autor d'aquest llibre trobà, en un raconet obscur d'una de les torres, aquest mot gravat a mà en el mur:

'ΑΝΆΓΚΗ

(fatalitat)

Aquestes majúscules gregues, antigues, negres i profundament gravades a la pedra, impressionaren vivament l'autor, principalment pel sentit **tètric** i **fatal** que s'hi endevinava.

L'autor volgué saber qui podia ser l'ànima en pena que no havia volgut anar-se'n d'aquest món sense deixar aquell **estigma** de crim o de **malvestat** al front de la vella església.

VOCABULARI

tètric -a *adj.* D'una gran tristesa, depriment.

fatal *adj.* Que porta la destrucció, la ruïna, la mort; fixat per un destí inevitable.

estigma *m.* Senyal o marca inesborrable.

malvestat *f.* Maldat, acció dolenta.

Amb aquestes paraules introdueix Victor Hugo la seva narració, anunciant que la novel·la parlarà del **destí fatal** d'un home, la història del qual ja havia esdevingut **llegenda**. Es tracta de Quasimodo, un home **lleig** i **deforme** i, per això, **maltractat** i **odiat** pel poble de París. Aquest rebuig l'ha fet d'un caràcter tímid i esquerp. No obstant això, és valent i té un cor noble.

Quasimodo sentia veneració i estima per l'ardiaca Frollo, el seu pare adoptiu i el seu mestre. Però l'aparició d'Esmeralda, una ballarina bella i seductora, convertirà el geperut de Notre-Dame i l'ardiaca en competidors irreconciliables.

El poder seductor d'Esmeralda atreu la **mirada luxuriosa** de l'ardiaca Frollo i també la **mirada innocent** de Quasimodo.

La nova situació convertirà Frollo en un home gelós i malvat (apunyalarà l'amant d'Esmeralda i l'acusarà, a ella, del crim) i Quasimodo en un home compassiu i protector (amagarà Esmeralda en una cel·la de l'església). Però als tres personatges els espera el **destí fatal**: Esmeralda, penjada a la forca; l'ardiaca, assassinat per la força descomunal de Quasimodo, i el campaner geperut, desaparegut per sempre.

Nostra Senyora de París o *El geperut de Notre-Dame* reprodueix el mite de **la Bella i la Bèstia**, és a dir, la relació entre una dona bella i un ésser d'aspecte monstruós però de bon cor; en aquest cas, la Bella és Esmeralda, la ballarina gitana, i la Bèstia, el deforme Quasimodo.

» ACTIVITATS

Victor Hugo

23. Llegeix aquest fragment de *Nostra Senyora de París* en què es descriu Quasimodo i contesta les preguntes que hi ha a continuació:

> **Quasimodo, el geperut de Notre-Dame**
> Quasimodo havia nascut borni, geperut i coix. Amb molta pena i gran paciència, Claude Frollo havia aconseguit ensenyar-li de parlar. Però una fatalitat anava lligada amb el pobre infant trobat. Campaner de Nostra Senyora a catorze anys, les campanes li havien trencat el timpà de les orelles i havia esdevingut sord.
> Des dels primers passos s'havia sentit menyspreat i burlat. La paraula humana per a ell era sempre una burla o una maledicció. S'havia fet gran i no havia trobat més que odi al seu entorn.
> El que el feia a voltes feliç eren les campanes: les estimava, les acaronava, els parlava i les comprenia.

a) Com reaccionava la gent davant l'aspecte físic de Quasimodo? Creus que avui passaria el mateix o que han canviat les coses?

b) Per què creus que Quasimodo tenia una relació tan especial amb les campanes?

24. Llegeix aquesta descripció d'Esmeralda i després tria l'opció adequada:

> **Esmeralda, la ballarina gitana**
> Esmeralda era una criatura inofensiva i graciosa, bonica; una noia ingènua, apassionada sobretot per la dansa i el brogit; una mena d'abella amb ales invisibles als peus que vivia en un remolí.
> La gent dels barris que ella freqüentava l'estimava per la seva alegria, per la seva gentilesa, per la seva vivor, per les seves danses i cançons.

- ☐ Esmeralda és una noia més aviat infantil, despreocupada i divertida.
- ☐ Esmeralda és una noia madura i prudent.
- ☐ Esmeralda és una noia culta, rica i refinada.

25. Quasimodo venera i estima Frollo, el seu pare adoptiu. Però arriba un moment que l'ardiaca i la gitana xoquen en el seu cor. Per què sent aquesta sensació? Tria l'opció adequada:

- ☐ Perquè Quasimodo és incapaç d'estimar dues persones alhora.
- ☐ Perquè la gitana estima l'ardiaca i Quasimodo n'està gelós.
- ☐ Perquè l'ardiaca és el culpable de la desaparició de la gitana, a qui Quasimodo estima.

Creació literària

26. Escriu en un full a part un petit relat que tingui com a protagonista un vampir. Et pots inspirar en lectures o pel·lícules. Pots començar així:

Durant el dia, aquell ésser estrany i misteriós dormia dins un taüt amb els ulls oberts. Però poc després de la posta del sol, aquell cos recobrava...

Lectura de clàssics

27. *Frankenstein*, *Dràcula* i *Nostra Senyora de París* són novel·les molt entretingudes i fàcils de llegir (n'hi ha adaptacions). A més a més, totes tenen versions cinematogràfiques de gran qualitat. En grups de tres o quatre alumnes, llegiu-les i feu-ne un treball (autor, època, obra...) per exposar-lo davant la resta de la classe.

» TEXTOS FUNCIONALS

1. Els textos argumentatius

Cada dia expressem l'**opinió** sobre el que veiem, sentim, mengem, olorem... Sovint, només ens cal una **frase exclamativa** (*En això, tens tota la raó!*). Però de vegades hem d'**argumentar** per convèncer o persuadir la persona a qui ens adrecem. *Argumentar* és presentar **raons** o **arguments per convèncer** algú d'alguna cosa. L'objectiu de qualsevol argumentació és crear un **estat d'opinió compartit**.

Els arguments poden estar basats en el **convenciment personal** o en una **decisió lliure**. També es poden fonamentar en **dades científiques** o **estadístiques**. I també podem utilitzar **recursos persuasius**, és a dir, arguments que apel·len als **sentiments** o inciten al **desig**.

ESTRUCTURA BASE DELS TEXTOS ARGUMENTATIUS

1. Anunci del tema (assumpte)
2. Exposició de l'opinió que es defensa (tesi)
3. Raons en què es fonamenta l'opinió (premisses i arguments)
4. Conclusió o valoració final

2. Tipus d'arguments

Els arguments que donen suport a una opinió o una valoració personal poden ser de diferents tipus:

ARGUMENT DE CAUSA O EFECTE	*Prendre alcohol és perillós si s'ha de conduir: pot ser la causa d'un accident.*
ARGUMENT DE FINALITAT O OBJECTIU	*Aprendre anglès és molt positiu: pot obrir moltes portes en l'àmbit laboral.*
ARGUMENT D'AUTORITAT	*Passar tot el dia davant d'un ordinador no és bo per a la vista: ho diuen els oftalmòlegs.*
ARGUMENT EMOTIU O SENTIMENTAL	*Aquesta novel·la m'ha agradat molt: m'hi he sentit identificat.*

Els textos argumentatius solen exigir una sèrie de **recursos lingüístics** per marcar l'ordre, la relació lògica entre diverses idees, el grau de certesa, etc.

a) Marques d'ordre: *en primer lloc, d'una banda, finalment...*
b) Connectors de causa (*per aquesta raó, perquè*), conseqüència (*per tant, així doncs*), finalitat (*per tal de, amb l'objectiu de*), contraposició (*tot i així, no obstant això, malgrat*)...
c) Expressions que marquen diferents graus de certesa: *no hi ha dubte, no seria estrany, desconec en aquest moment...*
d) Verbs referits a l'opinió i la valoració personals: *opinar, creure, proposar, deduir, discrepar...*

» ACTIVITATS

Els textos argumentatius

28. Manifesta la teva opinió sobre aquestes qüestions seguint l'esquema: a) opinió, b) argument, c) contraargument i d) conclusió. Per exemple:

—Si poguessis triar, on t'agradaria més viure: en una ciutat o al camp?
—Si pogués triar, m'agradaria més viure al camp (opinió) *perquè pots estar en contacte amb la natura, sortir a caminar, anar amb bici...* (argument). *Tot i així, la ciutat et facilita moltes coses: les compres, els cinemes, les festes...* (contraargument). *Per tant, em sembla que m'agradaria viure al camp, però no gaire lluny d'una ciutat, per poder-me beneficiar dels seus serveis* (conclusió).

a) Què et sembla millor: ser fill o filla únics o tenir un o més germans?

b) Amb qui t'agrada més sortir de festa: amb una colla de nois i noies, amb una colla només de noies o amb una colla només de nois?

29. Relaciona cada exemple de la primera llista amb el tipus d'argument que utilitza de la segona:

- ☐ M'agrada molt contemplar el mar *perquè em relaxa.*
- ☐ No aniré al bosc *perquè tinc al·lèrgia al pol·len.*
- ☐ M'agradaria tenir un germanet *per poder jugar amb ell i tenir companyia.*
- ☐ Vull fer més exercici físic *perquè m'ho ha prescrit el metge.*

1. Argument de causa o efecte
2. Argument de finalitat o objectiu
3. Argument d'autoritat
4. Argument emotiu o sentimental

30. Defensa amb tres arguments les opinions que hi ha més avall seguint l'exemple següent:

Crec que el carnet de moto s'hauria de poder obtenir als catorze anys (opinió). *En primer lloc, perquè a aquesta edat un ja té assumida la noció del perill que representa circular amb moto* (primer argument)*; en segon lloc, perquè un ja reuneix les habilitats i les característiques físiques necessàries per dominar una moto* (segon argument)*, i en tercer lloc, perquè tenir carnet a aquesta edat seria una descàrrega important per als pares i una autonomia més gran per als joves* (tercer argument).

a) Opino que s'hauria de facilitar la possibilitat d'anar a estudiar a l'estranger.

b) Hi ha coses que són personals (missatges, dietaris, calaixos...) i, per tant, els pares mai no hi haurien d'accedir.

3. L'opinió en els mitjans de comunicació

Els mitjans de comunicació (els diaris, les revistes, la ràdio, la televisió, internet...) són **canals de transmissió** d'opinions i, per tant, fomenten el **debat**. Els periodistes, els col·laboradors i els especialistes, per una banda, i els lectors i els oients, per una altra, som protagonistes d'aquest intercanvi obert d'opinions sobre tot allò que ens afecta o ens interessa.

3.1. L'article d'opinió

L'article d'opinió és un text periodístic en què un **col·laborador** d'un mitjà de comunicació expressa **idees**, **impressions**, **valoracions**, **propostes**, etc. sobre un fet d'actualitat.

Els **gèneres d'opinió** més importants, a més de l'**article d'opinió** (o columna), són l'**editorial**, la **carta del lector** (o carta al director), el **debat** (o tertúlia) i l'**entrevista**. Recentment, s'hi ha afegit el tuit o piulada, el missatge breu publicat a internet.

Twitter és la plataforma de missatges curts més utilitzada avui dia.

3.2. La carta del lector

La carta del lector (o carta al director) és un text en què un **ciutadà** manifesta la seva **opinió** sobre un fet d'actualitat a través del diari.

Reciclar o reutilitzar?

CARLES TORRES / Figueres

És evident que el gran consum de begudes exigeix la fabricació d'un nombre altíssim d'ampolles, brics, pots i garrafes. Les institucions públiques ens demanen que facilitem el reciclatge dels envasos tirant-los al contenidor adequat: al verd (vidre), al groc (plàstic, llauna i brics) o al blau (cartró i paper). Però jo em pregunto: per què reciclatge i no reutilització?

Si reciclem una ampolla de vidre, l'hem de triturar, fondre i després fer una nova ampolla; en canvi, si la reutilitzem, només l'hem de rentar bé. No resultaria, doncs, molt més econòmic reutilitzar-la?

M'agradaria que algú m'expliqués per què es promou el reciclatge d'aquells envasos que es poden reutilitzar sense complicacions. Tinc entès que hi ha altres països que ho fan, i no n'estan pas descontents.

» ACTIVITATS

L'opinió en els mitjans de comunicació

31. Els arguments es basen en unes premisses, és a dir, en uns principis generals que es consideren provats i, per tant, acceptats com a certs. Sovint, les premisses dels arguments no es fan explícites (és a dir, no es diuen), ja que les podem inferir fàcilment pel context. Escriu un parell de premisses que fonamentin cadascun dels raonaments següents. Per exemple:

Argument
Els ajuntaments haurien d'habilitar espais perquè els joves poguessin reunir-se i organitzar activitats del seu interès.
Premisses
a) Els ajuntaments disposen de mitjans per crear aquests espais. b) Els joves es volen reunir i organitzar activitats.

a) La igualtat entre homes i dones s'ha de notar en coses concretes: a igual feina, igual sou; les responsabilitats familiars i domèstiques s'han de compartir, etc.
Premisses:

b) Un cop més, com cada any, haurem de promoure una campanya de prevenció d'incendis forestals.
Premisses:

c) La mediació és un mètode eficaç per evitar que els problemes de relació entre les persones esdevinguin autèntics conflictes socials.
Premisses:

32. Llegeix atentament la carta del lector de la pàgina anterior. Després escriu-ne una altra en què manifestis la teva opinió sobre alguna cosa que t'afecti o en què comentis alguna notícia recent que hagi estat del teu interès.

33. Quina de les peces següents no és un gènere periodístic d'opinió?

- [ ] Editorial
- [ ] Reportatge
- [ ] Entrevista
- [ ] Carta de lector

34. A partir de l'edició en paper o digital d'un diari, en grups de tres alumnes, feu una llista de temes que se solen tractar en els articles d'opinió i en les cartes dels lectors (en trobareu exemples en l'espai personal del web *www.barcanova.cat*). Després trieu una carta o un article d'opinió que us sembli especialment interessant i analitzeu-ne els aspectes següents:

- Tema o assumpte
- Idea o opinió que defensa
- Raons que aporta (premisses i arguments)
- Conclusió final

» GRAMÀTICA

1. Les perífrasis verbals

Una **perífrasi verbal** és una construcció formada per **dos verbs**, enllaçats en certs casos per una preposició, que constitueixen un **únic predicat verbal**. Per exemple:

FORMA VERBAL SIMPLE	PERÍFRASI VERBAL
Mira *la pantalla.* *Encara* ***plou****.*	***Has de mirar*** *la pantalla.* *Encara* ***continua plovent****.*

Les perífrasis aporten al predicat verbal un **significat especial** com, per exemple, l'obligació (*has de mirar*) o la persistència (*continua plovent*).

Segons el valor que aporten al predicat verbal, les perífrasis es **classifiquen** en dos grups:

PERÍFRASIS MODALS	Indiquen la **manera d'entendre** l'acció per part de la persona que emet el missatge (com una obligació, una possibilitat, una probabilitat, etc.).	***Has de treure*** *la pols. / Demà no* ***podré venir****. / L'Enric* ***deu viure*** *sol.*
PERÍFRASIS ASPECTUALS	Indiquen la **fase de realització** en què es troba l'acció expressada (l'inici, el desenvolupament, l'acabament, etc.).	***Comença a ploure****. / Encara* ***va plovent****. / Ja* ***ha deixat de ploure****.*

Formalment, les perífrasis presenten aquesta estructura:

VERB AUXILIAR conjugat	PREPOSICIÓ (només en certs casos)	VERB PRINCIPAL en infinitiu, gerundi o participi
havien	*de*	*sortir*
està	...	*dormint*
va ser	...	*aprovada*

PER SABER-NE MÉS

Segons la forma del **verb principal**, les perífrasis poden ser d'**infinitiu**, de **gerundi** i de **participi**:

Perífrasi d'infinitiu → ***He*** *(o* ***haig****)* ***de*** ***girar*** *a l'esquerra.*
Perífrasi de gerundi → ***Estic*** ***conduint*** *pel carril de la dreta.*
Perífrasi de participi → *La guàrdia urbana* ***té*** ***controlat*** *el trànsit al centre de la ciutat.*

» ACTIVITATS

Les perífrasis verbals

35. Classifica aquestes formes verbals segons si són perífrasis verbals o formes verbals simples o compostes:

hauran dormit • continuen ballant
hem de callar • ha cantat • deu sortir
podran venir • havien imitat • imitarien
està nevant • va dient • surt

Perífrasis verbals	Formes verbals simples o compostes
continuen ballant	hauran dormit
deu sortir	ha cantat
hem de callar	sort
esta nevant	~~va dient~~
va dient	surt

36. Indica quina diferència de matís hi ha en cada cas entre les dues oracions:

a) 1. Ja són a l'hotel.
2. Ja deuen ser a l'hotel.

____

____

b) 1. Demà no sortirem.
2. Demà no podrem sortir.

____

____

c) 1. Heu d'obrir la finestra una estona.
2. Obriu la finestra una estona.

____

____

37. Subratlla les perífrasis verbals de les oracions següents i classifica-les en la taula de sota:

a) La Carla es deu llevar molt d'hora.
b) Cada dia es posa a treballar a les set del matí.
c) Treballa sola i no pot encantar-se ni un moment.
d) A les deu acostuma a sortir per esmorzar.
e) A quarts d'onze ja torna a ser al taller.
f) Quan té molta feina, ha de contractar una ajudanta.

Perífrasis modals (manera d'entendre l'acció)	
obligació	
probabilitat	
possibilitat	

Perífrasis aspectuals (fases del procés)	
inici	
fet habitual	
reiteració	

38. Subratlla les perífrasis verbals de les oracions següents i digues quin significat especial aporta cadascuna:

fet habitual • progressió • durada • atreviment
resultat • interrupció • inici • probabilitat

a) No he gosat dir-li res. → ______________

b) Últimament la situació ha anat millorant. →
____

c) Acostumem a sopar a les vuit. → ______________

d) El treball ja el tinc acabat. → ______________

e) L'Ignasi està treballant. → ______________

f) Estan jugant des de bon matí. → ______________

g) Quan siguin les dues, deixaran de jugar. →
____

h) Ja deu ser l'hora de dinar. → ______________

1.1 Les perífrasis modals

Les **perífrasis modals** expressen la **manera d'entendre l'acció** per part de l'emissor:

Obligació	*haver de* + infinitiu	*Avui* ***haig d'estudiar****.*
Possibilitat	*poder* + infinitiu	*No* ***podré sortir*** *de casa.*
Probabilitat	*deure* + infinitiu	*El concert* ***deu durar*** *més de dues hores.*
Atreviment	*gosar* + infinitiu	*Últimament, no* ***goso sortir*** *de casa.*

PER SABER-NE MÉS

L'obligació també es pot expressar amb el verb ***caldre*** (***cal que*** *estudiïs*).
Si el **subjecte** de l'obligació és **indefinit**, s'utilitzen les construccions impersonals ***se*** + ***haver de*** + **infinitiu** (***s'hauria de fer*** *alguna cosa*) o ***caldre*** + **infinitiu** (***caldria fer*** *alguna cosa*).

1.2. Les perífrasis aspectuals

Les **perífrasis aspectuals** expressen la **fase de realització** de l'acció:

Inici	*començar a* + infinitiu *posar-se a* + infinitiu	*Ara* ***comencen a caure*** *volves de neu.* *Ara* ***s'ha posat a ploure*** *de valent.*
Culminació	*acabar de* + infinitiu	*Demà* ***acabarem de*** *pintar la cuina.*
Interrupció	*deixar de* + infinitiu	***Deixa de molestar.***
Imminència	*estar a punt de* + infinitiu	*L'acte* ***està a punt de començar****.*
Fet habitual	*soler* + infinitiu *acostumar a* + infinitiu	*L'avi* ***sol fer*** *una becaina havent dinat.* ***Acostuma a dormir*** *mitja horeta.*
Reiteració	*tornar a* + infinitiu	*Ara ja* ***torna a venir*** *al gimnàs.*
Persistència	*continuar* + gerundi	*L'any vinent* ***continuaré estudiant*** *rus.*
Durada	*estar* + gerundi	*A les nou el nen ja* ***està dormint****.*
Progressió	*anar* + gerundi	*El noi* ***va millorant*** *en rendiment i actitud.*
Resultat	*tenir* + participi	*Ja* ***tinc aprovades*** *quatre assignatures.*

PER SABER-NE MÉS

A vegades, utilitzem construccions incorrectes per expressar l'obligació i la probabilitat:

Obligació: ~~***Tenim que***~~ *sortir d'hora. /* ~~***Hi ha que***~~ *sortir d'hora* → ***Hem de*** *sortir d'hora.*
Probabilitat: ~~***Estaràs***~~ *cansat, oi?* → ***Deus estar*** *cansat, oi?*
Tot és moll; ~~***haurà plogut***~~*.*
→ *Tot és moll;* ***deu haver plogut****.*

PER SABER-NE MÉS

Cal evitar la construcció ***anar a* + infinitiu** en present per expressar la imminència (*Ara us* ~~***vaig a explicar***~~ *un acudit*). En aquest cas podem utilitzar el futur: *Ara us* ***explicaré*** *un acudit.*

També cal evitar la construcció ***venir* + gerundi** (*Ens ho* ~~***venen recordant***~~ *des de fa temps*). En aquest cas hem d'utilitzar un temps verbal simple: *Ens ho* ***recorden*** *des de fa temps.*

» ACTIVITATS

Les perífrasis modals i aspectuals

39. Transforma les oracions amb la perífrasi modal que expressi la manera d'entendre l'acció per part de l'emissor. Per exemple: *És **probable** que ja siguin les dotze.* → *Ja **deuen ser** les dotze.*

a) És **obligatori** que us inscrigueu al curset de natació.

____

b) És **possible** que nosaltres en sortim molt beneficiats.

____

c) No tinc l'**atreviment** de dir-t'ho.

____

d) Al Regne Unit, és **obligatori** conduir per l'esquerra.

____

40. Completa les oracions d'obligació o necessitat de subjecte indefinit amb el verb *caldre* i el verb *haver*:

a) 1. ***Cal*** pagar entrada? / 2. S'__________ de pagar entrada?

b) 1. Ja no se n'__________ de parlar més. / 2. No __________ parlar-ne més.

c) 1. S'__________ de fer exercici cada dia. / 2. __________ fer exercici cada dia.

d) 1. Ho direm quan __________ dir-ho. 2. / Ho direm quan s'__________ de dir.

41. Relaciona les perífrasis modals de la primera llista amb el valor corresponent de la segona:

1. Aquesta balconada *pot caure* qualsevol dia.
2. Aquesta casa *deu tenir* més de cent anys.
3. Aquesta biga *s'ha de canviar* per una de nova.
4. Els motoristes *han de posar-se* el casc.
5. Amb setze anys, ja *poden conduir* una moto.
6. Amb sis anys, ja *poden entendre* certes coses.
7. No entenc com *gosen presentar-se* així.

- ☐ és necessari
- ☐ és possible
- ☐ és probable
- ☐ tenen l'autorització
- ☐ tenen l'obligació
- ☐ tenen l'atreviment
- ☐ tenen la capacitat

42. Transforma les oracions de manera que la idea temporal que transmet l'adverbi o locució adverbial destacat sigui expressada per una perífrasi aspectual. Per exemple: *Té setanta anys i encara treballa.* → *Té setanta anys i **continua treballant**.*

a) **Habitualment** és molt amable amb els clients.

____

b) Els membres del jurat **ara** debaten el veredicte.

____

c) **Tot seguit** començarà l'espectacle.

____

d) **Una altra vegada** ens ha reclamat els diners.

____

43. Copia les frases següents substituint les incorreccions relacionades amb les perífrasis verbals per una forma verbal simple:

a) Ara us vaig a presentar el meu treball.

____

b) No escarmenta. Li ho venen dient des que era petit.

____

c) Ara anem a fer un experiment al laboratori.

____

d) La policia ve investigant aquest cas des de fa temps.

____

» ORTOGRAFIA

1. L'accentuació

1.1. L'accent

L'**accent** és un **increment d'intensitat** que donem a una síl·laba d'una paraula o d'una seqüència de paraules. Així, en els **mots polisíl·labs** hi ha una síl·laba que pronunciem amb un cop de veu més fort; es tracta de la síl·laba tònica (o forta); les altres són **síl·labes àtones** (o febles).

Per exemple: *música* és una paraula polisíl·laba de tres síl·labes; la primera síl·laba (*mú*) és la tònica i les altres (*si* i *ca*) són àtones: ***mú**-si-ca*.

PER SABER-NE MÉS

Hi ha mots en què es poden distingir dos graus d'accent, un de primari, que és l'accent de la síl·laba més **forta**, i un de secundari, que és el de la síl·laba amb un grau de força menor. L'adverbi *còmodament*, per exemple, té un **accent primari** (*ment*) i un **accent secundari** (*co*): ***cò**-mo-da-**ment***. És per això que es manté l'accent gràfic en aquest mot i en altres de semblants.

1.2. La posició de la síl·laba tònica

Tenint en compte la posició en què es troba la **síl·laba tònica**, les paraules polisíl·labes poden ser:

Agudes	la síl·laba tònica cau en l'**última** síl·laba	*pa**lau**, se**nyal**, con**duir**, pa**ís***
Planes	la síl·laba tònica cau en la **penúltima** síl·laba	*mis**te**ri, te**lè**fon, ar**tis**ta, e**xa**men, **ter**ra, **ca**sa*
Esdrúixoles	la síl·laba tònica cau en l'**antepenúltima** síl·laba	***quí**mica, ca**tàs**trofe, es**glé**sia, co**mè**dia*

1.3. Monosíl·labs tònics i monosíl·labs àtons

Generalment, els mots monosíl·labs (*pa*, *set*, *coll*) són tònics, però n'hi ha uns quants que són àtons; aquests mots no poden aparèixer sols, sinó que s'han de recolzar sempre en una altra paraula:

Articles	el, la, els, les, un, uns, en, na	***el** món, **les** mans, **uns** llums, **en** Dídac, **na** Caterina*
Preposicions	a, amb, de, en, per	***a** peu, **amb** por, **de** pas, **en** mà, **per** sort*
Contraccions	al, del, pel, als, dels, pels	***al** dia, **del** cel, **pel** cap, **dels** cims, **pels** horts*
Possessius	mon, ton, son; ma, ta, sa; mos, tos, sos; mes, tes, ses	***mon** pare, **ton** germà, **son** germà; **ma** mare, **ta** mare; **mos** pares; **mes** germanes*
Pronoms febles	em, et, es, ens, us, el, la, els, les, en, li, hi, ho	***es** diu, **ens** costa, **us** avisa, **el** busca, **els** agrada, **en** troba, **li** agrada, **hi** va, **ho** sap*
Conjuncions	i, ni, si, que	*dia **i** nit; **ni** parlar-ne; **si** ve, **que** truqui*
Pronom relatiu	que	*una font **que** raja, tot el **que** diu*

» ACTIVITATS

L'accent

44. Pronuncia correctament les paraules següents i després subratlla'n la síl·laba tònica:

a) veritat
b) fantasma
c) ànimes
d) atmosfera
e) marbre
f) pàl·lides
g) visions
h) xandall
i) quilòmetre
j) futbol
k) feines
l) període

45. Completa la informació:

En les paraules polisíl·labes hi ha una ____________ que pronunciem amb un increment d'____________, és a dir, amb un cop de veu més ____________; es tracta de la síl·laba ____________ (o forta); les altres són síl·labes ____________ (o febles).

Segons la posició de la síl·laba tònica, les paraules es divideixen en ____________, ____________ i ____________.

La posició de la síl·laba tònica

46. Classifica les paraules de l'activitat 44 en agudes, planes o esdrúixoles:

Agudes	Planes
____________	____________
____________	____________
____________	____________
____________	____________

Esdrúixoles
____

47. Ara fes el mateix amb aquestes paraules:

autèntica • bestiar • llibreria • boletaire
farina • espai • fórmula • bufetada • destorb
estàtua • triomf • història

Agudes	Planes
____________	____________
____________	____________
____________	____________
____________	____________

Esdrúixoles
____

Monosíl·labs tònics i monosíl·labs àtons

48. Subratlla els monosíl·labs tònics (16) i encercla els monosíl·labs àtons (20) del text següent. Després classifica els que siguin àtons segons la seva categoria lèxica en la taula que hi ha a continuació.

Aquest mes de juny no hi podrem anar, a València. Ja hem avisat els nostres amics del poble perquè ho sàpiguen. Ta germana vol anar a la platja. Sé que te l'estimes molt, però és bo que li fem cas i que la contemplem una mica; si no, pot agafar gelosia. Això és pel bé d'ella.

Articles	______ / ______ / ______ / ______
Preposicions	______ / ______ / ______ / ______
Contraccions	______ / ______
Possessiu	______
Pronoms febles	______ / ______ / ______ / ______ ______
Conjuncions	______ / ______ / ______ / ______

1.4. L'accent gràfic

L'**accent gràfic** és el signe que, d'acord amb les regles d'accentuació, escrivim sobre les vocals majúscules i minúscules per indicar quina és la **síl·laba tònica** de les paraules. Per exemple:

Dubto que copiés (paraula aguda)
Tu copies (paraula plana) *el meu examen!*
Fes-me'n dues còpies (paraula esdrúixola).

> **RECORDA**
> En els adverbis acabats en *-ment* i en els compostos amb guionet es manté l'accent gràfic del component de l'esquerra quan aquest component és un mot que, com a tal, ja té accent gràfic: *còmodament* (*còmoda*), *mà-llarg* (*mà*), *pèl-roig* (*pèl*).

1.5. Les regles d'accentuació gràfica

Llevat d'alguns casos especials, només podem **escriure accent gràfic** en una de les **tres darreres síl·labes** del mot.

Per tal d'escriure correctament l'accent gràfic, convé seguir els passos següents: primer, cal identificar la **síl·laba tònica**; després, cal saber si es tracta d'una paraula **aguda**, **plana** o **esdrúixola**, i, finalment, cal aplicar les **regles d'accentuació** següents:

PARAULES AGUDES (àtona-àtona-**tònica**)	**PARAULES PLANES** (àtona-**tònica**-àtona)	**PARAULES ESDRÚIXOLES** (**tònica**-àtona-àtona)
Porten accent gràfic **si acaben** en una de les **dotze terminacions** següents: *a, e, i,* o, u;* as, es, is, os, us; en, in.*	Porten accent gràfic **si no acaben** en cap de les **dotze terminacions** següents: *a, e, i, o, u; as, es, is, os, us; en, in.*	**Totes** les paraules esdrúixoles duen accent gràfic:
capità, repàs, puré, interès, aprèn, camí, pastís, Berlín, allò, famós, comú, intrús	*exàmens, fàstic, rètol, préstec, íntim, mínim, fenòmens, córrer, últim, inútil*	*àrea, història, època, cridòria, església, fragància, tómbola, pèrdua, memòria, fórmula, península, Índia, música, única*
*Sempre que la *i* o la *u* no formin part d'un diftong: *remei, dinou, trofeu.*		

1.6. L'accent obert i l'accent tancat

La lletra ***a***, que és una vocal oberta, sempre porta l'accent obert (*sofà, semàfor, farmàcia*) i les lletres ***i*** i ***u***, que són vocals tancades, sempre porten l'accent tancat (*precís, útil*).

Però les lletres ***e*** i ***o*** poden representar dos sons diferents cadascuna. Quan representen els sons oberts [ɛ] i [ɔ], porten l'accent obert (*vuitè, fotocòpia*). En canvi, quan són sons tancats [e] i [o], porten l'accent tancat (*després, córrer*).

S'ESCRIUEN AMB ACCENT OBERT	**S'ESCRIUEN AMB ACCENT TANCAT**
cafè, interès, pèsol, fèrtil, ressò, repòs, pròleg, mòbil	*excés, puré, cérvol, préssec, botó, verinós, estómac, tómbola*

BARCANOVA EDITORIAL

» ACTIVITATS

Les regles d'accentuació gràfica. L'accent obert i l'accent tancat

49. Escriu l'accent gràfic en les paraules de les oracions següents que n'han de dur:

a) Esperavem que ens arribes una subvencio per poder restaurar l'esglesia romanica.

b) Feien una tombola benefica perque volien recollir diners per a una organitzacio humanitaria.

c) Han fet malbe dues estatues i aixo suposa una gran perdua per a l'Academia de Belles Arts.

d) Ha suspes l'examen de suficiencia de l'assignatura de Ciencies de la Terra.

e) Cal reconeixer l'experiencia i la valua de la candidata.

50. Separa les paraules següents en síl·labes, subratlla'n la síl·laba tònica i escriu l'accent gràfic quan calgui d'acord amb les regles d'accentuació gràfica. Per exemple: *facil* → *<u>fà</u>-cil*

a) recorrer: ______

b) palau: ______

c) colonia: ______

d) pero: ______

e) perdia: ______

f) ambigua: ______

g) tambe: ______

h) ciutada: ______

i) telefon: ______

j) cantaran: ______

51. Justifica per què *examen* i *fenomen* no duen accent gràfic i, en canvi, *exàmens* i *fenòmens* sí.

______

______

52. Escriu els accents que calguin en el text següent:

> L'alga assassina s'ha revelat molt nociva per a l'equilibri biologic del fons mari, pero no resulta perjudicial per a l'esser huma. Ara be, posseeix una gran capacitat d'eliminar, per substitucio, les especies autoctones, i aixo, a la llarga, perjudicara la diversitat biologica de la Mediterrania.

53. ✓ Totes les paraules següents han de dur accent gràfic. Copia-les i escriu-hi l'accent gràfic obert o tancat segons correspongui. Els signes fonètics [ɛ] i [ɔ] representen vocals obertes i els signes [e] i [o], vocals tancades.

paciencia [ɛ]: ______	correr [o]: ______
esglesia [e]: ______	prestec [e]: ______
formula [o]: ______	aixo [ɔ]: ______
logic [ɔ]: ______	suspen [ɛ]: ______
coneixer [ɛ]: ______	canço [o]: ______
creixer [e]: ______	resso [ɔ]: ______

DICTAT

En aquest text hi ha nou paraules que han de dur accent. Accentua-les. Després, escriu tot el text en un full a part mentre te'l dicten.

Vam preparar un gran vaixell i vam fer-nos a la mar en direccio al nord. Quan ja no veiem terra per cap banda, es va girar un vent huracanat que ens va fer perdre el control de la nau. Durant dotze dies vam anar a la deriva, arrossegats per la furia d'un tornado, fins que el vaixell es va encallar contra un banc de sorra. Les onades bufetejaven la nau amb violencia. Alguns mariners asseguraven que erem a prop de la costa, pero la pluja i les onades no ens deixaven veure res. Abans que la nau s'enfonses, vam avarar un bot amb tota la tripulacio, pero el mar el va tombar i vam caure a l'aigua.

DANIEL DEFOE: *Robinson Crusoe* (text adaptat).

» POSA'T A PROVA

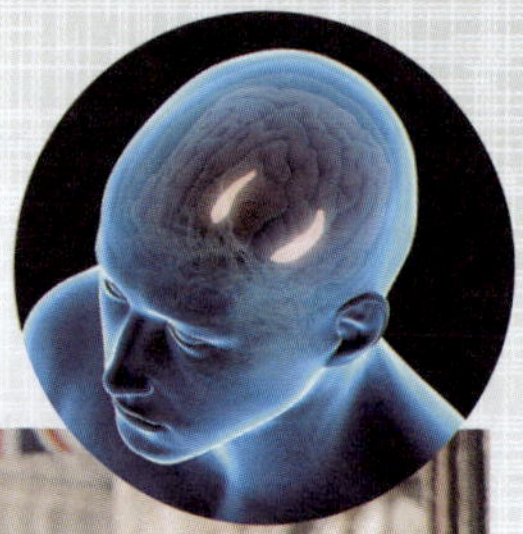

Llegeix aquest text i comprova si l'has entès

Cervell i taxistes

Què tenen de diferent els cervells dels taxistes de Londres amb els de la resta de la població?

Si busquéssim la paraula *plàstic* en el diccionari de la llengua catalana de l'Institut d'Estudis Catalans, una de les accepcions que trobaríem seria aquesta:

> **plàstic -a** *adj.* [LC] [AR] Que es deixa modelar fàcilment. *Argila plàstica.*

És a dir, quan diem que un material és plàstic ens podem estar referint al fet que es deixa modelar fàcilment. En aquest sentit, segons les ciències que estudien el cervell i la ment, és molt significatiu que el cervell tingui la plasticitat com una de les seves característiques distintives. Això significa que l'aprenentatge i l'experiència deixen la seva empremta en el nostre cervell, que quedarà més o menys influït segons la intensitat i l'assiduïtat de les situacions viscudes. En altres paraules, les accions, les rutines i els hàbits repercuteixen en la base d'operacions de major complexitat del regne animal: el cervell, un òrgan complex format per milers de milions de neurones.

La investigació que va dur a terme l'equip liderat per la psicòloga irlandesa Eleanor Maguire és, sens dubte, una de les millors demostracions de la plasticitat neuronal. La investigació en qüestió tractava de comparar el cervell d'un conjunt de taxistes londinencs (que, per poder-ho ser, han de demostrar saber 25.000 carrers, llocs d'interès, establiments, rutes alternatives, etc.) amb el d'un altre conjunt de persones. En fer la comparació entre els dos grups, van poder observar diferències significatives en el volum d'una regió del cervell que s'anomena *hipocamp*, que justament està relacionada amb la memòria espacial, és a dir, amb el fet de recordar, per exemple, com moure's per una ciutat. Com més experiència tenia el taxista, més gros era el volum d'aquesta zona cerebral. El mateix equip d'investigadors també va comparar el cervell del grup de taxistes amb el d'un grup de conductors d'autobús de línia regular, que tenen una professió semblant i s'enfronten al mateix estrès, però que només necessiten moure's per una ruta concreta. Els resultats van ser els mateixos: els taxistes seguien tenint l'hipocamp significativament més voluminós.

Per tant, l'aprenentatge, l'experiència i els hàbits en un àmbit concret de coneixement tenen una repercussió manifesta en el nostre cervell, i això es trasllada en una major capacitat o habilitat per arribar a assolir els objectius que ens proposem. Així doncs, la perseverança i la constància en les accions diàries, les experiències viscudes i les que viurem modelaran el nostre cervell. Per això és important no rendir-se a l'hora d'aprendre ni a l'hora d'ensenyar.

Sembra un acte i colliràs un hàbit. Sembra un hàbit i colliràs un caràcter. Sembra un caràcter i colliràs un destí. (Charles Reade)

Article de Jordi Sasot i Cristian Toribio publicat en el suplement «Criatures» del diari *Ara* (16/3/2016).

1. Tria dos títols que podrien reemplaçar el de «Cervell i taxistes»:

- [ ] La plasticitat del cervell
- [ ] Els milers de milions de neurones del cervell
- [ ] El cervell dels taxistes de Londres
- [ ] Aprenentatge i experiència, principals modeladors del cervell

2. Per despertar l'interès dels lectors, després del títol els autors introdueixen l'article amb...

- [ ] una metàfora d'impacte.
- [ ] una pregunta retòrica.
- [ ] una comparació agosarada.
- [ ] un argument científic.

3. L'article té com a objectiu principal...

- [ ] informar sobre un col·lectiu professional.
- [ ] divulgar uns coneixements científics.
- [ ] argumentar una opinió personal.

4. Indica en quin ordre apareixen aquestes informacions:

- [ ] La investigació d'Eleanor Maguire.
- [ ] La capacitat d'assolir objectius.
- [ ] El significat del terme *plàstic*.
- [ ] La plasticitat del cervell.

5. L'equip de la psicòloga Eleanor Maguire pretenia demostrar que...

- [ ] els taxistes de Londres tenen l'hipocamp del cervell gros.
- [ ] l'hipocamp del cervell està vinculat a la memòria espacial.
- [ ] el cervell es deixa modelar per l'aprenentatge, l'experiència i els hàbits.
- [ ] els taxistes pateixen més estrès que els conductors d'autobús.

6. Els autors utilitzen l'expressió «la base d'operacions de més complexitat del regne animal» per referir-se...

- [ ] al sistema nerviós.
- [ ] al cervell.
- [ ] a l'aparell circulatori.
- [ ] al metabolisme.

7. Una accepció d'una paraula és...

- [ ] un dels diversos significats que pot tenir.
- [ ] una irregularitat, una excepció.
- [ ] el grau superlatiu de la paraula
- [ ] un neologisme.

8. Relaciona cada una de les perífrasis de la primera llista amb el significat corresponent de la segona:

tractava de comparar •	• possibilitat
han de demostrar •	• obligació
van poder observar •	• culminació
seguien tenint •	• intent (propòsit)
arribar a assolir •	• persistència

9. Explica per què aquestes paraules duen accent:

a) fàcilment: ______________________________

____

b) experiència: ______________________________

____

c) estrès: ______________________________

____

Per escrit

Charles Reade destaca la importància d'adquirir uns hàbits per configurar el caràcter personal de cadascú. Però no tots els hàbits són positius: n'hi ha que condueixen a addiccions perjudicials. Explica en un full a part com podem caure en un hàbit negatiu (fumar, beure...), quines conseqüències pot tenir i què podem fer per evitar-ho.

De viva veu

Els costums socials no evolucionen i canvien amb el temps. Explica alguns hàbits de les persones grans que tendeixin a desaparèixer perquè les persones joves ja no els adquireixen.

UNITAT 6

LECTURA » *Victoria Roubideaux*

LITERATURA » Històries viscudes. La novel·la realista

LLENGUA I SOCIETAT » Les llengües del món

LÈXIC I SEMÀNTICA » Les paraules compostes

GRAMÀTICA » El complement directe (CD) i el complement indirecte (CI)

ORTOGRAFIA » L'accent diacrític

Preparem la lectura

1. Responeu oralment: Heu llegit mai cap llibre en què us hàgiu identificat amb un dels personatges? Com us ha fet sentir?
2. Responeu oralment: Us agraden més les novel·les que es basen en fets reals o les que es basen en fets imaginaris? Per què?
3. Intercanvieu comentaris i opinions: Acostumeu a demanar ajuda quan teniu un problema o preferiu no compartir-lo? Heu trobat mai algú que no coneixíeu, però que, tot i així, us ha inspirat tanta confiança que li heu explicat què us preocupa?

» LECTURA

Victoria Roubideaux

Hi ha moments difícils en la vida, quan les emocions i els sentiments es barregen amb la urgència de prendre una decisió que marcarà el futur. Quan una situació com aquesta es planteja a l'adolescència, la persona que la viu se sent vulnerable. La presència d'algú que inspiri confiança és fonamental per poder recuperar l'esperança i tirar endavant. Victoria Roubideaux és una noia que troba el suport d'un metge que li confirma el seu embaràs. Amb delicadesa, li dona informació i l'escolta sense imposar la seva opinió ni com a metge ni com a adult. La tracta de vostè, però sense fredor, la considera com si fos una persona adulta i li mostra la calidesa humana que ella necessita. Quan surt a l'aire lliure, l'angoixa i la por han estat almenys momentàniament superades.

VOCABULARI

a la babalà *loc. adv.* Sense posar atenció en allò que es fa.

polze *m.* Dit gros i curt de la mà.

pressió *f.* Força de la sang que circula dins les artèries.

Quan va dir el seu nom, la dona de l'altra banda de la finestreta se la va mirar, va fer una marca en una casella de la llista que tenia al davant i li va donar tres fulls perquè els emplenés. La noia va travessar la sala d'espera amb els papers i se'ls va posar a la falda. Per a algunes preguntes no tenia resposta. Volien saber si hi havia càncer a la família, malalties del cor... Més de cent preguntes en total. Va escriure les respostes que sabia més o menys del cert; li va semblar que no estaria bé respondre les altres **a la babalà** com faria en un examen de l'institut. Quan va haver acabat, els hi va donar a través de la finestreta.

No les sé totes, va dir.[1]

Has contestat totes les que sabies?

Sí.

Va tornar a seure. A la sala d'espera hi havia tres persones més que també s'esperaven. Una dona amb un nen petit amb la cara groga com el paper d'albarà i amb uns ulls que semblaven massa grossos per a aquell cap. La mare li passava la mà per la galta groga d'aspecte malaltís mirant inexpressivament per les finestres. L'altra persona era un vell que tenia el dit **polze** de la mà embolicat amb moltes capes de benes blanques. Al cap d'una estona una infermera va cridar la dona amb el nen malalt, i després va tornar i va fer un senyal al vell del polze embolicat, i al cap d'una altra estona la van cridar a ella.

Va seguir la dona amb bata blanca pel corredor. Es van aturar davant una balança i la va pesar, i va apuntar el pes, i després van entrar en una petita habitació on hi havia la taula d'exploració, una pica de lavabo i dues cadires. La dona li va prendre el pols, li va mirar la **pressió** i la temperatura, tot sense dir res, i va apuntar els resultats en una fitxa.

Després va dir, Ara despulla't, sisplau. I posa't això. Et visitarà de seguida.

La noia, incòmoda, va fer el que li havien dit. Es va posar aquella bata de paper oberta per davant i es va asseure a la taula d'exploració amb un llençol de paper sobre les cames. Llavors va entrar ell, el metge vell, majestuós, formal, elegant i amable amb vestit blau marí i camisa absolutament blanca. I quan va haver tancat la porta li va donar la mà cordialment i es va presentar.

[1] L'autor prescindeix dels guions i les cometes per marcar el discurs directe.

Ja em va visitar una vegada, fa sis o set anys, va dir ella.

La va mirar amb atenció i va somriure. Els ulls de darrere de les ulleres eren més clars que el vestit. Tenia la cara grisa, però els ulls eren molt vius.

Segurament ha canviat una mica des de l'última vegada que la vaig visitar. A veure, senyoreta Roubideaux, l'he d'examinar. I quan hagi acabat, tindrem una conversa sobre el que hagi trobat. Li han fet mai una exploració **pelviana**? Miri, és una mica incòmode. Em temo que ho haurà de suportar, i jo miraré de ser delicat per no fer-li mal, i procuraré anar tan de pressa com pugui. Faré servir aquest **espèculum**. N'havia vist mai cap? S'obre així dintre seu —li va fer una demostració introduint-lo dins el cercle que va fer amb l'índex i el polze i, després, obrint-lo—, i potser em sentirà **collant** aquest petit cargol perquè es mantingui obert. Procuri no tensar el múscul de sota perquè això ho fa més difícil per a mi i més incòmode per a vostè. Amb aquest llumet li il·luminaré l'interior per poder-li veure el **cèrvix**, i també li agafaré una mostra de **mucus** amb aquest **escovilló**. Alguna pregunta?

La noia el va mirar i va desviar la mirada. Va fer que no amb el cap.

El vell es va treure l'americana, la va deixar plegada sobre el respatller de la cadira, es va arremangar i va anar a la pica a rentar-se les mans.

Ara s'haurà d'estirar, va dir, i posar els peus aquí dalt, sisplau.

La noia va fer el que li deien. Tenia els peus sobre els **estreps** i el metge li va cobrir els genolls i les cuixes amb el llençol de paper. Es va posar uns guants de làtex, va agafar l'espèculum i el va untar amb una mica de **lubricant** que va esprémer d'un tub.

Aquesta és la part més incòmoda, va dir. Tiri's tan endavant com pugui, sisplau. Molt bé. Potser notarà una cosa freda. Va escalfar l'instrument un moment entre les mans.

Llavors ella el va notar i es va contraure.

Li he fet mal? Em sap greu.

Ella mirava el sostre. Ell estava assegut molt baix, al nivell visual d'ella, entre les seves cames obertes.

Molt bé, va dir ell. Procuri relaxar-se. Ara hi donaré un cop d'ull.

Ella mirava el sostre i notava el que ell feia, i esperava i ho suportava i sentia la veu calmosa d'ell explicant-li contínuament les exploracions que feia i per què i què faria després, i que tot estava bé i que gairebé ja havia acabat. Al cap d'una estona, va dir, Sí, està perfecte. Ara només em falta fer això, i li va palpar els ovaris i la mida de l'**úter**, i ara també li explicava què estava fent, i després es va treure els guants i li va explorar els pits mentre ella encara estava estirada i li va explicar que allò s'ho hauria de fer ella mateixa regularment i com ho havia de fer. En acabat, ell va anar a la pica i es va tornar a rentar les mans. Ja es pot vestir, li va dir. De seguida torno i parlem.

La noia es va incorporar, es va treure la bata de paper i es va vestir. Quan ell va tornar, ella l'esperava asseguda a la taula d'exploracions.

Molt bé, va dir ell. Senyoreta Roubideaux, com ja deu saber, està embarassada. D'una mica més de tres mesos, diria. Gairebé quatre. Tindrà un fill a la primavera. Calculo que cap a mitjans d'abril. Però no sé si per a vostè això és una bona notícia o no.

Ja ho sabia, si vol dir això, va dir la noia. N'estava segura.

Sí. Ja m'ho penso, va dir ell. Però no m'ha contestat la pregunta. Vull ser del tot franc amb vostè, va dir el metge. Això no ha de sortir d'aquí. Ho entén? Una

VOCABULARI

pelvià -ana *adj.* Relatiu o pertanyent a la *pelvis* (cavitat òssia situada a la part baixa del tronc, on comencen les cuixes).

espèculum *m.* Instrument mèdic usat per eixamplar l'entrada de les cavitats naturals del cos i mantenir separades les seves parets per facilitar-ne l'exploració.

collar *v. tr.* Introduir un cargol en un forat fent-lo girar al voltant del seu eix.

cèrvix *m.* Coll de l'úter (v. *úter*).

mucus *m.* Substància espessa i apegalosa que es fa a les mucoses de l'organisme. Mucositat.

escovilló *m.* Raspall cilíndric de mànec llarg usat per netejar l'interior d'un tub.

estreps *m. pl.* Aparell format per dues barres elevades que es fa servir per recolzar-hi les cames i mantenir-les obertes.

lubricant *m.* Lubrificant. Substància oliosa que s'aplica per fer disminuir la fricció.

úter *m.* Òrgan de l'aparell reproductor femení destinat a contenir l'embrió durant el seu desenvolupament.

conversa entre vostè i jo. Una petita xerrada en privat, entre les parets d'aquest despatx.

Què vol dir?, va preguntar la noia.

Senyoreta Roubideaux, va dir ell. Vol tenir la criatura?

Ella va alçar els ulls ràpidament. Ara estava espantada, els ulls foscos i intensos, esperant.

Sí, va dir. La vull tenir.

N'està convençuda, oi? Absolutament convençuda.

Ella el va mirar a la cara. Vol dir si la vull donar en adopció?

Això també, potser, va dir. Però més aviat volia dir si vol continuar l'embaràs. Portar-la a la panxa fins al final i parir-la.

Sí.

I ara que m'ho ha dit, no farà cap disbarat com ara interrompre l'embaràs vostè mateixa amb qualsevol mitjà.

No.

La crec. És el que volia saber. Tindrà una sèrie de problemes, m'imagino. Sol passar. La majoria de mares adolescents en tenen. Encara no és el moment de tenir fills. El cos no està preparat. Són massa joves. D'altra banda, vostè em sembla forta. No sembla de les que es posen histèriques. És de les que es posen histèriques, senyoreta Roubideaux?

Em sembla que no.

Doncs tot anirà bé. Fuma? Beu alcohol?

No.

No comenci ara. És important, perquè tot el que vostè prengui passa a la criatura. Ja ho sap, oi? I ha de menjar bé. Ha de guanyar una mica de pes, però no gaire. Entesos? La vull tornar a veure d'aquí a un mes, i un cop al mes fins al vuitè mes, i llavors la veuré cada setmana. Em vol fer alguna pregunta?

Per primera vegada la noia es va deixar anar una mica. Se li van **negar** els ulls. Li semblava que el que li volia preguntar era més important i més espantós que qualsevol cosa que cap dels dos hagués dit o fet fins llavors. Va dir, està bé, el nen? M'ho pot dir?

Ah, va dir ell. Sí, sí. Pel que jo he pogut veure, tot va bé.

Ella es va permetre plorar silenciosament, només una mica. El metge es va aixecar, li va agafar la mà i la va estrènyer càlidament entre les seves durant uns moments sense dir res, només mirant-li la cara, serenament, tractant-la amb respecte i amabilitat, gràcies a la seva llarga experiència amb pacients en sales d'exploració.

Després, quan tornava a estar tranquil·la, va sortir a l'aire de fora de la clínica, i la llum del carrer li va semblar nítida, com si ja no fos simplement l'hora d'abans del vespre d'una tarda de final de tardor, sinó com si fos el primer moment d'un migdia d'estiu i ella estigués justament sota la plena il·luminació del sol.

KENT HARUF: «Victoria Roubideaux», dins *Cançó de la plana* (text adaptat).

VOCABULARI

negar *v. pron.* Inundar de llàgrimes.

» ACTIVITATS

Comprensió lectora

1. Al llarg de la lectura, el narrador explica un seguit de detalls, a partir dels quals podem inferir el caràcter de Victoria Roubideaux. Subratlla els tres adjectius que més li escaiguin i aplica'ls d'acord amb les proves textuals que hi ha tot seguit:

honrada / deshonesta
desvergonyida / vergonyosa
vacil·lant / decidida

a) És una persona ____________ perquè no li sembla bé respondre a la babalà les preguntes que no sap.

b) És una noia ____________ perquè se li enrojola la cara quan el metge se li asseu a la vora.

c) És una noia ____________ perquè té molt clar què vol fer amb l'embaràs quan el metge li ho pregunta.

2. A més de la Victoria, en el text de la lectura hi apareixen altres personatges: la recepcionista, la infermera, el nen amb la mare, el vell amb el dit embenat i el metge. Respon:

a) Quins personatges no són descrits, diuen només les paraules imprescindibles i es comporten amb molta fredor?

b) Quins personatges de la sala d'espera són descrits en un to una mica grotesc?

c) Quin personatge és descrit amb termes positius i es guanya la confiança de la noia?

3. Al final, Victoria pregunta al metge una cosa que li semblava més important i espantosa que qualsevol altra.

a) Què li pregunta?

b) Per què creus que ho considera tan important i espantós?

c) Després de la resposta del metge, quina emoció o sentiment diries que l'envaeix perquè es permeti plorar silenciosament?

Anàlisi literària

4. El narrador utilitza diversos procediments per fer-nos un retrat de Victoria Roubideaux. Tria els dos procediments principals que fa servir:

- ☐ La descripció psicològica de la protagonista.
- ☐ Els diàlegs de la noia amb el doctor.
- ☐ La descripció física de la noia.
- ☐ El seu comportament: la manera d'actuar i reaccionar.

5. Quin tipus de narrador extern ha adoptat l'autor per narrar aquesta història? Raona la resposta.

- ☐ **Narrador omniscient tradicional.** Relata la història en tercera persona i té un punt de vista omniscient absolut: ho coneix tot del temps, de l'espai i dels personatges (els sentiments, els pensaments i el més íntim de cada psicologia).
- ☐ **Narrador omniscient neutral.** Relata en tercera persona sense emetre valoracions amb la finalitat de ser objectiu al màxim. Un extrem d'aquest punt de vista és el mode càmera, en què el narrador transmet el que veu com si ho fes a través d'una càmera filmadora.

6. Llegeix aquests dos fragments, que fan referència de manera explícita a l'estat d'ànim de la protagonista:

> Ara despulla't, sisplau. I posa't això. Et visitarà de seguida. La noia, incòmoda, va fer el que li havien dit. Es va posar aquella bata de paper oberta per davant i es va asseure a la taula d'exploració [...]

> [...] va sortir a l'aire de fora de la clínica, i la llum del carrer li va semblar nítida, com si ja no fos simplement l'hora d'abans del vespre d'una tarda de final de tardor, sinó com si fos el primer moment d'un migdia d'estiu i ella estigués justament sota la plena il·luminació del sol.

Quines altres informacions podem inferir d'aquests fragments?

7. En aquest capítol es poden reconèixer els trets distintius de les novel·les de Kent Haruf. Tria les característiques que són pròpies de l'autor:

- ☐ Els personatges són gent anònima i senzilla que protagonitzen fets de la vida quotidiana.
- ☐ Els personatges són gent heroica que protagonitzen gestes extraordinàries.
- ☐ Les descripcions són escasses; són el complement just per emmarcar l'acció, que domina el relat.
- ☐ Les descripcions són lentes per crear l'atmosfera adequada i estan construïdes a partir de detalls reveladors.
- ☐ Els diàlegs reprodueixen la concisió i la senzillesa de les converses de la vida quotidiana.
- ☐ Els diàlegs són llargs i complexos i amb moltes observacions del narrador.
- ☐ El missatge que transmet és una lliçó moral: «Tal faràs, tal trobaràs».
- ☐ El missatge que transmet és que l'amor, la comprensió i l'empatia són el motor de la nostra existència.

Paraules i expressions

8. En el text s'entén que el doctor que visita Victoria és un metge especialitzat en ginecologia (part de la medicina que estudia l'aparell genital de la dona). La persona que practica aquesta especialitat es diu *ginecòleg* o *ginecòloga*. Busca en un diccionari en línia (*https://dlc.iec.cat/*) les especialitats mèdiques següents, defineix-les breument i digues com s'anomena el professional que s'hi dedica.

a) dermatologia: ____________________

b) cardiologia: ____________________

c) oftalmologia: ____________________

d) otorrinolaringologia: ____________________

Expressió oral

9. *Cançó de la plana* de Kent Haruf és una novel·la coral: cada capítol narra un episodi de la vida d'un dels personatges principals, de manera que el lector va reconstruint la història a partir dels diferents episodis vitals de cadascun dels personatges.

Formeu grups de lectura i llegiu la novel·la. Després repartiu-vos els personatges i prepareu una exposició oral: cada participant s'encarregarà d'explicar la història i el tarannà d'un personatge, de manera que al final el públic pugui fer-se una idea coherent de l'argument de la novel·la.

Creació literària

10. A partir del text de la lectura o d'un altre capítol de la novel·la, escriu, en un full a part, el relat des del punt de vista del personatge principal, com si fos la pàgina del seu diari personal. En lloc d'un narrador omniscient, hauràs d'adoptar la veu d'un narrador intern en primera persona, concretament la veu del jo protagonista.

» LITERATURA

Històries viscudes. La novel·la realista

1. El realisme

La creació literària pot tenir com a contingut la **realitat viscuda** o **observada** pels autors, sense que això signifiqui menystenir la imaginació o la creativitat. Durant la segona meitat del segle XIX, el **realisme** va ser el corrent predominant de la **narrativa europea**.

PER SABER-NE MÉS

Els autors de la **literatura fantàstica** recorren a la capacitat de **fantasia**. Els de la **literatura realista**, en canvi, recorren a la **memòria** de tot allò que han viscut i observat. Ara bé, els uns i els altres utilitzen la **imaginació** per crear la història, caracteritzar els personatges, configurar els ambients o compondre els diàlegs.

ELS FONAMENTS DEL REALISME

1. EL RETRAT DE LA SOCIETAT	La novel·la realista volia ser un **mirall** de la societat: el novel·lista es convertia en **observador i estudiós** de tot allò que passava al seu entorn: els costums, els canvis, els conflictes, les creences...
2. LA PSICOLOGIA DELS PERSONATGES	Els autors realistes volien aprofundir en el **coneixement interior** dels personatges: el caràcter, el pensament, els valors ètics, les emocions, els trastorns... I principalment els interessava l'**evolució**, el **dinamisme** que adquirien amb el pas del temps.
3. LA DESCRIPCIÓ I EL DIÀLEG	Eren les tècniques narratives preferides dels autors realistes. La **descripció** els permetia fer el **retrat precís** de la realitat; amb el diàleg podien mostrar els **personatges en directe**, sense el filtre de la veu narrativa.
4. CIÈNCIA I LITERATURA	El realisme, a finals del segle XIX, va evolucionar cap al **naturalisme**, un corrent que defensava que els novel·listes havien d'aplicar la **ciència** per **conèixer la naturalesa humana**; només així serien capaços de narrar la singularitat de certs caràcters i els comportaments anormals.

2. Charles Dickens

Charles Dickens (1812-1870) va tenir una **infància difícil**: mai no es va sentir prou estimat pels seus pares i, amb només onze anys, va deixar l'escola i va entrar a treballar en una fàbrica de betum. Aquesta experiència el va fer molt **sensible al patiment** dels més febles, en especial dels **infants** maltractats, explotats o desprotegits.

Quan va començar a escriure, va cercar els **personatges** i els **arguments** en el seu **entorn social**. Les seves novel·les són una **denúncia pública** de la **injustícia** i de la **crueltat** amb què eren tractats els més desvalguts. El protagonista de la novel·la *Oliver Twist* és, per exemple, un nen orfe que passa la infantesa en un hospici, el bidell del qual, el senyor Bumble, s'encarregava de castigar «els joves que no es portaven bé i ho feia amb el màxim rigor. Era un home gros i de mal geni i es recolzava en un llarg bastó que li servia per estomacar els nens».

PER SABER-NE MÉS

El realisme de les obres de Charles Dickens s'insereix dins el corrent més sentimental que caracteritzava les novel·les publicades en fulletons periòdics (un capítol per mes), com *David Copperfield* o *Temps difícils*.

» ACTIVITATS

El realisme

11. Indica quina d'aquestes afirmacions podria correspondre a un defensor del realisme:

- [ ] Si vols ser un bon novel·lista, primer has de conèixer la societat en què vius a través de l'observació i l'experiència.
- [ ] Un bon novel·lista ha de fer que el lector s'emocioni amb la història i s'evadeixi de la realitat.
- [ ] Una novel·la ha de ser com una finestra que s'obre a altres mons, a altres dimensions.
- [ ] Una novel·la ha de ser com un mirall que es passeja per la ciutat buscant la veritat.
- [ ] La imaginació i la fantasia són primordials a l'hora d'escriure literatura.

12. Per què la descripció és una de les tècniques preferides pels autors realistes?

Charles Dickens

13. Llegeix el fragment següent d'*Oliver Twist* i després contesta les preguntes que hi ha a continuació:

L'Oliver demana més menjar

El menjador on se servia el dinar als nois era una gran sala de pedra amb una caldera al fons, de la qual el cuiner treia un cassó de farinetes que anava dipositant en cada bol i res més, excepte els dies de festa, en què, a més, cada nen rebia dues unces i quart de pa. Els recipients mai no necessitaven rentar-se, ja que els interns els llepaven tan bé que els deixaven nets com una patena.

Al cap de tres mesos de ser torturats per la gana, un dia els nois van fer a la sort a qui tocaria anar a demanar més menjar al cuiner a l'hora de sopar, i li va tocar a l'Oliver. Va arribar la nit, van ocupar els seus llocs i van desaparèixer les farinetes dels bols; els companys xiuxiuejaven entre ells i miraven de reüll l'Oliver.

Nen com era, la gana l'empenyia i es va alçar de la taula i es va acostar al cuiner amb el seu bol buit:

—Sisplau, senyor, en vull una mica més —va dir espantat de la seva pròpia temeritat.

L'home, que era gris i gallard, es va quedar mirant estupefacte el rebel, i l'Oliver va tornar a repetir la petició:

—Sisplau, senyor, en vull una mica més.

El cuiner li va donar un cop de cassó al cap, el va agafar d'un braç i va cridar el vigilant. La junta estava reunida en solemne conclave; així que, quan el senyor Bumble va anar ràpidament a la sala i va explicar tot esverat el que acabava de passar al menjador, el senyor de la butaca alta va exclamar davant el sobresalt general:

—N'ha demanat més! He d'entendre que l'Oliver Twist n'ha demanat més, després d'haver-se menjat el sopar que estableix el reglament? —I davant de la confirmació del senyor Bumble va afegir—: A aquest noi el penjaran.

CHARLES DICKENS: *Oliver Twist*.

a) Quina acció temerària fa Oliver Twist? Quins són els motius que l'empenyen a fer-la?

b) Quina és la reacció del cuiner i del bidell?

3. Narcís Oller

Narcís Oller (1846-1930) és el principal representant del corrent realista en la literatura catalana. Les seves novel·les volen ser autèntics retrats de personatges i situacions de la societat del seu temps. Entre les seves obres cal destacar *La febre d'or* (1892) i *La bogeria* (1898).

3.1. *La bogeria*

La novel·la *La bogeria* analitza el comportament de Daniel Serrallonga, un personatge que pateix una **malaltia mental**. Els seus amics intenten explicar-ne les **causes** aplicant les teories científiques més prestigioses de l'època: per una banda, el **determinisme biològic**, que defensava que la causa principal de la malaltia eren els condicionants genètics o hereditaris (un és boig perquè algun dels seus ascendents també ho era), i, per una altra, el **determinisme ambiental**, que defensava que la causa principal era l'entorn social (un és boig perquè la societat ha provocat que s'hi hagi tornat).

4. Mercè Rodoreda

L'interès per novel·lar la realitat s'ha mantingut viu fins a l'actualitat i ha donat diversos subgèneres literaris com la **novel·la històrica**, la **novel·la social**, la **novel·la psicològica**, les **memòries** o els **dietaris personals**.

Mercè Rodoreda (1908-1983) va publicar l'any 1962 una de les **novel·les psicològiques** més interessants de la literatura catalana: *La plaça del Diamant*. Aquesta obra, amb el rerefons de la Segona República i de la Guerra Civil Espanyola, narra la història de la Natàlia, una jove sense grans projectes que es resigna a tot allò que li depara la vida. Amb un caràcter feble, la Natàlia veu com el marit li canvia el nom (li posa Colometa) i li programa totalment la vida. La Guerra Civil conduirà la protagonista a la pitjor situació: el marit mor al front, i ella es queda amb dues criatures i sense recursos. *La plaça del Diamant* és també una crònica fidel de la Barcelona de postguerra i de com aquest període històric va marcar la vida dels seus habitants.

Un dels escenaris de la novel·la *La plaça del Diamant*, de Rodoreda, és el barri de Gràcia.

Fent servir com a recurs expressiu l'**escriptura parlada** amb receptor mut, Mercè Rodoreda permet que els lectors coneguin els **sentiments** més profunds de la protagonista. Així, l'obra és com un llarg monòleg de la Colometa, que va explicant la seva vida. L'autora se serveix d'un estil narratiu simple i planer, carregat de poesia, adequat a la innocència i la ingenuïtat de la protagonista.

PER SABER-NE MÉS

Mercè Rodoreda va marxar a l'exili poc abans del final de la Guerra Civil. Va ser en aquest període que va escriure algunes de les seves obres més destacades, com *La plaça del Diamant* o *El carrer de les Camèlies* (1966).

» ACTIVITATS

Narcís Oller i Mercè Rodoreda

14. El determinisme defensa que els fets o els fenòmens són el resultat d'uns processos que es poden definir científicament. Quines són les dues teories del determinisme sobre l'origen de la bogeria?

15. Llegeix el fragment següent de *La plaça del Diamant*, de Mercè Rodoreda, i contesta les preguntes:

Anava tota de negre

Em vaig posar de dol com vaig poder, perquè per en Quimet respectava el dol. I anava pels carrers, bruts i tristos de dies, foscos i blaus a la nit, tota de negre i, al capdamunt, com una taca blanca, la cara que se'm feia menuda.

La Griselda em va venir a veure. A donar-me el pésam, va dir. Duia unes sabates de pell de serp, el portamonedes igual, i un vestit blanc amb flors vermelles. Em va dir que tenia notícies d'en Mateu, que estava bé, perquè encara que cadascú fes la seva vida, havien quedat amics per respecte a la nena. Que mai no hauria pensat que en Quimet i en Cintet, tan criatures, poguessin morir. Era més bonica que mai: més fina, més blanca de pell, més d'aigua verda els ulls, més encalmada, més com les flors que a la nit es tanquen per dormir.

MERCÈ RODOREDA: *La plaça del Diamant*.

a) Quina atmosfera es crea amb la descripció que l'autora fa en el primer paràgraf?

b) Quin contrast es crea entre la imatge de la narradora i la descripció del personatge de la Griselda, pel que fa a la manera de vestir?

Creació literària

16. Mercè Rodoreda crea en *La plaça del Diamant* un estil narratiu molt característic: una veu intimista explica què li passa, què fa, què veu, què pensa, què fan els altres, com són, què li diuen... Imita aquest estil i explica, en un full a part, experiències personals d'un dia rellevant de la teva vida.

Lectura de clàssics

17. *Oliver Twist* i *Grans esperances*, de Dickens, i *Aloma* i *La plaça del Diamant*, de Rodoreda, són obres que ens permeten conèixer l'estil d'aquests dos grans escriptors. En grups, llegiu-les i feu-ne un treball (autor, època, obra...) per exposar-lo a classe.

» LLENGUA I SOCIETAT

1. Les llengües del món

Al món hi ha més de 7.500 milions de persones i s'hi parlen més de 5.000 llengües. Algunes tenen molts milions de parlants (**llengües majoritàries**); d'altres, en canvi, en tenen un nombre més reduït (**llengües minoritàries**). Les unes i les altres mereixen la mateixa consideració.

PER SABER-NE MÉS

A Europa, les llengües majoritàries són el **rus**, l'**alemany**, l'**anglès**, el **francès**, l'**italià** i l'**espanyol**. El **català**, que té entre vuit i deu milions de parlants, ocupa una posició intermèdia, semblant a la del grec, el suec, el danès o el txec.

1.1. Les situacions de minorització lingüística

La normalitat d'una llengua és que els seus parlants la utilitzin lliurement en totes les relacions que estableixen amb els altres membres de la mateixa comunitat lingüística. Hi ha, però, llengües que han vist limitada la seva presència en determinades situacions: són **llengües minoritzades**.

Les causes d'una **minorització lingüística** són diverses: la imposició legal (lleis que prohibeixen l'ús normal d'una llengua); l'existència de **diglòssia** o de prejudicis (considerar una llengua de segona categoria o poc útil); les mancances en el procés de modernització (no disposar, per exemple, de la varietat estàndard), etc. Si la situació de minorització persisteix, pot acabar en una **substitució lingüística**, és a dir, en la desaparició de la llengua pròpia d'un territori arran de la implantació d'una llengua forana.

La llengua catalana va passar un llarg període de minorització: del 1716 (Decret de Nova Planta de Catalunya) al 1975 (fi del franquisme) es van reduir els seus usos a causa de lleis estatals que en prohibien l'ús públic. A partir del 1975, en canvi, s'ha aplicat una política de **normalització lingüística**, que ha pretès que tots els ciutadans de l'àrea lingüística catalana la coneguin i la puguin utilitzar en totes les relacions socials.

Les lleis actuals reconeixen l'oficialitat del català en tots els territoris on és la llengua pròpia, una oficialitat compartida amb la llengua castellana o espanyola, que és la llengua oficial de l'estat espanyol.

VOCABULARI

diglòssia (del grec *di-* 'doble' i *glossa* 'parla'). Situació pròpia d'una comunitat lingüística en què dues llengües són usades amb un valor social diferent: la llengua A, considerada alta, és usada en àmbits públics, formals i escrits, mentre que la llengua B, considerada baixa, és usada en àmbits privats, informals i orals.

1.2. Les situacions de multilingüisme

Els moviments de població fan que en un territori hi convisquin persones que parlen llengües diferents. En aquest cas, parlem de **multilingüisme social**. A Catalunya, per exemple, la immigració del segle XX ha conduït a una situació de bilingüisme d'una àmplia majoria de la població catalana: gairebé tothom sap el català i el castellà.

D'altra banda, la globalització de l'economia ha convertit l'anglès en una llengua gairebé imprescindible. Aquest fet, però, no ens ha de fer oblidar que la diversitat cultural i lingüística és una de les característiques principals del món i que és una riquesa que cal preservar.

» ACTIVITATS

18. Subratlla l'opció correcta:

a) Es consideren llengües *majoritàries / minoritàries* les que tenen molts milions de parlants. Es consideren llengües *majoritàries / minoritàries* les que són parlades per un nombre reduït de persones.

b) Quan una llengua veu limitada la seva presència en determinats àmbits o situacions, parlem de llengua *normalitzada / minoritzada*.

c) Una de les causes de la minorització lingüística és l'existència de *diglòssia / monoglòssia* o de prejudicis lingüístics. La persistència d'aquesta situació pot acabar en una *normalització / substitució* lingüística.

d) A Catalunya la forta immigració de persones de parla castellana durant el segle XX ha conduït a una situació de *monolingüisme / bilingüisme* d'una àmplia majoria de la població.

e) Per garantir el futur de la llengua catalana, des de l'any 1975 s'ha aplicat una política de *substitució / normalització* lingüística.

19. Digues dos avantatges i dos inconvenients del fet que hi hagi llengües globals actualment, com és el cas de la llengua anglesa:

20. Quantes llengües es parlen a Barcelona? Quines són les més parlades després del català i el castellà? Cerca informació a internet.

21. Llegeix el text següent i contesta les preguntes que hi ha a continuació:

> Al segle XVI una part important de la noblesa dels països de llengua catalana va adoptar el castellà com a llengua de cultura i de conreu literari. La llengua catalana fou abandonada per molts escriptors a causa del prestigi del castellà, llengua de la cort reial. Sovint l'ús del castellà era degut a un intent de distingir-se de la gent senzilla del poble, la gran majoria de la qual era analfabeta i només parlava català. A partir de llavors s'inicià un llarg període (segles XVI-XVIII) en el qual va disminuir l'ús del català com a llengua de l'alta cultura.

a) La situació descrita en el text correspon a un cas de substitució lingüística o de diglòssia?

b) Quines van ser les causes per les quals la noblesa es va decantar per l'ús del castellà en l'àmbit literari?

c) La situació de diglòssia va afectar de la mateixa manera les classes altes de la societat i les classes baixes?

d) Quin grup social practicava el bilingüisme?

» LÈXIC I SEMÀNTICA

1. Les paraules compostes

En la formació de paraules, sovint es recorre a un mecanisme de reducció d'un sintagma o una frase a les paraules més bàsiques: *llevaneu* (*llevar* + *neu*). Diem que *llevaneu* és una **paraula composta** perquè s'ha format a partir de la combinació de paraules que poden existir com a mots independents. Aquest procés s'anomena ***composició***.

2. Tipus de composició

Distingim tres tipus de composició:

TIPUS DE COMPOSICIÓ	DEFINICIÓ	EXEMPLE
1. COMPOSICIÓ PRÒPIA	Consisteix a formar una paraula a partir de dues o més paraules que ja existeixen en la llengua catalana.	*Ho* ***gira*** *tot de manera que allà on hi havia el* ***cap*** *hi hagi els peus.* → *Ho* ***capgira*** *tot.*
2. COMPOSICIÓ CULTA	Consisteix a formar una paraula a partir de dues unitats provinents de les llengües clàssiques (el grec o el llatí).	*És el* ***lloc*** (en grec, ***teca***) *on hi ha molts* ***llibres*** (en grec, ***biblio***). → *És la* ***biblioteca***.
3. COMPOSICIÓ SINTAGMÀTICA	Consisteix a agrupar dues o més paraules per formar una unitat de sentit.	*És una* ***escola*** *d'infants que encara dormen en un* ***bressol***. → *És una* ***escola bressol***.

2.1. La composició pròpia

Els **compostos propis** s'han format unint dues o més paraules independents (per exemple: *agre* + *dolç* → *agredolç*; *cap* + *i* + *cua* → *capicua*). Aquests compostos tenen una unitat de sentit i de forma.

Els compostos propis poden ser noms, adjectius, verbs o adverbis i poden tenir estructures diferents.

ESTRUCTURA	PROCÉS	COMPOST RESULTANT
V + N	Bastonet de fusta que serveix per **escurar**-se les **dents**.	*escuradents*
N + Adj	Que s'està amb els **ulls** tancats o **clucs**.	*ullcluc*
N + V	**Ficar-se** al **cap** una preocupació per alguna cosa.	*capficar-se*
Adv + Adv	De la part de **dalt** fins a la part de **baix** que toca al terra.	*daltabaix*

» ACTIVITATS

Les paraules compostes

22. Classifica les paraules següents segons si són derivades o compostes:

blaugrana • anaeròbic • rentaplats
contraatacar • preromànic • desmuntar
filferro • parallamps • besavi • marcapassos

Paraules compostes	Paraules derivades

23. Subratlla les cinc paraules compostes que hi ha en el text següent:

Aquesta nit he tingut uns malsons terribles. Primer, he somiat que queia per un penya-segat; després, que m'enfonsava en un aiguamoll i, per acabar-ho d'adobar, que baixava l'escala d'emergència d'un gratacel en flames a correcuita.

Tipus de composició

24. Classifica les paraules compostes de les frases següents segons el procediment de composició que s'ha seguit:

a) Un terratrèmol és una sèrie de tremolors de la superfície de la terra.
b) Un oftalmòleg és un metge especialista (*-leg*) dels ulls (*oftalmo-*).
c) Una agulla de cap és una agulla que té un extrem acabat en punta i l'altre, en un petit cap.
d) Un monòleg és un discurs (*-leg*) en veu alta que manté una persona sola (*mono-*) amb si mateixa.
e) El cotó fluix és la fibra del cotó preparada en una massa blanca molt fluixa i suau.
f) Un alçaprem és una barra rígida amb un punt de suport que es prem per un extrem per alçar objectes que pesen.
g) La xenofòbia és el sentiment d'odi o rebuig (*-fòbia*) cap als estrangers (*xeno-*).
h) Es diu *palplantat* d'algú que està dret i immòbil com si estigués plantat com un pal.
i) El cartó pedra és una mena de cartó amb què es fan ornaments que imiten la pedra.

Composició		
Pròpia	Culta	Sintagmàtica
terratrèmol		

La composició pròpia

25. Escriu el compost propi corresponent:

a) Aparell que serveix per comptar els quilòmetres → ____________
b) Franja de terreny sense vegetació que té com a finalitat tallar un foc → ____________
c) Ascensor que s'utilitza per muntar (pujar) càrregues (mercaderies) → ____________
d) Estri que es fa servir per trencar nous → ____________
e) Làmina de vidre que serveix per parar la brisa → ____________

26. Uneix les paraules de la primera llista amb les de la segona per formar paraules compostes:

set •	• mirat -ada
prim •	• punyetes
poca •	• traça
pere •	• ciències
mil •	• homes

2.2. La composició culta

Els **compostos cultes** estan formats per unitats provinents de les llengües clàssiques. Aquestes **unitats** poden ser **gregues** o **llatines** i, en la major part dels casos, no existeixen com a mots independents.

Quan aquestes unitats es combinen entre si, donen lloc als *compostos homogenis*, si les dues unitats provenen de la mateixa llengua, i als *compostos heterogenis*, si cada unitat prové d'una llengua diferent.

TIPUS DE COMPOST	COMBINACIÓ	SIGNIFICAT DELS COMPONENTS	COMPOST RESULTANT
HOMOGENI	[grec + grec]	*hidro* ('aigua') + *teràpia* ('guarició')	*hidroteràpia*
	[llatí + llatí]	*oleo* ('oli') + *ducte* ('conductor')	*oleoducte*
HETEROGENI	[llatí + grec]	*pluvio* ('pluja') + *metre* ('mesura')	*pluviòmetre*
	[grec + llatí]	*auto* ('mateix') + *mòbil* ('que es mou')	*automòbil*

2.3. La composició sintagmàtica

Els **compostos sintagmàtics** són unitats constituïdes per **dues o més paraules** que tenen l'estructura d'un sintagma lliure, però presenten una **estructura fixa**, ja que formen una **locució** (*escola bressol*, *blau marí*, *tot terreny*) i adquireixen un **significat propi** (una cosa és 'escola', una altra és 'bressol' i una altra, 'escola bressol').

Els compostos sintagmàtics poden ser noms, adjectius o verbs i poden tenir estructures diferents:

ESTRUCTURA	PROCÉS	COMPOST RESULTANT
N Prep N	Estri **d'estendre** la roba que la sosté com fa una **agulla**.	*agulla d'estendre*
Adj N	Que la **sang** no conté cap element estrany, que és **pura**.	*pura sang*
Adj Adj	Que és de color **gris** que tira a **roig**.	*gris rogenc*
V Prep N	**Posar** algú o alguna cosa en l'**escena** d'una història.	*posar en escena*

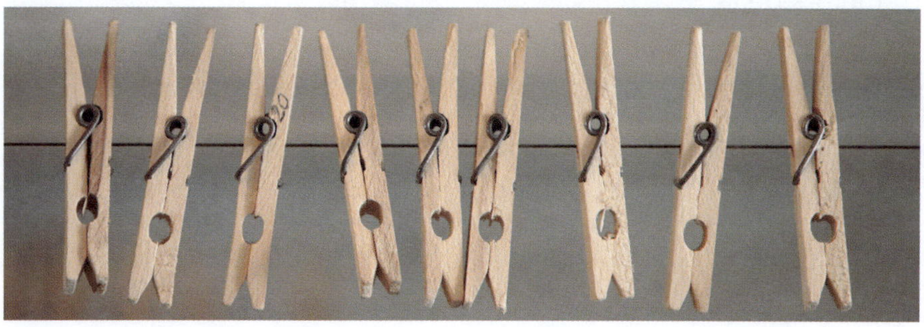

» ACTIVITATS

La composició culta

27. Relaciona els elements grecs o llatins de la primera llista amb els de la segona per crear paraules compostes cultes.

[6] *dermato-* (pell)
[7] *micro-* (petit)
[3] *hetero-* (no habitual)
[4] *primo-* (primer)
[1] *claustro-* (espai tancat)
[3] *pseudo-* (fals)
[2] *pisci-* (peix)
[5] *retro-* (endarrere)

1. *-fòbia* (por)
2. *-cultura* (cria)
3. *-ònim* (nom)
4. *-dox* (opinió)
5. *-visor* (que veu)
6. *-leg* (especialista)
7. *-scopi* (mirar)
8. *-gènit* (origen)

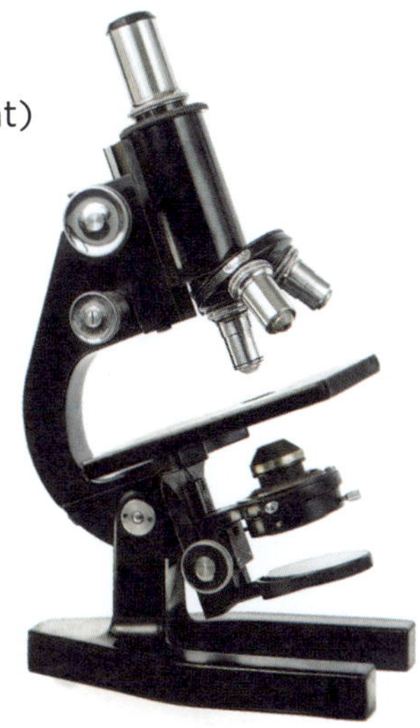

Ara escriu les paraules resultants al costat del significat corresponent. Per exemple:
Metge especialitzat en l'estudi i el tractament de la pell: ***dermatòleg***

a) Instrument òptic que serveix per mirar coses petitíssimes: Microscopi
b) Que la seva opinió s'aparta de la norma, de l'ortodòxia: heteradox
c) Por exagerada i obsessiva de trobar-se en llocs tancats: claustrofobia
d) Nom fals que utilitza una persona per ocultar la seva identitat: pseudonim
e) Mirall petit que porten els vehicles perquè el conductor pugui veure el que hi ha al darrere: retrovisor
f) Fill que neix primer: primogenicat
g) Tècnica que s'ocupa de la cria i la reproducció de peixos: piscicultura

La composició sintagmàtica

28. Digues si les afirmacions següents són vertaderes (V) o falses (F):

☐ Els compostos sintagmàtics van units sempre amb un guió.
☐ Hi ha compostos sintagmàtics homogenis i heterogenis.
☐ Hi ha compostos sintagmàtics nominals, adjectivals i verbals.
☐ Els compostos sintagmàtics estan formats per dues o més paraules.
☐ Les locucions són compostos sintagmàtics.
☐ *Alts i baixos* i *venir bé* són compostos sintagmàtics adjectivals.

29. Relaciona per formar compostos sintagmàtics:

paret •	• llit
saber •	• veles
plegar •	• cisterna
filar •	• senglar
camió •	• prim
porc •	• mestra
vagó •	• greu

Ara escriu les paraules obtingudes al costat de la definició corresponent:

a) Paret principal: ***paret mestra***.
b) Animal salvatge que és molt semblant al porc domèstic: porc celega
c) Camió amb un dipòsit condicionat per transportar líquids: ______
d) Desistir d'un propòsit: plega veles
e) Fer distincions subtils: ______
f) Vagó condicionat amb departaments que tenen llits o lliteres: vagon lleta
g) Causar disgust una cosa: ______

» GRAMÀTICA

1. El complement directe (CD) i el complement indirecte (CI)

1.1 Els verbs transitius

Els **verbs transitius** demanen un **complement directe**, és a dir, un sintagma nominal sobre el qual recau l'acció expressada pel verb:

Son pare ven fruita al mercat. *El genet amanseix el cavall.*

Alguns verbs transitius poden dur el **complement directe sobreentès**. Aleshores diem que aquests verbs s'usen en **sentit absolut**.

VERBS TRANSITIUS AMB CD EXPLÍCIT	VERBS TRANSITIUS USATS EN SENTIT ABSOLUT
*En Blai **planxa** els llençols.*	*En Blai **planxa**.*
*L'Úrsula **menja** espaguetis.*	*L'Úrsula **menja** molt poc.*

Hi ha verbs transitius que demanen també un **complement indirecte**, és a dir, un sintagma preposicional que designa el destinatari de l'objecte que fa de complement directe:

***Dedico** el premi (CD) al meu pare (CI).* ***Va comunicar** la sentència (CD) al reu (CI).*

1.2. El complement directe

El **complement directe** (**CD**) és el complement que demana un verb transitiu. Sol designar el **tema** o el **pacient** del predicat verbal:

Heu d'explicar l'argument de l'obra (CD (tema)). *El metge ausculta el malalt* (CD (pacient)).

El CD pot ser un **sintagma nominal** o una **oració subordinada**:

SINTAGMA NOMINAL (CD)	ORACIÓ SUBORDINADA (CD)
Li desitgem una recuperació ràpida.	*Desitgem que es recuperi aviat.*
Han prohibit la crema de matolls.	*Han prohibit cremar matolls.*
No recordo el nom del poble.	*No recordo com es deia el poble.*

PER SABER-NE MÉS

Els verbs que no exigeixen un complement directe s'anomenen ***verbs intransitius***. Aquests verbs poden constituir el predicat verbal sense demanar la presència d'un complement directe:

*La nena **dorm**.*
*El gos **lladra**.*
*El nen **plora**.*
*Avui **plou** molt.*

RECORDA

Com a norma general, el CD se situa **després del verb** i, encara que es refereixi a una persona, **no va precedit de preposició**:

✔ *Avui he saludat la directora.*
✘ *Avui he saludat a la directora.*

PER SABER-NE MÉS

Excepcionalment, el CD que **designa persones** pot anar introduït per la **preposició *a***:
***Als meus amics** els he vist al concert.*
*M'han invitat **a mi i al meu company**.*

» ACTIVITATS

Els verbs transitius

30. Classifica els deu verbs d'aquest fragment, que estan subratllats, de la lectura inicial en transitius i intransitius:

> La noia es va aixecar i va seguir la dona amb bata blanca pel corredor. Es van aturar davant una balança i la va pesar. Després van entrar en una petita habitació amb una pica de lavabo i dues cadires. La dona li va prendre el pols, li va mirar la pressió i la temperatura, tot sense dir res, i va apuntar els resultats en una fitxa. Després va sortir.

Transitius	Intransitius
______	______
______	______
______	______
______	______
______	
______	

31. Digues si els verbs destacats en cursiva de les oracions que hi ha a continuació són transitius amb CD explícit (E) o bé s'usen amb sentit absolut (A):

- ☐ M'*escoltes*?
- ☐ Aquest alumne mai no *escolta*.
- ☐ Li agrada molt *llegir*.
- ☐ Encara no *he llegit* el llibre que em vas regalar per Sant Jordi.
- ☐ El meu cantant preferit no *ha cantat* el seu gran èxit.
- ☐ La veïna del pis de sobre es passa el dia *cantant*.
- ☐ Cristina, *talla* el formatge sobre la fusta de tallar.
- ☐ Aquest ganivet tan gran no *talla*.

El complement directe

32. En el text següent s'han suprimit els sintagmes nominals del quadre, que fan de CD dels verbs transitius:

> una marca • la noia • la sala d'espera
> tres fulls • les respostes • els papers

Escriu cada sintagma on correspongui:

La dona de la finestreta va mirar ______, *va fer* ______ *en una casella de la llista i li va donar* ______. *La noia va travessar* ______ *i es va posar* ______ *a la falda. Aleshores va escriure* ______ *com faria en un examen de l'institut.*

33. Tradueix les oracions següents. Per exemple:

Levántate y saluda a este señor. → *Aixeca't i saluda aquest senyor.*

a) *Hemos ido a visitar a un enfermo.*
b) *La empresa contratará a dos ingenieros.*
c) *Encontraron a un hombre malherido.*
d) *Entonces abrazó fuertemente a su hermana.*
e) *El Mallorca ha ganado al Betis.*

Quina diferència observes entre el castellà i el català pel que fa a l'ús de la preposició *a* davant d'un CD referit a persones?

______

34. Observa si els sintagmes destacats concorden amb el verb. Després digues quins fan de subjecte (concorden amb el verb) i quins fan de complement directe (no concorden amb el verb).

a) M'agrada el mar. / M'agraden les flors. [S]
b) Enyora la seva terra. / Enyora les seves tradicions. ☐
c) Em preocupa la seva situació econòmica. / Em preocupen els seus deutes. ☐
d) Et caurà el pèl. / Et cauran les dents. ☐
e) Li ensenya la casa. / Li ensenya les habitacions. ☐
f) Lamenta el seu descuit. / Lamenta els seus errors. ☐

1.3. Els pronoms febles de CD

El pronoms febles de **primera** i **segona persones** que poden fer la funció de **complement directe** (**CD**) són els següents:

em (-me)	*A mi no* ***em*** *va ajudar (va ajudar-****me****) mai ningú.*
ens (-nos)	***Ens*** *volien enredar (volien enredar-****nos****).*
et (-te)	***Et*** *vaig buscar (vaig buscar-****te****) pertot arreu.*
us (-vos)	*A vosaltres* ***us*** *van renyar (van renyar-****vos****) moltes vegades.*

Els pronoms de **tercera persona** que poden reemplaçar un **CD** són els següents:

1. EL CD CORRESPON A UN SINTAGMA DEFINIT	**el (-lo)**	*Aquest arbre* ***el*** *va plantar (va plantar-****lo****) el teu avi.*
	la (-la)	*La reixa* ***la*** *volem pintar (volem pintar-****la****) de color verd.*
	els (-los)	*Els geranis* ***els*** *vaig regar (vaig regar-****los****) abans-d'ahir.*
	les (-les)	*Les voreres* ***les*** *haurien d'eixamplar (haurien d'eixamplar-****les****).*
2. EL CD CORRESPON A UN SINTAGMA QUANTIFICAT O SENSE DETERMINAR	**en (-ne)**	*De fills només* ***en*** *va tenir (va tenir-****ne****) dos.*
3. EL CD CORRESPON A *AIXÒ*, *ALLÒ* O UNA ORACIÓ SUBORDINADA	**ho (-ho)**	*Això que et diré, no* ***ho*** *pots dir (pots dir-****ho****) mai a ningú.*
4. EL CD ÉS REFLEXIU O RECÍPROC	**es (-se)**	*En Marcel* ***es*** *va vestir (va vestir-****se****) de seguida.* *Els dos amics* ***es*** *van abraçar (van abraçar-****se****).*

PER SABER-NE MÉS

Els pronoms febles tenen formes diferents segons que vagin davant o darrere del verb:

a) Els pronoms ***em***, ***et***, ***el***, ***la***, ***en*** i ***es*** s'apostrofen si el verb comença amb un so vocàlic: ***m'****aconsella*, ***t'****imita*, ***l'****estima*, ***n'****observa*, ***s'****unta*.

Ara bé, el pronom ***la*** no s'apostrofa si el verb comença amb ***i*** o ***u*** àtones: ***la*** *intimiden*, ***la*** *humilien*.

b) Els pronoms ***em***, ***ens***, ***et***, ***el***, ***els***, ***en*** i ***es*** s'apostrofen si el verb acaba en vocal: *ajuda'****m***, *miri'****ns***, *renta'****t***, *avisa'****l***, *desa'****ls***, *tasta'****n*** *un*, *pentini'****s***.

» ACTIVITATS

Els pronoms febles de CD

35. Completa cada sèrie amb la forma del pronom de CD adequada en cada cas:

a) *em / m' / 'm / -me*

A mi m'ajuden molt.

No ____ van ajudar gaire.

Sisplau, ajuda ____.

No volen ajudar ____.

b) *el / l' / 'l / -lo*

____ enganyaré.

____ penso enganyar.

Enganya ____.

Van enganyar ____.

c) *la / l' / -la*

____ ajuden.

____ van ajudar.

Van ajudar ____.

d) *els / 'ls / -los*

____ han lligat a tots dos.

Lliga ____ amb el cordill.

Prova de lligar ____.

e) *en / n' / 'n / -ne*

No ____ agafis gaires.

____ vaig agafar dos.

Agafa ____ uns quants.

Vaig agafar ____ molts.

36. Subratlla el CD de les oracions següents i substitueix-lo pel pronom feble corresponent: *el, la, els, les, en, ho.*

a) —Albert, quan faràs els deures de socials?

—____ faré aquest vespre.

b) —Per què portes les sabates descordades?

—____ porto descordades perquè m'estrenyen.

c) —Alfons, per a què necessites els diners que has estalviat?

—____ necessito per comprar-me un ordinador més potent.

d) —On va trobar el cotxe robat, la policia?

—____ va trobar en un descampat.

e) —Per què mengen canyes de bambú, els ossos panda?

—____ mengen perquè és el seu aliment preferit.

f) —On ha comprat tot això, l'Ignasi?

—____ ha comprat als encants nous.

37. Completa les frases següents de la lectura de la unitat amb el pronom de CD adequat en cada cas:

a) Quan el metge va tornar, ella ____ esperava asseguda a la taula d'exploracions.

b) El vell es va treure l'americana i ____ va deixar plegada sobre el respatller de la cadira.

c) Faré servir aquest espèculum. ____ havia vist mai cap?

d) La noia notava el que feia el metge i ____ suportava sense dir res.

e) Tindrà una sèrie de problemes. La majoria de mares adolescents ____ tenen.

f) Procuri no tensar el múscul perquè això ____ fa més difícil per a mi i més incòmode per a vostè.

1.4. El complement indirecte

El **complement indirecte** (**CI**) és un **sintagma preposicional** que designa el **destinatari** (qui rep alguna cosa), l'**origen** (de qui s'obté una cosa) o l'**experimentador** (qui rep la sensació d'una situació):

L'equip va oferir la victòria a la companya lesionada.
CI destinatari

Sempre compro les bledes al pagès del mercat.
CI origen

A l'Alba li encanta el menjar japonès.
CI experimentador

> **PER SABER-NE MÉS**
>
> En alguns casos, el CI pot indicar **possessió**. Per exemple:
>
> ***Li** conec totes les virtuts i tots els defectes (Conec totes les **seves** virtuts i tots els **seus** defectes.)*
>
> *Sempre **els** anava a favor (Sempre anava a favor **seu / d'ells o d'elles**).*

1.5. Els pronoms febles de CI

Els pronoms febles de **primera** i **segona persones** que poden fer la funció de **complement indirecte** són els següents:

em (-me)	*A mi no **em** va agradar (va agradar-**me**) gens.*
ens (-nos)	***Ens** van amagar (van amagar-**nos**) la veritat.*
et (-te)	*Ja **et** vaig dir (vaig dir-**te**) que t'enredarien.*
us (-vos)	*A vosaltres no **us** van dir (van dir-**vos**) res.*

Els pronoms de **tercera persona** que poden reemplaçar un CI, tant si és masculí com sí és femení, són ***li*** (singular) i ***els*** (plural):

li (-li)	*A l'Andreu / A l'Andrea **li** van regalar (van regalar-**li**) un patí.*
els (-los)	*Als nois / A les noies **els** van donar (van donar-**los**) una cinta.*

> **PER SABER-NE MÉS**
>
> Quan el CI de tercera persona és **reflexiu** ('cadascú a si mateix') o **recíproc** ('l'un a l'altre'), adopta la forma ***es***:
>
> *En Marcel **es** va posar (va posar-**se**) les vambes.*
> *Els dos amics **es** van desitjar (van desitjar-**se**) molta sort.*

1.6. Combinació de pronoms febles de CD i CI

De vegades el CD i el CI apareixen representats per pronoms febles:

*Aquestes vambes són meves. **Me les** va deixar la Berta.*
*Els veïns no saben que tallaran l'aigua. **Els ho** hauries de dir.*

Li esdevé ***hi*** quan es combina amb els pronoms de CD següents:

VERB	CD	CI	COMBINACIÓ DE PRONOMS
Va regalar	*el patinet*	*a la seva neboda.*	***L'hi** va regalar.*
Va regalar	*la bicicleta*	*al seu cosí.*	***La hi** va regalar.*
Porta	*els paquets*	*a l'àvia.*	*Porta'**ls-hi**.*
Porta	*les maletes*	*a l'avi.*	*Porta-**les-hi**.*

» ACTIVITATS

Els complements directe i indirecte

38. Assenyala el verb, el CD i el CI de cadascuna de les oracions següents. Per exemple:

El doctor va donar la mà a la noia.
V CD CI

a) Els alumnes ja han lliurat el treball a la professora.

b) El secretari notificarà la decisió de la junta a les parts implicades.

c) L'entrenador atribueix la derrota a l'àrbitre.

d) A aquest advocat li hem retirat la confiança.

e) Aquests papers els has de tornar a la doctora.

f) Als menors d'edat ens demanaven les dades personals.

g) La noia ensenyava el trofeu a tots els amics.

39. Identifica quins dels sintagmes destacats fan de subjecte (S), quins fan de CD i quins fan de CI:

a) La proposta va decebre *l'alumne* (*el* va decebre). ☐
La proposta no va agradar *a l'alumne* (no *li* va agradar). ☐
L'alumne no va acceptar la proposta. ☐

b) Han ofert el càrrec de directora *a la Neus* (*li* han ofert el càrrec). ☐
L'any vinent *la Neus* ascendirà a directora. ☐
L'any vinent ascendiran *la Neus* (*l'*ascendiran) a directora. ☐

c) *Aquesta noia la* veig molt estressada. ☐
Aquesta noia hauria d'esbargir-se. ☐
A aquesta noia li convé sortir més de casa. ☐

40. Subratlla el complement correcte per a cadascuna de les oracions següents. Després digues si es tracta d'un CD o d'un CI. Per exemple:

He enviat un missatge ***a la teva germana*** */ la teva germana.* ***CI***

a) Avui he vist a *en Carles / en Carles* a la plaça Major. ☐

b) Si sortim a passejar, hem de posar un morrió *al gos / el gos*. ☐

c) Aquest estiu podríem fer una visita *als oncles de Mallorca /els oncles de Mallorca*. ☐

d) No trobo per enlloc *a les meves companyes / les meves companyes*. ☐

Els pronoms febles de CI

41. Completa les oracions següents amb el pronom de CI adequat en cada cas:

a) El nen estava repenjat a la mare i ella ______ passava la mà per la galta.

b) La infermera la va pesar i ______ va mirar la pressió i la temperatura.

c) La noia va sortir a fora, i la llum del carrer ______ va semblar nítida.

d) A vosaltres no ______ diran res.

Combinació de pronoms febles de CD i CI

42. Completa les oracions següents amb la combinació d'un pronom de CD i un de CI. Per exemple:

La Laura vol tres pastissos de nata. ***Els hi*** *pots preparar?*

a) En Claudi vol el mòbil i jo també el vull. A qui el deixes? ______ deixes a mi o ______ deixes a ell?

b) La Clàudia vol la tauleta i nosaltres també la volem. A qui la deixes? ______ deixes a nosaltres o ______ deixes a ella?

c) En Marc vol els esquís i jo també els vull. A qui els deixes? ______ deixes a mi o ______ deixes a ell?

» ORTOGRAFIA

1. L'accent diacrític

L'**accent diacrític** serveix per distingir dues paraules que tenen una mateixa forma gràfica (**paraules homògrafes**): *Parla **més** alt. / El **mes** de gener.*

Les normes ortogràfiques de l'Institut d'Estudis Catalans de l'any 2017 estableixen la llista de monosíl·labs que s'han d'escriure amb accent diacrític, que són els següents:

PARAULES AMB ACCENT DIACRÍTIC	PARAULES SENSE ACCENT DIACRÍTIC
bé (**béns**) *m.* Objecte de valor, riquesa. *El **bé** comú. Els **béns** immobles.* **bé** *adv.* Satisfactòriament. *L'estada a l'estranger li ha anat molt **bé**.*	**be** (**bens**) *m.* Xai. *Volen esquilar el **be**. Un ramat de **bens**.* **be** (**bes**) *f.* Nom de la lletra *b*. *El mot* cub *acaba amb **be**. Les lletres **bes** són la **be** alta, la ve baixa i la ve doble.*
déu (**déus**) *m.* Ésser diví, deïtat. *Creure en **Déu**. Els **déus** de l'Olimp.*	**deu** (**10**) *numeral. El dia **deu** de cada mes.* **deu** (**deus**) *f.* Naixement d'aigua. *La **deu** de la font.* **deu** / (**deus**) *v.* (formes del verb *deure*). *Em **deu** cent euros. Ens **deus** una resposta.*
és *v.* (forma del verb *ser*). *La Júlia **és** arquitecta.*	**es** *pron.* Pronom personal de tercera persona. *El meu cosí **es** diu Pol.* **es** *f.* (plural de *e*). *Les **es** obertes i les **es** tancades.*
mà (**mans**) *f.* La part del cos que hi ha on acaba el braç. *Dona'm la **mà** esquerra. Toquen el piano a quatre **mans**.*	**ma** *adj.* La meva. ***Ma** germana gran surt amb un noi del barri.*
més *adj.* i *adv.* En major grau o quantitat. *Avui fa **més** fred que ahir. T'has d'esforçar **més**.*	**mes** *m.* Qualsevol de les dotze parts en què dividim l'any. *El **mes** de febrer.* **mes** *adj.* Les meves. ***Mes** germanes aniran a estudiar a París.*
món (**mons**) *m.* Univers, planeta. *Vol fer la volta al **món**.*	**mon** *adj.* El meu. ***Mon** pare té quaranta-tres anys.*
pèl (**pèls**) *m.* Filament que creix a la pell dels mamífers. *Un animal de **pèl** negre. No té **pèls** a la llengua.*	**pel** (**pels**). Contracció de *per* i *el*. *Travessa **pel** pas zebra. Corrien **pels** carrers.*
què *pron.* Quina cosa (interrogatiu). *No sé **què** han dit.* / El qual, la qual (relatiu). *Aquesta és la clau amb **què** han d'obrir la porta.* **què** (**quès**) *m.* Punt essencial d'una qüestió. *Volen saber el **què** i el com.*	**que** *pron.* Pronom relatiu. *El dia **que** vaig néixer.* **que** *conj.* Conjunció subordinant. *Em sembla **que** plourà.* **que** *adv.* Mot quantitatiu ponderatiu. ***Que** bonic! **Que** lluny!*
sé *v.* (forma del verb *saber*). *Encara no **sé** si vull anar a la universitat.*	**se** *pron.* Pronom personal de tercera persona. *Des d'aquí darrere no **se** sent res. No **se**'n sap res.*

PARAULES AMB ACCENT DIACRÍTIC	PARAULES SENSE ACCENT DIACRÍTIC
sí *adv.* Mot afirmatiu. ***Sí*** *o no?* ***Sí*** *que vindrà finalment. Diuen que* ***sí****.* **sí** (**sís**) *m.* Afirmació. *Va donar el* ***sí****. S'aprova la proposta amb deu* ***sís*** *i sis nos.*	**si** *conj.* En cas que. ***Si*** *no vens a sopar, avisa'm.* **si** *pron.* Pronom reflexiu de tercera persona. *Només es preocupa de* ***si*** *mateix.* **si** (**sis**) *m.* Setena nota musical. *Do, re, mi, fa, sol, la,* ***si****, do.*
sòl (**sòls**) *m.* Superfície de terreny. ***Sòl*** *agrícola.* ***Sòls*** *sorrencs.*	**sol** *m.* Astre lluminós. *La llum del* ***sol****.* **sol** (**sols**) *adj.* Sense companyia. *Viu* ***sol****. Viuen* ***sols****.* **sol / sols** *v.* (formes del verb *soler*). *Hi* ***sol*** *fer molt fred.* **sols** *adv.* Solament. *Tan* ***sols*** *eren tres.*
són *v.* (forma del verb *ser*). *Ja* ***són*** *les vuit.*	**son** *f.* Ganes de dormir. *Tinc molta* ***son****.* **son** *adj.* El seu. ***Son*** *pare ha marxat uns dies.*
té *v.* (forma del verb *tenir*). ***Té*** *molta sort.*	**te** *pron.* Pronom de segona persona. ***Te*** *la regalo.* **te** (**tes**) *m.* Arbre amb les fulles del qual fem infusions. *Una infusió de* ***te****. Fan uns* ***tes*** *molt aromàtics.* **te** (**tes**) *f.* Nom de la lletra *t*. *La paraula* amant *acaba amb* ***te****. Les* ***tes*** *finals darrere de ena solen ser mudes.*
ús *m.* Acció de fer servir una cosa. *Fes* ***ús*** *del teu dret de tempteig i retracte.*	**us** *pron.* Pronom de segona persona. ***Us*** *estima molt.* **us** *f.* (plural de *u*). *Fa unes enes que semblen* ***us****.*
vós *pron.* Pronom de tractament. *Els avis del poble el tracten de* ***vós****.*	**vos** *pron.* Pronom de segona persona. *Vestiu-****vos****. Déu* ***vos*** *guard!*

» ACTIVITATS

L'accent diacrític

43. Completa les frases següents amb els mots que hi ha entre parèntesis:

a) Dona la ________ a ________ germana. (*ma / mà*)

b) Aquest ________ el meu gat; ________ diu Xip. (*es / és*)

c) El ________ d'Israel va donar a Moisès els ________ manaments. (*deu / Déu*)

d) En passar ________ filferros, el gos s'ha enganxat els ________. (*pels / pèls*)

e) I ________ vols ________ et digui? (*que / què*)

f) Si ________ una mica de ________, prengui-se'l. (*te / té*)

DICTAT

En un full a part, justifica per què els mots *són, sí, bé, què, té, és, món i sé,* que apareixen destacats en el text, porten accent. Després torna a escriure el text mentre te'l dicten.

Mare, t'haig d'explicar moltes coses, però no per carta perquè **són** moltes. No t'ho creuràs, però cada matí em llevo a les sis! Sí, ho has sentit **bé**. Ara soc capaç de vèncer la son. **Què** et sembla?

Ara ajudo la tieta, que m'ensenya com s'han de cuidar els animals. Ella **té** molta paciència amb mi. Aquí tot **és** diferent, els costums, el menjar, la gent... Sembla que visqui en un altre **món**. Per cert, estic avorrint el menjar xinès. Saps que m'agrada molt l'arròs, però **és** que aquí en fan un gra massa.

La setmana que ve la tieta diu que, si faig bondat, em portarà a un parc natural on viuen molts orangutans en llibertat. Al parc només s'hi pot arribar en embarcacions, riu amunt. No t'amoïnis; **sé** que **és** un indret perillós.

PILAR GARRIGA: *Un estiu a Borneo.*

» POSA'T A PROVA

Llegeix aquest text i comprova si l'has entès

De córrer per sobreviure, a córrer per inspirar

Va sortir un dia a córrer a Katmandú i va acabar guanyant una cursa que li va canviar la vida

Anar a buscar aigua, arròs o llenya era la seva rutina diària al Nepal. Això es traduïa en hores de travessia per cims salvatges, carregant sacs i galledes en desnivell absolut. La vida de Mira Rai (1989) anava al ritme de les collites, començava i s'acabava en l'entorn familiar. A l'horitzó només hi havia muntanyes i una necessitat urgent de sobreviure. Córrer no era ni tan sols un refugi, ni tan sols una elecció. Córrer era no morir aturada. Ara s'hi dedica. «No m'hauria imaginat mai que seria corredora professional. Soc molt feliç», declara abans de començar la Marató Pirineu.

La seva història va revolucionar el món de les curses de muntanya l'any 2015 quan, des de l'anonimat més absolut, va vèncer en la marató del Mont Blanc, de 80 km. Arran d'aquesta proesa, li van dedicar un documental, i ara té patrocinadors i un entrenador particular, i també ajuda a promocionar les curses de muntanya al Nepal. Un luxe impensable fins no fa gaire, quan sortia a buscar aigua per a la seva mare. No ho oblida.

«Rebo molts missatges de nenes del Nepal que em diuen que volen ser com jo, que també volen córrer. Que les he fet somiar. Que les inspiro.» I és aquesta responsabilitat social la que la fa tirar endavant, conscient de les portes d'il·lusió que està obrint. Gairebé sense proposar-ho.

Perquè tot va començar de manera involuntària. Tenia quinze anys quan, mentre corria pel Parc Nacional de Shivapuri Nagarjun, prop de Katmandú, va trobar-se amb un grup de corredors que s'entrenaven per a una cursa. Van compartir conversa durant uns quants quilòmetres i van quedar per tornar-hi uns dies més tard, al mateix punt i a la mateixa hora. Mira Rai pensava que la citaven per tornar a trotar per les muntanyes i, dies més tard, es va veure a la línia de sortida d'una cursa (la Kathmandu West Valley Rim, de 50 quilòmetres). Portava una samarreta senzilla i uns pantalons, i una ampolla d'aigua a la mà, res més, cap giny d'última generació. En nou hores, i sota una pluja intensíssima que fins i tot esborrava les marques d'orientació, va superar els més de 3.400 metres de desnivell i va creuar la línia de meta amb un somriure immens. Va ser l'única dona que ho va fer.

Ara la lluita de Mira Rai és no ser l'única dona que corre al seu país. Per a una nena del Nepal com ella, que va haver de deixar l'escola quan tenia dotze anys, hi ha poques opcions de futur quan cal ajudar la família a sobreviure. Però, en el seu cas, un encontre casual a la muntanya amb uns corredors desconeguts li va obrir un futur inesperat.

NATÀLIA ARROYO, dins «10 històries de superació esportiva», *Ara.cat* (text adaptat).

1. Quin d'aquests títols sintetitza millor la idea principal de l'article?

- [ ] Mira Rai, un exemple per a les noies del Nepal
- [ ] Mira Rai guanya la marató del Mont Blanc
- [ ] L'esport també és cosa de dones

2. Mira Rai prové d'una família...

- [ ] benestant.
- [ ] molt humil.
- [ ] d'esportistes d'èxit.
- [ ] feminista.

3. Al Nepal, les nenes...

- [ ] poden triar lliurement el seu futur.
- [ ] s'independitzen de la família de ben joves.
- [ ] sovint han d'abandonar els estudis per ajudar la família.

4. Mira Rai...

- [ ] va ser la primera dona a córrer la marató del Mont Blanc.
- [ ] va ser l'única dona que va completar la Kathmandu West Valley Rim el 2014.
- [ ] no era gaire bona estudiant.

5. En el text, el mot *giny* significa...

- [ ] petit aparell digital portàtil.
- [ ] mapa detallat del recorregut.
- [ ] brúixola per orientar-se a grans altituds.

6. En quina d'aquestes oracions no hi ha un mot compost?

- [ ] Durant la cursa va caure aiguaneu.
- [ ] Una pluja intensíssima esborrava les marques d'orientació.
- [ ] L'atleta està capficada per la lesió al genoll.

7. Subratlla els quatre sintagmes que fan de CD i encercla els dos que fan de CI:

a) La seva història va revolucionar el món de les curses de muntanya.
b) Les nenes del Nepal envien molts missatges a la Mira.
c) La Mira no duia cap giny d'última generació.
d) L'atleta encomana l'afició de córrer a les nenes del Nepal.

8. Completa aquestes oracions amb pronoms febles de CD i CI:

a) La Mira desperta la il·lusió de moltes noies. Gairebé sense proposar-s'_____ .
b) Els corredors van parlar amb la Mira i _____ van proposar córrer una cursa.
c) Els corredors van citar la Mira. Ella pensava que _____ citaven per tornar a córrer per les muntanyes.
d) Moltes nenes nepaleses també volen córrer. La Mira _____ encomana l'afició.

9. Escriu les paraules del text que tenen accent diacrític i explica per què s'han d'accentuar.

____

____

____

____

Per escrit

Imagina que has obtingut una beca per estudiar quart d'ESO a l'estranger, però has conegut un noi o una noia que t'agrada molt i no saps si acceptar la beca o renunciar-hi. Escriu, en un full a part, una carta a una persona en qui confiïs exposant-li els teus dubtes. També pots escriure un correu electrònic amb l'ordinador.

De viva veu

Imagina que ja ets a l'estranger. Explica en veu alta davant la resta de la classe com és la teva vida i com et sents després d'haver pres la decisió d'acceptar la beca.

» LA NOSTRA PINACOTECA

Una pinacoteca és una galeria o un museu on s'exposen quadres o pintures. En aquest projecte us proposem que convertiu un espai del vostre centre en la galeria d'un museu, on exposareu una petita col·lecció de quadres cèlebres de la història de l'art.

I com que una pinacoteca disposa d'un servei de visites guiades, us proposem que feu de guies i expliqueu als visitants les pintures que hi exposareu i, també, que elaboreu una audioguia perquè puguin fer una visita completa i autònoma de la pinacoteca.

Què hem de fer?

1. **Elaborar la semblança biogràfica d'un artista.** No es tracta d'explicar la vida i la personalitat del personatge, com faria una biografia, sinó de seleccionar i descriure de forma simple i breu la informació que voleu donar del personatge. L'objectiu, doncs, és esbossar-ne el perfil biogràfic per tal d'explicar les característiques de la seva obra.

2. **Explicar el context de l'obra.** Per entendre l'obra d'un artista, cal relacionar-la amb l'època històrica concreta en què es va produir. Es tracta de donar informació sobre el moment en què es va pintar i sobre els fets històrics i personals de l'autor i, també, sobre els estils artístics que el van influenciar en el moment de pintar l'obra.

3. **Descriure la pintura.** Per valorar bé una pintura, cal donar-ne detalls tot descrivint una sèrie d'aspectes com són l'escena representada, la tècnica pictòrica i els materials utilitzats, la composició, la llum i els colors, la profunditat i el volum dels elements, el moviment de les figures, etc.; d'aquesta manera els visitants tindran prou elements per valorar globalment el quadre.

4. **Fer l'audioguia.** Avui dia, en una pinacoteca, no hi pot faltar l'audioguia, amb la qual els visitants poden contemplar l'exposició de forma autònoma. Per fer-ho, cal enregistrar el text amb la informació més bàsica de cada una de les obres seleccionades en un arxiu d'àudio i generar un codi QR perquè els visitants el puguin escanejar i sentir el text enregistrat amb els auriculars del mòbil.

Com ho hem de fer?

1. Organització

Es tracta que feu un treball cooperatiu en grups de 4 o 5 alumnes diferents dels que vau formar en el primer trimestre.

1. Primer de tot, trieu un quadre representatiu de la història de l'art de la col·lecció que teniu en l'espai personal del web *www.barcanova.cat* o qualsevol altre que us desperti un interès especial.

2. Cerqueu informació sobre la vida i l'obra de l'artista i repartiu-vos les tasques següents:

a) Escriviu una semblança biogràfica de l'artista (si l'obra és anònima, detalleu l'escola pictòrica a la qual va pertànyer i les seves característiques bàsiques).

b) Redacteu un comentari sobre el context històric de l'obra.

c) Descriviu la pintura.

3. Prepareu l'explicació oral dels quadres a partir dels textos que heu escrit prèviament. Després elaboreu-ne l'audioguia i els codis QR.

4. Finalment, busqueu l'espai adequat del vostre centre on pugueu penjar les reproduccions ampliades dels quadres i fer la tasca de guies de la pinacoteca. També podeu projectar la imatge dels quadres a la pantalla de l'aula i comentar-los davant la resta de la classe com si fóssiu el guia o la guia del museu.

2. Cerca d'informació

En l'espai personal del web *www.barcanova.cat* trobareu el material complementari per seguir els passos següents:

a) Elaborar la semblança biogràfica de l'artista, l'explicació del context històric de l'obra i la descripció del quadre seleccionat.

b) Fer una audioguia i editar els codis QR que acompanyaran els quadres.

c) Millorar la imatge dels quadres en cas que s'hagin de projectar a la pantalla de l'aula.

3. El treball escrit

Escriviu el treball amb l'ordinador. Redacteu-lo amb el vostre estil i eviteu retallar textos d'internet i enganxar-los en el treball. Després, imprimiu-lo i reviseu-lo atentament entre tots els membres del grup. Assegureu-vos que presenta una estructura coherent, que la informació és l'adequada i que l'expressió és clara, precisa i correcta.

4. L'explicació oral de les guies

És important que els alumnes que feu de guia no llegiu els textos preparats mentre expliqueu els quadres. Les explicacions que fa un guia han de ser atractives i amenes, i això requereix adreçar-se directament al públic, interpel·lar-lo, proporcionar-li només les informacions justes i, si pot ser, alguna anècdota simpàtica o curiosa. En canvi, la informació de l'audioguia ha de ser més sintètica i més neutra.

Material complementari i models

SEMBLANÇA BIOGRÀFICA

Un pintor arrelat a la seva terra

Joan Miró va néixer a Barcelona el 1893 i va morir a Palma el 1983. De petit, el seu caràcter introvertit i somiador va trobar refugi en el dibuix. Als divuit anys va agafar la febre tifoide i va passar la convalescència en una masia a Mont-roig, al Baix Camp. Era un mas gran, amb una casa blanca i una torre, situada al peu de les muntanyes vermelles de la serra de Colldejou, prop del mar. Allà Miró es va curar i va decidir ser artista.

Entre el 1911 i el 1921 es va formar com a artista a Mont-roig, París i Barcelona. El 1921, mentre era a Mont-roig, va començar a pintar *La masia*, que va deixar inacabada després de treballar-hi més de nou mesos. Mentre acabava la pitura a París, va demanar que li portessin herbes de la masia per reforçar els seus records.

CONTEXT DE L'OBRA

Miró: la seva identitat artística

Joan Miró sempre va estar molt lligat al món rural. En *La masia* fa un inventari minuciós de la vida al camp, perquè com va dir: «Des d'un arbre fins a un petit cargol, vaig voler posar-hi tot allò que estimava del camp». D'altra banda, la composició en franges horitzontals del quadre, inspirada en les pintures romàniques medievals, i l'aire naïf amb què representa els objectes són elements clau en l'estil pictòric de Miró.

El 1920 es va declarar «català internacional» perquè se sentia arrelat a la cultura catalana i alhora vinculat als moviments avantguardistes internacionals. Miró es va inspirar en els corrents artístics que s'esdevenien a París durant la dècada de 1920 i es va fer seva la idea surrealista de representar el món dels somnis i del subconscient a través de l'art. Picasso el va introduir en l'estil cubista, que fragmentava els objectes i usava una quadrícula per organitzar la composició dels quadres.

La masia,
Joan Miró.

Pintura a l'oli sobre tela

BARCANOVA EDITORIAL

Ara bé, Miró mai no es va comprometre del tot amb un moviment artístic concret, com el cubisme o el surrealisme. De fet, els símbols i els colors de *La masia* van continuar formant part de les seves obres posteriors, com les escales i els ocells, però de forma més surrealista i abstracta. Així doncs, *La masia* va continuar sent la clau de la identitat artística de Miró molt després de la seva creació.

DESCRIPCIÓ DE LA PINTURA

Una mirada detallada

Alguns experts en art pensen que Miró va distribuir els elements de *La masia* dins una quadrícula geomètrica per organitzar la composició del quadre. Un eucaliptus domina la línia vertical del centre de la pintura i la seva soca s'endinsa en un cercle negre que simbolitza la forma del món. A la part inferior, una mena de bodegó cubista amb un diari parisenc i una regadora podrien simbolitzar la fusió entre el món cosmopolita de la ciutat de París i el camp de Mont-roig.

A l'esquerra de l'arbre, hi ha la torre de la masia, amb la façana plena d'esquerdes i herbotes seques, i uns camps llaurats sense plantar i, a la dreta, un galliner i un corral sense la paret i el reixat frontals perquè es vegin els animals de l'interior. En aquesta part, i a dins del triangle inferior, hi ha un hort amb els cavallons, el rec, un cargol, una sargantana...

A la meitat superior de la quadrícula domina la capçada de l'eucaliptus i el cel, amb la lluna o el sol en un extrem. A la meitat inferior es veu la terra, on es desenvolupa la vida rural: la dona que renta al safareig, l'infant nu, els animals i les plantes. I al bell mig de la quadrícula descobrim una sínia amb una mula que la fa rodar per treure l'aigua d'un pou. L'aigua, origen de la vida, la trobem també en una bassa, en un safareig i al rec com a element imprescindible per proveir de vida el camp.

Miró pinta un paisatge banyat per una llum intensa i uniforme i l'omple amb unes figures planes i de traç lineal pintades amb colors complementaris per ressaltar-les i equilibrar la composició del quadre. Tot plegat, dona a la pintura un aire d'ingenuïtat infantil que ens recorda les pintures romàniques medievals i també mostra la relació amb alguns moviments avantguardistes de l'època.

UNITAT 7

LECTURA » *Les cartes d'Hèrcules Poirot*

LITERATURA » El conte policíac o de detectius i la novel·la negra

TEXTOS FUNCIONALS » Els textos persuasius

GRAMÀTICA » El complement de règim (CR)
i el complement circumstancial (CC)

ORTOGRAFIA » La dièresi

Preparem la lectura

1. Responeu oralment: Us agrada la novel·la negra, les històries de policies i detectius privats que investiguen crims? Per què?
2. Comenteu: Agatha Christie, la creadora del detectiu Poirot, va saber combinar les claus «del que agrada» i «del que ven» per connectar amb el públic. Quin procés d'investigació seguia el seu famós detectiu belga a l'hora de resoldre un cas?
3. Intercanvieu comentaris i opinions: Si fóssiu detectius, quin cas us agradaria investigar?
4. A quina llengua pertanyen les expressions *mon cher ami*, *touché*, *ma chère amie* i *voilà l'arme* que Poirot utilitza en la lectura?

» LECTURA

Les cartes d'Hèrcules Poirot

Època i lloc

L'acció passa en la postguerra espanyola, cap al 1950. Ens trobem al balneari de la Font del Ferro, a la Cerdanya, a prop de Martinet (entre Puigcerdà i la Seu d'Urgell).

Personatges principals

Hèrcules Poirot. Detectiu belga. Duu uns **mostatxos** recargolats. El seu egocentrisme i les referències que fa a les seves cèl·lules grises són tòpics que ens ha anat servint Agatha Christie en el gairebé centenar de novel·les que protagonitza.
Senyoreta Puig. Tieta típica d'uns cinquanta anys que es passa la vida fent mitja. Ajuda Poirot i potser n'està una mica enamorada.
Senyors Jordà. Els hostalers. Ell és un muntanyenc típic. Ella és una gran cuinera.
Enriqueta. Filla dels senyors Jordà. Vint i pocs anys i enamorada de Salvador Gombreny.
Salvador Gombreny. Metge jove, enamorat d'Enriqueta Jordà.
Senyors Estivill. Fabricants de productes químics. Ell respira salut i diners i és aficionat a col·leccionar antiguitats. Ella està delicada i pren les aigües.
Jaumet i Mariona. Fills dels senyors Estivill. Només pensen a jugar.
Mossèn Pere Jaume. Capellà que va vestit amb **sotana**.
Vicenç Pastor. Hoste del balneari embolicat en algun **afer** brut.

VOCABULARI

mostatxo *m.* Bigoti.

sotana *f.* Vestit llarg de color negre que fan servir alguns eclesiàstics, especialment els sacerdots catòlics.

afer *m.* Fet o cosa en què un esmerça treball, atenció o temps.

trapella *m.* i *f.* Persona que té habilitat per enganyar i aconseguir el que vol.

brollador *m.* Construcció on hi ha un sortidor d'aigua, sortidor.

atrafegat -ada *adj.* Ocupat en un treball difícil o urgent.

1

Els hostes del balneari de la Font del Ferro són al menjador acabant de dinar. De cop i volta, en Jaumet i la Mariona, els fills dels senyors Estivill, entren cridant.

JAUMET: Senyor Jordà, senyor Jordà!
SENYOR JORDÀ: Què hi ha, **trapella**?
JAUMET: El senyor Pastor...
SENYOR JORDÀ: Què li passa, al senyor Pastor?
MARIONA: Es troba malament...
SENYOR JORDÀ: On?
MARIONA: Al **brollador**. I quina carota!...
SENYOR JORDÀ: Vaig a veure què passa.

El senyor Jordà surt **atrafegat**. *Salvador Gombreny s'aixeca de la taula i s'atansa als nens.*

GOMBRENY: Què dius que li passa?
JAUMET: S'està quiet, estirat a terra, i no es mou.
MARIONA: I té els ulls oberts, ben oberts.
GOMBRENY: Un atac! Hi vaig, a veure si puc fer-hi res.
POIROT: Vinc amb vostè.

2

*El brollador és un espai rodó, amb molta vegetació. Hi ha un banc de fusta pintat de verd i un brollador d'***aigua sulfurosa***. A terra hi ha el cos mort de Vicenç Pastor.*

GOMBRENY: Deixi'm veure què té. Soc metge.

SENYOR JORDÀ: Mort, sembla mort...

POIROT: Mort?

SENYORETA PUIG: Un atac.

GOMBRENY: Mort, sí. Però no és un atac. És mort d'una ferida..., sembla un tret...

SENYOR JORDÀ: Una ferida? Un tret? Això vol dir que...

POIROT: Que l'han assassinat.

SENYORETA PUIG: Un assassinat? Déu meu!

POIROT: Li prego, amic Gombreny, que no toqui res. M'imagino que la policia voldrà examinar el lloc amb tota **cura**...

SENYOR JORDÀ: Què haig de fer?

POIROT: Avisar la policia, evidentment, ***mon cher ami***.

SENYORETA PUIG: Vostè que té tanta experiència en aquests afers..., què n'opina, senyor Poirot?

POIROT: De moment res. (*A Gombreny.*) Hi entén vostè, de ferides d'arma de foc?

GOMBRENY: Una mica.

POIROT: Pistola, escopeta, fusell...?

GOMBRENY: És molt estrany. No aconsegueixo identificar-ho. La bala ha entrat per la nuca, però l'orifici d'entrada sembla més d'un objecte contundent que no pas d'una bala. És una ferida bruta.

POIROT: Molt interessant. I podria dictaminar quan s'ha produït la mort?

GOMBRENY: Ha estat instantània, això és segur. L'hora ja és més difícil. Encara no hi ha ***rigor mortis***, però la temperatura del cos ha baixat bastant. De dues a una hora, potser. De totes maneres, caldrà esperar l'**autòpsia**.

POIROT: Oh, sí, és clar que sí. D'una a dues hores... És molt curiós.

Poirot es recargola els mostatxos amb una rialleta de satisfacció. Examina els racons del recinte. Després s'apropa al mort i li regira les butxaques. Hi troba una cartera de pell, un mocador i unes claus. A la butxaca del **gec** *hi ha un sobre. Poirot l'obre. A dins hi ha una pols blanca que Poirot tasta.*

3

Sis hores després Poirot i la senyoreta Puig són a la sala d'estar. Asseguts davant d'una taula, repassen uns papers. Al menjador, la resta dels hostes sopen.

SENYORETA PUIG: Hauríem de descobrir qui de nosaltres tenia relacions amb el senyor Pastor... Un crim requereix un **mòbil**...

POIROT: ***Touché***! Hi ha tres punts que cal aclarir, en aquest afer... Primer, l'arma del crim. Segon, el mòbil del crim. L'arma ens pot assenyalar el culpable. El mòbil, també.

SENYORETA PUIG: I el tercer?

POIROT: El tercer punt, que també ens condueix al culpable, és el lloc. On s'ha comès el crim?

SENYORETA PUIG: Al brollador, això és evident.

POIROT: Evident, estimada amiga? Per què?

VOCABULARI

aigua sulfurosa. Aigua que conté sofre, indicada per a les afeccions pulmonars i per a les malalties de la pell i de les vies urinàries.

cura *f.* Atenció.

mon cher ami. Estimat amic (en francès).

rigor mortis. Rigidesa que apareix en els cadàvers tres o quatre hores després de produir-se la mort.

autòpsia *f.* Estudi de les diferents parts d'un cadàver per esbrinar les causes de la mort.

gec *m.* Peça de vestir llarga fins a una mica més avall de la cintura i amb mànigues.

mòbil *m.* Motiu que indueix a cometre un delicte.

touché. Tocat, exacte (en francès). És una manera de reconèixer una bona resposta.

VOCABULARI

ma chère amie. Estimada amiga (en francès).

salutífer -a *adj.* Saludable, que ajuda a millorar la salut.

coartada *f.* Prova amb què algú demostra haver estat absent del lloc d'un delicte en el moment d'haver estat comès.

pany de miquelet. Clau de pedra foguera, peça que servia per disparar les armes de foc antigues.

voilà l'arme. Heus aquí l'arma (en francès).

ampit *m.* Replà a l'alçària del pit.

pica *f.* Peça de pedra, terrissa, etc., amb una concavitat destinada a contenir aigua o altres líquids.

Senyoreta Puig: Sospita que l'han mort en un altre lloc i l'han dut al brollador?
Poirot: En tinc la certesa.
Senyoreta Puig: I com?
Poirot: Oh, és qüestió d'experiència. Les meves cèl·lules grises estan acostumades a enfrontar-se amb problemes d'aquest caire. Veurà, ***ma chère amie***: el brollador és un dels llocs més concorreguts del balneari a l'hora del crim. Tothom sol prendre un got d'aigua **salutífera** abans de dinar. Doncs bé, com és possible que l'assassí el triés com a escenari del crim? Potser per tal d'aconseguir una **coartada**. Fixi-s'hi: si haguéssim trobat el cadàver a l'habitació d'un dels hostes, aquest hauria esdevingut el principal sospitós. En canvi, si el cadàver és trobat en un lloc públic, pel qual tothom passa...
Senyoreta Puig: Excel·lent deducció, senyor Poirot! Realment és meravellós!
Poirot: Vostè m'afalaga, *ma chère amie*... Deducció, simple deducció...

4

L'endemà. Poirot, la senyoreta Puig i el metge Gombreny són a la sala d'estar del balneari. De sobte se sent un tret. Surten al brollador: hi troben mossèn Pere Jaume estès. Gombreny s'agenolla al costat del capellà i l'examina. Poirot mira al voltant i descobreix a terra una pistola primitiva de ***pany de miquelet****. Es treu un mocador de butxaca i curosament la recull. La senyoreta Puig s'agenolla al costat del capellà. Agafa un bocí de mirall de terra i l'amaga entre la llana de fer mitja.*

Gombreny: És viu!
Poirot: Hem tingut sort. ***Voilà l'arme***!
Senyoreta Puig: És greu, la ferida?
Gombreny: Sembla superficial..., però ha perdut el coneixement.

*Poirot deixa l'arma a l'****ampit*** *de la* ***pica*** *i diu:*

Poirot: Vostè, senyoreta Puig, és la responsable de l'arma. Que ningú no la toqui, hi pot haver empremtes digitals. Mossèn Pere Jaume va sentir una discussió anit... Opino que no ens va dir tot el que sabia... Doctor, com està el ferit?
Gombreny: La ferida és superficial. La bala només ha aixecat la pell del front. Em preocupa, però, que no hagi recuperat el coneixement...
Poirot: Bé, esperarem que es recuperi i que ens digui què ha passat. I ara, tornant a la pistola...

Pel cap d'escala apareixen la senyora Estivill i els seus fills, en Jaumet i la Mariona.

Jaumet: Òndia, mira quina *pisti* té el senyor Poirot!
Mariona: És una pistola de pirata..., com la del papa!
Senyora Estivill: Nens, calleu i pugeu un altre cop a l'habitació i no us en mogueu fins que us avisi.
Poirot: Un moment, senyora. El seu marit no era amb vostè?
Senyora Estivill: No. Jo em creia que havia baixat abans.
Poirot: Digueu, nens..., coneixeu aquesta pistola?
Jaumet: És una pistola antiga. El papa en té dues d'iguals.
Mariona: Les vam comprar a Ripoll quan veníem.
Poirot: Dues d'iguals?

JAUMET: Sí, en una capsa de fusta molt maca.

POIROT: És cert, senyora Estivill?

SENYORA ESTIVILL: Sí... El meu marit és col·leccionista d'objectes antics. La setmana passada, quan veníem a prendre les aigües, ens vam aturar a Ripoll i va comprar un estoig d'armes a casa d'un antiquari.

POIROT: Aquesta pistola és una de les que va comprar?

SENYORA ESTIVILL: No ho sé del cert. S'hi assembla, sí..., però això li ho dirà el meu marit.

5

Hores més tard, a la sala d'estar del balneari. Tots els hostes seuen envoltant Poirot. Aquest està a punt de fer pública la seva teoria i descobrir qui ha estat l'assassí.

POIROT: Ahir al migdia, entre la una i les dues, un dels hostes del balneari, el senyor Pastor, va ser assassinat. Suposem que el fet es produís a la seva habitació. Tenia una cita amb un misteriós senyor X, amb el qual el lligava un afer brut. Quan vaig escorcollar el cadàver del senyor Pastor, vaig trobar un sobre que contenia un fàrmac de difícil determinació. Ara fa una estona el doctor Gombreny m'ha dit que es tracta de penicil·lina. (*Mostra el sobre.*) Algú de vostès l'havia vist abans d'ara? (*Mira al seu voltant. Tothom calla.*) Doncs sí. Un de vostès l'ha vist abans. És l'assassí. Perquè, certament, aquesta penicil·lina és el mòbil del crim. (*Poirot roman silenciós, amb gest triomfal i* ***brandant*** *el sobre de penicil·lina.*) A més, el doctor Gombreny m'ha explicat que en aquest país hi ha **carestia** d'aquest fàrmac, que fins i tot se'n fa contraban. No és veritat, doctor?

GOMBRENY: Sí, sí, tots els metges ho sabem. Hi ha un mercat negre de penicil·lina. Es compra als Estats Units i s'entra de contraban via Andorra.

POIROT: Això m'ha fet pensar... Andorra és aquí mateix. El pas de la Guineu hi **mena** sense haver de passar per la frontera... Veritat, senyor Jordà?

SENYOR JORDÀ: Sí, mentre no hi hagi neu...

POIROT: El balneari, doncs, està en una situació immillorable per a aquesta mena de **tràfecs**...

SENYOR JORDÀ: Insinua que...

POIROT: Això és cosa de la policia. Ells comprovaran si m'erro o no. De tota manera, els fets encaixen. El senyor Pastor era aquí per rebre una partida de penicil·lina i pagar-la. Aquest sobre n'és la prova. En totes aquestes **trafiques**, el comprador sempre vol comprovar si la mercaderia és de qualitat. La reunió a l'habitació del mort amb el misteriós senyor X era per fer l'intercanvi. Però el senyor X es va estimar més quedar-se la mercaderia i els diners, i va matar el senyor Pastor. Es tracta d'una banda de contrabandistes molt ben organitzada. El senyor Jordà s'encarrega del transport des d'Andorra. El senyor Pastor feia d'intermediari i d'assessor jurídic i el senyor Estivill, a través de les relacions del seu negoci, s'ocupava de vendre la mercaderia al mercat negre...

SENYOR ESTIVILL: Està com un llum! Emportin-se'l, que el tanquin, és boig, ben boig!

SENYOR JORDÀ: Tot el que està dient és mentida... Ni el senyor Estivill ni jo no som socis, ni el balneari no és el centre de tràfic de contraban, ni jo no he matat ningú!

VOCABULARI

brandar *v.* Balancejar, bellugar d'una banda a l'altra.

carestia *f.* Mancança, escassetat d'alguna cosa.

menar *v.* Conduir, portar.

tràfec *m.* Afer o activitat que causa enrenou o trasbals, que dona maldecaps i neguits.

trafica *f.* Negoci en què un tracta d'enganyar l'altre.

VOCABULARI

atansar-se *intr. pron.* Acostar-se, aproximar-se.

apòsit *m.* Bena, gasa, cotó, etc., amb pomada o sense, amb què un es protegeix o s'embolica una ferida.

troca *f.* Madeixa, fil plegat de manera que no s'embullin les voltes.

POIROT: Cas resolt. M'han dit que la policia d'aquest país té uns sistemes molt... dràstics... per fer confessar els culpables. Ells s'encarregaran de demostrar les meves teories i de fer-los confessar els seus crims.

La senyoreta Puig toca el braç de Poirot i li diu a cau d'orella:

SENYORETA PUIG: Senyor Poirot..., em permet que faci un parell de preguntes a mossèn Pere Jaume?

POIROT: Preguntes?... Vostè?... Bé, si ho vol..., faci, faci.

La senyoreta Puig ***s'atansa*** *a mossèn Pere Jaume, que reposa en la seva butaca amb un* ***apòsit*** *al front.*

SENYORETA PUIG: Digui'm, mossèn... El tret..., des d'on l'hi han disparat?

MOSSÈN PERE JAUME: Des de l'entrada del brollador. Jo estava agenollat al costat del cadàver del senyor Pastor resant una oració per a la salvació de la seva ànima, quan ha arribat el senyor Estivill. L'he vist entrar, he aixecat el cap i aleshores m'ha disparat!

SENYORETA PUIG: Doctor Gombreny..., faci'm el favor. La ferida..., quina inclinació duia?

GOMBRENY: Inclinació?

SENYORETA PUIG: Diu que només li ha aixecat la pell, oi? Bé li deu haver deixat un rastre...

GOMBRENY: Oh, sí. Però no duia cap inclinació..., era absolutament recta...

SENYORETA PUIG: I com és possible que un home dret que dispara contra un home agenollat provoqui una ferida recta i no una ferida obliqua?

La senyoreta Puig extreu el bocí de mirall que duia amagat entre les ***troques*** *de llana de la seva bossa de mitja.*

SENYORETA PUIG: Em podria explicar què feia aquest bocí de mirall al seu costat, mossèn, al brollador?

MOSSÈN PERE JAUME: I jo què sé?

SENYORETA PUIG: Sí que ho sap... Si algú volgués fingir que li han disparat un tret, com ho aconseguiria? Molt senzill, provocant-se una ferida. Però una ferida superficial que fos poc dolorosa, és clar. Com pot fer-se algú una ferida al cap amb una arma de foc sense cap perill? Fàcil. Amb un mirall... Així. (*Amb la mà esquerra s'emmiralla i amb la mà dreta col·loca la pistola paral·lela al seu front.*) Senyor Poirot..., aquí té el seu culpable!

JAUME FUSTER: *Les cartes d'Hèrcules Poirot.*

» ACTIVITATS

Comprensió lectora

1. Al balneari de la Font del Ferro hi ha hagut un assassinat. Hèrcules Poirot i la senyoreta Puig de seguida comencen a buscar indicis que puguin orientar la investigació. Completa la fitxa següent amb les primeres observacions:

- Persona que ha estat assassinada.	
- Persones que han trobat el cos.	
- Hora i lloc on s'ha trobat el cos.	
- Primera persona que examina el cos. Què observa? Quines conclusions en treu?	
- Segona persona que examina el cos. Quins objectes troba? Algun és especialment sospitós?	

2. Hèrcules Poirot, com a detectiu experimentat, de seguida assumeix un paper preponderant en la investigació. Quins són els tres punts bàsics que afirma que cal aclarir?

1) ____________________

2) ____________________

3) ____________________

3. L'experiència i les «cèl·lules grises» de Poirot fan possible una primera deducció: el crim no s'ha comès al brollador del balneari. Com ho argumenta el brillant detectiu? Completa l'explicació:

L'assassí no pot haver matat el senyor ________ al ________ perquè al migdia és un ________ molt concorregut pels ________ del balneari, que hi van a prendre ________ salutífera, i ningú no ha vist res, ni s'hi ha sentit cap ________. Per tant, el crim s'ha comès en una ________ (segurament a l'________ de la víctima) i, després, l'________ ha dut el ________ del mort al ________ per tal d'aconseguir una ________: el fet que el ________ de l'assassinat aparegui en un ________ públic fa que tots els estadants del ________ puguin ser ________ d'haver comès el ________.

4. L'endemà de l'assassinat, mossèn Pere Jaume és ferit d'un tret. A terra hi apareix una pistola antiga. Respon:

a) De qui és la pistola?

____

b) Quan mossèn Pere Jaume es recupera, a qui acusa d'haver-li disparat?

____

5. Quan ja té clara la hipòtesi del cas, el detectiu Hèrcules Poirot reuneix tots els estadants a la sala d'estar del balneari per fer, davant d'ells, l'exposició concloent i assenyalar el culpable o els culpables del crim. Completa les informacions que hi ha a continuació.

BARCANOVA EDITORIAL

Objectes trobats que Poirot aporta com a proves

Un ______ ple d'una ______ blanca que, segons el doctor ______, és ______. Una ______ antiga propietat del senyor ______.

Deduccions

Vicenç Pastor i l'autor del ______ formen part d'una ______ de delinqüents dedicats al ______ il·legal de ______. L'autor del crim va assassinar el senyor ______ per tal de quedar-se la ______ sense pagar-la-hi.

Conclusió definitiva: els implicats

La banda de ______ és formada pel senyor ______ (encarregat del ______ de la mercaderia des d'Andorra), el senyor ______ (intermediari) i el senyor ______ (encarregat de col·locar el producte al ______ negre). El senyor ______, membre de la ______ i propietari de la ______, és l'______ de l'assassinat.

6. La senyoreta Puig ha seguit el seu procés particular d'investigació i ha arribat a una hipòtesi concloent diferent. Respon:

a) Quina pregunta fa la senyoreta Puig a mossèn Pere Jaume?

______

b) Què pregunta, després, al doctor Gombreny?

______

c) Per què conclou que el culpable és el mossèn?

______

______

Anàlisi literària

7. Subratlla quines d'aquestes característiques presenten el conjunt dels personatges:

a) Són personatges més aviat plans. / Són personatges més aviat rodons.
b) Estan molt ben caracteritzats psicològicament. / Estan poc caracteritzats psicològicament.
c) Són singulars. / Responen a uns prototips creats per la tradició del gènere.

Paraules i expressions

8. En els relats de detectius es fan servir paraules i expressions d'un argot propi, és a dir, una manera singular d'anomenar certes accions. Completa les oracions amb les frases fetes següents:

> ***Fer pudor de socarrim.*** *Inspirar desconfiança.*
> ***Deslligar la llengua a algú.*** *Fer parlar algú.*
> ***Cantar com una calàndria.*** *Confessar-ho tot.*
> ***Carregar el mort a algú.*** *Imputar un fet a algú.*
> ***Fer la pell a algú.*** *Matar algú.*

a) El pobre Vicenç Pastor estava embolicat en un afer brut, i li van ______.

b) Mossèn Pere Jaume pretenia ______ al senyor Estivill.

c) L'assassí no volia confessar, però el detectiu li va ______ i va ______.

d) Aquell assumpte no es veia gens clar, feia ______.

Expressió oral

9. ✔ En grups, repartiu-vos els papers dels personatges de la lectura i feu-ne una representació.

Creació literària

10. ✔ Per parelles, escriviu en un full a part una escena de *Les cartes d'Hèrcules Poirot* en què mossèn Pere Jaume acusi el senyor Estivill d'haver-li disparat.

» LITERATURA

1. El conte policíac o de detectius i la novel·la negra

L'interès pel fenomen de la delinqüència i la investigació criminal va afavorir el naixement de dos dels gèneres narratius de més èxit popular des de mitjan segle XIX fins avui dia; es tracta del **conte policíac o de detectius** i de la **novel·la negra**.

EL CONTE POLICÍAC O DE DETECTIUS: EL JOC DE DESXIFRAR L'ENIGMA
1. Es presenta com un **desafiament intel·lectual**: la denúncia o el descobriment d'un crim es converteix en un **enigma** que el detectiu i el lector han de desxifrar seguint unes pistes determinades.
2. El protagonista és un detectiu que es caracteritza per utilitzar un **mètode** particular d'investigació i per tenir uns dots d'**observació i deducció** extraordinaris i una gran **perspicàcia**.
3. L'estructura clàssica consta de tres parts: a) la denúncia o la descoberta d'un **crim** (enigma); b) la recerca del mòbil i la localització de les **pistes** per reconstruir els fets; c) la **hipòtesi resolutòria** del cas.
4. Aquest gènere narratiu va néixer entre el 1840 i el 1850. **Edgar Allan Poe** (1809-1849) va iniciar-lo amb el conte «Els assassinats del carrer de la Morgue» (1841) i **Arthur Conan Doyle** (1859-1930), **Agatha Christie** (1890-1976) i **Georges Simenon** (1903-1989) en van ser els continuadors principals.

PER SABER-NE MÉS

El conte policíac i la novel·la negra han inspirat una quantitat ingent de **pel·lícules**, com, per exemple, *El falcó maltès*, de John Huston (1941), *El carter sempre truca dues vegades*, de Tay Garnett (1946), *El padrí*, de Francis Ford Coppola (1972), *Els intocables d'Eliot Ness*, de Brian de Palma (1987) i *L.A. Confidential* (1996), de Curtis Hanson. També han inspirat **sèries de televisió** de gran èxit com *Columbo* (1971), *The X-Files* (1993), *CSI Las Vegas* (2000) o *Sherlock* (2012).

LA NOVEL·LA NEGRA: DEFENSORS DE LA LLEI CONTRA EL CRIM ORGANITZAT
1. Es presenta com la **denúncia** o la **crítica** d'una realitat social marcada per la corrupció i el crim, en especial el crim organitzat. S'inspira en la realitat americana de l'època en què els gàngsters practicaven negocis clandestins i promovien la corrupció de polítics i policies.
2. El protagonisme el comparteixen **detectius**, **policies** i **delinqüents**. Els detectius i els policies poden arribar a ser tan violents i gairebé tan corruptes com els delinqüents que persegueixen.
3. Aprofundeix en la **psicologia** dels personatges i en la descripció dels **ambients** on es mouen. Alguns autors s'interessen sobretot per la problemàtica de l'**individu marginat** pel sistema social i econòmic i pel **fatalisme** que l'aboca a convertir-se en assassí.
4. Aquest gènere narratiu va néixer entre el 1920 i el 1930. **Dashiell Hammett** (1894-1961), autor de la novel·la *El falcó maltès* (1930), i **Raymond Chandler** (1888-1959), autor de la novel·la *La dama del llac* (1943), són els iniciadors.

» ACTIVITATS

Conte policíac i novel·la negra

11. Digues si aquestes afirmacions són vertaderes (V) o falses (F):

- ☐ El conte policíac o de detectius i la novel·la negra van gaudir de l'èxit popular des de finals del segle XIX.
- ☐ Un gàngster és un policia expert en crims de sang.
- ☐ Els detectius i els policies són a vegades tan violents i tan corruptes com els delinqüents.
- ☐ La novel·la negra fou iniciada per Edgar Allan Poe i Raymond Chandler.
- ☐ En el conte policíac, el detectiu i el lector han de desxifrar un enigma seguint unes pistes.

12. Escriu tres característiques que ha de tenir un bon detectiu.

____

____

13. Quines són les tres parts que formen l'estructura clàssica del conte policíac o de detectius?

a) ____

b) ____

c) ____

14. Assenyala quines d'aquestes característiques pertanyen a la novel·la negra:

- ☐ Explica les gestes del herois i les heroïnes.
- ☐ Utilitza un llenguatge propi popular i del carrer.
- ☐ La història gira entorn d'una relació amorosa.
- ☐ L'acció passa majoritàriament en un ambient rural.
- ☐ La violència i la corrupció són elements destacats.
- ☐ Hi ha present una crítica de la realitat social.
- ☐ La frontera entre el bé i el mal no està gaire ben definida.
- ☐ El protagonista principal sol ser un adolescent ple de somnis.
- ☐ Hi predominen la llibertat, l'exotisme, els sentiments i la tristesa.
- ☐ Hi apareixen personatges marginats i violents.

15. Quin dels dos gèneres sol inspirar-se en la realitat social i aprofundir més en la psicologia dels personatges?

☐ el conte policíac ☐ la novel·la negra

16. Classifica els autors següents segons si han conreat el conte policíac o de detectius o la novel·la negra:

Edgar Allan Poe • Raymond Chandler
Agatha Christie • Dashiell Hammett
Arthur Conan Doyle

Conte policíac o de detectius	Novel·la negra

17. Relaciona els detectius de la primera llista amb els creadors corresponents de la segona:

Auguste Dupin •	• Arthur Conan Doyle
Sherlock Holmes •	• Edgar Allan Poe
Philip Marlowe •	• Agatha Christie
Hèrcules Poirot •	• Raymond Chandler

18. Tria una sèrie televisiva actual del gènere negre o policíac i descriu-la breument: títol, principals protagonistes, època en què transcorre, tipus de trames...

____

____

____

____

____

____

____

2. Arthur Conan Doyle

Arthur Conan Doyle és l'autor més reconegut del gènere detectivesc. Seguint les directrius marcades en els relats d'Edgar Allan Poe, Conan Doyle va crear el detectiu més famós i admirat de la història de la literatura: **Sherlock Holmes**, un personatge innovador pel rigor implacable del seu mètode de treball.

Les seves històries acostumen a començar amb una entrevista al possible client i amb una sèrie de deduccions que Holmes fa a partir de l'observació del visitant. Després s'inicia l'estudi del cas (cerca d'indicis i formulació d'hipòtesis). Finalment, el detectiu explica el misteri davant del seu amic Watson, que l'escolta bocabadat.

Arthur Conan Doyle va escriure, entre 1890 i 1902, **56 relats** protagonitzats per Sherlock Holmes i algunes novel·les, entre les quals destaca *El gos dels Baskerville* (1902).

Retrat d'Arthur Conan Doyle.

3. Raymond Chandler

Raymond Chandler és, juntament amb Dashiell Hammett, el creador de la novel·la negra. Si el **detectiu del conte policíac** era culte, de classe benestant, intel·ligent, reflexiu i normalment de moral íntegra, el **detectiu de la novel·la negra** sol ser un home dur i independent, acostumat a alternar amb criminals i policies corruptes, violent i normalment cínic.

Raymond Chandler és el creador del detectiu **Philip Marlowe**, un home solitari, dur i sensible alhora, segur d'ell mateix, molt perspicaç, sense por de la baralla ni de l'amenaça, bevedor, resistent al dolor i apassionat per trobar la veritat.

Manuel de Pedrolo, autor de *Joc brut* (1965), i **Jaume Fuster**, autor de *De mica en mica s'omple la pica* (1972), són els principals iniciadors del gènere negre en la literatura catalana.

3.1. *La dama del llac*

La dama del llac és una de les novel·les protagonitzades per Philip Marlowe. Com en la majoria de novel·les del gènere negre, el narrador, que és el mateix Marlowe, ens descriu una societat desestructurada, violenta i mancada de valors ètics.

Els temes argumentals giren entorn de l'engany, les drogues, l'assassinat, la corrupció i la usurpació de personalitat, i la **trama** es configura a partir de la **tasca d'investigació** del detectiu Marlowe.

PER SABER-NE MÉS

Jaume Fuster, amb el volum de relats *Les claus de vidre* (1984), va incorporar a la literatura catalana el **conte enigma**, és a dir, el relat que, a partir d'unes pistes donades, demana al lector la resolució del cas.

Fotograma de la pel·lícula *La dama del llac* (Robert Montgomery, 1947), basada en la novel·la del mateix nom de Raymond Chandler.

» ACTIVITATS

Raymond Chandler

19. Llegeix el fragment següent i contesta les preguntes que hi ha a continuació:

Alcohol, drogues i assassinats

—Em penso que puc contestar les vostres preguntes, senyor Marlowe. Totes —digué la senyoreta Fromsett—. La darrera vegada que vaig veure la senyora Florence Almore va ser a casa de Lavery. Hi havia molta gent, aquell dia. Es bevia molt, i s'enraonava més encara. Les dones casades hi eren sense els seus marits, i els casats sense les seves mullers. Hi havia un home, que es diu Brownwell, que estava molt begut. L'home no parava de fer brometa a la senyora Almore sobre la mena de clientela del seu marit. Em semblà entendre que el doctor Almore és de la mena de metges que es passen tota la nit d'ací d'allà, amb una maleta plena d'agulles hipodèrmiques, administrant drogues a la gent que les necessita. Florence Almore va dir que tant li feia com guanyés els diners el seu marit, mentre, a ella, no li'n manquessin per gastar-ne. Ella també estava bastant beguda; i em fa l'efecte que, quan no ho estava, tampoc no era gaire agradable. Era una d'aquestes dones que riuen massa fort i que, quan seuen, ensenyen les cames. Molt rossa, molt pintada i amb uns ulls blaus molt grossos, de nena, gairebé indecents. Brownwell li va dir que no patís, que sempre hi hauria gent que necessitaria els «serveis» del seu marit. I la feina estava ben pagada: quinze minuts, i de deu a cinquanta dòlars per visita. Només va dir que el preocupava una cosa: com s'ho feia, un metge, per aconseguir tanta quantitat de drogues sense haver de recórrer al mercat negre. Preguntà a la senyora Almore si tenia gaire sovint gàngsters a sopar, a casa. I la senyora Almore li llançà un got de whisky a la cara... Setmanes més tard, van trobar Florence Almore morta, al seu garatge, a altes hores de la nit. La porta del garatge era tancada i el motor de l'automòbil, en marxa. —S'interrompé i s'humitejà lleugerament els llavis—. La trobà Chris Lavery, en tornar a casa, de matinada. La senyora Almore era a terra, en pijama, amb el cap sota una flassada que cobria també el tub d'escapament. El doctor Almore no era a casa. Els diaris només van dir que havia mort de sobte. Hi van tirar terra al damunt...

RAYMOND CHANDLER: *La dama del llac.*

a) A què es dedica el doctor Almore?

~~Ahom~~ Metge que es passa tot la nit ~~al dia~~ a la consulta

b) Per què creus que la senyora Almore va llançar el got de whisky a la cara de Brownwell?

Perque el va descobrir amb una altra dona

c) Tenint en compte que el doctor Almore temia que la seva dona se n'anés de la llengua i que la seva infermera era també la seva amant, què podem suposar que havia passat?

Creació literària

20. En grups de tres o quatre alumnes, escriviu en un full a part un conte policíac o de detectius. Després, llegiu-los en veu alta i publiqueu-los en un blog de classe.

Lectura de clàssics

21. ✓ Els contes d'E. Allan Poe i d'A. Conan Doyle i les novel·les d'Agatha Christie ens permeten conèixer el gènere de detectius. Les obres de Raymond Chandler i de Dashiell Hammett ens acostaran als inicis de la novel·la negra. En grups de tres o quatre, llegiu algun dels contes o les novel·les d'aquests autors i feu-ne un treball (autor, època, obra...) per exposar-lo davant la resta de la classe.

» TEXTOS FUNCIONALS

1. Els textos persuasius

1.1. La publicitat

La **publicitat** té com a objectiu **promoure** certs **valors** i **conductes** (donar sang, deixar de fumar...) o bé **incitar** la gent **al consum** d'uns productes comercials determinats. Pot anar dirigida a tota la població en general (*El paper higiènic més resistent*) o a un col·lectiu determinat (*T'ajudem a educar el teu gat*).

La publicitat s'emet principalment a través dels **mitjans de comunicació**: a la televisió i als cinemes, amb **espots**; a la ràdio, amb **falques**; en els diaris i revistes, amb **anuncis gràfics** (imatge i text escrit), i a internet, amb textos, enllaços, **bàners**, **blogs**, vídeos, etc. A les ciutats i als marges d'algunes vies de comunicació hi trobem també els **cartells publicitaris**, anuncis gràfics de grans dimensions.

VOCABULARI

bàner (de l'anglès *banner*) *m.* Anunci, generalment de forma rectangular, que, en fer clic a sobre, permet d'accedir al web o a una altra pàgina de l'anunciant.

blog (de l'anglès *blog*) *m.* Pàgina web, generalment de caràcter personal i poc institucional, amb una estructura cronològica que s'actualitza regularment i que presenta informació o opinions sobre temes diversos.

Bàner d'una empresa que ofereix serveis de promoció en xarxes socials.

1.2. L'anunci

L'objecte de la publicitat és l'**anunci**, que pot ser audiovisual, sonor o gràfic. L'**anunci audiovisual** utilitza recursos del cinema: guió, argument, personatges, imatges en acció, música i efectes especials. L'**anunci sonor** utilitza recursos de la radiodifusió: guió, veus expressives, música i efectes especials. I l'**anunci gràfic** utilitza recursos de la tipografia: imatge (foto, dibuix...) i text imprès.

Els principals recursos publicitaris són els següents:

1. **La seducció**. Es vol **seduir** el públic i despertar-li l'interès a través de la creativitat, l'originalitat, la sensualitat, la bellesa o la provocació.
2. **La persuasió**. S'intenta **convèncer** el públic destinatari i induir-lo a fer una cosa concreta. Per tant, s'utilitzen arguments racionals i emotius per aconseguir l'objectiu.
3. **La informació**. Quan es volen **donar a conèixer** propostes o productes, se'n dona informació i se n'expliquen les característiques, els usos, els beneficis i el preu.

L'anunci eficaç és aquell que aconsegueix els quatre objectius que sintetitza l'acrònim AIDA:

- ATENCIÓ: cridar l'**atenció** de les persones a qui va adreçat el missatge.
- INTERÈS: despertar l'**interès** per conèixer l'objecte de l'anunci.
- DESIG: provocar el **desig** o la necessitat d'aconseguir l'objecte.
- ACCIÓ: incitar les persones a fer una **acció** determinada.

BARCANOVA EDITORIAL

» ACTIVITATS

La publicitat i els anuncis

22. Digues quins d'aquests eslògans promouen valors i conductes i quins inciten el públic al consum d'algun producte comercial:

a) *Si beus, no condueixis* (Direcció General de Trànsit): ____________________

b) *Redecora la teva vida* (mobiliari): ____________________

c) *Pensats per gaudir, forts per durar* (automòbil): ____________________

d) *Si vols la pau, defensa la justícia* (Mans Unides): ____________________

e) *Si és tan fàcil fer entrepans, per què ningú no els fa com nosaltres?* (cadena d'establiments especialitzats en l'elaboració d'entrepans): ____________________

f) *T'ajuda a protegir el que més estimes* (productes lactis): ____________________

g) *Volem donar una bona notícia* (Banc dels Aliments): ____________________

h) *Entorn sense fum* (Agència de la Salut Pública): ____________________

23. Digues si aquestes afirmacions són vertaderes (V) o falses (F):

- ☐ L'anunci pot ser audiovisual, sonor, gràfic i cronològic.
- ☐ La publicitat pot anar dirigida a la societat en general o a un col·lectiu determinat.
- ☐ Un bàner és una pàgina web que presenta informacions diverses.
- ☐ Les falques s'emeten a la ràdio i al cinema.
- ☐ Als carrers de les ciutats hi trobem anuncis gràfics.
- ☐ L'anunci sonor utilitza recursos tipogràfics.
- ☐ La persuasió va lligada al fet de convèncer.

24. Relaciona aquests missatges publicitaris amb la seducció [S] (ús de figures retòriques imaginatives), la informació [I] (explicació d'alguna característica del producte) o la persuasió [P] (exhortació a fer una cosa determinada):

- ☐ *Oli de nit per a mans seques i deshidratades.*
- ☐ *Fes-te donant d'òrgans.*
- ☐ *L'origen de la perfecció és una idea* (automòbil).
- ☐ *Dona la cara pel planeta. Tria Comerç Just.*
- ☐ *Cafè bioecològic. Naturalment.*
- ☐ *Un lloc on crear obres mestres* (mobiliari de cuina).

25. Quins quatre objectius ha de complir un bon anunci?

1) ____________________

2) ____________________

3) ____________________

4) ____________________

26. Inventa't un eslògan publicitari per promocionar cada un d'aquests productes:

Un telèfon mòbil plegable	
Una cadena de pizzeries	
Unes pistes d'esquí	
Un producte alimentari de proximitat	

1.3. La composició de l'anunci gràfic

En un anunci gràfic hi podem diferenciar **cinc elements**:

1. **La imatge**. Té una gran importància per la seva força seductora: és el reclam principal per cridar l'atenció del públic. Pot tenir un caràcter **realista** (la fotografia del producte que s'ofereix), un caràcter **metafòric** o **simbòlic** (la imatge d'una clau per representar un cotxe) o un caràcter **transgressor** (una imatge eròtica per anunciar un producte de neteja).
2. **El títol**. Frase inicial que apareix amb lletra més grossa i sol expressar el tema de l'anunci. Pot tenir un sentit propi (*Aprofita la tardor: t'organitzem el viatge*) o figurat (*La tardor té molts escenaris, tria el teu*).
3. **El text explicatiu**. Part que conté la informació de l'anunci. Es pot fonamentar en una **argumentació racional** (*Els nostres cítrics són cultivats de manera tradicional. Així aconseguim taronges de gran qualitat i respectuoses amb el medi ambient*) o en una **fal·làcia** sovint de caràcter meravellós (*La felicitat és l'olor d'un cotxe nou*).
4. **L'eslògan**. Frase breu i enginyosa que fa la funció de lema o emblema del que s'anuncia (*La bicicleta, la parella ideal*). Sovint és una frase que resta en la memòria del receptor.
5. **El logotip**. Imatge plàstica que representa la marca del producte o de l'empresa, elaborada amb un disseny especial que la fa atractiva. Algunes marques han popularitzat tant el seu logotip que sovint s'anuncien únicament amb aquesta imatge.

Exemple d'anunci de caràcter realista en què apareix la imatge del producte.

1.4. L'anunci que promou valors i conductes

Les institucions públiques sovint fan campanyes publicitàries amb l'objectiu d'inculcar uns valors socials determinats i promoure unes conductes que hi estiguin en consonància. Els anuncis d'aquestes campanyes pretenen informar i convèncer amb recursos argumentatius racionals. En són exemples els anuncis que pretenen que la gent doni sang o aliments, que es vacuni, que eviti la contaminació del planeta, etc.

Aquest anunci d'una associació índia per promoure l'adopció d'infants ens mostra una imatge paradoxal, oposada al sentit d'allò que realment anuncia.

BARCANOVA EDITORIAL

» ACTIVITATS

Els anuncis

27. Els missatges publicitaris següents contenen una argumentació implícita per incitar al consum. En quins l'argumentació té un caràcter racional (R) i en quins s'utilitza una fal·làcia (F)?

- [ ] *Destapa la felicitat* (refresc).
- [ ] *Es desfan a la boca, no a les mans* (caramels de xocolata).
- [ ] *Res no és impossible* (roba esportiva).
- [ ] *La tecnologia és un dret, no pas un privilegi* (automòbil).
- [ ] *Allarga la vida de la rentadora* (detergent).
- [ ] *Sempre hi ha algú mirant* (automòbil).

28. Un eslògan és una frase enginyosa que pretén penetrar en la nostra memòria i quedar-s'hi per sempre. Entre tota la classe, elaboreu una breu antologia d'eslògans que surtin a la televisió i que recordeu.

____

____

____

____

____

29. Observa aquest anunci del Cremallera de Montserrat i contesta les preguntes:

a) És un anunci comparatiu, és a dir, compara dues opcions? En cas afirmatiu, quines són?

____

____

b) Quins són els tres arguments amb què l'anunci defensa el producte anunciat?

____

____

____

c) Quina és la frase incitadora, és a dir, la que pretén empènyer el receptor a actuar d'una manera determinada?

____

d) Quina frase esdevé l'eslògan de l'anunci? Hi apareix tipogràficament destacada?

____

____

e) La imatge de l'anunci és una metàfora, és a dir, una representació d'una realitat diferent. Què representen, els dos elements de la imatge?

____

____

30. En grups de dos o tres, feu un anunci en què predominin els arguments racionals i un altre en què predomini la seducció. Primer, seleccioneu el producte i definiu-ne les qualitats que voleu destacar. Després, redacteu el text: l'eslògan, la informació, els arguments, la incitació de cara al consum, etc. Finalment, decidiu la imatge adequada.

31. Per elaborar una falca per a la ràdio i la televisió, cal redactar un guió que tingui en compte els recursos propis de cada mitjà. La modulació de la veu i els efectes sonors seran importants en una falca de ràdio, mentre que els aspectes visuals i escènics ho seran en una falca de televisió. En grups de dos o tres alumnes, elaboreu una falca de ràdio o de televisió i enregistreu-la. En trobareu alguns exemples en l'espai personal del web *www.barcanova.cat*.

» GRAMÀTICA

1. El complement de règim (CR) i el complement circumstancial (CC)

1.1. El complement de règim (CR)

Els **verbs de règim** (o **verbs de règim preposicional**) són un conjunt de verbs que demanen la presència d'una preposició:

Dedicar-se ***a*** *una activitat.*
Confiar ***en*** *una persona.*
Procurar ***per*** *un mateix.*
Rebel·lar-se ***contra*** *una injustícia.*
Dependre ***de*** *la voluntat d'algú.*
Comptar ***amb*** *l'ajuda d'algú.*

El complement exigit per un verb de règim s'anomena **complement de règim** (**CR**) o **complement de règim preposicional**:

Confiàvem *en la seva professionalitat.*
V ← CR
Això només ***depèn*** *de nosaltres.*
V ← CR

En alguns casos el complement de règim pot expressar **lloc** o **temps**:

L'alcaldessa ***viu*** *als afores de la ciutat.*
V ← CR
El concert ***començarà*** *a les vuit del vespre.*
V ← CR

Hi ha uns quants verbs transitius que admeten alhora un **CD** i un **CR**:

Hem invitat *els amics a un berenar d'aniversari.*
V ← CD CR

El secretari ***ha incorporat*** *totes les esmenes a l'acta de la reunió.*
V ← CD CR

PER SABER-NE MÉS

Quan el CR és una oració subordinada encapçalada per la conjunció ***que***, s'elideixen les preposicions ***a*** (1), ***de*** (2), ***en*** (3) i ***amb*** (4). Per exemple:

(1) *S'arrisca* ***que*** *li posin una multa.*
(2) *No s'adona* ***que*** *hi sortirem perdent.*
(3) *Confio* ***que*** *puguin venir tots els convidats.*
(4) *Compto* ***que*** *podran acompanyar-me.*

» ACTIVITATS

El complement de règim

32. Relaciona els verbs de la primera columna amb el complement de règim corresponent de la segona:

- [3] Els bombers s'exposaven
- [1] Les bigues han de recolzar
- [2] Els teus pares s'han equivocat
- [6] La Xènia s'ha casat
- [4] El paó blau es caracteritza
- [5] Crec fermament

1. **sobre** les parets mestres.
2. **de** carretera.
3. **a** un gran perill.
4. **per** la seva cua en forma de ventall.
5. **en** la seva innocència.
6. **amb** un company de feina.

33. Alguns verbs poden actuar com a verbs transitius (amb CD) o com a verbs de règim preposicional (amb CR). Fixa't en els complements verbals d'aquestes oracions i digues quins fan de CD d'un verb transitiu i quins altres fan de CR d'un verb de règim preposicional:

a) 1. He oblidat el seu telèfon. [CR]
   2. M'he oblidat del seu telèfon. [CR]
b) 1. Parlen en anglès. [CD]
   2. Parlen anglès. [CR]
c) 1. Recordes aquell viatge a Tailàndia? [CD]
   2. Te'n recordes, d'aquell viatge que vam fer a Tailàndia? [CD]
d) 1. Compta amb els diners de la seva mare. [CR]
   2. Compta els diners de la seva mare. [CR]
e) 1. No serveixo per a aquesta feina. [CR]
   2. Cada dia serveixo el dinar. [CD]
f) 1. La guàrdia va carregar contra els manifestants. [CD]
   2. Els guàrdies van carregar l'arma reglamentària. [CR]

34. Transforma el CR de les oracions següents de manera que en resulti una oració substantiva introduïda per la conjunció *que*. Recorda que davant la conjunció *que* s'elideixen les preposicions *a*, *de*, *en* i *amb*. Per exemple:

M'he adonat de la cara de desaprovació de l'Enric.
→ M'he adonat que l'Enric feia cara de desaprovació.

a) M'acontentaria amb un aprovat de la Judit.

M'acontentaria ______

b) Confio en la victòria del nostre equip diumenge vinent.

Confio que el diumenge vinent ______

c) La humitat contribueix a fer malsà el clima.

La humitat contribueix ______

d) Jo dubto de l'eficàcia dels nostres esforços.

Jo dubto ______

e) Recorda't del pagament del lloguer del pis.

Recorda't ______

35. Indica la preposició que demanen els verbs *conformar-se* i *acostumar-se*. Després, inventa't una oració amb cadascun, una amb preposició i una altra en què s'elideixi per què el CR és una subordinada encapçalada per la conjunció *que*:

a) conformar-se: ______

______

______

b) acostumar-se: ______

______

______

36. Llegeix aquests diàlegs i completa'ls amb la preposició adequada només quan calgui:

a) —T'has adonat de la teva errada?
   —Sí, ja m'he adonat ______ que m'he equivocat.
b) —Nosaltres comptem ______ que també hi col·laborareu.
   —Podeu comptar de la nostra col·laboració.
c) —Has de confiar ______ el criteri del teu fill.
   —La veritat és que confio de que triarà bé.

1.2. El complement circumstancial (CC)

El **complement circumstancial** (CC) o **adjunt** és un complement **no obligatori**, és a dir, no és exigit pel verb i se'n pot prescindir:

ORACIONS SENSE CC	ORACIONS AMB CC
Fa punta al llapis.	*Fa punta al llapis* ***amb un ganivet****.*
Celebrarem el teu aniversari.	*Celebrarem el teu aniversari* ***amb els amics****.*
Els germans es van barallar.	*Els germans es van barallar* ***per l'herència****.*
Els veïns es vigilen.	*Els veïns es vigilen* ***constantment****.*
Els lladres es van escapar.	*Els lladres es van escapar* ***camp a través****.*
El tècnic ens ho ha arreglat.	*El tècnic ens ho ha arreglat* ***en cinc minuts****.*
No estudia.	*No estudia* ***gaire****.*

Segons la **circumstància que expressen**, els CC poden ser de diferents tipus:

TIPUS DE CC	EXEMPLES
D'instrument (*amb què*) (CCI)	*amb un ganivet, amb una lupa*
De companyia (*amb qui*) (CCCo)	*amb els amics, amb vosaltres*
De causa (*per què*) (CCC)	*per l'herència, per culpa de la humitat*
De manera (*com*) (CCM)	*constantment, amablement*
De lloc (*on*) (CCL)	*camp a través, des del balcó*
De temps (*quan*) (CCT)	*en cinc minuts, demà passat*
De quantitat (*quant*) (CCQ)	*gaire, força*

Alguns CC incideixen sobre el conjunt de l'oració i no actuen com a complements del verb, sinó com a **adjunts oracionals**. Aquests CC solen aparèixer **al principi de l'oració**:

CARACTERÍSTIQUES	EXEMPLES
Indica un **marc de temps.**	***El dia 15 de maig*** *inauguraran l'estadi.* ***L'endemà*** *començaran els examens.*
Expressa una **valoració** o **l'actitud de l'emissor.**	***Per sort****, ningú no va prendre mal.* ***Sincerament****, la pel·lícula m'ha decebut.*
Marquen l'**ordre de la informació.**	***D'entrada****, tothom va rebutjar la proposta.* ***Al final****, vam aconseguir posar-nos d'acord.*

PER SABER-NE MÉS

També es considera CC el **complement agent** (CAg) de la veu passiva i de construccions semblants. Per exemple:

El jugador va ser sancionat *pel Comitè de Disciplina.*
CAg
S'ha deixat aconsellar *pels seus germans.*
CAg

» ACTIVITATS

El complement circumstancial

37. Digues si aquestes afirmacions són vertaderes (V) o falses (F):

- ☐ El complement circumstancial, igual que el complement de règim, és exigit pel verb.
- ☐ El complement circumstancial, a diferència del complement de règim, és exigit pel verb.
- ☐ El complement circumstancial, a diferència del complement de règim, no és exigit pel verb.

38. Subratlla els CC que hi ha en aquest text:

> Poirot descobreix a terra una pistola primitiva de pany de miquelet. Es treu un mocador de butxaca i curosament la recull. La senyoreta Puig s'agenolla al costat del capellà. Agafa un bocí de mirall de terra i l'amaga entre la llana de fer mitja. Poirot deixa la pistola a l'ampit de la pica. Pel cap d'escala apareixen la senyora Estivill i els seus fills, en Jaumet i la Mariona. Hores més tard, a la sala d'estar del balneari, Poirot està a punt de fer pública la seva teoria i descobrir qui ha estat l'assassí.

39. Els CR són complements seleccionats pel verb i, per tant, són imprescindibles. En canvi, els CC són complements optatius i, per tant, si els suprimim, l'oració té sentit igualment. Digues si els complements subratllats són CR o CC:

a) 1. Els meus oncles viuen a la Seu d'Urgell. ☐
   2. Aquest estiu faré un curset de piragüisme a la Seu d'Urgell. ☐

b) 1. L'hospital ens va comunicar el resultat de la prova a les vuit del vespre. ☐
   2. El concert acabarà a les vuit del vespre. ☐

c) 1. L'encarregada s'avé força amb en Toni. ☐
   2. L'encarregada anirà a veure el director amb en Toni. ☐

d) 1. Els animals salvatges habiten al bosc. ☐
   2. Es va calar foc al bosc. ☐

e) 1. Aquest hivern vull anar a esquiar als Alps francesos. ☐
   2. Aquest hivern anirem als Alps francesos. ☐

40. Subratlla els CC d'aquestes oracions i indica si són d'instrument (CCI), de companyia (CCCo), de causa (CCC), de manera (CCM), de lloc (CCL), de temps (CCT) o de quantitat (CCQ):

a) Els cadells tremolaven de fred. → CCM

b) Els meus cosins venen a dinar cada diumenge. → CCCo

c) M'he tallat les ungles amb les tisores de la cuina. → CCM

d) Les dues bessones s'assemblen molt. → CCC

e) El vigilant ens mirava de reüll. → CCM

f) Anirem a Londres amb els avis. → CCT

g) Les jugadores saludaven la gent des de la tribuna de l'estadi. → CCL

41. Identifica els CC oracionals que indiquen la valoració del parlant o l'ordre de la informació i marca'ls amb una coma:

a) Evidentment aquí s'ha comès un crim odiós i execrable.

b) En primer lloc haurem de trobar l'arma del crim. En segon lloc haurem de descobrir quin era el mòbil. Finalment ens caldrà determinar qui és el culpable.

c) Des del meu punt de vista l'assassí forma part d'una banda criminal que es dedica al contraban de penicil·lina.

42. Subratlla el complement agent de les oracions següents, si és que en tenen:

a) Fareu marrada si al final decidiu anar pel camí de sorra.

b) L'actriu serà retratada per un artista de fama mundial.

c) La caravana ha estat avançada per un grup de motoristes.

d) Per desgràcia les coses de vegades no són el que semblen.

e) Es deixa convèncer gairebé sempre per la seva mare.

f) La foca ha estat devorada per un os blanc.

g) No han obert per malaltia.

1.3. Els pronoms febles de complement de règim i de complement circumstancial

Els pronoms febles que substitueixen el complement de règim i el complement circumstancial són els mateixos: ***en*** i ***hi***.

PRONOMS	FUNCIÓ	EXEMPLES
en (-ne)	CR	*Abans sempre parlaven dels exàmens, ara ja no* ***en*** *parlen.*
	CC	*El passatger va pujar al tren a Mataró i* ***en*** *va baixar al Masnou.*
hi (-hi)	CR	*Si no han respost a les teves demandes, hauràs d'insistir-****hi****.*
	CC	*Jo no* ***hi*** *podria viure, amb una persona tan desordenada!*

RECORDA

El pronom ***en*** pren la forma ***-ne*** darrere de verb acabat en consonant (*parlar-****ne***), la forma ***'n*** darrere de verb o d'un altre pronom acabat en vocal (*parla'****n***) i la forma ***n'*** davant de verb o d'un altre pronom començat amb vocal (***n'****hauré de parlar*). El pronom ***hi*** esdevé ***-hi*** darrere de verb acabat en consonant.

El pronom ***en*** substitueix complements introduïts per la preposició ***de***:

No et ***burlis*** *de la gent. → No te'****n*** *burlis.*
Haurem de parlar *de la situació. →* ***N'****haurem de parlar.*

El pronom ***hi*** reemplaça complements introduïts per una **preposició que no sigui *de***:

Confio *en vosaltres. →* ***Hi*** *confio.*
M'he acostumat *a menjar sense sal. →* ***M'hi*** *he acostumat.*

Ara bé, el **complement circumstancial de manera** se substitueix sempre pel pronom ***hi***, encara que estigui introduït per la preposició ***de***:

El Joan ***camina*** *a poc a poc. →* ***Hi*** *camina.*
La Marta ***treballa*** *de pressa. →* ***Hi*** *treballa.*

PER SABER-NE MÉS

Quan un complement verbal expressa **lloc**, utilitzem ***en*** o ***hi*** segons aquests criteris:

Quan designa origen o procedència: *en*	**Quan designa situació o destinació: *hi***
De la Xina ***en*** *duien seda i espècies.*	*Ja no* ***hi*** *viuen, al carrer Major.*
Ara ***en*** *torno, de la farmàcia.*	*Ja* ***hi*** *he anat, a la farmàcia.*

» ACTIVITATS

Els pronoms febles de CR i de CC

43. Digues si les afirmacions següents són vertaderes (V) o falses (F):

- ☐ Els pronoms febles que substitueixen els CC i els CR són els mateixos.
- ☐ El pronom *en* substitueix tots els CC.
- ☐ El pronom *hi* reemplaça els CR iniciats per qualsevol preposició que no sigui *de*.
- ☐ Els adverbis sempre fan la funció de CC.
- ☐ Els CR sempre van encapçalats per una preposició.

44. Subratlla el CR de cadascuna de les preguntes següents i substitueix-lo en les respostes pel pronom feble corresponent: *hi* o *en*. Per exemple:

—Us agradaria participar <u>en un concurs televisiu</u>?

*—Sí, ja ho crec: ens agradaria molt participar-**hi**.*

a) —Tu creus en Déu?

—Jo no _hi_ crec, però hi ha molta gent que _hi_ creu.

b) —Et relaciones amb els veïns de l'escala?

—La veritat és que no m'_hi_ relaciono gaire.

c) —Et recordes de la mestra que vam tenir a P3?

—I tant, sí que me _en_ recordo!

d) —T'has adonat de la mala relació que tenen?

—Doncs no, no me _n'_he adonat.

e) —Que us burleu de mi?

—No, no ens _en_ burlem.

f) —Us atreviu a saltar amb paracaigudes?

—Sí que ens _hi_ atrevim.

g) —Ja has anat al mercat?

—Sí, avui _hi_ he anat ben d'hora i ara ja _hi_ torno.

45. Omple els espais buits amb el pronom feble de CC adequat:

a) Hi ha gent que dorm amb el gos. Jo no _hi_ dormiria.

b) M'he comprat una olla elèctrica molt moderna, però no _hi_ sé cuinar.

c) En aquest restaurant no _n'_ hem menjat mai gaire bé.

d) Als pics de les muntanyes, cada hivern _hi_ neva, però a les valls no _hi_ sol nevar.

e) El conferenciant parlava efusivament. Sembla que _en_ parla sempre.

46. Substitueix els elements repetits pel pronom feble corresponent. Per exemple:

*—Precisament ara vinc de la perruqueria. → Precisament ara **en** vinc.*

a) Vols explicar el problema o prefereixes no parlar <u>del teu problema</u>?

d'ell

b) S'ha comprat unes sabates de taló alt i ara no sap caminar <u>amb aquestes sabates</u>.

amb elles

c) Aquest any hem fet molt vi. Hem omplert més de mil ampolles <u>de vi</u>.

del mateix

d) Si vols aprendre a conduir vine a l'autoescola i veuràs com aprens <u>de conduir</u> de seguida.

a fer-ho

e) L'aigua d'aquesta piscina és calenta, però només ens banyem <u>en aquesta piscina</u> a l'estiu.

____

f) A la feina sempre parla en anglès, però a casa no parla mai <u>en anglès</u>.

____

» ORTOGRAFIA

1. La dièresi

La **dièresi** és un signe ortogràfic que s'escriu sobre la i (*ï*) o sobre la u (*ü*) per assenyalar que aquestes vocals es pronuncien d'una manera diferent del que és habitual. Aquest signe indica dues circumstàncies:

1. Que la *u* no és muda: cal pronunciar-la darrere de *g* o de *q*		2. Que la *i* o la *u* no formen diftong amb la vocal contigua	
La *u* és muda	**La *u* no és muda**	**Formen diftong**	**No formen diftong**
gue (*lloguer*) gui (*guineu*) que (*roques*) qui (*líquid*)	güe (*ungüent*) güi (*pingüí*) qüe (*pasqües*) qüi (*terraqüi*)	*mai* *peu* *es-pais* *du-ia*	*ra-ïm* *pe-üc* *pa-ï-sos* *con-du-ï-a*
En els **diftongs creixents** darrere de ***g*** o ***q***, s'escriu dièresi sobre la *u* només quan la vocal que la segueix és una *e* o una *i*: a) *ai**gua**, a**quà**tic, llen**guo**ta, **quo**ta.* b) *ai**gü**es, **qüe**stió, pin**güí**, a**qüí**fer.*		La ***i*** intervocàlica i la ***i*** i la ***u*** darrere de vocal poden: a) Formar un **diftong**: *no-**ia**, es-**pai**, **rei**-na, **cui**-na, **fau**-na, **neu**.* b) Formar un **hiat**, cas en què han de dur dièresi o accent (tret d'algunes excepcions): *tradu-**ï**-a, a-gra-**í**-em, ve-**ï**-na, ve-**í**, pa-**ï**-sos, pa-**í**s, pe-**ü**c, ge-ni-**ü**t.*	

1.1. La dièresi en el verbs

VERBS DE LA PRIMERA CONJUGACIÓ	VERBS DE LA TERCERA CONJUGACIÓ
Els verbs acabats en ***-ear***, ***-iar***, ***-oar*** i ***-uar*** porten dièresi quan la terminació de la forma verbal és ***-i***, ***-is***, ***-in***: *creï, creïs, creïn; canviï, canviïs, canviïn; lloï, lloïs, lloïn; actuï, actuïs, actuïn.*	En els verbs acabats en ***-air***, ***-eir*** i ***-uir***, quan la terminació verbal comença amb una ***-i***, es poden donar tres casos: a) ***-i-*** amb dièresi: *conduïm, conduïu; conduïa, conduïes; conduïres, conduïren; conduïssis, conduïssin; conduït, conduïda.* b) ***-i-*** amb accent: *conduíem, conduíeu; conduí, conduírem, conduíreu; conduís, conduíssim, conduíssiu.* a) ***-i-*** sense dièresi ni accent: *conduir; conduint; conduiré; conduiria.*

1.2. La *i* i la *u* àtones amb dièresi

Hi ha paraules que tenen una *i* o una *u* àtones amb dièresi:

a) Noms derivats d'una paraula en què la vocal tònica és una *i*:
illa → aïllar *trair → traïdor* *veí → veïnat* *agrair → agraïment*

b) Les paraules *amoïnar, arruïnar, ruïna, coïssor, continuïtat, decaïment, diürètic, ensaïmada, saïm, espontaneïtat, fluïdesa* (però *fluid*), *heroïcitat, heroïna* (però *heroi, heroic* i *heroisme*), *suïcidi, suïcidar-se, viduïtat.*

RECORDA

La dièresi té dues funcions:
a) Indica que la *u* es pronuncia: *llengüeta, pingüí, qüestió, aqüífer.*
b) Indica que no hi ha diftong, sinó hiat: *ve-ï-na, di-ürn, o-be-ï-a, tra-ï-dor.*

1.3. Estalvi de la dièresi

No s'escriu dièresi, encara que no hi hagi diftong, en aquests casos:

a) En els compostos amb prefix acabat en vocal (excepte *reüll*, *reïra* i les formes del verb *reeixir*, com *reïxo* o *reïx*): *reunió*, *reincidir*, *contraindicació*, *coincidència*, *antiinflamatori*.
b) En els sufixos *-isme* i *-ista* (els acabaments de *proïsme* i *lluïsme* no són sufixos): *egoisme*, *altruista*.
c) En les terminacions llatines *-us* i *-um*: *Màrius*, *aquàrium*.
d) En l'infinitiu, el gerundi, el futur i el condicional dels verbs de la tercera conjugació (acabats en *-ir*): *agrair*, *agraint*, *agrairé*, *agrairia*; *traduir*, *traduint*, *traduiré*, *traduiria*.

» ACTIVITATS

La dièresi

47. Separa les síl·labes d'aquestes paraules amb un guionet:

desagraït → *des-a-gra-ït*

ensaïmada → ______

peülla → ______

idoneïtat → ______

ingenuïtat → ______

espaiós → ______

cuiner → ______

egoista → ______

geniüt → ______

cafeïna → ______

boina → ______

48. Classifica les paraules següents a la taula segons si tenen un dígraf o un diftong:

guardiola • neguitós • esqueix • guirigall
aigüera • pingüí • llenguota • barguer
aqüífer • quincalla • aquarel·la • falguera
branquilló • eloqüent • quotidià • juguesca

La *u* és muda: forma part d'un dígraf (*gu* o *qu*)	La *u* es pronuncia: forma part d'un diftong creixent (*ua*, *üe*, *üi*, *uo*)
neguitós / esqueix	guardiola / aigüeta
guirigall / llenguota	pingüí / aqüiger
barguer / quincalla	barenquillo / eleqüent
aquarel·la / falguera	quotidia / juguesca

DICTAT

En un full a part, copia les paraules de text que duen dièresi, digues per què en porten i separa-les per síl·labes. Després, torna a escriure el text mentre te'l dicten.

Rep el nom de *Romània* el conjunt de països que constituïren l'Imperi romà. La Romània lingüística comprèn les llengües i els dialectes que deriven del llatí que s'imposà en aquells països; llengües que, per això mateix, es coneixen amb el nom de *romàniques* o *neollatines*. Ja en la mateixa època s'insinuaven fragmentacions dintre la vasta unitat lingüística llatina, per tendències evolutives esporàdiques, per pressió de les primitives llengües indígenes, de vegades només parcialment substituïdes pel llatí. Però l'organització administrativa imperial romana hi actuava de fre.

ANTONI M. BADIA I MARGARIT: *Gramàtica històrica catalana* (text adaptat).

» POSA'T A PROVA

Llegeix aquest text i comprova si l'has entès

Un detectiu anomenat Sherlock

L'investigador més famós de la història va néixer ara fa 125 anys de la mà d'Arthur Conan Doyle i, des de llavors, no ha deixat d'estar d'actualitat. L'excèntric Holmes i la seva manera racional de resoldre els casos és la base de la novel·la policíaca posterior.

El dia de Nadal de 1887 va néixer, en un anuari il·lustrat de Londres, el detectiu Sherlock Holmes. L'autor del relat «Estudi en escarlata» era un metge de 27 anys que l'havia escrit al despatx de la consulta mentre esperava inútilment l'arribada de pacients. En aquest relat, Holmes i Watson havien de resoldre un assassinat comès feia cinc anys i que plantejava un greu problema moral: el criminal reivindicava els seus crims assegurant haver fet justícia perquè havia mort dos assassins impunes.

Aquella història no va tenir gaire èxit. Tot i això, l'editor d'una revista americana va encarregar al metge Doyle una nova narració. I el febrer de 1890 es va publicar el relat «El signe dels quatre». De seguida el detectiu va continuar amb les seves peripècies a la revista *The Strand Magazine* de Londres i, a poc a poc, es va popularitzar la sèrie policíaca entre els lectors anglosaxons. Sherlock Holmes va esdevenir un autèntic heroi.

Què tenia el personatge d'aquells contes policíacs per captivar tants milers de lectors? Doncs que estaven en plena Revolució Industrial i, amb tots els avenços i riqueses generats pel progrés, havien augmentat els delictes a les ciutats, i els burgesos tenien por dels pobres, dels lladres i dels revolucionaris i exigien protecció: demanaven una policia implacable que els protegís i uns detectius infal·libles que descobrissin els criminals.

Conan Doyle havia llegit, sens dubte, «Els assassinats del carrer Morgue» que Edgar Allan Poe havia publicat el 1841. Poe va escriure aquest conte policíac influït pel corrent positivista de l'època, que pregonava que tots els misteris de la natura tenen una explicació racional i que l'home, amb la seva intel·ligència, pot trobar-la. A partir d'aleshores, la novel·la policíaca serà això: el plantejament d'un misteri d'aparença inexplicable, la recerca d'una explicació racional i la troballa de solució de l'enigma després d'aplicar el mètode deductiu.

El 1892 Arthur Conan Doyle va decidir d'acabar amb la seva criatura. El cas és que un dia de l'any 1893, en el conte «El problema final», Doyle va portar Sherlock Holmes fins al salt d'aigua de Reichenbach (Suïssa) i allà el va enfrontar al despietat doctor Moriarty en una lluita ferotge que va fer caure els dos contrincants daltabaix, cap a una mort segura. L'endemà de la publicació del luctuós incident a la revista *The Strand Magazine*, els carrers de la City de Londres anaven plens d'homes i dones de dol, i la mare de Conan Doyle el va renyar pel crim que havia comès. Tot i així, el pare de la criatura va trigar encara vuit anys a ressuscitar Sherlock, i ho va fer en una de les seves millors aventures: «El gos dels Baskerville».

Article d'ANDREU MARTÍN publicat al diari *Ara* el 28/10/2012 (text adaptat).

1. El primer relat protagonitzat per Sherlock Holmes es va titular...

- [x] «El gos dels Baskerville».
- [ ] «El signe dels quatre».
- [ ] «Estudi en escarlata».

2. Quin és el problema moral que es planteja en el relat «Estudi en escarlata»?

- [ ] Pot ser un atenuant el fet d'haver matat uns assassins que no havien estat castigats degudament?
- [x] Pot un jutge aplicar una pena a un acusat si les proves no són del tot decisives?

3. La situació socioeconòmica del Regne Unit de finals del segle XIX...

- [ ] va impedir la popularització de la literatura de detectius.
- [ ] va fer que el metge Conan Doyle s'hagués de dedicar a escriure.
- [x] va afavorir la popularització de la literatura de detectius.

4. El positivisme és un sistema filosòfic que creu en...

- [ ] la capacitat racional de les persones.
- [x] la capacitat d'intuïció de les persones.
- [ ] l'espiritualitat i la religió.

5. El plantejament d'un relat de detectius és...

- [x] la descripció detallada del detectiu.
- [ ] l'enigma que el detectiu ha de resoldre.
- [ ] el procés d'investigació que segueix el detectiu.

6. Arthur Conan Doyle...

- [ ] mai no va suspendre la creació de relats protagonitzats per Sherlock Holmes.
- [x] va trencar radicalment amb l'arquetip de detectiu creat per Edgar Allan Poe.
- [ ] es va cansar del personatge de Sherlock Holmes i va narrar la seva mort en un dels seus relats.

7. Quina definició correspon a *impune* (I) i quina altra, a *luctuós* (L)?

- [x] Que no ha fet mal, exempt de culpa.
- [ ] Molt trist, que és digne de dol.
- [ ] Que està relacionat amb la mort.
- [ ] Que no ha rebut el càstig degut.

8. Digues quin tipus de complement és cadascun dels sintagmes subratllats:

- [ ] Sherlock Holmes es va enfrontar <u>amb el doctor Moriarty</u>. ____________
- [x] La mare de Conan Doyle el va renyar <u>pel crim que havia comès</u>. ____________

9. Completa les frases amb un pronom feble:

- [ ] En la revista *The Strand Magazine*, Conan Doyle ______ va publicar molts relats.
- [x] D'aquella lluita ferotge, tots dos ______ van sortir molt malparats.

10. Afegeix les dièresis que falten en el text:

> Mentre el cotxer conduia el carruatge pel terreny aqüós fins al mas aillat envoltat de boira, Holmes va descartar el suicidi. El pas seguent era reunir els veins perquè obeïssin les ordres de l'inspector Lestrade.

Per escrit

La Generalitat de Catalunya ha engegat una campanya per fomentar la lectura entre els adolescents. Inventa't un eslògan i tres recursos argumentatius racionals per promoure el valor de la lectura i animar els joves a llegir.

De viva veu

Imagina que una editorial vol anunciar la publicació d'una novel·la policíaca per animar els joves a comprar-la. Inventa't una falca per anunciar l'esdeveniment i convidar els lectors a comprar la novel·la com si fossis un locutor de ràdio.

UNITAT 8

LECTURA » *El matí verd*

LITERATURA » La ciència-ficció

LÈXIC I SEMÀNTICA » Les locucions, les frases fetes i els refranys

GRAMÀTICA » L'atribut i el complement predicatiu

ORTOGRAFIA » L'apòstrof i el guionet

Preparem la lectura

1. Feu memòria de relats, pel·lícules i còmics que passin en un món futur i en els quals tinguin un paper destacat els avenços científics i tècnics.
2. Intercanvieu comentaris i opinions: Creieu que hi ha vida en altres planetes? Existeixen els extraterrestres?
3. Responeu oralment: Us presentaríeu voluntaris per anar a colonitzar Mart?
4. Intercanvieu comentaris i opinions: Quin avenç científic o tècnic t'agradaria inventar? Quina utilitat i quines característiques tindria?

» LECTURA

El matí verd

VOCABULARI

soparet *m.* Petit sopar.

crepitar *v.* Fer una sèrie de sorolls secs i repetits com els que fa la llenya quan es crema.

benifet *m.* Benefici.

remoreig *m.* Remor, soroll confús com el que s'alça d'una multitud, del vent o del mar.

sarró *m.* Bossa de pell, lona, etc. que es duu penjada a l'espatlla.

planço *m.* Arbre nou destinat a ser trasplantat.

lívid -a *adj.* D'una pal·lidesa blavosa.

rogenc -a *adj.* Que tira a roig, a vermell.

petarrellejar *v.* Fer un seguit de sorolls secs; espetegar.

El progrés científic i tècnic del segle XIX va obrir nous camins a la imaginació dels escriptors i va promoure un nou gènere literari: el de la ***ciència-ficció****. Els arguments d'aquest gènere responen a preguntes del tipus: Què passaria si poguéssim anar al centre de la Terra? Què passaria si poguéssim anar a un altre planeta? Què passaria si uns extraterrestres vinguessin a la Terra?...*

«El matí verd» és un conte que situa el protagonista al planeta Mart, on, malgrat que els humans tenen greus dificultats per respirar, lluiten per sobreviure-hi.

Quan el sol va pondre's, ell es va ajeure prop del camí i es preparà un **soparet**. Mentre es duia el menjar a la boca, escoltava el **crepitar** del foc. Mastegava pensarosament. Havia estat un dia no pas diferent dels trenta darrers: molts forats cavats de matinada i omplerts de llavors i aigua duta dels canals lluents. Ara se sentia el cos, prim, pesant com el plom.

Es deia Benjamin Driscoll i tenia trenta-un anys. Volia que Mart es tornés ben verd, amb arbres alts i plantes que fessin aire, molt d'aire, que en cada estació n'hi hagués més. Arbres que, a l'estiu bullent, refresquessin les ciutats. Arbres que, a l'hivern, fessin recular els freds. Eren tants els **benifets** que un arbre podia proporcionar: afegir color, fer ombra, produir fruits o esdevenir zona de jocs per a la canalla; tot un cel per pujar-hi i gronxar-s'hi. Cada arbre era una arquitectura que combinava l'alimentació i el plaer. Però abans que cap altra cosa, els arbres eren aire fresc per als pulmons, un **remoreig** gentil que us adorm les orelles, de nit, quan jaieu en llits de neu.

Escoltava com la terra fosca es preparava per acollir el sol i les pluges que encara no havien arribat. Imaginava que les llavors que havia sembrat avui brotarien, verdes, cap al cel i farien néixer noves branques cada dia, fins que Mart fos un bosc, una horta lluent.

Al matí, quan el sol tebi tot just començaria a aixecar-se per damunt de la carena, ja seria llevat, s'hauria cruspit un esmorzar fumejant i començaria a treballar. Amb el **sarró** a l'esquena, cavaria, sembraria, plantaria **plançons**, aplanaria suaument la terra, regaria, seguiria sempre endavant, xiulant i mirant de tant en tant cap al cel **lívid**, cada cop més lluent com més s'aproparia el migdia càlid.

—Et cal aire —va dir a la foguera nocturna. El foc era un company **rogenc** i viu, que et parlava crepitant, que dormia prop teu, amb els ulls rosats i plens de son, càlids en la nit glaçada—. A tots ens en cal. L'aire, a Mart, és poc dens. Et canses massa aviat. És com viure dalt dels Andes, a l'Amèrica del Sud. Respires fondo i no en treus res. No et satisfà.

Es palpà les costelles. Com li havia crescut el pit, en trenta dies! Per prendre més aire, calia fer créixer els pulmons. O plantar més arbres.

—Per a això soc aquí —va continuar dient al foc, que **petarrellejava**—. A l'escola explicaven la història de Johnny Appleseed, que va anar de banda a banda d'Amèrica plantant pomers. Jo encara faig més. Jo planto tota mena d'arbres: roures, oms, aurons, trèmols, cedres, castanyers... Per comptes de

produir fruita per a l'estómac, vull fer aire per als pulmons. Quan hagin crescut, pensa la quantitat d'oxigen que ens donaran!

Va recordar l'arribada a Mart. Com altres mil, va mirar el nou planeta un matí calmat. Es demanà com encaixaria amb un món així. Què hi faria? Trobaria feina?

Es desmaià.

Algú li apropà **amoníac** al nas. Tossint, recobrà el coneixement.

—Què m'ha passat?

—L'aire és poc dens. Alguns no s'hi adapten. Em penso que haurà de tornar a la Terra.

—No! —Va sentir que la vista se li enfosquia i que Mart girava dos cops sota seu. Se li dilataren els narius. Va forçar els pulmons a beure aquell profund no-res—. Em posaré bé. He de quedar-m'hi!

El deixaren jeure, **bleixant** horriblement, com un peix. «Aire, aire, aire. Em volen tornar a causa de l'aire», pensava. Va girar el cap per mirar les muntanyes i els camps marcians. Quan els ulls se li aclariren, va veure que no hi havia arbres per enlloc. La terra era nua, sense ni un bri d'herba. Ni damunt de les muntanyes, ni a les **obagues**, ni prop dels rierols, enlloc no hi havia ni un arbre ni un matoll. Aleshores ho va veure clar. Va sentir que la resposta no li venia del cervell, sinó dels pulmons i de la gola. La resposta fou com una sobtada alenada d'oxigen pur, que l'omplí i l'enfortí. Arbres i herba. Plantaria arbres i sembraria herba. Aquesta seria la seva feina: lluitar contra allò que podria impedir-li de restar-hi. Amb una terra tan vella, les antigues plantes devien haver mort de gastament. I si duia noves espècies? Arbres de la Terra, grans mimoses, salzes, magnòlies i eucaliptus esplèndids. Què passaria aleshores? Ningú no sabia quina riquesa mineral s'amagava sota terra.

—Deixi'm llevar! —va cridar—. He de veure el Coordinador!

El Coordinador i ell van parlar de vegetals. Passarien mesos, si no anys, abans que s'organitzessin plantacions. Mentrestant, els queviures es durien de la Terra, congelats, en coets frigorífics. Uns pocs jardins públics creixien en instal·lacions **hidropòniques**.

—Mentrestant —va dir el Coordinador— la feina és seva. Li donarem tantes llavors com puguem i un petit equip. L'espai als coets és escàs, ara. A més, com que aquests primers poblats són comunitats mineres, em penso que no els agradarà la seva plantada d'arbres...

Li ho van deixar fer. Va arribar a la vall desèrtica en una motocicleta senzilla, amb una caixa plena de llavors i plançons. Va aparcar el vehicle i es dedicà a recórrer la vall a peu.

Això havia passat feia trenta dies i, en tot aquest temps, ni una sola vegada no havia girat la vista enrere. Perquè fer-ho hauria estat **descoratjador**. El clima era massa sec: era ben poc probable que cap de les llavors hagués germinat. Potser tota aquesta plantada, totes aquestes quatre setmanes d'ajupir-se i cavar eren perdudes. Només mirava endavant, esperant que les pluges arribessin.

Va posar-se una manta a les espatlles: els núvols s'espesseïen sobre aquelles aspres muntanyes. Mart era imprevisible. El foc badallà en les cendres adormides. L'aire tremolà pel so distant d'un carro. Un tro. De sobte, olor d'aigua. «Aquesta nit —va pensar. Va estendre el braç, esperant la pluja—. Aquesta nit.»

El va despertar un copet al front. Una gota li **regalimava** del nas als llavis. Una altra li va tocar a l'ull i li ennuvolà la vista.

VOCABULARI

amoníac *m.* Gas incolor compost de nitrogen i hidrogen, d'una olor penetrant característica.

bleixar *v.* Respirar amb fatiga.

obaga *f.* Vessant d'una muntanya més ombrívol, menys calorós, més humit.

hidropònic -a *adj.* Que es conrea en un sòl estèril regat amb aigua que aporta tots els productes minerals necessaris per a la vegetació.

descoratjador -a *adj.* Que fa perdre el coratge, que desanima.

regalimar *v.* Baixar un líquid fent un filet que corre per la superfície.

VOCABULARI

elixir *m.* Licor medicamentós que s'obté de distintes substàncies medicinals dissoltes en un alcohol.

paladejar *v.* Assaborir, gustar lentament un menjar o una beguda per sentir-ne bé el sabor.

xerès *m.* Vi de gran qualitat.

abastar *v.* Arribar a tocar o a veure una cosa distant, llunyana.

brollar *v.* Sortir amb força un líquid o un gas del lloc on és contingut.

La pluja.

Fresca, gentil i tranquil·la, queia com un **elixir** amb sabor d'encanteri, estels i aire. Arrossegava pols de pebre, que **paladejà** com si fos un extraordinari **xerès** lleuger.

Pluja.

S'assegué. Va deixar caure la manta. La camisa de cotó blau se li omplia de taques rodones, grosses, que augmentaven a mesura que la pluja creixia. Queia la pluja. Va veure deu bilions de cristalls de pluja, fotografiats per la descàrrega elèctrica.

Xop fins al moll dels ossos, deixava encara que l'aigua li colpegés les parpelles. Reia. Va picar de mans, es llevà i passejà pel petit campament. Era la una de la matinada.

No va parar de ploure fins dues hores més tard. Varen aparèixer les estrelles, fresques, rentades, més clares que mai.

Benjamin Driscoll es va posar roba eixuta. S'ajagué i dormí feliç.

El sol va sortir lentament per entre les muntanyes. Sense fressa, s'escampà per arreu i despertà el senyor Driscoll.

Fins allà on la vista li **abastava**, tot eren arbres: tots els milers que havia sembrat o plantat. I no pas arbrets, no, ni brots tendres, sinó arbres grossos, enormes, alts com deu homes, verds, verdíssims, com gegants, rodons i plens, arbres de fulles metàl·liques, arbres alineats sobre les muntanyes, llimoners, til·lers, sequoies, mimoses, roures, oms, trèmols, cirerers, aurons, freixes, pomers, tarongers, eucaliptus... Estimulats per la pluja torrencial i nodrits per l'estranya terra màgica, creixien amb tanta força que, fins i tot mentre mirava, podia veure com naixien noves branques i apareixien nous brots.

—Impossible! —va cridar Benjamin Driscoll.

Però la vall i el matí eren ben verds.

I l'aire!

D'arreu venia l'aire nou, l'oxigen que **brollava** dels arbres. Resplendia en les altures, en onades de cristall: oxigen fresc, pur, verd, fredós, que convertia la vall en un delta de riu. Poc després, les cases del poble s'obriren de bat a bat i la gent sortia a veure el nou miracle d'oxigen, se n'omplia els pulmons. Les galtes se'ls envermellien, els nassos se'ls refrescaven, els pulmons els revivien, els cors bategaven enfortits i els cossos, esgotats, començaven a ballar.

Benjamin Driscoll inspirà profundament i es desmaià.

Abans que es despertés, cinc mil nous arbres creixien cap al sol groc.

RAY BRADBURY: «El matí verd», dins *Les cròniques marcianes* (text adaptat).

» ACTIVITATS

Comprensió lectora

1. Benjamin Driscoll tenia trenta-un anys i feia trenta dies que vivia al planeta Mart. Contesta aquestes preguntes:

a) Què li va passar el dia de l'arribada a Mart?

____

b) Per què el Coordinador li va dir que potser hauria de tornar a la Terra?

____

c) Quin objectiu es va fixar per lluitar contra allò que podria impedir-li quedar-se a Mart?

____

____

2. Driscoll va aconseguir el permís del Coordinador del planeta Mart per plantar arbres. Va passar trenta dies treballant sense girar la vista. Per què no gosava mirar enrere?

____

____

3. Quan, després de trenta dies, es va posar per fi a ploure, Driscoll va mirar per primera vegada el camí fet. Què va observar quan va girar la vista?

____

____

4. Per què creus que els arbres que havia plantat Benjamin Driscoll creixien amb tanta força que fins i tot podia veure com els naixien noves branques i brots?

____

____

____

____

Anàlisi literària

5. ✓ El relat comença quan Benjamin Driscoll ja fa trenta dies que és a Mart. Després d'explicar quin és l'objectiu del protagonista, el narrador fa una retrospecció, és a dir, un salt enrere en el temps (*flashback*) a través del record. Quin dels fragments següents correspon a aquesta retrospecció?

- ☐ Escoltava com la terra fosca es preparava per acollir el sol i les pluges que encara no havien arribat. Imaginava que les llavors que havia sembrat avui brotarien, verdes, cap al cel.
- ☐ Com altres mil, va mirar el nou planeta un matí calmat. Es demanà com encaixaria amb un món així. Què hi faria? Trobaria feina? Es desmaià.
- ☐ El va despertar un copet al front. Una gota li regalimava del nas als llavis. Una altra gota li va tocar a l'ull i li ennuvolà la vista. La pluja.

6. Quin és el contingut argumental de la retrospecció? Tria la resposta adequada.

- ☐ La retrospecció explica el passat remot del protagonista i els motius pels quals va haver de marxar de la Terra.
- ☐ La retrospecció explica el que va passar la nit que va ploure i el que veié el protagonista l'endemà.
- ☐ La retrospecció explica tot el que li havia passat a Benjamin Driscoll i tot el que havia fet des del dia que va arribar al planeta Mart fins al vespre del dia que feia 31.

7. El narrador també fa una anticipació, és a dir, un salt endavant en el temps a través de la imaginació del protagonista per fer una premonició del futur. Digues en quin fragment veiem aquesta anticipació:

- ☐ Imaginava que les llavors que havia sembrat avui brotarien, verdes, i farien néixer branques noves cada dia, fins que Mart fos un bosc.
- ☐ Potser tota aquesta plantada, totes aquestes quatre setmanes d'ajupir-se i cavar eren perdudes.
- ☐ Benjamin Driscoll inspirà profundament i es desmaià.

8. D'acord amb les activitats anteriors, digues quin ordre argumental segueix el relat. Tria l'opció correcta:

- ☐ Un ordre lineal: tots els fets s'expliquen seguint l'ordre cronològic.
- ☐ Un ordre no lineal: no tots els fets s'expliquen seguint l'ordre cronològic.

9. El narrador és extern i omniscient. Però sovint s'identifica plenament amb els anhels del protagonista. Digues en quin dels fragments següents ho podem observar:

- ☐ Eren tants els benifets que un arbre podia proporcionar: afegir color, fer ombra, produir fruits o esdevenir zona de jocs per a la canalla; tot un cel per pujar-hi i gronxar-s'hi.
- ☐ La camisa de cotó blau se li omplia de taques rodones, grosses, que augmentaven a mesura que la pluja creixia.

10. El protagonista del conte és Benjamin Driscoll. Amb l'objectiu de donar més força emotiva al relat, quan el narrador parla d'ell, utilitza diverses persones gramaticals per explicar les seves sensacions, les seves experiències... Relaciona les persones gramaticals amb cada un dels exemples de la lectura:

1. 3a persona del singular (*ell*)
2. 2a persona del singular (*tu*)
3. 2a persona del plural (*vosaltres*)

- ☐ Els arbres eren aire fresc per als pulmons, un remoreig gentil que *us* adorm les orelles, de nit, quan *jaieu* en llits de neu.
- ☐ El foc era un company rogenc i viu, que et parlava crepitant, que dormia prop *teu*, amb els ulls rosats i plens de son.
- ☐ Una gota *li* regalimava del nas als llavis. Una altra *li* va tocar a l'ull i *li* ennuvolà la vista.

11. *Les cròniques marcianes,* de l'escriptor estatunidenc Ray Bradbury, són un conjunt de 26 relats de ciència-ficció que es caracteritzen pel tractament poètic i emotiu de les històries. Subratlla un petit fragment del conte que et sembli especialment poètic per les imatges que descriu; i amb un color diferent, un altre que destaqui per la intesitat emotiva que transmet.

Paraules i expressions

12. Ben sovint, per expressar característiques o accions en grau superlatiu (molt elevat), utilitzem expressions de sentit hiperbòlic (exagerat). Relaciona les expressions de la primera llista amb el sentit corresponent de la segona:

1. Xop fins al moll dels ossos.
2. Tot un cel per pujar-hi i gronxar-s'hi.
3. Se sentia el cos pesant com el plom.
4. Declararia una guerra hortícola a Mart.
5. Va quedar clavat a terra.

- ☐ Una meravella.
- ☐ Molt sorprès.
- ☐ Hi posaria tot l'esforç.
- ☐ Molt cansat.
- ☐ Ben moll.

Expressió oral

13. ✓ Organitzeu-vos en grups de cinc alumnes per preparar un debat sobre l'existència o no d'extraterrestres. Un dels alumnes ha de fer de moderador, dos defensaran l'existència d'extraterrestres i els altres dos defensaran la tesi contrària. El moderador ha d'introduir el debat: ha de presentar el tema i formular preguntes que facilitin la intervenció dels altres. Els qui defensen les posicions oposades han de buscar arguments a favor de la seva tesi i pensar com rebatran els arguments que puguin aportar els oponents.

Creació literària

14. ✓ Un dels arguments típics de la ciència-ficció és el de la invasió de la Terra per extraterrestres. Dona curs a la teva imaginació i escriu, en un full a part, un conte que desenvolupi aquest argument. Pots començar així:

Era un vespre d'un dia de tardor. El sol començava a pondre's per l'horitzó i deixava un cel rogenc preciós. Entre els núvols tranquils provinents del sud-oest, es podia veure, de manera intermitent, una filera de cinc puntets lluminosos de color molt blanc...

» LITERATURA

1. La ciència-ficció

Al llarg dels segles XIX i XX, les persones dels països més poderosos econòmicament van viure canvis insospitats gràcies als **avenços científics i tecnològics**: el tren (1823), l'automòbil (1860), el telèfon (1876), la il·luminació elèctrica (1878), la ràdio (1885), l'avió (1903), la televisió (1906), la nau espacial (1926), el telèfon mòbil (1979), internet (1983)... són alguns dels invents que una persona de fa dos-cents anys no es podia ni imaginar.

Tot plegat feia pensar en un **futur** de **progrés** i **benestar**, però, alhora, en grans **incerteses** i **perills**. És en aquest context que neix el gènere narratiu de la **ciència-ficció**: novel·les i contes que especulen sobre les **possibilitats** i els **perills** de la ciència i la tècnica, i sobre l'actitud i el comportament dels humans davant aquestes situacions. Els autors pretenien contestar, amb històries imaginàries però amb arguments científics, la pregunta «Què passaria si...?». I en aquests punts suspensius hi cap una gran quantitat de possibilitats: si els robots adquirissin intel·ligència i autonomia, si els humans anéssim a viure a Mart, si els extraterrestres envaïssin la Terra...

Els relats de ciència-ficció han donat argument a pel·lícules com *E.T., l'extraterrestre* (1982), de Steven Spielberg.

CARACTERÍSTIQUES DE LA CIÈNCIA-FICCIÓ
1. Ventall ampli de **temes**: robots, viatges a través del temps, conquesta d'altres planetes, apocalipsi nuclear, invasions alienígenes...
2. L'argument sol presentar els humans en **perill**: destrucció del planeta Terra, lluita contra éssers estranys i poderosos...
3. **Jules Verne** (1828-1905), autor de *Viatge al centre de la Terra* i *De la Terra a la Lluna*, i **H. G. Wells** (1866-1946), autor de *La guerra dels mons* i *L'home invisible*, són els creadors dels relats de ciència-ficció.

1.1. H. G. Wells

Herbert George Wells va ser un escriptor prolífic: va publicar més de cent llibres de diversos gèneres. Va destacar en la ciència-ficció amb obres com *La màquina del temps* (1895), *L'home invisible* (1897) i *La guerra dels mons* (1898).

H. G. Wells va ser un entusiasta dels avenços científics i tècnics, però, alhora, també va denunciar la gran **desigualtat social**, que, en comptes de reduir-se, augmentava amb el progrés industrial i econòmic. Per això va tenir un paper actiu en la lluita política per reclamar un sistema social més just. Creia que la **ciència** i l'**educació** havien de ser mitjans per construir un món millor.

PER SABER-NE MÉS

El dia de Tots Sants de 1938, el guionista i director de cinema Orson Welles (1915-1985) va adaptar la novel·la *La guerra del mons* per a un programa de la ràdio i va fer creure a milions d'oients nord-americans que la Terra havia estat realment envaïda pels marcians. El pànic que es va generar va ser enorme.

1.2. Manuel de Pedrolo

Manuel de Pedrolo (1918-1990) va ser novel·lista, dramaturg, poeta i traductor. Amb més de cent obres, és un dels escriptors més prolífics de la literatura catalana. En l'àmbit de la ciència-ficció, va escriure *Mecanoscrit del segon origen* (1974), una de les novel·les de més èxit de finals del segle XX, i *Trajecte final* (1975).

Mecanoscrit del segon origen explica la història de dos joves de nou i catorze anys que sobreviuen a un atac d'extraterrestres que causa la destrucció gairebé total de la Terra. Ells dos han d'assumir la missió de repoblar-la. *Trajecte final* recull set relats de temes diferents (la reencarnació, els mons paral·lels, els robots...).

» ACTIVITATS

La ciència-ficció. H. G. Wells. Manuel de Pedrolo

15. Digues quins creus que són els tres avenços científics o tecnològics dels segles XIX i XX que han marcat més la vida de les persones:

____

____

16. Completa la definició de *ciència-ficció* amb les paraules següents: *gènere, perills, futur, tecnològics, humà, actitud, difícils, especula.*

La ciència-ficció és el ____________ *narratiu que* ____________ *sobre les possibilitats i els* ____________ *dels avenços científics i* ____________ *i sobre l'*____________ *i el comportament del gènere* ____________ *davant de situacions noves i* ____________ *que es poden produir en el* ____________.

17. Llegeix el fragment següent de *La guerra dels mons*. Al costat d'elements imaginaris, també hi apareixen aspectes científics. Assenyala dos d'aquests aspectes en l'espai que hi ha després del text:

Els marcians

Els qui no hagin vist mai un marcià viu difícilment es podran imaginar l'estrany horror del seu aspecte: la boca singular en forma de V amb el llavi superior punxegut, l'absència de barba sota el llavi inferior com una falca, el tremolor incessant de la boca, el feix de tentacles propi d'un ésser mitològic com la Gorgona, la tumultuosa respiració dels pulmons en una atmosfera estranya, els moviments feixucs i adolorits a causa de la superior energia gravitatòria de la Terra i, sobretot, l'extraordinària intensitat dels ulls enormes: eren vius, intensos, inhumans, esguerrats i monstruosos.

____

____

Creació literària

18. Cerca a internet l'argument dels set relats de *Trajecte final* de Manuel de Pedrolo. Tria'n un i escriu, en un full a part, el teu conte de ciència-ficció.

Lectura dels clàssics

19. *Jo, robot* d'Isaac Asimov, *Les cròniques marcianes* de Ray Bradbury, *Trajecte final* de Manuel de Pedrolo, *Les rates malaltes* d'Emili Teixidor i *Calidoscopi de l'aigua i el sol* de Joaquim Carbó són obres de ciència-ficció. En grups, llegiu-les i feu-ne un treball (autor, època...) per exposar-lo davant la resta de la classe.

» LÈXIC I SEMÀNTICA

1. Les locucions, les frases fetes i els refranys

1.1. Definició de locució

Una **locució** és una **unitat lèxica** (un sol sentit i una única funció) integrada per **dues o més paraules**.

UNA PARAULA	

rossinyol	(plou) *moltíssim*

UNA LOCUCIÓ	

ou de reig	(plou) *a bots i barrals*

Una locució s'ha de considerar de manera unitària, com si es tractés d'**una sola paraula**. Per exemple: *ou de reig* és el nom comú d'un bolet (com *rossinyol* és el nom comú d'un altre bolet) i *a bots i barrals* equival, amb referència a la intensitat de la pluja, a l'adverbi *moltíssim*.

El **significat** d'una locució pot ser més o menys **literal** (*caixa de cabals* o *ple a vessar*) o bé **metafòric** o figurat (*cabell d'àngel* o *curt de gambals*).

1.2. Les categories lèxiques de les locucions

Com qualsevol paraula simple o composta, les locucions es classifiquen d'acord amb les **categories lèxiques** i fan les mateixes funcions:

Locucions nominals	*ull de bou* *orgue de gats*	**Locucions conjuntives**	*tan aviat com* *malgrat que*
Locucions adjectives	*nou de trinca* *curt de gambals*	**Locucions prepositives**	*al voltant de* *tret de*
Locucions verbals (frases fetes)	*fer els ulls grossos* *tenir mà esquerra*	**Locucions quantitatives**	*un reguitzell de* *un bé de Déu de*
Locucions adverbials	*de cop i volta; de bocaterrosa; a la vora; ara com ara; a poc a poc; ben segur; de cap manera*		

BARCANOVA EDITORIAL

» ACTIVITATS

Les locucions

20. En cada sèrie hi ha sis locucions nominals i tres o quatre sintagmes que no són una locució. Subratlla les locucions i comprova si apareixen com a accepcions en el diccionari (*http://dlc.iec.cat/*):

a) *Animals*: pastor alemany, gat mesquer, cavall blanc, gall dindi, gat esquerp, porc espí, serp de cascavell, ocell engabiat, rata d'aigua.

b) *Arbres*: arbre del paradís, eucaliptus anticatarral, cirerer d'arboç, olivera borda, faig del Montseny, alzina surera, plàtan d'ombra, magnòlia de flors blanques, castanyer d'Índia.

c) *Parts del cos humà*: columna vertebral, nou del coll, nas llarg, queixals del seny, llavis molsuts, intestí prim, fosses nasals, pell freda, medul·la espinal.

21. Algunes locucions adjectives es formen amb un adjectiu i un sintagma preposicional. Relaciona per formar locucions adjectives:

curt •	• de closca
nou •	• d'odi
mort •	• a vessar
tocat •	• de gambals
dur •	• d'esperit
pobre •	• de trinca
ple •	• de gana
cec •	• del bolet

22. Utilitza les locucions conjuntives següents per cohesionar aquestes oracions: *si de cas*, *sempre que*, *de manera que*, *malgrat que*.

a) Sabem que tu vas agafar el mòbil, ________ ________ no ens vinguis amb històries.

b) ________ ve el tècnic de la caldera, ensenya-li on és.

c) El director ha dit que l'empresa tirarà endavant ________ trobi finançament.

d) No podem estar desmoralitzats, ________ hi hagi motius per estar-ho.

23. Els verbs *tenir* i *anar* constitueixen la base de moltes locucions verbals i frases fetes. Relaciona cadascuna de les frases i locucions amb el significat corresponent:

tenir

1. Qui *té el cul llogat* no seu quan vol.
2. La Rosa *no té pèls a la llengua*.
3. En això hi *té la mà trencada*.
4. En Robert *no té dos dits de front*.

☐ Té poc coneixement.
☐ És molt hàbil o expert en una cosa.
☐ Parla clar, sense miraments.
☐ Treballa per un altre, depèn d'algú.

anar

1. La tieta sempre *va de bòlit*.
2. Tot se *n'ha anat en orris*.
3. A veure, *anem al gra*.
4. *La processó li va per dintre*.

☐ Concreta, digues el que és essencial.
☐ Se sent intranquil, però ho dissimula.
☐ Va atrafegada, treballa adeleradament.
☐ S'ha fracassat en un projecte.

24. Digues quin tipus de locucions adverbials hi ha en les frases següents: de temps (T), de lloc (L), de manera (M) i de grau o quantitat (G):

☐ *L'endemà passat* de començar la feina es va posar malalta.
☐ Els trobo *pertot arreu*.
☐ El joc és *d'allò més* divertit.
☐ És pintor i *a més a més* músic.
☐ No es pot fer *a correcuita*.
☐ Li ho he dit *a cau d'orella*.
☐ No li agrada *gens ni mica* viure *als afores* d'aquell poble.
☐ *A hores d'ara* ja deu haver arribat.
☐ L'església és *al capdavall* del carrer, no pas *al capdamunt*.
☐ Vam enllestir la feina *en un tres i no res*.
☐ Li han de fer l'anàlisi de sang *en dejú*.
☐ Estira't *de cap per avall*.
☐ *Tot seguit* es va desmaiar.
☐ A l'habitació hi caben *ben bé* dos llits.

1.3. Les locucions de sentit superlatiu

Moltes de les **locucions adjectives** s'han creat a partir d'una **comparació** que els assigna un caràcter **superlatiu** (grau molt alt). Acostumen a presentar una d'aquestes estructures:

adj. + *com* + SN	*sec com un bacallà* *sord com una tàpia*
més + adj. + *que* + SN	*més llarg que un dia sense pa* *més content que un gínjol*

També algunes **locucions verbals** s'han creat a partir del recurs de la **comparació**: *caminar com una tortuga, córrer com una llebre, assemblar-se tant com un ou a una castanya.*

La frase feta *mossegar-se la llengua* significa 'fer un gran esforç per no parlar'.

4. Definició de frase feta

Una **frase feta** és una **expressió tradicional** (normalment una locució verbal) de **sentit figurat** i d'ús corrent. El seu significat **no** el podem deduir del significat de les paraules que la componen:

Estar al peu del canó (perseverar en una tasca).
Posar fil a l'agulla (emprendre una acció).
Haver-hi més dies que llonganisses (haver-hi temps de sobres).
Engegar a pastar fang (treure's algú del davant de males maneres).

5. Definició de refrany

Un **refrany** és una **frase popular** i **tradicional** en forma de **sentència** que expressa una idea de la qual es pot treure una **conclusió** o una **norma de conducta**:

De mica en mica s'omple la pica (una acció lenta però insistent és eficaç).
Per Nadal cada ovella al seu corral (cadascú a casa seva, perquè és dia d'intimitat familiar).
Tota pedra fa paret (qualsevol petita cosa pot ser útil per aconseguir un fi determinat).
No diguis blat, fins que no sigui al sac i ben lligat (no es pot confiar en res que no sigui ben segur).
Qui no vulgui pols, que no vagi a l'era (si no es volen problemes ni raons, el millor és no buscar-se'ls).
A l'estiu, tota cuca viu (l'estiu és favorable a la vida).
Qui no té feina, el gat pentina (quan un està desocupat i avorrit fa qualsevol cosa per entretenir-se).

El refrany *gat escaldat, d'aigua freda fuig* adverteix de la precaució d'estar atent quan s'ha sofert un dany i, així, evitar-ne un altre.

» ACTIVITATS

Les locucions de sentit superlatiu

25. Completa les locucions adjectives de caràcter superlatiu que hi ha a continuació amb aquestes paraules: *plom*, *gamba*, *ou*, *dimoni*, *patena*, *fideu*, *cabra*, *cotorra*, *pi*, *mula*, *roure*, *tinya*, *rata*, *pedra*, *tros de pa*, *l'anar a peu*, *sopa*, *sabatot*.

a) pesat com un *plom*

b) net com una ____________________

c) tossut com una ____________________

d) ple com un ____________________

e) xerraire com una ____________________

f) alt com un ____________________

g) més vell que ____________________

h) més dur que una ____________________

i) més bo que un ____________________

j) dolent com el ____________________

k) boig com una ____________________

l) fort com un ____________________

m) prim com un ____________________

n) vermell com una ____________________

o) més pobre que una ____________________

p) constipat com una ____________________

q) més ruc que un ____________________

r) més dolent que la ____________________

26. Entre tota la classe, feu una selecció de frases fetes i dissenyeu un PowerPoint que les il·lustri d'acord amb el sentit literal de cada una. Després expliqueu-ne el significat. Per exemple, per a la frase *enfilar-se per les parets*, es podria incloure la foto d'una persona escalant una paret i, a continuació, caldria explicar que vol dir 'enrabiar-se, irritar-se fortament'.

Els refranys

27. Expliqueu el sentit dels refranys. Per exemple:

A cal sabater, sabates de paper. → *Aquest refrany expressa la idea que en aquells llocs on hi ha facilitat per fer una cosa determinada és on, precisament, aquesta cosa acostuma a faltar.*

a) Una flor no fa estiu, ni dues primavera.

b) D'allà on no n'hi ha, no en raja.

c) No es pot matar tot el que és gras.

d) Uns tenen la fama i altres carden la llana.

e) Qui dia passa, any empeny.

f) El nom no fa la cosa.

28. Seleccioneu, entre tota la classe, quinze refranys catalans. Voteu els cinc que us agradin més.

» GRAMÀTICA

1. L'atribut (Atr) i el complement predicatiu (Pred)

1.1. L'atribut (Atr)

Les oracions copulatives consten del **subjecte**, un **verb copulatiu** (normalment *ser*, *estar* o *semblar*) i un **predicat no verbal** que fa la funció d'**atribut**. L'atribut pot ser una **definició** del subjecte (*Mart és* ***un planeta del sistema solar***), expressar-ne una **propietat inherent** (*L'aire de Mart és* ***poc dens***) o bé indicar-ne un **estat transitori** (*Benjamin Driscoll estava* ***marejat***).

La funció d'atribut la poden exercir diverses **categories lèxiques**:

CATEGORIES LÈXIQUES QUE FAN D'ATRIBUT	EXEMPLES
Adjectiu o SAdj	*L'aigua del llac és* ***molt freda****.*
Nom o SN	*Aquest forat és* ***el cau d'una marmota****.*
SPrep	*Aquest refugi és* ***de fusta****.*
Adverbi o SAdv	*Aquesta divisió no està* ***bé****.*
Pronom possessiu	*Aquesta carpeta és* ***meva****.*

PER SABER-NE MÉS

El verb *estar* es fa servir en les construccions *estar a punt*, *estar a l'abast*, *estar en joc*, *estar de moda*, *estar de vacances* o *estar a la venda*. També es fa servir amb els participis que expressen el resultat d'un canvi o d'un procés, com *estar acostumat*, *estar amoïnat*, *estar curat*, *estar enamorat* o *estar afligit*.

Quan l'atribut expressa una **característica inherent** del subjecte, s'utilitza el verb *ser*. En canvi, quan expressa un **estat transitori**, es fa servir el verb *estar*.

CARACTERÍSTIQUES INHERENTS	ESTATS TRANSITORIS
La Gina ***és*** *molt nerviosa* (nerviosa de mena). *L'Oriol* ***és*** *orgullós* (orgullós de mena). *Aquesta bombeta* ***és*** *fluixa* (de poca potència).	*La Gina* ***està*** *molt nerviosa* (s'hi ha posat). *L'Oriol* ***està*** *orgullós del seu treball.* *Aquesta bombeta* ***està*** *fluixa* (mal enroscada).

En les construccions copulatives locatives, el verb *ser* s'utilitza per expressar una simple **localització**, mentre que els verbs *estar* o *estar-se* expressen **durada**, **permanència** o **residència**:

LOCALITZACIÓ	DURADA, PERMANÈNCIA O RESIDÈNCIA
La directora ***és*** *al seu despatx.* *Els préssecs* ***són*** *a la nevera.*	*La Roser* ***s'haurà d'estar*** *tres dies a l'hospital.* *El meló i la síndria* ***han d'estar*** *a la nevera.* *Aquests dies* ***ens estarem*** *en un hotel de la Costa Brava.*

» ACTIVITATS

L'atribut

29. Subratlla els atributs de les frases següents:

a) Abans l'he vist i semblava força enfadat.
b) Aquest conte de marcians que ha escrit és molt interessant.
c) Sembla que a l'hivern està tancat.
d) Aquesta motxilla és teva?
e) Diuen que el professor d'anglès està malalt.

30. Assenyala si els atributs de les oracions següents són definicions (D), propietats inherents (PI) o estats transitoris (ET):

a) Un fulard és *un mocador de seda*. ☐
b) La Isabel és *del Brasil*. ☐
c) L'incendi ja està *sota control*. ☐
d) Estic *ben refredat*. ☐
e) Les colobres són *serps no verinoses*. ☐
f) Els camins forestals són *de terra*. ☐

31. Tria el verb adequat en les oracions copulatives següents segons que assignin una propietat inherent (*ser*) o un estat transitori (*estar*):

a) 1. Aquesta noia ________ (*és / està*) una mica estrafolària.
   2. Aquesta noia ________ (*és / està*) una mica angoixada.
b) 1. El revolt ________ (*és / està*) perillós.
   2. El revolt ________ (*és / està*) mal senyalitzat.
c) 1. Aquest noi ________ (*és / està*) molt gelós.
   2. Aquest noi ________ (*és / està*) gelós de la seva germana petita.
d) 1. L'acabo de comprar: aquesta roba ________ (*és / està*) nova.
   2. En tinc molta cura: aquesta roba ________ (*és / està*) impecable.

32. Tria el verb adequat en cada oració:

a) En aquesta taula ________ (*serem / estarem*) més amples.
b) Avui ja ha vingut a treballar. Es veu que ja ________ (*és / està*) bona.
c) Ahir ________ (*era / estava*) molt preocupat. Avui ________ (*és / està*) més tranquil.
d) Com que no hi toca mai el sol, aquesta habitació ________ (*és /està*) molt fresca.
e) Aquesta llanterna no funciona perquè les piles ________ (*són / estan*) mal col·locades.

33. Tria el verb adequat en cadascuna de les oracions següents segons que designin una simple localització (*ser*) o expressin durada, permanència o residència (*estar*):

a) La clau ________ (*és / està*) al pany de la porta.
b) La Jana ________ (*serà / s'estarà*) vuit dies a casa dels avis.
c) Perquè es cogui bé, l'ànec ha ________ (*de ser / d'estar*) al forn almenys durant dues hores i mitja.
d) Encara no ________ (*som / estem*) a casa, però de seguida hi ________ (*serem / estarem*).
e) Abans vivien aquí, però ja fa un any que ________ (*són / estan*) a Londres.
f) Saps on ________ (*és / està*) el pis nou?
g) Els jerseis ________ (*són / s'estan*) al segon calaix de la calaixera de dalt.
h) No ________ (*és / està*) gaire xerrarie avui. No sé què li deu passar. Normalment sempre ________ (*és / està*) molt alegre.

1.2. El complement predicatiu (Pred)

Algunes oracions permeten fer **dues predicacions**: una **predicació primària** expressada per un verb predicatiu i una **predicació secundària** expressada per un **element no verbal** (normalment un SAdj, un SPrep o un SN).

SUBJECTE	PREDICACIÓ PRIMÀRIA	PREDICACIÓ SECUNDÀRIA (PREDICATIU)
Els veïns	*han tornat de vacances*	***molt contents**.*
El meu amic	*treballa*	***de cambrer**.*
La junta d'accionistes	*ha designat l'antic gerent*	***president de la companyia**.*

El predicatiu pot expressar una propietat del **subjecte** o bé del **CD**:

Les espeleòlogues ***han sortit*** *de la cova sanes i estàlvies.*
Subjecte ← Predicatiu del subjecte
Concordança

L'equip de rescat ***ha localitzat*** *les espeleòlogues sanes i estàlvies.*
Subjecte
CD ← Predicatiu del CD
Concordança

Els predicatius poden ser **optatius** o **obligatoris**, segons si, quan els eliminem, les oracions resultants segueixen tenint sentit o no:

PREDICATIU OPTATIU	PREDICATIU OBLIGATORI
El malalt ha tornat a casa ***recuperat**.* *El malalt ha tornat a casa.*	*La Magda porta les ungles* ***pintades de color rosa**.* **La Magda porta les ungles.*

1.3. Els pronoms febles d'atribut i de predicatiu

L'**atribut** es pot substituir per diferents pronoms febles:

Atribut indeterminat	ho	*Aquesta jaqueta és de pell, però aquella no* ***ho*** *és.* *Té més de vuitanta anys, però no* ***ho*** *sembla.*
Atribut determinat	el, la, els, les	*En Joan és* ***el delegat de classe**.* → *En Joan l'és.*
Atribut intensiu	en	*Si que* ***n'****és, d'espavilat!*
Atribut de lloc	hi	*Creia que era a la seva habitació, però no* ***hi*** *és.*

PER SABER-NE MÉS

En el llenguatge oral no s'acostuma a fer la distinció entre l'atribut determinat i indeterminat i se sol utilitzar sempre el pronom feble *ho*.

El **complement predicatiu** s'acostuma a substituir pel pronom feble ***hi***:

*Avui vas molt **despentinada**. Ahir no **hi** anaves pas tant.*
*La Sara s'ha posat **malalta** i el seu germà també s'**hi** ha posat.*

RECORDA

Els predicatius que acompanyen els verbs *fer* (un ofici), *fer-se* i *dir-se* se substitueixen habitualment pel pronom ***en***. Per exemple:

*En Fermí feia **d'advocat**, però ara ja no **en** fa.*
*M'he fet **soci de la biblioteca**. Tu també te'**n** faràs?*
*Es diu **Josefina** i la seva filla també se'**n** diu.*

» ACTIVITATS

El complement predicatiu

34. Subratlla els sintagmes destacats que fan d'atribut i encercla els que fan de predicatiu:

a) La Rosa estava *molt il·lusionada*.
b) La Rosa va anar a l'entrevista *molt il·lusionada*.
c) El teu projecte em sembla *molt interessant*.
d) Han trobat el teu projecte *molt interessant*.
e) L'Isidre serà *el protagonista de l'obra*.
f) L'Isidre actuarà *de protagonista de l'obra*.
g) Considero aquesta doctora *molt competent*.
h) Aquesta doctora és *molt competent*.

35. Subratlla els predicatius de les oracions i digues quins són obligatoris (OB) i quins són optatius (OP):

a) La gent el considera una bona persona. ☐
b) El públic aplaudia l'espectacle entusiasmat. ☐
c) Haurem de mantenir la boca ben tancada. ☐
d) Tenim l'àvia molt malalta. ☐
e) M'han servit el primer plat fred. ☐
f) La policia m'ha pres per un delinqüent. ☐

36. Subratlla els complements predicatius de les oracions següents i indica si fan referència al subjecte (S) o al complement directe (CD):

a) Els cambrers serviran la beguda freda. ☐
b) La llet s'ha tornat agra. ☐
c) En Jordi va trobar el vidre del cotxe trencat. ☐
d) El problema es presenta complex. ☐
e) La Mariona porta el vestit brut. ☐

37. Completa les oracions següents amb el pronom feble adequat en cada cas. Després digues quins fan funció d'atribut (A) i quins fan funció de predicatiu (P):

a) —La Meritxell és molt xerraire. El seu germà també ________ és? → ☐
—No. No ________ és tant. És més callat. → ☐

b) —Ens han tractat d'ignorants. No creus que ens ________ han tractat? → ☐
—Sí que ens ________ han tractat. → ☐

c) —En Quim està ben suat. Els altres jugadors de l'equip també ________ estan? → ☐
—Sí. També ________ estan. → ☐

d) —En Pau és molt traçut. No t'________ sembla? → ☐
—Doncs no. No m' ________ sembla gens. → ☐

e) —Ella es diu Anna. Saps si la seva àvia també se ________ deia? → ☐
—Sí. La seva àvia també se ________ deia. → ☐

f) Aquella senyora semblava la teva tieta, però no ________ era. → ☐

g) —Els meus pares s'han fet socis de la piscina. Els teus pares també se ________ faran? → ☐
—No crec que se ________ facin.

» ORTOGRAFIA

1. L'apòstrof i el guionet

1.1. L'apòstrof

L'**apòstrof** és un signe ortogràfic que consisteix en una **coma volada (')** que s'utilitza per assenyalar l'**elisió** d'alguna vocal. Afecta els articles determinats *el* i *la*, els pronoms febles i la preposició *de*.

Els **articles *el*** i ***la*** s'apostrofen segons les normes següents:

Els articles personals (*en, na*) segueixen la norma general: *n'Albert, n'Elena, na Isabel.*

EL	S'APOSTROFA	Davant de vocal o de *h* muda: *l'aire, l'espai, l'incendi, l'honor, l'huracà.*
	NO S'APOSTROFA	Davant de *i* i *u* consonants (formen diftong), de vegades precedides de *h* muda: *el iogurt, el iugoslau, el hiat.*
LA	S'APOSTROFA	Davant de totes les vocals menys *i* i *u* àtones (també precedides de *h* muda): *l'alarma, l'esquena, l'índole, l'honradesa, l'hulla.*
	NO S'APOSTROFA	Davant de *i* i *u* àtones (també precedides de *h* muda): *la ignorància, la unitat.*
		Davant de *i* i *u* consonants (formen diftong) de vegades precedides de *h* muda: *la iarda, la iuca, la hiena.*
		Davant del nom de les lletres i davant la paraula *una* quan indica l'hora i dels mots *ira* i *host*: *la a, la efa, la hac*; *la una del migdia, la ira de la gent, la host del rei d'Aragó.*

La **preposició *de*** s'apostrofa d'acord amb les normes següents:

DE	S'APOSTROFA	Davant de vocal o de *h* muda: *d'il·lusions, d'humor, d'avui.*
	NO S'APOSTROFA	Davant de *i* i *u* consonants (formen diftong), de vegades precedides de *h* muda: *de iode, de iuca, de hiena.*
		Davant del nom de les lletres i en casos en què es podria crear confusió: *de hac, de essa, el plural de* alt.

Cal tenir presents alguns casos especials:

SIGLES I ACRÒNIMS	Se segueix la norma general: ***el*** i ***de*** s'apostrofen sempre davant vocal (escrita o pronunciada) i ***la*** quan es troba amb una vocal que no sigui *i* o *u* àtones: *l'ADN, l'IPC, d'IVA, l'NBA, l'ONU* (*però la ITV, la UAB*).
NUMERALS	S'apostrofa o no tal com es faria si fossin escrits amb lletres: *l'1 de maig, l'11a posició, d'11 de gener.*
ESSA LÍQUIDA	S'apostrofa ***el***, però no ho fan ni ***la*** ni ***de***: *l'stop, la Scala de Milà, de snowboard.*

» ACTIVITATS

L'apòstrof: articles i preposició *de*

38. Escriu el singular d'aquests sintagmes:

a) els agitadors: el agitador
b) les adherències: l'
c) els elogis: ______
d) les embranzides: ______
e) els ideals: ______
f) les il·luminacions: ______
g) les obsessions: ______
h) els ullals: ______
i) les urpes: ______
j) els iots: ______
k) les iaies: ______
l) les iogurteres: ______
m) les utopies: ______

39. Escriu l'article determinat davant de cada paraula:

a) ______ hàbit
b) ______ hemisferi
c) ______ hidroavió
d) ______ homicidi
e) ______ huracà
f) ______ hamburguesa
g) ______ hèlice
h) ______ hípica
i) ______ homilia
j) ______ hulla
k) ______ hiena

40. A partir de les activitats anteriors, completa les normes següents:

Regla general

*Les formes del singular dels articles determinats (*el *i* la*) s'apostrofen davant de totes les ______ (també les precedides de ______). Per exemple: ______, ______ i ______.*

Singularitat de la forma **la**

La forma la *no s'apostrofa davant de ______ i ______ àtones (també les precedides de ______). Per exemple: ______, ______ i ______.*

Davant de **i** ***i*** **u** ***consonants***

Davant de i *i* u *consonants (que formen ______ amb la vocal següent), els articles ______ no s'apostrofen. Per exemple: ______, ______ i ______.*

41. Completa els sintagmes amb la preposició *de*:

a) un cas ______ urgència
b) la tintura ______ iode
c) una olor ______ herba
d) la claror ______ el dia
e) els drets ______ imatge
f) la llet ______ ametlles
g) sortida ______ emergència
h) sabó ______ olor
i) senyal ______ stop

Pel que fa als **pronoms febles**, segueixen les normes següents:

Els pronoms *em*, *et*, *es*, *el*, *la* i *en*	S'apostrofen davant d'un verb que comença amb vocal.	*m'estima, t'ensenya, s'inspira, a ell l'odien, a ella l'estimen, n'esperen molt*
Els pronoms *em*, *et*, *es*, *ens*, *el*, *els* i *en*	S'apostrofen darrere d'un verb que acaba en vocal.	*ajuda'm, lleva't, creure's, veure'ns, llença'l, mira'ls, agafa'n*
Quan es combinen dos o més pronoms	L'apòstrof ha d'anar tan a la dreta com sigui possible.	*me n'aniré* (~~*me'n aniré*~~), *se'n va* (~~*s'en va*~~)

El pronom *la* no s'apostrofa davant de *i* o *u* àtones: *la inclina, la utilitza.*

1.2. El guionet

S'escriu guionet en els casos següents:

Entre el verb i els pronoms febles	Els pronoms febles que van darrere el verb s'hi uneixen amb guionet excepte quan s'apostrofen: *sortir-se'n, veure-hi, agafar-los-els, tornar-m'hi, digue'ls-ho.*
En alguns numerals compostos (regla DUC: entre desenes i unitats, i entre unitats i centenes)	Entre les desenes i les unitats: *vint-i-tres, trenta-cinc, quaranta-nou.*
	Entre les unitats i les centenes: *dos-cents, tres-centes, vuit-cents.*
En algunes paraules compostes	Compostos en què el primer element acaba en vocal i el segon comença amb *r*, *s* o *x*: *penja-robes, gira-sol, para-xocs.*
	Compostos que comencen amb el nom d'un punt cardinal: *nord-americà, nord-est, sud-africà, sud-oest.*
	Compostos repetitius i expressius: *baliga-balaga, bub-bub, pengim-penjam, piu-piu, ziga-zaga.*
	Compostos amb accent en el primer element: *mà-llarg, pèl-blanc, pèl-curt.*
	Els noms i els adjectius precedits de l'adverbi ***no*** que han assolit un significat específic: *la no-violència, un pacte de no-agressió, el no-res, els no-violents, els països no-alineats, les nacions no-bel·ligerants.*
	Un petit grup de mots o expressions singulars, com *abans-d'ahir, adeu-siau, qui-sap-lo, estira-i-arronsa*, i alguns manlleus no adaptats, com *foie-gras, jet-lag, best-seller.*

PER SABER-NE MÉS

En general, s'escriuen sense guionet els mots construïts amb prefixos: *exdirector, vicepresidenta, antiboira.* Però s'escriu guionet quan el prefix precedeix una locució, un sintagma lexicalitzat o un mot que ja porta guionet: *ex-conseller en cap, vice-primer ministre, anti-nord-americà.* També s'escriu guionet si el prefix va davant d'una lletra majúscula (*ex-Iugoslàvia*) o d'una xifra (*sub-21*).

» ACTIVITATS

L'apòstrof: pronoms febles

42. Completa les frases següents amb les formes adequades dels pronoms febles. Segueix aquest model:

Vull que em tornis el llapis. → *Torna'***m** *el llapis.* → *Torna-***me'l***.*

a) Vull que et quedis a casa.

Queda ____ a casa. → Queda ____ (*te* + *hi*).

b) Vull que em deixis el llibre.

Deixa ____ el llibre. → Deixa ____ (*me* + *el*).

c) Vull que em posi un refresc.

Posi ____ un refresc. → Posi ____ (*me* + *en*) un.

d) Vull que el portis a l'ambulatori.

Porta ____ a l'ambulatori. → Porta ____ (*el* + *hi*).

e) Vull que la portis a l'ambulatori.

Porta ____ a l'ambulatori. → Porta ____ (*la* + *hi*).

f) Vull que t'emprovis els pantalons.

Emprova ____ els pantalons. → Emprova ____ (*te* + *els*).

43. Conjuga totes les persones del present d'indicatiu, del futur i de l'imperatiu del verb *anar-se'n*:

Present	Futur	Imperatiu
me'n vaig	me n'aniré	
____	____	ves-te'n
____	____	____
____	____	____
____	____	____
____	____	____

El guionet

44. Escriu correctament aquests mots compostos amb guionet o sense:

a) arxi + milionari: ____

b) ultra + violat: ____

c) sud + africà: ____

d) abans + d'ahir: ____

e) gastro + enteritis: ____

f) adeu + siau: ____

g) escura + xemeneies: ____

h) busca + raons: ____

i) gira + sol: ____

j) gara + gara: ____

k) socio + econòmic: ____

l) penya + segat: ____

m) nyigui + nyogui: ____

DICTAT

Copia, en un full a part, les paraules que tenen apòstrof o guionet i justifica per què en duen. Després torna a escriure el text mentre te'l dicten.

Es deia Benjamin Driscoll i tenia trenta-un anys. Volia que Mart es tornés ben verd, amb arbres alts i plantes que fessin aire, molt d'aire, que en cada estació n'hi hagués més. Arbres que, a l'estiu bullent, refresquessin les ciutats. Arbres que, a l'hivern, fessin recular els freds. Eren tants els benifets que un arbre podia proporcionar: afegir color, fer ombra, produir fruits o esdevenir zona de jocs per a la canalla; tot un cel per pujar-hi i gronxar-s'hi. Cada arbre era una arquitectura que combinava l'alimentació i el plaer. Però abans que cap altra cosa, els arbres eren aire fresc per als pulmons, un remoreig gentil que us adorm les orelles, de nit, quan jaieu en llits de neu.

RAY BRADBURY: «El matí verd», dins *Les cròniques marcianes*.

» POSA'T A PROVA

Llegeix aquest text i comprova si l'has entès

Sis invents que Jules Verne va imaginar i altres van fer realitat

Jules Verne (1828-1905) va ser un escriptor burgès que es va inspirar en revistes científiques i en la seva gran biblioteca, més que en viatges i vivències personals, per escriure les gairebé cent obres publicades.

Internet, la xarxa de comunicacions
En la novel·la *París al segle XX* (1863), Verne parla d'una xarxa internacional de comunicacions i la descriu com alguna cosa semblant a un telègraf mundial que connectaria diferents regions per compartir informació. Descrivia així les bases del que més tard seria internet.

El primer submarí elèctric
Isaac Peral va crear el submarí elèctric el 1888. El va idear com una arma de tracció elèctrica que circulava per sota del mar, una idea gairebé calcada al *Nautilus*, el submarí que Verne havia descrit 18 anys abans en *Vint mil llegües de viatge submarí* (1870).

Fotografiar el fons del mar
També en *Vint mil llegües de viatge submarí* el capità Nemo pren una fotografia del fons marí des del *Nautilus*. No va ser fins al 1899 que el biòleg i naturalista Louis Boutan, amb l'ajut del seu germà, va construir una gran càmera amb un objectiu lluminós i, afegint algunes millores tècniques a aquest primer prototip, va obtenir les primeres instantànies realitzades a més de 50 metres de profunditat.

Volar en lloc de surar
Malgrat haver escrit tot un tractat sobre els globus aerostàtics en *Cinc setmanes amb globus* (1863), Verne era partidari, perquè l'home conquistés el cel, de crear grans màquines que pesessin més que l'aire. Dumont, inspirat en Verne, va ser el primer home a volar, el 1906, amb un giny amb motor dissenyat per ell mateix.

El passeig d'Armstrong per la Lluna
Amb la versemblança dels fets que Jules Verne explicava en *De la Terra a la Lluna* (1865) i en *Al voltant de la Lluna* (1870), els lectors van poder somiar amb la possibilitat d'arribar al satèl·lit. Les dues obres van ser escrites al voltant de cent anys abans que l'*Apollo 11* arribés a la Lluna el 1969. En els llibres de Verne hi ha coincidències entre la ficció i els fets, com el lloc de partida —el cap Canaveral— i d'aterratge —a l'oceà Pacífic— i alguns mesuraments: descriu que la nau hauria d'estar protegida amb parets d'alumini de 20 centímetres, i les de l'*Apollo 11* en tenien 30. O que costaria, segons els seus càlculs, al voltant de 12 milions de dòlars, i en va costar 14.

La conquesta dels pols
En *Les aventures del capità Hatteras* (1866) una expedició s'embarca cap a la conquesta del pol nord. Faltaven encara quaranta anys perquè Robert Peary dugués a terme finalment aquesta gesta, el 1909. Una cosa semblant va succeir amb el pol sud: en *L'esfinx dels gels* (1897) els protagonistes arriben amb vaixell fins a l'Antàrtida. Però no seria fins al 1909 que Ernest Shackleton aconseguís arribar al punt més al sud del planeta, on ningú no havia arribat mai abans.

María Victoria S. Nadal, dins *El País*, 15/11/2015 (text traduït i adaptat).

1. Indica quines afirmacions són vertaderes (V):

- ☐ Jules Verne va inventar més de cent màquines i aparells.
- ☐ Era bibliotecari.
- ☐ Va ser un gran viatger.
- ☐ Treia les idees per als seus relats d'altres obres.

2. Quina d'aquestes novel·les no va escriure?

- ☐ *Viatge al centre de la Terra*
- ☐ *Vint mil llegües de viatge submarí*
- ☐ *L'home invisible*
- ☐ *Cinc setmanes en globus*

3. El *Nautilus* és...

- ☐ el primer coet que va aterrar a la Lluna.
- ☐ el submarí del capità Nemo.
- ☐ el vaixell amb què Shackleton va viatjar al pol sud.
- ☐ el primer avió que es va enlairar.

4. El primer home a trepitjar la Lluna va ser...

- ☐ Apollo 11.
- ☐ Neil Armstrong.
- ☐ Louis Boutan.
- ☐ No s'indica en el text.

5. Quin dels invents de la lectura va trigar més temps a fer-se realitat?

- ☐ Internet
- ☐ El coet
- ☐ L'avió
- ☐ La fotografia subaquàtica

6. Quina d'aquestes oracions té una locució?

- ☐ Verne escrivia un dia sí i l'altre també.
- ☐ Verne escrivia a la nit.
- ☐ Verne escrivia compulsivament.

7. La crítica «va posar sobre el pedestal» l'obra de Verne. Això significa que...

- ☐ li va dedicar una estàtua.
- ☐ va lloar la seva obra al màxim.
- ☐ li va donar un premi.

8. Completa les oracions següents amb el pronom feble adequat en cada cas:

a) Havia llegit que el protagonista es diu Peter, però no se ______ diu.

b) M'havies dit que era una novel·la entretinguda i realment ______ és.

c) La cova era fosca i el cel també s'______ havia tornat.

9. En quina oració hi ha un apòstrof incorrecte?

- ☐ Vol estudiar el grau d'informàtica a la universitat.
- ☐ La *o* del mot *expedició* s'escriu amb accent tancat.
- ☐ L'inventora va tenir la idea mentre passejava.
- ☐ La presentació del llibre serà l'11 d'octubre.

10. Per què el terme *ciència-ficció* s'escriu amb guionet? I *penya-segat*?

____

____

____

____

Per escrit

Imagina com serà l'escola del futur i escriu, en un full a part, un text sobre un aparell o avenç tecnològic que utilitzaran els professors o els alumnes. Explica'n el funcionament i els avantatges principals.

De viva veu

Presenta l'objecte que t'has inventat en l'activitat anterior i després, entre tota la classe, valoreu quins són els més útils i argumenteu la vostra opinió.

UNITAT 9

LA LITERATURA CATALANA DURANT L'EDAT MODERNA

» HISTÒRIA DE LA LITERATURA CATALANA

La literatura catalana durant l'edat moderna

1. L'edat moderna

L'**edat moderna** és el període històric comprès entre els anys 1492 (arribada de Colom a Amèrica) i 1789 (Revolució Francesa).

TRETS GENERALS DE L'EDAT MODERNA A EUROPA	MOVIMENTS ARTÍSTICS DE L'EDAT MODERNA
• Expansió econòmica i colonització d'Amèrica. • Implantació de monarquies autoritàries. • Desenvolupament científic i tècnic. • Aparició i extensió dels pensaments humanista i racionalista, basats en l'observació, l'experiència i el sentit crític.	• El **Renaixement** (de mitjans del segle XV a finals del segle XVI) • El **Barroc** (segle XVII) • El **Neoclassicisme** (segle XVIII)

Retrat de Cristòfor Colom del 1519, obra del pintor italià Sebastiano del Piombo.

RECORDA

En iniciar-se l'edat moderna, la **llengua catalana** es parlava al Principat de Catalunya, al Regne de València, a les illes Balears, a la Franja d'Aragó, a Andorra, a la regió murciana del Carxe, a la ciutat sarda de l'Alguer i al sud-est de França.

2. La situació dels països de parla catalana

Durant l'edat moderna els països de parla catalana es van veure immersos en un seguit de crisis econòmiques, socials i polítiques.

BARCANOVA EDITORIAL

FETS HISTÒRICS MÉS RELLEVANTS

- **Estancament econòmic** per la pèrdua de mercats de la Mediterrània. L'activitat econòmica es desplaça a l'Atlàntic.
- Després de la unió dinàstica entre la Corona de Castella i la d'Aragó (1474), la **cort reial** es trasllada a Castella. Catalunya perd el mecenatge cultural que exercia la casa reial.
- La guerra dels Segadors (1640-1652) i la de Successió (1700-1714) són els dos **conflictes armats** més importants.
- Els decrets de Nova Planta (1707-1716) modifiquen el **sistema polític**: es crea l'estat únic i centralitzat, governat pel Consell de Castella, i s'aboleixen les institucions polítiques de la Corona d'Aragó.
- Diversos decrets i lleis del segle XVIII imposen la **llengua castellana** i d'altres prohibeixen l'ús de la catalana en certs àmbits públics.
- La pobresa i la inseguretat fan que el **bandolerisme** s'implanti amb força.
- A mitjans del segle XVIII s'inicia la **recuperació econòmica** gràcies a la reforma agrària i al naixement de la indústria, principalment la tèxtil.

» ACTIVITATS

L'edat moderna

1. Dibuixa un eix cronològic que vagi del 1300 al 1800 i assenyala-hi els fets històrics més rellevants i els moviments estètics, a la part de dalt, i els autors, a la part de baix. Cerca a internet la informació que et calgui.

a) **Fets històrics**: guerra dels Cent Anys, unió entre les corones de Castella i Aragó, descobriment d'Amèrica, guerra dels Segadors, decrets de Nova Planta, guerra de Successió, declaració d'independència dels Estats Units d'Amèrica, Revolució Francesa.

b) **Moviments estètics**: Renaixement, Barroc i Neoclassicisme.

c) **Autors**: Petrarca, Joan Roís de Corella, Bernat Metge, Pere Serafí, Cristòfor Despuig, Francesc Vicent Garcia, Joan Ramis.

2. Contesta les preguntes sobre el context històric i polític de l'època moderna a Catalunya:

a) Què va suposar per a Catalunya la fusió de les corones de Castella i Aragó?

b) Què es va perdre en la guerra dels Segadors?

c) Quins dos bàndols es van enfrontar en la guerra de Successió?

d) Quin monarca va implantar els decrets de Nova Planta?

3. Cerca informació sobre el bandolerisme i sobre qui eren Perot Rocaguinarda (també anomenat *Perot lo Lladre*) i Joan de Serrallonga. Escriu, en un full a part, un text que ho expliqui.

3. L'època del Renaixement

QUÈ ÉS EL RENAIXEMENT?

És el **moviment intel·lectual i estètic** que, als segles XV i XVI, va canviar la manera de pensar i de viure dels europeus. Seguint els pensadors humanistes, el Renaixement pretenia fer renéixer els valors i els gustos de la **civilització clàssica grecollatina**:

- La reivindicació de la **raó** i la **intel·ligència** com a facultats bàsiques per al progrés de la humanitat.
- El **sentit de bellesa** basat en la mesura, l'harmonia i l'equilibri.

QUÈ CANVIA AMB EL RENAIXEMENT?

- La concepció teocèntrica (Déu com a centre de tot) és substituïda per la **concepció antropocèntrica** (la persona és el centre de tot).
- La fe religiosa és substituïda per la **raó** i la **ciència**.
- El gust per les obres gòtiques és substituït per l'**estètica clàssica**.
- L'estructura dels estaments feudals és substituïda per una **societat dinàmica** i burgesa que té en compte el valor personal.

Les principals innovacions **literàries renaixentistes** són les següents:

- La temàtica trobadoresca cedeix pas a l'**amor platònic** adreçat a una dona angelical, símbol de la perfecció.
- S'introdueixen nous formats mètrics, entre els quals destaca el **sonet**.
- Tornen **tòpics literaris clàssics** com ara el *carpe diem* ('viu el moment') o el *beatus ille* ('allunya't del brogit i cerca la pau al camp').
- Sorgeix amb força la **literatura d'idees** basada en principis humanistes, no religiosos, i es consolida el gènere de l'**assaig** en forma de **diàleg**.
- Apareix una **narrativa profana** i humorística amb personatges murris que destaquen per la seva astúcia.

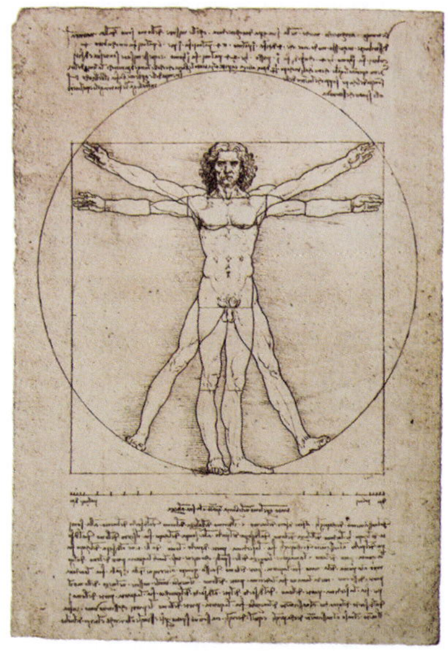

L'home de Vitruvi (Leonardo da Vinci). El cos humà com a mesura de totes les coses.

El naixement de Venus (1486) és un quadre de Sandro Botticelli que representa el retrobament de l'art renaixentista amb els mites clàssics.

Els precursors de la literatura renaixentista
Els escriptors italians **Dante Alighieri** (1265-1321), **Francesco Petrarca** (1304-1374) i **Giovanni Boccaccio** (1313-1375) són els precursors de la literatura renaixentista. Inicien la renovació literària i introdueixen un estil nou que es difondrà per tot Europa.

4. La literatura catalana del Renaixement

Bernat Metge (1340-1413) i **Joan Roís de Corella** (1433-1497) són els dos primers autors que introdueixen l'estil renaixentista en la literatura catalana. Tots dos mostren la influència de l'**humanisme italià** i el gust per l'**estètica clàssica** en les seves obres, que es caracteritzen per una prosa rica, elegant i d'una gran bellesa.

Les obres més representatives d'aquests escriptors són *Lo Somni*, de Bernat Metge, i la *Tragèdia de Caldesa* de Joan Roís de Corella.

BARCANOVA EDITORIAL

» ACTIVITATS

El Renaixement

4. El Renaixement pretenia superar l'edat mitjana i implantar una nova manera d'entendre la societat i l'art. Completa aquesta taula comparativa:

EDAT MITJANA	RENAIXEMENT
Concepció ________________ (Déu centre de tot).	Concepció ________________ (la persona centre de tot).
Domini de la ____________ religiosa.	Domini de la __________ i la __________.
Gust per les obres ____________.	Gust per les obres ____________.
Societat basada en ____________.	Societat dinàmica i ____________.

5. Quins són els tres principis en què es basa el sentit de la bellesa renaixentista?

__________ __________ __________

6. Amb el Renaixement retornen els tòpics literaris. Identifica quin tòpic literari apareix en aquest fragment i justifica la teva resposta:

> No deixis que acabi sense haver crescut una mica, sense haver estat feliç, sense haver alimentat els teus somnis. No et deixis vèncer pel desànim. No permetis que ningú et tregui el dret d'expressar-te, que és gairebé un deure.
>
> Viu intensament, sense mediocritats. Pensa que en tu hi ha el futur, i assumeix la tasca amb orgull i sense por.
>
> No permetis que la vida et passi a tu, sense que tu la visquis.

____

____

____

____

____

7. Cerca quina és l'obra mes rellevant de cada un d'aquests escriptors:

a) Dante Alighieri: ______________

b) Francesco Petrarca: ______________

c) Giovanni Boccaccio: ______________

8. Relaciona aquests personatges del Renaixement amb la seva aportació principal:

Johannes Gutenberg •	• *La Gioconda*
Martí Luter •	• Telescopi astronòmic
Sandro Botticelli •	• Teoria heliocèntrica
Leonardo da Vinci •	• *Romeu i Julieta*
Nicolau Copèrnic •	• Impremta
William Shakespeare •	• *El naixement de Venus*
Galileu •	• Reforma religiosa

9. En grups de tres, consulteu l'enllaç corresponent en el vostre espai personal del web *www.barcanova.cat* i prepareu una exposició oral en què expliqueu les característiques espirituals i físiques de la dona segons l'ideal petrarquista. Valoreu, també, si el fet de caracteritzar la dona a partir d'uns trets ideals us sembla sexista i argumenteu la vostra resposta.

4.1. Pere Serafí

Pere Serafí (1505-1567) va ser un reconegut **pintor** i **poeta** renaixentista. Conegut com *lo Grec* pels seus contemporanis —una al·lusió, potser, al seu veritable origen—, després d'uns anys de formació a Itàlia acabà establint-se a Barcelona, on va esdevenir un dels artistes més rellevants del Renaixement català.

Serafí va viure a Catalunya en un dels períodes de més efervescència artística: la primera meitat del segle XVI. En aquesta època es renovaren moltes esglésies i edificis nobles segons els paràmetres estètics renaixentistes.

L'obra poètica de Serafí presenta influències de diversos autors i estils, per això els seus poemes es poden classificar en tres grups:

El Naixement, de Pere Serafí, representat a les portes de l'orgue de la catedral de Barcelona, és una obra mestra de l'estil renaixentista de l'autor.

a) Poemes de **tradició medieval**, influïts principalment per l'obra d'Ausiàs March.
b) Poemes d'**estil renaixentista** (normalment sonets), que segueixen el mestratge del poeta italià Petrarca.
c) Poemes d'**estil popular**, que imiten els models de la literatura tradicional.

La seva obra cabdal és *Dos llibres*, un recull de 170 poemes dividit en dues parts: «Llibre primer d'amors» i «Llibre segon de les obres espirituals».

4.2. Cristòfor Despuig

Cristòfor Despuig (1510-1580) va ser un noble intel·ligent i erudit, interessat per la història, l'art i les tradicions, però també per la política del moment i la vida quotidiana.

Seguint l'exemple dels **humanistes** italians, va conrear la **prosa d'idees** amb l'objectiu d'expressar els seus pensaments i les seves reflexions. La seva obra *Los col·loquis de la insigne ciutat de Tortosa* (1557) consta de sis **diàlegs** que mantenen tres personatges que debaten sobre diversos temes històrics, culturals i polítics, entre els quals destaquen els següents:

a) La importància històrica de la seva ciutat: Tortosa.
b) La defensa de la llengua catalana com a mitjà d'expressió popular i culta.
c) El rebuig a la identificació entre Castella i Espanya.

Vista de Tortosa, ciutat natal de Cristòfor Despuig.

» ACTIVITATS

10. En quins tres grups podem classificar els poemes de Pere Serafí i quin model segueix cadascun?

11. Llegeix el «Sonet moral de la Raó i Sensualitat» de Pere Serafí, una al·legoria protagonitzada per aquestes dues forces, que s'enfronten per veure quina és la que comanda la vida de les persones. Després, contesta les preguntes que hi ha a continuació.

Versió original	Versió adaptada
Dos grans camins nos mostra la Natura molt diferents al que per ells camina: la u pedregós entrant, i aprés s'afina; l'altre és tot pla, finint en greu espessura.	La Natura ens mostra dos grans camins que són molt diferents per aquell qui hi camina: l'un és pedregós al principi, però després millora; l'altre és tot pla, però acaba en una greu espessor.
Crida'ns Raó, que lo primer procura, dient que ell sol guia a la part divina. Sensualitat a l'altra part inclina tot son intent, vent fàcil la planura.	Raó ens crida dient que agafem el primer, que només aquest porta a la part divina. Sensualitat decanta la seva decisió cap a l'altre, perquè veu fàcil el camí pla.
Los dos seguir és pensa viciosa que dintre d'u és la segura via, car bé i mal en res mai no es convenen.	Seguir els dos és un pensament perillós ja que només en un hi ha la via segura, perquè el bé i el mal mai no estan d'acord en res.
No trobo al món ni sent la més fort cosa que dos extrems combatre nit i dia, i entre ells jamés pau ni descans no tenen.	No trobo al món ni sento res més greu que dos extrems combatent nit i dia, i que entre ells mai no hi hagi pau ni descans.

a) A quina entitat superior fa referència el poema: a Déu o a la Natura? Relaciona la resposta amb la nova mentalitat renaixentista.

b) Segons el poeta, amb quin dilema ens trobem les persones? Relaciona la resposta amb la defensa de la llibertat individual de cadascú.

c) Quina facultat (la Raó o la Sensualitat) es decanta pel camí pla? Per què? Quina ens recomana decidir tenint en compte el destí final?

d) Per quin camí et sembla que es decanta Serafí? Per què? Relaciona la resposta amb el pensament renaixentista.

5. L'època del Barroc

El **Barroc** és un **moviment cultural i artístic** caracteritzat per la **sofisticació**, l'**exuberància** i l'**emotivitat**. Va sorgir a Europa a finals del segle XVI, quan la visió optimista del Renaixement va entrar en crisi: l'intent de crear un món més just havia fracassat, ja que les guerres i les desigualtats socials no havien desaparegut. El **pessimisme**, el **desengany** i la **desconfiança** en els ideals renaixentistes es van estendre per tot Europa, i es van imposar altres valors, com el **dinamisme**, la **fantasia** i el **sentit pintoresc**.

QUÈ CANVIA AMB EL BARROC

RENAIXEMENT	BARROC
Esperança i optimisme	Desengany i desconfiança
Inspiració: art clàssic	Inspiració: realitat i natura
Racionalitat i seny	Emotivitat i passió
Harmonia i equilibri	Dinamisme i moviment
Mesura i moderació	Ornamentació i artifici
Elogi de la bellesa	Elogi de la força

INNOVACIONS LITERÀRIES

- En la poesia amorosa, s'abandona el concepte de dona angelical i el tractament de l'amor es fa més **realista**, sovint amb tocs d'humor i ironia.
- Es trien **motius quotidians** i banals com a tema literari, que sovint es magnifiquen.
- Les actuacions s'exageren i adquireixen formes **escenogràfiques**.
- Es tracta la realitat a través de la **paròdia**, la **caricatura** i la **sàtira**.
- Es destaquen els **contrastos**, les **paradoxes** i les **antítesis**.
- Es fa un ús exagerat de **recursos retòrics** com l'al·legoria, la metàfora, l'antítesi i la paradoxa.
- Es violenta la **sintaxi**, principalment amb un excés d'**hipèrbatons**.

6. La literatura catalana del Barroc

6.1. Francesc Vicent Garcia

Francesc Vicent Garcia (1579-1623) és conegut popularment amb el nom de **Rector de Vallfogona** perquè va exercir durant més de quinze anys aquest càrrec eclesiàstic a la parròquia de Vallfogona de Riucorb (Conca de Barberà). És considerat el primer escriptor de la literatura catalana del Barroc.

Com a poeta, va seguir els **models** dels autors castellans del moment, tant pel que fa l'aspecte formal com pel que fa a la temàtica. És autor d'una obra diversa, com correspon al Barroc. Utilitzava un **llenguatge artificiós**, de vegades elegant i d'altres groller, ple d'ironia i de tòpics literaris.

Els seus poemes es poden classificar en tres grups:

a) Poemes d'elogi, admiració o requesta de dames per la seva gran bellesa.
b) Poemes de contingut moral o religiós.
c) Poemes humorístics, irònics o satírics.

Francesc Vicent Garcia va aconseguir tenir, ja en vida, una gran popularitat. Amb la seva obra, va inaugurar una escola literària que va tenir seguidors fins ben entrat el segle XIX.

» ACTIVITATS

El Barroc

12. Així com l'art renaixentista es basava en la mesura, l'harmonia i l'equilibri, en quins principis es basava l'art barroc?

13. Per què diem que el Barroc neix d'un desengany?

14. Llegeix el poema «A la bellesa d'una dama que passejava per la vora del riu Segre, de la qual estava gelosa l'Aurora», de Francesc Vicent Garcia, i, després, completa'n el comentari:

Versió original

Tota apressada la senyora Aurora
eixia un dia ab tall de fer-lo alegre,
quan, ab sos peus, als arenals del Segre
més rics feia que l'or la bella Flora.

Morta d'enveja, la deessa plora,
cobrint tot l'orient d'un núvol negre:
ni aire, ni aucell, ni flor vol que s'alegre
en tan funesta i desditxada hora.

Febus, veent sa amiga tan gelosa,
travessa arrebossat per no enfadar-la:
ni ab un raig solament la terra toca!

Ab tot això està Flora tan graciosa
que a l'absència del sol pot reparar-la:
ni es veu falta de llum, molta ni poca.

Versió adaptada

Un dia la senyora Aurora sortia tota apressada
amb la intenció de fer-lo alegre,
mentre la bella Flora, amb els seus peus,
feia més rics que l'or els arenals del Segre.

Morta d'enveja, la deessa plora
i cobreix tot l'orient d'un núvol negre:
no vol que s'alegrin ni aire, ni ocell ni flor
en aquella hora tan funesta i desgraciada.

Febus, veient la seva amiga tan gelosa,
travessa cobert de núvols per no enfadar-la:
no toca la terra ni amb un sol raig!

Amb tot això, Flora està tan graciosa
que pot reparar l'absència del sol:
no es veu mancada de llum, ni molta ni poca.

El sonet de Vicent Garcia és una al·legoria representada per una ______ anomenada ______ (símbol de la ______ i les flors), la deessa ______ (responsable d'iniciar el ______) i el déu ______ (personificació del ______). Flora destaca per la seva gran ______, gràcia i esplendor; Aurora, en canvi, personifica l'______ i la venjança, i Febus actua amb prudència i ______: s'amaga per no fer ______ la deessa ______.

El poema segueix l'estructura clàssica dels ______. En els dos quartets el poeta ens mostra el ______ o l'oposició entre la dama i la ______. En el primer tercet ens parla de l'actitud del déu ______, conseqüència dels fets anteriors. I en l'últim ______ posa èmfasi en el triomf de la ______ protagonista.

7. L'època de la Il·lustració i el Neoclassicisme

La **Il·lustració** és un moviment cultural que es caracteritza per una confiança plena en la **raó**, la **ciència** i l'**educació**. Els il·lustrats tenien una visió optimista i creien en el **progrés**, en la **llibertat** i en els **drets** de les persones.

Cal destacar que els il·lustrats francesos van dur a terme un dels projectes culturals més importants d'aquest moviment: la redacció de l'*Enciclopèdia o diccionari raonat de les ciències, les arts i els oficis* en disset volums entre el 1751 i el 1765. L'obra, d'una envergadura enorme, pretenia ser un inventari de tot el coneixement humà acumulat fins a aquell moment.

El **Neoclassicisme**, per la seva banda, és un corrent que implica un **retorn** a l'estil de l'**art clàssic** grecoromà i que es desenvolupa durant el segle XVIII i principis del XIX. És un moviment que es produeix com a reacció a certes exageracions del Barroc.

La literatura neoclàssica sovint criticava els vicis, les debilitats i els defectes humans. En canvi, donava molta importància a l'educació, que considerava fonamental per al progrés de la societat. És per això que durant aquest període es va recuperar la **faula**, un subgènere clàssic que ensenyava tot divertint.

8. La literatura catalana del Neoclassicisme

8.1. Joan Ramis

Joan Ramis (1746-1819) és un dels personatges fonamentals de la cultura menorquina de l'època i el representant més rellevant de la literatura catalana del Neoclassicisme. Poeta i dramaturg, a més d'historiador i advocat, la seva obra més important és *Lucrècia* (1769), una tragèdia que segueix el model de les grans tragèdies neoclàssiques franceses.

Lucrècia posa en escena la història d'una heroïna romana del segle VI aC que, després de ser violada pel fill del rei Tarquini, se suïcida per defensar el seu honor i el del seu marit. Aquest fet tràgic farà que els nobles prenguin consciència de la tirania que exerceix el rei i, tot seguit, s'aixequin en armes contra ell a fi d'establir una república més justa i respectuosa. Es tracta, doncs, d'una obra amb una marcada càrrega política que fa una aferrissada **defensa de la llibertat** i que **condemna fermament les tiranies**.

Formalment, l'obra està escrita en **versos alexandrins** apariats i manté les regles de les **tres unitats** clàssiques. Segons aquestes regles, en línies generals l'obra dramàtica s'ha de limitar a una sola acció principal (*unitat d'acció*), s'ha de localitzar en un mateix lloc (*unitat de lloc*) i ha de transcórrer, com a màxim, en el termini d'un dia (*unitat de temps*).

Lucrècia morta, de Damià Campeny (1835), és una obra mestra de l'escultura neoclàssica. Representa la mort a través d'una figura de gran serenitat, amb la ferida i el punyal com a únics testimonis de violència.

» ACTIVITATS

La Il·lustració i el Neoclassicisme

15. Explica amb les teves paraules les característiques bàsiques del Neoclassicisme.

16. Digues si les afirmacions següents fan referència a la Il·lustració (I) o al Neoclassicisme (N):

- ☐ És un moviment que es va desenvolupar al segle XVIII i principis del XIX.
- ☐ Té confiança en la raó i la ciència enfront de la religió i les superstcions.
- ☐ Apareix com a reacció al Barroc.
- ☐ Propugna un retorn a l'estil clàssic grecoromà.
- ☐ Recupera la faula com a gènere perquè valora molt l'educació.
- ☐ Creu en la llibertat i els drets de les persones.
- ☐ El seu màxim representant català fou el menorquí Joan Ramis.
- ☐ L'*Enciclopèdia o diccionari raonat de les ciències, les arts i els oficis* és un dels seus projectes culturals més importants.

17. Llegeix el fragment següent de l'obra *Lucrècia* de Joan Ramis, que correspon al final de l'últim acte de la tragèdia, quan, després que Lucrècia s'hagi tret la vida perquè es veu incapaç de viure deshonrada, el cavaller Brutus fa una reflexió moral. Després, digues quines de les afirmacions que hi ha a continuació són vertaderes (V) o falses (F):

BRUTUS:
Un crim tan atroç, tan inhumà, tan cruel,
contra aquest vil tirà crida venjança al cel.
Veniu, doncs, cavallers, veniu, jureu amb mi,
als peus de la virtut que mireu morta aquí.

(Aquí Brutus pren el punyal amb què Lucrècia s'ha donat la mort.)

Jurem, amb el punyal que ha traspassat son pit,
el punyal de sa sang que veieu estar tenyit,
que, moguts nostres cors d'aquest succés fatal,
perseguirem Tarquini amb un furor mortal:
que, a ell i a tots els seus de Roma, els traurem.
LOS CAVALLERS:
Així ho jurem tots, així ho prometem.
BRUTUS:
I, si Lucrècia morta ensenya als humans
que encara la virtut habita amb els romans,
la seva mort venjada ensenyarà als reis
a detestar el vici, a respectar les lleis.

- ☐ Brutus acusa el rei Tarquini de criminal a causa del suïcidi de Lucrècia i, per tant, el fa responsable de la seva mort.
- ☐ Els cavallers romans no es deixen persuadir per les paraules de Brutus i, per tant, es neguen a alçar-se en armes contra el rei.
- ☐ Segons Brutus, el suïcidi de Lucrècia ha de servir perquè, des d'aleshores, els reis sàpiguen que han de respectar les lleis.
- ☐ La tragèdia *Lucrècia*, com és habitual en les obres clàssiques i neoclàssiques, no té un objectiu cívic ni ètic.
- ☐ L'obra està escrita en versos alexandrins apariats.

18. Quines eren les tres unitats del teatre clàssic? Explica-les breument.

» POSA'T A PROVA

Llegeix aquest text i comprova si l'has entès

L'esperit renaixentista de Leonardo da Vinci revifa al segle XXI

El geni toscà s'erigeix com a model de creativitat transversal en el cinc-centè aniversari de la seva mort

Si hi ha una figura que encarni com cap altra la idea de geni, aquesta és la de Leonardo da Vinci. En el cinc-centè aniversari de la seva mort, emergeix com un model de la creativitat transversal que tant es vol recuperar des de diversos fronts. Les llibreries van plenes de novetats que ens esperonen a fomentar la nostra imaginació, a travessar fronteres mentals i a fusionar ciència i art per eixamplar la visió del món. Qui millor exemplifica aquesta capacitat creativa és aquest savi que va néixer a la regió italiana de la Toscana el 1452 i va morir a Amboise, França, el 1519, ara fa cinc-cents anys.

Home clau del Renaixement italià, Leonardo da Vinci va excel·lir en camps tan variats com la pintura, l'enginyeria, l'anatomia, l'urbanisme, la filosofia, les matemàtiques, la música, el dibuix o l'òptica. I encara ara es continuen descobrint documents i treballs que reafirmen el gruix del personatge i la globalitat de la seva obra ingent. Volia construir ginys que en la seva època podien semblar fantasies, però que no ho eren. En aquest sentit, Leonardo exemplifica la capacitat de crear coses que mai abans s'havien fet i ni tan sols imaginat.

Una ment com una malla

Un dels aspectes més desconeguts d'aquest home polièdric és la seva faceta com a músic, que realça la seva vena artística. El músic i arquitecte Eduardo Paniagua és un dels qui més ha treballat per recuperar el món sonor de l'autor de *La Gioconda*. «La ment de Leonardo funciona com una malla i per

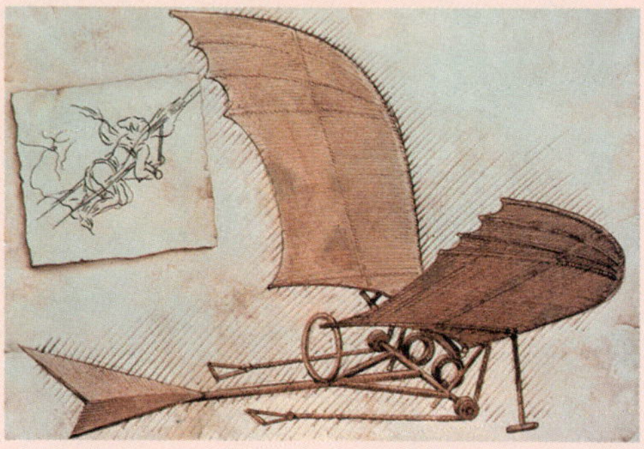

això és totalment contemporani, perquè fa pensar en el funcionament de les xarxes socials. Leonardo aplica a les arts, i concretament a la música, reflexions mecàniques o d'enginyeria», diu Paniagua.

Més que un revolucionari a l'estil d'un Steve Jobs, que va forjar el lema «Pensa diferent», Paniagua opina que Da Vinci era un home molt influït pel moviment renaixentista. «Leonardo va fer escola i va ser molt reconegut per la seva faceta de pintor. Però no ens hem de perdre el Leonardo enginyer, capaç de dissenyar una màquina de volar, un paracaigudes, un equip de busseig, un carro autopropulsat o una màquina de guerra.

Aquesta transversalitat, la capacitat de fusionar àmbits tradicionalment separats, és el que reivindica el científic i escriptor Salvador Macip: «És trist que encara avui es vegi Da Vinci com una excepció en comptes d'un model a seguir: tots hauríem de ser científics i artistes».

VALÈRIA GAILLARD, dins diari *Ara*, 01/05/2019 (text adaptat).

BARCANOVA EDITORIAL

1. La creativitat és...

- [ ] la capacitat d'aplicar els coneixements adquirits de manera correcta.
- [ ] la capacitat de resoldre situacions de manera original o imaginativa.
- [ ] la capacitat de resoldre situacions i problemes diversos de manera racional.

2. La creativitat transversal...

- [ ] exigeix un alt grau d'especialització, ja que s'aplica sobre un àmbit de coneixement específic.
- [ ] parteix dels coneixements científics i tècnics consolidats.
- [ ] té en compte diversos àmbits del coneixement, és a dir, que és multidisciplinària.

3. L'autora del text aporta com a prova de la transversalitat de Leonardo da Vinci que...

- [ ] va dissenyar una màquina de volar i un carro autopropulsat.
- [ ] va fer escola i va ser molt reconegut per la seva faceta de pintor.
- [ ] va aplicar a les arts reflexions mecàniques o d'enginyeria.

4. Una malla o una xarxa és una figura que...

- [ ] lliga o connecta una multitud de fils fent que tots quedin intercomunicats.
- [ ] forma un entramat a través del qual és impossible passar.
- [ ] té molts forats que permeten comunicar-se amb l'altre costat.

5. Steve Jobs va dissenyar una campanya publicitària amb l'eslògan «Pensa diferent». Quina imatge de l'empresa volia transmetre?

- [ ] La d'una empresa consolidada que acumulava experiència i prestigi.
- [ ] La d'una empresa que mirava cap al futur, jove, imaginativa, original i audaç.
- [ ] La d'una empresa que creava productes d'una gran qualitat i de garantia assegurada.

6. A quin quadre de Leonardo fa referència el text?

- [ ] *El Sant Sopar*
- [ ] *La Gioconda*
- [ ] *Salvator Mundi*
- [ ] *L'Anunciació*

7. Relaciona **a)** *ingent*, **b)** *polièdric* i **c)** *faceta* amb la definició corresponent:

- [ ] Que té diferents cares.
- [ ] Cadascun dels aspectes que té algú o alguna cosa.
- [ ] Molt gran.

8. Quines d'aquestes característiques són aplicables al Renaixement (R) i quines al Barroc (B)?

- [ ] Harmonia i equilibri.
- [ ] Dinamisme i moviment.
- [ ] Racionalitat i seny.
- [ ] Desengany i desconfiança.

9. Què representa el dibuix de Leonardo de Vinci anomenat *L'home de Vitruvi*?

- [ ] El cos humà com a mesura de totes les coses.
- [ ] El retrobament de l'art renaixentista amb el món clàssic.
- [ ] El triomf de la tècnica per sobre de les arts.

10. Digues el nom de dos escriptors italians precursors de la literatura del Renaixement.

Per escrit

Escriu el projecte d'una aplicació mòbil a partir d'un problema que cal resoldre: descripció del problema, solució a través de l'app i funcionament del giny digital.

De viva veu

Presenta les imatges d'un dels invents de Leonardo da Vinci, descriu-ne el funcionament i determina fins a quin punt el giny ideat per ell és el precursor d'un invent posterior.

» ANUNCIS PER CANVIAR EL MÓN

Aquest projecte té com a finalitat que us convertiu en creadors d'anuncis. Imagineu, doncs, que treballeu en una agència de publicitat i una institució pública us demana que dissenyeu una campanya perquè els ciutadans modifiquin un hàbit de conducta per contribuir a fer un món millor.

Què hem de fer?

1. Elaborar un brífing

Un brífing és un document que recull tots els elements que heu de tenir en compte a l'hora de fer l'anunci: A quin públic va dirigida la campanya? Quina idea voleu transmetre? Com podeu persuadir millor el públic? Com dissenyareu els anuncis per captar la seva atenció?, etc.

Podeu triar alguns dels elements del gràfic que us mostrem o d'altres que hi estiguin relacionats.

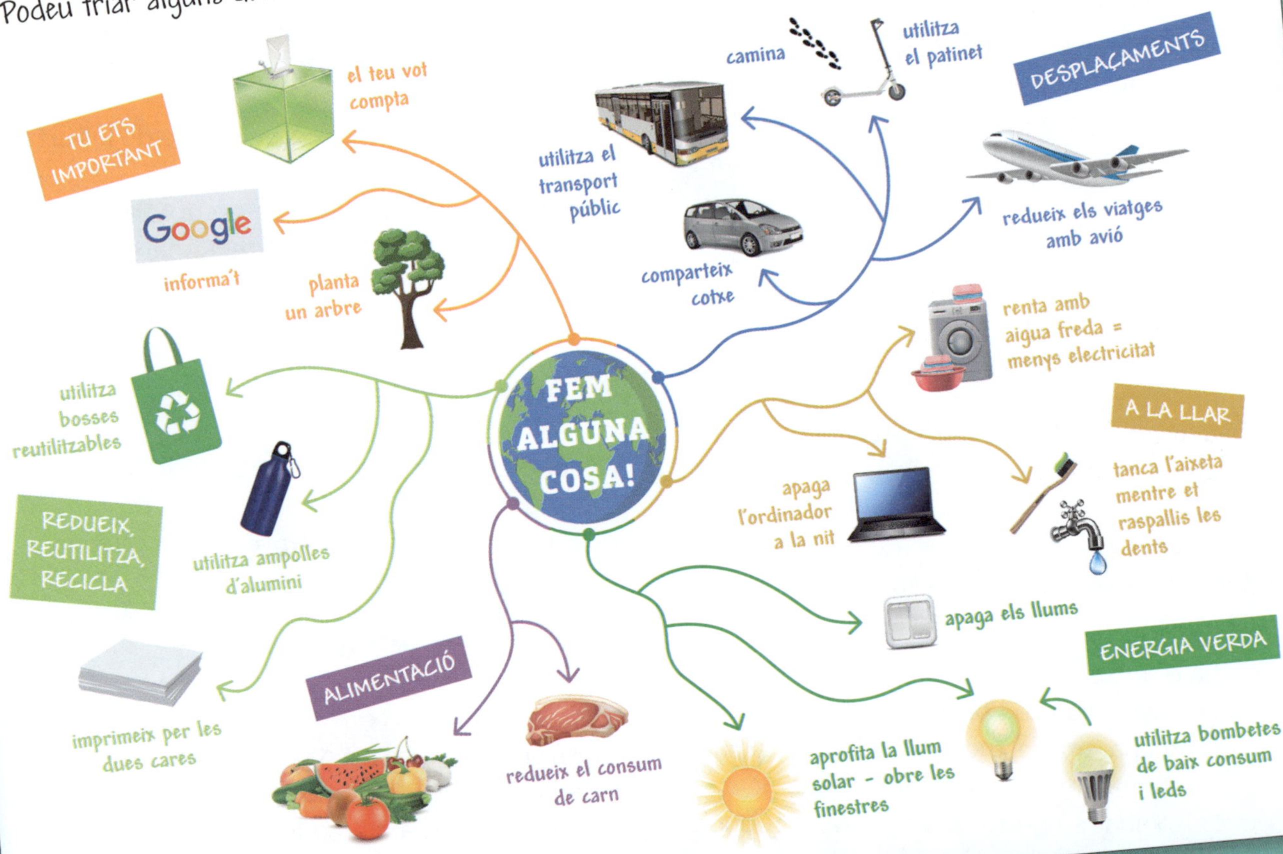

2. Dissenyar un anunci gràfic

Dissenyar un anunci gràfic per penjar en els plafons publicitaris als carrers o per publicar en les pàgines de diaris o revistes i a internet.

L'anunci gràfic combina una imatge, que tant pot ser una fotografia com un dibuix, i un text explicatiu, argumentatiu o instructiu que aporta una informació breu.

3. Enregistrar un anunci sonor

Fer un anunci sonor que combini música, efectes especials i text oral.

L'anunci sonor ocupa els espais publicitaris de la ràdio. També se l'anomena falca publicitària, perquè és un petit tall sonor que s'insereix enmig d'un programa.

4. Gravar un anunci audiovisual

Fer un anunci audiovisual que combini imatges fixes, imatges en moviment i elements sonors i que inclogui un text oral, música i efectes especials.

Aquest tipus d'anunci s'assembla a un curtmetratge perquè té una durada molt breu, entre 15 i 90 segons, i s'emet a la televisió, al cinema i a internet. També rep el nom d'espot publicitari.

Com ho hem de fer?

1. Organització

Es tracta de fer un treball cooperatiu en grups de quatre o cinc alumnes diferents dels que vau formar en els trimestres anteriors.

1. Dissenyeu una campanya publicitària per a una institució pública per animar els ciutadans que modifiquin els seus hàbits per aconseguir un objectiu concret: estalviar aigua, eliminar els plàstics d'un sol ús, dur els gossos lligats al carrer, evitar l'assetjament escolar, etc.
2. Quan hàgiu definit el tema de la campanya, inventeu-vos el brífing que la institució us ha fet arribar, és a dir, el document en què consten les informacions bàsiques del pla de la campanya (el tema, l'objectiu, els mitjans de comunicació en què s'emetrà, el públic destinatari i els missatges clau).
3. A partir de les dades del brífing, elaboreu de manera creativa un anunci gràfic per a la premsa escrita, una falca radiofònica i un espot televisiu.
4. Presenteu oralment la campanya publicitària que heu creat d'acord amb el brífing i expliqueu els recursos retòrics i audiovisuals que heu utilitzat per aconseguir l'objectiu del missatge.
5. Projecteu o reproduïu els anuncis a la pantalla de l'aula. Després demaneu a l'auditori que faci una valoració crítica de la vostra campanya publicitària.

2. Cerca d'informació

En l'espai personal del web *www.espaibarcanova.cat* trobareu el material complementari per fer les diferents tasques:

1. Les dades bàsiques d'un brífing.
2. El llenguatge publicitari: el text escrit, el text sonor i les imatges visuals.
3. Les eines ofimàtiques: llocs web per fer aquest projecte.
4. Aspectes que cal considerar per fer una valoració crítica dels anuncis.

Material complementari i models

BRÍFING

Campanya «Redueix, Reutilitza, Recicla, REACCIONA»

La campanya està adreçada a la gent que no separa els residus domèstics a casa seva. Es tracta de mostrar els efectes negatius que té sobre el medi ambient el fet de llençar tots aquests residus a la mateixa bossa per promoure un canvi d'hàbits.

Aquesta campanya ha de tenir un missatge directe i un to reflexiu, perquè apel·larà a la responsabilitat de cadascú a l'hora de decidir què cal fer amb els residus. La imatge i la veu de nois i noies posaran en evidència la manca de compromís, de consciència i de civisme de qui no separa la brossa i, per tant, no es preocupa pel futur del país i del planeta.

L'objectiu és fer un pas més per assolir una taxa de reciclatge del 50 % per a l'any 2025.

ANUNCI GRÀFIC

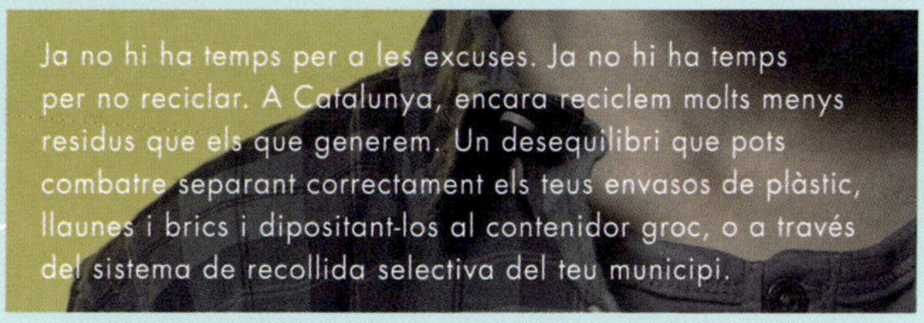

FALCA RADIOFÒNICA

VEU DE NOIA: Dius que et preocupa el meu futur, que vols el millor per a mi. Però no et dona la gana reciclar. Passes de separar les teves deixalles. És més fàcil posar-ho tot a la mateixa bossa. El meu futur també va en aquesta bossa?

VEU D'ADULT: A Catalunya, encara reciclem molts menys residus que els que generem. Fins quan?

VEU DE NOI: Redueix, reutilitza, recicla, reacciona!

VEU D'ADULT: Amb la col·laboració De Coembes i Ecovidrio. Generalitat de Catalunya.

ESPOT TELEVISIU

Apèndix

» VERBS IRREGULARS

» REFERÈNCIES BIBLIOGRÀFIQUES

ANAR

- **Present d'indicatiu**: vaig, vas, va, anem, aneu, van
- **Futur**: aniré, aniràs, anirà, anirem, anireu, aniran
- **Condicional**: aniria, aniries, aniria, aniríem, aniríeu, anirien
- **Present de subjuntiu**: vagi, vagis, vagi, anem, aneu, vagin
- **Imperatiu**: ves, vagi, anem, aneu, vagin

APRENDRE

- **Present d'indicatiu**: aprenc, aprens, aprèn, aprenem, apreneu, aprenen
- **Passat simple**: aprenguí, aprengueres, aprengué, aprenguérem, aprenguéreu, aprengueren
- **Present de subjuntiu**: aprengui, aprenguis, aprengui, aprenguem, aprengueu, aprenguin
- **Imperfet de subjuntiu**: aprengués, aprenguessis, aprengués, aprenguéssim, aprenguéssiu, aprenguessin
- **Imperatiu**: aprèn, aprengui, aprenguem, apreneu, aprenguin
- **Participi**: après, apresa, apresos, apreses

Es conjuguen de manera semblant els altres verbs acabats en ***-endre***: *prendre*, *atendre*, *estendre*, *pretendre*, *comprendre*, *sorprendre*, etc. Alguns, però, presenten petites variacions en el so de la *e*: *atén* / *atès*, *pretén* / *pretès*.

BEURE

- **Present d'indicatiu**: bec, beus, beu, bevem, beveu, beuen
- **Imperfet d'indicatiu**: bevia, bevies, bevia, bevíem, bevíeu, bevien
- **Passat simple**: beguí, begueres, begué, beguérem, beguéreu, begueren
- **Present de subjuntiu**: begui, beguis, begui, beguem, begueu, beguin
- **Imperfet de subjuntiu**: begués, beguessis, begués, beguéssim, beguéssiu, beguessin
- **Imperatiu**: beu, begui, beguem, beveu, beguin
- **Gerundi**: bevent
- **Participi**: begut, beguda, beguts, begudes

CONÈIXER

- **Present d'indicatiu**: conec, coneixes, coneix, coneixem, coneixeu, coneixen
- **Passat simple**: coneguí, conegueres, conegué, coneguérem, coneguéreu, conegueren
- **Present de subjuntiu**: conegui, coneguis, conegui, coneguem, conegueu, coneguin
- **Imperfet de subjuntiu**: conegués, coneguessis, conegués, coneguéssim, coneguéssiu, coneguessin
- **Imperatiu**: coneix, conegui, coneguem, coneixeu, coneguin
- **Participi**: conegut, coneguda, coneguts, conegudes

Es conjuguen de manera semblant el verb ***parèixer*** i els seus derivats: *aparèixer*, *comparèixer*, *desaparèixer*, *reaparèixer*, etc. i els verbs derivats de ***conèixer***: *desconèixer*, *reconèixer*, etc.

CÓRRER

- **Present d'indicatiu**: corro, corres, corre, correm, correu, corren
- **Passat simple**: correguí, corregueres, corregué, correguérem, correguéreu, corregueren
- **Present de subjuntiu**: corri, corris, corri, correm (o correguem), correu (o corregueu), corrin
- **Imperfet de subjuntiu**: corregués, correguessis, corregués, correguéssim, correguéssiu, correguessin
- **Imperatiu**: corre, corri, correm (o correguem), correu, corrin
- **Participi**: corregut, correguda, correguts, corregudes

Es conjuguen de la mateixa manera els verbs derivats de ***córrer***: *concórrer*, *descórrer*, *discórrer*, *escórrer*, *incórrer*, *ocórrer*, *recórrer*, *socórrer*, *transcórrer*, etc.

CRÉIXER

- **Present d'indicatiu**: creixo, creixes, creix, creixem, creixeu, creixen
- **Passat simple**: creixí, creixeres, creixé, creixérem, creixéreu, creixeren (o cresquí, cresqueres, cresqué, cresquérem, cresquéreu, cresqueren)
- **Present de subjuntiu**: creixi, creixis, creixi, creixem (o cresquem), creixeu (o cresqueu), creixin.
- **Imperfet de subjuntiu**: creixés, creixessis, creixés, creixéssim, creixéssiu, creixessin (o cresqués, cresquessis, cresqués, cresquéssim, cresquéssiu, cresquessin)
- **Imperatiu**: creix, creixi, creixem (o cresquem), creixeu, creixin.
- **Participi**: crescut, crescuda, crescuts, crescudes

Es conjuguen de la mateixa manera els verbs derivats de ***créixer***: *acréixer*, *decréixer*, *recréixer*, *sobrecréixer*, etc., i el verb ***merèixer***.

DIR

- **Present d'indicatiu**: dic, dius, diu, diem, dieu, diuen
- **Imperfet d'indicatiu**: deia, deies, deia, dèiem, dèieu, deien
- **Passat simple**: diguí, digueres, digué, diguérem, diguéreu, digueren
- **Present de subjuntiu**: digui, diguis, digui, diguem, digueu, diguin
- **Imperfet de subjuntiu**: digués, diguessis, digués, diguéssim, diguéssiu, diguessin
- **Imperatiu**: digues, digui, diguem, digueu, diguin
- **Gerundi**: dient
- **Participi**: dit, dita, dits, dites

Es conjuguen de la mateixa manera els verbs derivats de ***dir***: *adir*, *contradir*, *desdir*, *entredir*, *maldir*, *predir*, etc.

ESCRIURE

- **Present d'indicatiu**: escric, escrius, escriu, escrivim, escriviu, escriuen
- **Imperfet d'indicatiu**: escrivia, escrivies, escrivia, escrivíem, escrivíeu, escrivien
- **Passat simple**: escriví, escrivires, escriví, escrivírem, escrivíreu, escriviren (o escriguí, escrigueres, escrigué, escriguérem, escriguéreu, escrigueren)
- **Present de subjuntiu**: escrigui, escriguis, escrigui, escriguem, escrigueu, escriguin
- **Imperfet de subjuntiu**: escrivís, escrivissis, escrivís, escrivíssim, escrivíssiu, escrivissin (o escrigués, escriguessis, escrigués, escriguéssim, escriguéssiu, escriguessin)
- **Imperatiu**: escriu, escrigui, escriguem, escriviu, escriguin
- **Gerundi**: escrivint
- **Participi**: escrit, escrita, escrits, escrites

Es conjuguen de la mateixa manera els altres verbs acabats en ***-scriure***: *adscriure*, *circumscriure*, *descriure*, *inscriure*, *prescriure*, *proscriure*, *subscriure*, *transcriure*, etc.

ESTAR

- **Present d'indicatiu**: estic, estàs, està, estem, esteu, estan
- **Passat simple**: estiguí, estigueres, estigué, estiguérem, estiguéreu, estigueren
- **Present de subjuntiu**: estigui, estiguis, estigui, estiguem, estigueu, estiguin
- **Imperfet de subjuntiu**: estigués, estiguessis, estigués, estiguéssim, estiguéssiu, estiguessin
- **Imperatiu**: estigues, estigui, estiguem, estigueu, estiguin

FER

- **Present d'indicatiu**: faig, fas, fa, fem, feu, fan
- **Imperfet d'indicatiu**: feia, feies, feia, fèiem, fèieu, feien
- **Passat simple**: fiu, feres, feu, férem, féreu, feren
- **Futur**: faré, faràs, farà, farem, fareu, faran
- **Condicional**: faria, faries, faria, faríem, faríeu, farien
- **Present de subjuntiu**: faci, facis, faci, fem, feu, facin
- **Imperatiu**: fes, faci, fem, feu, facin
- **Participi**: fet, feta, fets, fetes

Es conjuguen de la mateixa manera els derivats de ***fer***: *desfer*, *refer*, *estrafer*, *satisfer*, etc.

PODER

- **Present d'indicatiu**: puc, pots, pot, podem, podeu, poden
- **Passat simple**: poguí, pogueres, pogué, poguérem, poguéreu, pogueren
- **Present de subjuntiu**: pugui, puguis, pugui, puguem, pugueu, puguin
- **Imperfet de subjuntiu**: pogués, poguessis, pogués, poguéssim, poguéssiu, poguessin
- **Imperatiu**: pugues, pugui, puguem, pugueu, puguin
- **Participi**: pogut, poguda, poguts, pogudes

SABER

- **Present d'indicatiu**: sé, saps, sap, sabem, sabeu, saben
- **Passat simple**: sabí, saberes, sabé, sabérem, sabéreu, saberen
- **Present de subjuntiu**: sàpiga, sàpigues, sàpiga, sapiguem, sapigueu, sàpiguen
- **Imperfet de subjuntiu**: sabés, sabessis, sabés, sabéssim, sabéssiu, sabessin
- **Imperatiu**: sàpigues, sàpiga, sapiguem, sapigueu, sàpiguen
- **Gerundi**: sabent
- **Participi**: sabut, sabuda, sabuts, sabudes

SER (O ÉSSER)

- **Present d'indicatiu**: soc, ets, és, som, sou, són
- **Imperfet d'indicatiu**: era, eres, era, érem, éreu, eren
- **Passat simple**: fui, fores, fou, fórem, fóreu, foren
- **Condicional**: seria, series, seria, seríem, seríeu, serien (o fora, fores, fora, fórem, fóreu, foren)
- **Present de subjuntiu**: sigui, siguis, sigui, siguem, sigueu, siguin
- **Imperfet de subjuntiu**: fos, fossis, fos, fóssim, fóssiu, fossin
- **Imperatiu**: sigues, sigui, siguem, sigueu, siguin
- **Gerundi**: sent (o essent)
- **Participi**: estat, estada, estats, estades (o sigut, siguda, siguts, sigudes)

SORTIR

- **Present d'indicatiu**: surto, surts, surt, sortim, sortiu, surten
- **Present de subjuntiu**: surti, surtis, surti, sortim, sortiu, surtin
- **Imperatiu**: surt, surti, sortim, sortiu, surtin

Observació: Les formes tòniques del radical s'escriuen amb ***u*** i les formes àtones, amb ***o***. Els verbs *collir*, *cosir*, *escopir* i *tossir* presenten la mateixa alternança.

TENIR (O TINDRE)

- **Present d'indicatiu**: tinc, tens, té, tenim, teniu, tenen
- **Passat simple**: tinguí, tingueres, tingué, tinguérem, tinguéreu, tingueren
- **Present de subjuntiu**: tingui, tinguis, tingui, tinguem, tingueu, tinguin
- **Imperfet de subjuntiu**: tingués, tinguessis, tingués, tinguéssim, tinguéssiu, tinguessin
- **Imperatiu**: té o tingues (en els derivats *-tén*), tingui, tinguem, teniu o tingueu, tinguin
- **Participi**: tingut, tinguda, tinguts, tingudes

Es conjuguen de la mateixa manera els verbs derivats de ***tenir***: *abstenir*, *atenir*, *captenir*, *contenir*, *detenir*, *entretenir*, *mantenir*, *obtenir*, *retenir*, *sostenir*, etc.

TREURE (O TRAURE)

- **Present d'indicatiu**: trec, treus, treu, traiem, traieu, treuen (o trac, traus, trau, traiem, traieu, trauen)
- **Imperfet d'indicatiu**: treia, treies, treia, trèiem, trèieu, treien
- **Passat simple**: traguí, tragueres, tragué, traguérem, traguéreu, tragueren
- **Present de subjuntiu**: tregui, treguis, tregui, traguem, tragueu, treguin (o tragui, traguis, tragui, traguem, tragueu, traguin)
- **Imperfet de subjuntiu**: tragués, traguessis, tragués, traguéssim, traguéssiu, traguessin
- **Imperatiu**: treu, tregui, traguem, traieu, treguin (o trau, tragui, traguem, traieu, traguin)
- **Gerundi**: traient
- **Participi**: tret, treta, trets, tretes

Observació: Les formes tòniques del radical s'escriuen amb ***e*** i les formes àtones, amb ***a***. Els verbs *jeure* i *néixer* també segueixen aquesta alternança.

VALER (O VALDRE)

- **Present d'indicatiu**: valc, vals, val, valem, valeu, valen
- **Passat simple**: valguí, valgueres, valgué, valguérem, valguéreu, valgueren
- **Present de subjuntiu**: valgui, valguis, valgui, valguem, valgueu, valguin
- **Imperfet de subjuntiu**: valgués, valguessis, valgués, valguéssim, valguéssiu, valguessin
- **Imperatiu**: val, valgui, valguem, valeu, valguin
- **Participi**: valgut, valguda, valguts, valgudes

Es conjuguen de manera semblant els verbs *doldre* i *caldre* (aquest últim, només en tercera persona).

VENIR (O VINDRE)

- **Present d'indicatiu**: vinc, vens, ve, venim, veniu, venen
- **Passat simple**: vinguí, vingueres, vingué, vinguérem, vinguéreu, vingueren
- **Present de subjuntiu**: vingui, vinguis, vingui, vinguem, vingueu, vinguin
- **Imperfet de subjuntiu**: vingués, vinguessis, vingués, vinguéssim, vinguéssiu, vinguessin
- **Imperatiu**: vine (en els derivats *-vén*), vingui, vinguem, veniu, vinguin
- **Participi**: vingut, vinguda, vinguts, vingudes

Es conjuguen de la mateixa manera els verbs derivats de ***venir***: *convenir*, *desavenir*, *esdevenir*, *intervenir*, *prevenir*, *provenir*, etc.

VEURE

- **Present d'indicatiu**: veig, veus, veu, veiem, veieu, veuen
- **Imperfet d'indicatiu**: veia, veies, veia, vèiem, vèieu, veien
- **Passat simple**: viu, veieres, veié, veiérem, veiéreu, veieren
- **Present de subjuntiu**: vegi, vegis, vegi, vegem, vegeu, vegin
- **Imperfet de subjuntiu**: veiés, veiessis, veiés, veiéssim, veiéssiu, veiessin
- **Imperatiu**: veges (o ves), vegi, vegem, vegeu (o veieu), vegin
- **Gerundi**: veient
- **Participi**: vist, vista, vistos, vistes

Es conjuguen de la mateixa manera els derivats de ***veure***: *entreveure*, *preveure*, *reveure*, etc.

VIURE

- **Present d'indicatiu**: visc, vius, viu, vivim, viviu, viuen
- **Imperfet d'indicatiu**: vivia, vivies, vivia, vivíem, vivíeu, vivien
- **Passat simple**: visquí, visqueres, visqué, visquérem, visquéreu, visqueren
- **Present de subjuntiu**: visqui, visquis, visqui, visquem, visqueu, visquin
- **Imperfet de subjuntiu**: visqués, visquessis, visqués, visquéssim, visquéssiu, visquessin
- **Imperatiu**: viu, visqui, visquem, viviu, visquin
- **Gerundi**: vivint
- **Participi**: viscut, viscuda, viscuts, viscudes

Es conjuguen de la mateixa manera els derivats de ***viure***: *conviure*, *malviure*, *sobreviure*, *reviure*, etc.

VOLER

- **Present d'indicatiu**: vull, vols, vol, volem, voleu, volen
- **Passat simple**: volguí, volgueres, volgué, volguérem, volguéreu, volgueren
- **Futur**: voldré, voldràs, voldrà, voldrem, voldreu, voldran
- **Condicional**: voldria, voldries, voldria, voldríem, voldríeu, voldrien
- **Present de subjuntiu**: vulgui, vulguis, vulgui, vulguem, vulgueu, vulguin
- **Imperfet de subjuntiu**: volgués, volguessis, volgués, volguéssim, volguéssiu, volguessin
- **Imperatiu**: vulgues, vulgui, vulguem, vulgueu, vulguin
- **Participi**: volgut, volguda, volguts, volgudes

» REFERÈNCIES BIBLIOGRÀFIQUES

- «A la regió de lacútia», dins *El Periódico de Catalunya* (30/05/2013).
- ARROYO, NATALIA: «De com córrer per sobreviure, a córrer per inspirar», dins diari *Ara* (31/10/2017).
- BACH, EVA: «Aplica't la tècnica del semàfor», dins diari *Ara* (23/11/2019).
- BADIA I MARGARIT, ANTONI M.: *Gramàtica històrica catalana*. València, Tres i Quatre, 1994.
- BÉDIER, JOSEPH: *El romanç de Tristany i Isolda*. Barcelona, Quaderns Crema, 1981.
- BRADBURY, RAY: «El matí verd», dins *Les cròniques marcianes*. Barcelona, Bruguera, 1983.
- CABALLERIA, SÍLVIA i CODINA, M. CARME: «El peix Nicolau», dins *Contes catalans retrobats*. Sant Vicenç de Castellet, Farell Editors, 2008.
- CALDERS, PERE: «La rebel·lió de les coses», dins *Invasió subtil i altres contes*. Barcelona, Edicions 62, 2011.
- CARBÓ, JOAQUIM: *La casa sota la sorra*. Barcelona, Estrella Polar, 2009.
- CHANDLER, RAYMOND: *La dama del llac*. Barcelona, Edicions 62, 2003.
- CÒNSUL, ROGER: «Introducció» a *Relats de mitologia. Herois i déus*, de MARIA ÀNGELS ANGLADA. Barcelona, Proa, 2008.
- DEFOE, DANIEL: *Robinson Crusoe*. Barcelona, La Galera, 2013.
- DICKENS, CHARLES: *Oliver Twist*. Barcelona, Barcanova, 2012.
- FRIGOLA, C.: «Per un Nadal sostenible», dins *El Punt Avui* (22/12/2019).
- FUSTER, JAUME: *Les cartes d'Hèrcules Poirot*. Barcelona, Edicions 62, 2006.
- GAILLARD, VALÈRIA: «L'esperit renaixentista de Leonardo da Vinci revifa al segle XXI», dins diari *Ara* (01/05/2019).
- GARCÉS, TOMÀS: «Cançó amorosa», dins *Poesia completa*. Barcelona, Columna, 1993.
- GARCIA, FRANCESC VICENT: *Sonets*. Barcelona, Edicions 62, 1979.
- GARRIGA, PILAR: *Un estiu a Borneo*. Barcelona, Barcanova, 2008.
- GUIMERÀ, ÀNGEL: *Mar i cel*. Barcelona, Barcanova, 2013.
- GUIMERÀ, ÀNGEL: *Terra baixa*. Barcelona, Barcanova, 2005.
- HARUF, KENT: «Victoria Roubideaux», dins *Cançó de la plana*. Barcelona, Edicions del Periscopi, 2017.
- HOMER: *Odissea*. Barcelona, Proa, 2011 (trad. Joan F. Mira).
- HUGO, VICTOR: *Nostra Senyora de París*. Barcelona, Edicions 62, 1981.
- «Indicències pel fort vent que bufa arreu del país», dins *VilaWeb* (22/12/2019).
- «La història dels tres germans», dins *Les mil i una nits*. Barcelona, Proa, 2004.
- LLULL, RAMON: *Llibre de l'Orde de Cavalleria*. Barcelona, Edicions 62, 1980.
- MARÇAL, MARIA MERCÈ: «Corrandes de lluna», dins *Cau de llunes*. Barcelona, Proa, 2012.
- MARTÍN, ANDREU: «Un detectiu anomenat Sherlock», dins diari *Ara* (28/10/2012).
- MARTORELL, JOANOT: *Tirant lo Blanc*. Barcelona, Proa, 1998.
- MORENO, VICENTE: «La llegenda del Sant Greal», dins revista *Sàpiens* (octubre de 2011).
- NADAL, MARÍA VICTORIA S.: «Sis invents que Jules Verne va imaginar i altres van fer realitat», dins *El País* (15/11/2015).
- NESBIT, EDITH: «Marbre de talla humana», dins *Relats de fantasmes*. Barcelona, Vicens Vives, 1998.
- RAMIS, JOAN: *Lucrècia*. Barcelona, Edicions 62, 1985.
- RIQUER, MARTÍ DE: *Aproximació al Tirant lo Blanc*. Barcelona, Quaderns Crema, 1996.
- RODOREDA, MERCÈ: *La plaça del Diamant*. Barcelona, Club Editor, 1980.
- SAGARRA, JOSEP M. DE: «Vinyes verdes vora el mar», dins *Cançons de rem i de vela*. Barcelona, Proa, 2003.
- SAINT-EXUPÉRY, ANTOINE DE: *El petit príncep*, Barcelona, Salamandra, 2009.
- SASOT, JORDI i TORIBIO, CRISTIAN: «Cervell i taxistes», dins diari *Ara* (16/03/2016).
- SERAFÍ, PERE: «Sonet moral de la Raó i la Sensualitat», dins *Antologia poètica*. Barcelona, Edicions 62, 1987.
- SHAKESPEARE, WILLIAM: *Romeu i Julieta*. Barcelona, Institut del Teatre, 1979 (trad. Josep M. de Sagarra).
- SHELLEY, MARY: *Frankenstein*. Barcelona, Barcanova, 2015.
- SOLÀ, JOAN i PUJOL, JOSEP M.: *Tractat de puntuació*. Barcelona, Edicions 62, 1989.
- STOKER, BRAM: *Dràcula*. Barcelona, Barcanova, 2017.
- TERRASSA, MARTA: «Tatuar-se encara mola?», dins diari *Ara* (23/02/2018).
- TORROELLA, GUILLEM DE: *La Faula*. Barcelona, Publicacions de l'Abadia de Montserrat, 2007.
- VERDAGUER, JACINT: «Lo comte Arnau», dins *Antologia*. Barcelona, Barcanova, 2003.
- WELLS, H. G.: *La guerra dels mons*. Barcelona, Quaderns Crema, 1998.

Aquest projecte editorial de la matèria de Llengua catalana i literatura respon al Projecte de Decret d'ordenació dels ensenyaments de l'educació bàsica de l'any 2022.

Equip editorial:

Cap del projecte editorial: Montse Ballaró
Coordinació editorial: Montse Ciprés i Xavier Hernàndez
Edició: Xavier Carulla
Redacció: Helena Ribas
Documentalista: Cristina Boj

Coordinació artística i disseny: Laura R. Dengra
Coordinació tècnica: Mercedes F. Bravo i Gemma Vadillo
Adaptació del disseny d'interiors i maquetació: Montse Lombarte

Coordinació tècnica digital: Montse Cascales
Edició digital: Glòria Jodar Pubill

Il·lustracions: Cristina Zafra
Cartografia: MarcopoloArt
Fotografies: 123RF, AGE-Fotostock, Album / akg-images / MANDARIN FILMS / M.G.M / Oronoz / Pilar Aymerich / Robert Ramos, J. M. Barres, Cordon Press / Alamy, Depositphotos, Imatges de Shutterstock.com, Photoaisa, Prisma, García Pelayo, Á. / Martin, Joseph / Arxiu Anaya, Arxiu Barcanova

Rosa Sensat, 9-11, 4a planta. 08005 Barcelona
Telèfon 932 172 054
barcanova@barcanova.cat
www.barcanova.cat

Primera edició: març de 2020
Tercera impressió: juliol de 2022
ISBN: 978-84-489-5038-5
DL B 8231-2020
Printed in Spain

PAPER DE FIBRA CERTIFICADA